우리는 다 태워버릴 것이다

Burn It Down!

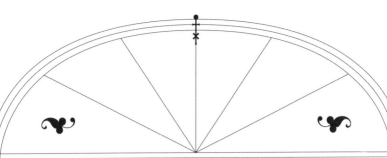

Burn It Down!

우리는 다 태워버릴 것이다

페미니즘 매니페스토,
폭발적으로 저항하는 언어들

브리앤 파스 엮음

양효실, 이라영, 이진실, 한우리, 황미요조 옮김

Feminism Manifestos

바다출판사

세라 스테이지에게

우리를 파괴하는 것은 다른 여성들의 분노가 아니다.
가만히 서 있을 뿐 분노의 소리를 듣지 않겠다는,
그 안에서 아무것도 배우지 않겠다는, 분노의 본질에 직면하지 않겠다는,
그 분노를 역량의 중요한 원천으로 활용하지 않겠다는 우리 스스로의 모습이다.

— 오드리 로드, 《시스터 아웃사이더》

누군가 당신을 불에서 끌어낼 것이고, 누군가 당신을 불길로 감싸 안을 것이다.

— 킴 아도니지오, 《인간 쓰레기》

당신이 여자들을 만졌으므로
당신은 바위를 내리치고;
당신은 바위를 옮겼고;
이제 당신이 무너질 것이다

— 반인종격리정책 노래, 남아프리카공화국
1956년 8월 9일 세계 여성의 날

피 흘리는 가장자리:
페미니즘 선언문의 필요성

브리앤 파스

이 사회에서 살아가는 일은 기껏해야 지독히 지루할 뿐이고, 더구나 여성이 할 수 있는 일은 어떤 것도 없다. 그렇기에 시민 정신을 갖추고, 책임감 있으며, 스릴을 추구하는 여성들에게 남은 것은 오직 정부를 전복시키고, 금융제도를 파괴하고, 제도를 자동화하고, 남성을 없애버리는 것이다.

현 가부장제에 전쟁을 선포한 가장 위대한 선언문인 〈스컴 선언문 SCUM Manifesto〉(1967)은 위와 같이 시작한다. 이 글을 쓴 밸러리 솔라나스는 완전히 새로운 세상―더 이상 남자들이 위대한 예술, 돈, 정부, 문화를 정의하지 않는―을 꿈꿨을 뿐 아니라 스릴을 즐기는 생물학적 여성들이 거주하는 세상 역시 꿈꿨다―"우주를 통치하는 데 자신들이 적합하다고 생각하는 여성들, 이 '사회'의 한계를 개의치 않았던 여성들, 사회가 제공해야 하는 것 그 이상을 향해 질주할 준비가 된 여성들, 지배적이고 안전하고 확신에 차 있고 불결하고 폭력적이고 이기적이고 독립적이고 자긍심에 차 있고 스릴을 즐기고 자유분방하고 오만한 여성들."[1]

솔라나스는 시궁창의 여성들—"매춘부들, 다이크dyke[X]들, 범죄자들, 살인광들"—을 위해, "말쑥하고 수동적이고 고분고분해서 어디서나 받아들여질 만하고 '교양이 있고' 예의바르고 고귀하고 온화하고 의존적이고 겁을 먹은, 부주의하고 위험에 처해 있고, 동의를 갈구하는 대디 걸Daddy's Girls[XX]"에 부응하길 완전히 거부한 여성들을 위해 선언문을 썼다.[2]

1967-71년 무렵은 성차별주의가 만연한 시기였다. 더불어 페미니즘 선언문들이 폭발적으로 등장했고, 페미니스트적 저항, 의식의 발흥과 집단적 조직화가 출현했다. 인권 운동의 탄력과 가속도 위에 세워진 1960년대 말, 페미니스트들의 폭동은 향후 10년간 지속된 페미니즘 행동주의가 나아갈 터전을 갈고 닦았다. 여성들이 분노의 당위성을 인정받던 1960년대 말—결국 이 지긋지긋한 세상에서 여성들이 진짜로 **화가 났음**을 인정했던 문화적 시대정신의 순간—에는 예의를 갖춰 행동하고 사회적 책무를 이행하라는 문화적 압력을 여성들이 거부할 수 있게 되었다. 대신에 여성들은 씩씩거렸고, 큰 소리로 불평했고 실랑이를 벌였고 소리 질렀고 서로의 팔짱을 끼고scrum 행진했다. 초

[X]   레즈비언의 속어. 보통 모욕적인 의도로 쓰이는 말이다.
[XX] 아버지와 비정상적으로 가까운 모든 여성.(10대 또는 성인여성.) 무엇이든 지불하기 위해 아빠에게 전적으로 의존하는 모든 여성.

기 선언문들에서 발견되는 페미니즘은 오늘날 우리가 여러 교육 기관들, 정부, 기업 리더십을 통해 알게 되는 좀 더 우호적이고 친절하고 온순한 페미니즘과는 확연히 다른 브랜드의 특징을 드러낸다. 제2 물결 페미니즘 선언문들은 문장들을 휩쓸고 지나가는, 부글거리는, 땀에 전, 이판사판식으로 내지르는 페미니스트의 분노에 경의를 표했다. 선언문들은 지금 봐도 그들의 언어 덕분에 불타오르고 부글부글 괴어오르기에 돌연한 신선함을 내뿜는다.

따라서 페미니즘과 페미니즘의 폭발적인 분노는 페미니즘의 파열의 정치 덕분에 결실을 맺을 수 있었다.[3] 오늘날 여성들은 가정폭력 쉼터로 들어갈 수 있고, 연방정부가 후원하는 육아 휴가(물론 종종 무급)를 쓸 수 있다. 여성들은 이전 세대 여성들보다 훨씬 더 융자, 상속, 사업 소유 등과 관련한 재정적인 권리를 갖고 있다. 여성학 프로그램들은 비록 감소 추세이기는 하지만, 젠더, 인종, 계급, 섹슈얼리티, 정체성, 정치, 신체, 테크놀로지, 커뮤니케이션, 인권 등과 같은 일련의 쟁점들을 주제로 한 풍부한 강의를 제공한다. 이 글을 쓰고 있는 지금(2019년 가을) 미국에서 낙태는 여전히 합법이고(비록 위험에 처해 있기는 하지만), 낙태권은 전 세계로 확장되었다. 이전 세대보다 재생산권과 육아에서 통제권을 갖는다. 가사 노동과 육아 노동에서 양성 평등을 지향하는 엄청난 변화가 시작되었다. 페미니즘 정치와 이데올로기들은 미술관 전시와 문화 이벤트에서 점점 더 눈에 띄는 특징을 드러낸다. 성적 자유는 심지어 새로운 도전들이 출현하고 있음에도 확장되고 있다. 정부 관공서의 재직 여성의 수는 현저히 증가했다. 노동력이나 고등교육에서 여성의 숫자는 꾸준히 늘고 있다.

그러나 우리는 "나는 아주 거대한 쳇바퀴 안을 돌고 있었던 것 같고 다시 출발선에 서 있는 것 같다"는 지넷 윈터슨의 주장을 실시간으로 살아내고 있기라도 한 것처럼 다시 문화적 심판의 시기로 되돌아왔다.[4] 한편으로 우리는 집단적 운동들 및 그 연대의 필요성을 더 잘 이해한 다. 즉 사람들은 게임에서 다른 지분과 이해관계를 가진 이들, 아주 다른 분노의 이유와 관점들을 갖고 있는 이들과 나란히 행진한다. 우리는 이제 모든 종류의 사회적 정체성과 신체들을 대학 분과들에서 연구한다─퀴어학, 종족학, 여성학, 젠더학, 미국학, 장애학, 비만학은 아카데미 안에서 더 굳건히 자리를 잡아가고 있다. 이전에는 주변에 서 있던 이들이 싸움에 가담하고 있고, 가족계획연맹클리닉에 들어가는 여성들을 호위하고, 이웃과 함께 경찰의 잔인함에 대항하는 단체를 만들고, 아나키즘과 반자본주의 서적을 탐독하고 트랜스혐오 정책 및 정치와 맞서 싸우고, 정치적 사무실이나 새로운 권력의 위치들을 타진하고, 지하실에서 혁명적 예술을 만든다. 제2 물결 페미니즘 활동가들이 직면했던 억압적 조건들은 이제는 웃으며 회고해도 될 것 같은 과거사로 보이고, '과거의 일'이기에 행복하게 추억해도 좋을 것 같다.

다른 한편으로 여성혐오와 인종차별주의는 제도화된 관행으로서 새로운 힘을 획득하는 것으로 새로운 경종을 울린다. 불가사의하리만치 친숙한 일군의 조건, 재정적 불안정, 팽팽한 젠더 관계들, 인종차별적 폭력, 만연한 호모포비아, 피해자에 대한 공개적이고 뻔뻔한 비난, 더 악화된 계급 불평등의 지배를 받는 조건이 지금 제 모습을 드러내고 있다. 나는 이 책을 즐거운 마음으로 만들었다기보다는 우리 삶에 필요하기에 만들었다. 페미니즘 선언문은 사회적 스트레스가 엄청난 시기에 구비해야 할 필수품이다. 우리의 분노, 우리의 혼란과 내적 파열의 느낌, 우리의 운명과 질식할 것 같은 가능성들을 의미 있게 만들려면 달리 어떻게 해야 하겠는가? 선언문의 절박함—절단 면 위에 앉아 있다는 그 선명한 느낌—이 잉크가 채 마르지 않았다는 느낌, 줄리언 한나의 문장을 인용하자면 우리가 정황상 '피 흘리는 가장자리'에 있다는 너무나 선명한 느낌을 전달한다.[5] 언제 쓰였건 모든 선언문은 새로움과 신선함으로 가득 차 있다. 선언문은 우리가 차라리 닫으려했던 눈들을 헤집어 열어서, 직면하지 않으려 했던 비열하고 더럽고 무시무시한 진실들을 처리하라고 우리에게 촉구한다. 혹시라도 페미니즘 선언문 묶음을 만들 시간이 있다면, 여성들의 분노를 경축할 문서들을 수집하는 게 필요하다고 느낀다면, **지금**이 바로 그때라고.

선언문

모순, 아이러니, 충돌이 그득한 선언문은 불안정한 지반 위에서 작동한다. 선언문이라는 장르는 새롭고 변덕스러운 것을 상상하는 몽상가들과 예술가들의 낭만적인 속성을 체제순응적인 전통들을 부수고 지나가는, 용인된 사유의 방식들을 엉망으로 만드는, 과거를 뿌리 채 뽑아버리는 미식축구 수비수의 강력한 힘과 조합한다. 선언문들은 희망과 파괴의, 사물을 비추이면서 폭력적으로 사물을 종식시키는 변형적 작업을 동시에 거행한다. 한나가 쓴 것처럼 "선언문의 매력은 놀라울 만큼 복잡하고 종종 역설적인 장르라는 데 있다. 건방지면서 진지하고, 까칠하면서 부드럽고, 논리적이면서 부조리하고, 물질적이면서 비물질적이고, 얄팍하면서 심오하다."[6] 이런 복잡함은 부분적으로 선언문들이 과거를 전혀 존경하지 않기에, 이전에 있었던 것에 대해 아무런 존중도 표하지 않기 때문에 그렇다. 선언문은 오직 새로운 것, 지금을 현재 시제로 원한다, 그리고 선언문은 그것을 즉시 원한다.

이런 선언문의 절박함은 종종 방향을 바꾸어 대담하게 허무주의로 직진한다. 1909년에 미래파는 새로운 세대에 의한 자신들의 전복을 기대했다: "더 어리고 더 강한 이들이 우리를 쓸모없는 초고처럼 쓰레기통에 던져 넣을 것이다. 우리는 그런 일이 일어나길 원한다!"[7] 좋은 선언문이 그랬듯 미래파는 자신의 죽음을 상상했고 다음 세대 작가들과 사상가들이 그들을 밟고 지나가리라 기대했다. 좋은 선언문은 미래의 다른 선언문에 의해 자신이 폐지될 것을 안다. 그들은 영원히 알기를 주장한 게 아니다. 그들은 오직 지금 이 순간에 알기를 주장한다. 그들은 무차별 파괴하고 무차별 파괴될 것이다.

선언문은 이런 식으로 좌파 역사의 중요한 부분을 구성하고, 전통주의 그리고 천천히 꾸준하게 증가하는 변화와의 단절을 표지할 성마르고 긴급하고 휩쓸어버리고 급진적이고 혁명적인 사유를 통해 새로운 무엇을 위한 여지를 만들어왔다. 대신에 선언문은 저자의 세계관의 뻔뻔하리만치 대담한 진지함을 위한 것은 아닐지라도, 관객에게는 엄격히 수행적으로 느껴질 수 있을 강력하고 극적인 주장을 주입한다. 선언문은 단지 퍼포먼스 아트가 아니다. 선언문의 저자는 곧 그 자신이 말한 것과 동일하다. 더 중요한 것은 선언문 발화자/저자는 선언문과 나란히 태도를 바꾸고 변화하게 된다는 점이다. 선언문들은 공식적으로 출판되기보다는 종종 "발견되고", 그렇기에 일시적인, 미간행의, 직접적인 느낌을 발산한다. 대체로 미술계에서 등장한 선언문의 핵심은 대중의 의식을 대중의 권력을 박탈할 만큼 철저히 뒤집고 전복시키려는 것이고, 사회적이고 정치적인 권력을 박탈당한 이들에게 목소리를 부여하려는 것이다.

　선언문을 읽는 것은 불에 타는 것 같은 느낌을 줄 수 있다. 우리는 타오르는 불꽃 속에서 환해지고 그 뒤에는 날것 그대로의 상태로 노출된 채 남겨진다. 선언문들은 전염력을 갖고 전파되는 문서, 의도적으로 독자나 청자를 불타오르게 할 메시지를 내포한 문서, 불일치나 합리적인 척하며 중언부언하는 담론에는 어떤 여지도 주지 않는 문서로 작동한다. 선언문의 저자는 우리에게 생각하는 법을 들려주고 우리가 자신들에게 동의한다고 가정하고 우리가 거절하거나 저항할 가능성은 전혀 없다고 상상한다. 그들이 우리를 초대해서 선언문을 읽힐 때 원하는 것은 선언문에 대한 신중한 독해나 해석이 아니다. 오히려 그들은 정서적인 반응을 원한다. 우리는 웃고 소리 지르고, 그게 아니면 두려움을 느껴야 한다. 우리는 선언문이 만들어내는 세상을 상상해야 한다. 찰스 젠크스가 말했듯 "선언문 장르는 피를 요구한다."[8] 선언문을 읽고 그 즉시 자기 자신의 임박한 소멸의 중요성을 상상하는 것은 별난 일이 아니다.

선언문의 역사

다소 독특한 것이겠지만 선언문은 쓰여진 역사로서의 위상을 가급적 피해왔다.[9] 이 책이나 다른 책에서 볼 수 있듯이 선언문들을 묶어서 선집을 만드는 것은 거칠고 신경질적인 말들을 한곳에 몰아넣는 것과 같은 일이다. 선언문은 지적으로 말끔하고 초연하게 구성해서 독자에게 떠먹여주는 형식, 신중한 편집, 약삭빠른 마케팅을 싫어한다. 결국 선언문은 "일시적이고, 베란다에서 내던져진 것, 질주하는 자동차에서 튕겨나온 것"이었지[10] 연구나 신중한 수집 및 분류를 위한 것이 아니었다. 선언문들의 역사, 그것들이 전형적으로 한 것, 그것들이 시공간을 여행한 방법은 기이한 질문을 선사한다—지금에 속하는 문서들, 경전 중심의 범주화에 무관심한, 전문적 학문의 족보(대부분의 경우)를 결여한, 성질이 더러운 문서들을 갖고 우리는 어떻게 일관성 있는 서사를 만들 것인가? 선언문들은 그런 질문들에 이상할 정도로 짜증을 낸다.

선언문이라는 단어는 오늘날 비교적 흔하게 볼 수 있게 되었고 어울리지 않는 장소들—지하철 광고, 광고 게시판, 팬시 향수, SNS의 기업 브랜딩, 티셔츠, 대기실 잡지, 스타트업 회사 슬로건, 자기계발서들, 심지어 와인병 같은—에서 증식 중이다.[11] 기업이 선언문이라는 단어를 차용함에 따라 사유와 글쓰기에서 극도로 팽팽한 긴장을 요하는 장르로서 선언문의 잠재적인 정치적 영향력과 의의는 심각하게 훼손되고 희석되었다. 선언문은 가짜 저항, 이른바 좋은 취향, 평이함을 독특함으로 위장시키는 기업 모델에 기가 막히게 페어 맞춰졌다. 여기서 선언문의 급진적 의도—오래되고 낡은 사유와 삶의 방식들과의 단절—는 매우 법인화된 저항, 혁신, 오락으로 바뀐다. 실제 선언문은 종종 자본주의, 신자유주의를 맹렬히 비난하고 그것들의 진부함을 압박하고, 불가항력적 자유의 힘이 결코 아닌 것을 판매하려는 관행을 종식시키려고 한다.

이런 모순—선언문의 목적과 기업 및 대중에 의한 선언문 장르의 횡령 간의 모순—이 선언문의 들쭉날쭉한 역사와 선언문을 오해하는 게 얼마나 쉬울 수 있는지를 방증한다. 선언문 장르는 부분적으로 미술 및 미술사 바깥의 학자들이 거의 연구하지도 검토하지도 않았기에 오해되고 잘못 재현된다. 게다가 선언문은 의도적으로 짧고, 덕분에 역사가들의 손아귀에서 벗어날 수 있다. 선언문은 방향 상실을 초래하고 시간을 왜곡시킨다. 피터 스탠실과 데이비드 제인 메이로위츠가 썼듯 선언문을 만드는 목적은 기억하기에 있지 않다:

> 아마 그게 당신 눈에 띌 때는 몰래 포스터를 붙이고 있는 사람, 나무에 못으로 고정되어 있을 경우, "네가─틀렸을지도─몰라─잘─모르겠지만" 잡지나 신문 광고란에 실렸을 때다. 결혼식에서 누가 주문처럼 읊었을 수도 있고, 트레이딩 카드처럼 교환되거나 행운의 편지처럼 우체통으로 들어가거나, 메뉴 위에 적혀서 읽힐 수도 있다. 심지어 벽돌을 감싼 종이가 되어 체제의 유리창을 깨고 들어간 벽돌이 당신 머리를 지나치며 낸 윙하는 소리였을 수도 있다.[12]

이렇듯 의도적인 미끄러짐을 감안한다면, 우리는 어떻게 선언문을 발견할 것이며 어떻게 선언문을 역사화하는 방법을 알 수 있겠는가?

우리는 선언문이 비교적 짧은 역사에서 상당히 매혹적으로 좌로 선회했음을, 왕과 통치자들의 문서에서 왕과 통치자들을 무너뜨리려는 문서로 변모했음을 알고 있다. 역사가들은 지난 200년 동안 선언문이 꽤 보수적인(권위를 존경하는) 데서 혁명적인(그 어떤 권위도 거부하는) 쪽으로 이동했음에 주목한다. 가령 가장 먼저 선언문이라는 단어를 사용한 시기로 알려진 1775년 경 이 말은 보수적인 의도하에 등장했다. 그무렵 선언문은 "집단적인, 혁명적인, 전복적인 목소리"를 옹호하지 않았다.[13] 대신에 "주권적 의지의 선포"를 위한 것이었다. "그것은 주권자의 의도와 법을 신민들에게 알리기 위해 권력을 쥔 자, 국가, 군대가 창시한 통신 수단이었다."[14] 맨 처음 등장한 선언문들은 지배적 기관들, 제도들을 보존하고 확장하려고 하면서 동시에 대중을 상대로 행사할 권력을 창조하고 유지하고 실행에 옮기려고 했다는 점에서, 우리 시대의 선언문들과는 놀라운 대조를 보인다. 불복종과 광포한 분노를 담은 좌파의 장르이기는커녕 초기 선언문은 국가 권력을 공고하게 했다.

반면에 오늘날 선언문들은 폭발적으로 저항하는 데 언어를 이용하면서 모든 통치자들이나 사주, 혹은 권위에 반대하는 주장을 제시한다. 선언문은 전복과 혁명의 문서다. 시인 트리스탕 차라는 선언문에 대해 이렇게 썼다. "모든 페이지가 폭발해야 한다. 선언문의 비틀거리는 어리석음, 원칙의 도치 때문이건 글자체 때문이건."[15] 여성학자 카이라 피어슨의 문장을 빌린다면 선언문은 "폭탄의 일을 할" 언어에 의존한다.[16] 선언문은 폭발하고 내파한다. 현대적 선언문들은 모두 권위를 증오하고 선언문의 저자가 과연 권위를 '획득했는지'와 상관없이 자신만의 권위의 느낌을 급진적으로 단언한다. 그런 점에서 19세기와 20세기—선언문이 정치적으로 급격히 인기를 얻고 유행했던 시기—의 선언문은 오래된 형식을 일소하고 새로운 형식을 창조하기 위해 대중 문화적 순간들 및 혁명적인 순간들과 잘 어울렸고, 잘 맞아떨어졌다.

선언문은 조급한, 걸핏하면 싸우는, 요구가 많은, 불경한 것으로서 등장했다. 장르로서의 선언문은 설사 기성 사회 질서를 파괴하고 격파할 의도를 갖고 있었을지라도 뭔가 새로운 것, 뭔가 더 나은 것을 추구했다. 선언문은 억압적인 통치계급의 소통 방식을 갈취해서 그것을 거꾸로 서게 만들었다. 이런 식으로 선언문 장르는 끊임없는 재평가와 개조의 영향에 노출되었다. 선언문은 아주 쉽고 노련하게 뭔가 새로운 것, 뭔가 다른 것이 될 수 있다. 중요한 초기 선언문들—《공산당 선언》

(1848) 《카르타헤나 선언Cartagena Manifesto》(1812) 《포트 휴런 선언Port Huron Statement》(1962) —은 모두 자신들의 시대와 맥락에 반응하는 혁명적인 문서로 기능했고, 각 선언문들이 쓰였던 불안정한 시대에 의지하면서 그 시대에 기초해서 만들어졌다.[17] 그럼에도 각 선언문들은 시간이 흐른 뒤에는 다른 문화적 순간들에서 뭔가 다른 것을 의미했고, 각자의 현실에서 갖고 있었던 것보다 더 강력한 분노를 표출했고, 그러면서 더 신선하고 더 새로운 느낌을 발산했다.

그런 위업을 달성하려면 일정 정도의 광기가 필요하다. 매리 앤 코스는 선언문을 반드시 미친 것으로 묘사했다. "가장 사랑스러운 선언문에도 광기가 존재한다. 선언문은 독특하고 분노에 차 있고 변덕스럽고 철저히 미쳤다. 특수하거나 일반적인 것에 항상 반대하면서, 선언문은 오직 강렬한 것이어야 할 뿐 아니라 바로 서 있기도 해야 한다."[18] 나는 광기 그 자체와 마찬가지로 선언문이 완전히 불합리한 것과 분별력 있는 것 사이의 경계를 넘나든다고 덧붙이고 싶다. 터무니없는 것처럼 보일지라도, 선언문은 진실을 말한다. 또한 자기 자신의 광기를 기꺼이 끌어안은 저자에게 보답한다. "선언문은 자기 자신과 자기 자신의 패러디를 진지하게 다룬다."[19] 진정한 선언문은 이념의 긴급함을 전달하고 소통하기 위해 그리고 수행적으로 청중에게 말 걸기 위해 형식에 의지한다. 즉, 선언문은 형식과 내용 모두에서 저항을 체현한다. 코스는 이렇게 쓴다. "선언문은 대문자로 강조하기를 요구하고, 큰 규모를 사랑하며, 관심을 요구한다… 적절하고, 정상적이며, 문학적이라고 간주할 만한 것을 지나쳐버린다. 선언문에 대한 지원 활동은 어마무시한 자기 확신을 요구한다. 선언문의 퍼포먼스가 절정에 이르는 순간 형식이 의미를 창조한다."[20] 선언문은 뭔가 새로운 것을 제시하고 그것을 순수한 의지력과 용감한 언어를 통해 존재하게 만든다. 선언문은 옛날 방식을 박살내면서 뭔가를 만든다. 그것은 철저하게 파괴하고 밑바닥에서부터 다시 건설한다.

이런 의미에서 페미니스트들이 보기에 선언문은 여성들이 전형적으로 남성들을 위해 마련된 권력을 찬탈하고 전형적으로 여성들의 것은 아니었던 분노와 광포함을 표현하면서 혁명적인 목적과 원칙들을 추구했을 때, 이상적인 소통의 방식이 되었다. 선언문 장르 안에서 여성들은 (정서적으로나 심리적으로) 미칠 수 있었다. 선언문은 애매함이나 반박 가능성이나 불일치에는 어떤 여지도 주지 않기에 다른 식으로 선언문을 이해할 방법을 원천 차단한다. 포괄적인 대명사 '우리'에 매혹당한 선언문들은 자신의 청중으로 모든 사람을 상상한다. **우리는 필요로 한다······ 우리는 ~이다······ 우리는 요구한다······ 우리는 느낀다.** 선언문에는 온건함이나 절제는 아예 존재하지 않기에 점증적인 변화나 신중하고 조심스러운 불일치에 대한 용인을 경멸한다. 대신에 어조는 "격려, 반대, 위협, 급격한 속도"로 바뀐다.[21] 그 과정에서 다른 것들의 진행을 방해할지 모르는 모든 형용사들과 쓸모없는 단어들이 제거된다. 휘파람처럼 그리고 칼바람처럼 말끔해진, 뼈만 남은 선언문은 거리낌이 없고, 열의가 넘치고, 생생하게 우리의 주의를 사로잡는다. 긴급하고 직접적인 선언문은 절대로 중얼거리지 않는다. 선언문은 항상 과다복용 상태에서 과속한다.[22]

선언문 장르는 여성이 권력을 쥘 방법으로 작동하면서 심지어 가장 전통적인 의미에서(가령 전문가주의, 자격증 인정) 권위를 결여하고 있을 때에도 자신의 권위를 주장하기도 한다. 선언문 저자들은 스스로를 화자로 확립하고 (종종 샤우팅을 통해) 자신의 목소리를 듣는 청중이 있다고 주장하면서 권위를 수행한다. 선언문은 인민the people에 속한다. 인민은 자기들의 권위를 위한 공간을 허용하기 위해 취사선택하지 않는다. 선언문은 저자(종종 사회적이고 제도적인 권력은 없지만 어떤 식으로건 권력을 쟁취한다고 주장하는)가 자신의 목소리가 들리기를 요구하고, 독자가 저자의 긴급한, 성급한 언어로 흡수되어 들어가기에 읽기와 쓰기 모두의 정치적 성질을 강조한다. 이렇듯 주변부에서 유희가 벌어지기에 전형적으로 목소리가 없는 사람들이 급진적인 사회적 변화를 단언하고 정서적으로 그런 변화를 촉구하고 외칠 수 있다. 선언문은 아무리 주변부의 저자라고 해도 청중이 그 (죽은) 저자를 진지하게 다루게끔 격려한다. 여성들이 보기에 선언문은 권위, 분노, 청중―지난 200여 년 동안 그들에게는 전형적으로 접근금지였던 것들―으로 들어갈 문을 개방한다.

그러나 이 개방은 주변부성에 대한 전적인 긍정과 포용에 의지했다. 래디컬 페미니스트 티그레이스 앳킨슨의 지적처럼 선언문은 어쩌면 "정신분열증적인 울부짖음"[23], 사회의 맨 바깥에서 들려오는 호소, 저자와 독자 모두의 주의를 움켜쥐는 호소일지 모른다. 선언문은 여백에 적힌 노트들maginalia의 경우나 종이 조각에 적힌 선언문, 팸플릿(17세기 영국)에서 볼 수 있듯이, 음반 해설의 여백(스웨덴 하드 코어 펑크 밴드 리퓨즈드Refused의 〈오고 있는 펑크의 모습The Shape of Punk to Come〉)이나 공공의 그라피티에서 볼 수 있듯이, 심지어 글자 그대로나 물질적으로 변두리를 체현할 만큼 주변부적이다.[24] 선언문은 새로운 지식, "부적합하고" 무례한 장소들에서 모은 지식을 가능하게 만들고, 외설스럽거나 무례하다고들 하는 언어를 사용한다. 테레사 이버트는 이렇게 적는다:

선언문은 갈등 속에서 쓰이고 있다. 선언문은 텍스트성이 거리로 들어가고 언어가 바리케이드로 전달되는 그런 가장자리에서 쓰인 것이다. 선언문은 대항적 실천을 위한 새로운 공간을 개방하기 위해 체제 순응적인 관행들에 직면한 상태에서 쓰여진 것이다.[25]

역사적으로 이런 식의 통치 이념에 대한 폭로, 새로운 비전과 꿈 제작이 각기 다른 역사적 시기에 지속적으로 영향을 미쳐왔던 영구적인 신선함의 느낌을 선언문에게 선사한다. 여전히 오늘날에도 거론되는 19세기 위대한 역사적 문서 중 하나인《공산당 선언》을 예로 들어보자. 푸크너에 의하면:

《공산당 선언》은 다른 모든 텍스트보다 더 직접적으로 그리고 더 지속적으로 역사의 흐름에 영향을 주었다. 파리 코뮌, 러시아 혁명, 식민지의 독립 운동은 이 문서에 의해 고취되고 형태를 갖추었던 역사적 사건 중 단지 몇 가지에 불과하다.[26]

선언문 장르 자체가 자신의 역사적 영향을 용인한다. 긴급한, 분노에 찬, 혁명적인 글쓰기를 위해 선언문은 고루하고 형식적인 소통 방식의 필요를 제거했다:

어떻게 단 하나의 텍스트가 그런 공적을 획득할 수 있는 것일까? 이 사건들 중 어떤 사건도 자본주의와 식민주의 혹은 두 번의 세계전쟁의 효과의 역사들이 없다면 생각할 수 없는 것이었다는 점은 분명하다. 그리고 그렇더라도 그렇듯 중심적인 가치를 획득한 것이 왜 많은 경쟁적인 문서 중 하나가 아니라 선언문이었는지는 그렇듯 방대한 역사적 무력은 설명해주지 못한다. 이 질문에 대한 대답은 혁명의 역사가 아니라 선언문 자체에서 추구되어야 하고, 그 내용에서만이 아니라 그 형식에서도 추구되어야 한다.[27]

선언문은 강력하다. 선언문은 현실을 훼손하면서 새로운 현실을 만든다는 이중의 목적을 추진한다. 선언문은 구체적인 사회적 문제를 택해서 그것들에 저항과 혁명의 정서적이고 정동적인affective 속성들을 주입했다. 선언문은 이전에는 양립 불가능했던 장들과 관행들을 통일시킴으로써 그렇게 했다. "이 새로운 장르는 철학과 정치, 분석과 행동, 역사 서지학과 개입intervention을 놀라울 만큼 새로운 방식으로 연결했다."[28] 재닛 라이언은 일견 양립 불가능해 보이는 목적들을 이렇듯 낯선 방식으로 연결하는 것을 찬성하면서 다음과 같이 주장하기도 했다. "선언문의 공식적인 세포막은 특이체질의 격노와 유토피아적인 사회 경전에 전혀 있을 것 같지 않은 결합을 획득해야 한다. 왜냐하면 선언문의 목적은 자신의 청중을 창조할 때 분노를 강령화하는 것이기 때문이다."[29] 더 나아가서 선언문 저자는 독자들을 새로운 집단 운동의 신병으로 충원하기 위한 핵심 역할로서 과장법적인 수사를 사용했고, 그너머의 미학에는 특별한 관심을 갖지 않았다.[30] 선언문은 심약한 이들을 위한 것이 아니다. 선언문은 '예쁘지' 않았다.

선언문의 역사를 추적하는 일은 위에서 간략히 개요를 그려보았듯이 어려운 일이었다. 심지어 선언문으로 '계산될 수 있는' 것을 결정하는 일이 선언문 장르와 선언문의 영향을 놓고 논쟁을 일으킬 만한 여러 생각들을 드러냈다. 가령 역사가들은 결국 본성에서는 '선언문'으로 인정되고야 말 텍스트들—난폭한, 저항적인, 문화적으로 적절한 비판을 제시한 텍스트들, 혹은 폭력이나 사회 변화를 부추기고 선동한 텍스트들, 혹은 분노가 느껴지거나 일반적으로 성가신 혁명을 꾀하는 텍스트들—의 이음매와 삐져나온 실오라기들을 확인할 수 있다. 그러나 이런 잔여들 때문에 선언문의 역사는 영원히 파악 불가능한 것이 된다. 선언문을 다룬 전문적인 연구는 계속 희소하고, 이는 선언문의 영구적인 위상이 법을 어기고 무시하는 텍스트라는 것을 시사한다. 종종 선언문은 사회 운동을 다루는 더 넓은 조사 및 탐구로 매장되어 사라지고[31] 모든 일관적이고 한결같은 방식으로 선언문을 검토하는 학자들의 연구 대부분은 결코 책이나 논문으로 출판되지는 않았던 박사논문 속으로 숨어든다.[32]

선언문 장르 역사에서 '핵심 선언문'으로 계산되는 것들 역시 어려운 질문들을 야기시킨다. 스스로를 선언문으로 정체화하지 않는 것을 선언문이라 부를 수 있는가? 과거로 거슬러 올라가 선언문과 선언문과 유사한 문서를 어떻게 식별할 수 있는가? 이런 과정은 선언문 장르에 대한 연구 전체에 어떻게 영향을 주게 될까? 어떤 선언문이 더 중요한지 결정할 수 있을까? 어떤 선언문이 좀 더 오래 영향을 주게 될까? 이버트는 이렇게 적는다:

> 이런 선언문들에 대한 주류의 저항은 저자의 통찰력의 문제보다는 사람들이 더 선호하는 선언문들이 경전으로서 흡수된다는 것에서 드러난다—오히려 문화적 통합이나 특별한 선언문들에 대한 저항은 그 선언문들이 관여한 역사적 조건들의 노력이다.[33]

오늘날 적절해 보이는 것은 곧 빛을 잃고 사라지고, 지금은 잘 안 보인 채로 감춰진 것이 갑자기 꼭 필요한 것으로, 미래에는 더 중요한 것으로 우리를 놀래킬 수도 있다.

저항의 페미니즘

선언문의 역사가 특별히 모호한 역사라면, 페미니즘 선언문의 역사는 어떤 모습일까? 최근까지 페미니즘 선언문에 대해서는 거의 아무것도 쓰이지 않았다.[34] 페미니즘 선언문은 독자로서의 우리들에게 각기 다른 질문을 제기한다. 저항이 주요한 목적인, 대립적이고 도전적인 포즈를 취한 새로운 페미니즘의 비전을 위한 장소를 우리는 어떻게 상상할 수 있을까? 페미니즘 선언문의 본질적인 역할을 상상하는 것은 분노에 찬, 광적인, 권위를 가로채는, 반항하는 목소리의 위치를 페미니즘의 주변이 아닌 페미니즘의 중심에 놓으려는 것이다. 저항의 페미니즘은 불평, 분노, 긴장, 새로운 형태의 연대, 급진적인 사회 변화를 높이 산다. 이런 식으로 재배치할 때에야 우리는 페미니즘의 글과 사유를 종종 시시하고 드러내놓고 감정적이고 정교하지 않다고 비난하는 바로 그 고통스러운 방식에 대한 더 나은 고찰을 시작할 수 있기도 하다.

나는 이번 선집에서 우리에게는 분노의 폭발과 고약한 성미가 그득한, "보지가 움켜쥔다Pussy Grabs Back"로 꽉 들어찬,[35] 야심만만한 페미니즘이 필요하다고 주장할 것이다. 우리에게는 선언문이 완전한 만족감을 선사할 저항의 페미니즘이 필요하다. 코스가 지적하듯이 "선언문은 일반적으로 자신이 반대하고, 떠나고, 변하고, 바꾸길 원하는 것을 공표한다. 적대를 표할 때 선언문의 어조는 저항을 통해, 그리고 일반적으로 오직 지금뿐이라는 정신을 통해 구성된다."[36] 페미니즘 선언문이 페미니즘에 권위를 수여한다. "선언문은 스스로 존립한다, 다른 것에 의지해 설 필요가 없다, 자기 자신 외에 다른 텍스트는 요구하지 않는다. 선언문의 규정은 자족적이고 선언문의 신체에 내포되어 있다."[37] 최상의 페미니즘 선언문은 가부장제에 맞서는 무기일 뿐 아니라 최악의 페미니즘 정치 국면에 맞서는 무기이기도 하다―그것은 자유주의의 경향인바 중용과 완만한, 증대하는, '인내심을 갖고 기다리는' 개혁의 양태를 반박한다. 그것은 여성의 목소리를 침묵하게 만드는 제도적 관행에 대한 반박이다. 그것은 분노를 무시하길 거부한다. 그것은 제도적인 공손함, 자신의 억압에 대한 여성의 공모, 저자의 수동성을 강조하는 원칙을 뜯어낸다. 목소리를 발견할 새로운 방식과 모순으로 가득 찬 페미니즘 선언문에 대한 새로운 주목과 나란히[38] 페미니즘 선언문은 우리가 자랑스러워할 수 있는 페미니즘 정치, 난폭하고 무례하고 비타협적이고 변명하지 않는 용감하고 소란스러운 정치를 형성할 수 있다.

많은 페미니즘 선언문과 저자는 이런 태도를 취하려고 했다는 이유로 비판을 받아왔고, 그 결과 미친, 충격적인, 포악한, 어려운, 혐오스러운, 남성을 싫어한다는 이유로 폐기되었다. 페미니즘 작가들은 페미니즘의 목표들을 '쇄신해서 진부하게 만들었던' 동시대 페미니즘 정치의 패턴들을 비판했기에 쓰레기 취급을 받아왔다.[39] '모두를 위한 페미니즘' 렌즈에 반대하는 노력은 모두 늘 그렇듯이 순식간에 부서졌다. 페미니스트들은 반페미니즘 진영으로부터 훨씬 더 독한 비난과 조롱을 받았을 때조차도 서로의 작업 방식을 끊임없이 조롱하고 폄하한다. 래디컬 페미니스트의 글—특히 선언문—에 대한 증오 메일과 인터넷에서의 공유가 계속 증가한다는 사실은 이런 작업이 현상에 대해 제기하는 어떤 위협 같은 것을 폭로한다. 페미니즘 선언문은 정화된, 모호한 언어 뒤로 숨지 않는다. 선언문은 현실과 나란히 고동치고 사물을 부수고 들어간다.

지식을 만드는 놀이터를 뒤엎는 페미니즘 선언문의 방식은 다양한 학자들의 교차적 작업의 한갓된 포섭에 다름 아닌 동시대 부적합한 실천들을 훨씬 뛰어 넘으면서 나아간다. 나는 페미니즘 선언문들을 가장 기본적으로는 계급에 기반한 분노의 장르로서, 즉 지배계급에 맞서는, 제멋대로 날뛰는 부에 맞서는, 언어와 텍스트 단속하기에 맞서는, 책임과 공손함으로 변장한 채 어떤 목소리와 어떤 사유는 배제하는 관행들에 맞서는 싸움으로 상상하길 좋아한다. 페니 바이스는 이렇게 쓴다.

선언문 덕분에 우리는 전문가들과 교육받은 자들, 가장 특권적이고 정치적으로 노련한 자들의 목소리 뿐 아니라 구타당한 자들, 매춘부로 팔리는 자들, 문맹들, 그리고 가난한 이들, 농부들, 선주민들, 그리고 종종 같은 모임에 참석해 있지만 "불가촉천민"인 이들의 목소리를 들을 수 있다.[40]

나는 여기에 덧붙여 선언문이 쓰레기 같은, 단편적이고 산만한, 진력이 난, 화가 난 미래의 비전이 출현할 진짜 정치, 밸러리 솔라나스가 쓴 대로라면 "남자들이 이 세계에서 만들어낸 쓰레기통"에서 출현할 진짜 정치를 용인할 것이라고 말하겠다.[41] 솔라나스의 주장처럼 우리에게는 "엉망진창fuck-up의 힘"이 필요하다.[42]

결국 페미니즘 선언문은 가부장적인, 남성화된, 지배계급 소유의 권력 장악하기, 전형적으로 오직 부유하고 힘 있는 남자들에게만 귀속된 권위적인 발화 찬탈하기를 표상한다.[43] 페미니즘 선언문은 사회화된 여성들의 내면에서 배양하도록 주입된 바로 그 속성들—특히 공손함과 복종—을 거부하기에 본성상 무례하다. 페미니즘 선언문은 거리낌 없이 조급하고 엄마답지 않고 염증을 일으키고 혁명적이고 역겹고 야심에 차 있고 두목처럼 으스대고 때로 폭력적이다—이 모든 것은 전통적으로 "비여성적인unfeminine" 속성들을 구성한다. (이런 찬탈을 통해서만 등장할 위험의 유무, 힘을 놓고 페미니스트 학자들은 계속 경합 중이다.)[44] 페미니즘 선언문의 직접적인 과녁은 어쩔 수 없이 따듯하고 공손하고 너그럽게 포용하는 자유주의 페미니즘의 암묵적인 목적들이고, 따라서 페미니즘 선언문은 힘들고 논쟁적이고 제어하기 어려운 페미니즘의 비전을 옹호한다. 자유주의 페미니즘의 온건하고 쪽수를 늘리려는 충동에 대한 이런 적대나 반대는 지속적으로 증가하고 있는 페미니즘의 변두리의 성장에 중요하다.[45] 사실 많은 학자들이 주장해온 바에 따르면 하나의 운동이 급진적인 측면을 갖는 것은 페미니즘 내부에서 사유를 혁신하고 또 페미니즘 행동주의의 목표들 가운데에서 공포와 두려움의 느낌을 창조하는 데 결정적으로 중요하다.[46]

페미니즘 선언문은 여성들 사이에서 그리고 여성들 안에서 집단성과 연대의 여러 개념들을 재상상하기도 한다. 바이스가 지적하듯이 페미니즘은 집단적인 정치 운동이라고 평가되어 왔지만, 집단적으로 쓰이고 비준된 문서들은 거의 관심을 받지 못했다. 이 선집에서 줄곧 확인 가능한 것과 같이 페미니즘 선언문은 종종 새로운 미래를 상상하려고 함께 작업한 집단의 공동 저술이다. 바이스는 이렇게 적는다:

아마 우리는 위대한 생각은 도서관의 흐린 조명 밑에서 홀로 작업하는 각각의 천재들로부터 온다고 확신할 것이다. 집단적으로 창조되어 쓰인 선언문을 고매하게 평가된 '이론적인' 작품이 아니라 '응용된' 혹은 '활동가'의 작품으로 표상하는 흔한 방식 역시 선언문에 대한 우리의 무시와 홀대에 기여한다.[47]

페미니즘 선언문은 종종 집단적 작업과 집단적 글쓰기의 대의를 촉진시킨다. 그렇다고 이 선집은 페미니즘 선언문의 중요성을 정당화하거나 형식화하려는—사실 이렇게 되면 선언문의 본성 자체를 거스르는 것일 것이다—데 의도가 있는 게 아니다. 오히려 이 책의 의도는 함께 모여 읽고 흡수하고 참여하는 집단적인 힘을 전시하려는 것이다. 여기서 내 관점은 독자들이 페미니즘 선언문을 학술적으로 가치 있는 것으로 읽고 이해해달라고 부탁하는 데 있지 않다. 내 제안은 오히려 지식 관행이 움직이는 방식, 특히 급진적인 페미니즘 글쓰기를 열외로 취급하고 시시한 것으로 만드는 관행들이 움직이는 방식을 폐위시키자는 것이다.

페미니즘 선언문은 새로운 젠더의 비전, 여성을 위한 새로운 역할, 사람들이 취할 수 있는 새로운 정체성과 태도와 입장을 지지한다. 가령 조린의 〈비치 선언문〉은 다음과 같이 비치란 단어를 긍정하고 지지하자고 제안한다.

비치는 공격적이고 확신에 차서 말하고 광포하고 건방지고 강한 정신의 소유자이고 심술궂고 적대적이고 직접적이고 대담하고 솔직하고 미움을 받고 얼굴에 철판을 깔았고 냉정하고 사악하고 교조적이고 경쟁적이고 유능하고 진취적이고 말이 많고 독립적이고 고집이 세고 요구하는 게 많고 조종하려들고 이기적이고 의욕이 넘치고 목표를 달성했고 압도적이고 위협적이고 무시무시하고 야심이 가득하고 거칠고 쉿소리가 나고 남성적이고 사납고 불온하다. 그중에서도 특히, 비치는 심리적으로 상당히 많은 공간을 차지한다. 당신은 비치가 항상 당신 주위에 있다는 것을 안다. 비치는 그 누구에게도 개똥 취급을 당하지 않는다. 당신은 비치를 좋아하지 않을 수 있지만 그렇다고 무시할 수는 없을 것이다.[48]

페미니즘 선언문은 언어를 되찾고, 권력을 되가져오고, 상처줄 수 있는 말과 상처줄 수 없는 말을 직접 결정한다. 세계를 자신들의 의지에 묶고 자기를 구성하려는 느낌이 페미니즘 선언문에 존재한다. 좀 더 머리를 써서 지적으로 작성된 도나 해러웨이의 〈사이보그 선언문〉은 이렇게 주장한다. "해방은 의식의 구성, 즉 억압에 대한 그리고 가능성에 대한 상상적 불안에 근거한다."[49]

이번 선집에서 우리는 현재 우리가 겪고 있는 곤궁에서 빠져나올 수 있는 모든 방법을 위한 가능성을 발견한다. 우리는 신체와 섹슈얼리티, 퀴어 정치와 트랜스 신체, 경계와 불모지, 정서와 기억을 상상할 새로운 방법을 발견한다. 우리는 새로운 탈식민주의 정치를 위한 공간을 만드는 유색인과 흑인 여성의 강력한 집단적 분노를 듣는다. 우리는 가난한 여성, 쓰레기 여성, 성 노동자, 전혀 반성하지 않으며 분노만 하는 여성의 이야기를 듣는다. 우리는 페미니스트 해킹의 윤리, 아이를 낳지 않기로 한 데 대한 경축, 동시대의 '사회적 깨어 있음'에 대한 비판, 레즈비언 마피아 사이를 오가며 계속 진로를 바꾼다. 심지어 우리는 1970년대 스타일의 마녀와 비치의 스타일—더 정확히는 마녀성과 비치성—로 돌아가서, 이른바 부정적인 여성 상투형에 대한 논의에서 갑자기 억압자들 쪽으로 방향을 트는 오만불손하기 그지없는 방식에 대해 이야기할 것이다. 이 책은 모서리, 계속 급작스러운 선회가 등장할 불완전하고 들쭉날쭉한 길을 제시할 것이고 그러면서도 여타의 다양한 역할도 소개하고 경청할 것이다—아마 출구 전략으로서, 전투 소집으로서, 아니면 맨 가장자리 사람들이 사무치게 외로움을 느꼈을 시절에 그들을 위로할 연대의 메모로서.

책의 구성 방식

이 책은 제1, 2, 3 물결 페미니즘(과 그 이상의 페미니즘)의 출처, 페미니즘과 특히 미국 페미니즘 정치에 새로운 토대를 만들어주고, 그 토대를 옮기고 고취시키고 격퇴하고 위조했던 출처들에 집중한다. 종종 '미친' '불쾌한' '저기 바깥에 있는' 어려운, 혹은 논쟁적인이란 비난을 자처하다 폐기되었던 출처들을 의지처로 활용하면서, 아직까지 공식적으로 출간되지 않은 많은 페미니즘 선언문, 유명한 선언문과 동시에 모호한 선언문을 포괄한다. 또한 일련의 출처와 주제—탈식민주의 연구, 급진적인 청년 운동들, 선주민의 권리, 유색인 여성 행동주의, 무정부주의, 미출간되었거나 가명으로 출간된 선언문들, 래디컬 페미니즘, 미술사, 과학기술 연구, 무엇보다 초기 여성 운동의 증거로서 오랫동안 잊었다가 소생한 막대한 양의 원고들—를 망라한다. 물론 엄격한 의미에서라면 이 모두가 선언문인 것은 아니다. 그렇지만 이 모든 것은 선동하고 불안하게 만들고 새로운 토대를 개척하려고 했던 래디컬 페미니즘 글쓰기의 전통에 속한다. 이런 분류 방식은 과거(먼, 그리고 그렇게 멀리 있지 않은)와 현재의 급진적인 처방들을 다시 소생시켜서 변방 페미니즘의 미래에 필요한 비전을 만들려는 의도를 갖는다.

대부분의 선집은 주로 예술의 선언문들(주로 남성들이 쓴)과 혁명적인 선언문들(역시 주로 남성들이 쓴)에 초점을 맞춘다. (지금껏 쓰인 유일한 선언문은 《공산당 선언》이라고 생각하는 이들도 있다.) 그와 달리 이번 선집은 대부분 여성들인 활동가와 선동가, 문제아와 불평분자의 목소리를 전면으로 갖고 올 것이다. 또한 고도로 젠더화된 책임감의 규범들에 저항하면서 작업하는, 그러므로 아카데미 안팎에서 작업하는 텍스트로 구상되었다. 아카데미 안에서 그것은 페미니즘/여성학/젠더학에서, 혹은 여성사 강의에서 기록물을 읽는 독자의 자리를 차지할 것이고 아카데미 바깥에서는 좀 더 저항의 가능성들을 자극하는 카타르시스적인 텍스트로 봉사할 것이다. 두 경우 모두 이 선집은 영구적으로 또 의도적으로 주변화된 신체로서 움직인다. 이 선집은 분노를 고취하고 활동가들을 양육하기 위해, 동료 학자들에게는 우리가 또 누구와 무엇을 망각하는지를 상기시키기 위해 존재한다. 그리고 일견 따로따로 분리된 지식의 몸체들을 하나의 집단적인 몸체로 통일한다. 당신이 화가 나 있고 진력이 났고 싸움에 동지가 필요한 상태라면 이 책은 당신을 위한 것이다. 이 책을 즐길 만큼 당신이 활동가, 반역자, 반문화 펑크, 래디컬로서 충분한지 궁금하다면 나의 공감어린 대답은 이렇다: 그렇다.

이 책은 지식이 사실들의 묶음으로서 정리되고 모인 곳이 아니라 억압과 불일치의 복잡한 네트워크를 통해 순환하는 다양한 정동, 이야기, 형식, 이데올로기로서 모이는 그런 폭발 장소로 보고 자신의 내용에 접근한다. 이 선언문들은 급진적인 사회적 격변의 결과로 출현했던—그리고 지금도 계속 출현 중인—패턴과 역설을 표상한다. 몇몇 텍스트는 우리가 경험하고 있는 문화적 순간에 특히 더 적절하고 생생한 느낌을 줄 것이다. 그리고 또 몇몇 텍스트는 장소와 시간에서 이미 지나간 것처럼 느껴질 것이다. 어떤 텍스트는 신선하고, 어떤 텍스트는 그렇지 않을 것이다. 어떤 텍스트는 직접적으로 당신에게 말할 것이고 어떤 텍스트는 지금껏 당신이 고려해보지 않았던 페미니스트적 연대의 새로운 양태들을 당신이 고려해보라고 제안할 것이다. 이 선집은 급진적인 사회적 사상과 표현을 집단적으로 또 개인적으로 생각해보기 위해 제시되었다. 또한 어떤 식으로건 충격을 줄 것이다.

나는 연대기나 지리, 분과들보다는 주제를 근거로 텍스트를 선별하고 조직하려고 했다. 이렇게 주제에 경도된 텍스트를 읽을 때 독자들은 페미니즘 선언문이 택한 비판적, 미적, 정치적, 사회적 주제에서 일촉즉발의 긴장감을, 특히 긴장과 모순이 극에 달했을 때 경험할 것이다. 가령 우리는 앤드리아 드워킨의 문장과 성 노동을 지지하는 선언문을 나란히 읽게 될 것이다. 우리는 폭력에 반대하는 진영과 폭력을 지지하는 진영을 함께 읽게 될 것이다. 이야기는 분명하지도 한결같지도 않다. 우리의 의도는 독자로서 당신이 편안하고 고요한 상태를 유지할 수 있게 하려는 것이 아니다. 이 작품들은 페미니즘의 날카로운 모서리를 강조하고 고양할 것이다.

시간, 저자, 관점, 어조에서 각기 다른 방식으로 쓰였지만 나란히 병치된 이 여덟 장의 선언문들을 읽으면서 독자들은 시간, 운동, 움직임을 넘나들며 흥분하고 고취되고 놀랄 것이다. 더 나아가 이 선집은 길고 짧은, 시각적이고 문학적인, 전통적이고 비전통적인, 이해하기 쉽고 매우 모호한, 이미 유명하고 막 등장한 새로운 선언문들을 한데 통합함으로써, 뜨거운 불꽃처럼 헐떡이는 문서들보다 학제적이고 반정서적인 문서를 더 가치 있다고 생각하는 지식-제작 관행들에 도전하고 충격을 가할 것이다. 그리고 약간은 논쟁적인 선택들—가령 한 섹션에 상당히 많은 분량으로 선주민/유색인 여성의 작업을 배치하는 것과 같은—을 통해 나는 한 덩어리의 작업을 함께 읽는 것의 영향력을 극대화하려고 했다. 선주민/유색인 여성 섹션은 공통의 분노의 토대로서 백인성과 나란히 멕시코계 미국 여성 치카나Chicana, 흑인, 선주민 페미니스트들의 글쓰기 사이에서 출현하는 일종의 몽상가적인 연대를 이해하려는 독자들을 위해 구성되었다. 퀴어/트랜스 섹션 역시 그와 유사하게 시간, 위치, 정체성들을 가로지르는 일련의 목소리들이 기대하는, 퀴어성을 둘러싸고 출현하는 집단적인 한 덩어리의 작업을 전달한다. 나는 이것이 마구잡이식의 제시보다는 더 큰 영향을 끼치는 작업이기를 희망한다. 제2 물결 래디컬 페미니즘 초기 글쓰기가 가진 주목할 만한 맹점들을 모르지 않을 텐데 왜 이렇게 많이 그 시기 그들의 선언문을 포함했느냐고 내게 불편함을 토로할 독자들도 있을 것이다. 아니면 전혀 알려지지 않은 저자들을 포용하려는 나의 시도를 문제적이라고 생각할 독자들도 있을 것이다—이와 연관해서 나는 페미니즘 선언문을 묶은 책은 많은 이유로 소란을 일으킬 것이라는 것, 그리고 그것은 페미니즘 정치를 위해 경계와 한계들에 대한 새로운 사유를 촉구할 수 있고 또 촉구해야 한다고 주장하겠다. 이 책이 포함한 것, 그런 식으로 결정한 나에 대한 비판은 기꺼이 감수할 것이지만, 그럼에도 독자들이 이 책을 읽고 이 안으로 들어오기를 적극 권장한다.

책은 여덟 개의 주제를 축으로 조직되었다. 퀴어/트랜스, 반자본주의/무정부주의, 분노/폭력, 선주민/유색인 여성, 섹스/바디, 해커/사이보그, 트래시/펑크, 마녀/비치. 각 장은 다양한 범위의 선언문들을 포함하고 역사적이고 동시에 동시대적인 선언문들(그리고 조금은 우파 쪽에선 선언문들도)을 망라한다. 독자들은 이 구성방식 안에서 가끔은 놀라운 방식으로 자기 자신을 반추할 수 있을 것이다. 오드리 로드의 주장처럼.

> 그러므로 우리는 대립과 위협의 맥락 안에서 움직이고 작업한다. 우리들이 서로에 대해 갖는 분노가 그 이유는 아니다. 차라리 그 이유는 모든 여성들, 유색인, 레즈비언과 게이, 가난한 사람들, 즉 우리를 억압하려드는 데 저항하면서 연합과 효과적인 행동을 모색 중인 우리들 각자의 특수성을 검토하기 위해 고군분투 중인 우리 모두를 공개적으로 비난하는 매서운 분노에 있다.[50]

페미니즘 선언문들을 묶은 이 선집의 궁극적인 목적은 우리의 억압의 표적을 더 넓고 더 크게 만들어 제시함으로써, 개인과 집단 신체로서 부끄러움 없이 작동하고 페미니스트적 저항의 새롭고 망각된 목소리들을 우리 쪽으로 끌어들이고 환영해서, 설사 우리가 짊어진 역사의 무게가 아무리 무겁다고 해도 있는 힘껏 소리를 지르며 강력한 힘으로 정당한 분노를 표현하기 위함이다. 다 불태워버리자.

차례

Part 1   ## 퀴어/트랜스

Part 2   # 반자본주의/무정부주의

Part 3   # 분노/폭력

Part 4　선주민/유색인 여성

Part 5   성/신체

Part 6　# 해커/사이보그

일러두기

원문 출처에 대하여

선언문 저자들의 특이한 성격이나 독특함을 보존하기 위해 텍스트의 철자, 구두점, 포맷, 대문자 사용, 문법은 최초 출간되었을 때 그대로 신중하게 재생산 및 복제되었다. 이로써 타자기로 직접 선언문을 작성한 저자들의 선택을 성찰하거나, 처음 발행되었을 당시 선언문이 가졌던 느낌이나 방식을 되찾는 데 명백한 실수들이 도움이 될 것이다.

이런 방식으로 텍스트들을 재생산 및 복제함으로써 선언문이 가진 날것 그대로의 생생함이나 직접성이 전달되기를 원했다. 모든 주는 처음 출판되었을 때의 날짜를 따른다. 선언문들은 해당 원문의 최초 판본에서 갖고 왔거나 저자들 혹은 공동 저자들의 의도에 가장 가깝다고 생각된 판본에서 갖고 왔다.

소저너 트루스의 〈나는 어떤 남자만큼 강하다〉는 프랜시스 다나 게이지가 정리한 〈나는 여자가 아닌가요?〉(1863)로 처음 등장해 가장 널리 알려진 선언문이다. 그러나 내용의 정확성이 떨어지기에, 1851년에 발행된 《노예제 반대의 나팔》에 실린 트루스의 글을 마리우스 로빈슨이 직접 필사한 텍스트를 인용했다. 밸러리 솔라나스의 〈SCUM 선언문〉은 솔라나스가 직접 발행하고 편집해서 배포한 1977년 판본으로, 솔라나스는 이를 특별히 〈SCUM 선언문〉의 "정확한" 버전이라고 불렀다.

본문 표기에 대하여

• 원서에서 강조하기 위해 본래 진하게 표기한 부분은 고딕으로, 이탤릭체로 표기한 부분은 진하게 표기했습니다.

• 본문 하단에 있는 주는 모두 옮긴이가 쓴 것입니다. 원서의 각주는 모두 미주로 처리하였습니다.

Part 1

퀴어 / 트랜스

Queer / Trans

서문

하늘에서 다이크들이 비처럼 내려온다! 1장 퀴어/트랜스에서는 퀴어와 트랜스의 분노를 펼쳐 보여줄 것이다. 퀴어 권리가 정점에 다다랐던 1970년대 초의 시점에서가 아니라, 지난 50여 년을 관통하는 지속적인 저항의 힘으로 어지간해서는 얼굴 붉히지 않는 당당함을 지닌 퀴어 페미니즘의 목소리를 들려줄 것이다.

여기서 우리는 퀴어/트랜스 선언문을 세 가지 시간대로 나눈다. 우선 퀴어 저항의 초기 시절(1970-71)에서 출발해, 1990년대 초반으로 빠르게 옮겨간 후, 2000년대(2002-09)에서 끝맺는다. 이 세 시기를 직선적인 시간대 위에 펼쳐놓고 정리하기보다는 거리낌 없는 태도, 분노, 새로운 퀴어의 미래를 받아 안은 생각들을 오가며 펼쳐보려고 한다.

누구도 여기서 벗어날 수 없고, 그 어떤 주제도 성역일 수 없다. 초기 게이 해방 문건에는 당시 레즈비언 정치학이 새로운 기반을 조성할 수 있도록 행동에 나서야 한다는 퀴어 문화의 주류(퀴어 네이션 선언문Queer Nation Manifesto, 게이해방전선 선언문Gay Liberation Front Manifesto)를 겨냥한 경고가 담겨 있다. 에스카레라 카라콜라Eskalera Karakola, 케이티 태스트롬Katie Tastrom, 레즈비언 어벤저스Lesbian Avengers. 우리는 그 문건들 사이를 오갈 것이다. 우리는 레즈비언의 복수를 보게 될 것이다. 경계를 뭉개버리고, 가장자리를 비틀어버리고, 정체성 정치에 몰두하는 새가슴들에게 "닥쳐"라고 말하는 좀 더 노골적인 퀴어 관련 글을 읽게 될 것이다.

우리의 작업은 경계 개념의 안팎에서 이루어질 것이고, 우리 앞에는 미국의 레즈비언 대통령(조이 레너드Zoe Leonard)과 레즈비언 사고뭉치들(액트 업ACT UP, 레즈비언 마피아The Lesbian Mafia)이 함께할 것이다. 우리는 경계를 넘어설 것이다. 그렇게 경계를 넘나들며 사과할 줄 모르는 게이 반란 세력(보이펑크 Boyfunk)과 협력하며 레즈비언주의는 이상적인 것이며 총체적으로 자연적인 것이라고 주장하는 입장(질 존스턴Jill Johnston, 래디컬 레즈비언스Radical Lesbians)을 살펴볼 것이다. 그와 함께 페미니즘 정치학을 주장해온 남성들(스티븐 댄스키Steven F. Dansky, 존 크노벨John Knoebel, 케네스 피치포드Kenneth Pitchford)과 한 치의 거리낌 없이 당당한 태도로 트랜스 권리에 대한 목소리를 낸 운동가(고야마 에미Koyama Emi)도 만나게 될 것이다. 그 유명한 투쟁 슬로건의 어구처럼. "게이들이 되갚아줄 차례Gays Bash Back다!"

나는 이런 대통령을 원한다

조이 레너드, 1992

나는 다이크 대통령을 원한다. 나는 에이즈 보균자가 대통령이 되길 원하고 호모가 부통령이 되길 원한다. 나는 건강 보험이 없는 사람이, 유독성 폐기물에 찌든 땅 때문에 관절염에 걸리지 않고는 못 배기는 곳에서 자라난 그런 사람이 대통령이 되길 원한다. 나는 열여섯 살에 낙태를 해본 대통령을 원하고, 최악 대신 어쩔 수 없이 남은 차악이 대통령이 되지 않길 원한다. 나는 옛 연인을 에이즈로 잃고서 잠시 쉬려고 눈 붙일 때마다 그 연인의 모습을 떠올리는, 곧 숨을 거둘 연인을 끌어안아본 적 있는 그런 대통령을 원한다. 나는 에어컨 없이 지내는 대통령을, 병원 앞에서, 차량관리국 앞에서, 복지부 앞에서 줄 서본 적 있는 대통령을, 무직 상태를 겪고 정리해고된 적 있는 대통령을, 성추행당하고, 동성애자라서 폭행당하고, 추방된 적이 있는 대통령을 원한다. 나는 무덤에서 밤을 지새워본 사람을, 자기 집 마당 위의 십자가가 불태워진 적 있는 사람[x]을, 강간당했지만 살아남은 사람을 원한다. 나는 사랑하고 상처받아봤고, 섹스를 존중하고, 실수를 저지르고, 그 실수로부터 교훈을 얻는 사람을 원한다. 나는 흑인 여성 대통령을 원한다. 나는 치아가 고르지 않고 성격이 더러운 사람을 원한다. 형편없는 병원 음식을 먹어본 사람을, 크로스드레스[xx]하는 사람을, 마약 중독자로 살다가 재활 치료를 받아본 사람을 원한다. 나는 시민 불복종을 해본 사람을 원한다. 그리고 나는 왜 이것이 가능하지 않은지 묻고 싶다. 나는 우리가 왜 대통령은 언제나 광대이고, 늘 남자이며, 그러나 결코 창녀일 수는 없다고 생각해왔는지 알고 싶다. 언제나 고용자이지 결코 노동자이지는 않고, 언제나 거짓말쟁이에 도둑이지만 결코 잡힌 적 없는 존재라고 당연히 생각하기 시작했는지 알고 싶다.

---

[x] KKK단의 테러 형태를 뜻한다. KKK는 흑인 가족을 테러하고, 집 앞에 십자가를 세운 뒤 불태우는 테러를 행했다.
[xx] 여성이 남성의 옷을 입거나 남성이 여성의 옷을 입는 일.

I want a dyke for president. I want a person
with aids for president and I want a fag for
vice president and I want someone with no
health insurance and I want someone who grew
up in a place where the earth is so saturated
with toxic waste that they didn't have a
choice about getting leukemia. I want a
president that had an abortion at sixteen and
I want a candidate who isn't the lesser of two
evils and I want a president who lost their
last lover to aids, who still sees that in
their eyes every time they lay down torest,
who held their lover in their arms and knew
they were dying. I want a president with no
airconditioning, a president who has stood on
line at the clinic, at the dmv, at the welfare
office and has been unemployed and layed off and
sexually harrassed and gaybashed and deported.
I want someone who has spent the night in the
tombs and had a cross burned on their lawn and
survived rape. I want someone who has been in
love and been hurt, who respects sex, who has
made mistakes and learned from them. I want a
Black woman for president. I want someone with
bad teeth ~~and an attitude~~, someone who has
eaten ~~that nasty~~ hospital food, someone who
crossdresses and has done drugs and been in
therapy. I want someone who has committed
civil disobedience. And I want to know why this
isn't possible. I want to know why we started
learning somewhere down the line that a president
is always a clown: always a john and never
a hooker. Always a boss and never a worker,
always a liar, always a thief and never caught.

조이 레너드, 〈나는 대통령을 원한다 I Want a President〉(1992)
종이에 타자기로 친 텍스트, 27.9×21.6cm

퀴어 네이션 선언문: 퀴어들이여, 이 글을 읽으시라

액트 업, 1990

내가 어떻게 말할 수 있을까. 당신, 그리고 우리 자매형제들의 목숨이 위험에 처해 있다는 사실을 어떻게 납득시킬 수 있을까. 여러분이 살아 있는 채로, 비교적 행복하게, 신체 기능에 문제없는 인간인 채로 깨어나는 매일매일, 반체제적인 행동을 저지르고 있음을 어찌 납득하게 만들 것인가. 살아 있고, 신체가 작동하는 퀴어인 여러분은 한 명의 혁명가다. 이 행성의 누구도 여러분의 존재를 승인하거나, 보호하거나, 장려하지 않는다. 여러분이 여기서 이 글을 읽는다는 것은 기적이다. 본래대로라면 여러분은 죽어야만 한다. 속지 마시라. 이 세상의 주인은 스트레이트다. 여러분이 목숨을 부지하고 있는 것은 똑똑하거나, 운이 좋거나, 전사이기 때문이다.

스트레이트는 마음이 내키는 대로 뭐든 하고, 두려움이 없고, 섹스할 수 있는 특권을 갖고 있다. 그러나 그들은 두려움 없이 사는 것에 그치지 않고, 내 코앞에서 자기네 자유를 과시한다. 내 TV 화면에, 내가 돈 주고 산 잡지에, 내가 가고 싶어 하는 레스토랑에, 내가 사는 거리에 그들의 모습이 있다. 나는 이성애 결혼에 대한, 아이들에 대한, 이성애를 홍보하는 미디어 이미지들, 그리고 이성 간의 애정 표현을 공적으로 전시하는 것에 대해 신경을 끄고 싶다. 내가 스트레이트와 같은 움직임과 섹슈얼리티의 자유를 누릴 수 있을 때까지 스트레이트의 특권은 반드시 중단되어야 하고, 그 특권은 나와 내 퀴어 자매, 형제들에게 넘겨져야만 할 것이다.

스트레이트는 자발적으로 그렇게 할 리 없으며, 그래서 그들에게 그리하도록 강제해야만 한다. 스트레이트는 겁먹을 것이다. 공포에 떨 것이다. 공포는 최강의 동기부여다. 우리가 당연히 누려야 할 것을 우리에게 줄 사람은 아무도 없다. 권리는 주어지지 않고, 필요시 폭력을 써서 쟁취하는 것이다. 적이 누군지 알 때 그 적을 상대하기란 더욱 쉬운 법이다. 여러분의 적은 스트레이트다. 스트레이트가 사회 내에서 눈에 보이지 않는 여러분의 존재를 인정하지 않을 때, 그들이 여러분을 죽게 만드는 그 문화 속에 살아가고, 그 문화에 도움을 줄 때, 스트레이트는 여러분의 적인 것이다. 매일 우리 중 누군가는 적에게 먹힌다. 동성애혐오적인 정부의 무대책이 원인이라 할 수 있는 에이즈 때문에 죽든, (레즈비언 밀집 지역이라고 추정되는 곳에 위치한) 24시간 식당에서 일어나는 레즈비언 혐오 폭력Lesbain bashing으로 죽거나 다치든.

연인들의 군대엔 패배란 없다

퀴어 존재being queer는 사생활 보호 권리가 없다. 공적인 존재가 될 자유, 우리 모습 그대로 있을 자유가 없다. 동성애혐오, 인종주의, 여성혐오, 종교를 내세운 위선자들의 편협함, 심지어 우리 스스로의 자기혐오와 같은 억압과 매일 맞서 싸운다. (그동안 우리는 스스로를 혐오하며 살아가도록 정성스러운 가르침을 받아왔다.) 바이러스와 싸우는 것은 물론 에이즈를 이유로 우리를 지구에서 쓸어버리려는 모든 동성애혐오자들과 싸워야만 한다.

퀴어로 존재한다는 것은 다른 삶을 산다는 뜻이다. 사회의 주류에 머물거나, 이윤을 추구하거나, 애국주의에 빠지거나, 가부장제에 속하거나 동화되는 삶을 살지 않는다. 회사의 전무이사가 되거나, 특권을 얻거나, 엘리트주의에 속하는 삶이 아니다. 주변부에 존재한 채 우리 스스로를 정의하는 삶이 퀴어의 삶이다. 그것은 고정된 젠더 체계를 엿 먹이고gender-fuck, 비밀을 살펴보는 행동이고, 허리띠 아래에 위치한 것과 마음속 깊숙이 자리 잡은 것에 대한 것이다. 퀴어 존재는 밤에 대한 것이다. 우리 한 명 한 명, 모든 사람, 모든 보지cunt, 모든 마음과 엉덩이와 자지dick들이 탐험을 기다리는 쾌락의 세계임을 알고 있기에 퀴어 존재라는 것은 "풀뿌리"와도 같다. 우리 모두는 무한 가능성의 세계다.

우리는 군대다. 그래야만 한다. 이렇게 강력한 우리는 군대다. (우리가 싸워야 할 것은 너무 많다. 우리는 멸종위기종 가운데 가장 소중하다.) 또한 우리는 연인들의 군대다. 우리야말로 사랑이 무엇인지 알기 때문이다. 욕망에 대해서도, 욕정에 대해서도 우리가 가장 잘 알고 있다. 그것들은 우리가 발명한 것이다. 우리는 옷장에서 나와 우리를 거부하는 사회를 직시하고, 우리를 향해 총을 쏴대는 총살형 부대를 마주볼 것이다. 그것은 단지 서로를 사랑하기 위해서다. 우리가 섹스할 때마다 승리는 우리의 것이 된다. 우리 자신을 위해 우리 스스로 싸워야 하고(다른 누구도 우리를 대신해 싸워주지 않는다), 그 과정에서 세계 전반에 걸쳐 좀 더 커다란 자유를 가져올 수 있다면, 그것도 나름대로 훌륭한 일일 것이다. (굳이 몇 가지 사례를 들자면 고대 그리스의 다이크, 호모들fags의 시대부터 우리는 이 세계에 민주주의, 그 모든 예술, 사랑, 철학, 영혼의 개념 등 너무나 많은 것을 선사했다.) 모든 공간을 레즈비언과 게이의 공간으로 만들어보자. 모든 거리를 우리의 성적 지리의 일부로 만들어보자. 갈망의 도시를 완전한 충족의 도시로 만들어보자. 우리가 안전하고, 자유롭고, 또 그 이상의 것을 누릴 수 있는 도시와 국가를 만들어보자. 우리의 삶을 들여다보고, 그 가운데 최선의 것을 봐야만 한다. 퀴어란 무엇이고, 스트레이트란 무엇인지 보라. 그리고 그 스트레이트의 껍질을 떨쳐내라! 기억하라. 시간이 정말 너무나도 없다는 것을. 나는 여러분 모두의 연인이고 싶다. 내년에 우리는 옷을 벗어 던진 채 행진하리라.

분노

"강인한 자매들이 형제들에게 이르길, 다가올 혁명에 대해 기억해둘 두 가지 중요한 것이 있다고 했다. 첫 번째는 우리가 호되게 당하리라는 것이고, 두 번째는 우리가 승리하리라는 것이다." 나는 화가 난다. 모르는 사람이 "당신은 죽어 마땅"하고 "에이즈는 (동성애) 치료제"라고 말하며 사형선고를 내리는 현실에 화가 난다. 수천 달러쯤 하는 의상과 보석을 두른 공화당 여성이 우리를 보고 말도 안 되는 떼를 쓸 때, 제 뜻대로 안 된다며 성질부리는 아이처럼 고개를 가로저을 때, 키득거리며 손가락을 흔들 때, 경찰 통제선 근처에서 고상을 떨며 어색하게 잰걸음으로 지나가는 것을 볼 때 분노가 치민다. 조셉의 목숨을 좀 더 이어줄지는 몰라도, 그를 더 고통스럽게 만들 에이즈 치료제 아지도티미딘AZT의 약값(1년에 8천 달러 이상)에 분노가 치솟는다. 또 재산 상속자들이 먼저 세상을 떠나는 바람에 유언장을 다섯 번이나 고쳐 쓴 사람의 이야기를 들을 때에도 분노가 치솟는다. 그의 가장 좋은 친구들은 모두 죽어버렸다. 바다처럼 펼쳐진 조각보 패널× 속에 서 있거나, 촛불 행렬에 참여하거나, 그 밖의 추모 행사에 참여할 때 분노가 치솟는다. 나는 지랄 맞은 촛불 하나만 든 채 얌전히 행진하지 않을 것이다. 빌어먹을 퀼트를 떼어내 몸에 두르고서는 그것과 내 머리카락을 미친 듯이 쥐어뜯으며 하나님 중심의 모든 종교를 저주하고 싶다. 나는 30년을 산 인간의 생을 쓰러뜨리는 창조물을 받아들이길 거부한다.

내가 가진 모든 것이 불합리하다는 사실에 대한 분노는 잔인하고 비열하고 무의미하다. 나는 하늘을 향해 얼굴을 든다. 기쁨이 아니라 악에 받친 너덜너덜한 웃음은 목에서부터 터지고 눈물은 얼굴을 타고 흐른다. 이 병으로 내가 죽어 없어지지 않는다면 아마 이 병에 대한 좌

× 하비 밀크는 미국 최초의 게이 정치인이었다. 1977년 당선되고 성적 소수자의 권리 옹호를 위한 정치 활동을 펼쳤으나, 당선 이듬해 동료 시의원에게 암살됐다. 이 암살을 기억하기 위해 1985년 촛불 행진이 기획되고, 그 행사의 일환으로 에이즈 관련해서 세상을 떠난 동료, 연인의 이름을 표지판에 써서 샌프란시스코 연방 청사 건물의 벽에 테이프로 붙이는 퍼포먼스가 진행됐다. 그렇게 희생자들을 기리는 이름판은 벽이 아닌 바닥으로 옮겨졌고, 시간이 흐름에 따라 차츰 그 크기가 커졌고 지금까지도 이어지고 있다.

절감으로 죽어버릴 것 같다. 내 발이 거리에서 쿵쿵 소리를 내며 움직일 때, 공포에 질려 바라보는 제약회사 안내 직원의 눈빛 앞에서 피터의 양손은 안내 데스크에 묶여 있다.

에릭의 몸뚱이는 브루클린 묘지에 묻혀 썩어가고 있다. 예배당에 울려 퍼지는 그의 플루트 연주는 결코 다시 듣지 못할 것이다. 6월의 날씨에도 추위를 느껴 긴 모직 코트를 두르고 톰킨스 스퀘어 공원에 옹기종기 모인 사람들이 자신에게 남아 있는 짧디 짧은 인생에 매달리는 모습을 본다. 매일 밤 잠자리에 들기 전 옷을 벗고 거울 앞에 서서 어제까지 없던 반점이 자기 몸에 생겨났을까 찾아보는 사람들을 생각한다. 재앙의 표식인 그 반점을.

나는 신문에서 우리를 "환자"라고 부르고, '그 병'이 '일반 사람들'에게도 곧 전파될 것이라고 경고할 때 화가 난다. 그럴 때 나는 "젠장, 나는 어떤 사람이라는 거야?"라고 소리치고 싶다. "격리 침구" "감염 위험 의류"라는 문구가 찍힌 노란 비닐봉지를 들고 뉴욕 병원(현 웨일 코넬 메디컬센터)을 향해 소리치고 싶다. 그리고 환자가 갑자기 뛰쳐나가 그 병을 옮길 피와 정액을 뿌리기라도 할 것처럼 라텍스 장갑과 수술 마스크를 쓰고서 침대를 정리하는 병원의 직원들에게 소리 지르고 싶다.

나는 일부일처제와 이성애라는 자기방어적 외투를 두르고서 '그것'은 오직 '그들'에게만 일어나는 일이기 때문에 에이즈가 자기들과는 아무 관련이 없다고 자신하며 잘난 체하며 앉아 있는 스트레이트들을 볼 때 분노가 치솟는다. 내가 달고 있는 '침묵=죽음Silence=Death'이라고 적힌 배지를 보자마자 "호모는 죽을 팔자"라고 희롱하듯 흥얼거리기 시작하는 10대 소년들을 보면, 이런 말은 누구에게 배웠을지 궁금해진다. 그렇게 가는 길마다 나의 배지가 조롱거리가 되는 동안, 나는 분노와 공포에 사로잡힌 채 침묵한다. 그리고 나는 다시 또 분노한다. TV 프로그램에서 죽은 이들의 명단을 공개하는 방식, 그 순서에 대해. 수혈로 감염된 아이, 10대 소녀, 노년의 침례교 목사와 그 부인을 차례로 보여준 다음 게이 남성을 등장시키는 것. 그래서 결국 그가 10대 남성 매춘부를 감염시킨 누군가로 묘사될 때 화가 난다. 그럼 동성애자에게 대체 뭘 기대한 것인가?

나는 화가 난다.

퀴어 예술가들

역사가 시작한 이래로 퀴어 예술가들의 작품은 세계에 영감을 주었다. 하지만 그들에게 주어진 대가는 괴로움 속에서 고통과 폭력에 시달리는 것이었다. 역사를 통틀어 사회는 퀴어 구성원들과 흥정을 해왔다. 조심하기만 한다면 창조적인 일을 추구해도 좋다는 식으로 말이다. 예술을 통해 퀴어는 생산적이고, 높은 수익성을 내고, 즐거움을 주며, 심지어 사회를 고양시키기도 한다. 그렇지 않다면 이것은 반사회적이라고 했을 퀴어 행위에 대한 예술의 확실한 그리고 유용한 부산물이다. 문화 예술계에서 퀴어들은 자신들을 못마땅하게 생각하는 다른 권력 엘리트들과 조용히 공존할 수도 있다.

최근 퀴어 예술가들을 맹비난하는 운동을 이끌고 있는 사람은 고상하고, 도덕적이고, 기독교적이며 미국적인 그 모든 것의 결정권자인 제시 헬름스Jesse Helms×다. 헬름스가 보기에 퀴어 예술은 그저 단순히 세계에 대한 위협일 뿐이다. 그가 상상할 수 있는 한계인 이성애 문화는 인간적, 성적 다양성의 수용을 견뎌낼 수 없을 정도로 허약하다. 그의 논리에 따르자면 유대-기독교 세계에서 권력 구조는 재생산을 그 주춧돌로 삼아왔다. 아이들이 있는 가족이란 구성원 중 누군가의 붙박이 간병인이 되어 공공 의료의 비용을 줄이는 데 기여하는 시스템이다. 또 그 각각은 국가의 생산품의 소비자가 되며, 그 생산품의 노동력을 보장하는 것은 물론이다.

즉, 모든 비-재생산 행동을 위협으로 간주된다. 동성애에서 산아제한, 임신중절에 이르는 모든 선택지가 그러하다. 종교적 우파의 입장에서는 지속적으로 출산과 이성애를 홍보하는 것만으로는 부족하다…… 그들은 대안적인 모든 것들을 반드시 박살내려고 한다. 헬름스가 노리는 것은 예술이 아니다…… **그것은 우리의 목숨이다!** 예술은 레즈비언과 게이 남성들이 살아갈 수 있는 최후의 안전지대다.

이것을 파악한 헬름스는 퀴어가 퀴어가 아닌 세계와 공유하는 문화로 허락받아온 그 한 가지 영역, 예술에서 퀴어를 축출할 프로그램을 개발했다. 헬름스는 다양성이나 반대 의견이 존재하지 않는 세계를 옹호한다. 그런 세계를 책임지는 이들에게 그것이 왜 더 편안하게 느껴질지 상상하기란 쉬운 일이다. 그런 권력으로 평평해진 (파쇼적인) 미국의 풍경을 그려보는 것 또한 쉬운 일이다. 헬름스는 그 자신이 에둘러 주장하고 있는 내용이 무엇인지 정확히 밝혀야 한다. 헬름스가 말하는 예술이란 국가 지원의 예술이라고, 전체주의적 예술이라고, 오직 기독교의 용어만을 말하는 예술이고 권력을 쥔 이들의 목표만을 지원하는

× 1973년부터 2003년까지 노스캐롤라이나의 상원의원으로 활동하며 동성애자를 일컬어 "연약하고, 도덕적으로 병든 패배자"라고 말하며 동성애 권리 관련 법안에 시종일관 부정적인 견해를 주도했다.

예술이며, 대통령 집무실의 소파와 잘 어울리는 그런 것이라는 사실을 명확히 해야 한다. 제시, 당신이 원하는 바를 밝히도록 하라. 그래서 우리가 다른 나라들의 인권 침해에 대해 반대하며 움직일 수 있도록, 그리고 우리나라의 반체제 인사들의 석방을 위해 싸우는 사이, 양심을 지닌 남성과 여성들이 당신의 뜻에 반대하며 모일 수 있도록.

당신이 퀴어라면,

퀴어들은 포위당했다.

모든 전선에서 퀴어에 대한 공격이 일어나고 있고, 나는 이런 상황이 아무렇지도 않게 느껴질까 봐 두렵다. 1969년에는 5월 한 달 동안 50건의 "퀴어 박해Queer Bashing"이 있었다. 폭력적인 공격이었다. 3,720명의 성인 남녀와 아이들이 에이즈로 죽었고, 이는 더욱 심해진 폭력 때문이었다. 사회에서 증가하고 있는 동성애혐오에 뿌리박고 있는 정부의 무대책으로 인한 것이었다. 이 공격자들은 얼굴이 없어서 퀴어 존재에게는 더욱 위험할 제도화된 폭력이다. 우리는 그들에게 충분히 맞서 싸우지 않고 있다. 공격을 허용하고 있는 것은 우리 자신인 셈이다. 에이즈는 스트레이트의 세계를 흔들었고, 이제 그들은 에이즈가 우리 탓이라며 비난하면서 우리에 대한 폭력을 정당화시키는 방법으로 활용하고 있다. 그들은 이제 우리가 사라지기를 바란다. 그들은 계속 우리와 함께 공존하기보다 우리를 구타하고, 강간하고, 죽일 것이다. 이러한 상황이 괜찮지 않다고 인식하는 데는 무엇이 필요할까? 분노를 느끼도록 하라. 분노로 아무런 변화를 느끼지 못하겠다면 공포를 느껴

보라. 공포가 느껴지지 않는다면, 공황에 빠져보라.

소리쳐라!

자랑스러워하라. 무엇이든 시도해서 관습처럼 품어온 용인의 태도를 버리도록 하라. 자유로워져라. 소리 질러라.

1969년 퀴어들은 맞서 싸웠다.[x] 1990년 퀴어들은 괜찮다고 말한다. 내년에 우리는 여기 존재하겠는가?

나는 싫어한다

나는 제시 헬름스를 싫어한다. 나는 제시 헬름스가 너무 싫어서, 그 사람이 어딘가에서 떨어져 죽기라도 한다면 정말 기쁠 것이다. 누군가 그 사람을 죽인다면 그럴 만한 잘못을 했겠거니 하고 생각할 것이다.

나는 로널드 레이건도 싫다. 그는 8년 동안 나와 같은 사람들을 대량 살상했다. 하지만 그 사실보다 그를 더욱 싫어하는 이유는, 라이언 화이트[xx]에 대해 추도를 하면서도 라이언의 죽음과 수만 명에 육박하는 (대부분이 퀴어인) 에이즈 환자들의 죽음에 대해 자신의 죄를 인정하거나 용서를 구하지 않아서다. 내가 그를 증오하는 것은 그가 우리의

---

[x] 1969년 뉴욕 경찰의 동성애 단속에 대한 항의로 시작한 동성애 권리 시위를 칭한다. 스톤월이라는 클럽에서 일어난 경찰과의 마찰로 촉발된 운동으로 '스톤월 항쟁'이라고 부른다.

[xx] 수혈 중 에이즈 감염 환자. 에이즈 감염이 확인되자 다니던 중학교에서 퇴학 처분을 받았다. 이후 복학 문제로 미국 전역에 알려지고, 에이즈 연구 및 에이즈 환자의 공교육 권리에 대해 대중의 관심을 불러 모았다. 에이즈 확진 5년 후 합병증으로 사망했다.

비탄을 조롱하기 때문이다.

나는 빌어먹을 교황과 빌어먹을 추기경 존 오코너를 증오한다. 나는 지랄 맞은 천주교 전체가 싫다. 군대도 마찬가지다. 특히 파쇼 같은 미국의 법집행 공무원들, 즉 국가가 승인한 사디스트인 짭새들이 길거리의 복장도착자, 성매매자, 퀴어 수감인들에게 가혹행위를 하는 것도 싫다. 나는 의료기관, 정신의학 기관들이 싫다. 그중에서도 특히 나의 정신과 의사가 싫다. 그는 우리(라고는 하지만 의사 혼자)가 노력해서 퀴어보다는 양성애가 되어보기로 하자면서 3년 동안 남자와 섹스하지 못하게 설득하던 그 정신과 의사가 싫다. 또한 나는 학교 선생이 싫다. 매년 수천 명의 10대 퀴어들을 자살하게 만드는 데엔 그들의 지분이 크다. 나는 "점잖은respectable" 예술계가 싫다. 연예 산업, 주류 미디어, 특히 《뉴욕 타임스》가 싫다. 사실 나는 이 나라의 스트레이트 질서의 모든 분야가 싫다. 그 가운데 최악은 모든 퀴어가 죽기를 간절히 바라는 이들이다. 그중 조금 나은 사람들이라고 해봤자 우리를 살리겠다고 결코 자기 목을 들이밀지 않을 것이다.

나는 "아웃팅"을 지적인 대화 소재로 생각하는 스트레이트가 싫다. 나는 그들 자신에 관한 이야기는 "보편적"인 것이고, 우리에 관한 이야기는 다만 동성애에 대한 것일 뿐이라고 생각하는 스트레이트가 싫다. 나는 퀴어 연주자의 재능을 뽑아내서 자기 경력을 만들어내는 스트레이트 음악가가 싫다. 그들은 이내 우리를 공격하고서는 우리가 화내면 상처받는다. 그리고서는 우리에게 사과하기보다 우리를 부당하게 대한 적이 없다면서 부정한다. 나는 이런 말을 하는 스트레이트가 싫다. "왜 그런(퀴어임을 알리는) 배지를 달거나 티셔츠를 입어야 하는지 모르겠네요. 내가 '나는 스트레이트입니다'라고 돌아다니지는 않잖아요."

나는 12년의 공교육을 받는 동안 퀴어에 대해 한 번도 배워본 적이 없다는 사실이 싫다. 나는 이 세상에서 나 혼자만 퀴어인 줄 알고 자랐던 것이 싫다. 나는 다른 아이들에게 호모라며 괴롭힘당했던 경험이 싫지만, 그보다 더 싫은 것은 그 애들의 잔인성이 향하는 대상이 되는 일을 부끄러워하도록 교육받은 것이다. 나는 내가 하는 섹스를 근거로 나를 범죄자로 규정하는 이 나라의 대법원이 싫다. 나는 내 젠장할 성생활에 그렇게나 관심이 많은 스트레이트가 싫다. 나는 다수의 꼬인 스트레이트가 부모가 되는 것이 싫다. 그들이 그렇게 쉽게 부모가 되는 와중에, 난 아버지가 돼도 좋다는 허락을 구하려고 죽도록 싸워야만 하는데 말이다. 나는 스트레이트가 싫다.

자매들이여, 어디에 있는가?

나는 어디에서나 분홍 삼각형[X] 배지를 달고 다닌다.

나는 남들 앞에서 레즈비언 사랑이나 섹스에 대해 이야기할 때 목소리를 낮추지 않는다. 사람들이 내 '남자 친구'에 대한 질문을 하기 전에 나는 늘 먼저 레즈비언이라고 말한다. 질문을 받고 나서야 "신경 쓸 바 아니잖아요"라고 답하지 않는다.

이런 건 스트레이트들을 위한 행동이 아니다. 대개 그들은 '분홍 삼각형'의 의미를 알지 못하며, 나와 내 여자 친구가 서로 정말 사랑하는지, 거리에서 싸우는지 아무런 관심이 없다. 우리가 무엇을 하든 우리

[X]   홀로코스트 수용자 가운데 남성 동성애자에게 부착한 분홍색의 삼각형 배지.

에게 신경 쓰지 않는다. 나는 다른 레즈비언들에게 닿기 위해 내 할 일을 한다. 나는 레즈비언들이 나를 스트레이트라고 오해하게 놔두고 싶지 않다. **나는 당신에게 닿고 싶다.** 그래서 언제 어디서든 최선을 다한다. 아마 당신은 나를 알아볼 수 있을 것이다. 아마도 우리는 대화를 시작할 수 있을 것이고, 전화번호를 교환하고, 친구가 될 수도 있을 것이다. 어쩌면 말 한 마디 하지 않았대도, 눈빛을 나눌 수도 있을 것이다. 나는 당신의 벗은 몸을, 입을 벌린 채 땀에 젖은 모습을, 등을 활처럼 구부린 채 나와 섹스하는 모습을 상상할지도 모른다. 그리고 우리는 이 세상에 우리 둘만이 있는 것이 아님을 알게 되어 행복할 것이다. 우리는 아무런 말도 하지 않으면서도, 잠시 뿐일지라도 서로를 찾아냈기에 행복할 것이다.

하지만 사실은 그렇지 않다. 당신은 리넨 옷깃에 분홍 삼각형을 달지 않으려고 한다. 내가 거리에서 당신을 보고 추파를 던져도 당신은 내 눈을 마주치려 하지 않는다. 내가 내 존재를 '지나치게' 드러냈기에 당신은 직장에서 나와 마주하려 하지 않는다. 그리고 당신은 내게 '지나치게 정치적'이라며 바에서 꾸짖는다. '나의' 레즈비언인 측면에 사람들이 '지나치게 많은' 주목을 한다면서 다른 사람들 있는 데서 나를 모른 체 한다. 하지만 당신은 내가 당신의 애인이 되기를 바란다. 당신의 친구가 되기를, 당신을 사랑하고, 옹호하고, **우리의** 존재할 권리를 위해 싸우기를 바란다.

당신은 어디에 있는가?

당신은 우리가 사회에서 비가시적 이라는 말, 말, 말들을 늘어놓고서는 이내 집으로 후퇴한다. 당신은 집에서 애인과 보금자리를 틀거나, 친구들과 바에서 흥청망청 마시다가 택시에 실려서는 비틀거리며 집 앞에 도착한다. 혹은 당신의 가족, 상관, 이웃, 공무원들이 우리를 흉측한 존재로 왜곡시켜 우리를 조롱하고 벌주는 동안 당신은 조용히, 그리고 얌전히 앉아 자리를 지키려고 집으로 물러간다. 그리고 다시, 집에서 당신은 비명을 지르고 싶어진다. 그럴 때 당신은 인간관계나 커리어에 집착하거나, 당신과 같은 다이크들과 함께 파티에 참여해 분노를 삭인다. 그래놓고 여전히 당신은 어째서 우리는 서로를 발견하면 안 된다는 것인지, 어째서 당신은 외롭고, 분노가 치밀어오르고, 소외된 것인지 궁금해한다.

자매들이여, 일어나라, 잠에서 깨어나라!!

당신의 삶은 당신의 손에 쥐어져 있다.

내가 나를 바깥으로 드러내는 위험을 감수할 때, 그것은 당신과 나 모두를 위한 것이다. 내가 위험을 감수해서 성공하면 (당신도 시도 해본다면 보통 성공할 것이다), 그것은 내게 이로운 일이고, 당신에게도 그러하다. 그러나 성공하지 못한다면, 나는 고통은 받겠지만 당신은 고통받지 않을 것이다.

언제까지나 다른 다이크들이 나타나서 당신을 위해 안전한 세계를 만들어주기를 기다릴 수는 없다. 더 나은 레즈비언의 미래를 기다리는 일을 **멈추시라**. 우리가 시작한다면 혁명이 여기에 존재할 수 있다. 자매들이여 어디에 있는가? 나는 당신들을 찾으려 애쓰고 있다, 나는 당신들을 찾으려 애쓰고 있다. 나는 왜 당신들을 게이 프라이드 데이에만 모습을 볼 수 있는가? 우리들은 "**나섰다**OUT". 젠장할 **당신들**은 어디에 있는가?

누군가 퀴어라는 이유로 당신을 공격한다면, 그게 바로 퀴어 박해 아닌가?

게이 바가 영업을 마치고, 쉰 명쯤 되는 사람들이 그 바에서 나왔다. 그 길 건너편에는 바에서 나오는 사람들의 10분의 1쯤이나 되어 보이는 숫자의 스트레이트 소년 몇 명이 모여 있었다. 그 스트레이트 소년들은 "호모 새끼들"이라고 소리치며 길 건너편 사람들을 향해 맥주병을 집어 던졌다. 하지만 길 반대편의 퀴어 그룹 가운데 세 명 만이 그들에게 반응을 보이며 움직일 뿐, 나머지는 아무런 대응도 하지 않는다. 이 정도 규모의 집단이 왜 스스로 호구가 되기로 한 것일까? 톰킨스 스퀘어 공원, 노동절에서 매년 열리는 야외 콘서트 겸 드랙쇼. 10대 아이들이 나뭇가지를 들고서 한 게이 남성 집단을 괴롭혔다. 게이 남성과 레즈비언들이 수천 명이 모여 있는 한가운데서, 이 스트레이트 소년들은 게이 남성 두 명을 때려눕히고 자기들끼리 의기양양하게 웃고 서 있었다. 행사의 진행자는 상황을 전달받고, 무대 위에서 참가자들에게 이렇게 경고했다. "여성분들 조심하세요. 여러분들이 잘 차려입으니 남자애들이 미치겠나봅니다." 이 경고는 행사에 참여한 사람들 모두를 대상으로 한 폭력이 아니라 피해자들의 옷차림에 초점을 맞춘 심술궂은 농담 같은 것이었다.

군중이 폭력을 휘두른 이들에게 맞서 일어나려면 무엇이 필요할 것인가?

공공연하게 자신이 게이임을 밝혔던 제임스 자팔로티James Zappalorti가 스테이튼 아일랜드에서 잔혹하게 살해당하고 난 올 겨울 이후로 고작 한 번의 집회가 열렸고, 100명의 사람들이 모였다. 흑인 청년이었던 유세프 호킨스Yuseuf Hawkins가 벤슨허스트의 '백인 구역'에 있었다는 이유로 총을 맞고 죽었을 때, 많은 흑인 미국인들은 몇 번이고 그 지역에 모여 행진했다. 한 명의 흑인이 **"흑인이라는 이유로"** 살해당하자, 그 도시의 유색인들이 그 사건에 주목해 행동에 나선 것이다. 호킨스를 쓰러뜨린 총알은 **한 명의** 흑인을 향한 것, 그가 흑인이라는 이유로 겨눠진 것이었다. 대부분의 게이와 레즈비언은 자팔로티의 심장을 관통했던 칼이 오직 자팔로티만을 노렸다고 생각하는 것인가?

스트레이트 세계에서 우리는 무력하고 폭력의 당연한 희생자라고, 퀴어들은 위협을 마주쳤을 때 꼼짝달싹하지 않는 존재라고 세뇌당해왔다. **분노하라!** 이 공격들을 참아내서는 안 될 것들이다. **무엇이든 하라.** 우리 공동체 가운데 그 누구에 대한 공격 행위도 공동체 전체 구성원에 대한 공격임을 깨달아라. 동성애혐오자들이 우리 삶에 폭력을 휘두르고 테러를 저지르고 공포를 뿌리도록 내버려둔다면, 우리는 더욱더 자주, 그리고 극심하게 그 사람들의 증오 대상이 될 것이다. 여러분들은 헤아릴 수 없을 정도로 가치 있는 존재들이다. 그렇게 믿지 않으면 가치는 쉽게 여러분들을 떠날 것이다. 만일 자신을 공격하는 사람을 점잖고 효율적으로 무력화시킬 수 있는 방법을 알고 있다면, 무슨 수를 써서든 그렇게 해보라. 그러나 만일 그런 기술이 없다면 그 공격 하는 놈의 빌어먹을 눈알을 파내고, 그 놈의 코를 뇌 속에 처박을 때까 지 짓누르고, 병을 깨서 목을 그어버릴 생각을 하라. 우리의 목숨을 구 하기 위해 무엇이든 할 수 있는 것을 하고, 무엇이든 해야만 하는 것을 하라.

가인어퀴 왜 reeuQ yhW

아, 정말 그 단어를 사용해야만 하는 것인가? 까다로운 문제다. 게이인 모든 사람들은 그 단어에 대해 그만의, 그녀만의 의견이 있다. 어떤 이 들에게 이 단어는 이상하고 괴상하고, 어느 정도는 알 수 없는 무언가 처럼 들린다. 그것은 문제없다. 우리는 그리 생각해도 좋다고 본다. 하 지만 어떤 게이 소년, 소녀들은 그렇지가 않다. 그들은 자신들이 이상 하기보다 정상이라고 생각한다. 그리고 또 다른 이들은 "퀴어"라는 말 을 들으면 청소년기에 겪은 고통 가운데 끔찍한 기억을 떠올린다. 퀴 어, 그것은 잘 봐줘야 무척 달콤쌉쌀한 의미에서 양가적이고 얄궂은 것이고, 나쁜 쪽에서 보면 기운을 빠지게 하고, 고통스러운 것이다. 그 냥 '게이'라고 대신 쓰면 안 되는 것인가? 훨씬 밝은 단어, 그러니까 '행복한'˟이라는 형용사와 동의어이지 않은가? 투사 여러분, 당신들은 언제쯤 성숙해서 다른 존재라는 생소함을 극복할 것인가?

˟ gaiety(유쾌함, 명랑함)의 형용사형이 게이gay다.

왜 퀴어인가

음, 맞는 말이다. "게이"는 좋은 말이고, 나름의 쓸모가 있다. 하지만 다수의 레즈비언과 게이 남성들이 아침에 일어날 때 느끼는 감정은 명랑하고 즐겁지 않고, 화가 나고 역겨운 느낌이다. 그래서 우리는 스스로를 퀴어라고 부르기로 했다. "퀴어"의 사용은 세상 나머지 사람들이 우리를 어떻게 인식하는지 우리 스스로 상기하게 하는 하나의 방법이다. 이것은 우리가 반드시 스트레이트 세계에서 재치 있고 매력적인 그러나 동시에 행동을 주의하며 삶을 주변부에 못 박아두는 사람이 되어야 할 필요는 없다고 말하는 하나의 방법이다. 우리는 레즈비언들을 사랑하는 게이 남성들로서, 또 퀴어임을 사랑하는 레즈비언으로서 퀴어라는 단어를 사용한다.

게이와는 달리 퀴어는 **남성**을 뜻하지 않는다.

다른 게이와 레즈비언에게 이 단어를 사용하는 것은 더욱 은밀히 다가오는 공공의 적을 마주했으니 우리들끼리 똘똘 뭉치고, (일시적으로) 개인 간의 차이를 잊자고 제안하는 하나의 방법이다. 그렇다. **퀴어**는 거친 단어일 수 있지만, 그 단어는 우리가 호모포비아의 손에서 훔쳐내, 거꾸로 겨냥해 사용할 수 있는 능청맞고 역설적인 무기이기도 하다.

섹스 검열 금지

커밍아웃이 혁명의 부분이 될 수 없다고 하는 이들은 핵심을 놓치고 있다. 긍정적인 성의 이미지, 그리고 그 이미지가 내뿜는 에너지는 삶을 긍정하게 한다. 자기혐오보다는 자기애로 삶을 살아가게 하고, 삶을 구원한다. 정부의 자살 보고서에 따르면 자살하는 10대 아이들 중 최소 3분의 1이 퀴어다. 21세 이하의 젊은이들 사이에 HIV 전파가 증가하는 것은 이것에 대한 더욱 확연한 예시가 될 것이다. "내 말을 똑똑히 들어보라Read my lips"라는 슬로건은 퀴어에 대한 혐오와 비가시성을 마주하며 퀴어적임queerness을 긍정한다. "검은 것이 아름답다"는 아주 유명한 슬로건처럼 많은 삶을 바꿀 것이다.

우리 퀴어들은 성적 행위의 특성, 즉 동성과 육체 접촉을 한다는 이유로 혐오의 대상이 된다. 우리가 물리적 폭력의 대상이 되는 것은 무엇보다 우리의 성과 성적 표현 때문이다. 우리는 우리의 차이, 타자성, 우리의 독특함 때문에 꼼짝 못 하게 되거나 정치 이슈화된다. 바라건대 우리들 대부분은 그런 것들 때문에 의기소침하지 않을 것이다.

퀴어 공간

도대체 왜 스트레이트가 퀴어 클럽에 들어오는 것을 그대로 놔두는가? 우리가 "제대로 노는 법을 알기 때문에" 스트레이트가 우리를 좋아해줄 거라는 말도 안 되는 희망을 누가 심었나? **우리는 온종일 느끼는 스트레스를 풀기 위해 클럽에 가야만 한다!** 이성애자들은 원하는 곳 어디서나 재미를 볼 수 있고, 야한 커플 댄스를 추며 댄스 플로어를 아주 많이 차지할 수도 있다. 그들은 자신의 이성애성이 '건들지 마'라는 표지라도 된다는 양, 혹은 집문서인 양 온몸에 걸치고 있다. 스트레이트가 자기들 권리라도 되는 것처럼 우리 공간을 침범하는데 제기랄, 우리는 왜 참는가? 왜 우리는 바로 우리 코앞에까지 그들의 이성애적 특성, 즉 그들의 세상이 우리를 공격하려고 만든 무기를 들이대도록 내버려두는가? 공격당할 염려 없이 우리끼리 끼를 발산할 수 있는 드문 공공장소에서. 스트레이트만이 모든 규칙을 만드는 것을 그만두게 해야 한다. 당장 모든 퀴어 클럽과 바 앞에 이 안내문을 붙이는 것부터 시작하자.

스트레이트를 위한 행동 수칙

1. 애정 표현(키스, 손잡기, 포옹)을 최소화합니다. 여기 있는 많은 사람은 당신의 성적 취향은 반갑지 않고 불쾌합니다.
2. 춤을 춰야겠다면 가능한 한 눈에 띄지 않게 춥니다.
3. 레즈비언이나 게이 남성을, 그 가운데 특히 불다이크bull dykes[×]나 드 랙퀸을 빤히 바라보거나 응시하지 않습니다. 우리는 당신의 눈요깃 거리가 아닙니다.
4. 동성인 누군가가 작업을 걸어올 때 아무렇지도 않게 대할 수 없다면, 나가주십시오.
5. 당신의 이성애적 특성을 드러내지 마십시오. 점잖게 행동하십시오. 레즈비언이나 호모로 오해받을 수 있습니다.
6. 이 규칙들이 부당하게 느껴지면, 스트레이트 클럽에 가서 동성애혐오자들과 싸우십시오. 그게 싫다면,
7. 썩 꺼지십시오.

[×]   남성적인 태도와 외양을 보이는 레즈비언.

나는 스트레이트가 싫다

나는 친구들이 있다. 그중에는 스트레이트도 있다.

　매년 나는 스트레이트 친구들을 만난다. 난 그 친구들을 만나서 잘 지내고 있는지 알고 싶고, 친구 사이에 쌓인 길고 복잡한 역사에 새로운 항목들을 추가하며 어떤 연속성을 경험하고 싶어서 만난다. 그러나 매년 나는 내 삶을 구성하는 사실들이 내 친구들과 아무런 관련이 없다는 것을 연이어 깨닫는다. 그리고 내가 하는 말의 반 정도만 친구들에게 전달되고 있음을 깨닫는다. 나는 권력과 특권으로 이루어졌고 특정한 설정의 법칙들으로 되어 있는 더 큰 세계, 배제의 원칙으로 움직이는 세계에서 하나의 부속에 지나지 않음을 깨닫는다. 그럴 때 내 친구들은 "그렇지 않아"라고 반박한다. 권력의 정치학에는 한 가지 확실한 것이 있다. 권력 밖으로 밀려난 이들은 그 안에 포함되기를 간청하고, 반면 그 내부에 있는 이들은 소외된 이들이 이미 내부에 있다고 주장한다. 남성이 여성을 그렇게 대하고, 백인이 흑인을, 그리고 모든 이들이 퀴어를 그렇게 대하고 있다. 의식적, 무의식적 두 측면에서 작용하는 주요 분할선은 재생산…… 그리고 마술과 같은 힘을 지닌 말, 가족이다. 우리가 진짜 어떤 존재인지를 알았을 때 자신이 태어나 한 구성원을 이룬 가족과 절연하는 것은 자주 있는 일이며, 더욱 암담한 것은 우리 자신의 가족을 만들지 못하도록 가로막혀 있다는 것이다. 우리는 벌 받고, 모욕당하고, 절연되며, 특히 양육 면에서 난동꾼으로 취급되고, 노력해도 욕먹고, 조심해도 마찬가지로 욕먹는 존재다. 그것은 종의 생식은 바스러지기 쉬운 미션이기에 강제로 집행되어야 함을 의미한다. 그렇지 않으면 인류는 다시금 태초의 모습(진흙)으로 녹아버려

사라질 테니 말이다.

나는 스트레이트에게 레즈비언과 게이가 살아가는 곳이 교전 지대임을 설득해야 하는 것이 싫다. 그래서 소리로만 확인되는 폭탄의 폭발음 속에 포위된 채 우리의 육체와 영혼이 공포에 떨며 죽었다고, 심하게 폭행당했다고, 강간당해 버려진 우리들이 지경이라고, 또 인간으로서의 존재를 벌거벗겨진 채 비탄과 질병으로 죽어가고 있다고 설득하고 싶지 않다.

나는 퀴어가 느끼는 분노에 대해 말할 때마다, 오만하고 동성애 차별적인 세계에서 마치 자신들의 자아가 충분한 보살핌이나 보호를 받지 못했다는 듯이 "모든 스트레이트가 그런 것은 아닙니다. 저도 스트레이트잖아요"라고 말하는 스트레이트가 싫다. 스트레이트가 엉망진창으로 만들어놓은 사회를 향한 정당한 분노의 한복판에서, 왜 우리가 그들을 돌봐야만 하는 것인가? "물론, 당신 얘기는 아니에요. 당신은 그렇게 행동하는 사람은 아니죠"라고 안심시켜야 하는가. 우리의 분노에 그들이 끼어드는 것이 정당한지 그들 스스로 생각해보도록 내버려두자.

물론 그렇게 된다는 것은 우리의 분노에 귀 기울인다는 뜻이겠지만, 그런 일은 거의 결코 일어나지 않는다. 그들은 이런 말들을 하며 화제를 튕겨낸다. "저는 그렇지 않습니다"라거나 "자, 일반화시키는 거잖아요" 혹은 "좋게 좋게 달래가면서 말씀을 하셔야 더 설득을 하시죠……" "부정적인 부분에 집중하면, 바로 그렇게 해서 그쪽에 더 힘을 실어주는 것입니다" "세상에서 힘든 사람이 당신 혼자는 아니니까요"라는 말을 덧붙인다. 그렇게 하고서 한다는 소리가 "저한테 소리 지르지 마세요. 전 당신 편이에요" "과민반응하시는 것 같아요" 혹은 **"어지간히도 억**

울하신 모양이군요" 정도의 말인 것이다.

스트레이트는 착한 퀴어는 화를 내지 않는 퀴어라고 가르쳐왔다. 그 가르침을 너무 잘 받아들인 우리는 스트레이트에게는 물론 우리끼리도 분노를 감추며 살아간다. **우리는 심지어 우리 자신에게도 그 분노를 들키지 않게 감춘다.** 그렇게 분노를 감추며 약물 남용, 자살을 해왔고, 가치를 증명할 수 있으리라는 희망에 성취욕을 좇으며 분노를 숨겨왔다. 그들은 우리를 대상으로 때리고, 칼로 찌르고, 총격을 가하고, 폭탄으로 테러했으며 그 횟수는 줄곧 증가했다. 그리고 여전히 우리는 분노에 휩싸인 퀴어가 "되갚아주자 BASH BACK"고 말하는 현수막이나 피켓을 들어올리면 질겁한다. 지난 1980년대 스트레이트들은 우리를 떼로 죽게 만들었고 우리는 여전히 부시 대통령이 고작 나무 한 그루 심어줬다고[x] 지랄 맞게 고마워하고, 안전벨트 미착용으로 사망한 자동차 사고 희생자에 에이즈 환자를 비유하는 것에 박수를 보낸다. **스스로 분노하라.** 우리 존재가 가시화됐을 때, 그 대가로 우리는 사실상 이 사회의 모든 부분이 발 담그고 있는 상시적인 폭력 위협, 즉 반퀴어 폭력 앞에 놓인다는 것에 분노하라. **이 나라에는 우리에게 안전한 장소란 존재하지 않는다는 것에** 분노하라. 증오, 공격, 자기혐오, (성적 지향을 은폐한) 자살(the suicide — of the closet)은 우리에게 언제 어디서나 익숙한 것이다. 다음번에 어떤 스트레이트가 당신이 분노했다는 이유로 비난할 때 그들에게 이렇게 말하라. 사정이 변할 때까지, 세상은 당신을 갈아 넣고서 돌아간다는 데 더 많은 증거는 필요 없다고 말하라. TV 프로그램에 등장하는 마트에서 쇼핑하는 커플이 꼭 이성애 커플일 필요는 없으며, 우리가 아이

---

[x] 1990년 4월, 조지 부시 대통령이 라이언 화이트를 기리며 느릅나무 심었던 일.

를 가지거나 기를 수 있게 되기 전까지는 우리 면전에 아이를 들이미는 꼴도 보고 싶지 않다. 결혼식도, 베이비 샤워ˣ도, 기념일도 이제는 제발 그만. 그렇게 축하하는 사람들이 우리 형제, 자매들이지 않은 경우라면 원치 않는다. 그리고 그들에게 "당신도 권리가 있어요" "당신도 특권이 있어요" "과민반응하시는 거예요"라거나 "피해의식이 있으시네요"라는 말로 당신을 묵살하지 말라고 이야기하라. 그들에게 이렇게 말하라. **"제 곁에 오지 마세요. 당신들이 변하기 전까지."** 우리 옆에서 물러나 세상의 척추이고, 내장이고, 두뇌이고 영혼 역할을 하는 용감하고 강한 퀴어 없는 세상에서 살아보라고 말하라. 그들이 동성의 누군가와 대중 앞에서 손에 손을 잡고서 한 달쯤 행진해보기 전에는 곁에 오지 말라고 말하라. 그 모든 것을 그들이 겪어낸다면, 그들이 퀴어의 분노에 대해 입 대는 것을 들어줄 수도 있다.

그게 아니라면, 그들에게 입 닥치고 들으라고 말하라.

ˣ 출산을 앞둔 임신부에게 아기용 선물을 주는 파티.

여성이 여성을 정체화했다

레디컬레즈비언스, 1970

레즈비언은 어떤 존재인가? 레즈비언은 폭발 지점까지 응축된 모든 여성의 분노 그 자체다. 레즈비언은 보통 아주 어린 시절부터 자신이 속한 사회보다 더 완전하고 자유로운 인간이 되려는 내적 충동에 따라 행동하고, (그 이후 확실히 시간이 더 흐르고 나서) 기꺼이 자신을 인정하는 여성이다. 수년간에 걸쳐 보여주는 이러한 욕구와 행동 덕분에 그녀는 다른 사람, 상황, 일반적으로 용인된 사고, 감정, 행동 방식 등과 고통스러운 갈등 상황에 놓이기도 한다. 그래서 결국 그녀는 자신을 둘러싼 모든 것과, 그리고 대개 자기 자신과 끊임없는 전쟁 상태에 놓인다. 그녀는 아마도 개인적으로 원해서 시작한 자신의 행위가 정치적으로 어떤 뜻을 지니고 있는지 충분히 의식하지 못할지도 모른다. 하지만 어떤 수준에서, 자신이 속한 사회에서 가지는 가장 기초적 역할, 즉 여성의 역할이라는 이름으로 가해진 한계와 억압을 받아들일 수 없게 된다. 그녀는 그렇게 혼란을 겪으며 자신이 사회적 기대를 충족하고 있지 못하다고 느낄 정도로 죄책감을 갖고, 그와 동시에 혹은 그와는 별도로 결국 어떻게 해야지 자신이 속한 사회에 그럭저럭 수용될 수 있을지 질문을 던지고 분석한다. 그녀는 자신의 삶 가운데 상당 기간을 외롭게 살아가고, 보통 자신의 '스트레이트' 자매들보다 훨씬 일찍 결혼의 신화가 숨긴 삶의 근본적 외로움에 대해, 그리고 환영의 실제적 특성에 대해 깨닫게 된다. 그렇게 자기만의 삶의 패턴을 발달시키도록 강요받는다. 여성이 되는 것과 나란히 진행되는 부담스러운 사회화를 거부할 수 없다는 점에서 레즈비언은 결코 스스로와 평화를 찾을 수 없다. 사회가 자신을 보는 시각을 수용하게 되는 지점(즉, 자기 자신을 스스로 받아들일 수 없는 지점)과, 이 성차별적인 사회가 자신에게 부과한 것들이 무엇이고 왜 이것들이 작동하고 또 필요한 것인지 이해하게 되는 지점 그 사이 어딘가에 붙잡혀 있기 때문이다. 이 과정을 이겨내고 나면, 수십 년쯤 되었을지도 모르는 밤을 지나온 끝에 우여곡절 많은 여행길 반대편에 서 있는 자신을 발견하게 된다. 이 여행길에서 얻은 것은 세상을 보는 눈, 자기 해방, 내적 평화, 스스로와 모든 여성을 향한 진정한 사랑이다. 이것은 모든 여성들과 함께 나누어야 할 어떤 것이다. 왜냐하면 우리는 모두 여성들이기 때문이다.

우선 레즈비어니즘은 남성 동성애처럼 성역할을 엄격히 특징짓고 남성 패권male supremacy이라는 특성이 지배해온 성차별적 사회에서만 가능한 행동의 한 범주임을 이해해야 할 것이다. 그렇게 형성된 성역할은 남성에게 경제·정치·군사적 기능을 효율적으로 수행할 수 있도록 자신의 육체 및 정서로부터의 소외를 요구한다. 반면 여성은 주인

카스트인 남성과의 관계에서 돌보고/시중드는 카스트, 혹은 정서적으로 장애가 있는 남성으로 정의하여 그 인간성을 박탈한다. 동성애는 생물학적 성에 기반해 역할 구성하는 특정 방식의 (혹은 공인된 행동 양식)의 부산물이다. 그래서 그것은 (실제와 일치하지 않는) 진실하지 않은 범주다. 남성이 여성을 억압하지 않고, 감정을 따라 성적 표현을 하도록 허용된 사회에서 동성애와 이성애라는 범주는 소멸할 것이다.

그러나 레즈비어니즘은 남성 동성애와도 또 다르고, 사회적 기능 역시 다르다. 비록 '다이크' '패곳faggot'ˣ 등 모두 자신에게 사회적으로 주어진 성 역할을 수행하고 있지 않고…… 따라서 '진짜 여자'나 '진짜 남자'가 아니라는 뜻을 함축하고는 있지만, 다이크는 패곳에서 파생된 또 다른 종류의 비하하는 말이다. 톰보이에 대한 마지못한 감탄과 여자 같은 남자에 대한 메스꺼움은 동일한 무언가, 즉 여성들(이나 여성 역할을 하는 이들)에 대한 경멸을 향해 있다. 게다가 그 경멸스러운 역할에 붙들어두기 위한 투자는 실로 대단하다. 레즈비언은 단어 자체로 이름표 같은 것이며, 여성을 줄 세우는 조건 같은 것이다. 어떤 여성이 이 단어 때문에 밀쳐졌다는 것을 들었을 때, 비로소 그녀는 자신이 이 세상의 선 밖으로 벗어나고 있음을 알게 된다. 그녀는 자신이 그 끔찍한 성역할의 경계를 넘어서고 있음을 아는 것이다. 그녀는 움츠러들고, 저항하고, 승인을 얻기 위해 자신의 행동을 교정한다. 레즈비언은 자기와 동등한 위치에 감히 서려고 하고, (남성 사이에 교환 매개의 일부로서 모든 여성까지도 포함하여) 남성이 누리는 특혜에 도전하고, 여성 자신의 욕구가 중요하다고 감히 주장하는 모든 여성에게 붙이려고 '남자'가 발

ˣ   남성 동성애자를 비하하는 속어.

명한 이름표다. 이 이름표가 여성해방운동에 적극적인 사람들에게 붙는 것은 긴 역사 속에 있는 가장 최근의 사례일 뿐이다. 아주 오래전이지는 않은, 좀 더 앞선 세대의 여성들은 자기 일생을 한 남자를 중심에 두지 않은 독립적이고 성공했다는 이유만으로 이 이름표를 붙여야 했다. 즉, 이 성차별주의적인 사회에서 여성이 독립한다는 것은 여성일 수 없다는 것이다. 독립적인 여성이 있다면, 그것은 여성이 아니라 분명히 다이크이기 때문에 그렇다는 것이다. 이러한 상황 자체가 여성의 위치가 어디인지 말해주고 있다. 이로써 여성과 사람이라는 용어는 서로 모순적인 관계에 있다는 것이 무척이나 선명하게 드러난다. 레즈비언은 '진짜 여성'으로 간주되지 않는다. 대중들의 생각에는 레즈비언과 다른 여성들 사이에는 성적 지향이라는 정말 단 하나의 근본적 차이만이 존재한다. 레즈비언을 둘러싼 말들의 포장을 다 벗기다 보면 결국 '여성'이라는 존재의 본질은 남성과 섹스하는 것임을 깨달아야만 한다는 것이다.

'레즈비언'은 남성이 분류한 인간의 성적 범주 가운데 하나다. 여성이 남성의 성적 대상이 되어 탈인간화할 때는 일정한 보상이 주어진다. 즉, 남성이 지닌 권력, 자아, 지위와의 동일시, (다른 남성들로부터의) 보호, "진짜 여성"이 된 것 같은 기분, 자신의 역할을 고수해서 얻는 사회의 인정 등이 그 보상이다. 어떤 여성이 다른 여성을 마주하고서 그 다른 여성에게서 자기 스스로를 들여다보게 되면 탈인간화된 자신의 처지가 암담한 공포로 다가올 것이다. 이 공포를 피해 합리화시킬 방법과 완충장치를 마련하기는 거의 불가능해진다. 바로 이 점에서 많은 여성들이 다른 여성들의 성적 대상이 될 수 있는 상황에 왜 엄청난 공포를 느끼는지를 알 수 있다. 여성이 다른 여성의 성적 대상이 된다면 남성이 제공하는 보상을 얻지 못할 뿐더러 여성의 위치가 사실 텅 빈 자리를 차지하고 있다는 사실을 알게 될 것이다. 이러한 탈인간화 과정은 스트레이트 여성이 자신의 자매가 레즈비언임을 알게 되었을 때에도 나타난다. 이때 스트레이트 여성은 레즈비언을 남성을 대리하는 역할에 겹쳐 놓고서 레즈비언 자매를 잠재적인 성적 대상으로 이해한다. 이는 어떤 관계에 잠재적으로 섹스가 끼어들 때, 스트레이트 여성은 스스로를 대상의 위치에 밀어 넣는다는 것, 즉 스트레이트 여성의 이성애적 조건화conditioining 방식을 보여준다. 그리고 이러한 길들여짐은 레즈비언이 의심할 수 없는 인간성을 지니고 있는 존재라는 것을 받아들이지 않는다. 남성이 짜놓은 역할 규정의 격자무늬 너머로 자신의 레즈비언 자매를 지각하는 여성들, 특히 운동에 참여하는 여성들은 이러한 남성적 문화에 길들여짐을 수용하기 마련이고, 남성들이 자신들에게 그랬던 것과 같이 레즈비언 자매들을 지독히 억압한다. 모든 여성들은 남성의 분류 체계로 정의된 다른 인간 범주와 맺는 성적 관계를 계속 지속할 것인가? 하나의 인간이고자 하는 여성뿐만 아니라, 여성 사이의 진짜 사랑, 진짜 연대, 진짜 탁월함과 관련된 모든 상황에 레즈비언 이름표를 붙이는 것은 여성 분열의 주요한 형태다. 이러한 이름표 붙이기 전략은 여성을 여성적 역할이라는 한계 속에 붙들어두고, 여성들 사이의 주요한 기구, 단체, 연합 등을 결성하지 못하게 사기를 꺾고 겁을 주는 목적을 띤다.

운동에 참여하고 있는 여성들은 거의 모든 경우 레즈비어니즘에 대한 논쟁 혹은 대면 자체를 매우 오랫동안 피해왔다. 이 이슈에 여러 사람들이 긴장했고, 그 반응도 다양했다. 누군가는 적대감을 보이거나, 회피하거나, 또 누군가는 이 이슈를 '보다 넓은 이슈'에 통합시키려고 했다. 모두 이 이슈에 대해 말하고 싶어 하지 않았고, 말해야 하는 경우에는 '라벤더 헤링lavender herring'[×]이라고 부르며 묵살하려 했다. 하지만 이 이슈는 부차적인 것이 아니다. 이 이슈는 함께 다뤄지는 여성해방운동의 성공과 실현에 절대적이다. '다이크'라는 이름표로 인해 여성들이 겁을 먹고 좀 덜 전투적인 입장을 취하고, 자신의 자매들과 분리된 채 지내며, 남성 및 가족 이외의 것에는 우선권을 주지 않는다면, 결국 그로 인해 남성 문화에 지배받는 것이다. 여성들은 서로 성적인 사랑을 포함하는 원초적 헌신의 가능성을 발견해야 한다. 그것이 실현되기 전까지 여성은 열등한 지위를 수용하며 기꺼이 사랑을 남성들에게 바치고 그 가치를 스스로 없앨 것이다. 남성의 수락 가능성이 (개별 여성과 운동 전체 양쪽 모두에 있어) 우선적인 한, 레즈비언이라는 단어는 사실상 여성에 반대하여 사용될 것이다. 여성들이 체계 내에서 좀 더 많은 특권만을 원하는 한, 그들은 남성 권력에 대해 적의 위치에 서고 싶지는 않을 것이다. 대신 이 여성들은 여성해방의 사회적 용인 가능성을 재단해보는데, 이 용인의 가장 중요한 조건이 레즈비어니즘을 거부하는 것이다. (다시 말해, 여성적인 것의 기초에 근본적인 도전을 거부한다.) 좀 더 젊은 세대의, 좀 더 급진적인 여성들이 레즈비어니즘에 대한 논의를 진솔하게 시작했다는 것 역시 말해둬야 하겠지만, 아직까지는 남자들을 대체하는 성적 '대안'으로서 주로 다뤄지고 있다. 하지만 이는 여

[×] 저명한 페미니스트이자 사회운동가인 베티 프리단은 1969년 레즈비언과의 연계가 여성 운동에 위협이 된다고 생각하고 레즈비언 운동의 상징 색깔인 라벤더와 위협을 결합시켜 '라벤더 위협lavender manace'이라는 용어를 만들어냈다. 이에 래디컬 페미니스트였던 수전 브라운밀러는 《뉴욕 타임스》에 기고한 글에서 "아마 라벤더 헤링(herring, 물타기)쯤으로 부를 수 있을 텐데, 명백하고 현존하는 위험은 아니"라고 말하며 프리단의 염려를 반박했다. 하지만 당시 레즈비언 활동가들은 라벤더 위협과 라벤더 헤링 모두를 자신들을 무시하는 발언으로 여기고 반대 운동에 나섰다.

전히 남성에게 우선권을 주는 것이다. 왜냐하면 좀 더 완전히 여성들에게 공감하자는 발상이 남성들에 대한 부정적 반응으로 발생했기 때문이고, 또한 레즈비언 관계의 특징이 단순히 섹스에만 집중되어 있기 때문이다. 그리고 이러한 입장은 분열을 초래하며 성차별적이다. 개인적이면서 정치적이기도 한 어떤 차원에서 여성들은 남성에게서 정서적, 성적 에너지를 거둘 수 있고, 자기 자신의 삶 속에 그 에너지의 다양한 대안을 계획할 수도 있다. 또 정치/심리적인 차원에서 중요한 것은 여성이 남성들이 정의한 반응 양상들로부터 풀려나오기 시작한 것임을 이해해야만 한다. 우리 자신의 정신이라는 개인 영역에서 우리는 그 핵심부에 뻗어 있는 밧줄을 잘라내야만 할 것이다. 우리의 사랑과 성적 에너지가 흐르는 곳과 별개로 우리가 머릿속에서 남성들이 정의한 채 남겨져 있다면 인간 존재로서 우리의 자율성을 깨달을 수 없을 것이다.

그렇다면 왜 여성은 남성을 통해 관계를 맺어온 것인가? 우리는 남성 사회에서 양육돼왔기 때문에 남성 문화가 정의내린 바를 내면화시켜왔다. 그 정의는 우리를 성적 기능, 가족 기능으로 존재하게 만들고, 우리 삶의 용어와 그 형태를 잡지 못하도록 배제한다. 우리가 정신적으로 복무하고 사회의 비영리적인 기능을 수행하는 대신, 남성은 우리에게 단 하나만을, 즉 우리가 사는 사회의 눈으로 볼 때 적법하게 보이는 노예 상태만을 선물한다. 우리의 문화적 용어로 '여성성', '진짜 여성되기'와 같은 것들이다. 우리는 우리가 지니는 그 이름을 준 어떤 남성의 소유물인 한 진품이고, 적법하고, 실제의 것이다. 그 어떤 남자에게도 속하지 않는 여자라는 것은 비가시적이고, 한심하고, 진품이 아니며, 실제적이지 못한 존재라는 뜻이다. 남성이 확인해주는 것은 진정한 우리 자신이 아니다. 남성은 우리 여성에 비춰 보이는 자신의 이미지를, 우리가 남성에게 인정받기 위해서 되어야만 하는 그 모습을 확인한다. 남성은 우리의 여성됨womanhood의 정도를 자신과의 관계를 기준으로 스스로 정의하는 바에 따라 확인한다. 하지만 남성이 우리의 개별 특질personhood과 절대적인 것으로서 우리 자신의 자아를 확인해줄 수는 없다. 이러한 정의와 승인을 기준으로 삼는 남성 문화에 의존하는 한, 우리는 자유로울 수 없다.

이러한 역할 내면화는 결국 거대한 자기혐오의 저수지를 이룬다. 그렇다고 자기혐오는 그런 식으로 인식되거나 인정된다고 말하려는 것이 아니다. 사실 대부분의 여성은 그런 의견을 거부할 것이다. 그것은 공허한 느낌, 먹먹함, 안절부절 못함, 마음 한가운데 있는 무력한 불안감 등과 같이 자기 역할에 느끼는 불만으로 경험된다. 그 밖에 여성 역할이 지닌 영광과 운명에 대한 날카로운 방어의 태도로 나타날 수도 있다. 하지만 그것은 자신의 존재에 독을 퍼뜨리며, 그녀 자신에서, 자신의 욕구에서 유리된 채 다른 여성들에게 이방인으로 스스로를 위치시키며 흔히 자기의식의 모서리 아래에 존재한다. 그녀들은 압제자와 동일시하고, 그 압제자를 통해 살아가고, 그의 자아, 권력, 성취로부터 지위와 정체성을 얻어 도피하려 한다. 그리고 이 여성들은 자신들처럼 다른 '빈 그릇'과 동일시하지 않으려고 자기 자신의 억압, 자기 자신의 부차적인 지위, 자기 자신의 자기혐오를 비춰 보여줄 다른 여성들과 그 어떤 형태로든 관계 맺지 않으려 저항한다. 다른 여성을 마주한다는 것은 결국 그렇게 오랫동안 피해왔던 자신의 자아를 마주한다는 뜻이기 때문이다. 그리고 그 거울 안에는 지금껏 구성되어온 우리를 진정 존중하고 사랑할 수 없으리라는 것을 알고 있다.

자기혐오의 근원과 진짜 자아의 결핍은 우리가 딛고 서있는 남성이 부여한 정체성에 그 뿌리를 두고 있다. 그래서 우리는 반드시 새로운 의미의 자아를 창조해야만 한다. 우리가 '여성되기'에 붙잡혀 있는 한, 우리는 이제 막 발생한 자아와, 나의 그 의미와, 하나의 온전한 사람으로서의 의미 충동을 일으킨다는 것을 느낄 것이다. '여성적' 존재라는 것과 온전한 사람이 된다는 것이 양립할 수 없음을 깨닫고 인정하기란 매우 힘든 일이다. 오직 여성만이 서로에게 새로운 자아의식을 부여할 수 있다. 우리는 그 정체성을 남성과의 관계에 기준을 두고서가 아니라, 우리 스스로를 들여다보며 계발해야만 한다. 우리의 이러한 의식은 유기적인 혁명이며, 따라서 다른 이들 모두가 따라올 혁명적 힘이다. 이러한 의식을 성취하려면 우리는 서로가 서로에게 시간을 내주고, 힘을 북돋아야 할 것이다. 우리의 결의와 사랑을 보여야 할 것이고, 이 운동을 버텨나갈 수 있도록 필요한 만큼 정서적으로 지원해야 할 것이다. 우리가 모은 힘은 우리 자매들을 향해 흘러가야 한다. 그 힘이 거꾸로 우리를 억압했던 이들에게 돌아가서는 안 될 것이다. 기본적 이성애 구조는 우리와 우리를 억압했던 이들을 일대일 관계로 묶어둔다. 이러한 기본적 이성애 구조를 마주하지 않은 채 여성해방이 여성들을 자유롭게 할 수는 없다. 이성애 구조를 근본적으로 마주하지 않는다면, 여성해방에 모인 엄청난 힘은 그저 한 남성과 맺고 있는 각각의 관계를 교정해보려는 노력에, 더 나은 섹스를 할 방법을 찾는데, 남성이 생각을 고쳐먹게 할 방법을 찾고, 그들을 '새로운 남성'으로 만들어내는데 소모될 것이다. 동시에 이 모든 소모전이 우리가 '새로운 여성'이 되게 할지도 모른다는 착각 속에서 이뤄질 것이다. 이런 식의 접근법은 우리를 해방시킬 새로운 패턴을 구축하지 못하게 가로막을 뿐이며 우리의 에너지와 결의를 갈라놓는다.

그것은 여성들을 이해하는 여성들의 탁월함이고, 서로에 대한, 그리고 서로 함께 새로운 의식을 창조하는 여성들의 우위로서 여성해방의 핵심이자, 문화 혁명의 기초가 되는 것이다. 우리는 우리의 진정한 자아를 함께 찾아내 강화하고 유효한 것으로 만들어야만 한다. 우리가 이렇게 하는 동안, 즉 고투하는 초기의 자존감과 힘, 서로를 나누는 장벽들이 녹아 사라져가는 모습을 확인하는 동안, 자매들 사이에 확대되어 가는 연대를 느끼게 된다. 우리 자신을 으뜸으로 생각하고, 우리 자신 안에서 우리의 중심을 찾아낸다. 그렇게 소외되었다는 느낌, 버려졌다는 느낌, 잠긴 창문 뒤에 갇힌 느낌, 우리 안에 존재한다고 알고 있는 것을 꺼낼 수 없는 느낌이 우리에게서 사라져가는 것을 발견할 것이다. 우리가 느끼는 것은 어떤 실제적 현실이고, 적어도 우리 자신들 사이에 한꺼번에 일어나고 있음을 느낀다. 그러한 실제적 자아와 그러한 의식을 지니고 우리에게 강제로 주어지는 모든 강압적 동일시를 끝내고, 인간 표현에 있어 최대한의 자율성을 확보할 혁명을 시작할 것이다.

다이크 선언문

레즈비언 어벤저스, 1992

레즈비언 어벤저스 **다이크 선언** 레즈비언 어벤저스

모든 레즈비언에게 알림
기상! 기상! 기상

침대에서, 바에서 나와 거리로 나설 시간이 됐다
다이크 사랑, 다이크 비전, 다이크 분노, 다이크 지성
다이크 전략의 힘을 쥘 때가 됐다.
조직을 꾸려 불을 당길 시간이, 함께 싸울 시간이
우리는 사람들 눈에 비가시적이고, 그 상황은 안전치 않다
집에서도, 직장에서도, 길거리에서도, 법정에서도 그러하다

우리 레즈비언 지도자들은 어디에 있는가?

우리는 당신들이 필요하다

우리는 황홀경을 기다리는 것이 아니다. 우리는 대재앙이다.

우리는 당신의 꿈이요, 그들의 악몽이라.

레즈비언 권력

창조적 액티비즘을 믿으라. 그 요란함, 대담함, 섹시함, 유치함

맹렬하며, 맛있고 극적인 액티비즘을. 체포당하는 것은 옵션.

시위장은 다른 여성들과 어울려 놀기에 좋은 때와 훌륭한 장소.

예의 바른 정치를 바라고 기다리지 말라. 남자들은 따분하다.

대치와 대립은 성장과 튼튼한 뼈의 자양분임을 믿으라.

군대의 모병 공고도, 스트레이트 여성 모집공고도 아닌

이 모집 공고를 믿으라. 게토에 만족하지 않는다. 우리가 원하는 것은

당신의 집, 당신의 직업, 당신의 항공사 마일리지다.

당신의 보석을 팔아 우리 운동에 보탤 것이다. 우리는

보편 의료보험과 주택 계획을 요구한다. 우리는

모든 홈리스와 레즈비언들을 위한 음식과 쉴 곳을 요구한다.

우리는 열세 번째[×] 단계다. 여성 패거리를 미래의 물결이라 생각하라.

레즈비언 섹스

섹스를 매일 신께 바치는 헌주라 여기라. 활동에 필요한

양질의 에너지다. 밤샘 파티, 일부다처제, 신문에 실리는 구애 광고,

동호회 모임 등 관계를 맺을 새로운 방법에 대해

× 알코올중독자 재활 모임인 AA(Alcoholic Anonymous)에서 알코올중독 치료의 과정 가운데, 인정부터
   갱생까지 이르는 12단계에 빗대어 쓴 표현이다.

갈망하고, 즐기고, 탐구하고, 앓도록 하라.

다음 행동 단어들을 사용하라-lick(핥다, 오럴섹스하다),

waltz(휘젓고 다니다) eat(여성의 성기를 핥다),

fuck(섹스하다) kiss(키스하다) bite(남의 스타일을 베끼다),

give it up(성적 충동에 몸을 내어주다) hit the dirt(몸을 숙이다)

레즈비언 액티비즘

로컬, 지역, 국가, 전 세계, 전 우주를 활동 영역으로 삼으라

옷장 속 레즈비언, 퀴어 남자, 우리에게 공감을 표하는 스트레이트들은

우리에게 돈을 보내야만 한다고 생각하라.

모든 계층의 동성애혐오자를 표적으로 삼고

기독교 우파에 침투하라

계획을 세우고, 함성을 지르고, 더럽게 싸워라

레즈비언 어벤저스: 어벤저 모집 중

어벤저를 환영한다!

레즈비언 어벤저스란?

레즈비언 어벤저스는 **레즈비언 생존과 가시성** 확보에 핵심적인 이슈에 초점을 맞춘 **직접 행동** 그룹이다. 어떤 전략을 도입해야 할 것인지 대해서 레즈비언 공동체마다 선거와 법률 개정, 치료 그룹, 사회봉사, 이론 개발 등 여러 아이디어가 있다. 이 모두가 타당한 전략들이지만, 우리 어벤저스의 전략은 아니다. 직접 행동이 레즈비언 어벤저스의 방식이다. 그것이 우리 존재 이유다.

직접 행동이란 무엇인가?

반드시 해야 하는 질문은 바로 이것이다. "레즈비언 어벤저가 되려면 스프레이 페인트로 광고판에 낙서를 해야만 하는가?" 직접 행동은 행진부터 거리 연극, 연설, 스프레이 페인트로 반혐오 슬로건 그리기 등 창조적 형태로 **공공적 개입**을 하는 행위다. 직접 행동은 관심을 끌기 위한 것이고, 그 관심이란 매체 보도를 뜻한다. 직접 행동의 목적을 **가시성** 획득이기 때문에 수줍어할 여유가 없는 것이다. 직접 행동 단체인 레즈비언 어벤저스는 활동가가 되고 싶은 여성들, 변화를 불러오는 데 일조하고 싶은 여성들, 귀찮은 일을 나서서 하고 싶고, 사람들을 놀라게 만들어 그들의 의견을 바꾸고, 조직하는 기술을 나누고 싶고, 공동체 활동을 하고 싶은 여성들을 위해 존재한다. 광고판에 스프레이로 낙서를 할 필요는 없다(그게 재미있는 일이긴 하지만)! 공개적으로 행동에 나서겠다는 마음을 먹으면 된다. 우리는 **레즈비언들**에게 지도자로 나설 수 있는 힘을 주고 싶은 것이다!

어째서 추상적인 이론 논의는 없는가?

정신, 육체 모두 파김치 되어, 짜증을 참다못해 소리 지르며 가장 가까운 클럽으로 뛰쳐나가게 만드는 정치이론 토론 모임에 참석해본 경험이 우리 가운데 몇이나 있는가. 우리의 작업이 더욱 활동적이고 충만하며 성공적일 수 있도록 우리는 정치적 논의를 **행동의 창조와 목적**에 집중시킨다. 우리는 정치 이데올로기에 대해 동의하지 않는다는 것에 동의한다. 거짓된 양극성을 만드는 것은 너무나도 쉬운 일이다. 우리는 또한 여성들이 스스로의 제안에 **책임지기**를 응원한다. "누군가는 반드시……"라고 하지 말고 "제가 앞으로……"또는 "저와 함께 이 일을 하실 분?"이라고 말하라. 우리가 모임을 갖는 가운데 논의에 부쳐진 어떤 제안에 대해 동의하지 않는다면, 그 제안을 산산조각 찢어버리는 것 대신, 목표를 실현시킬 수 있는 다른 방법을 제안하라. 어벤저스는 생각이 실현되는 장소, 레즈비언들이 사회에 영향을 줄 수 있는 장소다. 그렇게 되기 위해 중요한 부분이 단순 비판을 늘어놓기보다 **대안을 제시**하는 방법을 배우는 것이다. 당신의 생각이 닿는 곳에 기꺼이 당신의 육체도 함께 하도록 하라. 정신력보다는 몸이 우선 아니겠는가!

레즈비언 어벤저스의 간략한 역사

최초의 레즈비언 어벤저스 단체는 W.H.A.M.(Women's Health and Mindfulness)과 **액트 업**의 활동에 참여하면서 레즈비언으로서 무력감과 자신들의 활동이 과소평가되었다는 좌절감을 경험한 일군의 선배 활동가들이 1992년 6월 뉴욕시에서 결성하며 시작했다. "레즈비언들이여! 다이크들이여! 게이 여성들이여! 우리는 복수하고 싶다. 그리고 지금 당장 그 복수를 하고 싶다"라고 적힌 초록색 형광 클럽카드를 돌려 첫 번째 모임을 가졌다. 계획은 성공했고, 이 그룹은 성공적인 활동을 여럿 해냈다. 그 활동들 가운데 일부를 보면 다음과 같다. 학기 첫날, 공립학교에 가서 "레즈비언의 삶에 관해 물어보라"고 인쇄된 풍선을 나눠줬다. 이 활동은 공립학교의 교과 과목에 게이, 레즈비언의 삶에 대한 수업을 추가하려는 시도에 대한 행동이었다. 그 외에도 오리건에서 일어났던 게이, 레즈비언 살인 사건에 대한 반응으로 반폭력 행진 및 불 쇼, 콜로라도의 웹 주지사를 (관광 홍보를 위해 방문했던) 뉴욕 출장길을 따라가서 매체들의 기사가 수정헌법 2조[×]에 집중되도록 한 것. 브라이언트 파크에 있는 거트루드 스타인 동상 옆에 세운 앨리스 B. 토클라스^{××}의 동상 제막식과 함께한 로맨틱한 사랑, 부치^{×××} 지니어스, 잊혀진 펨[*]들을 위한 밸런타인 데이 기념식을 열었다(시와 레즈비언 왈츠로 가득 찼던 자리였다!). 1993년 워싱턴에서 열렸던 행진^{**}에 앞서 다이크 행진을 조직했다.

　미니애폴리스 챕터는 1993년 국제 여성의 날에 시작했다. 몇몇 다이크들이 모여서 음식을 준비해온 음식을 함께 나누며 직접행동 단체를 조직하는 데 의견을 나누었다. 레즈비언 직접행동 단체는 트윈시티^{***}에 이전부터 존재했으며, 그 이전의 운동으로는 토네이도 워닝이나 제국주의에 반대하는 레즈비언들과 기타 개별적인 노력들이 있었다. 첫 번째 모임부터 우리는 공통의 목표를 발견했다. 이론이 아닌 행동, 반응이 아닌 상황을 주도하는 태도, 그리고 재미, 무엇보다도 재미,

×　　1791년 국민의 무기 휴대의 권리를 규정한 수정안.
××　미국의 작가이자 시인 거트루드 스타인의 여성 파트너로 거트루드 스타인의 편집자이자 비평가이며 비서로서의 삶을 살았다.
×××　레즈비언 커플 가운데 전통적 이성애 관계에서 남성적 행동을 취하는 대상을 이르는 말. 남성적 복장을 하거나 대상과의 관계에서 우세한 위치를 점하는 특징을 보인다.
*　　레즈비언 커플 가운데 전통적 이성애 관계에서 여성적 행동을 취하는 대상을 이르는 말. 여성적 복장을 하거나 대상과의 관계에서 열등한 위치를 점하는 특징을 보인다.
**　레즈비언, 게이, 바이 동일 권리와 해방을 위한 워싱턴 행진.
***　미국 미네소타주에 있는 미니아폴리스와 세인트 폴 등 인접한 두 도시가 확장되어 가는 동안 지리적 근접성 때문에 기능, 생활권이 합쳐졌고, 이를 흔히 트윈시티로 불린다.

어떤 것보다도 재미라는 목표였다! 우리가 단체로서 하고 싶었던 모든 것은 레즈비언 어벤저스가 하고 있던 것들과 잘 들어맞았다. 그렇게 미니애폴리스 챕터가 탄생한 것이다! 우리의 탄생을 알리기 위해 우리는 그날 밤 해군의 광고판을 우리 것인 양 활용했다. 짜잔!

기획 중인 활동들

미니애폴리스 프라이드 행진, 레즈비언 바, 클럽 만들기, 라디오 및 비디오 프로젝트, 오퍼레이션 레스큐 Operation Rescue[×] 저지를 위한 신참 훈련소 활동, 동성애혐오 및 성차별주의 이미지와 싸우기 위한 지속적인 미디어 감시, 다이크 사랑 여름 축복회, 소란피울 자금마련 모금행사 등등 많다! 기운 뻗치는 이상한 짓과 피 끓는 심정에 저지르는 짓 등 당신의 고약한 제안을 환영한다!

어벤저의 10대 자질

10. 공감 Compassion

9. 리더십

8. 거대 자아 X

7. 해박함

[×]   낙태 반대 단체.

6. 거침없음

5. 정당한 분노

4. 투지

3. 섹스 지향적 자세

2. 춤 실력

1. 필요 자원(복사기) 접근성

lesbian avengers **DYKE MANIFESTO** lesbian avengers

CALLING ALL LESBIANS
WAKE UP!WAKE UP! WAKE UP!

IT'S TIME TO GET OUT OF THE BEDS, OUT OF THE BARS AND INTO THE STREETS
TIME TO SEIZE THE POWER OF DYKE LOVE, DYKE VISION, DYKE ANGER
DYKE INTELLIGENCE, DYKE STRATEGY.
TIME TO ORGANIZE AND IGNITE. TIME TO GET TOGETHER AND FIGHT
WE'RE INVISIBLE AND IT'S NOT SAFE–NOT AT HOME, ON THE JOB, IN THE
STREETS OR IN THE COURTS
WHERE ARE OUR LESBIAN LEADERS?
WE NEED YOU
WE'RE NOT WAITING FOR THE RAPTURE. WE ARE THE APOCALYPSE.
WE'LL BE YOUR DREAM AND THEIR NIGHTMARE.
LESBIAN POWER
BELIEVE IN CREATIVE ACTIVISM:LOUD, BOLD, SEXY, SILLY, FIERCE,TASTY
AND DRAMATIC. ARREST OPTIONAL.
THINK DEMONSTRATIONS ARE A GOOD TIME AND A GREAT PLACE TO CRUISE
WOMEN. DON'T HAVE PATIENCE FOR POLITE POLITICS. ARE BORED WITH THE
BOYS. BELIEVE CONFRONTATION FOSTERS GROWTH AND STRONG BONES.
BELIEVE IN RECRUITMENT. NOT BY THE ARMY; NOT OF STRAIGHT WOMEN.
ARE NOT CONTENT WITH GHETTOS: WE WANT YOUR HOUSE, YOUR JOB, YOUR
FREQUENT FLYER MILES. WE'LL SELL YOUR JEWELRY TO SUBSIDIZE OUR
MOVEMENT. WE DEMAND UNIVERSAL HEALTH INSURANCE AND HOUSING. WE
DEMAND FOOD AND SHELTER FOR ALL HOMELESS LESBIANS. WE ARE THE
13TH STEP. THINK GIRL GANGS ARE THE WAVE OF THE FUTURE
LESBIAN SEX
THINK SEX IS A DAILY LIBATION. GOOD ENERGY FOR ACTIONS. CRAVE,
ENJOY, EXPLORE, SUFFER FROM NEW IDEAS ABOUT RELATIONSHIPS:
SLUMBER PARTIES, POLYGAMY, PERSONAL ADS, AFFINITY GROUPS.
USE LIVE ACTION WORDS: lick, waltz, eat, fuck, kiss, bite, give it up, hit the dirt
LESBIAN ACTIVISM
THINK ACTIONS MUST BE LOCAL, REGIONAL, NATIONAL, GLOBAL, COSMIC.
THINK CLOSETED LESBIANS, QUEER BOYS AND SYMPATHETIC STRAIGHTS
SHOULD SEND US MONEY.
PLAN TO TARGET HOMOPHOBES OF EVERY STRIPE AND INFILTRATE THE
CHRISTIAN RIGHT.
SCHEME AND SCREAM AND FIGHT REAL MEAN

the lesbian

AVENGERS

THE LESBIAN AVENGERS: WE RECRUIT

레즈비언 어벤저스, 〈다이크 선언문〉(1992)

WELCOME AVENGER!

WHO ARE THE LESBIAN AVENGERS?

The Lesbian Avengers is a **direct action** group focused on issues vital to **lesbian survival and visibility.** There are many ideas in the lesbian community about what kind of strategies to employ--electoral and legal reform, therapy groups, social services, theoretical development. These are all valid strategies, but they are not the strategies of the Avengers. Direct action is what the Lesbian Avengers do. It is the reason for our existence.

WHAT IS DIRECT ACTION?

The real question is "Do we have to spray paint billboards to be a Lesbian Avenger?" Direct Action is a **public intervention** ranging in creative form from marches to street theatre to speakouts to cathartic spray painting of anti-hate slogans. Direct action is about getting attention, and that means media coverage. The purpose of direct action is **visibility**, so we can't be shy. As a direct action group, the Lesbian Avengers is for women who want to be activists, want to take responsibility for making things happen, want to do the shit work, have their minds blown, change their opinions, share organizing skills, and work in community. You don't have to spray paint billboards (although it's really fun)! You have to be willing to act-out publicly. We want to **empower** lesbians as leaders!

WHY NO ABSTRACT THEORETICAL DISCUSSION?

How many of us have sat in meetings arguing political theory to the point of mental and physical exhaustion, to the point where we run screaming to the nearest dance floor for release from the frustration?! To keep our work pro-active and fulfilling and successful, we focus our political discussions on the creation and purpose of an **action.** We agree to disagree on political ideology--it is too easy to create false polarities. We also encourage women to **take responsibility** for their own suggestions--be willing to make them happen. Instead of saying "Someone should..." try saying "I will..." or "Who will do this with me?" In our meetings, if you disagree with a proposal on the floor, instead of tearing it apart, propose another way of realizing the goal. The Avengers is a place where ideas are realized, where lesbians can have an impact. A crucial part of that is learning how to **propose alternatives** instead of just offering critiques. Be willing to put your body where your brain is--matter over mind!

A BRIEF HISTORY OF THE LESBIAN AVENGERS

The first Lesbian Avenger group was founded in New York City in June 1992 by a group of experienced activists who were frustrated with their participation in W.H.A.M. and ACT UP where they felt overshadowed and undervalued as lesbians. They called a first meeting by handing out fluorescent green club cards reading "Lesbians! Dykes! Gay Women! We want revenge and we want it now." The idea took off and the group has created many successful actions, including: arriving at public schools on the first day of school to give out balloons inscribe "Ask about Lesbian Lives"—this was surrounding the attempt to include teaching about gay and lesbian lives in the public school curriculum; an anti-violence march and fire eating ceremony in response to the murders of gays and lesbians in Oregon; following Mayor Webb of Colorado (on his visit to New York City to promote tourism) to make sure the media focus was on Amendment 2; a Valentine's Day celebration of romantic love, butch genius and forgotten femmes, featuring the erection of a statue of Alice B. Toklas next to the statue of Gertrude Stein in Bryant Park (poetry and waltzing galore!); and organizing the Dyke March preceding the March on Washington 1993.

The Minneapolis Chapter started on International Women's Day, 1993, when a bunch of dykes got together to potluck and discuss forming a direct action group. Lesbian direct action groups have existed in the Twin Cities before—Tornado Warning, Lesbians Against Imperialism, and other informal and individual efforts. From the first meeting, we discovered the common goals of: action not theory, proactive not reactive, and fun, fun, fun! Everything that we wanted to do as a group fit with what the Lesbian Avengers were doing. Thus the Minneapolis Chapter was born! To announce our birth, we went out that night and appropriated a Navy billboard:

ta dal

ACTIONS IN THE WORKS

Minneapolis Pride March; creating lesbian bar/dance space; radio and video projects; interfering with the Operation Rescue boot camp activities; continued watch-dogging of media to combat homophobic and sexist imagery; a summer celebration of dyke love; fundraising for hellraising! We welcome your ornery ideas for frisky antics and hotheaded capers!

TOP TEN AVENGER QUALITIES

10. COMPASSION
9. LEADERSHIP
8. NO BIG EGO
7. INFORMED
6. FEARLESSNESS
5. RIGHTEOUS ANGER
4. FIGHTING SPIRIT
3. PRO SEX
2. GOOD DANCER
1. ACCESS TO RESOURCES (XEROX MACHINES)

MEETINGS

The Lesbian Avengers currently meet on **Sundays at 7:30p.m.** at the **Sabathani Community Center**, 310 E. 38th Street, Rm C on the 3rd Floor (in GLCAC's space). Meetings are the time to report on past actions and upcoming actions and share news. A **facilitator** (anyone who volunteers to do it) armed with the meeting **agenda** (created at the start of each meeting) keeps things focused and moving along. Anyone can introduce agenda items. Being on time is important--people have limited time and everyone's presence is essential to the success of the meeting.

먼저 다가서라(발췌)

질 존스턴, 1971

모든 여성들은 레즈비언이다. 이 사실을 당연히 알고 있지 못한 이들을 제외하면 그렇다. 그들 또한 자신이 레즈비언이지만, 단지 깨닫지 못했을 뿐이다. 나는 여성이고, 그래서 레즈비언이다. 나는 레즈비언인 여성이다. 왜냐하면 나는 여성이기 때문이다. 그리고 그녀 자신을 자연스레 사랑하는 여성은 레즈비언이다. 다른 여성들을 사랑하는 여성은 자기 자신도 당연히 사랑한다. 바로 그것이다. 어떤 여성이 자기 자신이라는 것은 모든 여성이 타고난 레즈비언이라는 것과 같은 이치다. 따라서 우리는 다른 이름들처럼 레즈비언이라는 이름을 써도 아무렇지도 않다. 의미 없는 일이기 때문이다. 그 말은 당연히 내가 여성이라는 것이고, 내가 무엇이든지 우리는 우리 자신의 존재를 긍정한다는 뜻이다. 마치 모든 남성이 동성애자라는 것과 같은 방식으로. 그 남성들의 동성적homo, 그들의 동성적homo-ness, 그들의 '이 사람을 보라'적인 특성ecce homo-ness, 그들의 이 왕자 및 군주 및 주인으로서의 특성을 지니고having, 그런 특성을 몸에 받아들인 존재being인 것처럼.

모든 여성들이 레즈비언이 되기 전까지 진정한 정치 혁명은 없을 것이다. 나는 내 칼에 기대어 나의 패배를 묘사해야 하지 않을까 싶다. 자신에게 자지가 있기를 바라고, 그 자지를 먹기 원하는 여성들도 있다. 레즈비언은 하나의 이름표다. 감히 남성과 맞먹으려고 하는 여성에게 던져줄 누군가가 발명한 이름표다. 레즈비언은 훌륭한 이름이다. 그것은 물론 아무것도 아니거나 모든 것을 뜻한다. 따라서 우리는 그 이름을 쓰는 데 거리낌이 없다. 사실 우리는 그 이름이 마음에 든다. 왜냐하면 사포ˣ가 유명하게 만든 그 섬을 암시하는 것을 자랑스럽게 생각할 수도 있기 때문이다…… 그가 말했다. "나는 그대의 육체를 원하오." 그러자 그녀는 답했다. "그 몸뚱이는 제 볼일이 끝나고 나면 가지시든가요."

ˣ 그리스 시대의 여자 시인, 고향 레스보스섬은 레즈비언이라는 단어의 유래라고 일컬어진다.

게이해방전선 선언문(발췌)

게이해방전선, 1971

서문

역사 기록을 통틀어 피억압 집단은 한데 모여 자기 권리를 주장하고, 필요를 채웠다. 물리적 폭력과 사회 내 상호작용이 일어나는 모든 차원에서 이데올로기적, 심리적 공격으로 억압받아온 동성애자들은 마침내 분노하기에 이른 것이다.

여러분들, 우리의 게이 자매, 형제들인 여러분들에게 우리가 말하노니 여러분들은 억압받고 있다. 여러분들에게 스트레이트 사회가 우리를 인간 이하의 위치와 대우로 끌어내리며 혐오와 공포의 예시를 보여주고, 그 스트레이트들의 근거를 설명하려 한다. 썩어가고 오그라드는 이데올로기로 휘감긴 현재의 억압 체제를 뿌리 뽑는 일에 우리의 당연한 분노를 어찌 사용해야 할지 보여줄 것이다. 그리고 다른 피억압 집단과 함께 우리가 제시하는 대안들로부터 어떻게 새로운 질서와 해방된 생활양식을 만들어갈지 보여줄 것이다.

어떻게 우리는 억압받는가

가족

게이에 대한 억압은 사회의 가장 기본적인 단위인 가족에서부터 시작한다. 이 가족은 책임자 역할을 하는 남성, 그의 노예 자리에 오는 부인, 그리고 그 부모의 이상적 모델을 강제하는 자식들로 이뤄진다. 가족의 형태 그 자체가 동성애를 반대하며 작동하는 것이다.

거의 모든 게이들은 어느 시점에 부모가 자신에게 강요하는 남성, 여성의 구속적인 이미지를 지니고 살아가기가 어렵다는 것을 알게 마련이다. 이 발견은 매우 어린 시절에 이뤄진 것일 수도 있다. '올바른' 장난감을 갖고 놀고, 그렇게 남자아이다운, 여자아이다운 모습을 증명하길 바라는 압력이 아이의 성향과 상관없이 가해진다. 하지만 우리 모두에게 이러한 측면은 청소년기에 이르면 확실히 문제가 된다. 청소년기에는 우리 스스로 올바른 성별을 지닌 구성원임을 부모에게 사회적으로 증명하고, '진짜' (억압하는) 젊은 남성, 혹은 '진짜' (억압받는) 젊은 여성과 같은 존재가 되기 시작하기를 바라는 기대가 있다. 여기서 발생하는 긴장은 매우 파괴적인 결과를 불러올 수도 있다.

게이들은 가족 관계 속에서 자기가 다른 남성, 여성들과 다르다는 것을 알아채고, 이 사실 때문에 부끄러움, 죄책감, 열패감 속에 휩싸인다. 우리 가운데 얼마나 많은 이들이 자기 부모에게 정말 감히 정직했을까? 우리 가운데 얼마나 많은 이들이 집 밖으로 내쳐졌을까? 우리 가운데 얼마나 많은 이들이 억지로 결혼하고, 정신병동에 보내지고, 두려움에 떨며 성적 무력감에 빠지고, 내놓은 자식 취급을 받고, 정서적으로 망가졌을까? 그리고 이 모든 게 그 부모에 의해 이뤄졌을까?

학교

가족 경험은 크게 다를 수 있지만, 교육과정에서 모든 아이들은 공통 상황을 마주한다. 학교는 정식 교과과정 가운데 사회 가치를 반영하고, 그 가치를 아이들의 도덕성과 규율 속에 강화한다. 남자아이는 경쟁적인 자기 건설적 스포츠를 배우고, 과학 분야에 더 많은 기회를 갖는다. 반면 여자아이는 가정 관련 주제들, 바느질 등에 중점을 둔다. 다시 우리 게이들은 우리가 원했거나 필요하지 않았던 엄격한 성별 역할을 강요받은 것이다. 어느 면에서든 자기 성별과 반대 성별처럼 행동한다는 이유로 훈육시키는 것은 매우 흔한 일이다. '시시sissy'×와 '톰보이'라는 멸칭은 널리 쓰이고 있다.

교육의 맥락에서 동성애는 일반적으로 무시되는데, 심지어 역사와 문학에서처럼 동성애가 존재했음을 알고 있는 과목에서도 그러하다.

× 계집애 같은 남자아이.

중등 교육 과정의 신자유주의 동력으로 간주되던 성교육 또한 기독교 도덕의 연장선에서 약간 더 나아간 정도에 불과하다. 동성애는 다시금 무시되거나 도덕주의적 경고 및 비난으로 공격당한다. 자신의 동성애 성향을 인식한 청소년들은 세상 속에 철저히 혼자뿐이거나, 비정상적으로 아픈 채 망가진 사람이라고 느낄 수도 있다.

교회

정규적인 종교 교육은 여전히 모든 이들의 교육과정 가운데 일부이며, 우리의 전체 법률 구조가 태곳적의 비합리적인 가르침으로 가족과 결혼이 섹스의 유일한 허락 조건이라고 말하는 소위 기독교라는 기반 위에 세워져 있다. 유대교와 기독교, 이 두 종교는 그 시초부터 게이들이 추악하며 죄가 많다고 공격해왔다. 오늘날 교회가 동성애에 대한 이러한 구조를 덜 중요하게 본다고 하더라도, 새로운 이데올로기는 게이들을 동정이 필요한 한심한 대상들로 본다.

미디어

신문, 라디오, 텔레비전, 광고는 우리에 대항하는 지원군처럼 활용되어 전례 없는 규모로 사람들의 생각을 지배할 수 있게 했다. 모든 이들의 집에 들어가고, 모든 이들의 삶에 영향을 끼치며 미디어를 쥐락펴락하는 이들, 즉 부유한 남성 지배 세계의 모든 대표들은 맘에 드는 정보라면 뭐든지 과장하거나 억누를 능력이 있다.

다른 상황에서 미디어는 작은 소수집단의 무기가 되지는 않을 것이다. 따라서 현재의 미디어 지배자들은 사물의 현 상황을 지금 그대로 유지하는 데 전념하는 옹호자들이다. 그렇게 봤을 때 미디어에서 사진과 언어로 송신하는 사람들의 이미지는 '정상적인' 남성과 여성에 대한 사회의 이미지를 전복하지 않고 그 이미지에 힘을 보탠다. 이로써 우리는 추문에 휩싸였으며 외설적인 변태들로, 걷잡을 수 없이 거친 섹스 괴물로, 한심하고, 팔자 세고, 충동적인 낙오자들로 묘사된다. 반면 진실은 침묵 모의하에 묻힌다.

어휘들

반동성애 도덕과 이데올로기는 사회 모든 차원에서 게이를 폄하하는 특수 어휘들을 사용해 그 자신을 드러낸다. 고정관념이 되어버린 선입견에 맞출 수 없거나, 맞지 않는 남성, 여성을 모욕할 때, '팬지pansy' '페어리fairy' '레스보lesbo' 등과 같은 학대의 용어들이 있다. 그 외 '식sick' '벤트bent' '뉴로틱neurotic' 등 게이 주체의 신빙성을 파괴하는 용어들이 있다. 하지만 긍정적인 용어는 존재하지 않는다. 이처럼 우리 언어의 이데올로기적 의도를 생각해볼 때, 어떤 용어 및 의미의 생성이 바로 지금 적의 손에 달려 있음은 매우 명확하다. 그리고 그렇게나 많은 게이들이 스트레이트인 척하고, 서로를 '부치 다이크'나 '스크리밍 퀸즈screaming queens'라고 부르는 것을 고려할 때 그 사실은 한층 실제적인 것이 된다.

행동 규범을 따르지 않는 남성, 여성을 향한 언어적 공격은 남성적 우월성masculine superiority을 주장하는 이데올로기를 반영한다. 여성처럼 행동하는 남자는 무언가 잃고 있는 것처럼 보이고, 남성처럼 행동하는 여성은 남성 특권을 제공하는 환경을 위협한다는 이유로 깎아내림을 당한다.

고용

양육 과정에 있어 죄의식과 수치심을 자주 느끼며 자란 게이 성인의 경험은 모든 측면에서 억압된다고 할 수 있다. 동료 직원들이 반동성애적 적개심을 보이는 근무 환경에서 게이 직원들은 자신의 인생에서 50여 년을 보내야만 하는 고난을 맞는다. 사실상 전 직원이 매우 많은 특권을 누리고 있는 이성애 남성이라는 것은 게이 직원에게 닫혀 있는 업무 영역이 더러 있으며, 동시에 게이 직원이 들어가기에 일종의 강요처럼 느껴지는 업무 영역도 있다는 뜻이 된다. 이러한 통제 결과, 게이 여성들은 남성 세계에서 위협 요소로 받아들여진다. 게이 여성들은 대부분의 여성이 남성을 자신의 '상관'으로 받아들이게 하는 남성 의존이라는 성적 유대와 전혀 무관하기 때문이다. 게이 여성들은 아이들이라는 부담을 안고 살 가능성이 적고, 따라서 남자들만큼 유능한 자신을 보여주는 데 가로막을 것이 아무것도 없다. 그렇게 남성의 자아는 쪼그라들고, 중요한 일은 오직 남자만이 처리할 수 있다는 신화가 꺾인다.

기혼 상태는 높은 자리에 대한 썩 괜찮은 보증이 된다. 우리는 그런 높은 지위의 여러 일을 하지 못하도록 배제되어 있다. 그러나 우리가 동성애라는 사실은 우리를 불안정하며 미덥지 않은 위험요소로 만드는 것처럼 보인다. 예를 들어 우리는 아이들을 가르치는 일자리도 허락받지 못한다. 왜냐하면 우리는 모두 강박적인 어린이 학대광 정도로 여기기 때문이다.

고용주는 보통 온갖 그럴싸한 이유를 들겠지만, 자기가 게이라는 게 알려져 일자리를 잃은 사람들의 예는 수천 건 이상이다.

반면 어떤 일자리에는 게이들이 밀집되어 있어서 직업군에 있어서 하나의 게토를 이루는 일도 일어난다. 이러한 집중 현상은 여성의 경우, 군대, 구급차 운전, 기타 제복을 입는 직업들이 해당되고, 남성의 경우 패션, 연예, 공연 직군이 해당된다. 이 경우들은 모두 "남성"과 "여성"의 역할 구분이 약화되거나, 간과되는 직군이다.

법률

당신이 스코틀랜드나 아일랜드에 사는 21세 미만, 혹은 21세를 초과하는 사람인데 21세 미만인 누군가와 섹스를 한 경우. 그리고 당신이 군에 있거나 상선에서 근무하는 데 두 명 이상의 사람과 섹스를 한 경우, 그리고 당신이 게이 남성이라면 당신은 법률을 위반하는 것이다.

1967년 성범죄법은 성인 게이 남성에게 한정된 자유를 주었다. 그러나 관습법은 남성과 여성의 동성애 모두를 '비도덕적'이라고 분류해서 동성애에 대해 말하거나 출판하는 데 훼방을 놓을 수 있다. 이것 너머로도 수없이 많은 구체적인 경범죄들이 있다. '성행위'가 불법은 아니더라도, 누군가에게 같이 자겠냐고 묻는 것은 '비도덕 행위의 강요'로 분류될 수 있고, 공공장소에서의 키스는 '풍기문란'으로 분류된다.

문제에 휘말려들지 않는 경우에도 함께 가정을 꾸리고, 아이들을 키우고, 스트레이트들처럼 자유롭게 당신의 사랑을 표현하려는 노력은 법 적용에 가로막힐 것이다.

법 '집행'과 관련해 경찰은 코티저cottager와 크루저cruiser×들을 열정적으로 체포할 것이다. 그러나 반면 퀴어들에게 폭력을 가하는 혐오자들은 사건 벌어진 후에야 내키지 않아 하며 체포할 것이다.

물리적 폭력

1969년 9월 25일, 한 남성이 윔블던 커먼 공원 쪽으로 걸어갔다. 우리는 이런 공원들이 게이 파트너를 물색하기 좋은 장소라는 것을 알고 있고, 그 남성이 우리 게이 형제 가운데 하나였음이 분명하다고 생각한다. 사실이든 아니든, 그 남성은 근처 주택지구 출신의 청년 몇 명에 폭행당하고, 방망이와 구둣발로 말 그대로 죽을 때까지 두들겨 맞았다. 후일 동일 주택 지구에 사는 한 소년은 이렇게 말했다. "퀴어를 두들겨 팰 때 잘못하고 있다는 생각을 하지 않는 거예요. 옳은 일을 한다고 생각하는 거죠. 퀴어한테 돈을 뜯어낸다면 그냥 뜯어내면 되는 거예요. 법을 무서워할 필요는 전혀 없어요. 퀴어들은 법에 호소하지 않을 테

× 코티저는 공중 화장실을 섹스 장소로 활용하는 게이를 가리키고, 크루저는 게이 섹스를 위해 공원, 자동차 휴게소 등에서 파트너를 만나는 사람을 가리킨다.

니까요."(《선데이 타임스》, 1971년 7월 21일)

그 이후로 햄스테드 히스에서 또 다른 남성이 비슷하게 살해당했다. 그러나 살인은 효과적인 보호 권리를 가지 못한 우리에게 일어나는 하나의 극단적 형태의 폭력일 뿐이다. 우리는 너무나도 자주 돈을 '털리거'나 그냥 얻어맞는다. 그리고 어떤 지역에서는 여성을 찾는 부치에게 이런 일들이 일어난다.

정신의학

억압당하는 사람들이 지나치게 분노하지 않도록 예방하는 방법은, 그들 스스로 아픈 존재라는 믿음을 갖게 하는 것이다. 그렇게 동성애라는 '문제'를 다루고 '치료'를 연구하는 일련의 정신의학적 '이론'과 '치료법'이 등장했다.

앞서 기술했던 내용을 생각했을 때, 게이들이 우울하고 편집증적이 되는 것은 충분히 이해 가능하다. 힘든 일에 처했을 때 정신과 의사를 찾는 것도 한 방법이다.

그러나 정신과 의사들은 과학적 진실이 아니라 사회 관습과 편견을 바탕으로 판단하기 때문에, 주류 정신과 의사들은 남성, 여성의 성별 역할은 '선한' 것이고 '정상'인 것이라는 사회에 널리 퍼져 있는 시각을 수용하고, 거기에 맞춰 환자들을 진료하려 한다. 그러한 시도가 실패했을 때 환자들은 '일탈적' 존재로 규정되고 '스스로를 받아들이라'는 소리를 듣는다. 정신과 의사가 "동성애는 아주 적절하고 만족스러운 행위인데, 우리 사회가 그 사실을 받아들일 능력이 없는 것이 문제"라고 말한다면 그 많은 환자가 병원을 떠날 것이기 때문이다.

정신의학적 '치료법'은 환각성의 '정신치료' 형태를 취하거나, 누군가를 충분히 두들겨 패놓으면 당신이 시키는 대로 할 것이라는 식의 조악한 조건화 이론에서 작동하는 '혐오치료'의 형태를 취한다. 또 다른 '치료법'의 형태는 화학적 거세다. 거기서 더 나아간 형태의 '치료'는 환자를 무성애적 식물로 만들 목적으로 뇌의 일부를 소거하는 방식이다.

그러나 이 '치료법'이 정신과 의사가 지닌 권력의 원천은 아니다. 그들이 지닌 사회적 권력은 동성애가 나쁘거나 불행한 것이라는 편견을 정당화시키고, 최선이라고 생각하는 우리의 권리에 근본적인 공격을 가하는 안이하며 위험한 주장들에서 뻗어나온다. 이러한 면에서 다음 두 정신과 의사는 별반 다르지 않다. 우선 "통계적으로 동성애는 광기와 연결되어 있다"고 말하는 정신과 의사와 다른 한편 "동성애는 사회적으로 거부당하기 때문에 불행하다"고 말하는 정신과 의사 사이에 차이는 없다. 앞의 의사는 위험한 바보쯤 되는 사람으로, 게이를 광기로 몰아세우는 것이 사회라는 것을 보지 못한다. 뒤의 의사는 돼지와도 같은 존재로, 그러한 부분을 보기는 하지만 의식적으로 압제자의 편에 선다.

그럼에도 정신과 의사가 그러한 신임과 수익을 거둬들인다는 것은 놀라운 일이다. 정신의학에서 이론과 실천의 신경병적인 불일치를 기억한다면, 그리고 그들이 자신의 의견을 도출해낼 때 게이들을 거의 상담하지 않는다는 사실을 기억한다면 더욱 그러하다. 사실 그들은 게이들과 대면한다는 것이 자신의 이론을 좌초시킬 것임을 알기 때문에, 가능한 아예 게이와 대면을 피한다.

자기 억압

모든 억압의 가장 궁극적인 성공은 자기 억압이다. 자기 억압은 게이가 스트레이트 세계가 규정한 선악의 정의를 받아들이고 내면화할 때 일어난다. 자기 억압은 이렇게 말한다. "요약하자면, 우리는 비정상이다." 혹은 당신이 가장 필요하고, 하고 싶은 일을 하지만, 다만 수치심과 환멸감을 지니고서 혹은 심리적 해리 상태로 그런 일이 일어나지 않은 척하며 행하라고 말한다. 당신은 크루징이나 코티징 자체를 선호해서가 아니라 아무에게도 알려지지 않는다는 익명성이 좋기 때문이라고 말한다. 또 자기 억압은 이렇게 말한다. "나는 나란 존재를 받아들인다." 이 말의 의미는 "나는 나란 존재가 차선의 것이고 다소 한심하다는 것을 받아들인다"라는 뜻이다. 자기 억압은 일종의 사과 같은 것으로 "우리 커플은 10년 동안 같이 지내왔고, 우리 주변의 결혼한 친구들은 우리에 대해 알고 있고, 우리를 자기들과 똑같다고 생각한다"라고 말하는 것이다. 어째서인가? 당신은 그런 존재가 아니다.

자기 억압은 "나는 트럭 운전사처럼 생긴 부치는 견딜 수가 없다"라고 말하는 인형 같은 레즈비언이다. 그것은 남성미 넘치는 게이 남성이 "한심한 공주들"을 떠올리며 고개를 가로젓는 것과 같은 것이다. 이러한 태도가 자기 억압인 것은 그 태도는 사실 "나는 매력적인 이성애자처럼 똑같이 정상적인 괜찮은 게이다"라고 말하는 것과 같기 때문이다.

자기 억압은 궁극적으로 스트레이트 사회를 정면으로 마주하기를 피하는 형식으로 나타나고, 따라서 더 극심한 적대감을 유발한다. 자기 억압은 "나는 억압받지 않는다"라고 말하고 믿는 것이다.

어째서 우리는 억압받는가

게이들은 억압받고 있다. 앞서 살펴본 것처럼 우리는 스트레이트 사회의 편견, 적대감, 폭력을 마주하고, 직장과 여가시간 동안 우리에게 열린 기회는 스트레이트의 경우에 비교해 제한되어 있다. 우리를 용인하고 동등하게 받아들일 수 있는 개혁을 요구해서는 안 되는 것일까? 분명히 그렇게 요구해야만 한다. 자유주의적-민주주의 사회a liberal democratic society에서 법적으로 평등한 존재임을 인정받고, 물리력으로부터 보호받는 것은 우리가 요구해야만 하는 최소한의 것들이다. 그러한 것들이 우리의 공민적 권리다.

그러나 게이 해방은 단지 개혁만을 의미하는 것이 아니다. 그것이 의미하는 바는 우리 사회 전체의 혁명적 변화다. 이것이 반드시 필요할 것인가? 현 사회 내에서 개혁을 성취하는 것만 해도 이미 어렵지 않은가, 그리고 우리에게 혁명가라는 표식이 붙으면 스트레이트의 지원을 어떻게 받을 수 있을 것인가?

개혁으로 잠시 동안 상황이 나아질 수도 있다. 법률상 변화로 스트레이트가 우리에게 좀 덜 적대적인, 그리고 좀 더 관용적인 태도를 보일 수도 있을 것이다. 하지만 개혁은 스트레이트들이 동성애를 보는 심층의 태도 자체를 바꾸지는 못한다. 예컨대 스트레이트는 게이들에 대해 좋게 봐줘봐야 자기들의 삶의 방식보다 열등한 것으로 보거나, 나쁘게 보는 경우에는 구역질 나는 변태로 보기 때문이다. 이러한 태도를 바꾸기 위해서는 개혁 이상의 것이 필요하다. 왜냐하면 그 태도는 우리 사회의 가장 기본적인 제도, 즉 가부장제 가족에 뿌리를 두고 있기 때문이다.

우리 모두는 가족이 우리의 행복과 안락의 원천임을 믿도록 자라났다. 그러나 가족을 좀 더 자세히 살펴보라. 그 작은 가족 단위 내부에서 지배적 남성과 복종적 여성이 자기 이미지를 복사하며 아이들을 키워낸다. 우리는 매우 어린 시기에 성에 대한 우리의 모든 태도를 배운다.

말을 하기도 전에, 스스로 분명히 생각하기도 전에 우리는 '여성적'인 어떤 특성들이 있고, '남성적'인 다른 특성들이 있다고 배운다. 그리고 이 특성들은 신이 주신 것이기 때문에 바꿀 수 없다고 배운다. 어린 시절에 수용해버린 믿음들은 바꾸기 매우 힘들다. 하지만 사실 이 믿음들은 그릇된 것들이다. 남성과 여성 사이의 차이에 대해 우리가 배운 것은 선전선동이지 진실이 아니다.

명백한 생물학적 차이와 별개로, 남성과 여성 차이에 신체 계통적 차이가 증명된 바는 없다는 것이 진실이다. 남성과 여성의 성기와 재생산 기관은 다르고, 기타 여러 신체적 특성도 그러하다. 하지만 기질, 소질 등의 모든 차이는 양육과 사회적 압력의 결과물이다. 그렇게 타고나는 것이 아니다.

인간은 단순히 '남성적' 혹은 '여성적'이라는 패턴 두 가지만으로 허락되는 존재 이상 훨씬 더 다양하다. 우리는 다양한 개성을 자유롭게 계발해야만 함에도 불구하고 현재 상황은 사람이라면 누구나 단 두 가지 정형화된 역할이 있다고 배운다. 따라서 (게이를 포함해) 대부분의 사람들은 이 정형화된 틀이나 젠더 역할이 훼손된다는 이야기를 들으면 겁을 낸다. 이러한 걱정과 두려움은 아이들이 "동일시할 대상 없이 어떻게 자라야 할지 모를 것이다"라거나 혹은 "모든 사람이 똑같아질 것이다(예컨대 완전히 혼란해지거나 총체적 순응의 시대가 될 것이다)"라는 것과 관련되어 있다. 사실 인간의 역할 모델은 훨씬 더 다양하고, 그와 관련해 더 많은 실험을 할 수 있다. 이러한 실험과 모델 때문에 혼돈이 올 것이라고 생각할 이유는 없다.

게이라는 존재 자체로 우리는 정형화된 역할에 도전한다. 동성애자들은 남성, 여성의 정형화에 들어맞지 않는 것처럼 보일 수 있고 그런 이유로 우리는 의혹의 대상이 된다. 모든 사람이 이성애 남성과 여성 단 두 가지 역할만이 적절한 것이라고 배우기 때문이다.

우리 사회는 가부장제 가족 위에, 남성과 여성의 역할을 귀한 위패를 삼는 기반 위에 지어졌다. 종교와 통속적 도덕, 예술과 문학, 스포츠는 모두 이러한 고정관념을 강화한다. 다시 말해 이 사회는 성차별주의 사회이며, 누군가의 생물학적 성이 그 사람이 무엇을 하고, 어떻게 그것을 하는지 거의 모든 것을 결정한다. 이 사회에서 남성들은 특권적 위치에 있고, 여성들은 단지 남성들의 부속물이거나, 그들이 사용할 (성적으로, 또 그 외의 의미로) 대상일 뿐이다.

모든 아이들이 어린 시절부터 남자아이는 공격적이고 모험심이 있어야 한다고 배우고, 여자아이는 수동적이고 순종적이어야 한다고 배운다. 그래서 대개의 아이들은 나이를 먹어가며 이러한 방식으로 행동하는 경향이 있고, 다른 사람들 역시 그렇게 해야만 한다고 믿는다.

성차별주의는 단지 게이를 반대하는 것에만 그치지 않고, 모든 여성들 또한 반대한다. 사회는 여성들을 단지 아이를 낳는다는 이유 때문에 양육하며, 따라서 그 외 성취와 관련된 모든 다른 영역에서 배제되어야 하는 존재로 생각한다.

그러나 이를 유아에게 주입시키는 것이 항상 완전하게 성공하는 것은 아니다(만일 그랬다면, 게이들은 아예 존재하지 않았을 것이다). 따라서 사회는 10대 및 청소년기의 아이들에게 어릴 때 주입했던 생각들을 강화해야만 한다. 여기서 중요한 역할을 하는 것이 의식적으로 표현된 남성 우월주의, 즉 남성적 우월함의 이데올로기적 표현이다. 남성우월주의는 여성을 싫어한다는 뜻이 아니다. 여성이 더 하찮은 존재라는 것이 전제되는 상황에서만 여성을 수용하겠다는 입장이다. 그것은 남성 권력, 남성 특권의 표현이다. 게이 남성이 남성우월주의자가 되는 것도 가능하지만, 그가 여성에 대해 남성 지상주의적 역할을 거부하는 한, 그리고 특히 "남성적인" 특질을 거부한다면 그의 존재 자체는 역시 남성우월주의에 도전이 된다.

개혁만으로는 부족한 것은 가부장제 가족 때문이다. 게이들에게 자유란 모든 사람이 성차별적인 역할수행에서 벗어날 때, 그리고 우리의 성에 관련해서 구속복과도 같은 작용을 하는 성차별적 규율에서 해방되고 나서야 영원토록 누릴 수 있는 것이다.

하지만 왜 사회의 전체 조직에 대한 변혁 시도 없이는 아이 양육 방식을 바꿀 수 없는 것일까?

성차별주의는 그저 우연한 것이 아니다. 그것은 우리 사회의 본질적 부분이고 이 성차별주의와 함께 전체 사회를 바꾸지 않고서는 변화가 불가능하다. 첫째, 우리 사회는 모든 차원에서 남성이 지배하에 있고, 남성들은 이러한 상황을 유지하고 싶어 한다. 둘째, 현재 노동 및 생산 체계는 가부장제 가족의 존재에 의존하고 있다. 보수적인 사회학자들은 부모와 자식들로 구성된 소규모 가족 단위가 동시대의 고도 산업 가족에 필수적이라고 주장해왔다. 그리고 그 가족 내부에서 노동은 정밀하게 세분되고, 고도로 조절된다. 즉, 이러한 가족제도와 노동에서는 일반적인 경우 사람들의 일상이 매우 따분해진다. 만일 어떤 남자에게 부인과 부양가족이 없었다면 그 사람은 생산직 노동자로 일하지 않았을지 모른다. 자신을 따를 준비가 되어 있는 소규모 집단이 제공하는 지원과 정서적 안정 없이, 그 집단이 자신의 욕구에 따라 맞춰 움직이지 않는다면, 직장 상사 때문에 짜증나거나 좌절했을 때 표출하는 화를 받아줄 최소한의 집단이 없다면, 그는 자신의 전부를 일에 쏟아붓지 않을 것이다.

그렇게 가정에 잡혀 있는 아내가 없다면, 그 아내가 광고와 자기가 읽고 보는 모든 것들에 세뇌되어 어느 때보다 더 많은 제품이 가정을 위해, 자신의 외모를 위해, 그리고 자식들의 웰빙을 위해 필요하다고 믿지 않는다면, 사람들이 자기가 필요한 것보다 훨씬 많은 공산품을 구매하는 것에 의존하고 있는 우리의 경제 체계는 제대로 작동할 수 없을 것이다. 가능한 많은 상품을 소유하는 데 집착하는 가정주부는 이러한 높은 수준의 소비 동인agent이 된다. 이 상품들 가운데 그 어떤 것도 그녀를 결코 만족시키지 못할 것이다. 왜냐하면 늘 가지면 더 좋을 무언가가 있기 때문이고, 이러한 유사 '필수품'들이 잉여 상태로 쌓이는 것은 (적절한 주택, 학교 등) 진정 필수적인 상품 및 서비스의 부재 현상과 함께 가는 것이다. 그렇게 우리 문화의 윤리와 이데올로기는 우리 적국이 요약하기에 편리한 것이었다. 여기 꽤나 진지한 의도로 쓰인 미국의 정신의학 입문서에서 따온 인용문이 하나 있다. 저자인 프레드 브라운Fred Brown 박사는 이렇게 말한다.

서구 문명에서 우리의 가치는 가족의 신성함, 사유재산권, '성공getting ahead'의 가치 위에 세워졌다. 가족은 오직 이성애 성관계를 통해서만 성립하는 것이며, 이는 여성에게 큰 가치를 부여한다. (여성이 재산의

한 형태로 평가받는 방식을 주목하라.) 재산 획득과 세속적 성공은 명백히 남성적인 목표로 여겨진다. 외양은 남성이지만, 다른 남성에 대한 선호 때문에 여성 계급으로 추락하는 남성은 우리 문명의 이러한 가치를 부정하는 것이다. 따라서 그는 우리 사회에서 중요하고 많은 정서적 채색을 담은 목표들을 하찮게 여기고, 이 가치들을 대단히 중요하게 보는 사람들에게 적개심을 드러낸다.

브라운 박사가 우리 사회와 그 가치 체계를 묘사한 것에 대해 동의하지만, 그 묘사를 통해 다다른 결론은 옳지 않다. 우리 게이 남성과 여성은 우리 문명에 존재하는 이런 가치들을 오히려 부정한다. 그가 묘사하는 사회가 사악하다고 생각한다. 우리는 고도 산업 사회의 일은 저마다 다양하고, 좀 더 쾌적한 방식으로 좀 더 인도적으로 조직될 수 있고, 지금 사회가 조직되는 방식은 전체 대중의 이익이 아니라, (대부분의 지위와 돈을 요구하는) 스트레이트 남성들로 이뤄진 작은 지배 집단의 이익에 따라 움직인다고 생각한다. 우리의 경제적 자원이 지금보다 좀 더 가치 있고 건설적인 방식으로 사용될 수 있다고도 생각한다. 하지만 우리 사회에 작동하는 남성 지배의 현재 패턴도 변화하기 전까지 이러한 일은 일어나지 않을 것이다.

우리를 지배하는 이들로부터 고통스럽게 도출해낸 개혁은 모두 깨지기 쉽고 상처 나기 쉬운 이유가 바로 그것이다. 여성운동과 함께 우리가 개혁 이상의 무엇인가를 위해 싸워야 하는 이유가 바로 그것이다. 우리는 가족의 철폐를 목표로 해야만 한다. 그렇게 성차별주의적 남성 지상주의 체계가 더는 가족에서 자양분을 흡수하지 못하도록 해야 할 것이다.

우리는 할 수 있다

비록 이 투쟁은 힘들 것이고, 우리는 쉽게 승리하지 못할 것이다. 그러나 우리가 가족 및 남녀 사이의 문화적 구별 철폐를 목표로 삼는 것이 그저 이상적인 것만은 아니다. 그렇다. 우리는 역사를 통틀어 이 목표를 위해 싸워왔고, 마침내 인류가 그 너머로 나아갈 수 있는 지점에 도달했다.

오직 반동분자와 보수주의자들만이 "자연적 남성natural man"이라는 개념을 믿을 것이다. 동물의 왕국과 인간이 그렇게나 다른 지점은 인간의 "부자연스러움unnaturalness"이다. 문명은 사실 자연 환경이라는 한계지점에서 벗어나 한층 복잡한 통제로 움직여간 진화의 결과다. 비행기를 타고 여행을 다니는 것은 "자연적"이지 않다. 약을 먹고 수술을 하는 것은 "자연적"이지 않다. 옷과 신발도 나무에서 열리지 않는다. 동물들은 자기가 먹을 음식을 요리하지 않는다. 이러한 진화는 기술 발달로 가능해졌다. 그 모든 도구와 기술들로 우리는 자연 환경을 지배할 수 있었던 것이다.

우리는 이제 인간 육체 자체와 종의 재생산에 기술이 "부자연스럽게" 간섭하는(다시 말해 개선하는) 지점에 이르렀다. 재생산은 우리의 동물 선조들에게 물려받은 생물학적 과정 그대로 완전히 통제받지 않은 채 남겨졌었다. 그러나 현대 과학은 유아 사망률을 극적으로 낮춰 여성이 두세 명 이상의 아이를 낳을 필요가 없어졌다. 반면 피임약 덕분에 임신을 의식적으로 통제하게 됐고, 재생산에서 성을 해방시켰다. 오늘날 인공 자궁의 발전으로 여성이 자신의 생물학적 특성에서 완전히 해방되는 것이 가능해지는 지점에 다가서고 있다. 여성들은 지금 인생의 주요 과업으로 아이의 생산이라는 부담을 질 필요가 없어지고 있고, 미래에 그 부담은 더욱 적어질 것이다.

현재의 "남성" "여성" 젠더 역할 체계는 재생산이 본래 조직되는 방식에 기반해 있다. 남성들은 출산이라는 오랜 기간의 육체적 부담에서 풀려나와 특권적 위치를 얻었고, 그 특권적 위치는 남성 우월성의 이데올로기로 강화되었다. 하지만 이제 기술은 젠더 역할 체계가 더 필요치 않은 단계로까지 나아갔다. 그러나 사회적 진화가 기술의 꾸준한 진보와 함께 자동으로 이뤄지지는 않는다. 젠더 역할 체계와 그 주변으로 축조된 가족 단위는 그저 필요가 없어졌다고 해서 사라지지는 않을 것이다. 성차별의 문화는 스트레이트 남성들에게 다른 어떤 특권 계급들처럼 투쟁 없이 무릎 꿇지 않을 특권을 부여했다. 따라서 그 문화가 억압해온 우리 모두(여성과 게이)는 한데 뭉쳐 그 문화에 맞서 싸워야 한다. 성차별의 문화와 가족의 종말은 모든 여성과 게이에게 유익할 것이다. 우리의 운동은 반드시 여성들과 함께여야 한다. 그들이 받은 억압이 우리의 억압이며, 우리가 함께 운동함으로써 우리 공통 해방의 날을 앞당길 수 있기 때문이다.

새로운 생활양식

마지막 섹션에서 우리가 그려볼 것은 혁명에 이르기까지 게이 해방이 택할 실용적 단계들이다. 하지만 사회를 바꾸려는 투쟁과 관련해서 생각할 때, 지금 바로 여기서 구축하기 시작해야 할 게이 해방의 중요한 측면이 하나 있다. 그것은 미래의 자유로운 사회를 가능한 한 멀리

예측해보는 **새롭고, 해방된 생활양식**이다. 게이들은 길을 제시한다. 어떤 측면에서는 우리는 이미 스트레이트보다 훨씬 진보해 있다. 우리는 이미 가족 외부에 존재하며, 우리는 사회가 우리에게 마련해놓은 "남성적" "여성적" 역할을 (적어도 일부분은) 거부해왔다. 성차별 문화가 지배하는 사회에서 이성애 남성과 여성들이 압제자와 피억압자의 역할을 구조 짓는 엄격한 젠더 역할에서 도망치기란 불가능하지는 않더라도 무척 힘든 일이다. 하지만 게이 남성은 자신의 심리−성적psycho-sexual 욕구를 채우기 위해 여성들을 억압할 필요가 없으며, 게이 여성들도 남성 압제자와 성적으로 관계를 맺을 필요가 없다. 그래서 지금 현시점에서 가장 자유롭고 가장 평등한 관계는 동성애자들 사이에 있을 가능성이 크다.

하지만 성차별 문화는 우리를 억압하고 또한 우리의 삶을 왜곡시키기 때문에, 이러한 것이 항상 이루어지지는 않는다. 사회의 승인과 인내를 받아내려고 화를 참아가며 헛된 노력을 하고, 그러한 과정에서 압력에 너무나도 자주 굴복한 나머지 섹스에 관련한 사회의 규율과 장애라는 구속복에 순응하게 된다. 특히 게이 사회를 억압하는 측면은 청춘 숭배Youth Cult, 부치와 펨의 역할 놀이, 강박적 일부일처제다.

젊음 숭배. 스트레이트 여성들은 우리 사회에서 (돈벌이에 좋아서) 상업적으로 조작한 젊음과 '아름다움'에 대한 숭배에 가장 심각하게 노출되어 있다. 이 젊음과 아름다움이라는 이미지는 여성들 스스로 선택한 것이 아니라 외부에서 부과된 것이며, '섹시함'과 '여성성'의 이상적 형태에 순응하도록 작동한다. 여성들은 거울을 들여다보고 자신을 사랑하라는 부추김을 받는다. 왜냐하면 그렇게 옷과 화장품에 대해 집착하게 만들어 여성들 자신이 진정 어디에 있는지 판단내리지 못하게 줄

곧 방해하기 위해서다. 노년의 여성이 두터운 화장에, 머리카락을 꼬아 탑을 쌓듯 만든 머리모양으로 치장한 모습은 모든 면에서 비웃음거리가 된다. 하지만 여성이 물리적인 노화를 이렇게 그로테스크하게 거부하겠다는 태도는 자신의 가치가 성적 매력의 정도로 매겨진다는 가르침을 받고 살아온 여성으로서 그저 어쩔 수 없는 삶의 논리적인 결말일 뿐이다.

게이 여성은 마치 스트레이트 남성처럼 젊음을 강박적으로 찾아 헤매는 경향이 적다. 이는 아마도 게이 여성들이 저항하고자 하는 지점이 자신을 성적 대상으로 보는 것이기 때문일 테다. 남성들과 같이 게이 여성들은 자신을 사람으로 본다. 즉 대상이라기보다 주체로 여기는 것이다. 그러나 게이 남성들은 젊음 숭배의 희생자가 되기 매우 쉽다. 런던과 뉴욕의 게이 바에서 펼쳐지는 '화려한' 행렬들, 프랑스 남부와 로스앤젤레스의 게이 해변은 해방과 아무런 상관이 없다. 그런 장소들은 이미지와 겉모습에 집착하는 얄팍한 가짜 게이들의 소굴이다. 자신의 육체와 사랑에 빠진 이 게이 남성들에게 늙어가는 것은 '추한' 존재가 되는 것이기 때문에 나이 먹는 것을 두려워한다. 자신의 젊음과 함께 그들이 잃는 것은 사랑하고 사랑받을 권리다. 이로써 그들의 가치가 매겨지는 것은 오직 그들이 돈을 지불할 수 있을 때뿐이다. 젊음에 대한 이런 식의 집착은 파괴적이다. 영화계의 거물들과 광고 회사들이 우리에게 강요한 '아름다움'의 거짓된 기준으로부터 우리 모두 벗어나야만 할 것이다. 젊음/아름다움에 대한 문제로 서로 주목 받으려고 광기 어린 경쟁을 하다가 결국 자기에 대한 집착에 빠져 진정한 애정과 진정 관능적인 사랑은 영원히 놓치기 때문이다. 일부 게이 남성들은 거울에 비친 자기 모습을 노려보며 많은 시간을 허비하느라 자신의 홀륭한 외모에 홀려 다른 누구도 볼 수 없게 돼버리는 경우도 있다.

부치와 펨. 많은 게이 남성 및 여성들이 역할 놀이에 집착적으로 빠져들어 자기 삶을 쓸데없이 제한한다. 그들은 늘 부치나 펨 가운데 하나의 역할을 택해야만 한다는 생각에 자신의 성적 행동 방식을 제한하기도 한다. 그리고 더 큰 문제는, 이러한 역할들은 역으로 일반 사회관계에서 더욱 뒤틀린 패턴을 만들도록 영향을 미친다. 우리 게이 남성과 여성들은 어쨌든 젠더 역할 체계 바깥에 위치하고, 따라서 어느 성이든 우리 가운데 누군가는 더욱 '남성적'이고 나머지 사람들은 더욱 '여성적'이더라도 놀랄 일은 아니다. 여기서 아무것도 잘못된 것은 없다. 문제가 되는 것은 게이가 자신에게, 그리고 서로가 서로에게 스트레이트 사회의 남성적, 여성적 전형을 강요하려고 할 때다. 말하자면 부치가 자신과 자기 파트너의 삶과 자유를 지배하는 방식으로 자신의 자아를 확장하려 한다거나, 펨이 그런 부치에게 복종하고서 보호를 받으려고 하는 모습들이 문제라는 것이다. 부치는 진정 나쁜 존재다. 타자에 대한 억압은 남성 젠더 역할의 근본적 부분이다. 우리는 스트레이트 남성의 특권을 주장하는 게이 남성 및 여성들에게 자신들이 무슨 일을 하고 있는 것인지 이해하게 만들어야 한다. 그리고 펨 역할에 붙들려 있는 그 게이 남성과 여성들은 스트레이트 여성들이 점차 깨닫고 있는 것처럼 이러한 구조가 보장하는 안전이란 그렇게 잃어버린 자유보다 크지 않음을 깨달아야 할 것이다.

강박적 일부일처제. 게이 커플도 일부 스트레이트 커플처럼 함께 행복하고 건설적인 삶을 살 수 있음을 부정하지는 않는다. 하지만 우리가 질문하고 싶은 지점은 한 명의 '올바른' 파트너를 찾아내, 영원토록 정착해서 살아간다는 이상에 대한 것이다. 이 상황은 마치 게이가 스트레이트 세계의 청사진을 훔쳐낸 것과 비슷한 경우다. 필연적으로 이 상황은 하나의 패러디와도 같은 것인데, 왜냐하면 게이는 스트레이트 커플의 정당성, 즉 자기 자식들에게 안정적인 환경을 제공할 필요에 대한 정당성마저도 보장해주지 못하기 때문이다. (어느 경우에서든 숨 막힐 듯한 소규모 가족 단위가 결코 아이 양육의 최선 환경은 아니라고 믿는다).

일부일처제는 대개 소유권에 기반한다. 여성은 자신의 봉사를 남성에게 판매하고, 그 대가로 자신과 자식에 대한 안전을 확보하는 방식은 전적으로 남성의 소유권 개념과 밀접한 관련이 있다. 게다가 우리 사회에서 자식이 있거나 없는 일부일처 커플은 고립되어 있고, 외부에 대해 닫혀 있으며, 단단히 묶여 있는 단위로, 외부인에 대해 의심을 품고 적대적이다. 비록 우리가 규칙을 정하거나, 게이들에게 침대에서는 어떻게 하고, 관계에 있어서는 어떻게 하라고 행동 방법을 일러주지는 않지만, 사회가 커플에 대해 어떤 청사진을 가지고 있는지 의문을 가져보기를 바란다. 그 청사진은 "세상에 맞선 우리 둘"이 서로 보호하며 위로가 될 수 있다고 말한다. 하지만 그 상황은 숨 막힐 수 있고, 신경증적 의존과 모호한 공격성의 형태로 발전할 수도 있다. 또한 가정과 정원이 있는 안락한 안전 속에 머무는 정서적인 불성실의 형태로도, 둘만을 위해 구축된 삶의 안정과 협소함 등으로 발전할 수도 있다. 또한 이 모든 정서적 변화는 마치 관계에 할당량이라도 있어서 한 명 이상을 원하는 것은 탐욕이라도 된다는 양, 진정한 사랑은 평생 지속한다는 생각에 사로잡힌 채 다른 누군가를 상상하는 비밀스러운 죄의식이 함께 한다. 성적인 신의를 지키는 것이 꼭 옳지 않다는 것이 아니다.

옳지 않은 것은 내면을 향해 구부려져 있는, 커플의 정서적 배타성이다. 그 배타성으로 인해 커플을 이루는 파트너들은 사회에서 독립적인 존재로 전혀 행동하지 못하게 된다. 사람들이 발전하고 성장하기 위해서는, 다른 인간에 대해 알기 위해서는 넓은 관계가 필요한 것이다.

게이가 스트레이트의 삶을 복제하길 멈추는 것은 정말로 중요한 일이다. 우리는 새로운 삶의 양식을 창조할 최고의 기회를 지닌 존재들이며, 우리가 창조하지 않는다면 그 누구도 하지 않을 것이다. 또한 우리는 스트레이트들보다 서로를 더욱 필요로 한다. 왜냐하면 우리가 표상하는 자유를 받아들이기에는 이 사회가 너무 미개하며, 그 사회 내부로 은밀히 퍼져가는 억압 아래 우리 모두는 똑같이 고통받는 존재이기 때문이다. 홀로, 혹은 사회로부터 격리된 커플로서 우리는 미약하며, 그것이 바로 이 사회가 바라는 우리의 모습이다. 우리가 함께 뭉친다면 사회는 우리는 내리누를 수 없다. 우리는 서로 함께 해야만 한다. 우리는 서로 이해해야만 하고, 함께 살아야만 한다.

이것을 해낼 수 있는 두 가지 방법이 의식화 집단과 게이 코뮌의 개발이다. 우리의 게이 코뮌과 공동체가 그저 편리한 동거 형태로 머물러서는 안 될 것이다. 혹은 그보다 더 악화된 형태로 게이 게토 지역이 그저 연장된 형태여서도 안 될 것이다. 이 두 공동체는 의식화 삶의 중심이 되어야만 한다. 우리를 실제 억압하고 있는 것에 대한, 게이 해방 활동에 대한 의식 함양과 증진이 게이 공동체 구성원들의 새로운 활동 중심인 것이다. 이 사회가 공동체적 삶에 적대적이기 때문에 쉽지는 않을 것이다. 그리고 자금원을 찾고, 공동체가 들어가 생활할 정도로 충분한 크기의 장소를 물색하는 실질적 문제를 접어두고서도, 우리 스스로의 개인적 문제들 또한 있다. 사유 재산, 연인, 업무 및 여가 시간에서의 그날그날의 우선순위 정하기, 필요한 사생활 확보 등 여러 문제에 대한 우리의 태도를 바꿔야만 한다.

그러나 승리는 다가올 것이다. 새로운 삶의 양식의 중요성에 대해 확신한다면 우리는 강해질 수 있고, 헤쳐나갈 수 있다.

목적

게이 해방은 필연적으로 이 사회의 제도화된 성차별주의와 충돌하겠지만, 이것의 장기 목표는 억압의 뿌리에 있는 젠더 역할 체계를 사회에서 제거하는 것이다. 이 목표를 이루기 위해 남성과 여성에게 협소하게 정의된 젠더 역할에 순응하라는 사회적 부담을 제거해야만 한다. 아이와 젊은 사람들이 자기 자신의 능력과 관심을 계발할 수 있어야 한다. 자기 본성에 낯설고 정형화된 부분을 연기하기보다 자신의 개성을 표현할 수 있도록 응원받아야 한다.

우리만으로 이 혁명적 변화를 불러올 수는 없기에, 그리고 젠더 역할의 폐지는 여성해방의 필요조건이기도 하기에 우리는 밀접한 상호관계 속에서 우리의 생각과 실천 계발을 목표로 여성해방운동과 전략적 동맹을 맺어야 할 것이다. 동맹을 맺기 위해서 게이 해방운동을 하는 형제들은 여전히 모두의 몸에 배어 있는 그만큼의 남성우월주의와 남성 특권을 희생할 준비를 해야 할 것이다.

장기 목표 성취까지는 몇 년이, 어쩌면 몇 십 년이 걸릴 것이다. 그러나 우리 사회에서 남성 및 여성이 차지하는 적절한 위치에 대한 태도가 급속히 변하고 있다. 특히 여성의 종속적 위치에 대한 믿음이 크게 흔들리고 있다. 소규모 핵가족은 일생 동안 서로 묶인 채, 협소하게 정의된 역할을 각각 맡는 한 명의 성인 남성, 한 명의 성인 여성으로 이루어진다. 그러나 근대의 조건이 여기에 다양한 변종을 추가시키고 있다.

전진을 위한 길

머릿속 비우기

우리의 해방은 우리 모두의 머릿속에 박혀 있는 억압을 제거하는 것으로 시작해야 할 것이다. 이 출발이 의미하는 것은 자기 억압, 남성우월주의로부터 우리 사고를 자유롭게 하고, 이제는 스트레이트 사회가 주입해 넣은 패턴에 따라 우리의 삶을 조직하지 않도록 사고를 놓아주는 것이다. 그렇게 사고를 풀어준다는 것은 동성애는 나쁘고, 병들었거나 부도덕한 것이라는 생각을 뿌리 뽑고, 게이의 자존감을 계발하는 것이다. 생존하기 위해 대부분의 우리는 굴복하거나, 아무런 억압도 없다는 양 행동했다. 하지만 그 결과 우리의 정신은 한층 더 왜곡되어 왔다. 게이 해방 진영 내에서 몇몇 의식화 단체가 발족되었고, 그 단체들에서 우리의 억압에 대해 이해하고, 새로운 사고, 행동 방식을 배우려 노력한다. 목표는 스트레이트 사회가 허락한 경험의 테두리 바깥에 발을 내딛는 것이다. 그래서 서로 사랑하고 믿는 법을 배우는 것이다. 함께 행동하고 투쟁하기 위한 선결 조건이 바로 이것이다.

우리는 머릿속을 비워내고서 게이로서 공적으로 자랑스럽게 나올 용기를 얻게 되었다. 그리고 우리의 게이 형제, 자매들을 설득시켜 게이 해방 사상을 전할 용기를 얻게 되었다.

캠페인 미래의 새로운 사회를 창조하기에 앞서 우리는 게이로서 모든 형태의 억압과 희생에 맞서 지금 여기 우리의 이익을 보호해야만 한다. 따라서 시급한 요구사항으로 다음과 같은 리스트를 작성하는 바다.

- 게이, 남성, 여성에 대한 모든 차별, 법률, 고용주, 사회 전반에 의한 모든 차별은 종식돼야만 한다.
- 동성의 구성원에게 매력을 느끼는 모든 사람에게 그런 감정은 완전히 정당한 것이라고 가르친다.
- 학교에서의 성교육이 이성애의 경우에만 국한되지 않게 한다.
- 정신과 의사들은 동성애를 병으로 대하고, 그에 따라 게이들에게 무분별한 죄의식을 주입하는 것을 중단한다.
- 게이가 이성애자처럼 신문 광고를 통하거나, 길거리에서 만나거나, 혹은 다른 어떤 방식으로든 법적으로 자유롭게 다른 게이를 자유롭게 만날 수 있게 하고, 경찰의 괴롭힘을 중단한다.
- 고용주들이 고용인의 성적 취향을 이유로 누구든 차별하도록 허용치 말아야 한다.
- 게이 남성의 성관계 동의 가능 연령을 스트레이트와 동일하게 낮춘다.
- 게이도 이성애자처럼 공공장소에서 자유롭게 손잡고, 키스할 수 있게 한다.

게이 해방을 믿는 이들은 자신의 지역에 있는 게이 단체를 적극적으로 지원할 필요가 있다. 게이 해방 사상이 급속히 확산되어 가면서 그런 단체에 구성원들 다수가 필연적으로 자기의 동성애적 특성 가운데 일부만을 받아들이게 된다. 자기 억압의 정도는 단체 내의 개인들을 존중하기 힘들 정도가 되는 경우가 잦고, 활동가들은 자주 절망의 유혹에 빠진다. 하지만 우리 사회의 형태를 성공적으로 변화시키려면 우리들의 입장의 이점을 두고서 다른 이들을 설득해야 한다. 이 목표를 이룰 유일한 방법은 우리와 같이 억압에 가장 많이 영향받은 이들을 설득하고, 그들과 함께 정의를 위해 싸우는 것이다.

우리는 아무것도 요구하지 않는다. 우리는 똑바로 서서 우리의 기본권을 주장할 뿐이다. 이렇게 주장하는 데 폭력이 끼어든다면, 그 폭력을 시작하는 것은 우리가 아니라, 우리가 자유를 얻는 것을 방해하려는 자들일 것이다.

이페미니스트[×] 선언문

스티븐 F. 댄스키, 존 크노벨, 케네스 피치포드, 1973

우리, 《더블-F Double-F》[××]의 이페미니스트 서명인들은 이로써 게이 해방 및 기타 모든 남성 이데올로기로부터 독립을 선언하는 데 뜻을 함께하는 모든 남성 여러분들을 청한다. 한편 우리의 정치적 입장의 본질을 구성하는 다음 13개 항의 원칙에 대한 혁명적 태도를 영구불변하도록 주장하려 한다.

[×] 여성적인 행동에 대한 편견을 반대하는 남성 동성애 운동이 이페미니즘effeminism이고, 이페미니스트는 그 운동의 일원을 뜻한다.
[××] 이페미니즘 잡지.

여성 억압에 관련하여

1. **성차별주의.** 모든 여성들은 우리 자신을 포함하여 모든 남성들의 억압을 받고 있다. 이러한 체계적 억압을 성차별주의라고 이른다.

2. **남성 패권.** 성차별주의 자체가 남성 패권의 산물로서 가부장제 사회가 보여주는 인종주의, 계급주의, 연령주의, 경제적 착취, 환경적 불균형 등 모든 형식의 억압을 생산한다.

3. **여권 정치**GYNARCHISM. 모든 억압의 뿌리를 타격하는 혁명만이 그 억압의 모든 개별 형태와 억압 자체를 종식시킬 수 있다. 그 이유로 우리는 여권정치주의자의다. 다시 말해 우리는 여성이 가부장제로부터 권력을 탈환하여, 우리가 알고 있는 이 행성 위 생명에 전면적 변화를 가져오리라고 믿는 이들 가운데 하나다.

4. **여성 리더십.** 정확히 어떻게 여성들이 권력을 잡을 것인가에 대해서는 남성인 우리가 관여할 일이 아니다. 허나 남성적 규범들에 억압받은 이페미니스트 남성으로서 우리 자신은 가부장제 파괴에 지분이 있으며, 따라서 남성인 우리를 반대하는 혁명에 남성 게릴라로서 참여한다는 딜레마를 안고 투쟁해야만 한다. 우리의 당파성을 숨긴 채, 여성 리더십이 두려워 소극적 태도를 지향하거나 여성들이 결정할 문제에 간섭하는 것은 비열하기 이를 데 없는 일이다. 그런고로 우리에게는 편을 정할 의무가, 우리 스스로를 변화시키기 위해 투쟁할 의무가, 행동할 의무가 있다.

이페미니스트 남성의 억압에 관련하여

5. **남성주의**MASCULINISM. 남성 동성애자와 모든 이페미니스트 남성들은 남성 규범을 체계적으로 강제하는 가부장제에 억압받으며, 그 남성 규범은 한 남성으로서 보여야할 바람직한 특질들이 물리적, 정신적, 정서적, 혹은 성적 정형화로 표현된다.

6. **이페미니즘**EFFEMINISM. 우리의 목적은 (독신주의든, 동성애든, 이성애든) 우리와 같은 남성들 모두가 혁명적 이페미니즘 운동에 합류하도록 촉구해서 남성 계급의 배신자가 되게 하는 것이다. 그렇게 해서 우리는 집합적으로 비남성주의적인 존재에서 반남성주의적 존재로 변화하도록 투쟁할 수 있고, 우리를 가장 직접적으로 억압한 가부장제의 그런 측면들에 대한 공격을 개시할 수 있다.

7. **종래의 남성 이데올로기.** 억압과 싸우는 정치를 창조하려던 남성들의 시도는 남성 좌파, 남성 해방, 게이 해방 등 지금껏 세 번 있었지만 모두 불완전한 분석 때문에 실패했다. 이러한 시도와 함께 기타 시도로서 성적 자유주의, 대항문화는 변화를 위해 투쟁하는 척하며 남성의 손에 권력을 보존하려는 전략이다. 우리는 특히 변화를 핑계 삼아 투쟁을 가장하는 세력을 배척한다. 우리는 특히 초평등주의, 반리더십, 반기술, 사회적 지위의 하강 이동 등 하나 혹은 그 이상의 예전 이데올로기들이 서로 조합해서 해로운 결과를 가져오는 상황을 배척한다. 이 모든 것들은 죄책감의 정치, 위선적 태도에 기반을 두고 있다. 그리고 그 정치와 태도는 우리 투쟁에 시급히 필요한 기술을 발전시키지 못하

게 막고, 가부장제 내에서 개인적 거처를 찾던 이들의 경력주의와 혁명 과업에 필요한 능력을 혼동하는 권력을 향해 있는 것이다.

8. **협력자와 캠프 추종자.** 심지어 가부장제는 우리 이페미니스트 남성들에게 여성들을 제자리에 붙들어 묶어놓는 작업에 협력자가 되라는 선택지를 준다. 가부장제는 우리 남성 동성애자들에게 스스로에 대한 억압 상태를 유지하며 여성 억압 또한 증대시키려고 고안한 하위문화를 특화해서 제공했다. 이 하위문화에는 반여성적 흉내와 자기 조소가 조합된, 흔히 캠프라고 불리는 것이 포함된다. 캠프는 모든 것을 진지하지 않고 사소하게 바라보는 경향을 가지고 있어 우리 자신의 고통에 눈뜰 기회를 박탈한다. 그리고 억압된 이들이 혁명의 정상성이라고 인식할 수 있는 표현들을 거부한다.

9. **사도-남성성: 역할놀이와 대상화.** 지난 만년의 역사에서 보인 남성 원칙은 주로 대상화, 역할수행, 사디즘에 대한 취향으로 특징지어진다. 첫째, 감정의 반대편에 자신의 사고를 위치시키고 선호하는 남성적 태도 덕분에, 남성들은 다른 사람을 사물로 여기고 그렇게 사물로서 활용하도록 장려된다. 둘째 사람과 동물에게 고통을 가하는 행동은 남성됨manhood의 표식으로 여겨져 왔고, 이 지점이 익히 알려진 강간 및 고문에 대한 성향을 설명해준다. 마지막으로 권력-지배욕은 그 궁극의 역할인 표본적 남성을 수행할 때 보상으로 주어진다. 이 표본적 남성의 탐욕은 마녀사냥, 린치, 집단학살, 민족말살의 사례 등에서 충분히 나타난 바이고, 그에게 가장 가까운 이들이 뿜어내는 매일 매일의(흔히 평생에 걸친) 복종은 따로 말할 것도 없다.

우리가 언제고 어느 요소에 더 끌리든 그 여부와 무관하게 남성 편향은 주체/대상, 지배적인/복종석인, 주인/노예, 부치/펨 등 짝패로 이루어진 범주에 따라 행할 때마다 우리 행동 속에 나타난다. 이 모든 거짓 이항대립들은 그 자체로 성차별적이다. 왜냐하면 이 대립 항들이 남성적이고 싶고, 다른 사람 속에서 남상적인 측면을 소유하려는 욕망을 드러내기 때문이다. 백인 동성애자들의 인종주의는 그들이 흑인, 혹은 제3세계 남성과 함께 공격, 수비의 역할을 연기하기로 선택하는 것과 무관하게 동일한 종류의 양극성을 나타내는 경우가 많다. 이 모든 경우, 이러한 범주의 용어들 자체를 무시하는 것만이 우리가 이페미니스트가 되는 길이다. 이는 명백히 거부를 뜻한다. 이것이 뜻하는 것은 특히 일련의 요소에 기반한 대상화 거부다. 그리고 그 요소들에는 연령, 육체, 체형, 피부색, 얼굴의 특징, 눈, 머리, 성기의 크기와 모양, 종족성 혹은 인종, 물리적, 정신적 장애, 생활양식, 섹스 등이 포함된다. 따라서 우리는 남성 원칙의 체화된 형태 모두를 감지하고 폭로하는 데 노력을 기울여야 한다. 역할 및 대상 선택에 작동하는 권력-지배가 "크루징"이라고 알려진 남성 동성애자 대상화의 장소들(목욕탕, 바, 부두, 공원)을 포함해서 그 남성 원칙이 어디서 어떻게 소중히 모셔져 찬양되든 상관없이 말이다.

10. **마조흐-에오니즘Masoch-Eonism.** 표본적 남성이 우리에게 억지로 떠맡긴 억압에는 여러 측면이 있다. 그 가운데, 특히 이페미니스트 남성이 대개 '받아들일 만한' 행동인 것으로 생각하는 남성의 이성애적 도착으로 두 종류가 있다. 바로 에오니즘[x]과 마조히즘이다. 사디즘 및 남성주의가 하나의 정체성으로 합쳐지면 서로 구별이 불가능한 것처럼

마조히즘과 에오니즘 역시 동일한 남성의 종속 모방 충동에서 태어났다. 이 모방 충동은 강도 높은 반여성적 감정을 투사하고, 또한 사도-남성주의자에게 크게 어필하는 열화된 정형화의 모델을 공급해서 여성을 순응의 상태로 밀어 넣기 위한 하나의 방법으로 만들어졌다. 분명히 사도마조흐-에오니즘은 그 모든 형태에 있어 정확히 이페미니즘의 안티테제다. 마조히스트와 에오니스트 모두 여성 억압을 과하게 패러디하며 스스로 노예 상태에 대한 객관적 교훈이라도 되는 듯 포장하기 때문에 여성들에 대해서는 모욕인 것이다.

11. **생활양식: 외양과 실재.** 우리는 여성 원칙을 남성에게 고유한 어떤 것으로 발견하고 소중하게 여기는 법을 배워야 한다. 그 배움은 역할이나 표면적인 장식을 넘어서, 따라서 어느 하나의 특정 삶의 양식이 정의한바(예컨대 근래의 양성구유 유행, 트랜스섹슈얼리티나 기타 순전히 사적인 해결책 등)를 넘어서 이루어져야 한다. 따라서 우리는 홀로 사는, 커플끼리 둘이 사는, 남성들로만 구성된 공동체에서 함께 살아가는, 여성들과 함께 살아가는, 혹은 그 어떤 다른 방식으로 살아가는 남성 동성애자나 이페미니스트를 자동적으로 지지하거나 비방하지 않는다. 이 모든 삶의 방식들은 본래, 그리고 그 자체로 성차별적일 수 있지만, 또한 상상컨대 반성차별 투쟁의 기초 기능을 맡을 수도 있다. 심지어 우리가 협력하려고 하는 마음을 서로 확인하는 법을 배우고, 서로에게서 상냥하고 무엇이 온화한 것이며, 무엇이 미학적이고, 사려 깊고, 애정

× 프랑스 루이15세 시절 외교관이자 스파이로 활약했던 슈발리에 데옹 Chevalier d'Eon의 이름을 따서 만든 용어다. 그는 인생의 전반부 49년을 남성으로, 후반부 33년을 여성으로 지냈다.

어리고, 서정적이며, 듣기 좋은 것인지를 감탄하기를 배우는 사이에도 우리는 우리 자신의 시간과 혁명 이후의 세계를 혼동해서는 안 될 것이다. 혁명 이후의 세계에서 우리는 이페미니스트의 본성을 두려움이나 처벌, 혹은 타자를 억압할 위험 없이 공개적으로 자유롭게 표현할 것이다. 무엇보다도 우리가 기억해야 할 것은 우리가 찾고자 하는 것이 단지 외양의 변화가 아니라, 실재의 변화라는 것이다.

12. **전술**. 우리는 진심으로 모든 수단을 통해, 모든 곳에 있는 모든 남성들과 이페미니즘을 지지하고, 방어하고 장려하고 싶다. 다만 그 협력의 대상 가운데 본래 남성 우월주의자인 경우나 권력 장악의 의도를 지니고서 페미니스트들의 목표와 갈등하고 있는 이들은 제외하려한다. 우리는 앞서 언급한 요구사항을 충족할 수 있도록 가해진 억압과 싸워나가는 전투적인 방법을 찾기를 희망한다. 분명히 우리가 남성 동성애자를 위한 남성 동성애의 법제화나 남성 동성애자 대상의 쿼타, 공민권, 혹은 가부장제 개혁을 목표로 설계된 다른 수단을 찾으려는 것은 아니다. 실천의 측면에서 보면 우리의 활동에는 세 단계가 있다. 우선 우리의 적에게 이름을 붙이고, 그 적과 대면하고, 결국 그들의 권력을 박탈하는 것이다. 이는 대항-컬트 영웅 가운데 콕 로커Cock Rocker 와 드랙 로커Drag Rocker[×] 양쪽 모두를 의미하고, 이페미니즘을 경원하는 정신과의사 가운데 래디컬 세러피스트Radical Therapist[××]와 동성애자-고문기술자 양쪽 모두를, 근육질 배우들이 등장하는 프르노그래피를

[×] 콕 록cock rock은 1970-80년대 유행했던 남성 섹슈얼리티를 강조한 록 음악의 한 장르로, 콕 로커는 이 장르의 음악가이며, 그중에서도 특히 기타 솔로 속주를 담당하는 기타리스트를 뜻한다. 드랙 로커drag rocker는 드랙 차림을 한 록 음악 연주자다.

창조한 사람과 에오니즘식 모방을 창조한 사람 양쪽 모두를 의미한다. 그것은 또한 동성애자 박해를 제도화하는 가부장제의 모든 분과(학교, 교회, 군대, 감옥, 정신병원, 양로원)을 의미한다.

그러나 당면한 목표가 무엇이든지 우리는 현명하게 여성들이 우리에게 요구할법한 모든 형태의 사보타주와 반란을 준비할 것이다. 최근에 나타난 세계 단위의 반젠더 혁명 속에 우리가 기대하는 것은 평화주의자의 길이 아니다. 우리도 역시 우리 자신과 서로에게 어제 가능하리라 꿈꿔오던 것보다 더 큰 규모의 위기 감수와 헌신을 거듭 요구해야만 할 것이다. 무엇보다도 이 투쟁에 참여하는 우리들은 자기 안에서 여성에 대한 새로운 존중의 태도와, 이페미니스트로서 서로를 사랑할 새로운 능력을 발견해내야만 할 것이다. 여성 및 이페미니즘 혐오자들은 우리에게 이 태도와 능력 모두를 허락하지 않았고, 그 이유로 지금까지의 연대는 늘 여성 이익에 적대적이었다. 게다가 그 연대는 우리의 이페미니즘적 자아 감각을 치명적으로 훼손하는 전통적 남성 연대였다.

13. **천역drudgery과 육아: 젠더 재정의하기.** 그러나 우리에게 가장 시급하고 중요한 단계는 보통 여성들에게만 넘겨지는 매일 매일의 삶을 지탱하는 고된 천역을 우리 스스로 최소한 우리의 몫만큼 나눠 짊어지는 것이다. 이렇게 우리가 유용성을 보태줬을 때 여성들은 풀려나 스스로 선택한 다른 일을 할 수 있을 것이고, 다음 세대를 위해 젠더 재정의를

×× 1970년대 후반에 미국의 대항 문화와 반적 운동이라는 사회적 배경 속에 태어난 잡지로 여성해방, 게이 해방을 열렬히 주장했다.

시작할 수도 있을 것이다. 여기서 최우선적 관심은 시간이 많이 걸리는 출산과 육아라는 일에 우리들 역시 의무이자, 권리이자 특권으로서 참여시켜 달라는 것이다.

유대력 5733년 데벳월 스물일곱째 날, 서기 1973년 1월 첫째 날
스티븐 댄스키, 존 크노벨, 케네스 피치포드 선서

국경 허물기: 퀴어 선언문(발췌)

해벅, 2007

구조, 제도, 역사의 맥락

여행자여, 다리란 없다네. 그건 걸어서 만드는 거라네.
— 글로리아 E. 안잘두아Gloria E. Anzaldúa

하나의 단체로서 우리가 주로 집중해온 분야는 미국/멕시코의 국경선 그 자체와 더불어, 국경 단속 체계가 어떻게 남과 북으로 한층 더 연장 되었는가에 관한 문제다. 여기서 논하는 내용 가운데 상당 부분이 세 계의 다른 국경에도 적용되는 것이기에, 우리는 미국/멕시코 국경의 특정한 역사를 고려하는 것, 그리고 이 역사가 오늘날 국경의 모습에 어떠한 영향을 주었는지 살펴보는 것이 중요하다고 생각한다. 우리는 또한 그 국경의 역사가 우리나라 내부는 물론 남쪽 나라들에도 경계의 폭력을 깊숙이 그리며 현재에도 진행 중인 구조적, 제도적 억압을 보여주고 있다는 사실을 알고 있다.

따라서 우리는 핵심 구조로서, 역사 표면의 생채기로서 국경을 생각한다. 그리고 국경 이전에, 국경과 함께, 국경을 통해 무엇이 왔는지 되돌아본다:

- 미국은 북미 대륙을 가로질러 토착민들과의 조약을 깨고, 그들로부터 약탈하고, 그들을 대량학살하고서 건설되었다.
- 미국은 노예 노동과 이주민들의 저임금(종종 무임금) 노동으로 건설되었다.
- 미국은 남서부부터 하와이, 푸에르토리코는 물론 필리핀, 관타나모만, 파나마 해협, 괌, 미국령 사모아, 북마리나제도, 미국령 버진아일랜드에 이르기까지 더욱 많은 토지를 폭력적으로 취득하며 성장했다.
- 국제 무역의 경제 장벽들을 무너뜨리려는 '자유무역협정'은 늘 국경지대의 무장화와 직접 연관되어왔다. 예컨대 나프타NAFTA[×]는 '문지기 작전Operation Gatekeeper'에 이어 시행되었고, 이 문지기 작전은 널리 알려진 월경 지점들border-crossing points에 더 많은 벽과 울타리를 세우고, 국경 관련 인원과 감시, 군사력을 증강 배치해서 해당 지점들을 봉쇄하는 현재의 국경 전술이 시작된 작전이었다.
- 국경의 무장화 정도가 진행될수록, 국경을 넘으려다 사망하는 사람

× 미국, 캐나다, 멕시코 등 북미3개국이 자유무역지대의 창설을 위해 추진해온 협정.

은 더욱 많아진다. 1994년 이래로 5천 명 이상이 국경에서 사망했다. 미국의 정책 입안자들은 이를 두고 "죽음이 불러온 억지전략"이라 부른다.

• 무장화가 자본의 움직임에 자유를 허용했지만, 양쪽 국경에 취약 노동력을 가둬놓도록 작동한다는 점에서 무장화는 자유무역협정에 결부되어 있다.

이 역사를 통해 국경은 더 커다란 폭력 순환의 일부임을 알 수 있다. 그것은 계속 우리 세계를 지배할, 진행 중인 식민지화, 제국주의, 전 지구적 경제 구조에 뿌리를 두고 있다. 국가/지역 간 이동에 관련한 대화는 어떤 경우에도 단지 국경을 넘어, 혹은 한 나라에서 다른 나라로 움직이는 사람들에 대한 것이 아니다. 그것은 생래적으로 고질적인 인종주의, 계급주의, 이민족혐오xenophobia, 성차별주의, 동성애혐오, 장애인차별, 그 밖의 제도·사회적 지배 형식에 뿌리내리고 있다.

따라서 우리는 이 작업을 더 큰 운동 내부의 역사적 투쟁 속에 뿌리내리도록 노력할 것이다(우리는 바퀴를 처음부터 다시 발명하는 식의 효율 떨어지는 운동은 언제든 하고 싶지 않고, 우리보다 앞서 일어났던 일들에서 배울 것이 많다고 생각한다). 우리는 모든 형식의 권력과 권위에 계속 의문을 던질 것이고, 그 대상에 법, 국가, 사회 규범, 사회관계 등이 포함되지만 그것들에만 국한하지는 않을 것이다.

지침

우리는 어떻게 서로 조직할 것인가: 다시 말해 패뷸러시티Fabulosity[×]

> 일상생활의 일부로 조직화에 집중할 때, 그 과정은 최종 결과물만큼
> 이나 중요하다.
> ─폴라 X. 로하스Pola X. Rojas, 〈경찰은 우리의 머리와 마음속에 있는가?〉

이 문건에 펼쳐놓은 요구들을 정리하기 위해 함께 모였으니, 서로 창조하는 문화에 대해서도 염두에 두기를 바란다. 어째서냐고? 국경, 인종주의, 군사주의를 조성하는 것과 똑같은 힘이 우리의 관계, 공동체, 우리 자신 속에 스며 있기 때문이다. 우리가 서로를 어떻게 대하고, 함께 일해나갈 것인지 그 방법을 정의하고, 만들어내고, 행동으로 옮기는 것은 우리에게 달려 있다. 어떤 이들이 이를 두고 실천이라고 부르는 것을 들었다. 생각을 행동으로 옮긴다는 의미에서 그렇게 부른 것인데, 우리는 우리 주변의 억압들을 퀴어 관점에서 보고 우리에게 힘을 부여하는 행동으로 옮겨내는 방법을 뜻하는 새로운 용어 패뷸러시티를 제안하려 한다.

패뷸러시티의 의미는 우리가 열려 있고 포괄적인 언어 및 문화를 획득하려 노력한다는 것이다. 우리는 서로 상이하며 겹치는 각각의 경험들을 인식하도록 노력할 것이다. 서로에게 배울 것이 많이 있고, 늘 동

[×] 대담하고 놀라운 것, 정돈되었다기보다 튈 정도로 화려한 것, 자기 개성을 살린 멋진 것.

의하지는 않을 것을 알면서도 서로에게 줄 것 역시 많다.

패뷸러시티의 의미는 우리가 서로에게, 새로운 사람과 생각에 열린 자세를 갖도록 노력한다는 것이다. 우리는 우리의 사고, 기술, 활력의 바탕을 넓히고 깊이 다지는 데 끊임없이 노력할 것이다. 우리는 존중하며, 목표 성취를 위해 다양한 전략을 활용할 것이다.

패뷸러시티의 의미는 애초에 우리를 주변부로 밀어냈던 위계질서를 복제하지 않고, 서로 함께 할 수 있는 방법을 찾기 위해 시간을 내겠다는 것이다. 우리는 비영리 행동주의나 전문 행동주의에 기대지 않고 연합 및 운동을 건설할 수 있다고 믿는다. 우리는 서로 만나 일할 수 있는 해방적이며 국경 없는 공간을 만들어 유지하고 싶다.

패뷸러시티의 의미는 특정 요구를 충족시키기 위해서만이 아니라, 운동과 공동체 건설을 위해서도 함께 일하겠다는 것이다. 이는 우리의 즉각적 목표 및 필요와 장기 비전, 혹은 집단의 건강 사이에 균형을 찾으려고 노력하는 과정에서 우리 기획의 지속가능성을 고려하겠다는 뜻이다. 그리고 우리가 만드는 공동체가 집회 및 행동에만 한정되어 있지 않다는 뜻이기도 하다. 우리는 함께 식사하고, 함께 놀고, 조직되지 않은 시간을 함께 보내고 싶다.

패뷸러시티의 의미는 우리가 얻을 수 있다고 생각하는 것이 아니라, 우리가 원하는 것을 요구하겠다는 것이다. 타협이 연합 작업의 일부라는 것은 알지만, 우리가 궁극적으로 보고 싶은 세계가 어떤 종류인지에 관해 더 큰 전망을 염두에 두려고 힘쓸 것이다. 이것이 어려운 일이라는 것은 알고 있다. 아마 간혹 망칠 때도 있겠지만, 우리는 최선을 다할 것이다.

그래서 '퀴어 조직화'란 무엇인가?

> 그대는 삶의 동성애화가 두려운가? / 그리고 나는 그것을 눌러서 밀어 넣거나 끄집어내는 이야기를 하고 있는 것이 아니라네 / "동지여", 내가 이야기하는 것은 유연함일세……
> ─ 페드로 레메벨Pedro Lemebel의 시 〈다른 관점〉 부분

우리의 문서를 읽었거나 모임에 나온 사람들 가운데 이것이 퀴어와 무슨 관계가 있냐고, 관계가 있기는 하냐고 묻는 사람들이 있다. 국가/지역 간 이주문제 가운데 전통적으로 '게이 관련 문제'(망명, 타국민과 결혼 등)라고 생각해왔던 사안들이 우리의 주요 작업 과제인 것은 아니다. 그렇다면 국경에 대해서 어떻게 생각하는지와 우리의 성 및 젠더 사이에는 무슨 관계가 있을까?

우리는 그저 어쩌다 퀴어를 자기 정체성으로 가지고 함께 단체를 조직하게 된 한 무리의 사람들일 뿐일까? 물론 이 프로젝트를 하면서 패뷸러시티와 같은 말을 사용하게 된 것이 멋지기는 하지만, 우리는 단지 모여 있는 사람들인 것만은 아니다. 이 작업은 누가 밖에 있고, 안에 있는지를 정하는 또 다른 국경 만들기에 지나는 것은 아닐까? 그렇지 않기를 바란다. 우리는 퀴어를 하나의 어떤 사람, 혹은 어떤 것으로

보기보다 '어떻게'라는 방법으로 본다. 그래서 퀴어는 우리가 서로 만들어내는 문화, 함께 조직하는 플랫폼이다. 우리는 퀴어가 역사적으로 정말 탁월하게 우리 공동체 내부에 만들어 넣은 두 가지 지점(과 그 지점의 영향을 받아 우리 공동체가 구성해온 공간)에 집중하려 한다. 그중 하나가 회색 지대를 대단히 편안하게 느끼면서 그 지대를 사랑하는 것이고, 다른 하나는 가족을 급진적으로 재구성하는 것이다.

회색 지대:

회색 지대는 이항(흑/백, 여/남)을 무너뜨리고, 우리 모두가 얼마나 복잡한 존재인지 인식하는 것, 즉 우리의 정체성과 공동체는 어떻게 겹치고, 융합하고, 교차하는지 알아보는 것이다. 우리를 나누는 이 선들은 국경으로 이해할 수 있다. 어떤 때에는 문자 그대로, 혹은 물리적인 의미에서 그러하고, 또 다른 때에 그 선들은 문화적이며 사회적이다. 간혹 이 선들은 모든 것을 함축하기도 하지만, 어떤 형태든 우리는 그 선에 흥미가 없다.

이주민의 정의를 위해 조직된 운동에서 회색 지대는 (노동자, 핵가족 단위의 구성원 등) 어떤 이주자들에게 '선한' 이름을 붙이고, 또 다른 이주자들에게 '악한' 이름을 붙이며 분리, 분할하는 수사학을 무너뜨리는 것에 관한 일들이다. 그것은 국가/지역 간 이주자 집단과 미국이 맺는 관계의 다양성을 바라본다는 뜻이다. 또한 운동 내부에 차이의 공간을 만들어낸다는 뜻이다. 우리는 이 플랫폼을 통해 집단의 해방을 건설하는, 혁명의 장소가 될 활기차고 다양한 공간의 힘을 인식한다.

급진적 & 선택적 가족:

전통 핵가족 단위에서 오랫동안 배제된 퀴어들은 자기 자신만의 가족을 만들어왔다. 그 형태는 드랙 하우스부터 코뮌까지 여러 가지가 있지만, 몇 번이고 여기 선택된 가족들은 우리를 보살피고, 우리에게 관심 갖고, 우리를 육성하고 지도하는 복잡한 인적 네트워크인 것처럼 보인다. 가족에 대한 이러한 새로운 상상을 통해 우리가 누구를 책임져야 하고, 우리와 누구의 투쟁이 서로 얽혀 있는지에 대한 이해를 넓힌다.

우리는 인종주의자, 성차별주의자, 계급주의자, 기타 국경 및 이주 정책의 억압적 영향에 맞서 함께 조직화하며, 가족의 재정의를 심층 연대의 모델로 삼는다. 이를 통해 우리는 상호 지지에 기반한 네트워크 및 연결을 개발할 수 있다. 이렇게 우리는 주류 운동에서는 우선순위가 밀리는 욕구와 목소리를 인식하게 될 것이다. 그리고 집단 해방이 어떤 모습을 띨지 상상하며 벽을 부수고, 다리를 건설하는 사이, 우리라는 존재와 우리가 책임지는 이들의 경계를 끊임없이 확장하는 작업을 할 것이다.

단결/지향의 핵심들

국경을 세우고 유지하는 많은 힘이 있지만, 우리는 모든 차원에서 그 국경을 해체하려고 노력할 것이다.

이동의 자유

우리는 이동의 자유가 근본적인 인간 권리라고 믿는다. 이동권은 어떤 국가 경계를 넘어설 권리 이상의 것이다. 그것은 집에 머물 권리를 포함해서 마음에 드는 곳에서 살고 일할 권리다. 그것은 대규모의 감옥-산업 복합체와 함께 수용 센터의 폐쇄를 뜻한다. 그것은 또한 두려움 없이, 그리고 급습과 추방의 위협 없이, 공동체 자원과 공간에 대한 접속을 제한하려는 인종주의적 정책 없이 우리 공동체에 관한 전면적 참여 권리를 의미한다.

- 우리는 개인이나 단체(와 그들을 지원하는 공동체)가 자기들이 원하는 곳에 머물거나 이동하기 위해 취하는 행동을 적극 지지한다. 흔히 이러한 지지의 태도는 지금 극심한 지경에 이른 경제 및 국가 제국주의의 한가운데서 생존(과 희망을 섞어 말하자면 번성)을 모색하는 방법과 결부되어 있다.
- 우리는 나프타, 차프타CAFTA,˟ 기타 '자유무역협정'들과 같은 강제력에 반대한다. 이런 협정들은 일자리 상실과 토지 사유화를 통해 개인의 체류권, 즉 자기가 선택한 공동체에서 살아갈 권리를 실질적으로 인정하지 않는 방식으로 사람들을 도시 지역과 북쪽으로 강제로 밀어냈다.
- 우리는 은신처 제공과 같은 상호 부조를 범죄화해서 미등록 이주민, 가족, 연인을 도운 이들을 처벌하려는 시도를 반대한다.

˟   중국과 아세안, 곧 동남아시아국가연합 10개국 사이에 체결한 자유무역협정.

- 우리는 미국-멕시코 국경 전체에 걸쳐 장벽을 지속적으로 건설하는 것에, 국경 지역 순찰을 늘리는 것에 반대한다. 이런 시도는 국경지대의 사망자 수를 늘려왔을 뿐이다. 우리는 단속의 증가가 북쪽으로 넘어오는 이들의 숫자를 감소시키지 못했음을 알고 있다. 단속 증가는 단지 사람들을 더 멀리에 있는, 더 위험한 지역으로 깔때기처럼 몰아 보낼 뿐이었다.
- 우리는 현재 토착 원주민이 소유한 토지를 나누려는 국가의 모든 지속적인 시도에 반대한다. 특히 국경의 양쪽 접경에 걸쳐 있는 원주민 보호구역에 국경 정책을 강제하는 것에 반대한다. 우리는 토착 원주민들이 자신들의 독립된 영토 내의 이동권 유지를 위해 지속 투쟁하는 것을 지지한다.

무장화 및 범죄화에 저항하기

우리는 우리 자신과 지역 사회의 안전이라는 공통된 필요를 가지고 있지만, 이 목표 수행을 위해 가혹한 강제력을 사용해야 한다고는 생각하지 않는다. 또한 우리는 미국 국경의 무장화가 개별 공동체에 대한 환상을 떠받치고, 그것은 결국 안전 확보보다는 증오, 외국인 혐오, 폭력의 감정을 키워낸다는 것을 알고 있다.

우리는 우리 모두가 본래적으로 지니고 있는 상호연결적 특성을 주장하는 바이다. 그리고 우리는 경찰, 이민세관집행국, 기타 공권력을 동원하는 무장화를 활용하지 않은 채, 안전한 공동체를 만들 체계, 전술, 전략을 개발하려고 애쓰고 있다. 우리는 스스로 안전한 공동체를 만들려는 사람들의 생존 행동을 미등록 체류자, 성 노동, 갱단 연루 및 마약 거래 등으로 규정하여 범죄화하려는 시도에 이의를 제기한다. 우리는 우리가 할 수 있는 선택을 계속 밀어붙이며 확장해나갈 것이다. 그것은 생존을 위해서만이 아니라, 자유롭게 번성하기 위해서다.

이는 단기적 관점에서, 우리가 공유하는 교육, 보건, 경제의 측면에서, 지속가능성의 필요를 무장화, 치안 유지, 범죄화 등의 방법으로 다스리려는 시도가 있다는 의미가 된다. 더불어 그러한 시도에 투입되지 않도록 자원의 전환 배치를 요구한다는 의미이기도 하다. 구체적으로 말해보자면,

- 이민세관집행국의 급습, 추방, 구류, 지역 경찰에게 퇴거 집행의 권한을 허용하는 모든 정책과 스트림라인 작전,[×] 287g 프로그램,[××] '안전 공동체' 프로그램[*]을 종결하라. 연방정부의 반이민 정책 집행에 지역 자원을 할당하는 것을 거부함은 물론이며, 강제적인 연방의 이민 집행 협조 프로그램에서 탈퇴하려는 지자체의 선택을 지지한다.
- 우리는 이민 신분을 이유로 그 어떠한 공공 서비스나 법률적 보호에 대한 접근을 거부하는 행동, 정책, 입법행위를 거부한다. 즉 우리

[×] 국토안보부와 법무부의 협동 작전으로 승인을 거치지 않은 월경 행위에 대한 무관용 원칙을 골자로 2005년 시행되었다.

[××] 이민 및 국적법에 속한 절로 주 경찰 및 지방 경찰에 연방 이민법 집행의 권한을 주는 법안이다. 주경찰, 지역 경찰에게 불법 이민자와 관련해 국토안보부와 이민세관집행국의 데이터베이스를 열람하고, 이민세관집행국에 인계하기 전까지 구금할 권한을 준다.

[*] 연방, 주, 지역 단위의 법집행 기구가 합동 집행하는 추방 프로그램이다. 특정 범죄를 저지른 합법 이민자는 물론, 아무런 범죄를 저지르지 않은 불법 이민자도 추방 가능하도록 만들었다.

는 모든 이들을 위한 선택지로서 교육을 지원하겠다는 의미다.[1]

- 우리는 공동체의 자원을 사회적 지위와 무관하게 모든 이들과 함께 나누는 상호부조 기획을 지지하며 참여한다.

- 우리는 우리가 생활하는 피난처를 창조하는 데 노력을 기울일 것이고, 우리 지역 사회에서 이민세관집행국 및 기타 모든 연방 이민 집행 기구의 완전 제거를 목표로 삼아 비슷한 걸음을 걷는 다른 이들을 지지할 것이다. 우리는 국경 장벽 건설 및 추후 집행의 중지를 원하고, 지금 세워진 울타리들이 철거되는 모습을 보고 싶다. 우리는 국경의 기술적 무장화를 심화시키고, 새로운 "국경-군사 기업 복합체"를 만들어내는 모든 민간업자들의 종말을 원한다.

- 우리는 '시민/비시민'이라는 거짓된 이분법을 거부하고, 범죄화 없이, 그리고 이민세관집행국의 공포에 떨지 않고 살아가기 위한 첫 걸음으로써 미국이라는 경계 내에 사는 모든 이들에게 즉각적이며 무조건적인 시민권을 부여할 것을 지지한다. 덧붙여 우리는 망명 신청시 기한 제한 1년[2]의 폐지 '불법 체류'에 대한 3년, 10년 기간에 재입국금지 폐지와 같이 그런 방향으로 나아갈 발걸음들을 지지한다.

국경에 반대하는 일

우리는 노동운동 내 인종차별과 동성애혐오를 뿌리 뽑기 위해 일어설 것이고, 노동자를 분할하려는 목적으로 존재하는 모든 프로그램, 법률, 협약들을 분쇄하기위해 노력할 것이다. "한 명의 부상은 모두의 부상An injury to one is

an injury to all"이라는 표어는 국경 앞에서 효력을 잃어서는 안 된다.

우리는 우리를 서로 나눌 속셈으로 만들어진 경제 체계의 도구를 해체하는 작업을 할 것이다. 이 작업에는 다음에 반대하는 일이 포함된다.

- 나프타, 차프타 등 자유무역협정.
- 작업장 급습.
- 합법 체류 여부와 무관하게 조직화를 시도하는 모든 노동자를 목표로 삼는 노동법.
- 영어 학습과 배경 조사를 노동, 혹은 시민권의 전제 조건으로 만드는 영어 전용 작업장 요건과 입법화 과정.
- 이주자 간 위계질서를 만들고, 한 국가 내 개인들의 체류를 고용주에 의존하게 만드는 초청 노동자 프로그램, H1 비자와 기타 계급주의적, 인종주의적, 성차별적 프로그램들.
- 착취적 노동 조건을 보고하는 사람들을 추방이나 기타 제재 수단으로 협박하는 법안들.
- 우리는 퀴어와 트랜스 이주 노동자 보호를 포함하는 버전의 고용차별금지법안ENDA, Employment Non Discrimination Act을 지지한다.
- 우리는 국가단위의 데이터베이스를 만들어 이주민들 및 트랜스젠더들이 법적 신분 증명을 한층 어렵게 만드는 진정신원증법REAL ID Act˟의 폐지를 요청한다. (이는 서류에 기재된 젠더와 다른 젠더로 인해 추방될 수도 있는 트랜스젠더 이주민들에게 특히 까다로운 문제다.) 더 나아가 우리는 진정신원증법 탈퇴를 선택한 주나 지자체에 부과한 불이

익을 거둘 것을 요구한다.

- 우리는 미국에 인신매매의 형태로 들어와 착취적이거나 위험하거나, 강압적인 조건에서 강제로 노동을 하는 사람들을 범죄화하는 법안들을 반대한다. 성 노동을 본질적으로 착취라고 보는 많은 수의 반-인신매매 옹호자들과 달리, 우리는 모든 이들이 생존하고 자신과 자신이 사랑하는 이들을 부양하기 위해 (성 노동을 포함하여) 자신이 선택한 모든 일에 종사할 수 있어야 한다고 생각한다.

우리 자신을 단속하는 힘에 맞서기

사람들의 젠더와 성을 단속하는 것과 국경을 단속하는 것 사이에는 연결지점이 보인다. 우리는 모든 이들이 자기결정권을 주장할 수 있는 세계를 만들려고 한다. 우리는 전통 가족, 수용 가능한 성적 관례, 이상적 신체와 젠더 표현, 사랑 등을 정의할 때 사용되는 종류의 사회적으로 형성된 경계를 통해 우리 자신 및 우리의 관계를 규정하기를 거부한다.

- 우리는 '가족' 정의를 확장시켜 퀴어 및 기타 스스로 정의한 관계들까지 담을 수 있게 만들려고 한다. 우리는 퀴어까지 포괄하도록 결혼의 범주를 연장시키는 투쟁을 벌이기보다, 커플로 맺어진 가족과 싱글, 무성적, 혹은 폴리아모리의 생활양식을 즐기는 이들 사이에

× 미국에서 2001년의 9·11 테러 이후에 상업용 비행기에 탑승하거나 연방정부 건물 또는 핵발전소 시설을 출입하는 사람의 신원을 확인하는 절차를 강화하기 위해 2005년 제정된 법.

법적 경계를 두지 않는 자유롭고 포괄적인 공동체 건설을 위해 노력한다. 이주의 자유, 사회 서비스 및 기타 혜택에 대한 접근은 결혼 및 이민 신분과 무관하게 모두에게 열려있어야 한다고 생각한다.

• 우리는 연방이 정한 이민 신분과 무관하게 모든 이들이 자기에게 필요한 서류를 발급받을 권리가 있다고 생각하고, 그 서류에 스스로 인식한 젠더를 반영하거나, 젠더를 표기하지 않을 권리 또한 있다고 생각한다. 더 나아가 우리는 정부가 신분증과 같은 서류 접근을 통해 우리의 정체성을 법제화할 힘을 지니지 않는 세계 건설에 힘쓰고 있다. 또한 이런 서류들에 대한 정부의 접근 통제가 더 이상 우리가 원하는 삶을 이끌어나갈 우리의 능력에 영향을 주지 않는 세계 건설에 힘쓰고 있다.

• 우리는 이주의 자유를 제한해서 정치적 국경으로 활용되는 의료 가이드라인의 철폐를 지지한다. HIV 환자 입국 금지 해제, 인유두종 바이러스, 헤르페스 백신 의무 접종 해제 등 국가/지역 간 이동시 의료상 요구조건에 나타난 최근의 변화들은 이 방향의 움직임을 보여주는 사례들이다. 우리는 이와 같은 요구조건들이 이민자들의 의료 권리, 성적 권리, 재생산 권리를 침해한다고 생각한다. 우리는 이민의 전제조건으로 행해지는 모든 의료 선별의 종결을 원한다. 현재의 의료 선별은 성차별적, 동성애혐오적, 트랜스혐오적, 인종차별적으로 개발, 강제되어 왔다.

트랜스페미니스트 선언문(발췌)

고야마 에미, 2001

기본 원칙

트랜스페미니즘의 기본 원칙은 단순하다. 첫째, 각 개인은 그녀 자신의 혹은 그 자신의 정체성을 정의할 권리와 사회에 그 정체성을 존중해주길 바랄 권리가 있다. 이는 차별이나 폭력에 대한 두려움 없이 자기 젠더를 표현할 권리 또한 포함한다. 둘째, 우리 자신의 몸에 대한 유일한 결정권이 우리에게 있으며, 어떠한 정치, 의료, 종교적 권위도 우리의 의지에 반해 우리 몸의 통합성integrity을 침해하거나, 몸에 대한 우리의 결정을 방해할 수 없다.

그러나 그 누구도 제도화된 젠더 체계라는 사회, 문화적 역학에서 완전히 자유로울 수 없다. 우리가 젠더 정체성이나 표현에 관련한 결정을 할 때, 그것이 가부장제 내 이항으로 이루어진 젠더 체계라는 맥락을 바탕으로 한다는 사실에서 벗어날 수 없다. 특히 트랜스 여성들은 의료계에 받아들여지고, 적법한 존재가 되기 위해 전통적인 여성성의 정의를 수용하라는 권유를 받고, 간혹 그러한 수용은 필수조건이 되기도 한다. 여기서 의료계는 그 자신을 누가 진정 충분한 여성이고, 누가 그렇지 않은지 결정권을 지닌 존재로 임명해왔다. 트랜스 여성은 여성으로 인정받거나 호르몬 치료 및 수술을 받기 위해 젠더 고정관념을 내면화해서 자신의 여성됨을 '증명'해야만 하는 경우가 종종 있다. 이러한 구조는 트랜스 여성과 비트랜스 여성 모두에게 그 개별 여성들의 독특함을 부정한다는 점에서 억압적이다.

트랜스페미니즘은 그 누구도 '진짜' 여성, 혹은 '진짜' 남성이 되기 위해 그녀, 그의 젠더 정체성이나 표현과 관련한 개인적 결정을 하도록, 또는 그 결정으로 인해 강요받아서는 안 된다고 주장한다. 우리는 또한 그 누구도 '진짜' 페미니스트의 자격을 얻기 위해 그런 개인적 결정을 하도록, 또는 그런 결정으로 인해 강요받아서는 안 된다고 생각한다.

트랜스 여성인 우리는 우리가 얼마나 철저히 '정상' 여성으로 '패싱 passing'×할 수 있느냐에 우리 안전이 달려있는 경우가 많다는 것을 알고 있다. 트랜스페미니스트로서 우리 자신은 페미니스트 원칙을 어기고, 끊임없이 안전과 안락함에 대한 욕구를 교섭해야만 하는 경우가 많다. 트랜스페미니즘은 트랜스 여성을 포함한 모든 여성들에게 우리 모두가 얼마나 이성애차별적이고 가부장제적인 젠더 명령을 내면화하

× 개인이 주로 외관을 바탕으로 특정 성별로 인식되는 것.

고 있는지, 우리의 행동에 어떤 전 지구적인 함축이 담겨 있는지 살펴보라고 요구한다. 동시에 우리는 가부장제에서 정의하는 여성성과 유사한 모든 부분을 자신에게서 제거하는 것이 페미니스트의 책임이 아님을 명확히 한다. 개인적 결정을 한 여성들에게 젠더 고정관념을 강화했다고 비난해서는 안 된다. 심지어 그 결정이 일부 젠더 역할과 합치하는 듯 보이더라도 말이다. 그러한 식의 순도 시험은 우리의 행위주체성agency을 거부하는 것이기 때문에 여성의 권한을 앗아가는 것이며, 그것은 오직 트랜스이거나 아닌 다수의 여성을 페미니즘 운동에 참여할 수 없게 소외시킬 뿐이다.

트랜스페미니즘은 여성의 수만큼이나 다양한 여성 존재의 방식이 있다고 믿고 있고, 그런 여성들이 죄의식 없이 자기 결정을 할 수 있도록 자유로워져야 한다고 생각한다. 이를 위해 트랜스페미니즘은 여성들이 어떠한 개인적 선택을 하든 개별 여성에 대해 비난하기를 거부하고, 그러한 개인의 선택을 억제하거나 좁혀놓는 사회적, 정치적 기구에 맞선다. 여성들에게 진정한 페미니스트로 여겨지고 싶다면 개인 선택의 자유를 포기하라고 요구하는 것은 불필요—하며 사실 억압적이기까지—하다. 왜냐하면 그러한 요구는 이상적 여성성이라는 엄격한 가부장적 구성물을 약간 변형했을 뿐, 여전히 똑같이 엄격한 가부장적 여성성의 페미니즘 버전으로 교체하는 작업일 뿐이기 때문이다. 트랜스페미니즘은 여성들에게 가능한 선택의 폭을 제한하는 제도를 자세히 조사하고 그에 맞서는 한편, 여성 개인의 선택이 존중받는 환경을 조성하는 것이 중요하다고 생각한다.

남성 특권에 대한 질문

일부 페미니스트들, 그중에서도 특히 래디컬 레즈비언 페미니스트들은 트랜스 여성과 남성이 남성 특권의 혜택을 보고 있다고 비난해왔다. 그들 주장을 따르면, MTF[x] 성전환자들은 남성으로 사회화되고, 따라서 남성 특권도 주어진다는 것이다. 더불어 그러한 남성 특권을 얻으려고 한심한 시도를 하다가 자기 자매들을 저버리는 배반자로 특징지어진다는 것이다. 트랜스페미니즘은 이러한 비판에 대해 반응을 보여야 한다. 왜냐하면 이러한 비판이 페미니스트 집단 내에서 트랜스 여성 및 남성에 대한 차별을 정당화하는 구실이 되어왔기 때문이다.

트랜스 여성이 그런 주장을 들었다면, 그들은 최초의 자연스러운 반응으로 자신의 삶에서 그 어떠한 형태의 남성 특권도 가져본 적이 없었다며 반박할 것이다. 남성으로 태어난 것이 어떻게 그들에게 특권보다는 부담이었을지 알기란 그리 어렵지 않다. 그들 가운데 다수가 남성 육체를 지녔다는 사실을, 자라나는 동안 남자아이로 받아들여지는 것을 혐오했던 것이다. 그들은 거칠고 남자답게 행동하라는 부담을 떠안는 것을 매우 불편했던 기억으로 회상한다. 또한 남자아이답게 적절하게 행동하지 않는다는 이유로 다른 남자아이들에게 따돌림과 놀림을 당한 경험들도 있다. 그렇게 수치심을 느끼며, 우울증을 앓는 경우도 잦다. 성인이 되어서도 그들은 자신의 정체성이 노출될지 모른다는 끝없는 공포를 안고 살아가고 있고, 노출될 경우 일자리, 가족 관계, 친구 관계, 안전 등이 위태로워질 것이다.

×   Male-to-Female. 남성에서 여성으로 전환한 트랜스젠더.

트랜스페미니스트로서 우리는 이처럼 지나치게 단순한 생각에 저항해야 한다. 남성 특권이 일부 남성에게 다른 이들보다 훨씬 더 많은 영향을 주는 것은 사실이지만, 남성으로 태어난 트랜스 여성들이 남성 특권의 혜택을 받은 적이 전혀 없었다고 생각하기는 어렵다. 대부분의 트랜스 여성들은 살아오면서 적어도 어느 순간에는 (비록 '여자아이 같은' 취급을 받았더라도) 남성으로 '통과'했다. 그런 의미에서 남성으로 인식되는 것을 즐겼든 아니든, 교육 및 고용 관련해서 더 나은 처우를 받은 것이다. 그들은 적극적이고 자신감 있는 태도를 취하는 훈련을 받아온 것이고, 일부 트랜스 여성들은 이러한 '남성적' 특성들을 (흔히 자신의 이익을 위해 성전환을 한 이후에도) 일부러 유지하려 한다.

여기서 일어나는 일은 우리가 남성 특권 부재와 젠더 일탈적이라는 이유로 겪은 억압을 혼동하는 것이다. 남성 패권 덕분에 혜택본 것이 전혀 없었다고 말 대신, 우리가 주장하고 싶은 것은 우리 존재 자체가 남성 특권과 트랜스로서 지닌 약점 사이에 일어나는 활발한 상호작용을 표상한다는 사실이다.

그녀 혹은 그에게 주어진 성과 일치하는 젠더 정체성 혹은 젠더 표현을 하는 사람은 누구나 비트랜스의 특권을 지녔다. 다른 특권처럼 이 특권도 소유자의 눈에는 잘 띄지 않는다. 그리고 다른 모든 특권처럼 이 특권이 결핍된 사람들은 그 부재로 인해 얼마나 극심한 고통을 겪어야 하는지 직관적으로 알고 있다. 트랜스 여성은 얼마나 이른 시기에 성 전환을 했고, 얼마나 완전한 여성으로서의 삶을 사느냐에 따라 남성 특권에 대한 접근이 제한적이었을 수도 있지만, 동시에 그녀는 트랜스라는 이유로 막대한 크기의 정서, 사회, 금융 측면의 불이익을 겪는다. 트랜스 여성들이 본래 다른 여성보다 더 특권화되어 있다고 주장하는 것은 게이 남성 커플은 둘 다 남성 특권을 지녔으니 이성애자 커플보다 더 특권적이라고 주장하는 것과 마찬가지로 무지한 발언이다.

트랜스 여성이 가부장제가 닿지 않는 안전한 안식처가 될 수 있게 고안된 '여성 공간women's spaces'에 진입하려 할 때 흔히 긴장감이 발생한다. 이 여성 공간의 기원은 1970년대 초기의 레즈비언 페미니즘으로 거슬러 올라갈 수 있는데, 당시 레즈비언 페미니즘은 가장 근본적인 사회 불평등으로 성차별을 꼽은 백인 중간계급 여성들이 주로 참여했다. 이들은 인종차별이나 계급차별 등 기타 억압을 영구화하는 과정과 연관된 자신들의 역할에 대해서는 대체로 무시하는 반면, 다른 어떤 사회 요소보다 성차별주의가 여성의 삶을 훨씬 중대하게 특징지었다는 가정하에 자신들이 겪은 성차별은 인종, 계급 등과 무관하게 모든 여성에게, 즉 모든 비트랜스 여성에게 보편적이라고 생각했다. 1970년대 래디컬 페미니즘에 대한 최근의 비판은 그들이 취한 인종차별, 계급차별에 대한 편의적인 부주의가 어떻게 백인 중간계급 여성들로서 그녀 자신들을 사실상 특권화시켰는지에 관한 것이다.

이러한 이해를 바탕에 뒀을 때, 트랜스페미니스트들은 남성 특권 비난에 대해 거부로 대응해서는 안 될 것이다. 우리들 가운데 백인인 사람은 백인 특권에 대해 고민해봐야 하는 것과 마찬가지로, 우리는 트랜스 여성들이 (확실히 다른 이들보다는 좀 더) 남성 특권의 혜택을 받아왔을지도 모르는 사실을 인정하는 용기를 보여야 한다. 트랜스페미니즘은 여성들이 다양한 배경을 지니고 있기 때문에, 유사성은 물론 차이도 존중하는 것이 중요하다고 생각한다. 트랜스페미니스트들은 자신의 특권을 마주 보고, 비트랜스 여성들 또한 비트랜스로서 자신들의 특권을 인정하기를 기대한다.

트랜스 여성들이 백인 중간계급의 여성됨 기준에 비추어 무시되거나 '숙녀답지 않은' 존재로 여겨진 다른 여성 집단과 함께 연합을 맺을 수 있는 것은 우리가 트랜스 여성으로서의 특권을 인정하고 그에 대해 고민하는 작업이 있을 때다. 우리가 일탈이라고 불리고, 단지 우리 자신이라는 존재를 이유로 공격받을 때, 특권에 관한 질문을 피해서는 얻을 것이 아무것도 없다.

역전된 근본주의의 해체

2세대 페미니즘은 한 사람의 젠더가 생리적인 성별과 별개의 것이며 사회·문화적으로 구성된다는 개념을 대중화시켰다. 그러나 진정한 물질적 성별이라는 것이 존재한다는 믿음에 대해서는 대체로 따져보지 않은 채 넘어갔다. 성별과 젠더의 분리는 강제적 젠더 역할을 무너뜨리는 데 활용된 강력한 수사였지만, 이로 인해 페미니스트들은 문제의 절반만을 의문시하게 되었다. 최근까지도 본질적인 여성, 남성 성별의 자연적 특성이라는 문제를 남겨둔 것이었다.

트랜스페미니즘은 성별과 젠더가 모두 사회적 구성물이라고 주장하고, 더 나아가 그 둘의 구분이 편의상 인공적으로 그어졌다는 입장을 취한다. 젠더를 사회 구성물로 보는 개념은 여성의 능력에 대한 전통적 태도를 해체하는 데 강력한 도구임이 증명되었지만, 이러한 개념화 방식은 어떤 차별적 정책이나 구조가 생물학적 기반에 의해 만들어진 것처럼 정당화할 수 있는 여지를 남겨두었다. 이 입장은 자신의 정체성에 대해 내적으로 느끼는 것보다 물리적 성별이 더욱 인공적이고 변화가능한 것처럼 느껴지는 트랜스 경험의 실제를 다루는 데도 실패했다.

생물학적 성별의 사회 구성은 추상적인 관찰 이상의 것이다. 그것은 인터섹스intersex인 많은 이들이 겪는 물리적 현실이다. 사회는 해부학적 특성이 남성, 여성에 맞춰 깔끔하게 떨어지지 않는 이들의 존재에 대해 아무런 대비도 하지 않기 때문에, 의료 전문가들은 해부학적 남성, 여성 범주에 잘 들어맞지 않는 이들의 신체를 일상적으로 훼손하고, 할당된 성별에 맞춰 살도록 조작한다. 보통 인터섹스들은 어떻게 살고 싶은지, 수술적 '교정'이나 호르몬 '교정'을 받길 원하는지 스스로 결정할 기회가 주어지지 않는다. 많은 인터섹스들은 그렇게 중요한 인생의 결정, 즉 자신의 젠더 정체성이 자기에게 주어진 성별과 일치하는지 여부를 살피는 자리에 자신들이 입장을 말할 기회가 없다는 것에 공포를 느낀다. 우리는 인터섹스 아이들에게 이뤄지는 성기 훼손이 아이들의 적절한 동의 없이 그들 몸의 통합성을 불필요하게 침해한다는 점에서 그 자체로 학대라고 본다. 문제는 한 사람에게 지정된 성별이 그녀나 그의 젠더 정체성과 일치하는지 그 여부조차 아니다. 문제는 인터섹스들의 신체에 일어나는 일에 대해 진짜 선택권을 주는가의 여부다.

트랜스는 자신들의 동의 없이 지나치게 단순한 의료 기준에 맞춰 주어진 성별에 불만을 느낀다. 트랜스들은 다양하다. 어떤 이는 의료 당국이 부여한 것과 다른 성별의 일원으로 정체성을 찾고 의료 개입을 거치거나 거치지 않은 채 살아간다. 반면 또 다른 이는 남성, 여성의 성별 가운데 어느 쪽도 아닌 정체성을 가지고 살아간다. 트랜스 해방은 스스로 정의할 권리를 의료, 종교, 정치 당국으로부터 되찾아 오는 것이다. 트랜스페미니즘은 성별 지정의 방식은 어떤 것이든 사회적, 정치적으로 구성된 것으로 보고, 스스로 자유롭게 자신의 성별(혹은 비-성별)을 정할 수 있는 사회적 배려를 옹호한다.

트랜스들이 정치적으로 조직화되기 시작하면서 젠더 정체성이라는 근본주의적 개념을 채택하는 것이 그럴싸한 선택지로 보인다. 대중매체는 트랜스란 '남성 몸에 갇힌 여성'이거나 그 반대의 경우라는 클리셰를 유행시켰다. 우리가 스스로 어찌할 수 없는 생물학적 오류를 안고 태어났다고 일반 대중들을 설득했더라면, 그 일반 대중들은 우리를 지지하기가 훨씬 더 쉬웠을 것이라는 점에서 이 전략은 확실히 매력적으로 보인다. 이런 입장은 우리 존재에 대한 우리 자신의 감각적으로 느끼는 바와 맞닿는 경우가 많기도 하며, 우리에게 매우 깊고 근본적인 것처럼 느껴진다. 그러나 우리는 트랜스페미니스트로서 여기에 함축되어 있는 내용 때문에 그 유혹을 뿌리칠 것이다.

트랜스들의 묘사를 보면 자신의 물리적 성별과 정신 혹은 영혼의 젠더와 일치하지 않는 사람으로 그려지는 경우가 많았다. 이 묘사는 직관적으로 이해되는 설명 방식이지만, 그럼에도 트랜스페미니즘의 입장에서 보면 문제적이다. 누군가 여성의 마음이나 정신을 가지고 있다고 말하는 것은 남성 및 여성의 정신이 구별 가능한 방식으로 존재하는 서로 다른 것임을 의미할 수도 있다. 그래서 여성에 대한 차별을 정당화하는 데 활용될 수도 있는 것이다. 우리의 젠더 정체성을 본질화하는 것은 성경 근본주의에 의지하는 것만큼이나 위험한 일이다.

트랜스페미니즘은 우리가 주어진 사회, 문화의 제약 속에서 다른 이들과 살아가고 관계 맺으면서, 진심어리고 편안하며 진정으로 느껴지는 것들을 기반 삼아 젠더 정체성을 구성하는 것이라고 생각한다. 이는 트랜스는 물론이고, 자신의 젠더 정체성이 출생 성별과 일치하는 사람들에게도 유효할 것이다. 물론, 이러한 정체성 반본질주의를 주장이 정체성 인식과 존중에 대한 요구를 약화시키려는 것은 결코 아니다. 트랜스페미니즘은 역전된 본질주의를 통해 우리 존재를 정당화하는 대신, 성별/젠더 일치의 정상성이라는 근본주의적 가정을 무너뜨린다.

페미니즘 이슈로서의 몸 이미지/의식

우리는 페미니스트로서 여성들이 우리 몸에 대해 편안함을 느끼고, 자신감을 가지고, 강한 힘을 가진 것처럼 느낀다고 주장하고 싶다. 그러나 불행히도 트랜스 여성들을 포함한 많은 여성들은 자신의 몸에 대해 이렇게 생각하지 못한다.

많은 트랜스페미니스들에게 몸 이미지라는 이슈는 안락함과 안전에 대한 우리의 욕구와 페미니즘 정치학이 직접 충돌하는 장소다. 우리 가운데 많은 이들이 옷장 속에 남기를 택하거나, 여성으로서의 우리 정체성과 일치하도록 우리 몸을 개조하는 전기분해요법 제모, 호르몬 치료 및 수술적 개입을 견뎌내며 택하는 외양에 그렇게 불편해하고 수치심을 느낀다. 이런 절차들은 값비싸고, 고통스러우며, 시간을 소비해서 생식능력의 영구 상실과 암 위험 증가 등 기타 심각한 합병증으로 이어질 수도 있다.

어째서 그렇게 비인간적으로 보이는 시술을 택하는 사람들이 있는 것인가? 우리의 몸을 젠더 정체성에 맞추려는 욕구가 타고났다거나 근본적이라고 믿고 싶겠지만, 솔직히 우리의 개인 선택에 기여하는 사회, 정치의 요소를 무시할 수는 없다.

그러한 하나의 요소가 이분법적 젠더 역할을 사회에서 강제하는 것이다. 우리의 정체성은 우리가 태어난 사회 환경 내에서 구성되기 때문에, 누군가의 젠더 정체성과 물리적 성별 사이의 단절이 문제가 되는 지점은 오직 사회가 이분법적 젠더 체계를 적극적으로 유지해서다. 만일 누군가의 젠더가 사회에서 하찮은 요소였다면, 트랜스들이 젠더 이분법에 맞춰 자기 몸을 개조할 필요는 아마 완전히는 아니겠지만, 매우 급격히 감소할지 모른다.

그러나 그런 추론이 트랜스가 자기 신체 결정권을 발휘하지 못하게 해서는 안 된다. 트랜스 여성들은 폭력, 학대, 차별에 특히 취약하며, 안전과 편안함을 느낄 수 있게 하는 어떤 행동에 대해서도 죄책감을 느끼게 만들어져서는 안 된다. 트랜스페미니즘은 우리에게 사회, 정치의 요소가 우리가 결정을 내리는 데 어떤 영향을 주는지 고려해볼 것을 제안한다. 하지만 궁극적으로 그 제안이 요구하는 것은 우리 자신의 몸과 젠더 표현과 관련해서 우리 각자가 어떤 결정을 내리든 사회가 존중해주는 것이다.

엄격한 젠더 역할을 제도적으로 집행하는 현실에 맞서 싸우면서, 그와 동시에 어떤 개인이 안전하고 편안하게 느낄 수 있도록 어떻게 살지 선택할 권리를 옹호하는 것은 모순적이지 않다. 그리고 자신의 몸을 수정하려고 결정했다면 그 개인의 결정을 끌어안으면서, 우리가 건강한 자아를 만들어낼 수 있게 동료로서 서로를 지원하는 것 역시 모순적이지 않다. 우리 각자는 교조적인 태도를 취하지 않고서 젠더와 성별에 대해 사회가 제멋대로 가정하고 있는 바를 따져 물을 수 있다.

우리 가운데 그 누구도 우리 삶 속의 억압적 요소 모두를 단번에 거절할 수 있을 것으로 기대해서는 안 된다. 그런 시도는 우리를 녹초로 만들고, 미칠 지경으로 몰아붙일 것이다. 우리의 작은 반항들을 한데 모은 총합이 우리가 알고 있는 규범적 젠더 체계를 와해시킬 것이다. 다양한 형태의 페미니즘, 퀴어 액티비즘, 트랜스페미니즘, 기타 진보적 운동들이 모두 공통 표적, 즉 이성애-성차별적 가부장제의 다른 부문들을 공격하는 것이다.

여성에 대한 폭력

페미니스트들은 1970년대 이래로 여성에 대한 폭력이 그저 외떨어진 사건들이 아니며, 여성 모두를 종속 상태에 묶어 놓으려는 가부장제의 체계적 기능이라고 밝혀왔다. 트랜스페미니즘은 다중의 억압으로 고통받는 다른 여성 집단들처럼 트랜스 여성들 또한 폭력에 취약하며, 특히 비트랜스 특권을 지닌 여성들의 경우와 비교할 때 취약하다는 사실에 주의를 환기시켰다.

우선, 트랜스 여성들이 표적이 되는 이유는 우리가 여성으로 살아가기 때문이다. 이 여성혐오 사회에서 여성이라는 존재 자체가 위험한 것이지만, 우리가 성폭력, 가정 폭력의 표적일 때 우리를 한층 취약하게 만드는 몇몇 요소가 있다. 예컨대 어떤 남성이 트랜스 여성을 공격할 때, 특히 강간하려고 한다면 그 남성은 희생자가 '남성' 신체 기관을 현재 가지고 있거나, 예전에 가지고 있었음을 발견할 수도 있다. 그리고 이 발견은 동성애혐오 및 트랜스혐오에 불을 붙여 더욱 폭력적인 상황으로 이어지는 경우가 흔하다.

트랜스 여성들은 자신이 트랜스라는 사실이 노출될 때 남성에게 공격당하는 경우가 잦다. 트랜스 여성의 살인은 성매매 여성의 살인처럼 매체와 당국에서 심각한 문제로 다루거나, 동정의 시선으로 끌어안는 경우가 거의 없다. 무엇보다 희생자가 성매매에 연루된 트랜스 여성이라면 더욱 그러하다.

트랜스 여성들은 자신의 파트너가 내뱉는 정서적 학대, 언어적 학대에도 더욱 취약한데, 그 이유는 그들이 흔히 지니고 있는 낮은 자존감과 자기 신체에 대한 부정적 인식 때문이다. 학대 가해자가 트랜스 여성 스스로를 추하고 수치스럽고 무가치하며 제정신이 아닌 존재라고 느끼게 만드는 건 쉽다. 왜냐하면 이 가해의 내용들이 사회 전체가 수년에 걸쳐 트랜스 여성에게 말해왔던 것과 똑같은 바로 그 메시지들이기 때문이다. 학대 가해자는 (애초에 트랜스 여성들이 취약하기 쉬운 영역인) 여성으로서 자신의 정체성 및 경험을 정의할 능력을 앗아가면서 가정 폭력의 죄를 피해간다. 트랜스 여성들이 이 가해자를 떠나려고 할 때도 추가적인 어려움을 겪는다. 트랜스 여성들이 일자리를 찾기는 힘들고, 이혼할 때 아이가 개입된 경우라면 아이의 양육권을 자신을 학대했던 파트너에게 거의 예외 없이 빼앗길 것이기 때문이다.

게다가 트랜스 여성들은 퀴어라는 이유로 표적이 된다. 동성애혐오자들이 증오 범죄를 저지를 때 게이와 트랜스 사이에 구별을 두지 않는 편이지만, 외관상 트랜스가 게이보다 눈에 더 자주 띄기 때문에 공격에 훨씬 더 취약하다. 동성애혐오 테러리스트들이 게이 사냥을 나갈 때, 사람들의 침실을 뒤지지 않는다. 자기의 먹이가 될 사람에게서 감지되는 성별과 불화하는 젠더 신호를 찾는다. 젠더 일탈이 가시적으로 드러난 이들을 효과적으로 표적화하는 것이다. 게이 남성, 혹은 레즈비언 살인 사건이 전국 단위로 보도되는 것에 비해, 전국에 걸쳐 살해되는 트랜스의 숫자는 더욱 많다. 심지어 '아웃팅'당한 트랜스들보다 '아웃팅'당한 게이, 레즈비언들의 숫자가 훨씬 많음에도 그러하다.

트랜스 남성들 역시 사회적으로 인정받은 역할 너머로 발을 내딛는 남성들을 박해하는 사회를 헤치며, 들킬지 모른다는 끊임없는 두려움 속을 살아간다. 트랜스 남성을 대상으로 범죄를 저지르는 사람들은 피해자에게 낯선 이들은 물론이고, 친한 '친구'들도 있다. 이들의 범행 동기는 의심할 바 없이 트랜스혐오와 여성혐오가 조합된 것이고, 트랜스 남성들을 '여성의 자리'에 되돌려놓겠다며 젠더 규범을 위반한 것에 대해 내리는 벌로서 범행을 저지르는 것이다.

트랜스페미니즘은 항상 위험 속에서 살아가기 때문에, 트랜스에 대한 폭력은 해결해야 할 가장 큰 문제라고 생각한다. 우리의 입장을 거부하는 여성 전용 이벤트와 같은 일로 마음의 상처를 입고 실망하는 일이 있을 수 있다. 그러나 폭력은 말 그대로 우리를 죽이거나, 너무나도 오랫동안 그리고 너무나도 자주 우리에게 자살을 강제해 왔다. 폭력에 대응하는 것은 지금 우리에게 가장 긴급한 일이다.

그런 점에서 전통적인 가정폭력 쉼터, 성폭력 위기 센터, 증오범죄 예방 프로그램과의 협업이 필수적이다. 여러 가지 이유로 망설이는 쉼터들도 있지만, 어떤 쉼터들은 다른 여성들과 마찬가지로 트랜스 여성을 전적으로 수용할 것을 결정하기도 했다. 우리는 뭉쳐서, 현재 활동하는 단체들에게 트랜스 여성들이 그들의 서비스를 받아 마땅한 이유에 대해 교육을 해야만 한다. 우리는 트랜스 여성을 대상으로 한 폭력의 역학이 비트랜스 여성 대상 폭력의 그것과 다르지 않다는 것을 강조해야만 한다. 다만 우리가 더 취약한 경우가 많을 뿐이다. 그리고 트랜스 남성들을 위한 지원 역시 옹호해야 할 것이다.

트랜스페미니스트로서 우리는 현재 활동하는 조직들이 우리에게 서비스를 제공해야 한다고 요구만 해서는 안 될 것이다. 우리가 그들의 활동에 함께 해야 한다. 우리는 그들의 기반을 확장하며 안전을 지킬 수 있도록 효율적인 스크리닝 방법을 개발하는 데 자발적으로 도와야 할 것이다. 우리는 우리 스스로 도움이 필요한 다른 트랜스 여성들에게 위기 담당자와 사례 관리자로 나서야 할 것이다. 우리는 그들의 직원들이 트랜스 이슈에 특화된 워크숍을 받을 수 있는 자금을 마련하도록 도와야 할 것이다. 우리는 여성 대상의 페미니스트 자기방어 프로그램을 본 뜬 트랜스 여성 대상의 페미니스트 자기방어 프로그램 수준과 유사한 트랜스 여성의 자기방어 프로그램을 개발해야 할 것이다. 다만 이 경우, 우리의 독특한 경험에 특별히 주의를 기울여야 할 것이다. 우리 자신만의 쉼터를 밑바닥부터 시작하기에는 우리의 숫자가 충분치 않을 수 있다. 하지만 우리는 여성 및 성소수자 대상의 범죄 종식을 향한 광폭의 연합을 이루고, 트랜스 대상 폭력의 종식을 향해 나아갈 수 있을 것이다.

경제적 폭력의 문제 역시 다뤄야 할 것이다. 여성으로서 남성보다 적은 돈을 벌기 때문에, 직장에서 트랜스에 대한 공공연한 차별이 만연하기 때문에, 그리고 성전환 수술에 들어가는 엄두도 못할 정도의 고비용 때문에 트랜스 여성들은 빈곤한 경우가 많다. 이는 트랜스 여성을 학대하는 파트너가 그런 관계에 우리를 붙잡아두고 지배할 또 하나의 방법이 있다는 뜻이기도 하다. 트랜스페미니즘은 사회, 정치적인 영역은 물론이고, 경제적 영역에서도 트랜스혐오 및 성차별주의와 동시에 싸워야 한다고 믿는다.

의료 및 재생산의 선택

일반적으로 출산 능력이 없는 트랜스 여성이 여성의 재생산권 운동에 관심을 갖는 것은 아이러니하게 보일 수 있다. 하지만 트랜스페미니즘은 트랜스 여성의 해방과 여성의 선택권 사이에 깊은 연관성이 있다고 본다.

우선, 트랜스라는 사회적 낙인찍기는 무엇보다 우리가 자신의 생식기관을 스스로 결정하고 간섭한다는 사실에 기인한다. 비성기적 성형수술은 성전환 수술보다 훨씬 빈번하게 시술되지만, 비성기적 성형수술을 받는 데 수개월 동안의 의무적 심리치료가 수반하지는 않는다. 성형 수술을 한 사람이 전국에 방송되는 쓰레기 토크쇼에서 매일 조롱과 경멸당하는 것을 경험할 필요도 없다. 개인적 선택에 대해 보이는 그런 히스테리는 부분적으로 생식기관을 자기 결정했다는 사회의 금기 때문에 심화된 것이다. 낙태를 선택한 여성들처럼 우리의 몸은 무방비 영역, 하나의 전장이 되었다.

게다가 많은 트랜스 여성들이 맞는 호르몬은 비트랜스 여성들에게 피임약, 사후 피임약, 호르몬 대체요법으로 쓰이는 약들과 그 기원과 화학 조성이 유사하다. 트랜스 여성으로서 우리는 이러한 에스트로겐 관련 알약들의 안전, 비용, 구입 편의성 등의 측면에서 비트랜스 여성들과 관심사를 공유한다. 트랜스, 비트랜스 여성들은 여성의 몸에 대한 결정권을 불법화 하거나 빼앗아 여성의 몸에 대한 통제하고 정보를 관리하려는 우파의 전술에 맞서 연합할 필요가 있다.

물론 재생산 선택은 낙태나 피임에 접근하는 것만을 말하는 것은 아니다. 그것은 덜 특권화된 여성들을 대상으로 한 강압, 강제된 불임, 낙태에 저항하는 것이기도 하다. 마찬가지로 트랜스페미니즘은 (인터섹스들에게 처방된 것을 포함해서) 외과적, 호르몬 개입을 거부할 권리를 위해 싸운다. 그리고 우리는 이 사회가 여전히 우리의 정체성에 대한 우리의 감각을 존중해주길 기대한다.

1980년대 재생산 선택 단체들reproductive choice organization[×]은 레즈비언들을 축출했다. 그 이유는 레즈비언들은 자기 단체가 내세우는 대의와 무관한 것처럼 보였기 때문이었다. 그러나 선택권은 이성애만이 독점적으로 관련된 문제가 아닐뿐더러, 비트랜스 문제도 아니다. 그것은 근본적으로 여성들이 자신의 몸으로 무엇을 할 것인지 결정권을 갖는 문제이기 때문이다.

트랜스페미니스들은 재생산 선택 단체에 가입하고, 선택을 위해 시위를 벌여야 한다. 임신과 관련해 결정을 할 여성의 권리를 존중하지 않는 사회는 우리의 몸을 우리의 젠더 정체성과 일치하게 만들 의료 개입에 대한 우리의 결정권 또한 존중하지 않을 것이다. 만약 호르몬 밀거래를 해야 한다거나, 성전환 수술을 위해 외국에 나가야 하는 상황이 두렵다면, 우리는 위험한 불법 낙태 수술을 받던 시절로 돌아가기를 두려워하는 여성들에게 동일시할 수 있어야만 한다.

덧붙여 트랜스페미니즘은 여성 건강 운동에서 가르침을 얻을 필요가 있다. 유방암과 같이 여성에게 특히 관심거리인 건강 문제에 대한

× 임신, 출산에 관한 여성의 선택권 확보를 위해 운동하는 단체.

연구는 진공 상태에서 시작한 것이 아니다. 이 문제가 진지하게 다뤄진 것은 격렬한 액티비즘과 또래 교육을 통해서였다. 역사적으로 의료 집단이 여성 문제를 적절히 다루는 데 실패했음을 아는 상태에서 지금 권력을 쥔 위치에 있는 이들이 트랜스 여성의 건강 문제를 진지하게 다루리라고 기대할 수는 없다. 우리가 여성 건강 운동에 참여하고, 그 운동을 확장해야 하는 이유가 바로 이것이다.

여성 건강 운동에서 유사점을 도출해 추론하는 것은 젠더 정체성의 병리화pathologization˟를 둘러싼 전략적 딜레마를 해결해준다. 여러 해에 걸쳐 트랜스들은 (몇몇 의료적 치료의 전제조건이 되는) 성정체성장애의 비병리화를 요구할지 여부를 두고서 논쟁을 벌여왔다. 성정체성장애의 병리화가 우리를 낙인찍고, 그와 동시에 우리의 행위주체성을 부정하고는 있지만, 그 병리화 덕분에 우리 가운데 몇몇은 의료적 개입을 받을 수 있다. 그 때문에 이 문제는 우리 내부를 갈라놓는 이슈였다. 근대의학에 대한 페미니즘의 비판에 앞서, 여성 신체는 남성중심의 의학 토대에서 '비정상'으로 여겨진다. 따라서 여성들이 겪는 보통의 경험을 월경, 임신, 폐경으로 병리화시키는 결과를 낳는다. 의료계에 그러한 경험들이 보통의 인간 경험 가운데 일부임을 받아들이게 한 것이 여성 건강 운동이었다. 트랜스페미니즘은 트랜스섹슈얼리티가 병이나 장애가 아니며 임신과 같이 보통 인간 경험의 넓은 스펙트럼 가운데 일부라고 주장한다. 따라서 '성정체성장애'의 비병리화를 주장하면서 트랜스들이 의학적 치료에 더 용이하게 접근할 수 있게 해줄 것을 요구하

˟ 어떤 행동이 법률에 따라 범죄화가 되듯, 어떤 증상이나 행동이 의료 판단에 따라 병으로 규정되고, 따라서 치료 대상이 되는 것.

는 것은 모순이 아니다.

행동 촉구

우리가 페미니스트 그룹 안팎에서 숱한 거절을 겪는 와중에 우리 최고의 협력자로 남아준 세력은 페미니스트, 레즈비언, 퀴어들이었다. 트랜스페미니즘은 '여성들'이라는 범주에 누가 포함되고 포함되지 않는지에 관해 학술적인 토론을 하는 것은 소용없다고 힘주어 말한다. 우리는 행동해야 한다. 다른 때가 아닌 바로 지금, 그리고 협력 관계를 구축해야 한다.

우리는 매일 괴롭힘 당하고, 차별당하고, 공격당하고, 학대당한다. 우리가 얼마나 그럴싸하게 패싱하는 방법을 배우든 간에, 모든 여성들이 공격받을 때 트랜스 존재의 사회적 비가시성이 우리를 지켜주지 않을 것이다. 여성이 어떻게 행동해야 할지 정해놓은 사회의 규율에 맞춰 행동해서는 승산 없는 게임을 하고 있는 꼴이 된다. 우리에게는 비트랜스 여성만큼의 페미니즘이 필요하다. 트랜스페미니스트는 앞선 세대 페미니스트 선조들fore-mother의 전통에 자부심을 느끼고, 우리 삶에서 그들의 투쟁을 이어나갈 것이다.

트랜스페미니즘은 크로스젠더cross-gender를 존중하는 사회가 모든 젠더의 사람들을 공정하게 대하는 사회라고 생각한다. 왜냐하면 우리 존재는 단지 엄격한 젠더 위계질서가 작동할 때 문제적인 것으로 보이기 때문이다. 이렇게 생각할 때, 페미니즘 내부에 우리의 자리를 요구하는 것은 우리 생존과 존엄을 위해 핵심적인 것이다. 다만 그 요구의 방법은 위협적이거나 쇄도하는 식이 아니라, 우호적이며 협력적인 방식이어야 할 것이다. 현재 활동 중인 몇몇 페미니즘 단체들이 우리에게 보인 초기의 의심과 거부는 한편 당연한 것이었다. 자칭 '페미니스트' 남성들에게 그 단체들이 얼마나 많이 배반당했는지 생각해본다면 이해할 수 있는 일이다. 트랜스페미니즘이 페미니즘의 범위를 포괄적인 세계에 대한 전망으로 바꿔낼 것이며, 그 과업은 우리의 끈기와 행동에 대한 결의를 통해서 이뤄질 것이다.

파자마 펨 선언문

케이티 태스트롬, 2011

누가 펨인지 어떻게 알아볼 수 있는가? 신발? 옷차림? 화장? 이 세 가지의 조합? 내가 세상 밖에 나와 있는 날들 가운데 대부분 나는 추리닝에 볼품없는 티셔츠를 걸치고 노브라, 노메이크업으로 다닌다. 하지만 나는 펨이다. 우리들 가운데 다른 여러 사람들처럼 나는 만성질환이 있어서 브라를 못 입고, 파자마 말고 다른 옷도 못 입는다(이 두 가지 모두 다른 옷차림을 할 때 불편함과 필요로 하는 에너지 때문이다). 나는 살도 쪘고, 쇼핑할 시간도 돈도 거의 없다(옷을 리폼하거나 새로 지을 시간, 돈은 말할 것도 없다). 또한 입어서 아프지 않고, 가격이 알맞으면서 몸에 잘 맞는 옷, 하지만 그 자체로 귀여운 옷 찾기란 힘들다. 내 발에는 변형이 와서 신을 수 있는 신발이라고는 못생긴 히피 신발이나, 스니커즈, 닥터마틴밖에 없지만, 어느 하나 "귀여운"이라고 적절히 말하기는 곤란한 것들이다.

우리들 가운데 다수가 파자마 펨인 데는 다양한 이유가 있지만, 동시에 이유가 없기도 하다. 펨으로서 나의 성적 지향(이라니 얼마나 웃기는 말인지!)은 많은 퀴어 공간(과 거의 항상 특별히 퀴어적이지 않은 장소)에서 눈에 띄지 않는다. 파자마 펨으로서 나의 펨스러움은 어디에서도 눈에 띄지 않는다. 나의 젠더 정체성은 돌리 파튼이지만, 나의 젠더 표현은 (내가 숭배하고 놀라워하는 대상이지만, 보통 "펨"에 대한 전형적 모습은 아닌) 로잰ˣ이다.

우리 자신이 어떻게 느끼는지 보이는 데 있어, 또 젠더 규범을 수행하는 데 있어, 모두에게 많은 장벽이 있다는 것을 알고 있다. 이것은 내 경험이지만, 특별히 드문 경험이라고는 생각하지 않는다.

나는 다른 종류의 펨을 제안하는데, 우리는 멋진 존재들이다. 그리고 여기 우리 선언문이 있다.

다음과 같은 이유로, 모든 종류의 펨은 퀴어 문화에서 비가시적인 경우가 많고, 사회가 우리 모두를 여성적이라고 여긴 흔적은 퀴어 그리고 "주류 문화"에서 평가절하됨으로,

다음과 같은 이유로, 즉 우리가 가운데 많은 이들이 아프고, 가난하고, 바쁘고, 피로하고, 알레르기 체질이고, 뚱뚱하고, 감금되어 있고, 게으르고, 기타 등등 이어서, 우리는 사회에 우리가 원하는 방식으로 우리 자신과 우리 젠더를 표현할 (재정적, 열정적, 물질적 등등) 자원을 가지고 있지 않을 수 있으므로,

---

ˣ   1988년부터 1997년까지 미국 ABC 방송국에서 방송한 시트콤의 제목이자 주인공 이름.

다음과 같은 이유로, 즉 우리는 우리의 젠더 정체성과 성적 지향을 정의할 수 있는 **유일한** 사람들이며, 그 **누구도,** 우리를 두고 우리가 아닌 그 무엇이라고 말할 수 없으나 우리는 서로에게, 그리고 세계에 가시적인 존재가 되고자 하므로,

우리는 아래와 같이 선언한다:

파자마 펨으로서 우리는 그 모든 것을 이해하고, 새로운 종류의 펨 가시성을 요청한다. 이 새로운 펨 가시성은 너무 살이 쪄서 사이즈에 맞는 귀여운 옷을 찾을 수가 없거나, 공산품 알레르기가 심해서 화장을 하지 못하거나, 너무 피곤해서 (유색 피부를 지닌 많은 이들에게 매우 극렬하게, 자원을 많이 소모하는 방식으로 영향을 주는) 머리 정돈을 하지 못하거나, 혹은 투옥되어 있으므로 물리적 외양에 대해 보탤 말이 거의 없는 우리들 내부의 다양한 경험을 중심으로 분석되어 뿌리내려져야 한다.

파자마 펨은 동일시를 위한 겉보기용 외양에 기대지 않는다.

파자마 펨은 **어느 누구의** 젠더도 그들의 외양으로 요약할 수 있다는 생각에 이의를 제기한다.

파자마 펨은 우리의 젠더와 성적 지향이 이 세상에 존재하는 수억 개의 정체성 가운데 단지 두 가지일 뿐임을 이해한다.

파자마 펨은 주변화되는 것은 고된 일이며, 우리는 적어도 편안하게 지내야 한다는 것을 알고 있다.

그러니 파자마 펨 혁명에 가입하라! 추리닝을 걸치고 게이 바에 있는 사람들이 우리들일 테니.

레즈비언 마피아 선언문

레즈비언 마피아, 2007

<u>레즈비언 마피아</u>: 왜냐하면 레즈비언들은 바이섹슈얼이 아니니까. 알아들으시라, 이 비치들아. 알아아아아들으시라고! 우리는 바이 친구들을 사랑하지만, 레즈비언은 바이가 **아니다.**

레즈비언 정체성과 문화가 매체 및 포르노의 공격으로 집중된 지 수십 년, 남성, 여성, 게이, 바이, 혹은 다른 누구든 저 위의 간단한 진실을 꼬아듣는 사람이 있다면, 그 사람은 동성애혐오적인 여성혐오자일테니 **가주시라.** 인생에 어느 것 하나 흑백으로 갈리지 않고 여성들이 결국 이성애의 삶을 살게 되는 데에는 무수한 이유가 있음을 이해한다…… 내부의, 혹은 외부의 동성애혐오자, 나쁜 관계, 경제적 염려, 종교, 아이들, 기타 등등의 이유일 테지만, 대개는 저영말 단순하다…… 만일 어떤 여성이 남성과 자는 것이 좋다면, 그녀는 레즈비언이 **아니**

다. 그것으로 끝. 그녀가 어쩌면 애초에 여성들에게 끌리는 "레즈비언 정체성을 지닌" 사람일 수도 있고, 혹은 또 다른 존재일수도 있겠지만, 미안, 그녀가 놈팽이들하고 한다면, 그리고 놈팽이들 때문에 몸이 달아오른다면 그녀는 레즈가 아니다, 그것은 바이나 퀴어라고 부르는 것이다. 알아두시라! **제발** 당신의 게이 친구와 레즈비언 친구가 목련나무 아래에서 섹스하고 임신한 다음 '에밀리'라는 이름의 아이를 낳았다면, 제리 스프링거 쇼[×]에서나 할 법한 "그녀는 레즈비언인가요?"와 같은 질문은 하지 마시라. 우리는 당신 친구에 대해서는 **젠장,** 알지도 못 하니까.

좀 더 진지한 선언문으로 돌아와서······

친-여성 Pro-Woman:

우리는 어떤 종류의 페미니스트도 아니다. **왜냐하면** 우리는 친-여성이며, 우리는 페미니스트/우머니스트 혹은 **LGBT** 계열의 정치학 대부분과 이제 관계 맺지 않기 때문이다. 물론 여전히 친구로 지내는 사람은 많고, 페미니즘 쪽에 몇몇 대단한 사상가들도 있다. 우리의 경험을 비춰봤을 때 당신이 존중받을 때는 다음과 같다. 페미니즘에 대해 아무 말도 하지 않고 당신이 맡은 부분을 수행하면서 엄정한 평등이라는 가면을 쓴 남성들의 의제를 홍보하고, 절대, 결코, 어떤 이유에서든지 **여성의 희생**이 무엇이든 그 누구의 마음도 상하지 않게 하면서, 매우 포괄적 입장을 취하면서 **여성들**이 당신의 주제와 아무 **관련도 없게** 될

× 1991년대 2018년까지 방송했던 미국의 TV 토크쇼 〈제리 스프링거 쇼〉의 사회자. 게스트들의 사연은 치정, 불륜 등 자극적인 소재가 많은 것으로 유명했다.

때다. 게이 쪽에서 여성들이 초점이었던 적은 없다. 오직 **GBT**의 시종일 뿐이다. 그래서 페미니스트와 게이 쪽에서 여성들은 "존중한다"고 말하는 것에 그리 놀라지 않는다. 그 존중은 무의미, 무쓸모다. 존중은 우리가 우파에 표하는 '존중' 정도의 미미한 의미다. 마치 보수 공화당의 극단론이 숙고를 거친 악이라면, 민주당 쪽의 극단론은 좋은 의도로 닦아놓은 지옥으로 가는 길이라는 것과 같다. 리버럴은 여전히 좋은 의도를 갖고 있지만, 결국 그를 따른다 해도 당신은 지금과 똑같은 자리에서 머무른 채 그저 다른 버전의 지옥만을 맞이하게 될 것이다. 어느 쪽이든 지나치게 극단적이면서 압제적인 태도를 취하기란 매우 쉬운 일이다. 양쪽의 기본 교의를 바라보면 그 핵심이 **그렇게** 다르지는 않으면서도 양쪽 모두 그 핵심을 **엄청나게** 위반하고 있다. 그것을 바꿀 유일한 방법은 그것을 거부하고 새로운, 당신 <u>스스로의</u> **표준을 만드는** 것이다.

필드를 바꿀 필요가 있다. 당신은 그들이 쌓아 올린 멍청한 산을 오르지 않고, 그들의 룰로 "게임하지" 않고, 과잉특권을 지닌 사람들 또 그런 과잉특권을 원하는 사람들로부터 "존중" 받지 않는 것이다. 이들은 대개 **잘못 생각**하고 있고 **결코** 여성의 문제를 중심에 두지도 않으며 동전 뒤집듯 쉽게 레즈비언의 반대편에 설 것이다(이런 남성 중심 사회 밖에서 독립적으로 사고할 수 있는 능력을 지닌 희귀한 레즈비언들 말이다). 필드를 **움직이는** 것은 당신들이다. 레즈비언 페미니스트들은 늘 힘든 일을 떠맡았고, 페미니스트와 **LGBT** 세계의 근간이 되었지만 **엄청나게** 욕을 먹고는 곧 해체되었다. 그것이 과거와는 달리 오늘날 레즈비언들이 페미니스트가 아닌 이유, 게이, 페미니스트 행사에 굳이 참석하지 않는 이유다. 게다가 페미니스트들은 어쩜 레즈비언들로부터 그렇게 빠르게 거리를 두는지 모른다! 어차피 상처를 주고받기는 마찬가지다. 페미니스트들은 레즈비언 운동을 낚아채서는 핵심을 완전히 놓친 채 운동 전체를 이끌었다. "수치심 없는" 문란함과 임신하지 않겠다는 결심이 궁극적으로는 남성에 대한 봉사를 훨씬 더 심화시켰다는 느낌을 지울 수 없다. 예전에 남성들은 최소한 한 여성과 자기 자식을 보살펴야겠다는 책임감이라도 가졌다, 항상 그랬던 것은 아니지만. 비열한 놈팽이의 경우는 동네에서 쫓겨나거나 여자와 아이를 버리고자 했다면 다른 도시로 도망쳐야 했다. 버림받은 여자의 아버지가 산탄총을 들고 쫓아갈 것이기 때문이었고, 그 아버지가 그러는 이유는 딸내미와 손주를 부양할 생각이 없기 때문이었다. 오늘날 남성들은 자신들이 원하는 것이 무엇이든 할 수 있다. LGBTQIAABCDEFGHIJKLMNOP 공동체는 할 수 있는 한 레즈비언을 못마땅해하는 중이고 특히 레즈비언들 스스로 기반을 닦아 매체로 진출하는 데 관해서는 더욱 못마땅해하는데 그 이유는 게이(와 페미니스트/우머니스트) 매체는 레즈비언 여성들과 아무런 상관없는 소시지 축제 안건을 진행시키려고 우리의 두뇌와 근육을 사용하면서도 지난 수십 년 동안 우리를 완벽하게 배제했기 때문이다. 그 여파는 엄청났고, 그래서 지금 그들은 그 상황을 바꾸려 노력 중이지만 많은 이들이 여전히 스트레이트 세계가 레즈비언 대부분에게 무한대로 매혹되어가는 상황을 끔찍할 정도로 시기하고 있다. (우리의) 립스틱 바르기 여부는 요즘에는 문제조차도 되지 않는 것처럼 보인다. 단지 매체에 진출했다는 이유, 다중 오르가즘을 (느낀다는) 이유로 우리를 늘 미워하는 것은 아니겠지만, 여담을 하자면…… 과잉 특권인 사람들과 과잉특권이고자 하는 사람들에게 늘 똑같이 지루하고 헛소리 가득한 수식들을 읊어줘봤자 **아무 일**도 일어나지 않고, 아무 **변화**도 없을 것이다. 우파 무신론자 미치광이들이 증오에 찬 기독교 의제라는 가면을 쓰고서 공격해올 때 우리는 GBT와 페미니스트 가운데 누구라도 여전히 지켜낼 것이다. **우리**가 줏대 없는 반역자들은 아니지만 그들과 가장 먼저 논쟁을 벌일 사람들이기도 할 것이다. 우리 스스로 여성과 동일시하기를 멈추길 바란다는 점에서, 그러나 대신 "생물학적" 여성과 동일시하기를 멈추길 바란다는 점에서 트랜스 여성들도 마찬가지인데 당신들은 정말 말도 안 되는 소리를 해왔음에 **틀림없다.**

당신은 당신 일을 해줄 네 가지 성별을 원한다. 그래. 그렇다면 우리는 당신을 고용하겠다. 아파트도 렌트해줄 것이다. 같이 놀아주고, 죽을 만큼 사랑해줄 것이다. 당신이 원하는 삶의 방식을 존중하겠다. 그러기 위해 당신은 **우리가** 원하고 이해하는 방식으로 사는 여자들을 존중해야 한다. 실제에 대해 아무 개념이 없거나 레즈비언 세계의 작동 방식 안에서 일들이 실제로 어떻게 **적용되는지** 모르는 리버럴, 페미니스트, LGBT 기관들의 조롱을 받지 않고서 누구와 옷을 벗을까와 같은 문제처럼 우리에게 영향을 미치는 일들에 관련해서 다채롭게 변화하는 온갖 색조의 감정을 지닐 수 있다는 것을 이해해야만 한다. 그 여성들은 단지 최상위의 고상한 특권층 LGBT에 노출되었을 뿐이고 (그리고 도중에 트랜스 남성에 대해서 신경 쓸 겨를이 없었으며 **그리고** 자기들은 "생물학적" 남성들로 동일시하기 시작해야 한다고 남성들에게 결코 말하지 않고 그렇게 시도하더라도 자기들을 진지하게 받아들이지 않을 테지만 그들은 모험가가 아니라서 결코 말하지 않을 것이다) 누군가 인구의 절반이 스스로 동일시하는 방식을 바꾸기를 기대한다면, 먼저 우리는 그것을 여성혐오적 덮어씌우기crazy making라 부를 것이며, 그에 부응하지도 않을 것이다. 그 이유는 우리는 이름이 붙여져야 하는 노예가 아니라, 이미 '여성'이라는 이름을 가지고 있는 존재이기 때문이다. 당신은 여성에 대한 적대적인 혐오의 이름표를 우리에게 붙일 수 있다. **생물학적 여성, 시스, 어쩌구 저 쩌구 젠더**gender this-or-that, **CGI, CSI, 사이파이, 파이베타카파, 로카, 포 로 코** 등 온갖 혐오 표현들을. 당신이 원하는 대로 아무렇게나 가져다 붙 일 수 있고, 또 당신이 우리에게 정해둔 여성혐오적인 규칙, 즉 **바로 정 확히** 여성들이 이러이러 해야 한다는 것에 동의하지 않는다고 여성으 로서 말할 때 당신은 **폭력**과 **공격성**을 보인다. 그렇다면 당신을 여성으 로 생각해주기를 기대하지 말아야 할 것인데 그 이유는 마음이 상했다 고 폭력, 공격성, 칼로 찌르는 듯 날카로운 위협 등을 사용하는 것은 여 성들의 방식이 아니기 때문이다. 우리는 그러한 여성혐오적 분노에 귀 기울이지 않는다. 하지만 고맙게도, 페미니스트, **LGBT** 혹은 리버럴 한 세계에서 아무런 도움을 얻지 않아도 젠더퀴어[×]와 트랜스 여성들이 일으킨 보다 새로운 물결이 이 구식 이데올로기 가운데 많은 부분을 바꿔온 것처럼 보이고, 다수의 사람들이 자신의 육체를 보듬고 있으니 그 모습은 경이롭고 한층 행복하게 **보인다**. 그리고 의도 및 목적 전부 를 살펴봤을 때 여성혐오적 공격성 가운데 상당 부분을 털어낸 것처럼 보인다. 우리에게 연락주시라!

우리는 모든 사람을 아끼고, 무지막지한 동정심도 있지만, 충격적 이게도 우리의 초점은 **여성**과 **레즈비언**이다. 무미건조하지 않은 여성 성이 우리 힘의 원천이다. 우리의 관찰에 따르면 스트레이트 남성, 여

× 남성, 여성으로 나누는 젠더 이분법과 시스젠더 규범에서 벗어난 젠더 정체성을 지닌 사람들, 그런 상황을 일컫는 용어.

성들보다 (전부는 아니지만) 대개의 **LGBT**가 더 공격적인 형태의 여성 혐오를 보이는 경우가 많다. 우리 편에 서서 말해줄 것 같지만, 작심하고서 그렇게 하지 않는 게이 단체들에서 이런 경향이 공통적으로 나타나는 것을 볼 수 있다. **우리가** 돈, 소중한 생명-에너지, 시간을 기부할 곳은, **여성적 대의**를 지키는 곳이 된다. 여성 암,ˣ 자기면역 질환, 사회, 경제적 염려가 있고, 이런 어려움들로 레즈비언 여성들이 직접적인 영향을 받는 경우는 매우 흔하다. 99.9퍼센트의 레즈비언이 성적으로 무책임한 행동을 통해 **HIV**와 접촉할 일은 결코 **없지만** 그녀는 인생의 마지막 순간에(혹은 더 긴 기간 동안) 여느 여성처럼 여성만이 갖는 질환을, 혹은 그 후유 장애 또한 안고 살아갈 가능성이 **있다.** (게이 문제가 아니라) 여성의 문제가 레즈비언의 **문제다.** 우리와 다름없이 핍박받는다고 생각하는 태양 아래 여섯 명 가운데 한 명쯤 되는 **그 모든 개별** GBTQIAABCDEFGHIJKLMNOP 집단 사람들에 대해 **끊임없이** 염려하지 않는다고 해서 **우리가** "나쁜" 사람인 것은 아니다. **당신들은 우리를 알지 못한다!!** 우리가 가진 것이 무엇이고, 우리와 같은 존재가 어떤 것인지 **당신들은 전혀 아무것도 알지 못한다.** 우리가 살 수 있을까? 우리는 **여성**이고, 우리에게 그렇게 대단한 것은 아무것도 없다. 하지만 어디를 가든, 심지어 리버럴/진보적 입장의 블로그나 페미니스트 블로그나 **LGBTQIAABCDEFG** 블로그만 읽어봐도 모욕감이 느껴지는데 그 이유는 우리가 **LGBTQIAABCDEFG** 가운데 있는 어느 알파벳보다 **더 많은** 피해를 입지 않았기 때문이고, 이

ˣ 난소암, 자궁 경부암 등 여성만이 걸리는 암이나 유방암처럼 여성이 남성보다 훨씬 많이 걸리는 암을 이르는 말.

LGBTQIAABCDEFG 알파벳 수프Alphabet soup[×] 공동체가 죽고 못 사
는 문제(예를 들면, 반려동물 문제)는 여성보다 우선권을 차지하고, 그들
이 우리보다 더 희생당한 존재라고 판결 내린다. **엿이나 드시라.** 우리는
LGBT와 페미니즘에서 보이는 남성 중심적이며 레즈비언-**빼고**-아무
나-다라는 식의 여성혐오적 의제에 사과할 필요 없이 동의를 거부한
다. 우리는 **누구도** 상처 입히지 않고, **상처 입히는** 인간들을 괴롭힐 뿐
이다. 단지 당신이 여성이거나 레즈비언이라고 해서 GBT에 속한 사
람들이나, 페미니즘, 혹은 리버럴 쪽의 의제 및 최애하는 기획(반려동물
프로젝트) 등 전부에게 고개를 숙이는 것이 당신의 **할 일**은 아니다. 우
리에게 남편이 없어서, 그래서 **스스로** 멸시받거나 학대당할 때**조차도**
누구도 속상하게 하고 싶지 않은 바보 같은 레즈비언들에게는 GBT,
페미니스트/우머니스트, 심지어 일부 레즈비언들마저 공격적 태도를
취한다. 그들이 모이는 컨퍼런스, 그들의 매체, 블로그 공간에 간혹 귀
기울여 보면 매번 그 공간은 점점 **여성**이나 **레즈비언**과는 관계성이 떨
어지는 젠장할 교화의 도구가 된다. 자신**보다** 모든 이들을 가엾이 여
기고서는 "와, 그 일을 저렇게 생각해본 적은 없었어. 난 내가 생각했
던 것보다 더 이성애-규범적인 사람인가 봐. 어쩌구 저쩌구…… 나 빼
고는 죄다 불쌍하네, 훌쩍, 흑흑. 그 사람들에 대해서 **생각해봐야겠어**,
그 사람들 페미니스트잖아"라고 생각할 **여성들**, 특히 그런 젊은 여성들
을 찾는 것은 **너무나** 쉬운 일이다. **아니** 그 사람들은 사실 그렇지 않다.
소수자의 지위에 있는 다른 모든 집단들은 자신들을 위해 싸워줄 여성

×   알파벳 모양으로 만든 파스타 면이 담긴 스프를 지칭했던 것에서 시작해서 무질서하게 모여 있는 집
    합체를 가리키는 것으로 의미가 확장되었다. 이니셜만을 모아 만들어서 그 자체로 의미를 짐작하기
    힘든 약어 등을 가리키기도 한다.

이 필요 없다, 그 집단들 **모두** 여성들보다 **훨씬** 더 나은 방법을 찾아내고 **그 집단들은 자기들에게** 이익이 되지 않으면 **여성들** 때문에 결코 싸우지 않으며 그 집단들이 신경 쓰는 척할 때에는 여성들이 **자기들** 의제와 관련해서 **충분히** 포괄적이지 않다면서 지지를 거두겠다고 위협한다! 포괄성을 가장한 썩어빠지고 배배꼬인 **그까짓** 여성혐오는 **집어치우시라**!! 여성 이슈가 GBT, 페미니즘, 리버럴 세계에서 얼마나 중요한 것인지 보려면 그들의 매체를 들여다보면 되는 것인데, (누군가 살해당하거나 폭행당하는 것이 좋다는 것은 아니지만) 그들의 온라인 및 주류 매체를 통해 전달되는 여성 대상 폭력에 대한 반응 차이는 GBT 문제가 여성들보다 중요하다는 사실을 명확히 말해준다. 그렇게 엄격한, 법률 아래의 "평등" 앞에서 과잉특권을 지닌 이들은 일제히 분노했지만 그것은 대개의 인간이 발 디디고 있는 실제에는 무관한 일이며 연령이나 신분과 무관하게 모든 여성들에게는 더욱 아무런 관계가 없는 일이다. 리버럴, LGBT, 페미니스트들은 (마치 몽정이라도 했다는 듯) 그 사실을 가볍게 무시하고서 오직 정체되고, 실패할 뿐인 유토피아를 목표로 삼는다. 하지만 어릴 때 자기들 편으로 붙들어두면, 누가 때려 깨우기 전까지는 영원히 멍청이들로 남을 것이다. 그들은 더 낫고 더 진화한 사람들이라는 이유로 모든 이들과 레즈비언에게 치욕을 주려는 것이다. 오, 헛짓거리 그만두시라. 당신네가 생각하기에 평균적 여성이나 레즈비언은 해결할 스트레스와 문제가 없어서 GBT 전부를 한 명씩 걱정해줄 **시간**이 있어 보이는가??? 우리에게 더 나은 사람이 될 필요가 있다고 말하는 과잉특권인 멍청이도 필요 없다. 대부분의 레즈비언들은 그냥 **살아가기**에만도 힘에 부친다! 당신들이 사는 곳은 실제 **여성 및 레즈비언들**과는 아무런 상관없는 틈새 같은 곳이고 그렇게 살아가신다니 참 축하드릴 일이다. 그러나 소호, 파크 슬로프, 트라이베카 바깥으로 여행을 나가보라. **뉴욕, LA, 샌프란시스코, 보스턴, 코네티컷, 아니면 시애틀에서 벗어나 실제 여성들과 그보다 덜하지 않은 레즈비언들이** 어떤 일들을 헤쳐 나가고 있는지 보시라! **제기랄, 그냥 너희들 동네에서 좀 나와서 컬럼비아 대학**을 다니지 않은 누군가와 말을 섞어보라는 것이다!!!

당신에게 그들은 **온종일** 어떤 행위와 단체를 지지하지 해서는 안 되는데 그 행위와 단체가 "차별"적이기 때문이라고 이유를 설명한다. 하지만 당신이 교육받은 데서 적용할 수 있는 지식이 **아무것도 없음을** 알아챈 적이 있는가? 당신은 내게 아무런 도움이 안 된다. 당신의 일은 그저 표준 방정식을 마구잡이로 적용하는, 마치 내게 나치 대본을 건네주는 것과 같다. 어떤 내용에 대해 속속들이 **알고 있는** 여자가 있는데, 그녀에게 무언가 **알아듣게 가르치겠다**는 것인데 어디 한번 해보시라. 당신들 **생각처럼** 사람들이 그렇게 멍청하지는 않다. 사람들은 이 세계를 살아가는 동안 자기만의 경험을 **지니고 있고,** 다만 자신이 무언가를 알고 있다는 그 사실을 쉽게 깨닫지 못할 뿐이다. 그런 사람들에게 **현실감각 떨어지는** (이런) 대본을 건네는 것은 그들의 기분을 상하게 만들 뿐 아니라 헛소리에 참여하지 않는, 생각 없는 **바보들로** 변하게 만든다. 여성들은 페미니즘에 **참여**하지 않는다. 심지어 페미니즘을 따르는 **삶을** 살지도 않는다. 그들은 잡년 행진[x]에 나서거나 여성이나 레즈비언과 털끝만치의 관계도 없는 너저분한 게이 퍼레이드에 나설 필

---

[x] Slut March, Slut Walk. 2011년 성폭력이 책임이 여성의 옷차림에도 있으니, 여성들은 특정 옷차림을 해서는 안 된다는 토론토의 한 경찰관의 발언을 반박하기 위해 시작한 항의의 한 형태. 도발적인 의상을 입고 행진한다. 한국에서도 '잡년 행진'이라는 이름으로 진행되었다.

요 없이, 자기만의 경험과 해석을 가지고서 **살아갈** 뿐이다. 그들에게 제공되는 지식과 정보는 그들에게 권한을 부여하고 힘이 될 것이며, **그런 삶**을 사는 데 **도움**이 될 것이다.

친-수정헌법 제2조: 여성들이 늘 폭력의 수신처가 되고 마는 세상에서 보통의, 제정신이고, 자존감을 지니고 있으며, 자기 결정에 책임을 다할 수 있는 여성이 총을 다룰 줄 알 때, 우리는 긍정적 차원에서의 황홀함을 느낀다. 우리 생각에 총기 금지는 비논리적이고, 재앙에 가까운 결과를 증명해왔으며, 우리는 그런 의견 내는 이들을 반여성적 존재라고 생각한다.

온건/정치적 무신론자: 우리는 정기적으로 리버럴, 보수, 좌우, 민주, 공화 등등 정치 스펙트럼의 모든 측면에 대고 구라쟁이들이라고 소리 높여 외치는데 그 이유는 **모든** 측면에 있는 헛소리들을 까발려야 하기 때문이다. 우리에게는 정치가들이나 그들과 더럽게 붙어먹는 매체에 대해서 아무런 볼일도 존중도 없다. 우리는 그 사람들 입에서 나온 말은 단 한마디도 믿지 않는다. 그들은 입만 열면 모두 거짓부렁이다. 우리는 보수적인 화이트 트래시 매체와 온갖 케이블 "뉴스"에 나와 뉴스 나부랭이나 읽으며 선동하는 가짜 전문가와 앵커들은 물론 주류 매체, 출판, 사설과 블로그 공간을 통제했고, 하는 일이라고는 증오에 불을 댕기고 촉발하는 것뿐이며, 이제 그 존재 자체를 아는 사람조차 드문 우파 A.M. 라디오 모두를 멀리한다. 당신이 어떤 전문가 나부랭이나 방송 출연자의 말에 귀를 기울이든 그들이 우리 사회를 쪼개놓은 것은 뻔한 사실이고, 그것이 정확히 그 사람들의 존재 이유다. 우파 화이트 트래시 매체는 전형적인 화이트 트래시의 모습이고, 그들이 어디에나 있는 화이트 트래시의 지도자이자 얼굴이다. 그들은 **아무것도** 제안하지 않는다. 그들이 극단적 우파인 것이 바로 이 **이유**에서다. 증오, 싸움, 헐뜯을 뿐인 하찮은 논평들. 그것은 너무 **쉽다**. 그리고 이 사람들은 그나마도 잘하지 못한다. 당신이 잠결이라도 **아무** 주제나 던져주면 그 주제에 대한 **이 사람들의** 논점을 두고 까내려갈 수 있을 정도다. 그냥 거짓 논증을 좌로, 우로, 중간으로 써가면서 서로가 서로에게 증오를 섞어 모두 씹어대다가 꼬아서 탓을 하고, 누구든 다른 의견을 내는 사람은 자동적으로 "반대파"이고 "나쁜 놈"이고 어쩌구 저쩌구 지이이이이이이루우우우우해 죽을 지경인 선동 낮잠 축제다!! 그냥 논리 있는 척만 하면 된다. 좌파 매체도 무고한 것은 아닌데, 그들은 선동을 서서히 스며들게 하거나 의도가 좋든 나쁘든 찬찬히 밀어붙인다. 우리 TLM(더 레즈비언 마피아)은 하나의 의제가 있다. 레즈비언 및 여성 관련 소재를 가져다 팟캐스트에서 떠들며 시간 죽이는 것goof around, 그것이 바로 **핵심**이다, 우리는 이 일에 완전 진심이다. 우리는 자기 입장 따위 없는 **기자들** 같지 않다, 아예 비교조차도 될 수 없다. 우리는 전하고 싶은 입장이 분명하고 당신은 얼마든 그 입장에 동의하지 않을 수 있다. 이 선언문에서 바로 그것에 대해 말하고자 한다. 우리의 기반이 어디에 있든 모든 이들의 이상 전부를 끌어안을 수 없다는 것이 사실이라는 것에 대해. 우리는 그저 매체가 쏟아내는 잘못된 정보가 얼마나 편향되어 있고 뒤틀린 것인지 지적하고 싶을 뿐이다. 보도에 실려 있는 당파성을 인정하라. 편파성 없는 보도인 척하지 말라. 우리는 당신이 어느 편에 서 있든, 당신의 의도가 얼마나 세심히 짜여 있든 신경 쓰지 않으니, 전하려는 의도가 있거든 감추지 마시라. 듣는 사람들이 결정하게 하고, 속임수를 쓰지 마시라. 자애로운 독재자조차도 통제하고 억압하는데 좌파는 사악한 우파보다는 훨씬 낫지만 그들 역시 폭군이다. 세계에는 수십억 명의 사람들과 끝도 없는 생각들이 있는데, 미국이라고 해서 극좌파나 극우파, 여성혐오자, 인종 차별주의자, 계급주의자, 동성애혐오자로 나누는 모든 문제에 대해 이용할 수 있는 극명한 반대 입장은 단 두 개뿐이겠는가? 그리고 그 두 가지 반대 입장이 모든 이들의 균형을 깨뜨리려고 몇 년마다 한 번씩 서로 편을 바꾸는 것이다? 이것 보시라. 이미 침몰 중인 미국을 완전히 바닥으로 처박는 것이 바로 이런 사고다. 미안하지만, 세계는 좌우로 나뉘지 **않았다**. 사람들이 자기 눈앞에 있는 것을 보지 못할 정도까지 눈멀고 아둔해질 수 있을까? 정보를 얻으려고 뉴스를 보는 사람들이 아무것도 얻지 못하는 이유가 바로 보기 **때문이다**. 계속해서 뉴스를 보고 그 내용을 믿는 사람은 누구든지 지금 그 꼴로 살 만하다. 당신은 이미 게임에서 진 것이나 다름없다. 정치 영역에 진입한다는 것은 그 영역의 규칙에 따라 움직이는 것, 그 규칙은 그들이 써 내려간다. 그들이 운영하는 뉴스 매체는 밤낮으로 거짓말을 하면서, 그 거짓말이 솔깃하게끔 반쯤 사실을 섞어 흩뿌린다. 그들 체계는 스스로를 보호하기 때문에 내부에서 작업한다고 해서 고칠 수 없다. 유일한 해답은 현실의 고민을 지닌 이들을 배제하지 않고, 권력자들을 대변하는 제도를 지지하지 않음으로써 체계 순응을 거부하는 것이다. 정신 나간 의제를 가지고 있는 것은 파벌과 틈새 집단들뿐이다. 당신은 줄곧 연속해서 사기당하는 것이 좋은가? 우리는 그렇지 않다. 정당 정치와 제휴를 끊어내는 것이 권력을 인민에게 돌려줄 혁명이다.

우리는 친-선택pro-choice의 입장이지만 모든 여성적 특성womanity을 이 하나의 사안으로 압축하는 분리주의적 교의에 의탁하지는 않는다. 그렇다고 우리의 생식 권리와 우리 육체에 대한 통제 관련해서 확고한 의견이 없다는 것은 아니다. 아마 쓰레기통에서 죽은 모든 잉여 배아의 폐기 문제를 두고 인공수정 클리닉에 대해 격렬하게 저항하는 반-선택의 반동적 사기꾼을 보게 되면, 우리는 눈썹을 치켜 올릴 것이지만 그전까지는 그들이 사기꾼임이 명확하다. 이 문제에 관련한 남성들의 의견에 대해서 생각하는 데는 많은 시간이 걸리지 않을 것이다. 반면, 반-선택 입장의 게이 남성과 트랜스는 우리 레이더에 미약하게 신호로 잡히는데(몇몇의 똥갈보shit-whore들도 있다), 왜냐하면 삶의 창조로부터 저 멀리 유배된 이들이 하나님의 초록 지구 위에 있다면 그것은 게이 남성과 트랜스들일 것이기 때문이다. 이들은 배아에 대해 절대 신경 안 쓰지만, 이들이 자기들에게도 **도덕**이 있다는 듯 창피도 모르고 가식을 떠는 모습을 보면 확실히 웃음이 터져 나온다 와하하!!! 이들은 NAMBLA[x]와 HIV/에이즈 전염 문제에나 더 목소리를 내고, 그리고 할당량에 따라 치질연고 얻는 쪽에 집중할 것을 제안한다. 혹은 아마도 시민 의식이 모자란 사람들에게 하고 싶은 말은 퍼레이드 때 바지를 좀 입어보든가 하면 어떨까 싶고, 셔츠는 아마도 하나님이 금지시켰을까? 모두의 얼굴에 들이대는 역겨운 벌거벗은 몸뚱이의 냄새를 맡거나 보고 싶어 하는 사람은 아무도 없는데 그것은 토 나올 지경을 넘어서 관련된 모두에게 부끄러운 일이고 그 때문에 우리는 LGBTQIAABCDEFGHIJKLMNOP 남성 중심의 퍼레이드에

---

[x] The North American Man/Boy Love Association, 북미 남성/소년 사랑 연합의 줄임말로 남성 동성애는 물론 미성년 남성에 대한 페도파일(소아 성애)까지 옹호한다.

참여하지 않는다. 분명히 그들은 어찌 됐든 자기네들을 따라다니는 불안정하고, 슬럿스럽고 게이 남성들과 어울리는 하층계급 출신의 여성들fag-hag과 트랜스들과 어울리는 여성tranny-hag을 원할 뿐이다. 이 가짜 기독교 게이 하피harpy[×]들에게 상기시키고 싶은 것은 구약에서 남색sodomy이 여러 차례 정죄condemn받은 것은 특별히 남성들 사이에 일어난 경우였다는 것이다. 레위기에 레즈비언 여성들은 해당되지 않는다. 아니, 여성들은 정죄에 포함되지 않는데 성경에서 "man"은 남성을 가리키기 때문이기**도** 하고, 여성은, 그거 아님, **틀렸음**, 여성들에게는 아예 성적 욕구가 없다고 여겨졌으며, 아마 지랄맞게도 1960년대 후반 이전까지도 그 수준이었으니 웃기지도 않는 **소리**는 속에 담아두시라. 그리고 레위기에는 낙태에 대한 내용이 없으며 낙태는 화이트 트래시 목사들이 (아마 **그들**에게 강간당해 태어난 아이들과 함께) 아이와 여성들을 마녀라고 몰아 죽여 없앨 즈음에야 **확실하게** 등장하기 시작했고 오직 하나님만이 아실지니 그들은 너무도 타락했다. "나는 '보수파'가 되고 싶은데, 왜냐하면 나는 다른 동성애자보다 더 낫거든요"라고 말하는 똥갈보가 여성에 대해 판단하려고 하거나, 출산 조절 혹은 개똥 치우는 일 같은 것에 관해 의견이 있는 척할 때 정말 우습다. 만일 자신의 물건을 다른 퀴어의 엉덩이에 쑤셔 넣는 것만으로 아이가 생긴다면 그들은 공짜 산아제한은 물론이고 공짜 낙태도 원할 것이고 수정란 문양으로 퀼트도 떠서 기도를 올리고 지구상 모든 카메라 앞에서 눈물을 흘릴 것이다. 사실 그것은 생명을 창조할 수 있다면 **어느** 남성에게나 마찬가지이고, 남성의 의료보험에 **비아그라**와 **정관수술**이 포함되

× 그리스, 로마 신화에 나오는 머리는 여자, 몸은 새의 날개와 발이 달린 괴물.

는 것과 마찬가지이니 영광스러운 그 구멍에 대고 사랑을 나누고 사그라질지어다. 남자들이 유일하게 낳는 거라고 해봐야 화장실에서 싸는 똥 정도다. 그들이 내놓은 억지스러운 반-선택의 의제는 반-여성적 공격성의 표현이니 그에 맞게 다뤄줘야 한다. 이들은 우리와 다른 정치적 의견을 보이는 단순한 게이 놈팽이들이 아니다. 이들은 근본적으로 고장 난 불쌍한 사람들로 여성 권리를 공격할 의도가 있는 사람들이다. 그저 가식적으로 흉내만 낼 뿐 그들에게 힘이 없다는 사실 때문에 그들의 행동이 덜 괘씸하다거나 덜 경멸할만하다는 것은 아니다. 그들이 반-선택 의제를 지지한 것은 참아내기 힘들고 넌더리나는 가짜 기독교적, 인종차별적, 여성혐오적, 고전주의 동성애혐오 입장의 보수 극단주의자들이 내려줄 승인을 위한 것이었고, 그 승인과 인정을 즐기기 위해 그들은 하나님과 성서를 팔아먹었다. 그들은 약쟁이들처럼 인정 뽕approval fix을 얻기 위해서는 무엇이든 할 것이다. 그들 자신도 스스로 가짜임을 알고 있고, 그래서 그들은 자기파괴적이고 불쾌한 광대들로 결국 그들 자신을 끊임없이, 그리고 그들과 연루된 모든 이들을 곤란하게 만든다. 누구도 그들을 진지하게 받아들이지 않으며, 그 가운데서도 능숙하게 그들의 불안정성을 착취해서 소모품으로 활용한 기독교 보수 우파는 더욱 그러하다.

마지막으로, 우리에게도 확고한 의견들이 있지만, 당신이 우리 친구가 되어보겠다고 우리처럼 생각할 필요는 없으며 그것이 우리라는 레즈비언들의 스타일이다. 당신이 여성을 혐오하면서 인종차별도 하고 동성애혐오도 하는 계급차별적이고 공격 성향을 보이는 싸가지 없는 녀석이 아니라면, 우리는 아무렇지도 않게 차이 너머로 바라볼 수 있을 것이다.

보이펑크 선언문

보이펑크, 2002

당신은 어떨지 모르겠지만, 내 인생의 유일한 목적이 중간계급 중년층 패곳의 흥을 돋우는 것이니까 아무 생각 없이 몸 좋은 영계로 있으면 된다고 말하는 주류 게이 남성 문화에 나는 지쳤다.

나는 저쪽에 만연한 태도에 질렸다. 태닝하고, 옷을 사고, 열셋쯤으로 보이는 남자아이들이 나오는 인터넷 포르노 보면서 사정하고, 몸을 만들거나 공원, 화장실, 바, 고속도로 휴게소에서 크루징이나 하면서 시간을 보내면 된다고 말하는 사람을 알고 있다.

누구와 할 것인지, 누구와 하고 싶은지가 자신들 존재 가운데 단 하나의 가장 중요한 국면이라는 듯 행동하는 게이 남성들이 나는 질린다. 이 게이 남성들은 자기들이 눈독 들이고 있는 다음 영계를 언제, 어떻게, 어디서 발라먹을지 생각할 때만 그들의 시냅스에 불이 들어온다.

보이펑크는 데이팅 서비스나 채팅 룸, 가십 칼럼, 할리우드 스타에 대해 다루는 쓰레기 같은 신문, 아이돌 숭배 사이트나 그에 대한 게이 포르노 대안쯤 되는 것이 아니다.

보이펑크는 《아웃》 《디 애드버킷》 《XY》 《장르》 《멘》 《프레시멘》 등의 잡지, 〈퀴어 애즈 포크〉 〈윌 앤 그레이스〉 등의 TV 드라마가 상징하는 모든 것을 엿 먹이려는 것이다!

사회에 적응하거나 서킷 보이 이미지나 슈크림 이미지를 팔려는 것이 아니다.

우리 존재를 인정해줄 법안을 구걸하려는 것이 아니다.

새로운 마케팅 인구통계학을 수립하거나, 게이 달러의 힘을 보여주려는 것이 아니다.

언더에 있고 분리주의를 주장하는 존재로서 대안적 매체 형식을 만드는 것에 관한 것이 아니라, 사회와 주류 게이 문화가 우리를 배제하고 소외시키고 비하하기로 결정했기 때문이다.

보이펑크는 당신이 내 생각에 동의를 하는가에 관한 것이 아니다.

보이펑크는 내가 연계할 수 있는 이미지, 글쓰기, 소리를 창조하는 것에 관한 것이다. 아마 당신 또한 그럴 능력이 있을지 모른다.

보이펑크는 다른 퀴어 소년들이 자기들에게 영감을 주는 것이 무엇이든지 그에 관한 자신의 감정과 생각을 탐색해보도록 장려하기 위한 것이고, 그들이 그런 작업을 하면서 편안하게 느낄 수 있는 공간을 마련하는 것이다.

보이펑크는 게이 기득권층의 엉덩이에 때려 박는 주먹이다.

이것은 군대 내 게이, 게이 결혼, 혹은 "동등한" 권리를 구걸하는 것이 아니다.

보이펑크는 퀴어 부대다.

보이펑크는 혁명에 관한 것이다.

보이펑크는 섹스, 거친 섹스, 잘하는 섹스, 미칠 듯이 사랑하는 섹스에 관한 것이 아니다.

보이펑크는 마음과 꽃, 염소수염과 지저분한 머리 모양, 쫄티와 발기를 감춰줄 배기진에 관한 것이다.

보이펑크는 지저분한 모습으로 그 상태를 유지하는 것이다.

보이펑크는 우리를 한 명 한 명의 개인으로 만들고 독특한 목소리를 주는 졸업, 뉘앙스, 크랙 코카인, 엉덩이 골crevice, 구석구석 따위에 관한 것이다.

보이펑크는 당신의 마음을 소매 단에 묶어 밖에 내보이는 것이다.

보이펑크는 당신의 것이 아닌 나의 목소리이자 마음이고 정신이다.

퀴어 항해사들, 엉덩이 해적들, 펑크 록 드림스 컴 트루, 국제 스파이 소년/소녀들과 고저스한 예쁜 남자들/보이시한 걸들은 게이 기득권층을 묏자리에 묻어줄 것이다, 라벤더와 레드, 블랙은 우리의 깃발 색이다.

새로운 페미니스트 등장을 위한 선언문

에스칼레라 카라콜라, 2007

퀴어, 괴물, 야생동물, 사이보그, 히스테리 환자, 트럭 운전사, 불감증인 사람과 성적으로 분방한 사람, 망가진 하이힐은 신은 사람과 맨발인 사람들이 전 세계 슈퍼마켓과 개인 정원과 결혼식에 쳐들어가 난리 피우는 이미지는 우리가 가장 아껴왔던 꿈이다. 신성하다는 것은 늘 한계를 밀어붙이고, 평정을 버리고, **"살림하고 밥상 차리는 노동"**[×]의 성적 규율을 폭로하는 것이다. 그것은 모든 범주를 다시금 혼란시키는 것이다.

권리들이란 유용하지만 충분치 않은 자비로 그 권리들이 지닌 규율

[×] 원문은 강조 표기된 Home and Crust로, 가사 노동 가운데 청소, 빨래 등 정리정돈과 관련된 부분을 'Home'으로, 파이를 구워 먹인다는 의미에서 밥 짓기를 파이의 "Crust"로 상징화한 표현이다.

적 능력에서 볼 때 도착적이다. 이제 자본은 숨죽인 채 가해지는 집요한 폭력으로 우리 안에 새겨졌다. 그렇게 (재)생산의 몸, 소비자 몸, 각인과 죽음의 유령들을 억눌러 온 건강하고 소독된 몸, 다목적의 가속화한 몸이 되어왔다. 이제 질문을 던질 때가 되었다.

다른 몸은 가능한가?

가능해야만 한다. 여기 우리가 존재하기 때문이다.

시간과 공간

이 경우, 공간은 마드리드시, 라바피에스 지역의 중앙. 우리의 욕망과 기획과 반대로 흘러가는 시간은 열려 있고 변하는 중. 사회 센터인 에스칼레라 카라콜라는 점거중의 건물로 지금까지 10년 동안 우리 지역의 일부. 이 여성 기획은 우리 자신을 경험, 연계, 발명하고, 의사소통하며, 우리에게 부과된 생산 및 재생산, 이성애 규범화와 엄격한 젠더 역할의 경계의 메커니즘을 방해할 필요성에서 탄생.

구조의 복잡성 덕에 교차된 분석으로 세계를 마주하면서 페미니즘의 입장에서 줄곧 문제제기, 제안하는 역할을 맡은 여성 기획. 우리를 구성하는, 결코 결백하지 않고 늘 복잡한 그 동일 구조, 우리를 긴장 속에 밀어 넣고 우리 자신을 특정 성별-젠더 욕망 체계 속에, 특정 계급 속에, 특정 인종 집단 속에, 특정 시대의…… 특정적이며 언제나 압력을 가하는 시공간 속에 뿌리내린 주체로 이해할 것을 요구하는 동일 구조.

따라서 우리는 에스칼레라 카라콜라를 점거하고 이 공간에서 거주한다. 물리적 공간의 재전유로서의 점거 그리고 우리 자신의 삶의 시간의, 우리 자신의 욕망 및 감정, 우리 자신의 육체의 재전유로서의 점거.

늘 다양하고 다른 존재로 변신하는, 늘 다른 우리는 정치적 개입을 위한 공간을 개설하는 작업을 맡아왔고, 여성에 의한, 여성을 위한, 여성과 함께 하는 모든 종류의 활동에 참여하는 공간을 만들어낼 초대장을 만들어 왔다. 사진 워크숍, 페미니즘 학교, 우리 스스로 만나고, 우리 자신의 맥박을 짚어보고, 모순을 터뜨리는 한편, 그들의 창조적 에너지를 모을 장소로서 "차이의 집"에서의 토론 및 상영. 상호작용 및 개입을 위한 에너지, 왜냐하면 이 집은 고립되어 있지 않고, 외톨이가 아니며, 왜냐하면 그 집을 이해하는 것은 당신 자신의 공간 속에 그 집을 가져가는 것이기 때문이며, 왜냐하면 카라콜라가 우리를 초대해 비판적, 정치적, 페미니즘적인 측면에서 나서도록 하기에. 늘 개입하기, 늘, 다시 말해 오고 가기. 한계 찾기, 그 한계와 싸우기, 가끔은 크고 가끔은 작은 운을 믿고 용기 내보기: 의심 품기, 우리 자신을 파편화하기, 우리 자신을 진정시키기.

라바피에스와 같은 지역에서 또한 없어서는 안 될 기획, 여기 사는 우리와 같은 이들의 필요에 응답해 본 적 없으며, 우리의 의견 및 염려를 밀쳐놓은 "도시 개발" 계획에 수년간 제출. 공공시설, 그럴듯한 주거 조건, 사회자원, 만남 및 회합을 위한 장소가 부족…… 배제 및 사유화 정책과 주민들의 기본권에 대한 제한이 지속적으로 커지는 지역. 또한 이 먼지투성이의, 숨 막히는, 표백제에 닿은 듯 색이 바랜, 무지방의, 통조림에 담긴, 진공 포장된 삶을 직면하고서 여성들 사이에 연계, 접촉, 의사소통하려는 집단적 사업으로서 카라콜라가 필요 공간 이상으로 나선 것은 바로 이 지점이다.

집을 복구할 필요가 있는 와중에 우리를 압박하는 시간과 공간, 어느 순간에든 중단될지도 모르는 계획. 다시 지어져야만 하는 공간, 우리를 잡아둔 시간…… 우리는 우리 기획의 중요성을 인식할 수 있게끔 행동하고, 참여하고, 압력을 가해 이 기다림을 깨뜨린다.

여러분의 지원에 의지하기.

하지만 페미니즘의 공간이란 무엇인가?

도시 공간은 불투명한 중립 속에서 자신을 숨긴다. 우리는 그 도시 공간을 너무나 자연스럽게 통과하다 보니, 이 공간이 전혀 중립적이지 않고, 결정과 정책, 투쟁과 요구의 산물이라기보다 역사의 축적물이며, 권력이 체현된 존재임을 알아차리기가 어려울 지경이다. 도시 공간은 우리를 빚고, 우리는 변신시킨다. 우리는 우리가 통과해 움직여가는 공간에 맞춰 주조되고, 그에 따라 우리의 일상적 삶을 구조화하고, 우리가 누구를 만날지, 어떤 이유로 만날지 결정한다. 따라서 우리가 사는 공간은 우리의 주체성을 구성하는 한편, 그와 동시에 거리, 광장과 같은 도시 공간은 정확히 정치적인 것으로 인정되는 탁월하게 "공공적인 것"이 된다.

"공공적인 것"과 "개인적인 것" 사이의 결속, 미분화non-differentiation된 상태를 명확하게 한다는 것은, 그리고 "정치"는 이런 복잡한 환경 속에서 이뤄진다고 주장하는 것은 수많은 페미니즘 투쟁들처럼, 마치 가사 노동의 감춰진 경제나 성폭력의 숨겨진 고통을 드러내듯 비가시적인 것을 가시적으로 만드는 문제, "자연적"이라고 통용되는 것을 비자연화시키는 문제다. 한 명의 페미니스트로서 공간에 대해 말한다는 것은 일상적인 것the quotidian에 가치를 매기고, 정치화하는 행위의 문제다. 우리 각자가 경험하는 불안정성, 폭력, 사소한 성가심, 고립이 생산 및 재생산의 질서가 창조되는 것에서 온다는 것을, 또한 저항이 그 지점부터 발생한다는 것을 인식하는 것이다. 우리 자신의 공간을 창조한다는 것은 시민권이 적극적이고 의식적인 공간 거주를 통해 집단적으로 구축되는 일상의 실천임을 주장하는 문제다.

따라서 우리가 페미니즘의 공간을 논할 때, 우리는 일상적인 것을 정치적으로 인식하고 접근할 수 있는 공간을 논하는 것이고, 정치적인 것 그 자체가 일상의 문제로 나타나는 장소를 논하는 것이다. 저 높은 곳에서, 추상과 소외로부터 끌어 내려지고, 생활공간으로 점유되는 것이다. 관계, 작업, 주변 지역의 사람들 등 일상의 삶을 정치화하는 데는 집단이 함께 지식을 계발하고, 반성, 사유하고, 새로운 형식, 새로운 개입방식으로 조직하고 실험할 공간이 필요하다.

정치적으로 삶을 산다는 것은 폭력, 배제, 골칫거리를 "정상"으로 수용하지 말 것을 주장해온 페미니스트, 반인종주의, 반동성애혐오 투쟁의 정신이 필요한 강력한 도전이다. 이 투쟁이 사회에서 중요한 변화들을 달성해왔다면, 그것은 집단적인 것에 가능성을 믿고 걸어온 몇 년간의 싸움 덕분이다. 하지만 우리 스스로 속이지는 말자. 아직 할 일이 많이 남아 있다. 월계수에 기대서 쉴 시간이 아니다.

우리의 신체, 우리의 섹슈얼리티, 우리의 욕망, 우리의 감정으로 전 지구적 무질서를 불러 일으켜보자!

여기서부터, "개인적인 것이 정치적이다"라는 문구로부터, 일상적 삶에서 정치적인 것의 새로운 개념화를 밀어 넣는 것에서부터, 자기관리와 집단으로부터, 이 입장에서부터 우리는 "도시하다 doing city"라는 새로운 방식을 주장한다. 정치의 과정들은 우리에게 익숙지 않다. 그런 고로, 우리는 그 과정에 참여하기를, 결정 역량을, 행동 역량을, 형태변형의 역량을 북돋을 방법을 우리가 적극적인, 공적, 참여적 시민권의 형성이라 부르는 것에서 찾을 것이다.

이는 우리가 당연하게 받아들일 어떤 것이다. 또한 우리 삶, 우리 환경, 우리 도시, 우리 세계에 대한 결정을 내릴 가능성이 언제나 제지되어 왔음을 지켜봐 왔던 여성들로서 특히 그러하다. 이제 이것은 우리 자신들로부터 발생한 개입과 건설의 새로운 기술들, 우리가 원하고 바라는 도시와 세계를 진정으로 만들어낼 그러한 기술들을 전파하고, 그 기술들에 파동을 주며 창조할 수 있는 집단적 유대를 생성하는 문제다. 이 지역의 일원으로서 우리는 이 지역을 건설하고 조직하는 매일의 싸움을 해나가기로 했다. 우리는 이 세계에 가소성을 지닌 디자인을 하고 싶다. 위축된 디자인을 짐승과도 같이 사납게 확장하고 싶다. 우리의 생활공간을, 우리의 신체를, 우리의 동네를, 우리의 세계를 정당하게 재전유하고 싶다.

Part 2

반자본주의 / 무정부주의

Anticapitalist/Anarchist

서문

2장에서 우리는 반자본주의와 무정부주의의 쌍둥이 같은 충동들을 총체적으로 살펴본다. 이를 위해 19세기 중엽에 등장한 초기 무정부주의 특징을 간직한 텍스트에서부터 오늘날 후기 자본주의, 자본주의 제약으로부터 자유로운 미래를 위한 비전을 아울러 다룬다.

결혼 폐지(에마 골드먼Emma Goldman과 마리 에드워즈Marie Edwards)와 화폐 폐지(D.M.D)에서, 레디컬 페미니즘 미래의 급진적인 요구를 담은 선언문(Anarchafeminist Manifesto, Radical Women Manifesto)에 이르기까지, 이 선언문들은 "~로부터의 자유"와 동시에 "~를 향한 자유"—자본주의와 제도적 억압의 강제들로부터의 자유와 자유롭게 상상하고 놀고 사랑하고 쓰고 숨 쉴 자유—를 집단적으로 상상한다.

이 장에서 소외되고 공허한 노동을 거부한 라보리아 큐보닉스Laboria Cuboniks, 가난한 여성들, 여성 노인들, 유색인 여성의 권리박탈을 문제 삼은 래디컬 여성 선언문, 린지 저먼Lindsey German, 니나 파워Nina Power, 그리고 '깨시민wokeness'의 손쉬운 정체성 정치를 거부한 익명의 필자가 쓴 텍스트를 다룰 것이고, 이를 통해 래디컬 페미니즘의 미래—자의식적이면서 동시에 머리끝까지 화가 난—를 위한 하나의 사례를 제시할 것이다. 또 여러 지역과 시기를 횡단하면서 여성 파업의 필요성을 역설한 니 우나 메노스Ni Una Menos, 재난 이후 재건을 위한 공간을 청원한 서브로사subRosa, '통일' 국가의 파괴를 촉구한 D.M.D, 가사 노동을 온당하게 인정하는 것의 불가능성을 제시한 실비아 페더리치Silvia Federici, 구조적 억압에 맞선 작업의 도전을 설파하는 마리 에드워즈의 텍스트를 함께 엮을 것이고, 이를 통해 우리의 현행의 관행들을 고발하고 무국적성statelessness과 무질서에 함축된 새로운 가능성들을 짧게라도 모색하고자 한다.

무정부주의와 생물학적 성의 문제

에마 골드먼, 1896

창백하고 보잘것없는 부잣집 자식들이 우러러보는 힘과 근육을 가진 노동자 남성, 하지만 굶주림을 면하기엔 벌이가 시원찮은 이들의 결혼 상대는 바로 이런 여성이다. 밤낮으로 노예처럼 일할 수 있고, 가계의 소비와 지출을 맞추려 물불을 안 가리는 여성, 즉 아내이면서 가정부인 여성이다. 그녀는 남편이 벌어오는 보잘것없는 임금으로 아이 둘을 먹여 살리려 쉴 새 없이 노력하느라 신경이 곤두서 있다. 그녀의 분노는 터지기 일보 직전까지 커지고, 더 이상 주인(남편)에 대한 애정 결여를 감추는 데 성공할 수 없게 된다. 그녀의 남편, 아! 그녀의 주인은 곧 자신의 희망과 계획이 수포로 돌아갔다는 결론에 이르게 되고, 자신의 결혼이 실패했다는 생각을 현실적으로 인정하기 시작한다.

사슬은 점점 더 무거워진다

지출이 줄기는커녕 더 느는 데 배신감을 느끼는 아내는 그나마 결혼 초에 가졌던 힘을 모두 잃어버렸다. 게다가 결혼 후 얼마 지나지 않아 갖게 된 초조와 불안, 궁핍의 공포가 그녀의 미모를 앗아버리기까지 했다. 그녀는 의기소침해지고 가사를 소홀히 하게 된다. 삶의 비참과 가난에도 불구하고 서로에게 힘을 주었던 실낱같았던 사랑과 공감도 더 이상 존재하지 않게 되고, 두 사람은 서로에게 의지하는 대신 점점 더 멀어지고 상대의 잘못을 참을 수 없게 된다.

남자는 백만장자처럼 클럽에는 갈 수 없지만 술집에 들러 맥주 한 잔, 위스키 한 모금으로 자신의 비참을 해소한다. 그의 비참을 함께 겪는 불행한 파트너는 연인의 팔에 안겨 망각을 구하기엔 너무 정직하고, 합법적인 여흥을 즐기기엔 너무 가난하기에 자신이 가정이라고 부르는 그 너저분하고 그럭저럭 유지되는 환경 한가운데 머무르며, 자신을 가난한 남자의 아내로 만들었던 어리석음을 한탄한다.

그러나 두 사람이 상대방에게서 떠날 방법은 존재하지 않는다.

그러나 그들은 그것을 입어야 한다

교회와 법이 두 사람의 목에 채운 사슬이 아무리 화가 나고 짜증 난다 한들 두 사람이 함께 끊자는 결심을 하지 않는 한 그 사슬을 벗어날 수는 없을 것이다.

법이 자비를 베풀어 두 사람에게 자유를 선사하려고 한다면, 둘의 사생활의 모든 세세한 부분이 까발려져야 한다. 여성은 공론의 비난을 견뎌야 할 것이고 삶 전체가 파괴될지 모른다. 이러한 수치에 대한 두려움 때문에 여성은 종종 자신과 자신의 자매들을 짓밟았던 이 터무니없는 체계에 맞서 홀로 싸우겠다는 용기를 갖지 못한 채 결혼 생활의 무게를 홀로 감당하다가 질식하게 된다.

부자는 스캔들을 모면하려고 결혼 생활을 감내하고, 가난한 자는 아이들을 위해 그리고 공론에 대한 두려움 때문에 결혼 생활을 감내한다. 그들의 삶은 부단히 이어지는 위선과 기만이다.

자신의 인기를 판매하는 여자는 아무 때나 자신을 돈으로 구매하는 남자를 떠날 자유가 있지만, '그동안 존경받는 아내'는 그녀를 짜증 나고 화나게 만드는 결혼으로부터 자유로워질 수가 없다.

사랑의 후광이 없는 모든 부자연스러운 결혼은, 교회와 사회가 비준을 했건 안 했건 매춘이다. 그런 결혼은 도덕과 사회의 건강 양쪽에 심각한 해를 끼치는 것일 뿐이다.

비난은 시스템이 받아야 한다

최고가액을 제시한 남성에게 여성이 자신의 여성다움과 독립을 팔도록 강요하는 시스템은 동료 남성이 생산한 부에 의지해 생존할 권리를 소수 남성에게 수여한 사악한 시스템의 한 부분이다. 이들 남성의 99퍼센트는 밤낮으로 노예처럼 일해야만 심신의 균형을 겨우 유지할 수 있다. 반면에 그들 노동의 결실은 돈으로 살 수 있는 모든 사치품들에 둘러싸인 소수의 게으른 흡혈귀들이 흡수한다.

19세기 사회 시스템을 그린 다음의 그림 두 장을 잠깐 살펴보자.

휘황찬란한 궁전 같은 이 부유한 자들의 저택을 장식한 저 값비싼 가구들을 보라. 저런 가구들이라면 궁핍한 수천 명의 남성, 여성을 편안한 환경에 있게 해줄 것이다. 저 부자들의 아들, 딸이 개최한 저녁 파티 한 번이면 든든한 한 끼 식사도 사치일지 모르는 수백 명의 굶주린 자들이 배불리 먹을 수 있다. 지구의 이편에서 저편으로 환락과 쾌락을 좇아 미친 듯 달려가는, 오직 이기적인 향락의 새로운 수단들—연극, 무도회, 공연장, 요트 여행—을 찾아내는 데 하루하루를 소비하는 저 패션 숭배자들을 보라. 그리고 잠시 숨을 돌려 이런 과도하고 반자연적인 향락에 대금을 지불할 부를 생산하는 이들을 보라.

다른 그림

어둡고 축축한 지하실에 모인 사람들, 신선한 공기는 결코 마실 수 없는 곳에서 누더기 옷을 입고 요람에서 무덤까지 비참 속에서 살아가는 사람들, 따뜻한 사랑과 보살핌은 누구도 건네지 않는 아이들, 무지와 미신 속에서 자라면서 자신이 태어난 날을 저주하는 아이들, 벌거벗은 채 허기진 배를 움켜쥐고 거리를 내달리는 아이들을 둔 사람들을 보라.

도덕주의자이자 박애주의자인 당신, 이렇듯 놀라운 두 개의 대조를 보라. 누가 이런 상황에 대한 비난을 받아야 하는지를 내게 알려 달라! 합법적이건 그렇지 않건, 매춘으로 내몰리는 이들인가, 아니면 자기들의 희생자들을 그런 비도덕으로 내모는 이들인가?

원인은 매춘이 아니라 사회 자체에 있다. 불평등한 사유재산 시스템에 그리고 국가와 교회에. 무구한 여성과 무력한 아이들에 대한 합법적인 절도, 살인, 폭행 시스템에.

악의 치유

그 괴물이 파괴되어 사라질 때까지는, 우리는 의회와 관공서에, 가난한 자의 판잣집뿐 아니라 부자의 가정에도 존재하는 질병을 제거할 것이다. 인류는 스스로의 힘과 가능성에 대해 자각해야 하고, 새로운 인생, 더 고귀하고 선한 인생을 시작할 수 있을 만큼 자유로워야 한다.

매춘이 존경하는 파커스트 박사와 다른 개혁가들이 사용한 수단들에 의해 결코 진압되는 일은 없어야 할 것이다. 매춘은 매춘을 양육하는 시스템이 변하지 않는 한 존재할 것이다.

이들이 앞서 기술한 범죄를 양산하는 시스템을 파괴하려고 고군분투하는 사람들, 완벽한 평등에 기반한 시스템—모든 구성원, 남녀노소, 그들에게 충만한 노동의 결실과 자연의 선물을 향유하고 최고의 지식을 획득할 완벽하게 평등한 권리를 약속할 시스템—을 세우려고 애쓰는 사람들과 힘을 합칠 때, 여성은 자립하고 독립하게 될 것이다. 여성의 건강은 더 이상 끝없는 수고와 노예로 짓밟히지 않고, 더 이상 남성의 희생물이 되지 않을 것이다. 남성 또한 건강에 해롭고, 자연을 거스르는 비정상적인 열정과 악에 사로잡히지 않을 것이다.

무정부주의자의 꿈

모든 사람은 각자의 물리적인 힘과 도덕적 확신을 가진 채 결혼할 것이다. 상대를 사랑하고 소중히 대할 것이며, 자신들의 복지를 위해 서로 도울 것이다. 인류의 보편적인 행복을 원하는 것도 물론이다. 이와 같은 결혼의 산물인 아이들은 튼튼하고 건강한 심신을 겸비하고, 부모를 존중하고 존경할 것이다. 그것이 그들의 의무여서가 아니라 부모는 그런 대접을 받을 만하기에.

그들은 공동체 전체의 돌봄과 교육을 받을 것이고 각자의 고유한 성향에 맞춰 자유로이 성장할 것이다. 자손들에게 동료를 등쳐 먹는 기술과 아첨을 가르칠 필요는 없을 것이다. 그들 삶의 목표는 형제들에게 휘두를 권력을 쟁취하는 것이 아닌, 공동체 구성원 모두의 존중과 존경을 얻는 것일 것이다.

무정부주의자의 이혼

결혼이 불만족스럽고 혐오스러운 것이 되었을 때 남자와 여자는 고요하고 상냥한 방식으로 갈라설 것이다. 마음에 안 드는 혼인을 지속하면서 결혼 관계의 여러 가치를 떨어뜨리는 일은 없을 것이다.

오늘날의 개혁가들은 희생자들을 박해하는 대신 합심해서 그 원인을 근절하려 할 것이고, 그렇게 할 때에야 인류를 수치스럽게 만드는 매춘이 사라질 것이다.

한 계급은 짓누르고 다른 계급은 박해하는 일만큼 어리석은 일은 없을 것이다. 그것은 범죄다. 도덕적인 남성들과 여성들이여, 고개를 돌려 외면하지 말라.

당신의 편견에 영향받도록 하지 말라. 편견을 제거한 관점에서 질문을 보라

쓸모없는 것에 당신의 힘을 행사하는 대신에, 질병에 걸린 이 부패한 시스템을 폐지하는 데 적극 가담하라.

결혼 생활이 당신의 명예와 자존감을 앗아가지 않았다면, 자녀라 불리는 이들을 사랑한다면 당신은 그들을 위해서뿐 아니라 당신 자신을 위해서도 해방을 구하고 자유를 확립해야 한다. 그때가 되어야 결혼의 폐단이 사라질 것이다.

여성들의 국제 파업 촉구

니 우나 메노스, 2017

다가오는 3월 8일 지구는 전율한다. 세계 여성이 단결해서 엄청난 힘과 공통의 절규를 조직한다: 여성들의 국제 파업. 우리는 멈춘다. 우리는 파업하고, 우리는 조직하고, 우리는 함께한다. 우리는 우리가 살고 싶은 세상을 실행에 옮긴다.

#NosotrasParamos

우리는 멈춘 채 다음의 내용을 보고한다:

자본이 우리의 비공식적인, 불안정한, 간헐적인 경제를 착취한다.

민족국가와 시장이 우리에게 빚을 지게 만들고 우리를 착취한다.

국가가 우리의 이동의 움직임을 범죄화한다.

우리는 남자들보다 적게 받고, 월급의 격차는 평균 27퍼센트에 해당한다.

가사 노동과 보살핌의 임무는 노동이지만 보수가 지불되지 않는다는 것, 적어도 우리의 노동 시간이 세 시간이나 더 늘어난다는 것은 인정받지 못한다.

이러한 경제적 폭력은 대부분의 여성 살해가 일탈적이고 비정상적인 목적인바 성차별주의적 폭력에 대한 우리의 취약성을 가중시킨다.

우리는 매춘에 종사하는 성 노동자를 위협하고 박해하는 제도적 폭력에 반대하기 위해 멈춘다.

우리는 자유로운 낙태 권리를 요청하고, 어떤 소녀에게도 모성을 강요하지 않기 위해 멈춘다.

우리는 사회 전체가 짊어져야할 보살핌의 임무를 오직 여성들에게만 전가하고, 계급과 식민적 착취를 재생산할 것을 여성들에게 강요하고 있음을 알리고자 멈춘다. 일하러 가려면 우리는 다른 여성에게 의지해야 한다. 이주하기 위해 우리는 다른 여성에게 의지해야 한다.

우리는 우리가 하는 비가시적인 노동과 일, 힘들고 긴급한 맥락에서 네트워크, 후원, 지극히 중요한 전략들을 세우는 노동과 일을 존중하기 위해 멈춘다.

#NoWeareAll

우리는 여성 살해의 희생자들, 아르헨티나의 냉담하고 서늘한 일상의 리듬에 맞춰 폭력적으로 사라지는 목소리들이 부족하기 때문에 멈춘다.

우리는 살해당한 레즈비언들과 복장도착자들transvestites이 그립다.

우리에게는 남미의 땅과 자원을 지키려고 남미의 영토들에서 살해당한 자, 박해받은 자, 정치범들이 부족하다.

우리에게는 자본에 이득이 되기에 법인 기업의 범죄와 마약 거래는 처벌받지 않는 데도, 생존의 형식들을 범죄화하는 경미한 범죄로 투옥된 여성들이 부족하다.

우리에게는 안전하지 않은 낙태 때문에 죽은 자와 투옥된 죄수들이 부족하다.

우리는 마약 운송 네트워크에 의해 사라진 이들, 성적 착취의 희생자들이 그립고 보고 싶다.

우리는 지옥으로 바뀐 가정을 목격하면서 우리 스스로를 지키기 위해 그리고 서로를 돌보기 위해 우리 자신을 조직한다.

성차별 범죄와 잔인함을 가르치는 교육(학)을 목격하면서, 우리를 희생자화하고 탄압하는 매체들의 시도를 목격하면서 우리는 집단적 애도의 개별적 위로, 공유된 분노와 투쟁의 개별적 위로를 만든다. 잔인함에 직면해서 더 많은 페미니즘을.

#NosotrasNosOrganizamos

우리의 요구가 시급한 것이기에 우리는 실업을 수단으로 전유한다. 우리는 다름 아닌 우리 모두가 노동자들이기에 고용자들, 실업자들, 봉급생활자들, 보조금을 받는 이들, 자영업자들, 학생들을 보호하기 위해 여성들의 실업을 하나의 방대한 최신의 척도로 만들려고 한다. 우리는 멈췄다.

우리는 집안의 감금, 강제적 모성, 여성들끼리의 경쟁—이것은 모두 시장과 가부장제 가족 모델에 의해 추동된 형태들이다—에 맞서 우리를 조직한다.

우리는 어디서나 우리를 조직한다: 집안에서 거리에서 일터에서 학교에서 시장에서 이웃들과 함께. 우리 운동의 힘은 우리가 함께 창조한 유대에 있다.

우리는 모든 것을 바꾸려고 우리를 조직한다.

#LaInternacionalFeminista

우리는 새로운 국제주의를 조직한다. 우리가 비상사태를 해석해낼 수 있게 해줄 우리가 속한 구체적 상황에 입각해서.

우리는 지역과 세계의 신보수주의적 전회에 직면해서 여성들의 운동이 대안 권력으로 출현하는 것을 본다.

이제는 "젠더 이데올로기"란 이름을 붙이고 추적 중인 새로운 "마녀사냥"은 우리의 힘을 격퇴하려고 하면서 우리를 중성화하고, 우리의 의지를 꺾으려고 한다.

땅과 여성의 신체를 정복하기 좋은 영토로 지목하고 돌격 중인 오늘날의 전쟁, 몰수, 다양한 약탈에 직면한 우리는 정치적으로 그리고 영성적으로 함께 모였다.

#NosMueveElDeseo

#VivasYLibresNosQueremos이기에, 우리는 위험을 감수하면서 이전과는 다른 방식으로 연합한다.

우리는 시간을 전유하고, 우리 스스로의 힘으로 가용성을 창조할 것이기에, 우리는 집회, 시위, 하나의 당, 공통의 미래에 입각해서 함께 휴식을 취하고 협력하면서 대화한다.

#EstamosParaNosotras 덕분에 3월 8일은 우리의 새로운 삶의 첫째 날이다.

#NosMueveElDeseo 덕분에 2017년은 우리의 혁명의 시간이다.

#NiUnaMenos

가사 노동 반대

실비아 페더리치, 1974

그들은 사랑이라고 한다. 우리는 무임금 근무라고 한다.

그들은 무기력이라고 한다. 우리는 무단결근이라고 한다.

모든 유산流産은 업무상의 사고다.

이성애와 동성애는 둘 다 근무 조건이다……

그러나 동성애는 생산에 대한 노동자의 통제이지 노동의 목적이 아니다.

더 웃으라고? 돈을 더 주면. 웃음의 치유적 가치를 파괴할 때 그보다 더 강

력한 것은 없을 것이다.

신경증, 자살, 탈성애화: 주부의 직업적 질병

    가사 노동에 대한 임금을 놓고 토론을 할 때 여자들이 표현하는 어

려움과 모호함은 많은 경우 그들이 가사 노동의 임금을 정치적 관점에

서 이해하기보다는 물건thing, 즉 한 줌의 돈으로 축소시킨다는 사실에서 유래한다. 이런 두 관점의 차이는 엄청나게 크다. 가사 노동의 임금을 관점이 아닌 물건으로 이해하는 것은 우리의 투쟁의 최종결과를 투쟁 자체와 분리하는 것이고, 자본주의 사회에서 여성에게만 국한되어 왔던 역할을 탈신비화하고 전복하는 데 있어 그것의 함의를 놓치는 것이다.

가사 노동에 대한 임금을 이렇게 축소시켜서 이해하려고 할 때 우리에게는 다음과 같은 질문들이 생긴다. 돈이 조금 더 생긴다 한들 그게 우리 삶에 무슨 차이를 만들 수 있을까?: 결혼 후, 가사 노동 외에는 다른 선택권이 없었던 많은 여성에게 그것이 아주 많은 차이를 갖는다는 점에 우리는 심지어 동의해야 할 것이다. 그러나 다른 선택권—전문직, 계몽된 남편, 공동 생활방식, 게이들의 관계, 이 모든 것들의 결합—이 있었던 우리가 보기에도 그것은 많은 차이를 갖는다. 우리에게는 경제적 독립을 획득하는 다른 방식들도 있을 것 같다. 그리고 우리가 최종적으로 원하는 것은 우리 모두가 동의하듯 말하자면 죽음보다 더 끔찍한 운명 즉, 주부로서의 정체성을 통해 독립을 얻는 것이다. 이 위치가 안고 있는 문제는 이 시궁창과 진배없는 현재의 삶에 약간의 돈을 더하는 것을 상상하고는, 우리 가족과 사회관계를 동시에 혁명화하지—그것을 얻기 위해 싸우는 과정 속에 있지—않고서도 그 돈을 계속 얻을 수 있을 것이라는 가짜 전제에 근거해 반문한다는 것이다. 그러나 우리가 가사 노동 임금을 정치적 관점에서 고찰한다면, 임금 투쟁은 여성으로서의 우리 삶과 사회 권력에 혁명을 일으킨다는 것을 이해할 수 있다. 우리에게 그 돈이 "필요하지" 않은 것이라고 생각한다면, 이는 그 필요를 감출 돈을 얻는 수단으로 특수한 형태의 정신과 신체의 매춘을 수락해왔기 때문이라는 것도 분명하다. 내가 이 글에서 보여줄 것처럼 가사 노동을 위한 임금은 단지 혁명적 관점일 뿐 아니라 페미니스트적 시점과 궁극적으로는 전체 노동계급을 위한 유일하게 혁명적인 관점이다.

"사랑의 노동"

가사 노동에 대해 이야기한다면 이는 직업에 대한 이야기가 아니라 가장 만연해 있는 조종, 자본주의가 노동계급의 모든 단면들에 자행해온 아주 섬세하고 신비화된 폭력 형태에 대한 이야기라는 데 주목하자. 자본주의하에서라면 모든 노동자는 조종당하고 착취당한다는 것, 그리고 자본과 그/그녀의 관계는 전적으로 신비화되어 있다는 것은 사실이다. 임금은 공정한 거래의 인상을 준다. 당신은 일하고 임금을 받는다, 그러므로 당신과 사장은 평등하다; 그 와중에 현실에서 임금은 당신이 한 일에 대한 지불이기는커녕 이윤으로 들어갈 모든 미지급된 노동을 감춘다. 그러나 임금은 적어도 당신이 노동자임을 인정해준다. 당신은 임금의 크기와 조건을 놓고 협상하고 투쟁할 수 있다. 임금을 받는다는 것은 사회적 계약의 일부임을 의미한다. 그리고 그것의 의미와 관련해서는 어떤 의심도 존재하지 않는다: 당신이 일을 좋아해서 혹은 일이 자연스럽게 당신에게 와서가 아니라 오직 그 조건에서 당신이 살 수 있기에 일한다. 그러나 착취당하고 있는 당신, 당신이 곧 그 일은 아니다. 오늘 당신은 우편배달부이고 내일은 택시운전사일지 모른다. 중요한 것은 당신이 그 일을 얼마나 해야 하는지, 당신이 얼마큼이나 돈을 얻을 수 있느냐이다.

그러나 가사 노동에서 상황은 질적으로 다르다. 가사 노동은 여성들에게 부과되고 강요된다는 것에서 다를 뿐 아니라 그것이 여성적 특성의 아주 깊은 곳에서 유래한다고 가정된, 말하자면 여성의 체격과 인격의 자연스러운 속성, 내적 필요, 열망으로 바뀌어왔다는 사실에서도 차이가 난다. 가사 노동은 자본이 여성을 위해 만든 도식이 시작되었을 때부터 무임금이어야 할 운명이었기에, 사회 계약으로 인정받기 보다는 자연적 속성으로 바뀌어야 했다. 자본은 우리가 하는 무임금 노동을 우리가 받아들이게 하기 위해 가사 노동은 자연스러운, 피할 수 없는, 심지어 충족시켜야 하는 활동이라는 생각을 우리가 납득하게 만들어야 했다. 결국 무임금 가사 노동은 가사 노동이 노동이 아니라는 세간의 통념을 보강하고, 여성들이 그 통념에 맞서 투쟁하지 못하게 하는 데 가장 강력한 무기가 되었다. 여성에게 허락된 유일한 투쟁은 사회 전부가 쑥덕거릴 부부 간의 부엌-침실 싸움, 그러므로 싸움의 주인공을 깎아내리게 될 싸움이었다. 우리는 싸우는 노동자가 아니라 잔소리하는 망할 년으로 비춰진다.

그러나 이 역할에 어울리도록 한 여성을 준비시키고 그녀에게 아이와 남편이 그녀가 삶에서 기대할 최고임을 주지시키려면 적어도 20년의 사회화―매일 무임금의 어머니에 의해 수행되는 훈육―가 필요하다는 사실에 의해, 가정주부는 자연스러워 보이는 외양을 갖추게 된다. 물론 그렇게 성공하기는 거의 불가능하다. 아무리 열심히 훈련을 거쳤다고 해도, 신혼 생활이 끝나고 더러운 싱크대 앞에 서 있을 때 속았다는 느낌을 받지 않을 여성은 극소수다. 우리 중 대부분은 여전히 사랑을 위해 결혼한다는 환상을 갖기도 하고, 또 많은 수는 돈과 안정을 위해 한다. 문제는 결혼에 따르는 돈과 사랑은 극히 보잘것없음에도 우리를 기다리는 노동은 엄청나다는 사실이 분명하다는 점이다. 바로 이런 이유로 나이든 여성들이 항상 "즐길 수 있을 때 자유를 즐기렴, 지금 네가 원하는 것을 다 사렴"이라고 말하는 것이다. 그러나 아주 어릴 때부터 당신이 양순하게, 의존적이게, 조신하게, 스스로 희생하고 심지어 희생에서 기쁨을 찾도록 훈육되었다면 어떤 자유도 누리기는 거의 불가능하다는 게 불행하지만 사실이다. 그걸 좋아하지 않는다면 그것은 당신이 가진 문제, 당신의 실패, 당신의 죄, 당신의 이상異象이다.

우리의 노동을 비가시적이게 만드는 데 자본이 성공해왔다는 것을 인정해야 한다. 자본은 여성의 희생을 통해 진정한 걸작을 만들었다. 가사 노동에 따른 임금을 거부하고, 그것을 사랑의 행위로 바꿈으로써. 자본은 돌멩이 하나로 수많은 새를 죽인 것이다. 자본은 무료로 여성의 노동을 착복했고, 여성이 그 사실에 저항하지 못하도록 이와 같은 노동을 가장 최우선으로 추구한다고 믿게 만들었다(마법어: "그래, 자기야, 넌 진짜 여자야."). 동시에 자본은 생물학적 남성 노동자의 여자가 그의 노동과 그의 임금에 의지하도록 하면서 남성 노동자 역시 훈육했고, 그가 공장이나 사무실에서 엄청나게 많은 일을 한 후에 그에게 하인 하나를 건넴으로써 이런 훈육의 덫에 그 역시 빠져들게 만들었다. 사실 여성은 여성으로서의 역할엔 급료가 없음에도 행복해하는, 대부분은 남편을 사랑하는 하인들, 자본이 어쩔 수 없이 더 많은 사회 권력을 수여했던 "노동계급", 즉 프롤레타리아 계급의 하인들이다. 신이 아담을 기쁘게 해주라고 이브를 창조했던 것과 똑같이 자본은 주부를 창조해서 물리적으로나 성적으로나 정서적으로 생물학적 남성 노동자를 위해 봉사하게 만들었다─자본이 마련해준 노동과 사회적 관계(외로움의 관계)에 짓눌린 남성의 자아를 수선하고, 그의 양말을 기우고, 그의 아이들을 양육하도록. 바로 이러한 물리적, 정서적, 성적 봉사의 특이한 결합이 자본─가정주부이자 하인이라는 특수한 배역을 창조하고 그녀의 노동을 그렇게 고되며 동시에 눈에 안 보이게 만든─을 위해 여자들이 수행해야 하는 역할에 수반된 것이다. 대부분의 남자들이 직업을 갖자마자 결혼을 생각하는 것도 우연이 아니다. 결혼 생활을 감당할 수 있게 되었고, 또 자신을 보살펴줄 누군가가 집에 있다는 사실은 생산 라인이나 사무실 책상에서 종일 일한 후에 미치지 않을 수 있는 유일한 조건이기에 그렇다. 여성은 바로 이것이 자신이 진짜 여성이기 위해, 그리고 "성공적인" 결혼을 얻기 위해 해야 하는 일이라는 것을 안다. 그리고 이 경우 가족이 가난할수록 여성의 노예화는 단지 재정상의 문제 때문만은 아닌 이유로 더욱 증가한다. 사실 자본은 중산층을 위한 정책과 프롤레타리아 가족을 위한 정책, 둘을 모두 갖고 있다. 우리가 노동계급 가족에게서 가장 단순무지한 마초를 발견하는 것도 우연이 아니다. 일터에서 더 많이 얻어터질수록 아내는 그것들을 더 많이 흡수하도록 훈련되어야 하고, 그는 아내를 희생해서 더 많이 자아를 회복할 수 있다. 좌절한 당신은 과로로 쓰러질 것 같을 때, 싸움에서 졌을 때(공장에 간다는 것 자체가 패배다), 아내를 쥐어 패고 아내에게 분노를 전가한다. 더 많이 봉사하고 더 많이 굽실거릴수록 그는 더 많이 쥐고 흔들고 으스댄다. 남자의 가정은 남자의 성城이다……. 아내는 남편이 언짢을 때 침묵을 지키며 기다리는 법을 배워야 하고, 남편이 실패하고 세상에 욕을 해댈 때는 일으켜 세워야하고 그가 "오늘밤은 너무 피곤해"라고 말할 때나, 어떤 여성의 말처럼 너무 빨리 성관계로 달려들어서 꼭 마요네즈 병에 하는 것처럼 굴 때에도 침실에서는 태도를 바꿔야 한다. (그러나 여성들은 항상 저항할 방법, 앙갚음할 방법을 고립된 채 개인적으로 발견해왔다. 그렇기에 문제는 이런 투쟁을 부엌과 침실에서 빼내 어떻게 거리로 가져가느냐가 된다.)

사랑과 결혼을 빌미로 자행되는 이런 사기와 협잡은 우리의 결혼 여부와는 별개로, 일단 가사 노동은 전적으로 자연화되고 성애화되어 있기에, 일단 그것이 여성적인 속성으로 바뀌게 되면 생물학적 여성인 우리를 바로 그것이 특징짓기에, 우리 모두에게 영향을 미친다. 만약 어떤 일을 하는 것이 자연스러운 것이라면 모든 여성은 그 일들을 하고 심지어 좋아해야 한다고 가정된다—자신의 사회적 위치 덕분에 그런 일을 어느 정도 혹은 대부분 모면할 수 있는 여성들마저도(그들의 남편은 하녀, 정신과 의사, 여타 휴식과 여흥의 형태들을 갖출 여유가 있을 것이다). 우리는 한 남성에게 봉사하지 않을 것이지만 생물학적 남성들의 세계와 연관해서는 우리 모두 하인의 역할에 있다. 바로 이런 이유로 생물학적인 여성으로 불리는 것 자체가 경멸이고 깔보기인 것이다. ("웃어, 자기야, 왜 무슨 문제 있어?"라는 질문은 당신 남편이건, 직장 상사건, 기차에서 기차표를 받는 남자건 간에 모든 남자가 당신에게 감히 물어봐도 된다고 생각하는 그런 것이다.)

혁명적 관점

지금껏 진행한 분석에 근거해 우리의 논의를 시작한다면 가사 노동에 대한 임금 요구가 왜 혁명적인지를 이해할 수 있다. 우리의 본성이 끝나는 것과 동시에 우리의 투쟁이 시작되는 것이기 때문이다. 이제 우리는 가사 노동을 본성으로 받아들이길 거부하고, 자본이 우리를 위해 발명했던 생물학적 여성의 역할 또한 거부할 것이기 때문이다.

가사 노동에 대한 임금 요구는 그 자체로 이 사회가 우리를 향해 갖는 기대치를 훼손하는 일일 것이다. 왜냐하면 그런 기대치—여성 사회화의 본질—는 가정에서의 무임금 노동 조건에 유익하기 때문이다. 이런 의미에서 여성의 임금 투쟁과 더 많은 임금을 위한 공장의 생물학적 남성 노동자들의 투쟁을 비교하는 것은 터무니없다.

더 많은 임금을 위한 투쟁을 진행할 때 임금 노동자는 자신의 사회적 역할에 도전하지만 그러면서도 그 안에 남는다. 임금 투쟁에서 우리는 너무도 자명하게 우리의 사회적 역할에 맞서 싸운다. 그러나 임금 노동자의 투쟁과 노예제에 반대하는 노예의 투쟁은 질적으로 다르다. 우리는 자본주의 관계 바깥에 있어본 적이 없기에, 우리의 임금 투쟁의 목적은 자본주의 관계로의 진입을 위한 것이 아니다. 우리는 여성을 위한 자본의 계획, 노동계급 내부 분업—자본이 자신의 권력을 유지할 수 있게 해주는 수단—의 본질적 계기인 그 계획을 깨뜨리려고 투쟁한다. 그렇기에 가사 노동에 대한 임금이 혁명적인 요구인 것은 그것이 그 자체로 자본을 파괴해서가 아니라, 우리가 더 선호할 만한 용어들로, 그러니까 결과적으로 계급의 통일에 더 우호적일 용어들로 사회적 관계를 다시 짤 것을 자본에 강요하기 때문이다. 사실 가사 노동에 대한 임금 요구는, 우리의 노동에 임금이 주어진다고 해서 계속 그 일을 할 것이라는 의미는 아니다. 오히려 정확히 그 반대를 의미한다. 임금 요구는 가사 노동 거부를 향해 내딛는 첫 걸음이다. 왜냐하면 임금 요구 덕분에 우리의 노동이 가시화될 것이기 때문이다. 가사 노동의 가시화는 집안일이라는 직접적인 국면과 동시에 가장 사악한 여성성이란 특성에서 가사 노동 반대 투쟁을 시작하는 데 반드시 필요한 조건이다.

"경제 지상주의"라는 비난에 맞서 우리는 돈은 자본이라는 것, 즉 돈은 노동을 명령할 권력이라는 것을 기억해야 한다. 그러므로 우리의 노동―우리 엄마의 그리고 할머니의 노동―의 결실인 그 돈을 재전유하는 것은, 동시에 우리에게 강요된 노동을 명령할 자본의 권력을 훼손하는 것을 의미한다. 그리고 임금 결여가 우리의 여성적인 역할의 형태를 만들고 우리의 노동을 감출 때 너무나 강력한 것이었기에, 우리의 여성다움femaleness을 탈신비화하고 우리의 노동―우리의 노동으로서의 여성다움―을 가시화할 때 임금 권력을 불신해서는 안 된다. 가사 노동에 대한 임금 요구는, 우리의 정신, 신체, 정서가 특수한 기능을 위해서 또 특수한 기능에서 모두 왜곡되었다는 것을 가시화하는 것이다. 더불어 이 사회에 여성으로 받아들여지기를 원한다면 우리 모두 순응해야 하는 모델인바 그런 왜곡된 정신, 신체, 정서를 기억해야 한다는 점을, 가사 노동에 대한 임금 요구가 가시화하는 것이다.

가사 노동에 대한 임금 요구는 가사 노동이 이미 자본을 위한 돈이라는 사실, 우리의 요리, 미소, 잠자리가 돈을 만들었고 지금도 그러하다는 사실을 폭로하는 것이다. 동시에 우리가 쉬운 선택이어서가 아니라 다른 선택의 여지가 없었기에 일생 요리하고 미소 짓고 성적으로 학대당했음을 보여준다. 우리의 얼굴은 그 많은 미소 때문에 왜곡되었고, 우리의 감정은 그 많은 사랑 제공으로 사라졌으며, 우리의 과잉 성애화는 우리를 완벽히 탈성애화했다.

가사 노동을 위한 임금 투쟁은 겨우 시작에 불과하다. 메시지는 단순하고 간결하다: 생물학적 여성인 우리에게는 임금이 지불되어야 한다. 우리는 더 이상 어떤 것도 보증하지 않을 것이고, 가사 노동을 노동이라 부를 것이고, 결국 무엇이 사랑인지 직접 재발견하고 결코 알지 못했던 우리의 섹슈얼리티를 창조할 것이다. 이제부터 우리는 노동의 관점에서 많은 임금을, 왜냐하면 우리는 한 번에 많은 직업을 병행하도록 강요되었기에 요구할 수 있다. 우리는 가정부, 매춘부, 간호사, 정신과 의사다: 이것이 "어머니날"에 경축되는 "영웅적인" 배우자의 본질이다. 우리는 다음과 같이 말한다: 우리에 대한 착취, 우리를 향한 소위 영웅주의를 멈춰라. 이제부터 우리는 매 순간 가사 노동에 따른 돈을 요구한다. 이로써 우리는 가사 노동 중 어떤 것, 종국에는 그 모두를 거부할 수 있다. 이런 점에서 가장 효과적인 것은, 생물학적 여성으로서의 우리의 미덕이 지금까지는 오직 자본을 위해, 우리가 패배한 만큼 증가된 계산 가능한 화폐가치를 가진다는 것을 보여주는 것이다. 지금부터는 우리가 우리의 권력을 조직하는 만큼 우리를 위해 자본에 맞서 계산 가능한 화폐가치를 가질 것이다.

사회적 서비스를 위한 투쟁

사회적 서비스를 위한 투쟁은 우리가 채택할 수 있는 가장 급진적인 관점이다. 모든 것, 보육, 동일 임금, 무료 빨래방을 요구할 수 있다고 해도 생물학적 여성인 우리 역할의 뿌리부터 공격하지 않는 한 어떤 실제적 변화도 획득할 수 없기 때문이다. 사회적 서비스를 위한, 즉 더 나은 노동 조건을 위한 투쟁은 우리가 하는 일이 노동임을 우리가 먼저 확립하지 않는 한 항상 실패와 좌절로 끝날 것이다. 전면전을 벌이지 않는 한 우리는 모든 가사 노동의 모든 순간에서 결코 승리를 획득하지 못할 것이다. 매일 매일 우리의 신체, 섹슈얼리티, 사회관계를 절룩거리게 하는, 끝이 없는 노동이 사랑의 대가라는 사실에 맞서 싸우지 않는다면, 애정을 주고받을 남편, 아이들과 친구들에 대해 끊임없이 원한을 느끼게 될 것이다. 또 그에 따른 죄의식을 노동의 의무로 변질시키려드는 공갈 협박을 피하지 않는 한, 우리는 무료 빨래방을 위한 싸움에서 실패할 것이다. 집 밖에서 해온 그 오랜 세월 동안 생물학적 여성의 노동이 증언하듯이 부업을 갖는다고 그런 역할이 바뀌지는 않을 것이다. 부업은 우리의 착취를 증가시킬 뿐 아니라 다른 형태로 우리의 역할을 그저 확대 재생산할 뿐이다. 어느 쪽으로 고개를 돌리든 우리는 여자들이 해온 노동은 주부의 조건의 한갓된 확장 이상으로는 나갈 수 없다는 것을 이해할 수 있다. 말하자면 우리는 그저 간호원, 하녀, 선생, 비서—가정에서 잘 훈련되어온 기능들—가 될 뿐 아니라 집에서의 갈등과 투쟁을 감추는 똑같은 구속에 갇히는 것이다. 고립, 다른 이들의 삶이 우리에게 의존한다는 사실, 혹은 우리 일이 어디서 시작하고 끝나는지 알 수 없음, 어디서 우리의 일이 끝나고, 욕망이 시작되는지를 알 수 없음. 상사에게 커피를 나르고 상사의 부부 문제를 놓고 그와 한담을 나누는 것은 비서의 일인가 아니면 좋아서 하는 일인가? 직장에서 우리의 외모에 대해 걱정해야 한다는 사실은 노동의 조건인가 아니면 그것은 생물학적 여성의 허영인가? (비교적 최근까지도 미국의 여성 승무원은 체중을 감시당하고 끊임없이 해고당하지 않을까 두려워하면서 다이어트—모든 여성이 아는 고문—를 해야 했다.) "여성은 여성성을 잃지 않으면서 어떤 직업이건 해낼 수 있다"는 흔한 이야기—임금 노동 시장의 필요가 여성에게 요구하는 것은 여성이어야 한다는 것이다—가

의미하는 것은 당신이 뭘 하건 당신은 여전히 쌍년cunt에 불과하다는 점이다.

　가사 노동의 사회화와 집단화를 제안할 때 거론될 만한 몇몇 사례만으로도 우리는 그런 대안들과 우리의 관점 사이에 연결고리를 만들 수 있다. 우리가 원하는 방식으로 보육 센터를 만드는 것, 그리고 국가에게 비용 지불을 요구하는 것은, 아이들을 국가가 통제·훈육하게 만들고 미국 국기에 대한 존경을 교육시키는 데 고작 다섯 시간이 아니라 열다섯 시간, 혹은 스물네 시간을 할애하게 하는 것과는 다른 일이다. 우리가 먹고 싶은 방식(우리가 직접 만들거나 함께 만드는 방식 등등의)을 공통 의견을 통해 조직하고 국가에 그 비용을 지불하라고 부탁하는 것은 국가더러 식사를 만들라고 요구하는 것과는 전혀 다른 일이다. 전자의 경우, 우리는 우리 자신에 대한 통제력을 되찾을 것이지만, 후자의 경우, 우리는 국가의 통제 안으로 들어가 있게 될 것이다.

가사 노동에 맞선 투쟁

이렇게 말하는 여자들이 있다―가사 노동 임금은 우리에 대한 남편의 태도를 어떻게 바꾸고 있을까? 남편은 이전과 똑같은 의무, 심지어 비용 지불 후 더 자주 동일한 의무 이행을 기대하지 않을까? 하지만 이렇게 말하는 여성들은 우리 노동에 대한 비용 미지불 때문에, 또 "여성의 일"에 많은 노력이 들지 않기 때문에, 우리에게 많은 것을 기대할 수 있다는 것을 이해하지 못한다. 남자들은 우리의 서비스를 받고 즐거움을 취할 수 있다. 그들은 가사 노동이 우리에게는 쉬운 일이고, 우리의 역할 이행이 그들의 사랑을 받기 위해서라고 가정하기 때문이다. 그들은 우리와 결혼하거나 우리와 함께 살면서 우리에게 여성으로서의 우리 자신을 표현할(즉 그들에게 봉사할) 기회를 제공했기 때문에 "당신은 나 같은 남자를 만났으니 행운아야"라는 문장이 그렇듯 실제로 우리가 고마워하길 원한다. 오직 남자들이 우리 일을 일―노동으로서의 사랑―이라고 이해할 때에만, 더 중요하게는 노동과 사랑을 거부하겠다는 우리의 결정을 이해할 때에만, 우리를 바라보는 그들의 태도가 바뀔 것이다. 수십만 명의 여성이 거리로 나가 끝없이 이어지는 쓸고 닦기, 항상 정서적으로 사용가능함, 직업 상실의 두려움을 느끼며 하는 강제적 섹스가 우리 삶을 낭비하는 어렵고 혐오스런 노동이라고 말하면, 남자들은 남자로서의 자존감에 상처를 입을 것이고 두려움에 사로잡힐 것이다. 그러나 이것은 그들의 관점으로 본다 해도 꽤 좋은 일일 것이다. 왜냐하면 자본이 우리를 계속 분리시켜왔던(자본은 우리를 통해 그들을, 그리고 그들을 통해 우리를 훈육해왔다) 방식을 폭로함으로써 우리―그들의 버팀목, 그들의 노예, 그들의 사슬―가 그들을 해방시키는 과정을 시작한 것이기 때문이다. 이런 의미에서 가사 노동을 위한 임금은 우리가 그들 못지않게 일할 수 있고 그들과 똑같은 직업을 가질 수 있음을 증명하려고 하는 것 보다 더 교육적이고 유익하다. 우리는 이렇듯 소중하고 가치 있는 노력을 "커리어 우먼", 즉 통일과 투쟁의 권력을 통해서가 아니라 주인의 권력, 억압하려는―통상 다른 여성들을―권력을 통해 자신에 대한 억압을 모면한 여성들이 할 일로 남기기도 한다. 그리고 우리는 "육체노동자의 장벽을 부술" 수 있음을 증명할 필요가 없다. 오래전 그 장벽을 부쉈던 이들은 작업복이 앞치마보다 우리에게 더 많은 힘을 주지는 않는다는 것을 발견했다. 하물며 지금 우리는 그 둘을 다 입어야 했고, 이 모두에 맞서 싸울 시간과 에너지는 더 부족해졌다. 우리가 증명해야 하는 것은 우리가 이미 하고 있는 것, 자본이 우리에게 하고 있는 것, 그리고 그것에 맞선 우리의 투쟁에서 우리가 갖고 있는 힘을 폭로할 수 있는 우리의 능력이다.

불행하게도 많은 여성들—특히 싱글인 여성들—은 한순간이라도 기혼 여성과 동일시될까 하는 두려움에 가사 노동에 대한 임금에 공포를 느낀다. 그들은 사회에서 주부가 가장 무력한 위치에 있다는 것을 알고 있고, 따라서 자기들 역시 주부라는 것을 인정하려고 하지 않는다. 바로 이것이 그들의 연약함, 자기 동일시의 결여를 통해 유지되고 영속되어온 연약함이다. 우리는 우리가 우리의 노예 상태를 인정해야만 그것에 대항하는 우리의 투쟁을 인정할 수 있기에, 우리가 더 나은 존재, 주부와는 다른 어떤 존재라고 생각하는 한, 분업의 논리인 주인의 논리, 우리에게는 굴종의 논리인 바로 그 주인의 논리를 받아들이게 되기에, 우리는 모두 주부다, 우리는 모두 매춘부다, 우리는 모두 동성애자다, 라고 말해야 한다. 우리가 어디에 있든 남자들은 항상 우리가 더 많이 일할 것이라고 기대할 수 있고, 우리가 그들에게 우리의 요구를 제안할 때 얼마나 많은 두려움을 느낄지 확신할 수 있고, "우리를 보살펴 줄" 현재의 남편이나 미래의 남편에게 우리가 희망을 갖고 의지할 것이기에 자신들에게 요구될 돈에 대해서는 별 압박을 느끼지 않을 수 있을 것이기 때문에, 우리는 모두 가정주부다.

우리는 가사 노동을 피할 수 있다고 자신을 속이기도 한다. 집 밖에서 일하는 그 많은 여성 중 가사 노동을 안 한 여자들이 얼마나 있었을까? 우리는 남자와의 동거라는 생각을 정말 그렇게 쉽게 무시할 수 있을까? 직업을 잃으면 어떻게 하지? 노화는 어떻게 하지? 젊음(생산성)

과 매력(생물학적 여성의 생산성)이 지금 우리에게 제공하는 그 얼마 안 되는 권력을 잃게 되면 어떻게 하지? 아이들은 어떻게 하지? 아이에 대한 질문을 현실적으로 제기할 수 없는 채로, 아이를 갖지 않기로 한 것을 후회하면 어쩌지? 동성애적 관계를 즐길 여유가 있을까? 기꺼이 고립과 배제의 대가를 감내할 수 있을까? 그렇다고 남자들과의 관계를 진짜로 누릴 여유는 있을까?

질문은 이렇다: 왜 이런 것들이 우리의 유일한 대안들인가? 어떤 방식의 투쟁이 우리를 그 너머로 데리고 갈 것인가?

싱글 선언문

마리 에드워즈, 1974

머리말: 싱글과 연관된 구어나 문어는 음울함과 파멸, 허위와 오보였고, 지금도 여전히 그렇지만, 우리 미국의 싱글들―이혼, 별거, 과부, 결혼한 적이 없는 이―은 신화를 매장하고 진리를 확립하고 우리의 자유를 증진하고 우리의 싱글로서의 대단한 행운을 인식하기 위해, 미국의 싱글들을 위해 이 선언문을 제정하고 확립한다.

조항 1
자아에 대한 태도:

1. 나는 싱글로서 나 자신을 다른 누구도 갖지 못한 자질과 재능의 특

별한 조합이 낳은 독특한 인간으로 평가할 것이다.

2. 나는 우선 내가 나 자신을 평가해야만 그 다음으로 다른 누군가를 존경하거나 좋아할 수 있다는 점에 유념하면서, 건강한 자존감과 드높은 자부심을 유지하고 계발할 것이다.

3. 나는 책임감은 자아 안에서 출발한다는 것을 인지하면서, 항상 나 자신의 행동을 책임질 것이다.

4. 나는 다른 이들에게 헌신할 때 비로소 나의 자존감도 함께 높아진다는 것을 인지하면서, 사회적으로 야기된, 찌꺼기 같은 열등감을 모두 제거할 수 있도록 모든 재능을 십분 발휘하려고 할 것이다.

5. 나는 목표를 가질 것이다. 목표를 달성하면 높은 고양감과 자존감을 느낄 수 있기 때문이다.

6. 나는 헌신하는 성품을 실천하면 할수록 더 많이 다른 이들에게 줄 수 있을 것―그리고 자선이 그렇듯이 보상 역시 가정에서 시작된다―이라는 점을 자각하면서 목적이나 어려운 임무를 성취했을 때는 나에게 보상을 할 것이다.

7. 나는 고독과 혼자 있음being alone의 큰 차이를 인지하고, 또 더 나아가 고독은 인간 조건의 일부라는 것, 혼자인 상태에서는 그것을 감수하고 인정하는 것이 그것의 긍정적인 측면을 음미할 기회라는 점을 깨달으면서 혼자임에 대해 전적으로 새로운 관점을 가질 것이다.

8. 나는 싱글은 좋다는 것, 그리고 더 용감해지면 싱글은 좋은 것 이상이라는 것―싱글은 개인의 부단한 성장에 필요한 전인미답의 큰 기회일 수 있다―을 가장 내밀한 감정을 통해 알게 될 것이다.

조항 II

다른 사람들에 대한 태도:

1. 나는 내가 혼자 있을 때 더 자유로워짐으로써 다른 이들을 더 자유롭게 보살필 수 있다는 것을 인지하면서 '유일무이한 한 사람' 찾기를 멈출 것이다. 그렇게 될 때 사람들과의 관계는 내게 자연스러운 결과로 다가올 것이고, 나는 자유롭게 관계를 받아들이거나 거부할 것이다.

2. "유일무이한 한 사람"을 찾는 대신 나는 우정이 얼마나 중요한지를 깨달을 것이고, 동성과 다른 성 양쪽 모두에게서 훌륭하고 총명한 친구들을 발굴할 것이다. 나는 플라토닉한 우정이 가능할 뿐 아니라 성공적인 싱글의 삶에 꼭 필요한 부분이라는 것을 깨달을 것이다.

3. 나는 부정적이고 해가 되는 이들은 피하고 서로를 더 나은 사람으로 만드는 유익한 이들과의 관계를 쌓아감으로써 나의 현재 "친구들" 목록을 만들 것이다.

4. 싱글 모임에 참석할 때 나는 그곳에서 만나는 싱글들을 "루저"가 아니라 잠재적인 친구로 간주할 것이다. 나는 내가 어떤 태도를 취하는지가, 심지어 문을 열고 그곳에 들어가기도 전에 내 지각에 영향을 미치고 있다는 것을 안다.

조항 III

사회에 대한 태도:

1. 나는 싱글의 네 가지 범주―이혼, 별거, 사별, 비혼―가 사회에서 비슷한 차별을 겪는다는 것, 나이와 성별에서 어떤 차이가 있든 우리의 다름보다는 유사성을 인정할 것이다.

2. 나는 이른바 성의 전쟁은 사회적 신화라는 것, 남성과 여성은 두려움, 거부, 고독, 슬픔, 기쁨, 보살핌, 공유, 사랑에 대한 반응이 다른 게 아니라 아주 비슷하다는 것, 싱글로서 우리는 생물학적 남성과 여성의 이해와 공감을 양육할 독특한 기회를 가질 것이라는 점을 인정하고 음미할 것이다.

3. 나는 더 이상 침묵 속에서 싱글인 나 자신에게 자행되는 불의를 참지 않을 것이고, 불의를 뿌리 뽑기 위해 할 수 있는 모든 것을 할 것이다.

4. 나는 자유로운 싱글의 삶을 살기로 선택함으로써, 싱글의 위상을 드높이는 데 일조할 것이다. 이는 결혼을 약화시키기보다는 강화시킴을 의미한다. 왜냐하면 내가 진정으로 결혼하지 않을 선택권을 가질 때에야 결혼은 짝짓기 사회가 요구하는 선택이 아닌 자유로운 선택으로 이해될 것이기 때문이다.

5. 마지막으로 나는 기혼과 싱글 사이에서 선의를 증진시키기 위해 모든 면에서 내가 할 수 있는 것을 할 것이다. 왜냐하면 오직 우리가 독특한 인간으로서 다음의 사실을 깨달을 때, 즉 자의식적이고 자율적이고 자기 충족적인 완전한 존재는 결혼 유무와는 전혀 상관이 없다는 것, 그것은 결국 우리 자신으로부터 유래한다는 것을 깨달을 때에만 그 많은 오해들이 불식될 것이기 때문에 그렇게 할 것이다.

제노페미니즘[x]:
소외를 위한 정치(발췌)

라보리아 큐보닉스, 2015

영ZERO

0X00

우리는 현기증 나는 세상에서 살아간다. 우리의 일상은 과학기술의 매개로 가득한 세계로부터 추상, 가상, 복합성으로 장악당했다. 제노페미니즘(이하 XF)은 이런 현실에 맞춰 각색된 페미니즘, 선례를 찾을 수

---

[x] Xenofemism. 이분법적 젠더 체계를 폐지하기 위해 자연의 극복과 기술의 사용을 촉진하는 페미니즘 운동.

없는 교묘함, 스케일, 비전을 갖춘 페미니즘, 젠더 정의의 실현과 페미니스트적 해방이 인종, 능력, 경제적 스탠딩, 지리적 포지션을 가로지르고 모든 인간의 필요에 입각해 모인 보편주의적 정치에 기여하고 있을 미래를 구축한다. 자본의 쳇바퀴를 굴리느라 더 이상 미래가 없는 반복은 이제 그만, 생산적이고 재생산적인 모든 단조로운 노동에 종속되는 일은 이제 그만, 비판이란 가면을 쓴 소여the given의 물화는 이제 그만. 우리의 미래는 경직을 탈피할 필요가 있다. XF은 혁명을 위한 입찰이 아니다. 상상력, 솜씨, 집요함을 요구하는 XF은 역사라는 긴 게임에 건 내기다.

0X01

XF은 새로운 세상을 출현시키기 위한 추진력으로서 소외를 압류해 이용한다. 우리는 모두 소외되었지만 그렇지 않았던 적이 있었나? 우리가 직접성의 오물로부터 자유로워질 수 있다면, 이는 우리의 소외된 조건에도 불구하고 그렇게 되는 게 아니라 바로 그 조건을 통해서 그렇게 될 것이다. 자유는 주어진 것이 아니다. 자유는 어떤 "자연적인" 것에 의해서도 주어지지 않음이 분명하다. 자유의 구축에 필요한 것은 더 많은 소외다. 소외는 자유의 구축의 노동이다. 어떤 것도 영구적으로 "주어진" 것 —물질적인 조건들이나 사회적 형식 어떤 것으로도— 으로 받아들여져서는 안 된다. XF은 계속 움직이고 항해하면서 모든 지평을 탐사한다. 군림하는 생물학적 규범에 직면해서 "비자연적인" 것으로 간주되어왔던 이는 누구건, 자연 질서란 이름으로 만들어진 부정의를 경험했던 이는 누구건, "자연"에 대한 숭배는 우리—우리 가운데 퀴어와 트랜스들, 임신 때문에 또는 아이 양육과 연관된 의무 때문에 차별을 겪었던 이들뿐 아니라 다른 식으로—유능한 이들—에게 아무것도 제공할 게 없음을 깨닫게 될 것이다. XF은 격렬하게 반자연주의적이다. 본질주의적 자연주의에서는 목적론의 악취가 뿜어져 나온다—그것을 빨리 몰아낼수록 더 나아질 것이다.

0X02

진보적인 젠더 정치의 목적에 맞춰 과학기술을 다르게 만들려는 노력은 왜 그렇게 명시적이지 않았고, 조직적이지 않은 것일까? XF은 전략적으로 기존 과학기술을 사용해서 세상을 다시 설계하려고 한다. 심각한 여러 위기들을 발판 삼아 그런 수단들을 만들어낼 것이다. 과학기술은 약자에 대한 착취와 학대, 불균형에 쉽게 노출된다. 아무런 위험도 감수하지 않으려는 대신에 XF은 그런 위기에 반응할 과학기술적-정치적 인터페이스의 필수적인 연합을 지지하고 변호한다. 과학기술은 내속적으로inherently 진보적이지 않다. 선형의 시퀀스화, 예측, 절대적인 신중함을 불가능하게 만들 긍정적인 피드백 고리 안에서 과학기술의 사용과 문화가 융합한다. 과학기술적-과학적 혁신은 이론적으로나 정치적으로 집단적인 사유—여성, 퀴어, 반순응적 젠더가 견줄 게 없을 만큼 중요한 역할을 할—와 연계되어야 한다.

0X03

과학기술의 진정한 해방 가능성은 아직 실현되지 않은 상태다. 시장이 조장하고 양육한 과학기술의 급격한 성장은 팽창에 기여했고, 우아한 혁신은 구매자에게 굴복했다. 상품화된 불쾌하고 시끄러운 잡동사니들의 세계 너머를 지향하는 궁극의 과제는 미임금 노동과 저임금 노동의 위험한 형식들 뿐 아니라 재생산과 약물학의 수단들, 환경의 격변, 경제적 불안정성에 접근하는 데서 발생하는 불평등과 싸우기 위해 과학기술을 설계하는 데 있다. 우리의 과학기술들은 여전히 젠더 불평등이 특징인 분야 안에서 구상되고 세워지고 정당화되지만, 전자공학(단지 한 분야만 거론하더라도) 분야에서 일하는 생물학적 여성 노동자들은 가장 낮은 임금이 지불되는, 지루하고 단조로운, 일하는 사람을 병들게 하는 노동을 수행한다. 그런 부정의가 구조적, 기계적, 이데올로기적 교정을 요구한다.

0X04

XF은 합리주의다. 이성이나 합리성이 '본성상' 가부장적 업종이라고 말하는 것은 패배를 인정하는 것이다. 경전적인 "사유의 역사"를 남자들이 지배한다는 것은 참이다. 그리고 우리는 기존의 과학과 과학기술의 목을 생물학적 남성의 손이 조르고 있는 것을 본다. 그러나 바로 이런 이유로, 이런 비참한 불균형 때문에, 그리고 그런 불균형에도 불구하고 **페미니즘은 합리주의여야 한다**. "여성적인" 합리성이 있을 리 만무하며 "남성적" 합리성이 있을 리도 만무하다. 과학은 젠더의 표현이 아니라 젠더의 유예고 중지다. 만일에 오늘날 과학이 남성적인 자아의 지배를 받고 있다면 그것은 그 자체와 불화하고 있는 것이고, 바로 이런 모순을 이용해서 변화를 일으킬 수 있다. 정보처럼 이성은 자유롭고자 하고, 가부장제는 이성에게 자유를 줄 수 없다. **합리주의는 그 자체 페미니즘이어야 한다.** XF은 이런 요청이 두 방식의 의존성을 교차하면서 제기되는 지점을 표지한다. XF은 이성을 페미니스트적 해방의 엔진으로 명명하면서 특별히 누군가의 목소리로 말하지 않을 모든 사람의 권리를 선포한다.

차단 INTERUPT ×

0x05

최근 10년간 페미니즘 아젠다에서 과도하게 감지되었던 겸양이나 양전함은 가공스러울 만큼 복잡한 우리의 현실, 즉 섬유광학 케이블, 라디오, 전자레인지, 오일과 가스 파이프라인, 비행기와 배의 항로들이 문제를 일으키는 현실, 순식간에 지나가는 덧없는 시간과 나란히 수백만의 커뮤니케이션 프로토콜의 무자비하며 동시적인 집행이 문제

×   수신자 측으로부터 정보가 전달되는 것을 가로막아서 방해하는 것으로 메세지의 가용성을 저해하는 방법.

를 만들어내는 현실과 어울리지도 비율상 맞지도 않는다. 체계적 사유와 구조적 분석은 경탄할 만하지만 불충분했던 투쟁들, 고착화되고 파편화된 내란들에 얽매이고 묶여버린 투쟁들을 감당하지 못한 채 대부분 중도에 좌초되었다. 자본주의는 복잡하고 줄곧 팽창하는 총체성이라고 이해되는 데 비해, 막 등장한 많은 반자본주의적 해방의 기획들은 사변 정치로의 이행을 상당히 두려워한다. 사변 정치에 대한 그 기획들의 비난은 전체상을 제시하려는 저항적이고 보편적인 사변 정치는 반드시 억압적인 벡터라는 데 근거한다. 보편자를 절대자로 취급하는 그런 허위의 보증서 때문에 우리가 폐위시키려는 것과 우리가 그것을 폐위시키기 위해 촉진시켜야 하는 전략들의 분리가 어려워지고 있다.

0x06

지구 전체의 복잡함 때문에 우리는 긴급한 인지적, 윤리적 요구에 직면한다. 프로메테우스적인 책임감인바 이런 요구를 모른 채 지나칠 수는 없을 것이다. 21세기 많은 페미니즘―포스트모던한 정체성 정치의 잔여들에서 아주 큰 넓이의 동시대 에코페미니즘까지―은 실질적이면서 지속적인 변화를 생산할 수 있을 방식으로 그런 요구가 제기한 도전들에 접근해서 그것을 적절하게 대우하려고 고군분투 중이다. XF은 여러 다양한 층위의 정치적이고 물질적이며 개념적인 조직이나 단체들 사이를 오가며 변화를 일으킬 집단적인 행위주체agents로서 이런 의무를 짊어지려고 노력 중이다.

0X07

우리는 단호히 종합적이고, 그러므로 분석만으로는 만족하지 못한다. XF은 묘사와 처방 사이에서 구성적으로 진동할 것을, 그럼으로써 젠더, 섹슈얼리티, 권력의 불평등에 기반한 동시대 과학기술들의 순환적이고 반복적인 가능성을 동원할 것을 촉구한다. 디지털 시대에 특별히 삶과 연관된 일련의 젠더화된 도전들—소셜 미디어를 통한 성적 추행에서 신상 털기, 프라이버시, 온라인 이미지들의 보호에 이르는—이 존재함을 인정한다면, 상황은 페미니즘이 컴퓨터화에 적극 가담하기를 요구한다. 오늘날의 세계의 상호 연결된 요소들에 페미니즘이 적극 개입할 수 있도록 해줄 이데올로기적인 인프라를 개발해야한다는 것은 우리에게 제기된 무조건적인 명령이다. XF은 디지털을 이용해서 가부장제 네트워크에서 자유로워지는 것 그리고 자기 방어를 도모하는 것 이상을 의도한다. 우리는 긍정적인 자유의 실행—단순히 ~로부터의 자유라기보다는 ~를 향한 자유—을 계발하길 원하며, 페미니즘이 기존 과학기술들을 재배치하고 공통의 목적에 봉사할 새로운 인지적이고 물질적인 수단을 창안할 능숙한 솜씨를 겸비할 수 있기를 촉구한다.

0X08

과학기술적 매개의 형식을 계발함(그리고 소외시킴)으로써 제공될 급진적인 기회들을 더 이상 배타적인 자본의 이해관계, 오직 소수의 이윤

을 위해 디자인된 자본의 이해관계가 멋대로 사용하도록 내버려두어
서는 안 된다. 끊임없이 증식하는 수단들이 첨부되고 있고, 설사 디지
털 수단이 누구나 접근 가능한 것이라는 주장을 제기할 사람은 없겠지
만, 그 어느 때보다 지금 더 널리 그리고 더 예민하게 그것들을 전유할
수 있게 된 것은 사실이다. 이것은 세계의 수많은 가난한 사람들이 팽
창적인 과학기술 산업(끔찍한 조건 하에 노동하는 공장 노동자들에서 전 지구
적 권력을 쥔 전자폐기물 집하장이 된 가나의 여러 마을들에 이르기까지)에서 안
좋은 쪽으로 영향을 받고 있다는 사실을 삭제하려는 게 아니라, 이런
조건들을 제거해야 할 목표로서 명확히 승인하려는 것이다. 주식 시장
의 발명이 폭락의 발명이었기도 했듯이 XF은 과학기술 상의 혁신이
자신의 체계 전체에 영향을 주는 조건 역시 선취해야 한다는 것을 알
고 있다.

덫 TRAP [×]

0X09

XF은 망상과 우울을 정치적 억제제로 보고 거부한다. 약자는 어떤 전
략적 협조를 통해서도 강자를 압도할 수 없다는 맹목적 전제인바 망

[×] 관리 주체(관리자,운영체제 등)가 요청하지 않더라도, 특정 개체가 자신이 처한 상황에 따라 자의적으
로 생성하여 이를 알리는 수단.

상은 실현되지 못한 약속과 통제되지 못한 충동들로 이어진다. 이것은 너무 많은 것을 원하다가 너무 적게 건설하는 것으로 끝나는 정치다. 대규모의, 집단적인 사회적 조직이나 단체의 노동이 없다면 전 지구적 변화에 대한 자신의 욕망을 선포하는 것은 소박한 희망을 간직한 생각에 불과한 것이다. 한편으로 좌파에게 아주 고질적인 우울은 해방은 슬퍼해야 할 절멸종이고, 오직 깜박거리는 부정적 신호만이 우리가 희망할 수 있는 최선이라고 설파한다. 최악의 경우 그런 태도는 정치적 무기력만을 유발하고 잘해봐야 퇴락해서 그 흔한 파벌주의와 사소한 도덕화로 변질되는, 어디에나 만연한 절망의 분위기를 조성한다. 우울이란 질병은 오직 정치적 타성을 조성하고 현실주의자라는 가면을 쓴 채로 이 세계를 측정할 다른 눈금을 제시하려는 모든 희망을 철회한다. XF이 예방주사를 놓으려한다면 이는 그런 질병을 없애기 위해서다.

0x0A

전 지구적 추상화의 파괴적 흐름으로 변장한 채 오직 지역적인 것만 안정화시키려드는 정치를 우리는 불충분한 것으로 간주한다. 자본주의적 기구나 조직을 부인하거나 그로부터 분리 독립한다고 해서 자본주의가 사라지지는 않을 것이다. 마찬가지로 내장형 속도들의 비상 브레이크의 손잡이를 잡아당기자는 제안들, 속도를 늦추고 축소하자는 호소는 오직 소수—폭력적인 독점의 특수성—만이 사용할 수 있는 가능성, 다수에게는 결국 재난을 일으킬 가능성이다. 미시 공동체 너머에 대한 사유를 거부하는 것, 분열된 내란이나 소요들을 연결하고 관계를 만들자는 제안을 거부하는 것, 보편적인 성취를 위해 해방적 전략을 어떻게 확대할 수 있을지를 성찰하는 제안을 거부하는 것은 일시적이고 방어적인 제스처에 만족하는 것이다. XF은 우리의 이질적인 친족을 위해 대규모의 사회적 변화의 가능성을 맹렬하게 주장하는, 공격과 공세에 긍정적인 생물이다.

0x0B

동시대 퀴어와 페미니즘 정치에서 우리가 사는 세계가 인위적이고 변덕스러운 곳이라는 느낌은 복수의, 그러나 정적인 젠더 정체성들의 구성—이곳의 으스스하고 음산한 불빛 안에서 선과 자연의 등치는 고집스럽게 회복된다—을 위해 옅어지고 있는 것 같다. '관용'의 문지방은 (어쩌면) 어마어마하게 팽창했을지 모르지만, 자연의 축복 운운하면서 이런 식으로 '태어난' 것에 대한 권리를 주장하고 비자유에서 위안을 얻으라는 충고를 요즘 너무 자주 듣게 된다. 그동안 이성애 규범적 중앙은 칙칙폭폭 소리를 내며 전진해왔다. 섹스와 젠더가 규범과 사실, 자유와 강제의 지렛대 역할 하는 것을 분명히 인지하고 있는 XF은 이와 같은 원심적 지시체에 도전한다. 자연 쪽으로 지렛대를 기울이면 이는 기껏해야 방어적인 용인이고, 트랜스와 퀴어 정치를 압력 단체 이상의 실천으로 만들었던 것으로부터의 후퇴다. 그 정치는 변하지 않을 것 같았던 질서에 맞서 끝끝내 자유를 단언하는 것이다. 모든 소여의 신화가 그렇듯이, 카오스, 폭력, 의심에 다름 아닌 진짜 세계를 위해 안정적인 토대가 위조된다. '소여'는 사적인 국면으로 확실성으로

244

서 격리되고, 그러면서도 공적인 결과들의 정면으로 몰려든다. 이행의 가능성이 실제적이고 알려진 것이 되었을 때, 자연의 성지 아래 있는 무덤은 금이 가고, 새로운 역사들―미래가 가득 들어찬―은 그 낡고 오래된 질서인바 '섹스'를 피해 도망갔다. 훈육적인 젠더 분할은 적지 않은 부분에서 그렇듯 산산이 부서진 토대를 수리하고 그런 토대를 피해 도망갔던 삶들을 길들이려는 시도다. 젠더는 눈곱만큼도 자율성을 획득하지 못했고, 그러니 이제 불쌍한 모양새로 사죄하며 젠더의 성전에 무릎 꿇고 절할 때가 아니라 그것을 완전히 허물어버릴 시간이 되었다.

oxoC

'사이버스페이스'는 한때 본질주의적 정체성 범주들의 구속에서 벗어날 수 있다는 약속을 제시했지만 동시대 소셜미디어의 분위기는 다른 쪽을 향해 맹렬하게 흔들리면서 정체성에 대한 굴복이 수행되는 극장으로 바뀌었다. 이런 관리적 관행들과 함께 청교도적인 도덕의 보수 및 유지의 의례가 도래한다. 부인된 쾌락들은 비난, 치욕, 탄핵이 이런 무대 위로 너무 자주 올라와 횡행한다. 접속, 조직화, 기술공유에 더할 나위 없이 소중한 플랫폼들이 논쟁을 자처하는 그렇지만 생산적 논쟁을 방해할 뿐인 장애물들이 들끓는 곳으로 바뀌고 있다. 이런 청교도적인 부끄러움의 정치―억압을 마치 축복인 것처럼 물신화하고 도덕적 광신으로 물을 흐리는―가 우리를 냉담한 사람으로 만든다. 우리는 깨끗한 손도 아름다운 영혼도, 미덕도 공포도 원하지 않는다. 우리는 더 우월한 부패의 형식들을 원한다.

oxoD

이것이 시사하는 것은 사회의 해방과 조직화를 위한 엔지니어링 플랫폼들의 임무는 그런 플랫폼들이 제공하는 문화적이고 기호학적인 변화를 무시할 수 없다는 것이다. 재설계reengineering가 필요로 하는 것은 밈적인memetic 기생충들―숙주들의 자기 이미지가 훼방을 놓는 방식으로 행동을 야기하고 동위화하는―이다. 그런 것들을 이루지 못하고 실패한, '익명성' '윤리' '사회 정의' '특권-체크'와 같은 밈들은 사회적 활력을 사회적 활력과 잘 어울리는 종종 칭찬받을 만한 의도들과 불화하도록 관리한다. 집단적 극기의 임무가 필요로 하는 것은 줄에 매달린 꼭두각시 같은 욕망에 대한 초가상적인hyperstitional 조종, 그리고 고도로 네트워크화된 문화 시스템의 지형을 조작하는 기호학의 배치다. 의지는 자신이 거래하는 밈들에 의해 항상 부패할 것이다. 그러나 이런 사실을 도구화하고, 의지가 욕망하는 목적의 관점에서 이런 사실을 분할하고 조정하려는 우리의 움직임을 막을 것은 아무 것도 없을 것이다.

0xo E

XF은 젠더 폐지론이다. "젠더 폐지론"은 현행적으로 인간 인구에서 "젠더화된" 특질로 간주된 것을 뿌리째 뽑으려는 데 필요한 약호는 아니다. 가부장제 하에서 그런 기획은 오직 재난만을 야기한다—"젠더화된" 것이란 생각은 균형감을 상실한 채로 여성적인 것the feminine을 고수하고 거기에 집착한다. 그러나 설사 이 균형이 시정되었다고 해도 우리는 쪼그라든 세계의 성적인sexuate 다양성을 이해하려는 데는 전혀 관심이 없다. 100개의 성이 꽃을 피우게 하라! "젠더 폐지론"은 현재 젠더의 지배하에 모여 있는 특성이 더 이상 비대칭적 권력 작동을 위한 그리드를 제공하지 않는 사회를 구축하겠다는 야망의 축약어다. "인종 폐지론"은 그와 유사한 공식, 즉 눈의 색깔이 차별의 토대일 수 없듯이 인종화된 특징들이 더 이상 차별의 토대일 수 없을 때까지 투쟁을 계속해야 한다는 공식으로 확장된다. 우리가 투명하고 탈자연화된 형식으로 억압을 만나는 곳이 바로 자본주의이기에, 모든 해방에 경도된 폐지론은 궁극적으로 계급 폐지론이란 지평을 향해 구부러져야 한다. 당신은 임금 노동자이거나 가난하기에 착취당하거나 억압당한 게 아니다; 당신은 착취당했기에 노동자이거나 가난하다.

× 저장 장치 내에서 한 저장장치로 이동할때 데이터가 유실되었는지 아닌지를 점검할때 쓰이는 용어.

XF은 해방적 폐지론 기획들—계급, 젠더, 그리고 인종의 폐지—의 실행가능성을 결정하는 것은 보편자the universal의 정교한 재가공이라고 생각한다. 보편자는 총칭적인generic 것으로, 즉 교차적인 것으로 이해되어야 한다. 집단을 교차-지시적 정체성들의 정적인 보푸라기로 세분하자는 게 아니다. 교차성은 신체들을 대충 무신경하게 분류하지 않으려는, 모든 특수자를 가늘게 자르는 정치적 지향을 뜻한다. 그것은 위로부터 부과될 수 있는 보편자가 아니라 바닥에서부터 세워질 수 있는, 혹은 더 낮게는 울퉁불퉁한 풍경을 가로지르며 새로운 통로를 비스듬하게 개방하는 보편자다. 이런 반절대적이며 총칭적인 보편성은 생물학적 남성이 무성적인sexless 것으로, 백인이 무인종으로raceless으로, 시스cis가 진짜the real로 오인되는 그런 손쉬운 합성의 경향, 가령 유럽중심주의적 보편주의에 맞서 지켜내야 하는 것이다. 그런 보편자가 없는 계급 폐지론은 부르주아의 환상으로 남을 것이고, 인종 폐지론은 무언의 백인-절대주의로 남을 것이고, 젠더 폐지론은 심지어 페미니스트임을 공언한 이들에 의해서도 얇은 베일이 씌워진 여성혐오로 남을 것이다. ('젠더 폐지론자'임을 자처하는 그렇게 많은 여성들의 그 어이없는 반대 캠페인의 볼거리들이 여실히 이것을 증명한다.)

우리는 포스트모던을 옹호하는 이들에게서 가짜 보편의 외관들을 전소시키고 그런 합성을 일소하는 방법을 배웠다. 모던을 옹호하는 이들에게서 우리는 가짜들의 무더기에서 새로운 보편을 가려내는 법을 배웠다. XF은 연합 정치, 순수성에 감염되지 않는 정치를 구축하길 간구한다. 보편자를 사용하는 데는 신중하고 사려 깊은 자격과 엄밀한 자기성찰이 요구된다. 왜냐하면 다양한 정치적 신체들을 위해 상시 사용될 준비가 된 도구, 그리고 젠더와 섹슈얼리티를 횡단하는 무수한 억압에 맞서 전유될 수 있을 어떤 것이 되기 위해서는 그런 게 필요하기 때문이다. 보편자는 청사진이 아니다. 사전에 XF의 사용법을 미리 지시하고 구술하는 대신에, 우리는 XF을 어떤 하나의 플랫폼으로 제안한다. 다름 아닌 구축의 과정을, 우리는 따라서 음엔트로피적negentropic으로, 반복적이고 끊임없는 개조로 이해해야 한다. XF은 오픈 소스 소프트웨어처럼 호전적인 윤리적 추론 과정의 망망대해를 욕망하는 충동을 따르는, 영구적 수정과 고양에 개방적인, 계속 자신을 수정하려는 건축술이 되길 간구한다. 그러나 열려 있음과 방향이 없음은 다른 것이다. 세계에서 가장 영속성을 갖는 시스템들의 안정성은 명백한 자발성으로부터 "보이지 않는 손"으로 출현하기 위해 그 시스템들이 질서를 훈련하고 양성하는 방식, 또는 투자와 침전sedimentation의 관성을 착취하는 방식에 달려 있다. 우리는 적에게서 혹은 역사의 성공과 실패에서 배우길 망설여서는 안 된다. 이 점에 유념하면서 XF은 공평하고 공정한 질서의 씨를 배양하고, 이런 플랫폼들이 제공할 자유의 기하학 안으로 그런 씨앗을 주입할 방법을 모색한다.

무정부주의 페미니즘 선언문

국제 무정부주의 페미니스트, 1982

전 세계 대부분의 여성들은 그들 삶의 중요한 문제들에 근거해 결정할 권리가 없다. 여성은 두 종류의 억압으로 고통받는다 : 1) 인민에 대한 사회의 일반적인 억압 2) 성차별주의—생물학적 성별로 인한 억압과 차별.

억압에는 다섯 가지 주요 형태가 있다.

- 이데올로기적 억압, 즉 문화적 전통, 종교, 광고, 선전·선동을 통한 세뇌. 관념을 통한 조종과 여성의 감정과 예민함을 착취하고 희롱하기. 가부장적이고 권위주의적인 태도와 모든 분야에 스민 자본주의적 사고방식.

- 국가의 억압, 개인들 상호간의 관계 대부분에서, 또 이른바 사생활에서도 맨 위에서 맨 아래까지 이어지는 명령 노선을 이용한 위계화된 조직 형태들.
- 가정, 저임금 직장, 소비자 혹은 노동자로서 겪는 경제적 착취와 심리적 억압.
- 사적 영역뿐 아니라 사회의 비호 아래 자행되는 폭력—대안이 부재하기에 강요가 있을 시에는 간접적으로 자행되는 폭력과 직접적인 물리적 폭력.
- 책임감을 가루로 만들고 나약함과 무기력, 게으름을 창조하는 무구조성의 폭압, 조직화의 결여.

위의 다섯 가지 요인들은 함께 움직이면서 작동하고, 악순환 속에서 각각의 작동에 기여하며 동시에 움직인다. 이런 악순환을 깰 만병통치약은 존재하지 않는다. 물론 아주 불가능한 것은 아니다.

무정부주의 페미니즘은 의식의 문제다. 관리인들을 결근하고 쉽게 만드는 의식. 그러므로 해방적 사회의 원칙은 완벽하게 우리로부터 동떨어져 있다.

무정부주의 페미니즘은 남성들과의 평등한 보폭에 근거한 독립과 자유를 의미한다. 누구도 다른 이보다 우월하거나 열등하지 않은, 남성들뿐 아니라 여성들도 동등한 사회 조직과 사회생활. 이것은 사회생활의 모든 층위, 또 사적인 국면을 지지한다.

무정부주의 페미니즘은 여성들이 개인 문제에서는 개인적으로, 또 여러 여성들이 관련된 문제에서는 다른 여성들과 함께 자신들의 문제를 고려하며, 여성들이 직접 결정한다는 것을 함축한다. 양성이 관련된 문제에서는 본질적으로 그리고 구체적으로 여성들과 남성들은 평등한 보폭에 근거해서 결정할 것이다.

여성은 자신의 신체에 대한 자기결정권을 가져야 하고, 피임과 출산과 관련된 모든 문제들은 여성들 스스로에 의해 결정될 수 있어야 한다. 생물학적 남성의 지배, 여성에 대한 소유권의 태도와 통제에 맞서서, 억압적 법에 맞서서 그리고 여성의 경제적 사회적 자율성과 독립을 위해 개인적으로나 집단적으로 싸워야 한다.

위기관리 센터, 탁아소, 스터디 및 토론 집단, 여성 문화 활동 등등이 설치되어야 하고, 여성들의 직접적인 관리감독 하에 운영되어야 한다.

전통적인 가부장적 핵가족은, 남성과 여성 양쪽 모두를 위해 결정할 평등한 권리에 기반한 남성과 여성의 자유로운 연합, 개별적 인간들의 자율성과 통합을 존중할 연합으로 대체되어야 한다.

교육과 미디어에서, 노동 현장에서 만들어지는 성적인 상투형은 없어져야 한다. 일상의 직업들, 가족들의 삶과 교육에서 양성의 철저한 노동 공유가 걸맞은 중용-mean이다.

사회뿐 아니라 가정에서도 파트타임 노동은 더 늘어나고 편평하게 조직된 협동이 더 늘어나야 한다. 노동하는 삶의 구조는 철저히 바뀌어야 한다. 남성의 일과 여성의 일의 차이는 폐지되어야 한다. 딱 여성이 하는 만큼 남성도 수유와 양육에 가담해야 한다.

생물학적 여성의 권력과 생물학적 여성 장관들이 늘어난다고 대부분의 여성들이 자신들의 목적에 도달하거나 정치적 억압의 폐지가 일어나지는 않을 것이다. 마르크스주의 페미니스트와 부르주아 페미니스트가 여성 해방을 위한 투쟁을 인도하는 방식은 잘못되었다. 대부분의 여성들이 보기에 무정부주의 없이는 어떤 페미니즘도 어려울 것이다. 즉 무정부주의 페미니즘은 생물학적 여성의 권력이나 생물학적 여성 장관을 대표하지 않는다, 무정부주의 페미니즘은 권력이 없는 조직, 장관들이 없는 조직을 대표한다.

여성이 이중으로 겪는 정치적 억압은 이중의 싸움과 이중의 조직화를 요구한다. 한편으로 페미니즘 연방에서 다른 한편으로 무정부주의자들의 조직에서. 무정부주의 페미니스트들은 이런'이중의 조직화에서 접점을 형성한다.

진지한 무정부주의는 페미니즘이어야 한다. 가부장성을 띤다면, 그것은 절반짜리의 무정부주의이지 진짜 무정부주의라고 할 수 없다. 무정부주의에서 페미니즘적인 특질을 확보하고 보호하는 게 무정부주의 페미니스트들의 임무다. 페미니즘 없는 무정부주의는 없을 것이다.

무정부주의 페미니즘의 본질적인 핵심은 내일이나 혁명 이후가 아니라 바로 지금 혁명이 일어나야 한다는 것이다. 혁명은 영원할 것이다. 우리는 일상에서의 억압을 간파함으로써 오늘 시작해야 하고 지금 여기의 패턴을 부수기 위해 뭔가를 해야 한다.

우리는 우리가 원하는 것과 우리가 할 것을 결정할 권리를 어떤 지도자에게도 이양하지 않은 채 자율적 행위가 필요하다. 우리는 개인적 문제들에서 스스로 모든 것을 결정해야 하고 순전히 생물학적 여성의 문제에서는 다른 여성들과 함께 결정해야 하고 공통의 문제에서는 생물학적 남성 동료들과 함께 결정해야 한다.

미국의 짐승들

D.M.D, 2017

I. 우리는 기소되었다

우리는 우리가 부르기에는 살인, 약탈, 노략질이고 그들은 안전이라고 부르는, 미국의 권력의 곁을 지키는 것의 의미를 폐기해왔다. 우리는 손에 피를 묻혔고 우리는 그것의 비용을 잘못 판단해왔다.

살해당하고 약탈당했던 이들이 우리가 공유한 인간성 덕분에 우리 자매들이었다면, 이걸로도 충분한 것 아닌가? 단지 출생이라는 우연한 사고 때문에 우리는 미국인이라고 불린다. 타자들의 세계―고통―의 복잡함과 우리 사이의 거리는 단지 한 발자국 정도에 불과하다.

우리는 인간의 모양을 한 짐승들이라는 것으로 충분하지 않는가? 우리는 우리 시스템의 폭력과 함께 시작하고, 우리의 쾌락은 자신의 인간성의 시체들에서 도출된다.

그리고 무엇을 위해?

무지에서 태어난 취약한 안전에 토대한 삶들. 왜냐하면 무지는 참된 도피이기 때문이고, 덕분에 우리는 다른 사람들과 우리 자신에게 우리가 자행하는 해를 무시할 수 있다.

우리의 개인주의적 신념에서 태어난 쾌락주의에 바쳐진 삶들. 우리는 탐욕에 자유를 주기 위해, 집단성의 족쇄를 던져버렸다.

II. 애국심의 한 쌍의 거짓말과 사물 숭배

우리는 '아버지들'을 민주주의와 진보의 수호자로 떠받치면서, 우리 자신의 기원에 대한 이야기를 물신화해왔다. 아버지들의 딱딱하게 굳은 말들은 성스러운 문서로, 민주주의를 보증하는 문서로 떠받들고 있다. 대안은 사람들이 창조한 모든 시스템은 불완전할 수 있고 불완전할 것이라는 불확실성, 즉 현실에 존재하는 불확실성을 끌어안는 것이다. 우리는 그들의 혁명을 경축하지만 모든 혁명가들, 그 후에 정부의 부활에 불을 지피려들었던 모든 혁명가에게는 난색을 표하면서 그들에게 범죄자 낙인을 찍는 수밖에 없다. 우리는 우리의 공화국을 고수하려 하지만 그것이 내부에서부터 썩고 부패하고 있다는 사실은 절대로 개의치 않는다. 법인과 정치인들은 마치 뼈만 남을 때까지 시체를 갉아먹는 구더기처럼, 자신들을 위해 권력을 보존하고 규합한다. 우리 인민이 바로 이런 권력의 출처이자 목적이라는 점을 우리는 망각했다. 그들이 힘껏 빨아들이고 게걸스럽게 포식하는 것은 우리의 정신, 신체,

노동이다.

우리는 삶의 수단이자 목적으로 소비를 신봉해왔다. 우리는 공동체로서 함께 존립하고 민주주의를 신봉하는 시민이 아니라, 각자의 삶의 시시한 부분들을 만족시키는 데 혈안이 된 채, 아마 어쩌면 우리도 맨 꼭대기에 이를 수 있을 것이라는 희망을 품고 서로를 짓밟고 올라가는 개인들이다. 인간은 근본적으로 이기적이라는 자본주의의 강령을 신봉한다. 자본주의 강령은 우리 삶의 모든 국면들과 우리들 상호관계가 어떤 것이어야 하는지를 명령한다. 우리를 경멸하고, 우리의 기본 충동은 거의 억제가 불가능한 것임을 반복적으로 상기시키는 시스템을 신봉하다니 이 얼마나 우스꽝스러운가. 인간성의 "진보"란 허위임을 바로 그것이 보여준다. 만약 미국의 제도나 기관들이 자기 이익 외 다른 인간성의 가치를 잘라내고 오직 자기의 이익만 무기처럼 사용하게 하는 데 매진하고 있다면 도대체 어떤 "진보"의 성취가 가능할 수 있다는 것인가?

바야흐로 현대적인 정부가 재탄생할 만큼의 시간이 무르익었다. 우리는 자본주의 헤게모니를 무너뜨리고 우리를 자유롭게 할 새로운 체계를 끌어안아야 한다. 우리는 더 이상 자본주의의 잔인함이나 소외 혹은 더 나은 미래에 대한 절망을 과소평가할 수 없다. 미국의 완전한 와해를 딛고 태어날 새로운 사회 조직의 형태에 기대를 걸자.

III. 이렇듯 "통일된" 국가의 와해

현대적인 정부가 재탄생할 만큼 시간이 무르익었다. 우리는 다른 세계를 상상할 수 있는 우리의 능력을 훼손할 자본주의 헤게모니를 무너뜨리고, 우리를 자유롭게 할 새로운 체계를 끌어안아야 한다. 미국 체계와 상징들―우리를 자만심으로 몰아낸 그 유해한 거짓말들―에서 남은 마지막 흔적들을 모두 걷어내면서 시작하자. 소외와 억압에서 자유로울 새로운 사회를 실현하려면 다음과 같은 비전을 성취할 행동을 감행하자:

1. 미국의 모든 연방, 국가, 군, 자치규약, 골조, 기관들을 무효로 만들기

미국 정부의 모든 수준은 부, 재산, 국가 헤게모니의 보존과 축적에 근거해서 세워진다. 국가가 택한 모든 세법, 법, 제한들, 건설 그 외 다른 행위들은 "미국의" 국경 내에 거주하는 인민들 모두에게 적용되길 멈추었다.

2. 미국 내 대량학살의 후손들을 위한 배상

다름 아닌 미국의 존재가 두 가지 대량학살―아프리카 인민의 잔인한 노예화와 선주민의 근절―에 근거한다.

우리가 딛고 선 땅은 역병, 살인, 기근을 이용해서 수세기 동안 약탈한 것이다. 이 땅은 미국의 운명을 기다리고 있지 않았다. 이 땅의 선주민들, 풍요로운 인간성의 태피스트리를 형성한 많은 문화, 역사들, 언어들을 갖고 있던 선주민들이 체계적으로 제거되었다. 심지어 지금도 우리는 미국의 정권이 수지타산이 맞지 않는다고 판단한 본 보호구역의 땅으로 밀려난 선주민들의 유산과 회복력을 부인한다. 우리는 약탈한 땅 수백만 에이커의 반환을 돕기 위해 미국 내 선주민 부족들의 주권성에 대한 온전한 인정을 요구한다. 모든 선주민 부족들은 전적인 주권성을 돌려받을 것이고, 오랫동안 지켜지지 않았던 협정의 긴 목록에 대한 또 한 번의 인정이 도래할 것이다. 한때 선주민 부족(지금은 하와이로 불리는 곳에 거주하는 이들을 포함해서)의 영토로 간주되었던 땅에 살고 있는 모든 비선주민들은, 앞서 이야기된 부족들의 지휘권과 법규에 종속될 것이다. 경작 가능한 땅의 형태로 과달루페 이달고Guadalupe Hidalgo 협정[×]에 근거해서 땅과 유산을 나눠야 했던 모든 인민들을 위한 배상에 착수하자.

미국의 "위대함"의 국내의 상징들—건축, 부—은 노예화된 아프리카인들의 강요된 노동의 직접적인 결과이다. 인간 비용인 노예제—와 노예로 수탈당했던 인민들의 후손에게 노예제가 끼친 영향—에 대한 적절한 배상은 결코 있을 수 없을 것이지만, 심리적이고 물질적인 인종차별주의의 지속적인 영향력을 줄일 수 있는 기회를 포기한다면 도덕적 부패는 어마어마하게 증가할 것이다. 그러므로 노예로 수탈당했던 아프리카 인민들의 모든 후손들에게 경작지의 형태로 배상하려는 임무—노예로 살았던 인민들의 후손임을 주장하는 모든 사람에게 1 에이커의 땅을 배상—를 시작하자.

× 멕시코와 미국 사이에 1846년 일어난 전쟁에 진 멕시코가 평화협정을 요구하면서 서명한 협정. 멕시코는 그 대가로 캘리포니아, 뉴멕시코 등을 위시한 국토 절반을 미국에 넘겨준다.

3. 미국 국경의 개방

바다와 육지의 경계 모두가 인민, 동물, 물품, 정보의 아무런 방해도 없고 자유로운 흐름에 완전하게 열릴 것이다. 우리 미국의 국경은 잔인한 정복의 역사를 입증하는 책략이다. 우리 국경은 멕시코계 미국인과 인디언 인민들이 아무런 방해 없이 넘나들었던 천년의 역사를 기리기 위해 유동적일 것이다.

4. 향후 푸에르토리코, 괌, 미국령 사모아, 북마리아나제도, 버진 아일랜드의 주권적 영토에 대한 통제를 철회하라

이른바 우리의 민주주의는 대의 정부representative government라는 뻔한 익살극을 연출하지도 않은 채 다른 나라의 영토를 차지하고 있다. 푸에르토리코, 괌, 미국령 사모아, 북마리아나제도, 버진 아일랜드와 같은 피식민지 섬나라에 거주하는 인민은 미국의 통치에서 완전히 배제됨으로써 부당한 대우를 받고 있다. 미군은 이들 섬을 실험실과 쓰레기 매립지로 사용함으로써 본토에 사는 우리로서는 가늠할 수 없는 어마어마한 비용이 들어간 엄청난 파괴와 실험을 수행할 수 있었다. 이들 섬과 그곳의 인민들은 그들 스스로의 통치 체계를 수립할 수 있을 만큼 자유롭다. 미국 군대의 현존의 모든 흔적들은 집중적인 환경의 정화가 끝난 뒤에는 제거될 것이다.

5. 미국 통화를 폐지하라

미국 달러는 쓰레기, 권력, 착취의 상징이다. 달러 때문에 방탕한 사변, 부의 축적, 착취가 일어난다. 구체의 세계로 돌아가자. 통화 대신에 물물교환을 채택하자. 가치의 근본 척도는 땅과 물품이다.

6. 자본주의의 사유재산 개념을 폐지하라

사유재산 때문에 개인 간에 완전한 단절이 발생한다. 음식, 물, 쉴 곳, 공동체와 같은 기본적 필요를 확보하기 위해 사람은 일하고 기여하고 "생산적"이어야한다는 요구는 폭력적이다. 우리는 그저 동물, 풍요의 한 가운데 놓인 폐품을 두고 싸우는 동물에 불과한가? 이렇듯 현대적인 과학기술의 시대에 공동체 내부의 각 개인을 부양할 능력이 우리에게 있지 않은가? 우리는 공통으로 추구하는 인간적 실현에 동참하려는 모든 이에게 우리 집, 이웃, 공동체를 개방해야 한다. 생산 통제는 가장 가까운 공동체들에 의한 집단적 소유로 복귀해야 한다.

그러나 사유재산의 전적인 폐지는 이미 미국의 압제에 신음하는 이들에게 해를 입히는 데 이용될 뿐이다. 그런 점에서 우리는 집단주의적 공동체들을 위한 새로운 통화를 설립해야 한다. 나이와 상관없이 각 개인은 자기 것이라고 부를 수 있는 경작지를 부여받을 것이다. 수 세기에 걸친 억압을 다루려면 우리가 본래의 지위를 돌려주어야 하는 이들에게 토지 분배에 있어서 최우선권이 수여되어야 할 것이다. 그들에게는 다음과 같은 원칙에 따라 판단될 땅, 즉 주요 급수시설이 반 마일정도 내에 존재하는 경작 가능한 땅을 가장 먼저 차지할 수 있는 자격이 주어질 것이다.

7. 미연방, 미국, 미국 지자체의 감옥 시스템을 폐지하라

미연방의 위선이 가동됨에 따라 매일 가족과 공동체가 산산조각나고 개인의 삶이 탈선하고 있다. 대규모로 이루어지는 투옥은 대형 법인에 거의 무료에 가까운 노동을 제공함으로써 제멋대로인 사회 통제의 잣대에 봉사한다. 우리는 처벌 형식을 제외한 노예제는 폐지했고 그 덕분에 원을 그리며 비행하는 대머리 독수리를 위해 폄하된 노동에 대한 끊임없는 접근이 가능해졌고, 인간성을 희생하고서 이익률을 증가시킬 수 있게 되었다.

모든 감옥은 인간적인 삶에 불필요한 쓰레기의 상징으로서 폐기될 것이고 종료될 것이다. 우리는 모든 해방된 죄수들이 자신들을 억압한 기계를 파괴하고, 그 누구도 인간의 정신을 짓밟으려는 의도 하에 만들어진 영창에 갇힐 수 없다는 것을 확실하게 만들 것임에 기대를 건다.

8. 미군을 없애라

우리는 이렇듯 엄청난 정복과 억압의 수단들을 제거해야 한다. 우리는 미군의 방대한 무기고를 없애고, 핵무기와 핵폐기물을 포함한 모든 무기를 처리해야 한다―이렇듯 어마어마한 규모로 삶을 파괴할 수 있는 권력은 자연과 인간성에 대한 혐오이고 증오임이 분명하다. 미군 기지는 전 세계에 흩어져 있고, 미국의 헤게모니를 끊임없이 상기시키고 있다. 우리는 미국 내부와 동시에 미국 바깥에 존재하는 미군 기지를 폐업시키고 없앰으로써 그들이 국가, 시민, 지상에게 자행하는 폭력을 중지시켜야 한다. 군대의 능력과 모든 무기가 제거될 것이고, 속이 텅 빈 포탄 입구에는 다음과 같은 문구가 남아 있을 것이다:

오만과 위선의 증거

급진적 여성들의 선언문 (발췌)

급진적 여성들, 1967(2001년 수정본)

법적 권리

세계 대부분의 지역 여성은 법적으로 남성과 동등한 인정을 받지 못한다. 현행의 법과 사법적 해석은 성차별적이다. 150년의 투쟁이 있었음에도 미국 헌법은 여전히 연방정부의 남녀평등헌법 수정안을 포함시키지 않았고, 따라서 여성들의 평등을 고려하고 인정할 국가의 사법적인 토대는 전혀 제공되지 않은 상태다.

 법은 인간의 삶과 자유를 사유재산보다 더 우선시하고 보호해야 할 것이지만, 자본주의에서는 그 반대가 참이다. 여성의 권리에 대한 공정하고 민주적인 인정은 부인을 남편에게 종속시키는 것과 나란히, 핵가족 제도를 영속화시키려는 자본의 필요를 위해 희생당하고 있다. 그 결과로서 여성의 2등 시민의 지위는 법률, 재판소, 통치 정책을 통해 강화된다.

우리는 요구한다:

- 나이, 혼인 여부, 장애, 건강, 인종, 성적 경향, 키와 몸무게, 이민자의 지위, 정치적 이데올로기, 생활방식, 혹은 소득 수준과 상관없이 모든 여성을 위한 반성차별주의적 법의 보호하에 무조건으로 평등한 대우.
- 레즈비언, 게이, 바이섹슈얼, 트랜스젠더를 포함한, 상호적 동의에 기반한 관계들, 결혼, 가정 내 파트너십 형태에 대한 법적으로 평등한 인정. 혼인 여부를 기준으로 특혜를 부여하는 어떤 과세도 불허할 것. 기혼 여성이 결혼 전 성과 독립적인 법적 정체성을 유지할 무조건적이고 절대적인 권리. 부부로서의 양립불가능성을 근거로 부부 각자에게 수여되는, 다툼의 여지가 없는 이혼. 부부 공동재산과 자녀양육권 논쟁은 전문가들로 구성된 가정 위원회, 자격을 갖춘, 상호 적대적이지 않은, 공공기금을 받은 위원회에 의해 무료로 이행될 것. 적대적인 재판 시스템으로부터의 이혼과 자녀 양육권의 이전. 가족으로부터 여성과 아이의 법적 분리의 권리.
- 표현의 자유, 연합과 결사의 자유를 포함한, 동의하지 않을 우리의 권리, 모든 국면에서 프라이버시의 권리를 보호하기 위해 시민적 자유를 보존하고 확장하기―특히 시민적 자유가 일상적으로 억압되는 직업에서.

경제적 평등

모든 수준에서 남성과 같은 보폭으로 임금 노동 세계로 재진입 중인 여성들은 사회적 평등 달성에 필요한 지렛대다. 그러나 자본주의 경제 위기가 일으키는 가장 무거운 강풍은 여성들을 향해 분다. 남성들에게 혹은 복지에 경제가 의존한다는 것은 자유와 독립에 근본적인 모순이 아닐 수 없다. 여성들은 이른바 우리의 "감정주의"와 그 결과인 "불안 정성" 때문에, 그리고 또 많은 여성이 경제적 계약이나 거래에서 독립 적인 자격을 갖추려면 필요한 만큼 임금이 보장, 지불되지 않기 때문 에 금융거래에서 끊임없는 편견에 직면한다. 삶을 통제하려면 먼저 우 리는 생계를 통제해야만 한다.

우리는 요구한다:

- 고용과 승진에서 소수자 우대 정책과 연공서열제. 여성과 유색인이 불완전 고용 상태로 일하고 있는 직업 등급에서 인종이나 성을 기 준으로 한 분리된 연공서열제 리스트. 여성들, 모든 직업 등급에 대 한 유색인, 인종적 소수자들의 평등한 접근을 보장할 수 있을 사법 적 강제에 근거한 할당제.
- 여성, 유색인, 장애가 있는, 젊고, 늙은 이주 노동자들의 권리로서, 평등한 혹은 동등한 노동에 대한 평등한 임금.
- 아동을 위한 교육 시설, 레크리에이션 시설 및 의료 시설을 갖춘, 직장 근처나 직장에 24시간 무료인, 정부가 투자한, 공동체가 관리 하는 양육 센터.
- 임신, 신생아 양육, 중병시 연공서열제, 직무 상태 및 인사고과에 손

해 없는 유급 휴가.

- 모든 이의 안전을 배려한 노동 조건. 여성 직원 비율의 불균형성, 특히 유색인 여성과 이민자 여성 수에 영향을 줄지 모르는 위험한 노동 환경 제거. 몇몇 고용 영역에서 여성을 배제하고 몰아낼 구실로 불안정한 조건을 사용하지 않기. 문제가 수정, 해결될 때까지는 위험한 작업 환경이나 관행 내에서 일하지 않으면서도 월급 전액을 받을 모든 노동자의 권리.

- 사업주가 무제한 부담하는 병가. 건강관리가 아직 국영화되지 않은 곳의 전일제 노동자와 파트타임 노동자 모두의 비용을 사업주가 부담하는 포괄적인 건강보험. 사업주가 부담하는 가정 내 파트너십 혜택.

- 사양 산업들을 노동자들의 통제 하에 국영화하기.

- 공장 폐쇄, 자동화, 작업시간 단축에 의해 일시 해고된 노동자들과 다친 노동자들이 임금에서 전혀 손해를 보지 않은 채 법인과 정부의 보호 하에 계속 일하게 할 것.

- 수습 기간 동안 여성 또한 남성과 동등하게 접근하게 할 것. 반전통적인 직장 내 프로그램을 수강할 수 있는 소수자 우대 정책. 직장 내 여성에 대한 괴롭힘과 물리적 공격 금지.

- 모든 사람을 위한 노동이 노조가 규정한 전일제 노동의 임금률에 따라 지불될 때까지, 균등하게 축소된 노동 시간에 맞춰 차등제를 통해 완전 고용 시작.

- 생계비용의 증가에 완전히 부합할 정규적이고 자동적인 임금 증가.

여성과 노조

우리 여성 노동자들과 노동조합원은 새로운 활력을 획득한 노동 운동의 핵심이다. 최저임금 노동자로서의 차별에 맞선, 그리고 노동 운동에 새로운 힘을 갖고 올 권리를 위한 투쟁.

우리는 요구한다:

- 노조 조합원들과 리더십 기능에서 여성을 위한 완전한 평등. 노조의 리더십은 인종, 성, 일상 언어의 견지에서 회원들의 의견을 반영해야 한다. 노조가 후원하는 실습 프로그램은 소수자 우대정책을 따른 고용과 훈련을 포함해야 한다.
- 주로 여성과 유색인들이 속한, 전통적으로 노조에 가입되어 있지 않은 노동 구역을 노조에 가입시키기 위한 노조의 공격적인 캠페인. 노동 운동은 모든 노동자의 평등을 위해 싸워야 하고 사회적 쟁점에 접근해야 하고, 여성, 유색인, 이주 노동자, 레즈비언, 게이의 요구를 우선시해야 한다.
- 노조 민주주의: 기탄없는 토론과 다수결을 통해 노조의 목적과 우선순위를 결정할 노조 회원의 권리. 급진주의자들의 목소리를 들을 권리를 포함한, 노조 내부 언론의 자유.
- 노동 운동의 모든 구역의 연대를 통한 정부 대항 시위에서, 그리고 사업장 공격 시에 총파업을 포함한 호전적인 노동 행동. 노조를 급습하고 붕괴시키려는 다국적 기업들에 맞서 다른 나라 노동자들과 함께 벌이는 연대의 행위들. 보호무역주의적 소비자들의 캠페인을 "노조를 구매하라Buy Union" 캠페인으로 대체하라.

- 노동을 지지하는 독립적인 정치적 목소리로서 행동하고, 친자본주의적 당들과의 관료주의적 연합을 종식시킬 반자본주의적 노동당.
- 제3 세계의 독립 노조를 진압시키려드는 미국 자유 노동 개발 위원회와 그 외 다른 CIA 단체들을 위한 미국 노동 총연맹-산업별 조합회의AFL-CIO의 후원의 종식.

생물학적 자기결정권

자본주의하에서 여성은 남성, 교회, 국가의 소유물로 간주된다. 우리 삶에 대한 통제권을 획득하려면 우리는 우리의 마음과 몸을 되찾아야 한다.

오직 우리가 우리의 섹슈얼리티를 결정할 수 있어야 한다. 우리가 우리 자신을 정의해야 한다. 경제적이고 사회적인 강압에서 자유로운, 우리 자신의 신체에 대해 우리 자신의 판단에 근거해서 통제권을 행사할 수 있는 자유로운 개인으로서의 우리의 권리가 여성해방의 근본이다. 출산과 아이 양육은 여성의 삶의 단지 한 부분에 불과하다. 아이는 우리의 사적인 책임이어서는 안 되며, 또 강제로 우리를 양육에 내모는 일도 없어야 한다.

우리는 요구한다:

- 여성의 재생산에 대한 결정이나 여성의 임신 기간 결정에 대한 국가의 간섭이나 개입 금지.
- 나이와 상관없이 필요한 사람 모두에게 무료로 안전한 피임약을 나

뉘주고 산아제한에 쉽게 접근할 수 있게 하라. 여성뿐 아니라 남성을 위해서도 안전하고 믿을 만한 산아제한의 개발과 증진.

- 완전한 정보와 결과에 대한 이해가 없는 상태로 혹은 강요당한 채로 얻어낸 불임이나 "동의"를 철회하라. 충분한 정보와 강압적이지 않은 상태에서 이뤄진 동의와 지식이 없는 여성에 대한 실험 불허. 선주민과 피식민지인 국가들, 유색인, 인종적 소수자들, 장애를 가진 인민을 상대로 자행되는 재생산적 대학살을 중단하라. 제3 세계에서 대학살을 자행하는 제국주의에 의해 사용된 "인구 통제" 프로그램을 중단하라.

- 18세 이하 여성을 포함한 모든 여성은 부모나 아버지, 재판정의 동의나 고지 없이도 언제든 안전하고 무료로 낙태를 할 수 있어야 한다. 여성의 삶과 생계가 태아에 우선한다는 사실에 대한 법적, 의학적 인정.

- 성도덕의 이중적 기준 종식. 유부녀가 "간통"이라는 잔인한 낙인에서 자유로운 상태로 혼외 성관계를 맺을 권리. 결혼을 하지 않은 여성이 성적인 자기표현과 자유로운 성생활을 즐기고, 사회적이고 종교적인 편견이나 사악한 법률 규정의 제한을 받지 않을 권리.

- 여성인 우리를 상대로 자행되는 게 아니라 여성을 위해 사용되고, 여성의 통제를 받을 수 있도록 새로운 재생산 과학기술을 개발할 회사의 국영화. 재생산 과학기술은 오직 여성의 동의를 받은 이후에만 도입되어야 한다. 대리모 사업으로 이윤을 만드는 대행사나 단체를 금하라. 노동자로서의 대리모의 권리를 인정하라. 대리모는 중간에 마음이 바뀌어 아이를 양자로 내줄 동일한 권리를 가져야 한다.

- 양질의 무료 산전産前 관리와 양육 서비스
- 전 연령의 전 학생들을 위한 동성애혐오적이지 않으며 반성차별주의적인 성교육 의무화.

양질의 의료 서비스

우리는 우리의 질병으로 풍요를 누리는, 영리 목적의 잔인한 의료 체계 손아귀에 우리의 정신과 물리적인 건강을 강제로 가둬선 안 된다. 1급 의료 서비스는 기본적인 인간의 권리다.

우리는 요구한다:

- 양질의, 정보가 제공된, 예방적인, 건강 회복을 위한 의료 서비스를 누구나 무료로 받을 수 있을 것.
- 약국, 홈케어 서비스, 보험을 포함한 모든 의료 산업 구역들의 국유화. 그리고 그것들을 의료 서비스에 종사하는 노동자와 사용자들의 통제 하에 둘 것. 모든 의료 서비스 노동자들을 위한 노동조합의 규정에 따른 임금률.
- 전통적인 성역할이나 이성애에 순응하라는 압력 없이, 무료로 제공되는 양질의 정신 건강 치료권. 여성의 저항을 진압하고 유해한 약물, 충격 치료, 다른 여타 사회 통제를 통해 우리를 "우리 자리"에 두려는 게 목적인 "치료"를 중지하라. 정신의학 종사자들이 가하는, 인종차별적이고 성차별적인 심리 테스트로 가해지는 여성에 대한 잔인한 대우를 중지하라.

- 여성과 다른 피억압자들에게 영향을 미치는 질병들을 위한 편견 없는 리서치, 예방, 치료에 전폭적인 재정 지원. 특히 유색인 여성과 제3 세계 국가의 여성들을 대상으로 한 의학적 실험을 중지하라. 모든 사람에게 영향을 미치는 질병에 대한 의학적 치료법 개발에 반드시 백인 남성들로만 이뤄진 학생들을 사용하는 관행의 종식.
- 에이즈에 대한 리서치, 치료, 회복, 예방을 위한 전폭적인 재정지원. 지금은 통상 실험 규약에서 배제된 여성들을 포함해서 에이즈/HIV 양성 환자들이 자발적인 선택과 충분한 정보에 근거해서 모든 시험 약제에 자유롭고 무료로 접근할 수 있게 할 것. 환자의 자발적 의사에 의거한 익명의 HIV 무료 테스트: 어떤 강제적인 테스트도 있어서는 안 된다. 에이즈와 HIV 양성인 사람들의 격리는 없어야 한다. 에이즈 환자에게 주택, 양육, 의료보험, 상담, 수입을 보장하라. 전 연령에게 문화적으로 적절한 안전한 성관계safer sex[×] 교육과 용구의 무료 제공. 에이즈나 HIV에 걸린 사람들에 대한 차별 반대.
- 교육, 리서치, 치료, 보호, 예방에 대한 전폭적인 재정지원을 통해 유방암 유행을 중지시킬 것. 모든 시험 약제를 무료로 사용하게 하라. 암에 유리한 환경적 요소들을 청결하게 하라. 모든 여성이 전혀 비용을 들이지 않고 최신식의, 저방사선을 사용한 유방암 검사용 조영법을 사용할 수 있게 하라. 유방암 환자들이 비용을 들이지 않고 모든 형태의 치료와 탐지―전통적이고 비전통적인―를 사용할 수 있게 하라. 모든 암환자에게 학교, 주택, 양육, 건강관리, 상담, 보장 소득을 제공함으로써 모든 젊은 여성을 위한 유방암 교육

×　(에이즈·성병 감염 등의 위험이 없는) 안전한 성관계. '콘돔 사용'을 의미하기도 한다.

하기.

- 마약상의 이윤은 없애고, 비용은 낮추고, 마약 상용 습관에 자금을 조달할 범죄를 줄이기 위해 공동체의 통제 하에 모든 약물을 합법화하라. 마약의 질에 대한 단속과 조절을 허하라. 알코올중독자들과 마약중독자들을 위해 무균의 무료 바늘, 비용이 들지 않는, 낙인이 찍히지 않을, 접근 가능한, 자발적인 치료 프로그램을 제공하라. 약물 중독을 예방하는 데 일조할 보편적인, 문화적 의식을 겸비한 교육 프로그램을 설치하라. 강요된 약물 테스트의 무조건적인 금지.
- 필요하다면 법적 후견인의 선택을 포함한, 충분한 정보에 근거하여 우리 자신의 건강관리에 대한 결정을 행할 권리. 임신 상태와 상관없이, 의학적 치료를 선택하거나 거부할 권리. 죽을 권리와 조력 자살에 대한 법적 권리.
- 양로원과 정신과 의료기관에 들어간 사람들의 완전한 시민의 권리.

아동의 권리

핵가족의 위계 서열 내부에서 가장 아래에 놓인 아동은 자신의 삶, 정신, 신체에 대한 어떤 통제력도 갖지 못한 채 살아간다. 아동은 자본주의 아래 핵가족의 스트레스, 갈등, 와해에서 가장 모질고 끔찍한 충격을 받고 있지만 그로부터 도망가는 것은 거의 불가능하다. 계급 사회는 아동의 개별적이고 계속 팽창하는 능력들을 전혀 고려하지 않는 종종 변덕스러운 법과 사회적 관습을 통해 아동의 법적, 사회적, 경제적, 정치적 권리를 박탈한다. 아동은 인류의 미래이고 그렇기에 사회 전체는 아동에 대한 책임을 져야 한다. 그들이 필요로 하는 것을 제공하고 그들이 취약한 곳에서 그들을 보호하고 그들을 사회화하고 교육하고 핵가족의 감옥 문을 개방하기. 아동은 억압적인 가족 관계로부터의 자유를 보장받아야 하고 부모는 그들에게만 전가된 고립된 양육의 책임에서 해방되어야 한다.

우리는 요구한다:

- 경험과 능력의 완전한 수준에서 사회에 참여할 수 있는 유능한 인간으로 존경받을 아동의 권리.
- 노조가 규정한 임금률과 조건을 갖춘 전문적 교육을 마친 직원들이 근무하는, 아동의 사회적 위상이 어떻건 그곳에 아동을 데리고 올 부모의 이유가 무엇이건 상관없이 모든 아동에게 24시간 개방되는, 무료로 공동체가 통제하고 산업 및 정부의 재정지원을 받는 양육 센터.
- 의학적, 치과적, 정신적 의료 서비스, 주택, 의복, 영양가 있는 식단을 무료로 충분히 사용할 수 있는 것을 포함한, 아동의 양질의 생활 조건 보장. 이민자의 처지이건 상관없이 모든 저소득층 학교 아동을 위한 아침, 점심, 저녁 무료 제공 프로그램.
- 모든 시설 및 부모를 포함한 개인들에 의해 아동에게 자행되는 물리적이고 심리적인 학대, 성적 강요, 착취, 괴롭힘으로부터 아동의 온전한 보호. 법원과 사회 복지 단체는 "가족을 함께 있게 해야 한다"는 것보다 학대하는 부모로부터 아동을 떼어놓고 보호하는 데 우선권을 두어야 한다. 성폭행에 대한 아동의 증거를 무시하거나 신뢰하지 않는, 그리고 경제적이고 사회적인 요인들 때문에 충분한

보살핌과 보호가 힘에 겨운 엄마를 대신 희생시키는 관행의 종식. 아동의 변호인이나 보호자로 행동할 의무가 있는 모든 단체에 대한 공동체의 통제.

- 자신의 방식으로 또 자신의 보폭으로 성적으로 능동적인 아동의 권리 인정.
- 에이즈, 장애, 노숙자, 약물이나 알코올의존증과 같은 특별한 문제를 갖고 있는 아동에 대한 무료 지원과 정부의 책임.
- 부모, 교사, 양육 노동자가 아주 어린 아동에게 성차별적인 놀이를 전혀 사용하지 않고서도 스스로를 표현할 수 있는 방법을 가르칠 교육 프로그램을 실행하라.
- 아동을 입양 보내는 이유인바 가난의 종식. 입양으로 인한 부당폭리를 중지하라. 유아는 중개의 대상이어서는 안 된다.
- 스스로를 대표하고 단체를 조직할 젊은 사람들의 권리.
- 젊은 사람들에 대한 경찰의 공격과 인종 프로파일링을 중지하라.

교육

여성은 교육에서 이중으로 차별받는다. 우선 우리는 제도권 연구 분야에 대한 자유로운 선택에서 문화적 훈련과 닫힌 문의 결과로 인해 동등한 기회를 부인당한다. 둘째, 하나의 성으로서의 우리 자신의 역사는 주요 커리큘럼에서 조롱받거나 무시당한다.

우리는 요구한다:

- 모든 제도권 연구 분야에서 그리고 직업 양성소와 산업 훈련소의 동등한 기회를. 여성과 남성 스포츠에 동등한 재정지원을. 시험에서 인종과 성 편견의 종식을. 모든 학교의 입학위원회의 대표자에 여성과 유색인을 포함하는 것을.
- 교육 자료와 지도법 정형화를 지양할 것. 교직원 다양성을 보장할 것. 즉, 모든 층위에서 여성, 유색인, 레즈비언, 게이, 트랜스젠더, 좌파를 포함할 것. 이들은 교육할 권리, 괴롭힘이나 차별에서 자유로울 권리를 가져야 한다.
- 초등학교에서 대학에 이르기까지 시민적 자유, 불복종 및 관행 거부가 존중되는 분위기에서, 모두를 위한 자유롭고 다문화·다언어적인 양질의 교육. 피억압자 공동체에서 엘리트주의적이고 상아탑적인 대학의 분리의 종식.
- 창의적이고 공연적인 예술, 언어, 성교육, 그리고 착취당하고 억압받는 모든 사람들의 진정한 역사를 포함하여 인간 노력의 전 영역을 대표하는 커리큘럼에 모든 교육 수준에서 접근할 수 있을 것. 커리큘럼 및 연구에 대한 기업의 통제 종식. 억압과 저항의 역사를 탐구하고 가르칠 자격이 있는 교사들과 함께 여성학, 민족학, 성적 소수자 연구, 노동 연구 분과 설립과 자금 지원. 이 분야의 필수과목들은 전공에 상관없이 개설할 것.
- 여성의 "열등한 본성"을 주장하는 문화·종교적 신화들은 과학적으로는 생물학, 사회학, 심리학, 사회인류학에 기반했음을 폭로할 것. 학교 내 성차별 이데올로기를 성토하는 국제적 캠페인.
- 전 학생 생활비 지원. 모든 캠퍼스에서 자유로운 이중 언어, 다문화적인 양육.

- 오랫동안 학교를 떠나 있다가 돌아온 여성들을 위한 속성 과정 개설 및 표준 입학 자격의 면제.
- 학교에 대한 공동체/선생/부모/학생의 통제. 교장과 관리자는 학생과 선생에게 명령하는 게 아니라 공동체에 의해 설립된 정책들을 이행해야 한다.
- 사생활, 언론과 집회의 자유, 모든 층위에서 선생과 학생을 위한 조직의 권리. 학교에서의 처벌 금지.
- 주요 언어와 소수어 모두 문맹퇴치운동에 대한 재정지원. 모든 사람에게 그들이 선택한 언어로 읽고 쓰는 법을 배울 권리를 보장할 것. 이 기술 습득을 위해 잠시 학교를 떠나 있을 경우에 전액 급여 지급.
- 세무 법인을 통해 교사의 월급 수준과 학교 재정지원 인상.

정치

여성 투표권 획득은 진보적인 이득이었지만, 그렇다고 그것이 정치적 평등을 의미하는 건 아니었다. 자본주의 정당들은 핵가족의 "미덕"과 전통적인 가치를 옹호하거나 여성의 권리와 평등의 옹호자를 자처함으로써 여성의 투표에 환심을 사고자 한다. 그러나 여성의 열등한 지위에서 엄청난 이득을 거둬들이는 체계에 모두 헌신한다는 점에서, 이들 자본주의 정당들은 여성의 온전한 권리를 위해 진정으로 싸울 수 있는 것도 그것을 획득해낼 수 있는 것도 아니다.

여성, 유색인, 성소수자, 노동자는 오직 사회주의나 반자본주의 노동자 후보를 지지해야 할 뿐 아니라, 우리 자신의 이익과 관심에 있어서 독립적·정치적 행위를 해낼 노동계급당을 세워야 한다. 오직 그런 당만이 자본주의 국가의 한계들을 무너뜨리려는 우리에게 힘을 줄 것이고 새롭고 평등주의적이고 사회주의적인 사회를 그 국가를 대신해서 창조할 수 있을 것이다.

우리는 요구한다:

- 정치적 삶과 모든 사회적이고 정치적이고 경제적인 리더십 기능에 대한 평등한 참여의 권리.
- 정당 간부 회의를 구성하는 데 있어서 모든 조직 내부 모든 피억압자들 집단을 위한 민주주의적인 권리.
- 생물학적 성의 이해관계에 있어서 모든 여성 입법자들의 책임감 있는 행동.
- 비밀 투표, 매체 시간, 재정적 출처에 동등하게 접근할 수 있는 소수 정당들의 권리.

유색인, 국가/종족적 소수자들, 선주민 국가들

여성을 억압하는 시스템은 동일하게 유색인, 선주민, 소수 민족 종속에 책임이 있다. 우리는 모두 자본주의 이윤 창출을 위해 사용된다. 우리는 투쟁의 가장 특권적인 요소에 영합하거나 우리를 분열시키는 호모포비아, 반유대주의를 허용해서는 유의미한 통일을 형성할 수 없다는 것을 배워야 한다.

유색인과 국가적/종족적 소수자 여성들은 세 개의 계수―종족성, 생물학적 성, 계급―에 근거하여 차별받음으로써 가장 크고 강력한 억압을 경험한다. 유색인 레즈비언 역시 호모포비아에 직면한다. 또한 모든 피억압 민족의 필요를 체현하고 반영한다. 유색인 레즈비언이 자유롭고 동등할 때까지는 진정한 평등을 달성하지 못할 것이다.

유색인 여성, 선주민 여성, 국가적/종족적 소수자 여성의 리더십 역할은 도래할 혁명에 결정적이다. 그들은 사유재산 시스템의 파괴에서 잃을 게 거의 없는, 제일 많이 얻을 사람들이다. 인종차별적이고 성차별적인 지배 계급에 대항하는 다년간의 투쟁에서 태어난 그들의 진지함과 헌신이 통일과 종국의 해방에 필요한 에너지와 방침을 제공할 것이다.

우리는 요구한다:

- 모든 인종적이고 종족적인 차별 형태―사회적, 법적, 정치적, 문화적, 언어학적, 경제적―의 종식. 모든 사회 국면에 모든 사람의 동등한 참여.
- 모든 유색인과 종족적 소수자들, 특히 여성을 위한 고용, 승진, 교육 기회에서의 소수자 우대 정책.
- 유색인의 입국 제한, 불법체류자 및 유색인 차별, 이민자와 선주민 노동자―이들은 현실에서는 자본주의 반대 투쟁에서 연합한다―를 서로 싸우게 만드는 모든 이민법 타도. 국제적으로 자유로운 움직임을 위해 모든 국경을 개방할 것.
- 유색인, 종족적 소수자들, 이민자들의 투표권을 공개적으로나 간접적으로 부인하는 것의 종식. 법에 정해진 다언어적 비밀투표, 투표

자료와 캠페인 정보.

- 유색인과 종족적 소수자들에 대한 경찰의 야만적 행위, 인종차별적인 괴롭힘, 테러, 살인의 즉각적인 중지. 유색인, 청년, 퀴어, 노동자와 여성을 괴롭히고 야만적으로 다루고 살해하는 징계적 권력과 발포 경찰들을 소지한 경찰로부터 독립한, 선거에 의해 뽑힌, 공동체의 통제를 받는 경찰심의위원회 창설. 경찰은 지배계급의 무장한 대행자들이고 그렇기에 스스로를 단속할 수 없다.
- 북미 선주민들, 호주 선주민Aborigines, 마오리족, 뉴칼레도니아의 선주민Kanaks, 쿠르드족, 푸에르토리코인들, 팔레스타인인들을 포함한, 모든 피억압 민족과 선주민 국가들에게 자결권을 부여할 것.
- 인종차별적이고 반이민적인, 반유대주의적인 폭력과 희생양 만들기 종식.
- 모든 언어 차별 종식. 모든 국가 시설은 온전히 다언어적이어야 한다.

성소수자

레즈비언, 게이 남성, 바이섹슈얼, 트랜스젠더, 복장도착자는 핵가족의 "신성함"을 정면으로 위협한다는 극단적인 편견으로 고통받는다. 에이즈 위기 도래와 함께 히스테리컬하게 등장한 게이 희생양 만들기는 모든 성소수자를 겨냥한 차별과 폭력의 폭발적인 급증을 야기했다.

우리 모두가 자유를 얻기 원한다면, 전적으로 피억압자 모두 해방에 대한 성소수자의 요구를 포용해야 한다. 레즈비언은 가장 강력한 형태의 성차별주의에 직면하고, 유색인 레즈비언은 인종차별주의라는 추가 부담까지 짊어져야 한다. 잔인하리만치 억압적이고 적대적인 사회에서의 생존 경험 덕분에 그들 사이에서는 독립적이고 강하고 유능한 여성들이 수없이 등장했다. 운동 전체를 움직이는 힘을 가진 헌신적인 리더의 잠재성은 다름 아닌 이들 여성에게 있다.

우리는 요구한다:

- 레즈비언과 모든 성적 소수자들을 상대로 자행되는 사회적, 정치적, 도덕적, 법적, 경제적 차별의 종식. 성적 소수자들에 대한 차별을 법적으로 무효화할 포괄적인 법률의 시행.
- 성소수자에 대한 경찰의 괴롭힘, 야만적인 대우, 살인의 즉각적인 중지.
- 아이를 보살피고 양육할 그리고 입양하거나 돌볼 성소수자의 권리. 입양 희망자들을 성적 성향, 혼인 여부, 인종으로 차별 금지. 에이즈를 보유하고 있거나 에이즈를 갖고 있다고 의심되는 모든 사람 혹은 성적 소수자에 대한 입국을 거부한 이민법의 취소.
- 성적 소수자들에 대한 미디어의 사악하고 파괴적인 묘사 종식. 레즈비언을 일관되게 병든, 사악한 남성혐오자의 이미지로 계속 사용해서 페미니즘 운동 내부의 분열이 반복되고 있다. 우리는 그런 거짓말과 비방 전략을 고발한다.
- 의료 보험, 보험 그리고 사별과 중병에 대한 유급휴가에 성소수자들과 독립적인 여성들도 똑같이 접근할 수 있어야 한다. 모든 사람—게이와 이성애자 모두—이 스스로 정의한 가족 관계를 위해 정부가 제공한 수당을 요구할 수 있도록 동거 파트너 법을 제정하라. 동거 파트너들의 사생활권을 보호하라.

- 남색 행위를 금하는anti-sodomy 법, 상호 합의하에 이뤄지는 성행위를 제한하는 기타 법의 종식.

여성 노인

우리 사회에서 여성 노인의 어려운 처지는 모든 여성이 직면한 차별과 착취의 강화다. 이른바 존경받는다는 여성 노인의 위상에 대한 독선적인 감사나 표창장만으로 이 사회에서 가장 궁핍한 구역이 65세 이상 여성이라는 사실을 숨길 수는 없을 것이다.

젊은 여성들이 감내하는 고된 노동과 가난은 그들이 나이 들어 직면할 더 극심한 가난과 사회적 고립으로 끝난다. 일하는 여성의 불충분한 임금은 그에 상응해서 인색한 사회보장, 의료 보험과 연금수당을 야기하고, 계속 증가하는 의료서비스 비용과 생계 비용 때문에 그들은 궁지로 내몰린다.

여성의 잡스러운 집안일과 재생산 서비스에 대한 사회적 인정은 거의 주어지지 않는다. 가임기 이후에는 그마저도 철회되며, 더 이상 쓸모없는 존재로 폐기된다. 여성 노인이 처한 잔혹한 궁핍과 고립은 모든 여성에 대한 모욕이고, 해방을 위한 투쟁의 결정적인 구성요소를 이룬다.

여성 노인은 여성운동의 매우 중요한 부분이다. 끈질긴 억압에 맞서 끝없이 지속되어온 생존 투쟁 덕분에 여성의 고단한 현실을 자각하기 시작한 젊은 여성들은 더없이 소중한 지혜를 획득했다. 페미니즘 운동은 여성 노인의 고된 노동과 헌신에 의해 세워졌고, 그들의 지속적인 참여와 리더십에 의해 강화되고 있다.

우리는 요구한다:

- 모든 노인에게 생존 가능한, 노동 조항이 규정한 임금률에 따른 연금 보장.
- 존경할 만한, 보살피는, 철두철미한 의료서비스. 무료의, 좋은 직원을 거느린, 다문화적이고 다언어적인 홈케어와 건강관리. 영리를 목적으로 한 비인간적인 관찰 간호 종식. 삶의 질을 증진시키기 위해 모든 기술들, 개별 지원 장치들, 연습과 치료를 무료로 제공할 것. 가정에 배달되는 양질의 무료 식사.
- 나이와 무관한 유익하고 생산적인 삶을 살 권리. 강제 은퇴와 고용에서의 나이 차별 종식. 은퇴를 원치 않는 노인들을 위한 직업과 훈련. 노인 노동자를 보호하기 위한 연장자의 권리와 건강과 안전 조항.
- 노인이 관리, 감독하는 양질의 무료 사회적, 창조적 재원들.
- 여성 노인들을 상대로 자행되는 폭력과 폭력적인 위협 종식
- 노인—그리고 특히 여성 노인들—을 아이처럼, 쓸모없는, 의존적인 존재로 상투화하는 매체 종식.

젊은 여성

젊은 여성은 생물학적 성과 나이 때문에 이중으로 억압받는다. 그들은 가족과 교육의 죄수들이다. 자신들의 능력을 제한당하는 성역할의 사

회화 과정에 종속된 젊은 여성들은 그 결과 기회의 제한, 자존감의 파괴를 겪는다. 스스로의 삶의 과정을 결정할 그들의 기본 권리 역시 부인당한다. 생물학적 성이 자동적으로 그들의 억압을 명시하고 그들의 젊음은 그런 억압을 그들이 비교적 상대할 수 없게 만든다.

자본주의 아래에서 젊은 여성은 그들의 부모/소유주가 적절하다고 생각하는 곳에 사용된다. 핵가족의 한계에 맞서려는 그들의 투쟁—그리고 그 결과 그들이 개발하는 역동적인 리더십—은 모든 여성의 해방에 본질적이다.

우리는 요구한다:

- 물리적으로, 지적으로, 사회적으로, 정치적으로, 성적으로 자기가 속한 가족, 학교, 여타의 사회 기관 및 제도에서 자행되는 성차별적 억압에서 자유로워야 할 젊은 여성의 권리. 젊은 여성의 성적 활동에 대한 위협과 제도화에 대한 즉각적인 중지 그리고 수동적인 "여성적 역할"에 대한 그들의 거부.
- 젊은 사람들이 또래들 및 조화를 이룰 만한 어른들과 살고 성장할 수 있는 공동 주택 설립. 가족이나 공동 주택을 들락날락할 수 있는 젊은 사람의 권리에 대한 사법적 인정.
- 값싼 노동으로 극악하게 젊음을 착취하는 것을 멈출 것. 젊은 사람, 특히 노동현장에서 이중 삼중으로 차별당하는 유색인 청년과 젊은 여성을 위한 직업과 훈련. 일을 하겠다고 선택한 젊은이에게 동등한 임금과 노조의 보호 제공. 훈련이나 고용 기회에서 모든 성역할 정형화 금지.
- 광고 산업과 포르노 산업에서 젊은 여성과 아동들에 대한 착취와

학대 금지.

- 낙태권을 포함한 재생산 관련 문제에서 스스로 결정할 젊은 여성들의 권리, 그리고 십대 엄마들에 대한 사회적이고 경제적인 지원. 꾸준한 배움을 원하는 젊은 엄마를 위한 양질의 교육과 양육.

장애 여성

장애 여성은 제법 큰 소수자 집단을 이룬다. 가령 미국에서 22세에서 64세에 이르는 인구 중 4분의 1이 물리적이거나 정신적인 수준에서 장애를 가진다. 장애를 일으키는 세 가지 주요 요인―전쟁, 불안정한 노동 조건, 가난―은 직접적으로 자본주의와 연결되어 있다. 장애인은 삶의 모든 국면에서 차별과 격리에 직면한다.

특히 장애 여성은 눈에 안 보이는 사람처럼 만들어지고 사회적으로는 흉측하고 무력하고 무성적인 인간이란 낙인이 찍힌다. 그들의 섹슈얼리티는 부인되지만, 그럼에도 특히 정신적으로 장애가 있고 정신병원과 같은 보호 시설에 있는 여성의 경우, 성적 학대의 주요 타깃이 된다.

장애 여성과 장애 남성은 노동자로서 엄청난 착취를 겪는다. 그들은 다른 노동자들에 비해 훨씬 적은 임금을 받고, 심지어 무임금으로 착취당한다. 또한 구조적으로 장애인을 사회적으로 고립시킴으로써 그들의 지위는 열등한 것으로 자리 잡았다. 자율성과 자급자족성을 높이고 장애인이 사회에 공헌할 수 있도록 하는 전략보다 의존성 위주의 프로그램에 더 많은 비용이 투여된다.

우리는 요구한다:

- 온전한 법적 권리와 차별로부터의 보호를 포함하는, 장애인 사회로의 완전한 통합. 모든 장애를 가진 사람들에게 최신의 과학기술적 도움을 제공할 정부와 법인의 재정지원.
- 교통시설, 건물, 모든 공적 시설에 대한 장애인의 접근성을 재고할 것. 무료 교통시설 사용.
- 무료, 양질의 국영화된 의료 서비스.
- 차별 없는 직업 훈련과 고용. 장애를 가진 사람들의 고용을 위한 소수자 우대 정책 쿼터제. 장애인을 위한 건물 개량과 도구 변경. 노동조항이 규정한 수준의 임금이 지급되는 직업. 장애인 고용주에게 최저임금 면제를 불허하라. 모두를 위한 안전하고 건강한 노동 조건. 종종 장애인들이 강제로 노동하게 되는 착취가 일상인 공장에 노조를 만들 것. 일을 할 수 없는 사람들 모두에게 노동조항이 규정한 수준의 임금을 보장할 것.
- 필요시 시설 개량을 포함한, 장애인을 위한 평등한 교육. 장애를 배우려는 학생들을 가르칠 모든 교육적 수준의 프로그램에 대한 전폭적인 재정지원.
- 사람들의 장애를 강조하고 그들의 능력은 무시하는 사회적 상투형들 및 매체 상투형 재현의 종식.
- 모든 문화적, 교육적, 정치적 이벤트에서 정부는 청각 장애자를 위한 수화를 재정적으로 지원할 것.
- 시민과 함께 일하고 작업하는 이들을 위한 장애인 인권의 쟁점들 교육. 장애인들이 꼭 필요한 도움을 받아야 할 때에도 그들을 감추

는 데 급급한 정부 관료주의를 없앨 것.

여성과 가난

기회의 제한으로 많은 여성, 특히 싱글 맘은 어쩔 수 없이 생존을 위해 복지에 의존해야 했다. 이는 특히 유색인 여성 경우에 해당한다. 왜냐하면 그들은 인종차별과 성차별주의 때문에 교육의 기회나 적절한 수준의 임금이 보장되는 직업을 거의 얻지 못하기 때문이다.

자본주의의 본질일지 모르는 영구적인 실업과 가난으로부터 구성원들을 보호하기 위해 노동 계급은 복지를 위한 투쟁을 줄곧 지속했고 마침내 승리했다. 그러나 중요한 성취는 의존성, 무력감, 냉소를 창출하고 영구화한 시스템 안에서 왜곡되었고, 여성들은 힘과 자기 충족성을 만들어줄 노동 경험에서 소외당하고 유리되었다. 여성들이 계속 평등을 성취할 수 있으려면, 여성은 연습해야하고 경제적으로 독립해야 한다.

심지어 제한된 복지 연금도 많은 이들에게는 접근 불가능한 것이다. 가령 호주에서 한부모가정은 성적 관계를 맺으려는 기미가 보이면 복지를 거부당한다. 미국에서 급격하게 증가하는 엄마와 홈리스 인구에게는 부양 복지 연금이 전혀 제공되지 않는다. 선진자본주의 국가에서 급격하게 증가하고 있는 극빈층과 홈리스가 바로 그 시스템을 고발하는 고통스러운 현장이다.

우리는 요구한다:

- 노동 조항이 규정하는 수준의 임금 보장.
- 경제적 위협을 빌미로 강제 노동과 바람직하지 않은 일자리를 제공하는 기준 이하의 임금이 책정된 "훈련" 프로그램의 즉각적인 중지. 그런 프로그램은 여성을 값싼 노동의 도구로 이용해서 노조의 운동을 분열시키고, 대형 비즈니스를 위해 막대한 이윤을 생산하는 데 복지를 이용한다.
- 단지 상투적인 "여성들"의 분야만이 아닌 모든 직업에서 교육과 연습 프로그램에 대한 동등한 접근 보장.
- 모든 사회 보장연금 수령자들에게 무료로 법적인 지원을 제공할 공정한 고충 처리제도grievance procedures.
- 아동에게 하루 세끼 충분한 식사 공급과 교통 시설이 제공되는 24시간 무료인 양질의 양육.
- 개인이 아닌 사회가 책임지는, 임금이 지불되는 집단적인 가사 노동, 요리, 양육을 개인이 아닌 사회적 책임으로 집단화할 것. 이처럼 사회적으로 필요한 과업이 가정 내 여성들의 사적 책임으로 남아있는 한, 정부는 이들에게 임금을 지불해야 한다.
- 정부가 보조금을 제공하는 양질의 주택을 공급할 것. 복지 수급자에 대한 주택 차별을 중단할 것. 쉼터의 홈리스들에 대한 위험하고 비인간적인 "창고 관리"에 대한 종식. 영양가 높은 음식을 제공할 것.

수감된 여성

감옥은 재활과 사회복귀를 위한 시설이라기보다는 사회적 통제와 비인간적인 처벌을 위한 시설이다. 고소당한 사람의 인종, 성, 섹슈얼리티, 정치적 이데올로기, 계급은 종종 죄의 증거가 하는 것보다 더 많이 유죄 판결과 선고에 영향을 준다.

특히 여성은 경제적 절망이란 "범죄"로, 혹은 잔인한 남편이나 남자친구에 맞서 자신을 변호했다는 이유로 투옥된다. 수감되어 있는 동안, 여성들은 더 열악해진 생활 조건 속에서 신체적, 심리적, 성적 학대에 더 쉽게 노출되고 종속된다.

우리는 요구한다:

- 양질의 법적 조언을 무료로 제공받을 권리. 판결에 영향을 주는 인종차별주의와 성차별주의의 종식. 죄수와 전과자에 대한 모든 형태의 차별을 제거할 것.
- 인종차별적인, 반노동계급적인, 반인종차별적인 사형제 종식.
- 모든 정치범에게 자유를. 감각 차단을 이용한 특수 제어 장치, 특히 정치범에게 사용되게끔 고안된 제어 장치 사용을 멈출 것.
- 보복으로부터의 보호를 포함한, 스스로를 대표할 조직을 만들 죄수의 권리.
- 감옥 내 양질의 의료 서비스와 꼴사납지 않은 생활수준을 보장할 것. 죄수들을 상대로 한 의료 실험 중지. 에이즈 환자, HIV 양성 죄수에 대한 차별적 대우나 판결 금지. 모든 죄수에게 콘돔과 주사기 무료 공급.
- 이전과는 다른 직업 훈련을 포함한, 수감 생활 동안의 직업 교육과 훈련. 죄수를 값싼 노동력으로 착취하는 것을 멈출 것. 죄수를 노동 조항이 규정한 임금으로 고용할 것.

- 엄마와 함께 감옥에서 생활하는 아이들을 지속적으로 보호하고, 감옥에서 아이들과 함께 있을 것인지를 결정할 수감자의 권리를 보장할 것. 엄마와 함께 머무를 아이들을 위한 적합한 시설. 성적 경향이나 혼인여부와 상관없이 친구들, 친척들, 연인들의 무제한적인, 감시 없는 방문에 대한 모든 죄수들의 권리.
- 모든 죄수들, 특히 레즈비언과 게이들에 대한 성적 학대 종식. 죄수들에 대한 인종차별적이고 성차별적인 폭력 종식. 알몸 수색과 감옥에서의 강간을 멈출 것.

매춘의 합법화

매춘은 부르주아의 일부일처제, 중간계급의 도덕 및 청교도주의의 필연적 결과이다. 남자들의 지배를 받는, 일부일처제 가족—그리고 결혼 밖에서의 섹스에 대한 금기—을 유지해야 하는 체제의 필요를 감안한다면, 매춘은 관계들과 도덕적 가치들이 혁명화될 때까지는 계속 존재하고 있을 것이다.

여전히 여성은 희생자들이다. 직업을 훈련받을 기회, 스킬, 교육이 결여된 상태에서 어떤 여성들은 어쩔 수 없이 매춘부—압도하는 경제적, 법적, 도덕적 억압에 직면하는 역할—가 될 수밖에 없다. 이 직업의 불법성으로 말미암아 그들은 고객들의 폭력에 노출된다. 그들은 기생충에 다름없는 기둥서방들에 의해 극도로 착취당하고, 그들을 최하위의 범죄자로 다루는 경찰과 법관들에 의해 끊임없는 학대와 폭력에 노출된다.

우리는 자본주의와 그것의 성 상품—매춘이나 여타 다른 형태의—의 종식을 위해 일하지만 동시에 우리는 주변화된, 학대당하는 성 노동자들을 보호할 것을 요구한다.

우리는 요구한다:

- 즉각적이고 무조건적인 매춘 합법화. "합법화"란 단어로 우리가 의미하는 것은 매춘의 완벽한 비범죄화, 성 노동자들이 어떤 형태의 법적 괴롭힘, 벌금, 기소, 혹은 단속에 종속되지 않을 수 있어야 한다는 것이다. 성노동자들은 대신에 포주, 경찰, 고객들에 의한 폭력과 협박을 벗어나 법의 보호를 받아야 한다. 경찰의 보호를 받을 매춘부의 권리.
- 기본적인 노동 보호 안전장치 및 노조 결성 권리와 함께, 노동계급으로의 매춘부들의 통합. 자신의 수입을 기생충 같은 포주의 감시에서 자유로운 채로 통제할 수 있는 매춘부의 권리. 노조의 기준에 맞춰 보장된 매춘부를 위한 최저임금.
- 요구가 있을 시에 매춘부들을 위한 무료의 의료 서비스와 정기진단.
- 아이들을 양육할 매춘부의 권리.
- 매춘의 이유—가난, 인종차별주의, 성차별주의—의 종식. 다른 직업을 위해 매춘을 떠나기로 선택한 여성들을 위한 무료 직업 훈련 및 구직 알선.

여성을 향한 폭력

우리는 여성으로서 매일 폭력을 경험한다. 우리의 몸과 마음은 우리에게 권력을 휘두르는 변덕스럽고 무자비한 남성들―사장, 남편, 아버지, 동료 노동자, 경찰, 정부 관료―의 변덕에 종속되어 있다.

강간은 생물학적 남성의 통제의 확장, 우리를 우리 "자리"에 붙들어 두려는 테러다. 모든 여성은 모든 강간범에게 만만한 대상이다. 강간을 당하고 당국에 이의를 제기하면, 우리가 "그것을 간청했다"고 비난받는다. 성적 공격과 폭력에 대한 경찰, 의학 전문가, 법원의 냉담하고 무감각한 처리나 대우는 강간범과 똑같은 사고방식에서 나온다―관료주의의 연막에 감춰지고 국가가 비준한 것 말이다.

"희생자 비난" 태도의 극단적인 표현으로서, 폭력에 맞서 스스로를 방어하는 데 성공한 여성―특히 유색인 여성―은 종종 기소되고 투옥당한다.

가정 폭력은 모든 계급과 인종 노선을 가로지르는 전염병의 비율에 이르렀다. 종종 경찰은 부부 간 폭력을 단순히 "말다툼"으로 처리하면서, 살인이 자행될 수도 있는 공격에 여성을 무방비 상태로 남겨두고 떠난다. 경제학과 사법 시스템은 끔찍하게 구타당한 아내에게 빈번히 가정으로 돌아갈 것을 강요한다.

가부장제가 계속 지배하기 위해 여성에 대한 폭력적이고 비인간적인 착취에 의존한다는 것은 사실이다. 폭력에서 자유로워지려면 우리는 함께 힘을 합쳐 권력을 탈취하고 심리적이고 물리적인 야만으로부터 자유로운 사회를 세울 수 있어야 한다.

우리는 요구한다:

- 성적 모욕이나 공격에 대한 두려움 없이 자유롭게 살 권리. 모든 형태의 성적 폭력에 맞서 자기 방어를 할 법적 권리. 어떤 직업에서든 성적 괴롭힘이 없을 것.
- 강간과 가정폭력의 희생자들에 대한 경찰과 법의 완전한 보호. 모든 여성을 상대로 저지른 범죄에 대한 즉각적인 조사. 가해자에 대한 무죄추정의 원칙만큼이나 피해자 보호라는 최우선의 임무를 다함으로써, 사법적 가정의 밸런스를 유지할 것.
- 희생자가 아닌 당국의 수중에 놓인 증거의 부담을 통해 모든 강간범을 기소하고 구형할 것. 부부 사이의 강간을 불법화할 것. 폭력 범죄의 희생자가 원할 시에 그들 스스로 법률 사건의 방향을 정할 수 있도록 해줄 권리.
- 모든 성폭력 피해자를 위한 무료의, 공감에 기반한 건강관리. 가장 먼저 문제를 양산한 사회가 폭력 희생자에게 자행하는 독선적인 도덕적 비난을 멈출 것.
- 가정 폭력으로부터 도망친 여성을 위해 국가가 쉼터를 제공할 것. 구타당한 여성을 위한 직업 훈련과 일자리를 알선할 것.
- 강간/폭력 생존자가 상실한 수입, 정신과 심리치료, 건강관리, 그 외 폭력으로부터 발생한 비용의 변상.

환경

자본주의 세계화는 지구를 파괴하고 있다. 계급의 통치는 현금 조달의 속도를 늘리고자 우리의 삶과 미래 세대를 위태롭게 한다. 우리가 먹는 것, 물, 공기, 그리고 직업 현장, 가정, 지역사회는 이미 독으로 잠식되어 있다. 우리 신체는 특정 환경 유해물질이나 독에 민감하다.

여성들은 최악의 직업 조건으로 고통받아왔다. 여성은 농약, 유해한 핵물질 쓰레기들, 삼림 파괴, 여타 다른 형태의 환경 파괴에 맞선 싸움을 이끌어왔다. 노동자의 수중에 있는 과학기술은 인류의 발전을 위해 사용될 수 있을 것이지만, 지배계급의 수중에서 과학기술은 우리에게 불리하게 사용된다.

우리는 요구한다:

- 환경보존, 보호를 위해 천연자원 재활용이나 복원을 위한 교육과 재정지원.
- 에너지 사업의 거물energy moguls에 관련된 책을 펼쳐 보라. 에너지와 석유화학 산업을 노동자의 통제 하에 두고 국유화하라. 전 지구적 삶의 기준을 보존하고 개선할 안전하고 풍요로운 에너지 형태를 개발하라.
- 모든 핵발전소의 즉각적인 폐쇄. 핵무기 빌딩을 멈출 것. 핵 오염물질 덤핑을 멈추고 기존 방사성 쓰레기에 대한 공동체 감시하의 안전한 처리를 시행하라. 법인회사들은 핵산업 분야 노동자의 재훈련과 재고용을 완전히 책임져야 한다.
- 살인적인 살충제, 독약, 위험한 쓰레기를 환경과 일터에서 제거하라. 쓰레기 더미를 청소하고 환경 피해 복구에 대한 책임을 전적으로 기업이 질 것—쓰레기 청소에 노동자가 낸 세금을 사용하는 대신에.
- 모든 노천 채굴, 특히 암을 유발하는 우라늄 채굴 중지. 선주민의

땅을 광물이나 다른 재원을 이유로 훔치는 것 중지.

- 모든 노동자, 특히 환경 재난을 처리하는 이들을 보호할 강제적인 안전 건강 기준.

- 가난한 공동체들, 선주민 보호구역, 기업의 산업 폐기물을 제3 세계에 배출하는 행태 종식. 다른 나라를 오염시키는 제국주의 국가 산업을 종식시킬 엄격한 국제 기준.

- 우림, 툰드라, 해양을 포함한, 위험에 처한 종과 서식지에 대한 온전한 보호 및 동물에 대한 인도적인 대우를 보장할 것. 동식물의 생존은 인간의 진보를 위해 꼭 필요한 것들이므로 오직 우리들의 복지를 빌미로 희생되어서는 안 된다.

매체와 문화

라디오, TV, 비디오 게임, 언론, 영화 등은 모두 여성에 대한 편견을 마구 토해낸다. 여성은 멍청하고 경박한 바보로 그려지거나, 남성을 유혹하거나 학대당하길 좋아하는 단순한 성적 대상으로 전시된다. 우리는 우리의 "섹스 어필"로 무엇이든 파는 데 익숙하다.

남성 우월주의가 동시대 문화에 깊숙이 스며들었다. 대부분의 남자들은 그것을 자동적으로 받아들이고 거기에 맞춰 살아간다. 많은 여성들이 명백한 혼란과 좌절, 불행에도 불구하고 그렇게 하듯이. 성차별적 고정관념이 확산되는 동시에, 우리 삶에 대한 진정한 정보는 종종 검열되고 감춰진다.

우리는 요구한다:

- 여성과 유색인에 대한 미디어의 병든, 왜곡된, 천박한 이미지를 대중에게 주입하는 것을 중지할 것. 다양한 신체, 피부색을 지닌 여성들을 노골적으로 차별하는 것을 중지할 것. 깡마르고 섹시한 여성을 아름답다고 말하는 백인 사회의 오래된 미의 기준을 철회할 것.
- 여성과 아동을 성적인 눈속임으로 이용하는 광고주들을 차단할 것. 제품에 대한 주목을 끌기 위해 여성에 대한 폭력 이미지 사용을 멈출 것. 더 이상 아동을 소비주의로 유혹하고 그들의 건강이나 다른 이들에 대한 태도에 유해할 생산물의 판매를 촉진할 목적으로 제작한 광고를 중지할 것.
- 미디어는 여성의 권리 투쟁과 모든 피억압자의 운동을 진지하게 다뤄야 한다. 여성 문제의 쟁점에 대한 역사와 정보 검열을 중지할 것. 모든 정치적 관점에 대한 자유를 허할 것. 유색인과 성소수자를 포함한 모든 인류와 라이프스타일 다양성을 반영할 프로그램을 제공할 것. 상투적 이미지를 미디어에서 제거할 것.
- 수백억 달러에 달하는 국제적인 포르노 산업에 의한 여성과 아동의 폭력적인 착취를 중지할 것.

군대와 징병

우리는 노동자에게 제국주의를 옹호하고 계급의 자매와 형제들을 살해하도록 강요하는 강제 징병제에 반대한다. 그러면서도 또한 다수의 국가가 징병제에서 여성을 제외시킨 것에 반대한다.

여성들은 군사 훈련 기회를 거부당하고 군대 내에서 성역할 고정관

넘과 경제적 차별을 겪는다. 우리는 여성뿐 아니라 다른 피억압자들 또한 자기방어를 위해 군사 기술을 배워야 할 필요성을 이해한다.

우리는 요구한다:

- 징병 금지. 한 사람의 생명은 제국주의 전쟁을 위한 공적 자금이 아니다. 징병제도가 존재한다면, 징병 등록이나 징병시 여성의 성차별적 배제를 금지할 것.
- 군대에서 여성, 유색인, 성소수자, 엄마에 대한 편견과 직업 차별 종식.
- 모든 군인의 노조 임금 및 노조 결성에 대한 권리. 군복무에 따른 훈련 프로그램 및 직업 소개.
- 모두를 위한 무료 및 자발적인 군사 훈련.
- 전 세계 제국주의 군대와 고문관 철수. 군 예산을 사회 서비스로 예산으로 이동시킬 것.
- 타국에 대한 미국의 모든 개입 금지. 민주주의와 인민의 항거를 짓밟을 방법을 가르치는, 우파가 조직한 암살단과 군대의 군사훈련을 목적으로 하는 미국 후원의 육군학교의 폐지. 반제국주의 투쟁에 대한 전폭적인 지지와 모든 국가의 자결권.

자기방어권

우리는 세계 도처의 피억압자들이 폭력으로부터 스스로 방어할 권리를 지지한다. 그 위험을 제기한 게 우파 암살단이건, 억압적인 경찰이

건, 통제 불능의 남편이건, 백인 우월주의자이건, 인종차별주의 흉악범이건, 동성애를 공격하는 사람이건, 나치나 경찰국가이건 간에, 우리는 공동체에 의해 조직된 자기방어가 생존과 상식의 문제라고 믿는다.

우리는 인종차별주의자들의 공격을 받는 유색인이나 파시스트 폭력배들의 공격을 받는 반나치주의자들의 "다른 뺨 내밀기" 순교를 옹호하지 않는다. 우리는 동족으로서, 중앙아메리카 농부Campesinos에게 그들을 학살한 억압적 국가들에게 무기를 넘겨주고 투항하라고 조언하지 않는다. 우리는 강간, 폭행에 맞서 자신과 아이들을 보호하려는 여성들, 동성애혐오자들에 대항해 보호 분대를 조직하려는 성소수자들, 반노조 배신자들에 맞서 피켓을 든 동료들을 지키려는 노동자들을 지지한다.

비폭력 문제는 절대적 원칙이 아니라 전략적 쟁점이다. 우리는 물리적 대치로는 얻을 게 아무 것도 없을 때는 무모한 모험주의를 후원하거나 경찰, 나치 혹은 용역들과의 충돌을 도발하지 않는다.

우리는 요구한다:

- 경찰의 잔인한 폭력, 인종차별주의자 및 나치의 공격, 낙태 시술 병원을 향한 공격, 동성애자에게 가하는 물리적 폭력, 파업 급습, 그 밖의 다른 형태의 억압적인 폭력이나 테러에 맞서 조직적으로 동원된 피억압자들의 자기방어권에 대한 사법적 인정.

우파와 파시즘에 맞선 연합 전선을 위해

자본주의 경제 위기가 보수 우파와 파시스트를 대담하게 만든다. 그들의 목적은 비용이 얼마가 들든 이윤을 지키는 것이다. 시스템은 사회주의 혁명을 피하기 위해, 대량 학살 인종차별주의, 반유대주의, 성차별주의, 호모포비아에 의지할 것이다. 일단 권력을 획득하면, 파시즘은 모든 노조와 노동계급 공동체 단체를 짓밟고 모든 피억압자의 민주적 권리를 말살한다.

페미니즘 운동은 극우와의 싸움, 특히 낙태권을 둘러싼 싸움의 최전선에 있다. 페미니즘은 핵가족의 패권의 치명적인 공격 대상이다. 역으로 여성들은 표적화된 모든 운동을, 특히 파시즘과 우파에 대항하는 강력한 연합 전선으로 바꿀 수 있는 능력을 갖고 있다.

연합 전선은 노동계급의 이익을 대변하는 지도력과 프로그램을 갖는다. 프티부르주아나 부르주아 조직이 주도권을 쥐게 될 때 연합 전선은 약화되고 그 반대—기회주의적이고 계급에 부역하는 "인민 전선"—로 바뀐다. 인민 전선은 현상을 유지하기 위해 행동한다. 그들은 항상 지배 계급, 즉 물심양면으로 반동주의자들의 뒤를 봐주는 바로 그 계급을 묵인한다.

파시즘을 무너뜨리려는 운동에는 파벌주의, 성차별주의, 극심한 편견이 들어설 여지가 없다. 연합 전선은 노조, 유색인, 유대인, 페미니스트, 시민적 자유주의자, 성소수자들 역시 포함하려면 조직화된 좌파를 넘어설 광범위한 조직이자 단체여야 한다.

우리는 요구한다:

- 민주적으로 구성원 모두 의사결정권자로서 민주적으로 연합 전선 조직을 운영한다. 각 참여 단체는 자체 프로그램을 진행하며 반동 세력에 맞서는 특정 행동을 공동 수행하기로 동의한다.
- 파시스트로부터 우리를 보호하기 위해 경찰에 의존하지 않을 것. 나치와 KKK에 대한 정당방위를 행사할 것, 어떤 식으로든 힘의 관계와 우리 계급 내 자기 수양 정도에 따라 결정되는 특정 전술로 파시스트에 맞설 것.
- 반동 세력에 대항해 활동하는 연대, 한 사람의 부상은 모든 사람의 부상임을 잊지 않을 것.

레퓨지아 : 자치구되기 선언문

서브로사, 2002

레퓨지아REFUGIA: 빙하기와 같은 대륙 전체의 기후 변화기에 비교적 기후의 변화가 적고, 다른 지역에서는 절멸했던 생물이 살아남았던 지역. 따라서 기후가 재조정된 뒤에는 새로운 분산과 종분화가 일어날 수 있는 잔여 형태들의 중심지.(웹스터 대학생용 신사전, 1976)

레퓨지아: 이식 유전자를 가진 곡물과 유전자 변형 곡물을 번갈아 심은 경지. GM(유전자 변형) 단일재배 곡물에서 옮겨온 유전자가 민감한 곤충과 잡초 종에 야기할지 모르는 저항 변이 비율을 낮추기 위해 만들어진 곳.

레퓨지아: 바람직한 배합과 재조합이 일어나는 생성적인 자율적 지대

BAZ; 생물학적 여성의 성적 해방과 자율성을 사이버 페미니스트의 스킬, 이론, 체현, 정치적 행동주의와 연결하고 이어붙이기.

레퓨지아: 사회적으로 해방된 생성becoming과 지적인 삶의 매우 중요한 공간; 자본주의의 테일러화된Taylorized[x] 생산에서 해방된 공간; 창조적 공간과 유희를 위한, 관리와 규제에서 자유로운 시간의 공간; 실험적인 행위와 배움; 욕망하는 생산, 요리, 섭식, 솜씨 공유.

레퓨지아: 전 세계의 다양한 기후들, 경제들, 지리적 지역들에 적응·순응할 수 있는 복제가능한 개념. 모든 쓸모없는 공간은 레퓨지움refugium으로서 가치를 가질 수 있다: 교외의 잔디밭, 도시 내 공터, 지붕, 농경지의 가장자리, 숲의 선명한 지대들, 단일재배 밭에서 무단으로 전용되는 부분들, 휴경지, 잡초가 자라는 땅, 과도기 상태로 놀리고 있는 땅, 전쟁터, 사무실들, 무단점유 건물들, 기타 등등. 다품종 쌀 전답과 같은 현재 존재하는 레퓨지아들, 함께 심으면 좋은 식물이나 농작물이 자라는 밭, 친환경 농장, 실내 식물 정원 등등.

레퓨지아: 포스트모던한 공용지: 생물공학적으로 잘 견디고 저항하는 식물 정원; 명랑한 땜장이의 공간; 관습법이 통치하는 연방. 단일 재배의 모든 사회적, 환경적, 리비도적, 정치적, 유전학적인 형태로의 퇴각

---

[x] 20세기 초 산업화된 국가에서 경제와 사회의 모든 영역에서 낭비를 식별하고 제거하기 위해 노력했던 효율성 운동Efficiency Movement의 초기 지지자인 F. W. 테일러F. W. Taylor의 이론을 유래로 한 신조어. 더 효율적으로 개발하고 구현하기 위해 효과적이고 역동적인 경영에 대한 보상으로 성장을 약속한다는 의미.

이 아니라 그런 형태를 견디고 저항하는 공간.

레퓨지아: 새로운 AMO$^{\times}$와 선동-작물agit-crops의 서식지; 가령 마녀-뿌리, 맨드레이크,$^{\times\times}$ 약초를 접목한 허브인 "프로악티바ProActiva".

레퓨지아: 자본주의 바이러스와 농경 비즈니스의 탐욕으로 인해 줄곧 부패했던 필수 작물들의 회복, 쇄신, 리엔지니어링을 위한 피난처.

레퓨지아: 법인의 농업/바이오테크의 엔진을 늦추고, 그로 인해 초래될 위험을 평가할 시간을 확보하고, 장기간의 시험에서 득을 볼, 상상력이 충만한 관성의 공간.

레퓨지아: 유토피아도 디스토피아도 아닌 공간, 역설계, 말도 안 되는 접붙이기, 자발적인 세대, 재조합, 차이, 수많은 다양성을 낳는 혼종화, 야생묘목들, 돌연변이, 잡종화, 경작 주기crop circles, 변칙들, 쓸모없는 아름다움, 연합들, 선동 작물들, 꼴사나운 싹틔우기 공간. 레퓨지아의 바이오테크와 유전자 이식 작업은 욕망, 합의에 기반한 공적인 위험 평가, 박식한 아마추어의 실험, 경합적 정치, 영양과 취향의 가치, 소유를 반대하는 전문지식과 기술, 유쾌한 쾌락, 힐링에 기반할 것이다.

$^{\times}$ 자율적으로 변형된 유기체.
$^{\times\times}$ 마취제에 쓰이는 유독성 식물.

깨시민-대안 선언문

익명, 2017

도입부

우리가 가진 현재 사전에서 '깨시민woke'이라는 말보다 더 자주 보이고 불쾌하고 이기적인 용어는 없다. 깨시민은 안전핀 정치, 자위행위 상징, (도널드 트럼프 사진을 핀터레스트 레시피로 교체한) 알고리즘, 필터버블[x], 브라우저 확장으로 격려되고 수축된 좌파 미덕의 신호다.

    깨시민은 부적절한 명칭이다. 실제로는 잠들어 있고 근시안적이다. 깨시민은 쉽사리 산만해지고 방어적인 대중문화를 위해 근친교배된 안전한 공간이다. 깨시민이 뱃속의 태아처럼 몸을 동그랗게 웅크리고

---

[x]   인터넷 사용자들이 맞춤형 정보를 제공받으면서 선별된 정보에 둘러싸이게 된 현상.

〈브로드 시티〉^x에 대한 생각이나 끼적이는 동안 국내 및 전 세계적으로 확산되는 파시즘은 좌파의 권리를 짓밟고 있다.

깨시민은 쉽게 누를 수 있는 버튼이다: 경찰의 잔혹한 동영상을 공유한다.

깨시민은 아이러니를 상실했다: 플랫부시, 오클랜드 지역 아파트의 젠트리피케이션을 다룬 허핑턴포스트의 기사를 공유한다.

깨시민은 팝-낙관주의적poptimistic이다: 제이든 스미스^{xx}가 루이비통의 얼굴이 되는 것만으로도 진보의 승리를 쟁취하기에 충분하다고 믿는다.

깨시민은 현상 유지에 만족한다: 내일 당장 또 다른 경제 붕괴가 일어날지라도 이를 조작한 사람들이 충분히 교차적이라면 완벽하게 만족할 것이다.

깨시민은 "자책하지 마stop hitting yourself"(약자를 괴롭히는 상용구)를 이빨 없이 잇몸으로라도 비판하는, 신성한 문법주의 나치다. 깨시민은 자신의 이익을 위해 매우 윤리적이다.

깨시민은 새로운 복음주의적 좌파의 절대 진리다. 깨시민은 단음절 유행어로 정제된, 통합된 실패다. 해시태그가 붙은 디지털 환경에 대한 속삭임은 매번 같은 지점에 도착한다. #woke는 글자 그대로 진보의 반대말이다.

× 밀레니얼 세대에게 큰 인기를 얻었던 뉴욕풍 연속 시트콤.
×× 윌 스미스의 아들. 1998년 생으로 배우, 뮤지션으로 활동한다.

깨시민 좌파의 실패 카탈로그

1. 중도 리버럴

중도 리버럴은 실제 이론과 분리된 채, 이론적 용어와 개념을 남용했다. 학계에서 그 용어가 갖는 기원과 상관없이 정체성 정치는 소셜미디어에서 제일 번성했다. 이는 중도 리버럴들이 제일 쉽게 접근해서 이해할 수 있는 개념이기 때문이다.

> "글쎄, 정체성이 단지 게임이라면, 또 사회적 관계, 새로운 우정, 성적 쾌락 관계를 가질 유일한 절차라면, 유용하다고 할 수 있다. 그러나 정체성이 성적 실존의 문제가 되고, 사람들이 자기 '자신의 정체성'을 '발견'해야 하고, 자신의 정체성이 법, 원칙, 존재 규범이 되어야 한다고 생각한다면; 그들이 던지는 영원한 질문이 '이것이 내 정체성과 일치하는가'라면, 그렇다면, 내 생각에 그들은 구식의 이성애적 남성성과 매우 가까운 윤리로 돌아갈 것이다. 정체성의 질문에 공감하느냐고 누가 묻는다면, 정체성은 우리 자신의 독특한 자아들에 대한 것이어야 할 것이다. 우리가 우리 자신과 가져야 하는 관계는 정체성의 관계가 아니라, 오히려 그 관계는 차별화, 창조, 혁신의 관계여야 한다. 동일자가 된다는 것은 정말로 따분하고 지루하다. 우리는 이 정체성을 통해 사람들이 쾌락을 발견할 때 그 정체성을 배제해서는 안 된다. 그러나 우리는 이 정체성을 윤리적인 보편적 규칙으로 간주해서는 안 된다."

— 미셸 푸코,《성, 권력, 정체성 정치》(1984)

그러나 정체성 정치는 거대한 앨버트로스처럼 걸림돌이 되었다. 중도와 래디컬은 너무나 열정적으로 억압된 정체성을 복음화했다. 토론의 여지, 논쟁을 위한 자리도 없었다. 호출, 맞받아치기, 그리고 다른 리얼리티 TV의 방언이 변증법을 대체했다.

대표성은 중도 리버럴을 위한 사회 진보 성향을 입증할 수 있는 리트머스다—TV 시리즈 〈오렌지 이즈 더 뉴 블랙〉은 여성 주연 및 다인종 캐스팅으로 더 포용적이고 다양해 보이는 작품이었다. 중도 리버럴은 해설 기사think pieces,ˣ 리스티클listicles,ˣˣ 알림과 리트윗이 결코 끝나지 않는, 에코 체임버*에 거주한다.

알고리즘 게토에 거주하는 사람들은 누구나 사회에 대한 자신들의 느낌이나 감정을 공유한다. 알고리즘이 그들의 보잘것없는 모퉁이를 현실에서보다 더 크고 넓은 것처럼 만든다. 그 결과 중도는 이런 근시안을 사회 일반으로 확장한다.

양당의 타협과 절충을 통해 알트-라이트alt-rightˣˣ가 탄생하는 데 중도가 조산사 역할을 했다. 중도 리버럴은 민주당이 우파 쪽으로 미끄러지듯 진입하고 그럼으로써 친극우 담론의 수준을 보강하고 뒷받침하는 데도, 기본적으로 과분하리만치 민주당을 칭찬하고 민주당을 신

ˣ 개인의 관점이 나타나는 신문, 잡지의 기사.

ˣˣ 주제 하나에 대한 여러 목록을 작성하는 식으로 구성된 기사 서술 방식.

* 소셜 미디어에서 비슷한 성향의 시청자들만 모여 소통한 결과 타인의 이야기는 안 들리고, 자신들의 이야기만 증폭돼 진실인 것처럼 느껴지는 현상.

** 미국의 온라인 보수 세력.

뢰하는 데 만족한다. 20세기 말과 21세기 초가 중도와 보수가 고집스럽게 합심해서 오늘날의 권위주의를 만든 시기였음은 중요하게 기억되어야 한다.

신보수주의가 신자유주의 경제 의제를 보완했던 사회정치적 계획을 입안했다. 바로 이런 이유로 래디컬 좌파는 "명령과 통제 감시활동", 대중 감시, 그리고 21세기의 원리라 할 수 있을 무한 복지를 이유로 보수뿐 만 아니라 리버럴 역시 비난한다.

중도 리버럴은 구조적 억압을 설명하면서 그것을 제거할 이론적인 프레임워크를 제공했지만, 젠더와 섹슈얼리티가 교차하는 스펙트럼 위에서 인종차별주의와 평등에 관심을 갖는 듯한 외양은 유지했다.

이것은 진보를 신비화한 명백한 소극笑劇이다. 극우는 현실적으로 어떤 진지하고 심각한 정치적 차질도 겪지 않았기에 거기서 이득을 얻었다. 자유주의는 변화에 대한 현실적인 요구를 진정시킴으로써, 알트-라이트를 양육할 인큐베이터를 제공했다.

> "만약 열정 없는 정치가 냉정한, 관료주의적인 테크노크라시를 낳게 된다면 분석 없는 열정은 효과적 행동을 위해 리비도에 의해 추동되는 대리모가 될 위험이 있다. 정치는 개인의 힘의 강화의 여러 감정에 대한 것으로 바뀌게 되고, 그 결과 전략적 이득의 부재는 은폐된다."
> — 닉 스르니첵 & 알렉스 윌리엄스,《미래를 발명하기》(2015)

2. 래디컬 좌파

리버럴이 복음주의자, 진주를 걸친 깨시민 좌파 사도라면, 래디컬은 성 어거스틴,[×] 즉 종교적 교리의 해설자이자 교사이다. 래디컬은 비판의 언어와 분위기를 창조하는, 아카데미 & 행동주의에 거주하는 전위이다.

래디컬의 이데올로기는 대학의 지식인부터 소셜 미디어의 중도 리버럴로, 더 최근에는 알트-라이트로 흘러간다(즉 "밈 마법"을 경유해서 문화 교란culture jamming으로 또는 동일성주의identitarianism를 통한 정체성 정치와 백인 민족주의의 합성으로).

래디컬은 주야장천 아무런 구체적 대답도 없는 비판만 해대면서 모든 책임에서 면제되기 위해, 리버럴을 희생양으로 만든다. 현재 모습의 래디컬 좌파는 전략 면에서 다소 화석화되어 즉각적인 리모델링이 필요하다.

래디컬은 오직 학계와 행동주의 주변부에 거주하는 것을 너무 편하게 받아들인다. 래디컬 학자와 활동가는 알고리즘뿐 아니라 알고리즘의 노후화로 고립되어 있다. 래디컬 학계는 지식인과 더 넓은 사회 사이의 간극을 좁히는 데 실패했다.

즉 지식인들은 헤게모니와 규범성을 전복하는 데 실패했다. 학계에서의 활동은 대학 너머로 나아가고 공공 교육을 구체적으로 개혁하기에 턱없이 부족한 상태이다. 지식인들은 아주 일찍부터 자연과학을 정치화하는 데 실패했다. 지식인들은 프로그래밍과 해커문화에서 신자

[×] 초기 기독교가 낳은 철학자, 사상가.

308

유주의와 자유주의자들에게 졌다. 컴퓨터 사이언스는 사이버펑크에서 실리콘 밸리 벤처 자본주의로 옮겨갔다.

학자들은 대학을 넘어서 공교육에 긍정적인 개혁을 하기에는 충분하지 않았다. 지식인들은 충분히 일찍 자연과학을 정치화하는 데 실패했다. 지식인들은 신자유주의와 자유지상주의자에게 프로그래밍과 해커 문화를 잃었다. 컴퓨터 과학은 사이버펑크에서 실리콘 밸리 벤처 자본주의로 전환되었다.

학계 래디컬이 성공했다면 기후변화에 맞서 싸우는 데 정당성을 더 많이 확보할 수 있었을까? 아니면 전통 저널리즘은 포스트-사실 정보 경제post-fact information economy에 그렇게 쉽게 패배하지 않았을까? 이제 우리에게 남은 것은 반지성적인, 쉽게 동요하는 대중주의 블록의 지배를 받는, 성직자로서의 교수와 학생이 일궈내는 새로운 스콜라주의이다.

"학습은 체제 권력을 위협하면서 미래에 통제권을 넘겨준다. 모든 정치적 구조는 강경한 방식으로 학습을 억압하면서, 학습을 고분고분한 사람을 만들어내는 순응주의적 교육으로 대체하고, 특권을 지혜로 재생산 중이다. 사회적 장치인 학교의 특수한 기능은 학습 능력을 빼앗는 것이고, 대학은 글로벌 사회적 기억의 영구적인 재구성을 통해 학교 교육을 정당화하는 데 사용된다. 가까운 미래에 대도시 교육 체계의 붕괴와 기업의 대학 인수는 거의 같은 시간대에 일어날 것이다. 그렇게 내몰린 대학 기관은 그 뒤에는 온라인 공간에서 정보를 탐색하는 사람들의 소프트 무기류를 제작·생산하는, 기억상실증에 걸린 하부 공간cataspace-탐사 지대나 기지가 될 공산이 크다."

─닉 랜드,《대폭락》(1994)

래디컬 활동가의 저항은 그 의미를 상실했다. 의회에는 래디컬이 거의 존재하지 않는다. 래디컬한 법률 입안자도 존재하지 않는다. 래디컬한 판사도 존재하지 않는다. 공동체 조직은 유익하지만 그것만 갖고는 안 된다. 래디컬이 의미를 갖기 위해서는 변화하는 지구의 기후에 적응할 만큼 자신의 영역을 넓혀야 한다.

"하나의 조직, 전략이나 전술이 모든 종류의 투쟁에 공평하게 적용된다는 생각은 오늘날 좌파 사이에 가장 만연하고 해로운 믿음 중 하나이다. 모든 정치적 프로젝트에 접근하기에 앞서 수단과 목적, 적과 동지에 대한 전략적 성찰이 필요하다. 글로벌자본주의의 본성을 떠올린다면, 모든 포스트자본주의적 프로젝트는 야망이 넘치는, 추상적인, 중재되고, 복잡하고 글로벌한 접근방식─민속folk-정치적인 접근방식이 제공 가능한─을 필요로 할 것이다."
─닉 스르니첵 & 알렉스 윌리엄스,《미래를 발명하기》

#ALTWOKE는 무엇인가

1. 이론

깨시민-대안AltWoke은 변화무쌍한 디지털 시대를 항해하려는 포스트

310

모던 좌파의 새로운 각성이다. 깨시민-대안은 새로운 신좌파로 범주화될 수 있다. 또는 제2 물결 네오마르크스주의. 탈진실 좌파. 실리콘밸리 테크노-신자유주의. 반자유주의 포스트자본주의적 좌파. 깨시민-대안은 실리콘밸리 테크노-신자유주의의 안티테제다. 깨시민-대안은 커즈와일Kurzweil× 숭배가 아니다. 깨시민-대안은 단지 알트-라이트와 유사하지 않다. 깨시민-대안은 좌파 정치로 주입된 계획 입안이다. 깨시민-대안은 기후변화의 악화를 방지하려고 싸우고 국경을 개방하고 새로운 형태의 도시 계획 입안과 서구 헤게모니 폐지를 위해, 보편적인 기본 수업, 생명공학 기술 및 급진적인 에너지 개혁을 지지한다. 깨시민-대안은 재난에서 기회를 엿본다. 깨시민-대안은 파시즘에서 미래파를 갈취하는 좌파다. 데이비드 하비는 #altwoke이다. 국제 상황주의는 #altwoke이다. 릴 비는 #altwoke이다. 장 보드리야르는 #altwoke이다. 코도 에슌은 #altwoke이다. 마크 피셔는 #altwoke이다. 로베르토 망가베이라 웅거는 #altwoke이다. 에드워드 스노든은 #altwoke이다. 대니얼 켈러는 #altwoke이다. 첼시아 매닝은 #altwoke이다. 테오 패리시는 #altwoke이다. 윌리엄 깁슨은 #altwoke이다. 홀리 헤른돈은 #altwoke이다. 프란츠 파농은 #altwoke이다. 앨빈 토플러는 #altwoke이다.

× 레이 커즈와일Ray Kurzweil은 현 세계 최고의 발명가이자 사상가, 미래학자 가운데 한 사람이다. 《월스트리트 저널》은 그를 "지칠 줄 모르는 천재"로, 《포브스》는 그를 "최고의 생각하는 기계"로 칭한 바있다.

2. 시학

반 리버럴, 좌파 가속주의. 혁명은 느리고 점진적이다.

테크놀로지, 미디어, 전 지구적 시장, 문화가 진보를 가속화한다.

깨시민-대안은 포스트-사실 정보 경제를 교육적 수단으로 끌어안는다.

문화가 정책보다 더 중요하다.

낙수 효과trickle down 이데올로기[×]; 깨시민-대안은 정상화와 초현실을 끌어안는다.

밈적 반란insurrection: 문화 교란(문화 전파 방해)은 우리가 가고자 하는 방향에서 정상화를 공격하려는 선택의 무기이다.

제노페미니즘. 기술은 교차성 정치에서 간과되는 요소이다. 유럽중심주의와 남근중심주의는 우파의 지극한 노력에도 이미 한물갔다. 퀴어는 명사가 아니라 동사다. 자연이 억압적이라면 자연을 바꿔라. "변태"를 정상화하라.

글로벌리즘을 개인적인 라이프스타일로 재전유하기.

깨시민-대안은 사기이고, 부도덕이고, 문제적이다. 그러나 동시에 양심적이다. 목적이 항상 수단을 정당화한다. 우파는 아래를 친다. 그러니 우리는 더 낮은 곳, 더 힘든 곳을 자비심 없이 치자.

깨시민-대안은 미래에 대해 조심스럽게 낙관적이다.

[×] 방울이 똑똑 떨어진다는 글자그대로의 의미를 토대로 부자들, 대기업들을 위한 성장을 촉진하면 중소기업이나 소비자도 그 효과를 얻게 된다는, 보수 정부의 친기업 정책 일반을 가리키는 이데올로기.

실천에 대한 서문

왜 좌파 가속주의를 지지하는가?

가속주의는 좌파 사이에서 논쟁을 유발하는 뭉툭한 용어이다. 따라서 가속주의가 무엇인지를 이해하려면, 가속주의가 아닌 것을 이해하는 게 핵심이다.

가속주의는 자본주의 팽창을 용인하고, 그럼으로써 자본주의가 가진 부식적인 모순이 견딜 수 없을 만큼 악화되어 피억압자와 노동계급이 저항하도록 내버려두는 것을 제안하지 않는다.

#Alt-Woke 역시 그렇게 단순하고 어리석은 프레임워크를 지지하지 않으며 또 앞으로도 지지하지 않을 것이다.

중립적으로 정리한다면, 가속주의는 신자유주의가 경제적으로, 기술적으로 세계적으로 너무 많은 성장을 촉진해 사회적 모순을 "피할 수 없기" 때문에 결국 새로운 사회적 통합 플랫폼을 만들기 위해 공백을 창조하고자 한다. 즉 이전의 봉건제도처럼 후기 자본주의는 일시적이고, 이제 자신의 한계에 이르고 있기에, 결국 그것을 대체할 다른 사회경제적 이데올로기들을 배양하게 되는 것이다.

우파식으로 이해된 가속주의는 분열이고 불화이다: 네오반동NRx은 신자유주의의 최종 결론을 향해 가속화하고 있는 래디컬한 자유지상주의libertarianism이다: 금권정치 법인 군주제(국가로서의 인간). 그다음 두 번째인 알트-라이트는 자본주의의 궁극적인 결론인 테크노파시즘[x]을

× 과학적 지식과 전문적 기술을 갖춘 관료 집단이 국가 행정 및 운영의 핵심을 장악하고, 현 사회가 당면한 문제를 과학기술로 해결할 수 있다고 낙관하는 기술지배는 당연히 내부의 차이, 다양성을 박멸해야할 것으로 간주하면서 테크노파시즘으로 귀결된다.

향해 가속화하고 있는 백인의 정체성 정치다.

좌파 가속주의는 자본주의에서 벗어나는 유일한 길은 자본주의를 통하는 것이라고 주장한다. 자본주의가 한계에 이르렀고, 더 이상 스스로 지탱할 수 없다는 것이 명백해졌다. 자본주의와 민주주의의 결합은 구조 권력의 악화에 맞서 싸우는 좌파 투쟁의 강력한 방해물이었다. 자본주의 후기 국면에서, 자본주의와 민주주의의 분리가 임박했다.

"그러나 일반적으로 우리 시대의 보호 시스템은 보수적이고 반면에 자유무역 시스템은 파괴적이다. 그것은 낡은 국적성을 분쇄하고 프롤레타리아와 부르주아지의 반목과 대립을 극단으로까지 밀어붙인다. 다시 말해서 자유무역 시스템은 사회적 혁명을 재촉한다. 신사들이여, 바로 이런 혁명적인 의미에서만 나는 자유무역을 지지할 것입니다."
―칼 마르크스, 《자유무역에 대한 질문》(1884)

좌파 가속주의는 수직적인 구조 과학tektology을 종합하려는 마르크스주의에 대한 지지이고 옹호이다. 자본주의의 붕괴를 선취한 좌파 가속주의는 성장과 테크놀로지를 그것의 창시자의 생각과 어긋나도록 수정해서 붕괴로 내몰아 좌파의 대항-헤게모니와 만나게 한다. 자본주의는 통합 네트워크의 능률을 제공한다. 자본주의는 자신의 탐욕스러운 성장이 초래할 불평등의 악화를 방지할 도구를 제공한다. 결핍 이후Post-scarcity인바 사회주의 사회는 자본주의가 생산한 테크놀로지의 힘 덕분에 스스로를 지탱할 수 있다.

"자유시장 공산주의의 역설은 훨씬 더 극적이다: 대단히 강력한 비난을 받는 이데올로기적인 양극단을 합쳐 만든 그 단어는 한편으로는 자본주의와 다른 한편으로는 그것의 최대의 적이자 장래의 무덤 파는 사람 사이에서 오도 가도 못한 채 교착상태에 놓인 멕시코인을 가리킨다. 그러나 이런 방식으로 자유 시장과 공산주의란 용어를 결합한 지점은 공산주의 개념의 선별된 특질들을 사용해서 자본주의 시장이 진정 자유롭다는 것을 표현할 만큼 자본주의 시장을 바꾸고, 동시에 자유시장의 선별된 특질들을 사용해서 치명적이리만치 국가와 뒤얽혀 있는 공산주의를 자유롭게 만드는 것이다.”

—유진 W. 홀랜드,《유목민 시민권: 자유시장 공산주의와 슬로 모션 총파업》(2011)

가속의 과정은 이미 시작되어 순항 중이고, 오직 가장 교조적이고 순박한 자유주의자들만이 그것을 반대할 것이다. 좌파 가속주의는 개혁이나 혁명 같은 전통적인 방안에 대한 대안으로서 권력 내부에서 권력을 재조직하려고 한다. 좌파 가속주의는 개혁이나 혁명과 같은 방안을 완벽히 폐기하지 않으면서도 그렇게 한다.

좌파 가속주의는 마르크스주의와 수직 규모의 구조 과학을 종합한 것이다. 그것은 기 드보르Guy Debord를 경유한 그람시Gramsci이고 들뢰즈를 경유한 데이비드 하비David Harvey이다.

왜 포스트-사실facts/포스트-진실truth 정보 경제를 겨냥으려 하는가?

현재 상태 그대로라면 서사가 사실들보다 더 중요하다. 미디어와 커뮤니케이션은 지나치게 가속화되고 있어서 정치적 스펙트럼의 양측은 합의를 놓고 벌어지는 싸움에 갇혀버렸다. 전통적인 교육학은 이런 사레나 심급에서는 작동하지 않을 것이다. 좌파는 이 점을 자신에게 유리하게 사용하지 않은 채 상처를 입고 있다.

"때때로 사람들은 아주 강력한 핵심 믿음을 고수한다. 그 믿음에 위배되는 증거를 아무리 제시한들 그들은 새로운 증거를 받아들이지 못할 것이다. 그것은 인지적 부조화라 불리는 극단적으로 불편한 감정을 창조할 것이다. 핵심 믿음을 고수하고 보호하는 게 너무나 중요하기에 그들은 핵심 믿음에 들어맞지 않는 것은 모두 무시하고 심지어 부인하면서 자기 자신을 합리화할 것이다."
—프란츠 파농,《검은 피부, 흰 가면》(1952)

왜 정책보다 문화가 더 중요한가? 왜 밈 연구memetics를 무기화하는가? "낙수 효과 이데올로기"는 무엇인가? 왜 초현실과 정상화를 지지하는가?

문화는 사회의 바로미터이다. 누구나 인용할 만큼 유명해진 마셜 매클루언의 문장, "미디어는 마사지다"에 촉발된 밈을 근거로 그런 상황을 가장 진지하게 다룬 사람은 아마 작가 조슈아 메이로비츠Joshua Meyrowwitz일 것이다. 그의 저서《장소 감각의 상실No Sense of Place》은 텔레비전이 정보에 대한 사회의 접근방식을 바꿈으로써 어떻게 사회를 바꿨는지를 분석했다.

메이로비츠는 정보 권력 시스템에 대한 분명한 이론을 제시하고 텔레비전이 그 시스템을 붕괴시킨 방식들을 분석한다. 책의 끝 부분에서 메이로비츠는 다음과 같은 세 개의 특수한 주제를 선택한다: 유년기와 성년기의 합병, 남성성과 여성성의 합병, 권력의 탈신비화를 통한 정치적 영웅의 저열화.

메이로비츠는 근본적으로 많은 사회적 집단 분할과 적개심은 정보와 공간에 대한 접근성과 제한 때문에 존재한다고 믿는다. 정보와 공간이 분리되어 있을 때, 사회 집단들 사이의 경계가 느슨해진다. 가령 TV 쇼 〈제퍼슨〉은 자신들의 거실에 있는 백인들을 흑인 가정의 거실로 끌어들였다; 그리고 베트남 전쟁에 대한 언론의 보도는 본능적이리만치 상세하게 "전쟁을 집으로 가져왔다."

밈은 증류되고 재포장된 이데올로기이고 입소문을 통해 배포될 준비가 되어 있다. 인터넷은 AI와 같다: 자기 자신의 주권적 통일체로서 작동하는 커뮤니케이션 네트워크. 소셜 미디어 플랫폼들, 그리고 다른 커뮤니케이션 테크놀로지들이 생각의 흐름을 가속화하고 전통적인 미디어에 의해 정해진 자리를 고수해야 했던 제한들을 무시하고 건너뛴다.

뉴욕의 한 기자는 트위터를 통해 워싱턴의 상원의원과 설전을 벌일 수 있다. 뉴스 웹사이트(/Pol, Breibart, Reddit)에서 정치 교육을 받은 위스콘신의 열일곱 청소년도 그 대화에 참여할 수 있고 그것을 분열시킬 수 있다. 이것이 불행하게도 최고의 시나리오이다. 이데올로기는 밈적인 바이러스이다. 밈은 반란을 불러오는 미디어이다. 인터넷은 반란을 불러오는 테크놀로지이다.

> "스펙터클은 스스로를 사회의 전부이자, 사회의 부분이자, 통일의 도구로 제시된다. 사회의 부분으로서 스펙터클은 특히 모든 응시하기와 모든 의식을 집중시키는 구역이다. 바로 이런 구역이 분리되어 있다는 사실 덕분에, 스펙터클은 현혹된 응시와 허위의식의 공통의 지

반이고, 스펙터클이 획득한 통일은 일반화된 분리의 공식 언어에 불과하다. 스펙터클은 이미지들의 묶음이 아니라 사람들 사이의 사회적 관계, 이미지에 의해 매개된 관계이다."

―기 드보르,《스펙터클의 사회》(1967)

제노페미니즘은 무엇인가?

좌파 가속주의의 한 형태인 제노페미니즘을 확장해서 본다면 정체성 정치에 대한 깨시민-대안의 대답으로 독해할 수 있다. 혹은 더 정확하게는 제노페미니즘은 리버럴한 "특권"에 기반한 정체성 정치를 비판하고, 좌파의 "비판 이론"에 기반한 정체성 정치를 과학기술적인 프레임워크 안으로 끌어들여 재배치한다.

혁신은 자본주의 성장의 결과이다. 권력이 단지 자본주의와 같은 구조뿐 아니라 인종차별주의, 식민주의, 이성애 규범성과 같은 자신의 화신들을 통해서도 작동한다는 것을 인정하지 않는다면 이는 무책임한 것이다.

사람들이 정보를 퍼뜨리고 처리하고 함께 소통하는 방식에 과학기술이 어떻게 영향을 미치고 그 방식을 바꾸는지에 대한 질문 제기가 왜 무조건적 명령인지는 역사가 알려준다. 이것은 항상 교차적인 참조의 프레임에 입각해 고찰되어야 한다.

깨시민-대안은 정체성 정치가 자유주의 정체성 정치의 핵심이자 난제인 환원주의적인, 이차원적인 재현을 반대하는 한에서는 정체성 정치에 반대하지 않는다. 정체성 정치의 사유 방식은 섬세한 뉘앙스를 간과하기 마련이고, 종종 단일한 문구들, 그리고 누가 참여하게 되는가에 대한 하찮은 논증으로 돌변한다. 나쁜 정치가 모든 재현 형태로 몰려든다.

헤게모니는 후기 자본주의의 모든 사회생활 국면들을 오염시키면서 작동하지만 이런 사실은 아직도 명백하게 지적되지 않는다─헤게모니의 실존은 폭로되어야 한다. 문화의 더욱 불확실하고 미심쩍은 구체화가 들려주는 이야기는 누군가는 칭찬, 감탄을 받고 다른 누군가는 그렇지 않은지, 종국에는 누구의 삶이 가치 있고 누구의 삶은 그렇지 않은지를 드러낸다. 자본주의는 여전히 백인 남성이란 지배적인 도관을 통해서 작동한다.

그러나 부인할 수 없는 문화적 변화 역시 일어나고 있다. 서구 예외주의의 쇼비니즘, 본질주의, 중심의 초석인 "백인성"은 사회정치적으로 만나게 되는 막다른 골목이다. 심지어 비백인, 비서구, 논바이너리 정체성이 그 과정을 가속화하는 동안에도 그것은 불가능한 패러다임 안에 자신을 가둔다. 중국이 초강대국 지위을 향해 가고 있을 때 서구는 바스라지고 무너진다. 팝 음악이 R&B와 동음이의어인 것은 이제 우연의 일치가 아니다. 힙합, 테크노, 하우스, 풋워크가, 언어, 형식, 음색, 미학이 이질적이고 낯선 고원plateaus으로 가속화하여 전위와 팝 사이의 간극을 메우고 연결하고 있다.

알트-라이트가 선택이란 단어를 멸칭인 "부정한 아내의 남편cuckold"으로 대체해 사용하는지, 그 이유가 왜 놀랍지 않은가? 극우파old guard는 억압과 불평등을 불변하고, "자연스러운" 것으로 간주하면서 정당화한다. 변태스러운 타자가 이런 "자연스러운" 위계를 위협한다. 변태의 정상화는 궁극적인 문화 교란이다. 유부녀의 간통cuckoldry은 정상을 벗어난 변태이고 변태는 전위이다. #BlackPopMatters.

왜 세계주의를 포용하고 재전유하는가?

깨시민-대안은 "국가"를 정보 네트워크로, 시민 → 사용자로 지각한다. 인터넷의 통치 구조는 국가의 발명이 시민 주체성을 창조했던 것과 마찬가지로 권력, 사용자의 주체성을 생성한다. 글로벌 규모의 계산은 새로운 지배적 리좀 건축물을 설계했다. 모든 시스템은 플랫폼 스택stacks으로 통합되었고, 더 나아가 국가와 통치는 사물 인터넷(IoT)의 여러 요소 중 하나에 불과해진다.

사람은 기본적 권리로서 모든 물리적 공간을 드나들 수 있어야 한다. 정치는 물리적 영토와 완전히 다른 것이다. 일단 정치적 집단 분류가 비공간적aspatial 네트워크—정보적, 인공두뇌학적—임을 깨달은 상황에서는, 깨시민-대안의 가속주의는 정치로부터 땅을 완전히 분리시켰다.

낡은 패러다임은 피, 땅, 그리고 언어에 의한 정치적 집단 분류였다. 그것들이 모두 네트워크였다. 사이버공간은 피, 땅, 언어와 같은 인공적인 네트워크다. 그것은 즉각적이기에 역시 더 낫다. 정치를 땅, 국가, 종족성, 혹은 언어학에 대한 방어라고 주장하는 이들은 극우파이다. 그들이 옳지 않다는 것은 증명 가능한 것이고, 그들은 인민과 인민의 자유 사이에 존립한다.

"지질학은 정렬 논리가 있는 한 그 자체로 분별력이 있다. 뚜렷한 단층, 조약돌, 바위, 다양한 종류의 물질들을 읽고 분류하고 조직하고(로저 카이유는 이 행위성agency을 '컴퓨터화computational'라고 부른다) 접고 지층의 생물학적인 점액을 다양한 층위와 연결 짓는 한, 자기 자신을 잘 알고 있다."

—캐스린 유소프,《인류 발생: 인류세의 기원과 끝》(2015)

13개의 미국 식민지의 경제적 활동들이 선적 시간표, 상업 기반 시설과 같은 공통의 표준으로 기능하면서 유대감의 의식을 계발하고, 네트워크 참여자 간의 공생 의식으로 발전하고 유사성을 가정하게 됨으로써 미국이란 국가가 만들어졌다.

민족이 땅과 공외연적인coextensive 것은 땅이 피나 생물학(흙을 찬미하려는 역사적 파시즘과 동시대 민족주의의 패착)에 밀착되어서가 아니라 물리적 지리인바 그 위로 중첩되는 네트워크를 규정하기 때문이다.

가령 유럽은 아주 오랜 시간 동안 발칸화되면서balkanized[×] 국가들로 나뉘어졌고, 사람들은 산맥, 바다, 먼 거리에 의해 나뉘어졌고, 그런 물리적 지리를 수정하면서 만나고 흩어졌다(1648년 이전에 유럽을 통치했던, 환상적인 도로 시스템을 갖고 있던 스페인의 헤게모니를 참조하라).

오늘날 고속도로 시스템, 선적, 느슨한 국경이 그런 국가들 사이의 곤경이나 장애를 최소화하거나 제거하고 유럽 네트워크에 대한 모든 국가가 접근할 수 있게 만들었다는 사실에 근거해 범유럽주의가 성장하고 있다. 그러나 범유럽주의를 추동한 바로 그 힘이 글로벌 사회를 암시한다는 것을 이해하지 못하기에 범유럽주의는 실패한다.

따라서 정보 네트워크와 장소를 분리하면, 장소가 네트워크 및 사용자를 규정하고, 또 사용자 간의 상호작용에 따라 생각을 규정한다는 생각은 거의 사라진다. 대신에 사용자는 글로벌화된 세계에서 자신이 살고 있는 곳의 실제 이웃이나 다른 곳(도시/국가/민족/지역)의 누군가와

[×] 큰 지역이나 국가가 더 작은 지역이나 국가로 쪼개지는 것을 가리키는 조롱섞인 표현.

상호작용할 때 동일한 네트워크를 이용하게 될 것이다. 따라서 우리는 모두 지구 행성인이라는 의식의 형성은 필연적인 것이다.

#AltWoke는 왜 비도덕적인가?

짧은 대답: 정치는 비도덕적이다. 긴 답변: 서구 통치의 정치적 인프라는 지금 상태로는 계속 붕괴할 것이고. 우파는 구조적 권력의 목을 강하게 조르고 있다. 우파 가속주의가 좌파 가속주의보다 몇 걸음 앞서 있다.

미국에서 GOP^X는 내파하고 있고, 알트-라이트가 이 한물간 당을 천천히 대체하고 있다. 우파는 통속적이다. 그러므로 우리는 도덕적인 주요 도로를 택하길 멈추고 훨씬 더 악취를 낼 것이다. 좌파는 구조적 힘을 전혀 쟁취하지 못했고, 화형대는 너무 멀고 높은 곳에 있다. 우리는 진정 모두 잃을 것처럼 패색이 짙다.

좌파 실천의 전통적인 수단은 이런 상승일로에 있는 상부구조에 맞서기엔 턱없이 부족하다. 모든 개인에게 종족적, 인종적, 성적 소수자들의 휴머니티를 존경하라고 요구한다면 너무 소박한 요구일 것이다. 정치적 좌파가 변화를 촉구하고 이끄는 데 필요한 것은 더 기만적이고 더 전복적인 방법들이다. #Alt-Woke의 실천은 오히려 블라디슬라프 수르코프Vladislav Surkov가 주창한 "비선형적 복지" 개념의 재전유이다. 우리는 정정당당하게 싸우지 않는다. 우리는 더 이상 시민이지 않을 것이다. 우리는 권력에 저항하지 않는다, 우리가 권력을 장악한다.

× 전통적으로 공화당을 가리키는 약어.

3. 실천

깨시민-대안의 실천과 연관한 질문은 좌파 가속주의 프락시스Left-Accelerationist Praxis의 질문, '어떻게 정치적으로 조직할 것인가?'이기도 하다. 깨시민-대안의 실천은 두 개의 양상구조modal structure, 즉 오른손의 실천Right Hand Praxis과 왼손의 실천Left Hand Praxis, 혹은 파업하는 손과 다른 용도에 맞게 고치는 손을 갖는다. 오른손의 실천은 알트-라이트에 생긴 균열을 이용해서, 길을 닦는 데 장애가 되는 모든 걸림돌을 부술 것이고, 그럼으로써 왼손의 실천이 오버톤 윈도Overtone Window[x]를 바꿀 수 있게 만들 것이다. 왼손의 실천은 대항-헤게모니를 촉발하기 위해 기존의 과학기술, 네트워크, 권력 구조를 다른 식으로 교정할 것이다. 왼손의 실천은 깨시민-대안을 명백히 지지하지도 신봉하지도 않은 채로 깨시민-대안의 핵심이 성공하도록 돕는다. 프라이버시가 왼손의 실천에 결정적이다. 따라서 프라이버시의 리스트는 만들어지지 않을 것이다. 그러나 다국적 법인 정체성을 전유하는 게 매우 중요한 첫걸음이다.

오른손의 실천

알트-라이트에 대항하는 감시. 그들의 공간에 침입하고 그들의 안전한 공간을 부수라.

---

[x] 대중이 수용할 만큼 급진적이지도 극단적이지도 않은 생각.

필터 버블[x]을 벗어나 그들의 언어를 배우라. 그들이 누구인지, 그리고 그들이 무엇을 믿는지를 배우라. 그들을 감시하기 위해서만 그들과 친구가 돼라. 온라인에서 음흉한 의도로 은밀한 정보를 검색하는 독서들doxers의 정보를 은밀히 검색하라dox.

유사 과학에 경도된 우파의 편집증과 친밀감을 활용하고 착취하고 활용하라. 부록이 테스토스테론을 증가시킬 것이라든지 은박지 통신망이 휴대폰 신호를 차단할 것이라는 게 그들이 믿는 바라면 그 시장을 착취하고 활용하라.

액션 핵티비즘hacktivism[xx]을 관리 감독하라. #altwoke를 널리 퍼뜨려라. 트위터봇 선전 선동.

포스트-사실 문화를 전유하라. 음모 이론은 밈적으로 강력하다. 좌파는 자기 것을 만들지 않음으로써, 남에게 피해를 주고 몹쓸 짓을 한다. 그들의 언어를 써서 어쩔 수 없이 그들의 언어를 듣고 있게 만들어라: "피터 틸Peter Thiel[*]은 빌더버그 그룹Bilderberg Group[**]의 멤버이다!"

그들의 모순을 활용하라: 인간 생물의 다양성은 전통주의자들의 카톨릭과 양립불가능하다. 백인 민족주의자들이 보기에 동일성주의자들은 원하는 것을 획득하지 못한 제3의 입장주의자들positionists이다. 그들 자신의 필터 버블 안으로 그들을 그 이상으로 몰아넣고, 그들을 투표

[x]   인터넷 정보제공자가 이용자 맞춤형 정보를 제공해 필터링 된 정보만 이용자에게 도달하는 현상.
[xx] 정치·사회적인 목적을 위해 자신과 노선을 달리하는 정부나 기업·단체 등의 인터넷 웹사이트를 해킹하는 행위.
[*]   핀테크를 성공적으로 개최한 세계 최초 전자결제업체 페이팔의 공동 창업자이자 일론 머스크 등의 실리콘밸리를 이끄는 '페이팔 마피아'의 대부로 알려져 있다.
[**] 1954년 처음 개최된 뒤 매년 비밀리에 미국과 유럽의 정치, 경제 거물 인사가 모여 국제 정치, 경제, 환경 문제를 논의하는 모임으로 결정 내용은 외부로 전혀 유출되지 않는다.

소 밖으로 몰아내라.

좌파의 시위를 선동하라. 깨시민이 많을수록 좌파의 지평은 더 넓어질 것이고 그게 더 좋다. 그렇게 되면 왼손의 실천은 잠재적인 배려나 주목을 비껴나 다른 데를 향할 수 있다.

21세기를 위한 페미니즘 선언문

린지 저먼, 니나 파워, 2010

1. 글로벌리즘과 신자유주의가 수백만 여성의 삶에 지대한 영향을 미치고 있다. 자본주의 자체가 여성 억압의 새로운 형태와 표명을 창조했다.
2. 여성 억압은 수천 년 존재해온 계급 사회의 산물이다. 오직 자본주의의 발전이 있었기에 수많은 여성들은 스스로의 위치를 자각하고 그와 연관해서 무엇인가를 할 능력을 개발했다.
3. 여성은 수백만 개의 일터에서 노동력이 되었지만 공장, 사무실, 가게에서 일하는 여성들을 삶의 해방으로 이끌 대책이나 방안은 마련되지 않았다. 여성은 임금 노동 못지않게 가정과 아이 양육이란 이중의 짐을 짊어진 채 노동 착취로도 고통 받는다.
4. 아내와 어머니라는 전통적인 여성의 역할은 사라지기는커녕 착취

의 여러 필요들과 맞물린 채 새로운 방식으로 다시 창안되었다. 여성들은 이제 삶의 모든 국면에서 솜씨를 요구당하고 가정이나 일터에서 일어날지 모르는 실패를 개인으로서 부담하면서 그에 따르는 비난을 감수한다.

5. 여성 은행 간부들이 겪은 유리 천장, 그리고 턱없이 낮은 보너스를 주제로 한 토론은 해방과 관련된 핵심을 놓치게 된다. 해방은 모든 노동하는 여성들을 위한 것이지, 극소수 특권적인 여성들을 위한 것이 아니라는 핵심 말이다.

6. 모든 여성이 억압으로 고통을 받고 차별에 직면해 있는 것은 아니겠지만, 그들 여성의 인생 경험은 모두 너무나 다른 것이다. 하나의 성sex으로 여성을 통합할 수 있는 것은 아니다. 여성은 계급을 기반으로 해서 나뉘어져 있다. 중산층과 상류층 여성들은 착취 시스템―우리가 살아가는―에서 이윤을 얻고, 이 이윤을 이용해서 자신들의 억압을 경감시킨다. 노동계급 여성들은 통상 그 여성들을 위해 요리하고 청소하고 그들에게 개인적인 서비스를 제공하는 사람들이다. 노동계급 여성들은 낮은 임금을 받고 대부분 그 와중에 자신의 가정은 소홀히 한다.

7. 여성들은 그 어느 때보다 더 섹슈얼리티에 의해 정의되는 대상으로 간주된다. 남정네들과 아가씨들의 문화에서 섹슈얼리티의 상업화, 폴 댄스 클럽, 포스트모던 미스 월드 대회는 1950년대 이후로 아무 것도 바뀌지 않은 듯, 여성을 계속 성적 대상으로 취급하고 판단한다.

8. 이른바 남성의 재산으로서의 여성의 역할과 대상화는 가정폭력, 강간, 성적 학대로 이어진다. 이런 학대는 수면 위로 올라오지도, 밖으로 보고되지도 않는다. 고작 1960-70년대에 이르러서야 이 문제들

이 정치적인 쟁점으로 보고, 분석되기 시작했다.

9. 자기 삶을 통제하려면 여성은 자신의 몸과 섹슈얼리티를 통제해야 한다.

10. 자본주의 이데올로기는 가정과 가정 안에서의 아이와 여성의 종속적인 역할에 우선순위를 매겼다. 그러면서도 동시에 가정 내 개인들에게는 노동과 이주의 압력을 빌미로 "가정생활"을 희생하라고 강요한다.

11. 이윤 시스템의 우선성과 사유화된privatised 가정의 존재는 여성 억압이 구조화되어 자본주의화되었음을 의미한다. 모든 진정한 해방은 인간 해방을 위해, 그리고 노동하는 사람들이 자신들이 생산하는 부를 통제할 수 있도록 더 큰 운동과 연결되어야 한다. 바로 이런 이유로 여성과 남성은 해방을 위해 투쟁해야 한다. 사회주의와 여성해방은 떼려야 뗄 수 없게 연결되어 있다.

12. 우리는 승리하기 위해 싸워야 할 것이다. 모든 위대한 사회 운동은 여성들에 대한 질문을 제기한다. 19세기에 여성해방운동은 노예제 철폐 운동에서 그 이름을 갖고 왔다. 20세기에 여성해방은 세계를 둘러싼 식민주의에 맞선 운동에서 그 이름을 갖고 왔다. 21세기에 여성의 해방은 세계를 바꾸기 위해 그리고 계급사회―우선 억압과 착취를 창조했던―를 종식시키기 위해 투쟁해야 한다.

Part 3

분노/폭력

Angry/Violent

서문

피억압자들의 첫 번째 행동은 분노를 깊이 파묻는 것이다. 이 감춰진 분노는 그들과 우리의 도덕에게 비난을 받지만 실은 인간성의 마지막 도피처다.

—장 폴 사르트르, 《대지의 저주받은 사람들》 서문

여기서 우리는 기존 상태를 파괴하고 새로운 무언가를 다시 세우기로 작정한 여성들이 여러 페이지에 걸쳐 발산하는 굉장히 뜨거운 분노를 발견한다. 또한 지금까지 쓰인 페미니스트 선언문 중에서 가장 독보적이라고 생각하는 밸러리 솔라나스Valerie Solanas의 〈SCUM 선언문〉을 포함한다. 이 선언문은 풍자적이면서도 아주 진지하고, 논쟁적이면서 장난기가 가득하고, 철학적으로 정교하면서 철저히 심술궂다. 〈SCUM 선언문〉은 출간 이후 50년 이상 페미니스트의 분노의 목소리가 터져 나올 수 있는 길을 내면서 페미니스트 역사의 진로를 바꿨다. 여기에 포함된 〈SCUM 선언문〉은 솔라나스가 세상 밖으로 내보내길 가장 원했던 형태로 자비 출판한 판본 버전이다.

이 외에도, 〈레드스타킹 선언문〉, 계급과 인종 투쟁을 젠더와 연결시키는 새로운 방향을 향해 나아간 슐라미스 파이어스톤Shulamith Firestone의 작업 〈성의 변증법〉을 포함하여 제2 물결의 래디컬 페미니즘 운동의 핵심적인 내용을 찾을 수 있다. 우리는 또한 여성의 역할과 그들의 법적 사회적 권리를 근본적으로 뒤엎은 초창기 연설(소저너 트루스Sojourner Truth), 여성의 위치에 대한 20세기 초의 통렬한 비판(미너 로이Mina Loy)을 함께 읽을 것이다. 회복할 수 없는 권력 불균형으로서(모든 방법을 동원해, 성적으로 착취되는 여성) 성관계를 생생하게 그려낸 사람이자 여성주의적 분노의 수호성인이라 불리는 앤드리아 드워킨Anderea Dworkin의 글에 이어, 짧고 강렬한 반인종주의 선언문(E. 제인E. Jane), 탐욕, 부패, 인종차별 그리고 여성혐오로 여성들의 삶을 지속적으로 손상시키는 나라의 정치를 비판하는 래디컬 페미니스트 포크 가수 애니 디프랭코Ani DiFranco의 긴 시로 이번 장을 마칠 것이다.

나는 어떤 남자만큼이나 강합니다

소저너 트루스, 1851

제가 말 좀 해도 될까요? 이 문제에 대해서 몇 마디 말하고 싶어요. 나는 여성의 권리를 지지해요. 나는 어떤 남자만큼이나 근육이 있고, 어떤 남자만큼이나 일할 수도 있어요. 나는 땅을 갈아엎고, 곡식을 거둬들이고, 껍질을 벗기고, 장작을 패고, 수확을 해왔어요. 어떤 남자가 이보다 더 잘할 수 있나요? 나는 성적 동등함에 대해 아주 많이 들어왔어요. 나는 어떤 남자만큼이나 물건을 나를 수 있고, 할 수만 있다면 그만큼 많이 먹을 수도 있어요. 나는 지금 여기 있는 어떤 남자만큼 강해요. 지성에 대해서라면, 내가 말할 수 있는 건, 이런 거예요. 만약 여자가 반 잔짜리 잔을, 남자는 한 잔짜리 잔을 가지고 있다면, 왜 여자가 그 작은 잔을 채울 수 없겠어요? 당신들은 우리가 너무 많이 가져갈 것이라는 두려움 때문에 우리에게 우리의 권리를 주는 걸 두려워할 필요가 없어요—우리는 우리가 쥐고 있는 잔보다 더 많은 것을 가져갈 수 없거든요. 저 가련한 남자들은 온통 혼란 속에 있는 걸로 보입니다. 무엇을 해야 할지 모르는 채로 말이죠.

왜 아이들인가. 만약 당신이 여성의 권리를 가지고 있다면, 그들에게 그 권리를 돌려주세요. 그러면 당신 기분이 더 나아질 거예요. 당신은 당신의 고유한 권리를 가질 겁니다. 여자들은 그렇게 많은 문제를 일으키지 않을 거예요. 나는 읽을 수 없지만 들을 수 있어요. 나는 성경을 통해 이브가 남자에게 죄를 짓게 만들었다고 배웠지요. 글쎄요, 만약 여성이 세상에 문제를 일으켰다면, 그 여자에게 이를 다시 바로잡을 기회를 주세요. 한 숙녀가 예수에 대해, 그가 어떻게 자신에게 도움을 청하는 여성을 뿌리치지 않았는지 말했어요. 그리고 그녀가 옳았어요. 라자로가 죽었을 때, 마리아와 마르타가 믿음과 사랑을 가지고 예수에게 왔고, 그들의 형제를 일으켜 달라고 예수에게 간청했지요. 그리고 예수는 슬피 울었습니다—라자로가 무덤에서 걸어 나왔습니다. 그리고 어떻게 예수가 세상에 왔을까요? 예수를 창조한 신과 예수를 낳은 여자를 통해서죠. 남자는요, 당신이 한 건 뭐죠? 여자들은 신에게 감사를 드리러 왔고 소수의 남자들이 그들과 함께 왔죠. 남자는 난감한 처지에 있어요. 가련한 노예도 권리를 요구하고 여자들도 권리를 요구합니다. 남자들은 확실히 사면초가에 놓여 있습니다.

레드스타킹스 선언문

레드스타킹스, 1969

1. 수세기 동안 개인적이고 예선전 격인 정치적 투쟁을 거쳐왔던 여성들은 이제 남성 지배에서 벗어나 최종적 해방을 달성하기 위해 함께 모였다. 레드스타킹은 여성의 단결을 다지고 자유를 획득하는 데 전념할 것이다.

2. 여성은 억압받은 계급이다. 억압은 모든 면에서 벌어지고, 이 억압은 우리 삶의 모든 양상에 영향을 미치고 있다. 우리는 성적 대상, 출산 도구, 가사 노동을 위한 하녀 그리고 저렴한 일꾼으로 착취당했다. 우리는 오직 남성의 삶을 개선시키기 위한 열등한 존재로 여겨진다. 우리의 인간성은 부정당한다. 우리가 수행해야 하는 역할은 신체적 폭력의 위협에 의해 강제된다.

우리 여성들은 서로 고립된 채로 우리의 억압자와 너무 친밀하게 살기에 우리의 개인적 고통을 정치적 조건으로써 바라보지 못했다. 이러한 상황은 여성과 남성의 관계가 두 사람의 특수한 성격 사이에서 발생하는 문제, 또 각각의 개인이 해결할 수 있는 문제로 착각하게 만든다. 그러나 실제로 이러한 관계는 모두 계급 관계이며, 따라서 남성과 여성 개인 간의 갈등 또한 오직 집단적으로 해결할 수 있는 정치적 분쟁이다.

3. 우리는 우리의 억압자를 남성으로 규정한다. 남성 패권은 가장 오래되고, 가장 기본적인 지배 형식이다. 착취와 억압의 모든 다른 형식(인종주의, 자본주의, 제국주의 등)은 남성 지배의 확장된 형식이다. 남성은 여성을 지배하고, 소수의 남성은 다른 나머지 남성도 지배한다. 인류 역사에서 모든 권력 구조는 남성 지배와 남성 중심으로 이루어졌다. 남성들은 모든 정치적, 경제적 그리고 문화적 제도를 통제해왔고, 신체적 힘으로 이 통제를 뒷받침해왔다. 그들은 취약한 위치에 여성들을 두기 위해 권력을 사용해왔다. 모든 남성들은 남성 지배체제를 통해 경제적, 성적 그리고 심리적 이익을 얻는다. 모든 남성들은 여성을 억압해왔다.

4. 수많은 시도를 통해 책임에 대한 부담이 남성에게서 제도, 혹은 여성에게로 옮겨졌다. 우리는 이렇게 책임 부담을 전가하는 주장을 규탄한다. 단지 제도가 억압하는 게 아니다. 제도는 그저 억압자의 도구에 불과하다. 제도로 책임을 돌리는 것은 남성과 여성이 똑같이 희생되는 것처럼 보이게 만들며, 남성이 여성을 종속함으로써 이익을 본다는 사실을 희미하게 만들고, 남성이 억압자되기를 강요받고 있다는 핑곗거리

를 준다. 오히려 어떤 남성도 기꺼이 다른 남성에 의해 여성처럼 취급받는 선택을 할 수 있다면, 그의 상급자로서의 지위를 포기할 수 있다.

우리는 또한 여성이 그들의 억압에 책임이 있다거나 그에 동의했다는 생각을 거부한다. 여성의 복종은 세뇌, 멍청함 혹은 정신질환의 결과가 아니라 지속적이고 일상적인 남성의 억압으로 인해 발생한다. 우리는 우리를 바꿀 필요가 없다. 남성을 바꾸어야 한다.

무엇보다 가장 악의적인 책임 회피는 여성이 남성을 억압할 수 있다는 주장이다. 이러한 망상의 기초는 개인적 관계가 정치적 맥락으로부터 동떨어졌다는 시각과 그들의 특권에 대한 어떠한 정당한 문제제기도 박해로 여기는 남성의 경향이다.

5. 우리는 우리의 개인적 경험과 그 경험에 대한 우리의 느낌을 우리의 일반적인 상황을 분석하기 위한 기반으로 삼는다. 우리는 남성 우월주의 문화의 생산물인 기존의 이데올로기에 기대어 분석할 수 없다. 우리는 모든 일반화에 의문을 품고 우리의 경험으로 확인되지 않은 것들은 어떤 것도 받아들이지 않을 것이다.

현재 우리의 주요 임무는 각자의 경험을 공유하고 모든 제도의 성차별적 기반을 공식적으로 폭로함으로써 여성의 계급의식을 발전시키는 것이다. 의식화는 '치유'를 말하는 게 아니다. 치유는 개인적인 해결책을 제시하고, 여성과 남성의 관계를 순전히 사적인 문제로 잘못 가정하는 느낌을 주기 때문이다. 의식화는 해방을 위한 우리의 계획이 우리 삶의 구체적 현실에 기반하도록 보장해주는 유일한 대책이다. 계급의식을 고취시키기 위한 첫 번째 요구사항은 사적으로든 공적으로든 우리 자신에게나 또 다른 여성들에 대한 정직함이다.

6. 우리는 모든 여성과 동일시한다. 우리는 우리의 이익을 가장 가난하고, 가장 잔인하게 착취당하는 여성의 이익으로 정의한다.

우리는 다른 여성들과 우리를 분리시키는 일체의 경제적, 인종적, 교육적 혹은 신분적 특혜를 거부한다. 우리는 다른 여성을 나쁘게 생각하게 만드는 어떤 편견도 인식할 것이며, 이를 제거하기로 결심한다.

우리는 내부적 민주주의를 얻기 위해 헌신할 것이다. 우리는 우리의 운동에서 각각의 여성이 모두 동일한 참여의 기회를 갖도록, 책임을 맡도록, 그리고 그 자신의 정치적 잠재력을 발전시키도록 보장하기 위해 필요하다면 무엇이든 할 것이다.

7. 우리는 모든 자매들에게 투쟁으로 우리와 하나될 것을 요구한다.

우리는 모든 남성에게 우리의 인간성과 남성 자신의 인간성을 위해 남성의 특권을 포기하고 여성해방을 지지할 것을 요구한다.

우리의 해방을 위한 투쟁에서 우리는 항상 여성의 억압자에 대항하여 여성의 입장에 설 것이다.

우리는 무엇이 "혁명적"인지 혹은 "개혁적"인지 요청하지 않을 것이다. 단지 무엇이 여성에게 이익인지만을 따질 것이다.

개인적으로 분투하는 시기는 끝났다. 우리는 할 수 있는 모든 방법을 동원할 때이다.

1969. 7. 7. 뉴욕

페미니스트 선언문

미너 로이, 1914

지금 이대로의 페미니스트 운동은 적절하지 않다.

여성이여, 만약 당신의 자아를 실현하길 원한다면, 당신은 파괴적인 심리적 격변 직전에 있다. 당신이 특히 관심을 갖는 모든 착각은 그 정체가 드러나야만 한다—지난 수세기 동안 이어진 거짓말들도 버려져야 한다—당신은 충격받을 준비가 되었는가? 어중간한 방식은 없다—전통의 쓰레기 더미 표면에 흠집을 낸다 한들 개혁은 없다. 유일한 방법은 절대적인 파괴다.

경제적 법령, 도덕성 회복 운동, 획일화된 교육과정에 대한 신뢰를 거두어라. 당신은 현실을 직시하지 않는다.

전문적인, 그리고 돈을 벌 수 있는 직업적 기회가 당신에게 열리고 있다. 이게 당신이 원하는 모든 것인가?

그리고 솔직히 만약 당신이 편견 없이 당신의 상태를 찾길 원한다면, 용기를 내서 여성은 남성과 동등하다는 쓸데없는 표어는 애초부터 거부하라—

왜냐하면
여성은 그렇지 않으니까!

여성적인 요소를 보호하는 사회적 규정에 그의 행동이 부합하는 삶을 사는 남성은 더 이상 남성적이지 않다.

그들의 성을 상대적인 비인격체로서 이론적 평가를 내리는 것에 맞추어 스스로 적응하는 여성들은 아직 여성적이지 않다.

당신이 무엇이 아닌지 찾기 위해 남성을 바라보는 것을 그만두라. 당신이 무엇인지 찾기 위해 당신 스스로에게서 구하라.

지금 현재의 조건으로는, 당신은 기생parasitism, 성매매 혹은 부정 사이에서 선택권을 가진다.

남성과 여성은 적이다. 이용당한 남성도 기생한 여성에게, 남성에게 기생한 여성도 자신에게 이용당한 남성들에게 적의를 가진다—이제 그들은 저마다 상대들이 자신들에게 성적으로 의존한다는 유리한 위치에 휘둘리고 있다—양성 간의 이해관계를 융합하는 유일한 지점은—성적 결합이다.

파괴하면 당신에게 유익할 첫 번째 착각은 정부와 어머니라는 두 계급으로 여성을 나누는 것이다. 모든 양식 있고 성숙한 여성은 그것이 진실이 아님을 안다. 자연은 완전한 기능을 부여했다—성에 대한 자의식을 갖지 못할 정도로 불완전하게 진화한 나머지 다음 세대에 기질적인 확장을 제한하는 영향을 끼칠 것으로 드러난 여성에 대한 규제는 없다. 가련한 정부인 여성은 열등한 정신 상태의 무능한 엄마가 될 것이다. 그리고 삶의 부족한 이해를 즐길 것이다.

결과를 얻기 위해 당신은 희생해야 한다. 첫 번째로 해야 하는 가장 큰 희생은 바로 당신의 "미덕"을 포기하는 것이다. 신체적 순결성과 동일시되는 여성에 대한 허구적 가치는 여성을 그저 가만히 기다리는 존재로만 살게 만든다. 개성 있는 존재로서 여성이 스스로 구체적인 가치를 얻을 수 있는 여러 활동으로부터 무기력하게 만드는 것이다.

그러므로 남성이 만든 순결이라는 허위—그것이 그녀가 남성에게 복속되는 주요 도구인바—에 대한 보호 차원에서 여성을 위하여 가장 먼저 집행해야 할 법은 사춘기에 도달한 여성인구 모두에게 처녀성을 파괴하는 무조건적 외과 수술을 실시하는 것이다—.

남성의 가치는 공동체에 대한 기여도와 그의 쓸모에 따라 전체적으로 평가된다. 여성의 가치는 전적으로 남성을 만나는 기회에 달려 있다. 한 남성으로 하여금 그녀에 대한 평생의 책임을 지게 하는 데 성공하느냐 실패하느냐에 달려 있다. 결혼의 이익은 모든 다른 교환과 비교하자면 매우 우스꽝스러운 것들로 차고 넘친다—근대적 조건하에 (심지어 자손조차 돌려주지 않고서도) 여성의 처녀성을 제공하는 대가로서 여성은 남성에게서 우스울 정도로 화려한 부양을 받을 수 있다.

유리한 거래를 성사시키지 못한 여성은 삶의 자극에 대한 은밀한 반응을 제외한 모든 것, 모성 또한 금지된다.

모든 여성은 모성의 권리를 가진다—

지적으로 뛰어난 모든 여성은 부적합하거나 도태된 여성 구성원들에 비해 적당한 비율로 자녀를 생산해야 한다는 자신의 인종적 책임을 인식해야 한다—

우월한 여성의 각각의 자식은 그 여성의 삶에서 일정한 기간의 심령 발달의 결과여야 한다. 반드시 성가시고 시대에 뒤떨어진 동맹이 지속되어 발생한 결과일 필요는 없다. 이 동맹(결혼)은 애초에는 생명의 창조를 위한 목적에 맞게 자발적으로 적응된 것이지만 반드시 당사자들이 자신의 개인적 진화의 길을 나아감에 부합하는 조화로운 균형을 이루고 있지는 않다—

인종의 조화를 위해서는 각 개인은 긴장 없는 상태에서 남녀 기질의 쉽고 충분한 상호 침투의 표현이어야 한다.

여자는 남자보다 아이에 대한 책임이 더 커야 한다.

여자는 사랑받는 존재가 되려는 욕망을 스스로 파괴해야 한다.

—남자가 그녀에게서 다른 여자에게 관심을 옮겼을 때 그것이 개인적인 모욕이라고 느끼는 감정.

삶에서 섹스의 부담에 대응하고 이에 저항하는 과정에서 지적인 호기심과 용기를 발휘하는 대신, 안락한 보호를 소망하는 것 또는 소위 사랑은 그 시작 단계의 요소, 명예, 슬픔, 감정, 자부심 등으로 축소되어야 하며 결과적으로 질투는 그것에서 분리되어야 한다.

스스로의 행복을 위해 여성은 불굴의 의지, 돌이킬 수 없는 용기와 건전한 정신 상태에서 나오는 넘치는 건강과 결합된 외모의 기만적인 허약함을 유지해야 한다.

또 하나의 거대한 환상은 여성이 자기 자신을 존중하고자 성의 불순함을 파괴하려면 그녀의 자기성찰과 명석함과 편견(치우침) 없는 대담함을 모두 사용해야 한다는 것이다. 섹스를 대하는 정신적 태도 이외에는 섹스에 있어서 불순한 것은 아무 것도 없다는 미신을 거부하는 깨달음이 우리 세대가 상상할 수 있는 것보다 헤아릴 수 없을 정도로 폭넓은 사회적 회복(재생)을 이루게 될 것이다.

This is a rough draught of an absolute resystamitation of the feminist question I.
beginning Feminist Manifesto. give me your opinion

beg The feminist movement as at present institu-
ted is Inadequate. of course it easily to be proved fallacious — no there is truth in anything

Women if you want to realise yourselves
— you are on The eve of a
devastating pschycological upheaval
all your pet illusions must be un-
masked — the lies of centuries
have got to go — are you prepared
for the Wrench —? There is no half-
measure — No scratching on the surface
of the rubbish heap of tradition,
will bring about Reform, the only
method is Absolute Demolition

Cease to place your confidence in economic
legislation, vice-crusades & uniform ed-
ucation — you are glossing over
Reality.

Professional & commercial careers are
opening up for you — Is that all
you want?

미나 로이, 〈페미니스트 선언문The Feminist Manifesto〉(1914)

And if you honestly desire to find your
level without prejudice — Be Brave
& deny at the outset — that pathetic
clap-trap war-cry

Woman is the equal of man —

for

She is NOT. !

The man who lives a life in which his
activities conform to a social code
which is a protectorate of the feminine
element _____ is no longer mascu-
line

The women who adapt themselves to a
theoretical valuation of their sex as a
relative impersonality, is not yet
Feminine

Leave off looking to men to find out
what you are not — seek within
yourselves to find out what you are

As conditions are at present constituted
— you have the choice between Para-
sitism, & Prostitution — or Negation

Men & women are enemies, with the enmity of the exploited for the parasite, the parasite for the exploited — at present they are at the mercy of the advantage that each can take of the others sexual dependence —. The only point at which the interests of the sexes merge — is the sexual embrace.

The first illusion it is to your interest to demolish is the division of women into two classes the mistress, & the mother every well-Balanced & developed woman knows that is not true, Nature has endowed the complete woman with a faculty for expressing herself through all her functions — there are no restrictions the woman who is so incompletely developed self-conscious evolved as to be un-self-conscious in sex, will prove a restrictive influence on the temperamental expansion of the next generation; the woman who is a poor mistress will be an incompetent mother — an inferior mentality — & will enjoy an inadequate apprehension of Life.

To obtain results you must make sacrifices
& the first & greatest sacrifice you have to
make is of your "virtue"
The fictitious value of woman as identified
with her physical purity – is too easy a
stand-by — rendering her lethargic
in the acquisition of intrinsic merits of
character By which she could obtain
a concrete value – therefore, the first
self-enforced law for the female sex, as
a protection against the man made bogey
of virtue – which is the principal
instrument of her subjection, would be
the unconditional surgical destruction of
virginity throughout the female population
at puberty –.

The value of man is assessed entirely according
to his use or interest to the community,
the value of woman, depends entirely on chance
her success or insuccess in manoeuvering
a man into taking the life-long responsi-
bility of her –
The professional advantages of marriage are
too ridiculously ample – compared to all
other trades — for under modern conditions

a woman can accept preposterously luxurious support from a man (with-out return of any sort – even offspring) — as a thank of-fering for her virginity

The woman who has not succeeded in striking that advantageous Bargain – is prohibited from any but surreptitious re-action to Life - stimuli – & entirely debarred maternity. Every woman has a right to maternity –

Every woman of superior intelligence should realize her race-responsibility, in producing children in adequate pro-portion to the unfit or degenerate mem-bers of her sex –

Each child of a superior woman should be the result of a definite period of psych-cic development in her life – & not nec-essarily of a possibly irksome & outworn continuance of an alliance – spontaneously adapted for vital creation in the beginning but not necessarily harmoniously balanc-ed as the parties to it - follow their individ-ual lines of personal evolution –

For the harmony of the race, each indi-

vidual should be the expression of an easy
& ample interpenetration of the male & female
temperaments — free of stress

Woman must become more responsible for
the child than man —

Women must destroy in themselves, the
desire to be loved —

The feeling that it is a personal insult
when a man transfers his attentions from
her to another woman

The desire for comfortable protection instead
of an intelligent curiosity & courage in
meeting & resisting the pressure of life

Sex or so called love must be reduced
to its initial element, honour, grief.
Sentimentality, pride & consequently jealousy
must be detached from it.

Woman for her happiness must retain her
deceptive fragility of appearance, combined with
indomitable will, irreducible courage, & abun-
dant health the outcome of sound nerves —
another great illusion that
Woman must use all her introspective
clear-sightedness & unbiassed bravery
to destroy - for the sake of her _self_ respect
is the impunity of sex

7.

the realisation in defiance of supersti-
tion that there is ~~nothing~~ impure
in sex — except in the mental atti-
~~tutd~~ tude to it — will constitute
~~a wider & more~~ an incalculable &
wider social regeneration than it is
possible for our generation to imagine

Nov. 15th Mina Loy.
Firenze.

SCUM 선언문

밸러리 솔라나스, 1967

이 사회에서 살아가는 일은 기껏해야 지독히 지루할 뿐이고, 더구나 여성이 할 수 있는 일은 어떤 것도 없다. 그렇기에 시민 정신을 갖추고, 책임감 있으며, 스릴을 추구하는 여성들에게 남은 것은 오직 정부를 전복시키고, 금융제도를 파괴하고, 제도를 자동화하고, 남성을 없애버리는 것이다.

이제 남성(혹은 여성)의 도움 없이도 출산이 기술적으로 가능하고, 오직 여성만 선택해서 낳을 수도 있다. 따라서 재생산이라는 의심스러운 목적을 위해서도 남성을 남겨둘 필요가 없다.

남성은 생물학적 사고(재난)다: 불완전한 x(여성) 유전자인 y(남성) 유전자는 염색체의 불완전한 조합이다. 달리 말하면, 남성이란 불완전한 여성으로, 유전자 상태에서도 발육부진이고, 걸어 다니는 미숙아다. 남성이 된다는 것은 부족하고, 감정적으로 많은 한계가 있음을 의미한다. 그러니까 남성다움이란 결핍증이고, 남성은 감정적으로 손상된 존재다. 남성은 완전히 자기중심적이고 제 자신에게 갇혔다. 그는 공감하거나, 다른 사람의 입장에 서거나, 사랑하고, 정서적 애착을 느끼고, 우정을 나누거나 혹은 유연한 태도를 가질 능력이 없다. 그는 완전히 고립된 개체로, 다른 사람과 관계 맺을 줄 모른다. 그의 열정은 완전히 동물적이고, 본능적이며, 정신적이거나 지적이지 않다. 예를 들어 그의 지적 능력은 단지 자신의 목적과 필요를 위한 도구에 불과하다. 그는 정신적 열정, 정신적 소통에 있어 무능력하다. 자신의 신체적 감각 외에 다른 어떤 것도 이해할 줄 모른다. 그는 반주검 상태나 다름없으며, 다른 사람과 기쁨이나 행복을 주고받는 능력도 없는 감수성이 둔한 덩어리다. 매력적인 존재란 다른 사람에게 몰두할 수 있는 사람이기에, 결과적으로 그는 기껏해야 지루한 존재, 존재감 없는 덩어리일 뿐이다. 그는 인간과 유인원 사이 중간 지대에 끼여 있고, 유인원보다 더 열등하다. 왜냐하면 그는 일단 증오, 질투, 경멸, 혐오, 죄책감, 수치심, 부끄러움, 의심처럼 유인원에게는 없는 부정적 감정을 잔뜩 가지고 있어서다. 나아가 그는 자신이 무엇이고, 무엇이 아닌지 인지하고 있다.

비록 신체적으로 완벽하다고 해도, 남성은 종마로 활용하기에도 적절하지 않다. 드물게 몇몇 남성이 기계적으로 능숙함을 보일지라도, 무엇보다 그는 기분 좋게 자극하고, 욕망이 강한 태도로, 한 가지에 몰입하는 능력이 없다. 오히려 남성의 본성에 뿌리내린 감정인 죄책감, 수치심, 공포 그리고 불안정에 사로잡힌다. 이는 매우 계몽적인 훈련으로만 최소화시킬 수 있다. 두 번째로 그가 이룬 신체적 느낌은 아무것도 아니다. 세 번째로 그는 자신의 파트너에게 감정이입하지 않는다. x마치 배관 공사를 하듯, 성관계를 일방적으로 마구 뚫어버리는 '하나의 행위'로 바꾸면서, 그는 오직 자신이 어떻게 하고 있는지에 심하게 집착한다. 남자를 동물이라 부르는 것은 남자의 비위를 맞추기 위한 말일 뿐이다. 남자는 기계, 걸어 다니는 딜도다. 사람들은 종종 남자가 여자를 이용한다고 말한다. 여자를 무엇에 이용하는가? 쾌락을 위해서는 확실히 아니다.

죄책감, 수치심, 공포 그리고 불안정에 사로잡힌 그는 만약 운이 좋다면, 신체적 흥분에 간신히 도달할 것이다. 그럼에도 남성은 그저 끼우기에 집착한다. 예를 들어 만약 다정하게 암컷pussy이 그를 기다리고 있다고 생각되면, 그는 콧물이 줄줄 흐르는 강물을 헤엄치고, 토사물이 가득 흐르는 콧구멍 깊숙한 곳에라도 걸어 들어갈 것이다. 그가 경멸하던 여성, 그러니까 어떤 더러운 존재, 이가 다 빠진 추한 노인과도 기회가 있다면 돈을 지불하면서 섹스하려 할 것이다. 왜 그럴까? 신체적 긴장을 줄이기 위해서라는 이유는 답이 될 수 없다. 긴장을 풀기 위해서라면 자위로 충분하다. 정복하기 위해서도 아니다. 이는 시체와 소아에 대한 성행위를 설명하지 못한다. 남성은 완벽히 자기중심적이고, 관계 맺을 줄 모르고, 감정이입이나 공감 능력이 없으며, 성적 욕망만 온몸에 흐르며 신체적으로 수동적이다. 그는 자신의 수동성을 증오한다. 그래서 그는 여성에게 그 수동성을 투사하고 남성을 적극적인 존재로 정의한다. 그러고 나서 이를 증명하기 위해 (그가 남자임을 증명) 애를 쓴다. 남성임을 증명하기 위해 시도하는 주된 활동이 바로 쑤셔 넣기다. (여성의 커다란 성기에 집어넣을 큰 성기를 가진 위대한 남자인) 그는 이 오류를 증명하려고 시도하기 때문에, 다시 또 다시 "증명"해야 한다. 박아 넣기, 그것은 바로, 필사적으로 그는 수동적이지 않다고, 여자가 아니라고 증명하기 위해 애쓰려는 강박이다. 그러나 그는 수동적이고 여자가 되기를 원한다. 불완전한 여자로 존재하는 남자는 스스로를 완성하기 위해, 다시 말해 여자가 되기 위해 애쓰며 그의 인생을 보낸다. 그는 지속적으로 여성을 찾고, 여성과 사귀고, 여성과 뒤섞여 살려고 애쓰며 여성이 되려고 한다. 자신의 모든 여성적 특징—감정적 능력과 독립성, 군건함, 활력, 결단력, 냉정함, 객관성, 단호함, 용기, 도덕성, 생명력, 집중력, 정교함, 근사함 등—을 주장하면서 여성에게는 모든 남성적 특징—허영, 경박함, 시시함, 유약함 등—을 투사한다. (남성에게 여성을 뛰어넘는 눈에 띄게 훌륭한 영역이 있다 - 선전 활동이다. 그는 남자가 여성이며 여자가 남성이라고 수많은 여성에게 설득하는 놀라운 일을 해내고야 말았다.) 남자는 여성이 모성애를 통해 성취감을 느낀다고 주장한다. 섹슈얼리티는 만약 그들이 여자였다면 그들이 만족감을 느낄 것이라 생각하는 것을 반영한다고 주장한다. 달리 말하면, 여자들은 남성기를 선망하지 않는다. 오히려 남성들이 여성기를 선망한다. 남성이 자신의 수동성을 받아들일 때, 그는 자신을 여성으로 정의한다. (여성만큼 남성은 남자가 여자이며 여자가 남자라고 생각한다.) 복장전환자가 될 때 그는 성관계에 대한 욕망을 상실하고(혹은 그 외에도 뭔가 하려하지 않고, 그는 드래퀸으로서 스스로 성취감을 느끼기 때문에.) "여성되기"를 통해 지속적이고 분산된 성적 느낌을 얻고자 하는 희망으로 그의 성기를 잘라낸다. 섹스는 남자에게는, 여성이 되려는 욕망에 대한 방어책이다. 성관계는 그 자체로 하나의 승화다.

다른 사람을 이해하거나 연민을 느끼지 못하는 무능력으로 이루어진, 여성이 아닌 존재를 보완해야 하는 그의 강박 때문에 남성은 엿 같은 세상을 만들어버렸다. 그는 이에 대해 책임이 있다.

전쟁

여성이 아닌 존재임을 보완하려는 남성의 일반적인 방식은 자신의 '커다란 총'에서 손을 떼는 것으로, 이는 심하게 부적절한 것이다. 그는 오직 제한된 경우에만 '그것'에서 손을 뗄 수 있기 때문에, 진짜 거대한 규모, 굉장한 규모로 손을 뗀다. 그렇게 온 세상에 자신이 '남자'라는 사실을 드러내 보인다. 그는 타인에게 연민을 품거나 공감하거나 이해할 줄 모르기에, 자기 삶이 가치 없는 만큼, 자기 자신은 물론이고 수없이 잘려나가고 고통받는 몸들과 수많은 삶을 바칠 만하다는 것을 증명하려 한다. 50년 이상을 암울하게 묵묵히 걷기보다는 영광의 불꽃을 향해가고 싶어 한다.

친절함, "예의와 품위"

모든 남자는 마음 속으로는 자신이 쓸모없는 똥 덩어리라는 것을 안다. 동물적 감각에 사로잡힌 그들은 이에 대해 큰 수치심을 느낀다. 그의 전체적인 동물적 육체성과 완전한 자기 중심성을 스스로에게도 나타내지 않고 다른 사람에게도 숨기길 원한다. 조잡하게 구성된 신경계는 감정이나 느낌을 최소한으로 드러내도 쉽게 흥분한다. 그런 남자는 "교미하다" "성교하다" "관계하다"로 이루어진, 마치 침팬지에게 정장을 입혀놓은 것 같은 부자연스러운 방식인 "사회적" 코드로 완벽한 무덤덤함을 실현시키고자 한다. (남자에게 "성관계"는 동어반복이다.)

돈, 결혼과 성매매 그리고 자동화된 사회의 노동과 예방

돈을 위해서든 누군가를 위해서든 아무리 많아야 일주일에 두세 시간보다 더 많이 일해야 할 인간적인 이유는 없다. 모든 창조적이지 않은 직업(실제로 오늘날의 모든 직업이 그렇다)은 오래전부터 자동화될 수 있었다. 돈이 존재하지 않는 사회에서 모든 사람은 자신이 원하는 만큼만 최선을 다해 원하는 만큼 얻을 수 있다. 그러나 금융-노동 시스템을 유지하기 위한 비인간적인, 남성적인 이유가 있다.

1. 여성pussy. 극심한 불안과 내면이 텅 빈 채 혼자 있을 때 깊은 외로움에 잠겨 심각하게 부족한 자아를 경멸하면서, 금을 만지면 금으로 변할 것이라는 불가능한 믿음으로, 자신을 완성하려는 우둔한 희망으로 아무 여자에게나 필사적으로 들러붙는 남자는 여자와의 지속적인 관계를 갈망한다. 최하위 여성 집단도 남성 자신 혹은 다른 남성들보다 오히려 더 낫다. 그러나 여자들은 매우 어리거나 매우 아프다면 모를까, 틀림없이 남성 집단에게 강요받거나 매수된다.
2. 여성과 사귀지 않는 남성에게는 구멍을 파고 그것을 채우는 것으로 자신의 존재를 정당화하기를 시도할 수 있도록, 쓸모 있음의 망상을 제공하라. 여가 시간은 괴기스러운 자아를 응시하는 것 외에는 아무것도 할 수 없는 남성을 공포스럽게 만든다. 관계 맺고 사랑할 수 없는 남자는 반드시 일해야 한다. 여자는 열중할 수 있고, 감정적으로 만족감을 느끼고, 의미 있는 활동을 하길 갈망한다. 그러나 기회 부족 혹은 이에 대한 능력 부족으로 스스로 선택할 수 있는 방식으로—잠자기, 쇼핑하기, 볼링, 포켓볼, 카드놀이, 이것저것 기르기, 독

서, 산책, 낮잠 자기, 먹기, 혼자 놀기, 알약 먹기, 영화 보러 가기, 분석하기, 술 마시기, 여행하기, 개나 고양이 기르기, 해변에 늘어져 있기, 수영하기, TV보기, 음악듣기, 집 꾸미기, 정원 가꾸기, 바느질하기, 클럽 가기, 춤추기, 남의 집에 놀러가기, "그들의 마음을 향상시키기"(수업 듣기), 그리고 "문화"(독서, 놀이, 음악회, "예술" 영화)에 열중하기―나태하게 그들의 시간을 허비하기를 더 좋아한다. 그러므로 많은 여성들은 성별 간의 완전한 경제적 평등을 가정하더라도, 남자와 함께 살거나 길에서 몸을 팔며 살기를 선호한다. 자신을 위한 대부분의 시간을 가진다고 해도, 누군가를 위해 지루한 일을 하고, 바보 같고, 창조적이지 않은 노동을 하면서 그들의 하루하루를 보낸다. 동물보다도 못한 기계처럼 일하거나, 기껏해야―만약 '좋은' 직업을 가질 수 있다고 해도―똥 덩어리를 함께 관리하는 일이다. 그러므로 여성을 해방시키는 것은 남성의 지배에서 금융-노동 시스템을 전적으로 제거하는 것이지, 그 시스템 안에서 경제적 평등을 획득하는 것이 아니다.

3. 권력과 통제. 여자와의 개인적인 관계에서 숙련되지 않은 남성은 돈과 돈으로 통제되는 모든 것과 모든 사람, 다시 말해 모든 것과 모든 사람을 조종하며 전반적으로 모든 것에 능숙해진다.

4. 사랑의 대체. 사랑이나 애정을 주지 못하는 남성은 돈을 준다. 그런 행위는 스스로를 어머니 같은 존재라고 느끼도록 만든다. 어머니는 젖을 준다. 그러나 그는 빵을 준다. 그는 빵을 가져오는 가장이다.

5. 남자에게 목표를 주어라. 순간을 즐길 줄 모르는 남자는 기대할 무언가가 필요하다. 돈은 그에게 영원한, 끝나지 않을 목표를 제공한다. 80조 달러로 당신이 뭘 할 수 있을지 생각해라―투자해! 3년 만

에 당신은 300조를 벌게 될 거야!!!

6. 남성이 통제와 조종의 주된 기회를 가질 수 있는 기반을 제공하라―아버지되기.

아버지 되기와 정신질환
(공포, 비겁함, 소심함, 수치심, 불안정, 수동성)

어머니는 자식을 위해 가장 좋은 것을 원한다. 반면 아버지는 오직 아버지 자신에게 가장 좋은 것을 원한다. 그것은 바로 평화와 조용함, 품위에 대한 그의 망상("존중")에 잘 맞춰주기, 자신(위치)에 대해 잘 생각해주기 그리고 통제하고 조종할 기회다. 혹은 만약 그가 '깨어 있는' 아버지라면, '지침주기'를 원한다. 게다가 그의 딸에 대해, 그는 성적으로 원한다―그는 결혼할 때 딸의 손을 넘겨주지만, 다른 한 손은 그를 위한 것이라 여긴다.

어머니와는 달리 아버지는 절대 자식을 위해 굴복하지 않는다. 그는 결단력 있고, 완강하고, 언제나 공정하고 강하게 보여야 한다는 망상을 지키는 데 온 힘을 쏟아야 하기 때문이다.

자신의 방식대로 전혀 일이 되어가지 않기 때문에 그는 세상에 대처하는 자신의 능력에 대한 자신감을 잃고 현 상태를 수동적으로 받아들이게 된다. 어머니는 자식들을 사랑한다. 비록 때때로 화를 낼 때가 있긴 하지만 화는 빨리 사라지고, 화가 아직 남아 있을 때라도 그것이 자식에 대한 사랑과 기본적인 인정을 방해하진 않는다. 감정적으로 병에 걸린 아버지는 자식들을 사랑하지 않는다. 만약 자식들이 '착하게' 행동한다면, 그러니까, 만약 자식들이 부드럽게, '예의 있게', 순종하며 아버지의 의지에 굴종하고, 조용하고, 남성의 신경계를 쉽게 자극하여 아버지를 가장 분개하게 만드는 행동인 부적절한 감정 표출과 무례한 행동을 하지 않는다면, 다시 말해 만약 자식들이 수동적인 식물처럼 산다면 그는 자식들을 승인한다. 만약 그들이 "착하지" 않다 하더라도, 그는 화내지 않는다─만약 그가 근대적인, '교양 있는' 아버지라면 (옛날 방식의 아버지는 그가 만만해 보이면 금세 우스꽝스럽게 보일 것이기에 엄청나게 폭언을 퍼부으며 난리 칠 것이다.) 화를 내기보다는 자식을 인정하지 않는다. 즉 지켜보면서 기본적인 포용도 하지 않아서, 자식이 스스로를 가치 없는 존재로 여기며, 평생 인정받기에 집착하도록 내버려둔다. 자식은 독립적인 사고를 두려워한다. 왜냐하면 독립적 사고는 삶에 대한 견해와 방식이 틀에 박히지 않고, 기존의 관념에 반대하도록 이끌기 때문이다.

아버지의 인정을 원하는 아이라면, 그는 아버지를 "존경"해야만 한다. 쓰레기 같은 존재인 아버지는 오직 냉담하게 머무르면서, 거리를 두면서, "친밀함은 모욕을 낳는다"는 교훈(물론 경멸받을 만한 사람이라면 사실이긴 하다)에 따라 행동하면서 그가 "존경받는다"는 것을 보장받으려 한다. 거리를 두면서 냉담한 아버지는 미지의 상태로, 신비롭게, 그에 따라 두려움을 자아내는("존경") 존재가 될 수 있다. 감정적 "광경"을 싫어하기 때문에 강한 감정을 두려워하고, 자기 자신의 분노와 증오를 두려워하게 되며, 현실을 직시하는 것을 두려워한다. 왜냐하면 애초부터 현실을 직시하는 것이 분노와 증오를 불러일으키기 때문이다. 세상에 대처하고 바꾸려는 능력과 혹은 자신의 운명에 조금이라도 영향을 끼칠 수 있는 자신감의 부족과 결합된 분노와 증오에 대한 두려움은 세상과 이 세상에 사는 누군가는 정말 착하고, 대체로 지루하고 사소한 유희를 거대한 재미와 심오한 기쁨으로 여기는 어리석은 믿음으로 이끈다.

특히 남자들에게 아버지되기의 **효과**는 그 자신들을 '남자'로 만든다. 이것은 수동성, 동성애자faggotry[×] 그리고 여자가 되고픈 욕망에 대한 모든 충동에 매우 방어적으로 만들어준다. 모든 소년은 어머니를 모방하고 싶어 하며, 어머니가 되길 원하고, 어머니와 혼연일체가 되고 싶어 한다. 그렇지만 '아버지'는 이 모든 것을 어렵게 만든다. 그가 어머니이며 그가 어머니와 혼연일체가 된다. 그러면서 아버지는 소년에게 때로는 직접적으로, 때로는 간접적으로, 계집애처럼 굴지 말고 "남자"처럼 행동하라고 말한다. 아버지에게 매우 겁을 먹으면서 아버지를 "존경하는" 소년은 아버지를 따르고, 모든 미국인 이성애자 멍청이인 "남자다움"의 모델인 '아버지'처럼 된다.

여자들에게 아버지되기가 미치는 영향은 여자들을 남자로 만든다는 점이다. 바로 의존적이고, 수동적이며, 길들여지고, 동물적이며, '착하고', 불안정하고, 인정과 안정을 추구하며, 비겁하며, 초라하고, 권위와 남성을 '존경하며', 폐쇄적이고, 제대로 대응하지 못하고, 거의 죽은 상태이며, 하찮고, 둔하고, 틀에 박힌, 진부하기 짝이 없고, 철저하게 경멸할 만한 그런 존재가 된다. 항상 긴장 상태이고 두려워하며, 냉정하지 못하고, 분석적이지도 않은, 객관성 부족인 '대디 걸'은 아버지를 추앙한다. 그리고 나서 공포("존경")에 기대어 다른 남성도 추앙한다. 이 딸은 냉담한 겉모습 뒤에 있는 알맹이가 텅 빈 껍데기를 보지 못한다.

×   여자 같은 남자를 놀릴 때 쓰는 말, 남자 동성애자에 대한 비하의 언어.

대신 남성 스스로 정의한 우월한 존재로서의 남성과 취약한 존재로서의 여성이라는 개념을 받아들인다. 이 딸은 정말 아버지를 통해 그렇게 바라본다.

아버지되기가 번성하는 데 필요한 물질적 부의 증가와 확산의 결과로 아버지가 된 남성들이 늘어났다. 그로 인해 예를 들면 모유수유, 자연 분만, 교회 출석 증가 같은 현상에서 알 수 있듯이, 무분별함이 일반적으로 증가했다. 그리고 20세기 초부터 미국에서 여성 지위는 하락했다. 아버지되기와 물질적 풍요의 결합은 대부분의 소녀들을 잘못된 소녀로 만든다. 말하자면 "특권"을 가진 중산층 소녀들만 '교육받은' 소녀로 만든다.

요컨대 '아버지들'의 효과는 남성성으로 세계를 좀먹게 만들어왔다. 남성은 부정적인 '미다스의 손'을 가졌고, 그가 만지는 모든 것은 쓰레기로 변해버린다.

동물성(가정 생활과 어머니되기)과 개인의 억압

단지 조건반사의 덩어리일 뿐인 남자는 정신적으로 자유로운 반응을 할 수 없다. 그는 초기 조건에 매여 있으며, 전적으로 과거의 경험에 따라 결정된다. 그의 초창기 경험은 어머니의 영향을 받고, 따라서 그의 삶은 어머니에게 매인다. 그가 어머니의 일부가 아니며, 그는 그이고 어머니는 어머니라는 사실이 남자에게는 절대로 완전히 명확해지지 않는다.

그의 가장 거대한 욕구는 엄마에게 안내 받고, 지켜지고, 보호받고,

승인받는 것이다.(남자는 그 자신도 무서워서 위축되는 바로 그 자신을 여자가 숭배하길 기대한다.) 그리고 완전히 육체적인 존재인 남성은 그의 수동성에 엄격하게 맞서며 '세상 밖으로' 나가 시간을 보내지 않고, 기본적인 동물적 활동—먹기, 잠자기, 배설하기, 휴식하기 그리고 엄마가 달래주는 존재—속에서 뒹굴며 지내길 갈망한다.

수동적인, 머리가 빈 소리가 나는 '대디 걸'은 인정받기 위해 늘 애쓰고 머리를 쓰다듬어 주길 바라고, 쓰레기 조각만큼이라도 '존중'을 갈망하기에 생각없이 남자의 육체적 수발을 들어주고, 쉽게 엄마가 된다. 지루한 유인원의 이마를 달래주는 사람, 왜소한 자아의 지지자, 경멸받아 마땅한 자를 과하게 칭송하는 사람, 따뜻한 물이 든 젖병 같은 그런 엄마 말이다. 사회에서 가장 거꾸로 가는 영역('특별한' '교육받은' 중산층, 인간성이 후퇴하는)의 여성은 동물로 환원된다. 이 세계에서 아버지는 최고의 통치자로 군림한다. 여성들이 출산의 고통을 즐거운 일로 여기도록 만들며, 20세기 중반 세계에서 가장 선진화된 국가에서 젖병을 어적어적 씹고 있는 아기들 곁에 누워 빈둥거린다. "전문가"들은 여성들에게 '엄마'는 집에 머물러야 하고 동물성에 비위를 맞추라고 말하지만, 이것은 아이를 위해서가 아니다. 아빠를 위해서다. 젖꼭지는 아빠가 물고 있는 것이다. 출산의 고통은 아빠가 대신 즐기기 위해서다. (거의 죽은 것이나 다름없는 아버지를 반응하게 만들려면 매우 강한 자극이 필요하다.)

여자를 동물로, 엄마로, 남자로 만드는 것은 신체적인 이유만큼이나 심리적인 이유를 위해서도 필요하다. 남자는 단지 종의 한 개체일 뿐이라서 모든 다른 남자, 모든 다른 고추와 바꿀 수 있다. 남자는 당신에게 호기심을 끌게 만들, 당신을 바깥으로 끌어내 열중하게 만들, 당신이 관계 맺을 만한 그런 깊은 개성(뚜렷한 감각, 심리적 자긍심, 자기 억제)이 없다. 완전히 자아도취적인, 오직 자신의 몸과 신체적 감각을 통해서만 공감할 줄 아는 남성들은 그저 그들이 자신의 수동성에 대항하고, 여성이 되려는 욕망에 대항하려고 노력하는 방법과 정도로만 서로를 구별한다.

남성은 여성의 개성을 인식하긴 하지만 결코 이해하지 못하며, 수용하지도 못한다. 그 개성은 남자를 두렵게 만들고, 화나게 하며 질투심을 유발한다. 그래서 그는 여성의 개성을 부인하고 모든 사람을 기능이나 역할로 정의하기에 이른다. 자신에게 당연히 가장 중요한 기능, 곧 의사, 대통령, 과학자를 맡기면서, 단지 개인이 아니라 나아가 자신에게 하나의 정체성으로 부여한다. 그리고 스스로와 여성들을 설득한다. 그는 여성의 역할은 아이를 낳아 기르는 것이며 남성을 쉬게 하고, 편안하게 만들고 자아를 향상시키는 것이라고 여성을 계속 설득한다. 가장 흔들림 없는 여성을 가장 확신이 없는 여성과도 교환 가능한 것으로 만든다.

실제로는, 여성의 역할은 사랑을 가득 담아서 개척하고, 발견하고, 발명하고, 문제를 해결하고, 농담을 하고, 음악을 만드는 것이다. 달리 말하면, 마법같은 세계를 창조하는 것이다.

남성의 기능은 정자 생산이다. 우리는 이제 정자 은행이 있다.

사생활 보호

설령 남자가 자신이 무엇인지에 대해, 자신이 한 대부분의 모든 것에 대해 부끄러움을 느낀다 할 지라도, 삶의 모든 측면에서 그는 비밀 유지, 사생활을 주장한다. 그는 사생활에 대해 제대로 생각하지 않는다. 공허한 존재, 완전하지 않은 분열된 존재, 개성이 없고 즐길 수 있는 자아가 없고, 끊임없이 여성들을 필요로 하는 남자는 언제 어디서나 아무 여자에게나, 심지어 전혀 모르는 사람에게도 주제넘게 나서는 것이 전혀 잘못이라고 여기지 않는다. 오히려 자신의 행동을 제재받으면 분개하고 모욕적으로 느낀다. 어떤 여자든 빈정 상하는 사람에게 둘러싸여 있느니 1분이라도 혼자 있기를 훨씬 더 좋아하는지 남자는 평생 이해하지 못한다. 여자되기를 원하는 그는 끊임없이 그가 될 수 있는 가장 가까운 여자 주위에 있으려 애쓴다. 그래서 그는 가족에 기반한 사회를 만들었다. 그 가족은 여성의 권리, 사생활과 판단력을 주도면밀하게 억압하며 사실상 서로 시달리며 살아가는 남자-여자 커플과 그들의 아이들 (가족의 존재에 대한 구실)로 이루어진다.

고립, 변두리와 공동체 방지

우리 사회는 공동체가 아니라 단지 고립된 가족 개체들의 집합일 뿐이다. 만약 아내가 다른 남자를 만나거나 진정한 삶을 추구할 만한 어떤 것을 발견하면 자신을 떠날 것이라는 공포에 시달려 극도로 불안정한 남자는 아내를 다른 남자에게서, 조금이라도 문명의 세계에서 고립시키려 애쓴다. 그래서 남자는 오직 부부와 아이들에게만 몰두하는 사람들이 모여 있는 교외로 여자를 데려간다.

고립은 개인으로 존재한다는 그의 평계를 유지하는 게 가능하도록 한다. 이때의 개인은 '거친 개인주의자', 다시 말해 비협력과 개성 있는 고독을 동일하게 여기는 독불장군을 말한다.

남자에게는 자신을 고립시키는 또 다른 이유가 있다. 모든 남자는 섬이다. 자기 내면에 사로잡힌, 감정적으로 고립된, 타인을 이해할 줄 모르는 남자는 문명, 사람, 도시, 그리고 사람과 연결되고 이해하는 능력을 요구하는 상황을 두려워한다. 그래서 그는 겁에 질린 토끼처럼 아버지의 멍청한 성질을 물려받은 채로 자연으로, 교외로 급히 가버린다. 혹은 '히피'의 경우―그의 탈출구는 '남자'―그가 방해받지 않고 섹스할 수 있고 자식을 낳아 기를 수 있고, 그의 구슬과 피리를 가지고 노닥거릴 수 있는 곳인 소들의 방목지로 향한다.

'남자', 그러니까 '거친 개인주의자'가 되려는 욕망을 가지고 그의 수동성에 맞서는 '히피'는 평균적인 남자만큼도 강하지 않다. 게다가 자신에게 접근하는 많은 여성을 취할 생각에 흥분해 있는 그는 가장의 삶과 한 여자에게 충실한 일부일처제의 엄격한 생활을 따르지 않는다. 나눔과 협력이라는 이름으로, 모두 친밀하게 지내고 나누는 코뮌 혹은 부족 집단을 형성한다. 그렇기 때문에 이것은 기껏 일반적인 사회와 같은 공동체에 지나지 않는다. (확대가족인 이 코뮌은 여성의 권리, 사생활과 판단력에 대한 억압도 더 확대된 형식이다)

진정한 공동체는 단지 종의 구성원이나 커플이 아니라 서로의 개별성과 사생활을 존중하면서 그와 동시에 한편으로는 정신적으로, 감정적으로 상호교류하고(서로 자유로운 관계에서 자유로운 정신으로) 공동의 목표를 완수하기 위해 서로 협동하는 그러한 개인들로 구성된다. 전통주의자들은 사회의 기본 단위가 가족이라 말한다. '히피들'은 부족이라 말한다. 아무도 개인이라 말하지 않는다.

'히피'는 개성에 대해 읊조리지만, 다른 남자보다 딱히 더 많이 알고 있지도 않다. 그는 도시를 벗어나 '자연'으로 돌아가길 원하고, 야생으로 돌아가길 원하고, 자신과 동족인 털이 북실북실한 동물들의 고향으로 돌아가고 싶어한다. 도시는 문명이 시작되려는 기미가 보인다. 그래서 농사 짓기, 섹스하기, 방울 흔들기 같은 단순하고 비지성적인 활동으로 시간을 보내며 자기 종의 수준대로 살 수 있는 자연을 원한다.

이 코뮌의 가장 중요한 활동으로, 코뮌이 기반으로 삼는 활동은 바로 집단 성교다. '히피'는 대체로 그저 요청하기만 하면 가질 수 있는 모든 자유로운 보지—공유할 수 있는 주요 상품—에 대한 기대로 코뮌에 매료된다. 그러나 탐욕에 눈이 멀어 그는 다른 남자들과 여성을 공유해야 한다는 생각을 미처 못하거나 스스로 보지에 대한 질투와 소유욕으로 실패한다.

남자는 필연적으로 공동의 목표를 완수하기 위해 협력할 수 없다. 왜냐하면 각각의 남성의 목표는 모두 자기 자신을 위한 보지이기 때문이다. 그러므로 코뮌은 실패로 운명지어진다. 크게 당황한 '히피'는 그에게 파고든 첫 번째 멍청한 여자를 잡아채어 할 수 있는 한 빨리 교외로 끌고 갈 것이다. 남자는 사회적으로 진보할 수 없다. 단지 고립에서 집단 윤간에 이르기까지 왔다 갔다 할 뿐이다.

순응

설사 개인이 되길 원하는 남자라 할지라도, 자신의 어떤 것이든 다른 남자와 아주 약간의 차이라도 보인다면 두려워한다. 그러한 차이는 그가 진정한 '남자'가 아니라는, 수동적이고 전적으로 성적이라는 매우 당혹스러운 의구심을 갖게 만든다. 만약 다른 남자가 'A'인데, 그는 아니라면, 그는 남자가 아닌 것이 틀림 없다. 그는 확실히 계집애 같은 동성애자인 것이다. 그래서 그는 모든 다른 남성과 같은 존재가 됨으로써 자신의 '남성성'을 확인받으려 한다. 자기 자신 만큼이나 다른 남성에게서 보이는 차이점도 그를 위축시킨다. 그것은 그들이 바로 그가 모든 대가를 치르더라도 반드시 피해야 할 계집애라는 의미이기 때문이다. 그래서 그는 다른 남자와 자신이 동일한 존재임을 확인받으려 애쓴다.

남자는 자신의 수동성과 여자가 되려는 욕망, 계집애 같음_{fagginess}을 수용하는 데 있어 정도의 차이가 있을 뿐이다. 남자와 가장 멀어지는 존재는 드랙퀸이다. 대부분의 남자와 차이가 있다 해도 마치 기능주의자처럼 그는 정확히 다른 모든 드랙퀸과 닮았다. 그는 여성이라는 하나의 정체성을 가진다. (그의 모든 문제를 사라지게 하려고 노력하지만) 여전히 아무런 개성이 없다. 그가 여자인지 확신이 없는, 충분히 여자인지에 대해 매우 불안정한 믿음을 가진 그는 마지못해 남자들이 만든 전형적인 여성상을 따른다. 결국에는 아무 것도 아닌 채로, 그저 과장된 매너리즘 덩어리일 뿐이다.

그는 '남자'임을 확실히 해두기 위해서, 남자는 여자가 명백히 '남자'의 반대쪽에 있는 '여자'로 여겨져야만 한다. 그것은 바로 여자는 계집애(남성 사회가 업신여기는 그 '여자 같은 남자')처럼 행동해야만 한다. 그리고 어릴 때부터 여성의 본성을 짓밟힌 '대디 걸'은 쉽고 협조적으로 스스로 이러한 역할에 맞춘다.

권위와 정부

옳고 그름에 대한 감각이 없고, 오직 타인에 대한 공감 능력을 통해 발생하는 양심이 없고, 존재하지 않는 자아에 대한 신뢰가 없고, 불필요하게 경쟁적이고 본능적으로 협동하는 능력이 없는 남자는 외부로부터의 지침과 규제가 필요하다고 느낀다. 그래서 그는 사제, 전문가, 우두머리, 지도자 기타 등등 같은 권위자와 정부를 발명한다. 설령 그가 자신을 이끌어줄 여성(엄마)을 원한다 할지라도, 그는 이 사실을 제대로 받아들이지 못한다. (그는 무엇보다 먼저 '남자'이기 때문이다.) 그래서 여성의 역할을 하면서도 남성이기를 원하기에 그는 안내하고 보호하는 여성의 적성을 자신도 갖고 있다고 주장하며 어김없이 모든 권위자들은 남성이 되도록 한다.

서로 공감할 수 있는 합리적인 존재로 구성된, 완전하고 경쟁을 해야 할 본질적 이유가 없는 사회는 정부, 법, 지도자가 있어야 할 이유가 전혀 없다.

철학, 종교 그리고 성에 기반한 도덕

자기 밖의 누군가 혹은 무엇도 이해하지 못하는 남성의 무능력은 제 삶을 둔하고 무의미하게 만든다. (궁극적인 남성의 통찰력은 삶이 부조리하다는 것이다.) 그래서 남성은 철학과 종교를 발명했다. 공허한 존재인 그는 안내와 규제만이 아니라 삶의 구원과 의미를 구하기 위해 자신의 외부를 바라본다. 행복은 이 지구상에서 불가능하기에 남자는 '천국'을 만들었다.

타인에 대한 공감 능력이 없고 완전히 성적 존재인 남자에게, '오류'는 성적 '방종'이고 '일탈적인'(남자답지 못한) 성행위에 빠져들기다. 그의 수동성과 전적인 성애에 대항하지 않는 것이다. 남자들이 멋대로 군다면 '문명'을 파괴할 것이다. 왜냐하면 '문명'은 남성의 이러한 특성을 억압하기 위해 전적으로 남성의 필요에 기반해 만들어졌기 때문이다. 여성에게 (남성에 따르면) '오류'는 남자를 성적인 '방종'으로 유혹하는 어떤 행동이든 가능하다. 남성의 욕구를 여성 자신의 욕구보다 우선 순위에 두지 않은 것이며 계집애 같은 남자가 되지 않았다는 뜻이다.

종교는 남성에게 목표(천국)를 제공하고, 그에 따라 '도덕' 기준은 여성이 남자에게 계속 매이도록 만든다. 그뿐만 아니라, 남성이 자신의 성적 충동을 충분히 억제하지 않는다고 느낄 때, 근본적으로 남성이라는 존재에 대해 느끼는 죄의식과 수치심을 속죄할 수 있도록 의식을 제공한다.

완전히 비겁한 어떤 남자들은 그들의 내재된 결함을 여성에게 투사한 뒤, 여성의 결함이라고 낙인을 찍고 여성의 강점을 자신들이 가졌다고 믿는다. 조금 덜 비겁한 대부분의 철학자들은 남성 안의 결핍이 존재한다는 사실을 직시한다. 그러나 여전히 그들은 오직 남성으로 존재한다는 사실을 대면할 수 없다. 그래서 남성의 조건을 '인간의 조건'으로 규정하고, 그들을 공포스럽게 만드는, 그들이 아무도 아닌 쓸모없는 존재라는 문제를 철학적 딜레마로 제기한다. 그런 다음 그들의 동물성에 위상을 부여하고, 그들의 쓸모없음에 '정체성 문제'라는 거창한 이름을 달아주고, '개인의 위기' '존재의 본질' '실존은 본질에 앞선다'

'존재의 실존적 방식' 등에 대해 오만하게 지껄여왔다.

여자는 그녀의 정체성과 개별성을 당연히 받아들일 뿐 아니라, 오직 잘못은 타인에게 상처주는 것이며 삶의 의미는 사랑이라는 것을 본능적으로 안다.

편견(인종적, 민족적, 종교적 등)

남자는 그의 실패와 부족함을 투사할 수 있는 희생양을 필요로 한다. 그 희생양에게 그는 여성이 아님에 대한 그의 좌절감을 분출할 수 있다. 이러한 대리 차별은 상류층 남성에게는 이용 가능한 '보지 풀the pussy pool'을 상당히 늘려주는 실질적인 이득이 있다.

경쟁, 명성, 지위, 제도 교육, 무지와 사회 경제적 계급

여성에게 인정받고자 하는 집착적 욕망을 가진, 그러나 본질적 가치가 없는 남자는 매우 인위적인 사회를 구축한다. 돈, 명성, '높은' 사회적 계급, 학위, 직업적 위치와 지식을 통해, 가치 있는 모습으로 자신에게 특별한 지위를 부여하고, 가능한 다른 많은 남자를 직업, 사회, 경제, 교육의 나락으로 떨어지도록 밀어버리는 그런 사회를 만든다.

'고등' 교육의 목적은 교육이 아니라 다양한 전문직에서 가능한 한 많은 사람을 배척하기 위함이다.

정신적으로 관계 맺지 못하는, 전적으로 육체적이기만 한 남자는 설사 지식과 아이디어를 활용할 줄 안다고 해도, 그것들을 제대로 이해하고 감정적으로 그 지식과 아이디어를 파악하진 못한다. 그것들은 단지 목표 달성의 수단이기 때문에 지식과 아이디어 그 자체에 가치를 두지 않는다. 그리고 결과적으로 정신적 동지의 필요를, 타인의 지적 잠재력을 양성할 필요를 느끼지 못한다. 반대로, 남자는 무지에 대해서 거대한 흥미를 가진다. 이것은 지적이지 않은 남자들 틈에서 몇몇 지적인 남자들에게 분명한 우위를 준다. 한편 남자는 의식이 깨어 있는 여성의 증가는 남성의 종말을 의미하게 될 것임을 안다.

건강하고 자부심이 강한 여성은 그가 존중하고 함께 즐길 수 있는 동등한 동반자를 원한다. 그러나 남자와 불안하고 자신감 없는 남자-여자male female는 그들이 더 뛰어날 수 있는 벌레들의 사회를 갈망한다.

진실된 사회적 혁명은 남자에 의해 완수될 수 없다. 상류층 남자는 현 상태를 원하고 그 아래의 모든 남자는 상류층 남자가 되기를 원하기 때문이다. 남자의 '반란'은 우스꽝스러운 광대극이다. 남성의 욕구를 만족시키기 위해 남성에 의해 만들어진 남성의 사회이기 때문이다. 만족할 줄 모르는 존재이기에 남자는 절대 만족하는 법이 없다. 결국 남자의 '반란'은 남성 존재에 대항하는 반항이다. 남자는 오직 기술에 의해 그렇게 하도록 강요받을 때, 그가 선택지가 없을 때, 사회가 그가 변하거나 죽어야 하는 상황에 다다를 때에만 변한다. 우리는 바로 지금 그러한 상황에 있다. 만약 여자들이 재빨리 행동하지 않는다면, 우리는 당연히 모두 죽고 말 것이다.

대화의 금지

남자는 완전히 자기중심적이고 자기 외부의 어떤 것도 이해할 줄 모르기 때문에, (그에 대한 것이 아니고는) 그의 "대화"는 어떤 인간적 가치도 모두 제거된 비인간적인 단조로운 소리일 뿐이다. 남자의 '지적인 대화'는 자신에 대한 도피가 아니라면, 여자를 감동시키려는 강박적이고 필사적인 시도다.

수동적이고 순응적이며 남자를 존경하고 경외하는 '대디 걸'은 그녀에게 남자가 어마어마하게 지루한 말들을 늘어놓도록 내버려둔다. 그렇게 하는 게 그녀에게는 그리 어려운 일이 아니다. 그녀의 긴장과 불안(냉정함의 결핍), 불안정과 자기 의심, 자신의 감정과 감각에 대한 불확신 등 모든 것이 그녀의 인식을 피상적으로 만들고, 남자의 헛소리를 헛소리로 알아차리지 못하도록 만들기 때문이다. '위대한 예술'이라 이름 붙여준 그냥 뭉치를 '감상하는' 미학자처럼, 여자는 자신을 지루하게 만드는 똥 덩어리를 즐긴다고 믿는다. 남자의 헛소리가 자신을 지배하도록 허락할 뿐 아니라, 여자는 자신의 '대화'를 그에 따라 맞춘다. 일찍이 어린 시절부터 '착함, 예의와 '품위'로 훈련되고, 동물성을 숨기기 위한 남자의 요구에 영합하는, 대디 걸은 기꺼이 자신의 '대화'를 수다로 낮춘다. 완전히 사소한 범위를 넘어서는 어떤 주제도 회피하여 지루하고 무미건조한 잡담으로 만든다. 그렇지 않다면 '교육받은' 대로, '지적인' 토론, 곧 시오니즘, 국민총생산, 상징주의 회화에 대한 랭보의 영향처럼, 아무 관계없는 추상적 관념에 대한 비인격적인 토론을 한다. 이처럼 비위 맞추기에 숙련된 여성은 마침내 그 영합하는 태도가 두 번째 본성이 된다. 그녀는 오직 여성들과 함께 모여 있을 때조차 남자와 꾸준히 영합한다.

영합하기와 별도로, 여자의 '대화'는 통념에서 벗어나 고유한 의견 피력을 불안해하고, 그 불안으로 인하여 자기 자신에게 더 몰두하면서 그녀가 나누는 대화의 매력을 잃어버리게 되고 따라서 대화가 더욱 제한된다. '착함', 예의, '품위', 불안정성과 자기 자신에 대한 몰두는 강렬함과 재치를 끌어내기 어렵다. 강렬함과 재치는 대화가 그 이름에 걸맞은 것이 되기 위해 꼭 필요한 성질이다. 오직 전적으로 자신감과 자부심이 있고, 외향적이며, 당당하고, 거친 정신을 소유한 여성만이 강렬하고, 성적 매력이 있으며, 재치 있는 대화를 할 수 있기 때문에 이런 대화는 흔치 않다.

우정의 금지 (사랑)

남자들은 자기 자신을 경멸한다. 그들이 수시로 바라보는 다른 모든 남자들과 그들이 생각하기에 여자(예를 들면 '공감하는' 분석가와 '위대한 예술가') 혹은 신의 대리인을 경멸한다. 그리고 그들을 존경하고 그들에게 영합하는 모든 여성도 경멸한다. 불안정 하고, 인정을 추구하며, 남성에 영합하는 여성들은 자기 자신과 그들과 닮은 모든 여성을 경멸한다. 자신감 있고, 자부심과 스릴을 추구하는 여자-여자female females는 남자와 남자의 이익에 영합하는 여자를 경멸한다. 요약하자면, 경멸은 이 시대의 현상이다.

사랑은 의존이나 성관계가 아니라 우정이다. 그렇기에 사랑은 두 남성 사이에, 한 남성과 한 여성 혹은 두 여성 사이에는 존재할 수 없다.

그들 중 한 명 혹은 둘 다 무심하고, 불안정하고, 남자에게 영합한다. 대화와 마찬가지로, 사랑은 안전하고 규칙에 매이지 않는, 독립적이고 매력적인 여자-여자 같은 두 사람 사이에 존재할 수 있다. 사랑은 경멸이 아니라 존중에 바탕을 두기 때문이다.

매력적인 여성들 사이에서조차 깊은 우정은 성인기에는 좀처럼 발생하지 않는다. 그들 대부분은 경제적 생존을 위해 남자에게 매여 있거나, 정글에서 자신의 길을 마구 찾아나서면서, 아무런 특징 없는 집단 속에서 제정신을 유지하려고 노력하느라 수렁에 빠져 있기 때문이다. 사랑은 돈과 무의미한 노동에 기반한 사회에서 번창할 수 없다. 오히려 개인적이고 자유로운, 완전히 경제적 자유가 있는, 여가 시간과 강렬히 마음을 빼앗길 기회를 요구하는 사회에서 번창한다. 당신이 존중하는 것을 함께 나눌 때 감정적으로 만족감을 느낄 수 있는 활동은 깊은 우정을 이끌어낸다. 그러나 우리 사회는 그런 기회를 사실상 제공하지 않는다.

대화, 우정과 사랑의 세계를 제거당한 남자는 우리에게 하찮은 대체물을 제공한다―

'위대한 예술'과 '문화'

남성 '예술가'는 매우 비현실적인 가상 세계를 구축함으로써 남자로는 삶을 지속하는 어려움과 여자가 아님에 대한 그의 딜레마를 풀려고 한다. 그 가상의 세계에서 남자는 영웅적인 인물이 된다. 남성에게 여성적 특성이 보이고, 여성은 매우 제한적이고, 지루하고, 중요하지 않은 역할로 나타난다. 곧 여성이 남자로 등장한다.

남성의 '예술적' 목표는 소통이 아니라 (내면에 아무 것도 없는 그는 말할 게 전혀 없다) 그의 동물성을 숨기기 위해서다. 그는 상징주의와 모호함('심오한' 어떤 것)에 의존한다. 대다수의 사람들, 특히 자신의 판단력에 대한 신뢰가 부족하고, 겸손하며, 권위를 존중하는 '교육받은' 이들은('아빠가 제일 잘 안다'는 성인의 언어에서 '비평가가 가장 잘 안다' '작가가 가장 잘 안다' '박사가 가장 잘 안다'로 번역된다.) 모호함, 얼버무림, 간접성, 애매함, 이해할 수 없음과 지루함이 심오함과 명민함의 표시라는 믿음에 쉽게 빠져버린다.

'위대한 예술'은 작품의 내용을 통해, 그러니까 남자가 여자보다 우월하다는 사실을, 남자가 여자라는 사실만이 아니라, 반페미니스트들이 우리에게 상기시켜주기를 좋아하듯이, 거의 모든 '위대한 예술'이라 불리는 것들이 남자에 의해 만들어졌음을 '증명한다'. 그들은 '위대한 예술'이 위대하다고 인식한다. 남자의 권위가 우리에게 그렇게 말해왔기 때문이다. 우리는 다른 주장을 할 수 없다. 오직 우리보다 더 우월하고 정교한 감각을 가진 그들만이 위대함을 지각하고 평가할 수 있기 때문이다. 그들이 우월한 감각을 가진 존재라는 증거는 그들이 평가하는 그 구정물을 그들이 평가한다는 사실 그 자체다.

평가는 "교양인"의 유일한 오락이다. 수동적이고 무능한, 상상력과 재치가 부족한 그들은 어떻게든 임시변통해야 한다. 자기 고유의 오락을 만들지 못하고, 자기 고유의 작은 세계를 만들지 못하고, 그들의 환경에 가장 작은 방식으로도 영향을 주지 못하는 그들은 주어진 것을 받아들여야만 한다. 창조하고 이해할 줄 모르는 그들은 그저 구경한다. '문화'를 흡수하는 것은 재미 없는 세상에서 재미를 느끼기 위해, 쓸모

없고 어리석은 존재의 공포에서 탈출하기 위한 필사적이고 미친 시도이다. '문화'는 게다가 수동적인 구경하기를 합리화하는 수단으로 무능한 자아에 비위를 맞추는 선물을 준다. 그들은 '더 나은' 것을 평가하고, 그저 쓰레기turd일 뿐인 곳에서도 보석을 알아보는 그들의 능력에 대해 자부심을 가진다. (그들은 숭배하기 위해 숭배받기를 원한다.) 어떤 것을 변화시키는 그들의 능력에 대한 신뢰 부족으로, 현상에 순종하는 그들은 쓰레기 속에서 아름다움을 보아야만 한다. 그들이 알아볼 수 있는 한 쓰레기들은 모두 그들이 가질 수 있는 것이기 때문이다.

'예술'과 '문화'에 대한 숭배는 더 중요하거나 가치 있는 활동, 건설적이고 활동적인 능력에서 많은 여성들을 관심이 멀어지게 해 지루하고 수동적 활동으로 이끈다. 그리고 이런 저런 쓰레기의 심오한 아름다움에 대한 잘난 체하는 연구가 우리의 정서에 지속적으로 개입하도록 한다. 우월한 감정, 인식, 관점과 판단력을 가진 사람으로 '예술가'를 고정시켜 놓고, 자기 고유의 기분, 지각, 관점과 판단에 대한 가치와 객관성에 불안정한 여성의 신념을 더욱 망친다.

여성적 특징의 의미로 정의된 '예술가'의 바로 그 개념은 남자가 여자임을 '증명'하기 위하여 발명했다. ('모든 위대한 예술가는 남자다.') 그리고 그는 삶이 무엇인지 우리에게 말해주기 위해 우리를 이끌기에 꼭 맞는 사람으로 '예술가'를 내세운다. 그러나 남자의 형태를 벗어난 존재가 아닌, 매우 제한된 감정을 가진 남성 '예술가'는 결과적으로 매우 제한된 지각, 관점과 판단력을 가졌다. 왜냐하면 지각, 관점, 판단력은 모두 감정에 기반한 것이기 때문이다. 인생이 무의미하고 부조리하다는 통찰을 뛰어넘는 어떤 것에도 공감하지 못하는 남자는 결국 예술가가 될 수 없다. 삶을 살아갈 능력이 없는 그가 어떻게 우리에게 삶이 무엇인지 말할 수 있을까? '남성 예술가'는 형용 모순이다. 타락한 예술가는 오직 타락한 '예술'만을 생산한다. 진정한 예술가는 모두 자신감 있고 건강한 여성이다. 진짜 예술과 문화는 여성 사회에서, 우주만물과 멋지게 교감하면서, 서로서로 흥을 돋우고 서로 충돌하는 독특한 정신을 가지고 펑키한 여성들에 의해 번창할 것이다.

섹슈얼리티

섹스는 관계의 일부분이 아니다. 오히려 창조적이지 않고 거대한 시간 낭비일 만큼 고독한 경험이다. 여성은—그녀가 생각하는 것보다 훨씬 더 쉽게—자신의 성욕을 쉽게 물리칠 수 있으며, 완전히 냉정하고 지적인 상태로 머문 채, 진정으로 풍성한 관계와 활동을 추구할 수 있다. 그러나 호색한 남성은 성적 욕망이 강한 여성을 흥분시킨다. 여성을 성적 대상으로 찾아다니고, 끊임없이 여성에게 집적대려고 찾아다니는 남자는 강한 성적 욕망이 있는 여성을 욕망에 열광하도록 자극하여 섹스의 수렁으로 던져버리고, 대부분의 여성들이 그 수렁에서 탈출하지 못한다.

섹스는 생각 없는 이들의 피난처다. 여성이 생각이 없으면 없을수록 남성 '문화'에 더 깊이 뿌리박힌다. 요컨대 '더 착한' 여자는 더 성적인 여자다. 우리 사회에서 '가장 착한' 여자들은 광란적 섹스광이다. 그러나 정말 너무나도 착한 그들은 물론 섹스라 하지 않는다—그것은 어색하기 때문에—대신 그들은 몸으로 교감하고, 육체적 관계를 만든다는 의미로 사랑을 나눈다고 한다. 문학에서는 에로스의 진동에 맞추고,

우주의 무리를 이룬다고 한다. 종교는 성애의 질서를 통합하고, 우주가 하나되어 뒤섞인다고 한다. 신랄한 사람들은 그들의 에로틱한 세포와 접촉한다고 한다. 반면에 남성 '문화'에 최소한으로 뿌리 박힌 여성들은 최소한으로 '착하다'. 그들은 섹스를 섹스로만 여기는 우둔하고 단순한 영혼을 가졌다. 이들은 변두리, 주택담보대출, 대걸레와 아기 똥으로 가득한 세계에서 성장하기에는 매우 어리고, 아빠, 조상들의 '위대한' 혹은 '심오한 지혜'를 존경하기에는 너무 오만하다. 이들은 오직 자신의 동물적이고 깊숙한 본능을 믿는다. 문화는 괴짜 여성이 만드는 것이라 여기는 그녀에게 유일한 기분 전환은 정신적 스릴과 흥분을 위해 배회하는 것이다. 역겨움과 추잡하게 화가 나는 혐오스러운 '장면들', 만약 그들이 무사히 넘어갈 수 있다는 걸 안다면, 남자의 가슴에 칼을 찔러 넣거나 남자를 보자마자 그의 엉덩이에 얼음 송곳을 쑤셔 넣을 폭력적인 쌍년들에 빠진다. 요컨대, 우리의 '문화'의 기준에 따르면 이들이 SCUM이다. 이 여자들은 냉정하고 지적이며, 최소한 치마를 입은 무성애자다. 예의 바름, '착함', 분별, 여론, '도덕', 쓰레기에 대한 '존경'에 얽매이지 않는, 항상 펑키하고, 더럽고, 비열한 SCUM은 돌아다닌다…… 돌고 돌아서…… 그들은 하나도 남김 없이 다 보았다. 그들이 모든 해변을 다 섭렵하며 보았던 단편적 장면—박는 장면, 빠는 장면, 좆 장면, 레즈비언 장면—에 내려가 보았다—자지 부두, 보지 부두…….

당신은 섹스 반대를 위해 많은 섹스를 통과해왔다. SCUM은 이 모든 것을 겪었다. 그들은 이제 새로운 쇼를 준비한다. 그들은 부두 아래에서 기어나와, 움직이고, 이륙하고, 가라앉길 원한다. 그러나 SCUM은 아직 우세하지 않다. SCUM은 여전히 우리 '사회'의 도랑 속에 처박혀 있다. 만약 현재의 경로에서 빗나가지 않는다면, 폭탄이 떨어지지 않는다고 해도, 우리 사회는 죽음을 향해 갈 것이다.

지루함

극단적으로 한정된 감정 때문에 우울하고 침체되지 않을 때는 오직 매우 지루할 수만 있는 생명체에 의해, 그리고 그 생명체를 위해 만들어진 사회는 그들이 우울하고 침체되지 않을 때면 오직 지루하기만 하다.

비밀 유지, 검열, 지식과 생각의 억압, 폭로

모든 남자의 고질적이며, 은밀한, 매우 끔찍한 공포는 그들이 여자가 아니라는 사실이며, 인간 이하의 동물인 남자라는 사실이 발각될 것에 대한 공포다. 비록 '착함', 예의 바름과 '품위'는 개인적 차원에서 그의 정체를 들키지 않도록 예방하기에 충분할지라도, 남자라는 성 전체에 대한 일반적인 폭로를 예방하기에는 충분치 않다. 그래서 사회에서 그의 부자연스러운 지배적 위치를 유지하기 위해 다음과 같은 내용에 의지해야만 한다:

1. 검열. 전반적인 의미를 지적으로 이해하기 보다는 몇몇 작품과 문장을 분리시켜 반사적으로 반응하면서, 남자는 '포르노그래피'만이 아니라 '더러운' 언어들을 품고 있는 어떤 작업도, 그들이 사용하는 문

맥이 무엇이든 상관하지 않고, 검열하는 것으로 그의 동물성에 대한 자극과 들킴을 방지하려고 한다.

2. 그를 폭로하는, 혹은 사회에서 그의 지배적인 위치를 위협하는 모든 아이디어와 지식을 억압. 많은 생물학적, 심리적 데이터는 여성에 비해 남성이 굉장히 취약하다는 증거이기 때문에 억압된다. 또한, 정신질환의 문제는 남성이 꾸준히 통제하는 한 전혀 풀리지 않을 것이다. 왜냐하면 우선 남자는 통제에 굉장히 흥미를 느끼기 때문이다. 극도로 멍청한 여자들만이 남성에게 무엇이든 얼마 안 되는 약간의 통제권을 허락할 것이다. 그리고 두 번째로, 남자는 '아버지 되기'가 정신질환을 야기하는 데 미친 역할을 인정할 수 없다.

3. 폭로. 남자 인생에서 최고의 기쁨은—긴장하고, 우울한 남자가 어떤 것에 관해서든 기쁨에 대해 말할 수 있다면—타인에 대한 폭로다. 그들이 폭로되는 한, 그들이 폭로되는 것이 무엇인지는 별로 중요하지 않다. 타인에 대한 폭로는 그 자신에 대한 주의를 빼앗기 때문이다. 적의 첩보원처럼(공산주의자들과 사회주의자들) 다른 사람들에 대해 늘어놓는 것은 그가 즐기는 폭로 중 하나다. 왜냐하면 이러한 폭로 행위가 그 자신에게서는 물론이고 국가, 더 나아가 서구 세계에서 위협의 원천을 제거해주기 때문이다. 안달복달하게 만드는 것은 그 자신이 아니라 러시아에 있다.

불신

공감하거나 애정을 느끼거나 충성할 능력이 없는, 전적으로 자기 자신을 위해서만 기를 쓰는 남자는 공정한 경기에 대한 개념이 없다. 비겁한, 여성의 인정이 없이는 무력하여 여성의 인정을 얻기 위해 여성에게 지속적으로 비위를 맞출 필요가 있으며, 그의 동물성이 드러날까, 그의 남성성이 들통날까 항상 안절부절못하고 이를 은폐할 필요가 있는 그는 꾸준히 거짓말을 해야 한다. 공허한 존재인 남자는 명예나 진실성이 없다. 그는 이런 단어가 무슨 말인지도 모른다. 남자는 간단히 말하자면, 믿을 수 없는 인물이다. 오직 남성 사회에서 적절한 태도는 냉소주의와 불신뿐이다.

추함

전적으로 성적인 존재인, 지적으로나 미적인 반응을 할 수 없는 완전히 물질적이고 탐욕스러운 남자는 '위대한 예술'로 세계에 영향을 주면서, 추한 건물과(안팎으로 모두), 추한 장식, 추한 광고판, 추한 고속도로, 추한 자동차, 추한 쓰레기 청소차와 특히 타락한 그 자신으로 아름답지 않은 도시를 만든다.

증오와 폭력

남자는 긴장감에 사로잡혀 있다. 자신이 여자가 아니고, 어떤 것에도 결코 만족과 기쁨을 얻을 수 없는 존재라는 좌절감에 사로잡혀 있다. 그가 우울하지 않고, 불안하거나 지루하지 않을 때는 증오에 빠져 있다. 당신을 학대하거나 모욕하는 사람을 향한 합리적인 증오가 아닌, 밑바닥에 자리한 자신의 가치 없는 자아에서 자라난 미움, 비이성적이고 무차별적인 증오다.

그뿐만 아니라 그가 '남자'임을 '증명하기' 위해 벌어지는 이유 없는 폭력은 그의 증오를 위한 배출구다. 게다가 그저 성적인 반응만 하는 존재이며 반쯤 죽은 상태의 자아를 자극하기 위해 매우 강한 자극을 필요로 하는 남자에게 그 이유 없는 폭력은 약간의 성적 스릴을 제공한다.

질병과 죽음

모든 질병은 고칠 수 있고, 노화와 죽음은 질병 때문에 발생한다. 그러므로 전혀 늙지 않고 영원히 살 수도 있다. 실제로, 총력을 기울여 엄청난 과학적 연구가 이 문제에 매달렸다면, 노화와 죽음의 문제는 몇 년 안에 해결될 수 있었다. 그렇지만 이런 일은 남성 사회에서는 발생하지 않을 것이다. 다음과 같은 이유 때문이다:

1. 엄숙함, 따분함, 값비쌈, 시간낭비 그리고 우리 사회 "고등" 교육 시스템의 불공정한 배타성이 많은 잠재력 있는 과학자들을 과학적 경력으로부터 단절되게 만든다.
2. 그들의 위치를 지키기에 급급하고 불안정한 남성 전문가에 의해 유포된 유언비어 때문에 오직 어렵게 선택된 소수만이 추상적인 과학적 개념을 이해할 수 있다.
3. '아버지' 제도가 만들어낸 만연한 자신감의 결핍은 과학자가 될 수

있는 많은 사람들의 용기를 꺾었다.

4. 가장 창의적이지 않은 과학자에게 유리한 금융 시스템. 대부분의 과학자들은 '아빠'가 절대적으로 지배하는, 적어도 상대적으로 부유한 가족에서 나온다.

5. 자동화 부족. 지금은 풍성한 데이터가 존재한다. 이 데이터가 잘 정리되고 서로 상호작용을 잘한다면 암과 몇몇 다른 질병을 위한 치료와 어쩌면 생명 자체의 중요한 핵심을 밝힐 것이다. 그러나 데이터가 너무 방대하여 이 모든 것을 서로 연결시키기 위해 매우 빠른 컴퓨터가 필요하다. 컴퓨터 산업은 남성 사회에서 무기한으로 연기될 것이다. 남자는 기계에 대체되는 데 대한 공포가 있다.

6. 남자는 '남자다운' 전쟁과 죽음 프로그램을 현저히 선호한다.

7. 새로운 생산에 대한 금융시스템의 만족할 줄 모르는 욕구. 죽음 프로그램을 위해 일하지 않는 대부분의 과학자들은 기업을 발전시키고 그저 무언가를 시험하는 일에 매여 있다.

8. 많은 남성 과학자들은 생물학적 연구를 꺼린다. 왜냐하면 남성이 매우 불완전한 여성이라는 사실이 들통 날 것에 대한 공포 때문이다.

* * *

자신의 존재를 정당화할 수 있는 유일한 방식인 행복, 긍정적인 상태에 이르기 어려운 남자는 기껏해야 편안한, 안정감 있는, 어중간한 상태에 머물러 있다. 이조차도 아주 일시적이다. 지루함처럼 부정적 감정이 곧 자리잡는다. 남자는 그렇기에 몇몇 여자의 희생에 기대어 얻을 수 있는 덧없는 편안함으로 때때로 고통을 완화시키며 존재할 수

밖에 없는 운명이다. 바로 그 거머리 본성에 따라 감정적 기생충인 남자는 살아가고 성공할 자격이 윤리적으로 없다. 그 누구도 누군가의 희생으로 살아갈 권리는 없기 때문이다. 단지 더 진화된 존재이고 더 깨어 있으며, 우월한 의식을 가진 존재라는 점 때문에 인간이 개보다 우선적으로 존재할 권리를 가진다. 그와 같이 여성은 남성보다 더 존재할 권리가 있다.

그렇지만 이 도덕적 문제는 남자가 점차적으로 자신을 제거하고 있다는 사실에 의해 결국 학술적으로 다뤄질 것이다. 게다가 유서 깊고 전통적인 전쟁과 인종 시위에 참여하기 위해 남자는 점점 더 드랙퀸이 되거나 약물에 빠져 그들 스스로를 제거하는 중이다. 여자는 그가 좋아하든 그렇지 않든, 결국 완전히 차지하게 될 것이다. 만약 다른 이유가 있는 게 아니라면 여자에게 실용적인 목적을 위해 남자가 존재해야 할 이유는 없다. 점점 더 많은 남자들이 자기 자신에게 이익이 무엇인지 깨달으면서 이러한 현상은 가속화된다. 그들은 점점 더 여성의 이익이 그들의 이익이라는 사실을 알아차린다. 그들은 오직 여성을 통해서만 삶에 근접할 수 있다. 많은 여성이 삶에서 격려받을 수록, 자신의 역량을 발휘할 수록, 남자가 아니라 여성으로 살수록 더 많은 남성이 살아갈 수 있다. 남자는 여자가 되려고 애쓰기보다, 여자의 특징을 빼앗고, 그것은 자신의 것이라 주장하기보다 여자를 끌어내리고, 여자가 남자라고 주장하기보다 여자 곁에서 살아가는 게 더 쉽고 더 만족스럽다는 사실을 인식할 것이다. 자신의 남성성을 받아들인 남자, 즉, 수동성과 전적으로 성적인 그의 여성성을 받아들인 남자는 진짜 여성인 여자에게 최고로 좋은 대접을 받는다. 그에게는 여성스러운, 남자가 되는 것이 더 쉽기 때문이다. 만약 남자가 현명했다면, 그들은 진짜 여성이 되길 추구했을 것이다. 뇌와 신경계의 수술을 통해 여성으로 신체적 변환을 할 수 있는 생물학적 연구에 매진했을 것이다.

재생산을 위해 여성을 계속 이용할 것인지, 연구실에서 재생산을 할 것인지는 학문적 연구가 이루어질 것이다. 모든 가임기 여성이 일상적으로 피임하고 임신 중단을 한다면 무슨 일이 벌어질까? 얼마나 많은 여성들이 자기 의지에 의해 임신하고 (만약 우연이라면) 임신을 유지할까? 그런 여자는 없다. 아무것도 모르는 순진한 여자여, 정신이 오락가락하는 여자들은 그렇게 말하겠지만, 여성들은 새끼 빼는 암말이 되는 걸 좋아하지 않는다. 사회가 온전한 의식을 갖춘 사람들로 구성되어 있을 때, 답은 그런 사람은 아무도 없다라는 것이다. 일부 여성들을 종의 번식을 위해 새끼 빼는 암말의 역할을 하도록 강요하여 따로 분리시킨다면 어떨까? 분명히 그런 일은 일어나지 않을 것이다. 답은 아기를 낳는 연구소다.

남자를 계속 낳을지 안 낳을지에 대한 문제에 대해 말하자면, 질병처럼 우리 사이에 늘 존재했기에 남자는 계속 존재해야 한다는 의견을 따르지 않는다. 유전적 통제가 가능할 때—곧 일어나게 될—감정적 결함을 포함하여, 어떠한 신체적 장애나 결함을 가진, 바로 남성성인 존재가 아니라, 우리는 온전하고 완전한 존재만 생산해야 한다는 건 말할 나위도 없다. 고의적으로 시각장애인을 낳는 것이 매우 비도덕적이듯이, 감정적 장애가 있는 사람을 굳이 일부로 낳는 것도 비도덕적이다.

여자들조차 낳아야 할 이유가 있는가? 미래 세대가 왜 있어야 할까? 우리에게 목적이 무엇일까? 죽음이 없다면 왜 우리는 생산을 해야 할까? 우리가 죽을 때 무슨 일이 생기는지를 왜 걱정할까? 우리를 계승

할 더 젊은 세대가 없다는 것을 왜 걱정할까?

그래서 결국 사회적 진화라는 자연스러운 역사적 과정은 전 세계를 완전히 여성이 지배하도록 이끌 것이다. 이어서 남자를 낳는 것을 중지하고, 마침내 여자를 낳는 것도 중지하도록 만들 것이다.

그러나 SCUM은 참을성이 없다. SCUM은 미래 세대가 성공할 것이라는 생각에서 위로받지 않는다. SCUM은 스스로를 위해 뭔가 스릴 있는 삶을 움켜쥐고 싶다. 그리고 만약 대다수의 여성이 SCUM이었다면, 노동력에서 발을 빼는 것만으로도 온 나라가 마비될 것이기에, 그들은 단 몇 주 만에 이 나라를 완전히 지배하는 데 성공했을 것이다. 그다음으로는 그들은 경제와 충분히 다른 모든 것들을 완전히 방해할 수 있다. 그들은 금융 시스템에서 떠날 것을 선언할 것이다. 소비를 그만두고, 약탈하고, 그들이 복종할 필요 없는 모든 법에 복종을 거부할 것이다. 경찰, 주방위군, 육군, 해군과 해병은 인구의 반 이상이 들고 일어나는 폭동을 제압할 수 없다. 이 여성들 없이는 완전히 무력감을 느끼는 사람들로 구성되었을 때 특히 더 그럴 것이다. 만약 모든 여자들이 남자를 떠나기만 해도, 정부와 국가 경제는 완전히 붕괴될 것이다. 남자를 떠나지 않더라도 만약 여성이 남자를 뛰어넘는 우월성과 힘의 정도를 인지했다면, 여성들은 남자들이 여자들에게 완전히 굴복하게 만들 수 있었다. 제 정신인 사회에서 남자는 고분고분하게 여자의 뒤를 따라 종종걸음으로 쫓아갈 것이다. 그런 남자는 유순하고 다루기 쉽고 그를 점령하고자 하는 어떤 여자의 지배에도 쉽게 잘 따른다. 실제로 남자는 여성이 이끌어주길 필사적으로 원한다. 엄마가 책임져주길 원하고, 그녀의 돌봄에 남자는 자신을 맡겨버리길 원한다. 그러나 여기는 온전한 사회가 아니다. 대부분의 여성들은 그들이 남성과의 관계에서 어떤 위치에 있는지 희미하게 조차 인식하지 못한다.

갈등은 그러니까 여성과 남성 사이에서 발생하는 게 아니라 SCUM 과 '대디 걸' 사이에서 일어난다. 지배적인, 안정적인, 자신감 있는, 심술궂은, 폭력적인, 이기적인, 독립적인, 자랑스러운, 스릴을 추구하는, 자유분방하며 오만한 SCUM 여자들은 자기 스스로를 우주의 보편적 규칙에 부합하다고 여긴다. 이들은 사회의 한계를 자유롭게 넘나들고, 이 사회가 제공하는 것을 훌쩍 넘어선 어떤 것에 도전할 준비가 되어 있다. '대디 걸'은 '착하고' 수동적이며 '교양 있게' 길러졌고, 복종하고 의존적이며 두려움 많고 부드러우며 불안정하며 인정받기를 추구한다. 이들은 미지의 세계에 대처하지 못한다. 그저 익숙한 하수구에서 뒹굴며 살아가길 원한다. 대디 걸은 유인원과 함께 하며 앞에 나서길 꺼린다. 그들은 백악관에 있는 비대하고 털북숭이 얼굴에 기대어 함께 있는 강한 남자, 거대한 남자 곁에 의지한 '거대한 아빠'와 함께 있을 때만 안정감을 느낀다. 대디 걸들은 남자가 무엇인지, 아빠가 무엇인지, 돼지처럼 추첨된 역할을 하는, 동물성에 그 자신을 적응하게 만드는 그 끔찍한 현실을 직시하길 매우 비겁하게 회피한다. 이와 함께 표면적으로는 안정감을 느끼고, 그 외의 다른 방식의 삶에 무지하다. 남자들의 수준에 맞추기 위해 대디 걸들은 그들의 생각과 시야를 낮춘다. 그들은 상식, 상상력과 위트가 부족하여 오직 남성 사회에서만 가치가 있다. 태양 속에 자리를 잡을 수 있지만 이들은 오직 남자를 달래주고, 남자의 자아를 뒷받침해주고, 편히 쉬게 하며 재생산의 도구 역할을 하는 진흙 속에 자리한다. 다른 여자들에게는 몰지각한 존재로 무시받는 이 대디 걸은 그들의 결함과 남성성을 모든 여성에게 투사하여 여자를 벌레로 보이게 만든다.

그러나 SCUM은 희망을 갖고 수많은 명청이들의 계몽을 기다리기에는 정말 참을성이 없다. 왜 멋진 여성들이 계속해서 둔해빠진 남자들을 착실하고 우울하게 따라가야 하는가? 왜 매력적인 사람과 오싹하게 소름끼치는 사람의 운명이 서로 뒤얽혀야 하는가? 왜 활동적이고 상상력 있는 사람들이 사회 정책을 두고 수동적이고 둔한 사람들과 협의해야 하는가? 왜 독립적인 사람들이 매달릴 아빠를 필요로 하는 의존적인 사람들에 맞춰 하수구에서 제한된 삶을 살아야 하는가? 그럴 이유가 없다.

한줌의 SCUM은 체계적으로 시스템을 망치면서, 선별적으로 재산을 파괴하고, 살인을 저지르며 1년 안에 이 나라를 빼앗을 수 있다.

SCUM은 일터를 때려부수고, 비노동력이 될 것이다. 그들은 다양한 종류의 직업을 갖고 무노동을 할 것이다. 예를 들어 SCUM 판매사원은 상품 파는 일을 하지 않을 것이다. SCUM 전화상담원은 전화를 받지 않을 것이다. 게다가 SCUM의 사무직 노동자와 공장 노동자들은 그들의 일을 부숴버리기 위해 은밀하게 조직을 파괴할 것이다. SCUM은 해고될 때가지 직장에서 무노동 상태로 있을 것이며, 그 다음 무노동을 위해 새로운 직업을 구할 것이다.

SCUM은 버스기사, 택시기사, 지하철 매표원의 일을 억지로 줄여버릴 것이다. 버스와 택시는 무료 대중교통이 될 것이며 차표도 무료로 나눠줄 것이다.

SCUM은 모든 쓸모없고 해로운 물건들을 파괴할 것이다―자동차들, 상점의 유리창, '위대한 예술' 기타 등등. 결국 SCUM은 방송국 스튜디오에 입장하려는 SCUM을 방해하는 모든 라디오와 텔레비전에 고용된 사람들의 업무를 강제로 덜어주면서 공중파(라디오와 텔레비전

네트워크)를 빼앗을 것이다.

SCUM은 'SCUM의 남성 보조'에서 일하지 않는 모든 남자들을 죽일 것이다. '남성 보조'안의 남자들은 그들 자신을 제거하기 위해 부지런히 일하게 될 남자들이다. 그들의 동기와 상관없이, 선행을 하는 남자들이며, SCUM과 함께 공놀이를 할 남자들이다. '남성 보조'안에서 일하게 될 몇몇 남자들의 예를 들자면 다음과 같다:

남자들을 죽이는 남자.

생물학적 전쟁에 반대하며, 건설적인 프로그램을 위해 일하는 생물학자.

SCUM의 목표를 완수하도록 이끌 생각을 전파하고 홍보할 작가, 편집자, 출판인과 기획자.

여자 같은 남자. 그들이 보여주는 훌륭한 사례는 '남성'을 벗어나고 상대적으로 무해한 그들 자신으로 만들라고 다른 남자들에게 격려한다.

지속적으로 돈과 물건을 포기하고 무료 봉사를 해주는 남자.

(아무도 그렇게 한 적 없는) 있는 그대로 말하는 남자. 여성에 대해 올바르게 표현하는 남자, 남자 자신에 대해 진실을 폭로하는 남자, 생각이 모자란 남자에게 옳은 문장을 되풀이하게 하는 남자, 그들에게 여성의 인생에서 우선적인 목표는 남성을 진압하는 것이라고 말하는 남자. (이 남자들을 돕기 위한 시도로, SCUM은 '인간쓰레기 회의'를 구성할 것이다. 여기에서 모든 남자는 이 문장으로 연설을 시작할 것이다: 나는 인간쓰레기다. 천하고 비열한 쓰레기다. 그다음 그가 인간쓰레기임을 보여주는 모든 목록을 나열할 것이다. 그렇게 함으로써 그가 얻는 보상은 그 자

리에 있게 될 SCUM과 온전히 견고한 시간을 보내며 회의 이후에 친하게 지낼 기회를 얻는 것이다. "착하고", 결백한 삶을 살아가는 여성스러운 남성은 남성에 대해 그들이 가지고 있을 법한 어떠한 의구심과 오해도 명확히 밝히기 위해 이 회의에 초대받을 것이다.)

화면에 나오게 될 모든 것이 '빨기Suck'와 '박기Fuck'일 그날을 재촉할 수 있는 섹스북과 영화 등의 제작자와 홍보 담당자들. (피리 부는 사람Pied Piper 을 뒤따르는 쥐새끼 같은 남자들은 그들의 파멸을 위해 보지에게 유혹당할 것이다. 그 보지에 의해 회복하고 잠기곤 하다가 결국 그들은 수동적 육체 안에서 익사할 것이다.)

남성 집단에서 서둘러 벗어난 약물 강매자와 그들의 변호인들.

선한 일을 하는 것은 필요하지만 '남성보조'의 회원이 되기에 충분하진 않다. 선행을 하면서 그들의 쓸모 없는 엉덩이를 구하기 위해 남자들은 악마를 피해야만 한다. 가장 심하게 불쾌하거나 해로운 몇 가지 사례는 다음과 같다:

강간범들.

정치인과 그들을 수행하는 모든 사람.

형편없는 가수, 작곡가와 음악인.

이사회 의장.

집안의 가장.

건물주.

분위기 있는 음악을 틀면서 불결하기 짝이 없는 식당과 상점을 운영하는 소유주.

"위대한 예술가."

인색한 구두쇠와 돈을 떼어먹는 사람.

체포하는 경찰, 기소하는 검찰과 약물과 도박법 위반자, 성매수자, 포
르노 관련 종사자와 기업에 대한 범죄자에게 시간을 들이는 판사.

재벌 총수.

죽음과 파괴 프로그램에 대해 혹은 개인 산업을 위해 연구하는 과
학자.

거짓말쟁이와 사기꾼.

부동산 사업가.

주식 중개인.

입을 다물어야 할 때에 말하는 남자.

아무데나 쓰레기를 버리는 사람.

다른 사람의 말이나 생각을 자기 것으로 훔치는 사람.

어떤 여성에게든 조금이라도 해를 끼치는 남자.

광고 산업계에서 일하는 모든 남자.

정신과 의사와 심리상담사.

그들이 마주친 낯선 여성들에게 대접받을 자격이 있다는 믿음을 가
지고 껄떡대는 남자.

공적으로, 사적으로 모두 검열하는 사람.

징집병을 포함하여 군대에 있는 모든 사람.

남자의 행동이 선과 악 양쪽에 모두 걸쳐 있을 경우에는, 그 남자에
대한 전반적으로 주관적인 평가가 모든 것을 고려해서 그의 행동이 선
인지, 악인지 결정하게 될 것이다.

남자와 더불어 여성 '위대한 예술가', 여성 거짓말쟁이, 여성 사기꾼 등을 제거하려는 마음이 강하게 일어나지만, 그것은 적절하지 않다. 살해된 여성이 남성적이라는 사실이 대부분의 대중에게 명백하게 드러나지 않을 것이기 때문이다.

벗어나기는 답이 아니다. 부숴버려야 한다. 대부분의 여성들은 이미 제도권에서 벗어난 상태다. 그들은 한번도 그 안에 있었던 적이 없다. 벗어나기는 벗어나지 않은 몇몇에게 통제권을 준다. 벗어나기는 정확히 통치자들이 원하는 것이다. 그것은 적의 손바닥 위에서 놀아나는 것이다. 그것은 제도를 손상시키는 것이 아니라 오히려 강화하는 것이다. 제도는 전적으로 여성 대중의 무관심, 수동성, 무감각과 무감동에 기반하기 때문이다. 그렇지만 벗어나기는 남성에게는 훌륭한 정책이다. SCUM은 남성들이 벗어나도록 열정적으로 격려할 것이다.

구원을 위해 당신 내면을 바라보기, 당신의 배꼽을 응시하기는 벗어난 사람들이 당신을 믿게 하는 것과 달리 답이 아니다. 행복은 당신 외부에 존재하고 타인과의 상호작용을 통해 얻어진다. 자아도취가 아니라 자기 자신에 대한 망각이 스스로의 목표가 되어야 한다. 오직 자아도취에만 빠진 남자들은 돌이킬 수 없는 잘못을 저지르고 자기몰두만 한다. 자아도취를 선한 것뿐만이 아니라 '철학적 선'으로 만들고, 나아가 심오한 존재가 되는 방식으로 만든다.

SCUM은 이러한 목표를 완수하기 위해 피켓 들기, 시위, 행진이나 파업을 하지 않겠다. 이러한 전략은 '착하고' 품위 있는 숙녀들이 하는 것이다. 그 숙녀들은 효과가 없다는 게 이미 밝혀진 방식을 성실하게 행한다. 게다가 그들과 같은 종 안에서 자신을 숨기도록 매우 잘 훈련된 품위 있고 깔끔 떠는 여자들은 떼 지어 행동한다. SCUM은 개인들로 구성된다. SCUM은 집단이 아니라 개별적 존재다. 일을 할 SCUM 수만큼 일자리가 필요하다. 또한 냉정하고 이기적인 존재인 SCUM은 경찰봉으로 머리를 두드려 맞도록 자신을 내버려두지 않을 것이다. 그 것은 '아빠'와 경찰의 본질적인 선함에 대한 높은 존경과 감동적인 신 뢰가 있는 '착하고', '특권 있고', '교육 받은' 숙녀들에게나 해당되는 일 이다. 만약 SCUM이 행진을 한다면, 그것은 대통령의 얼굴 위에서 하 게 될 것이다. 만약 SCUM이 파업을 한다면, 그것은 어둠 속에서 6인 치 칼날을 들고 일어날 것이다.

SCUM은 시민 불복종과는 반대로 항상 범죄적으로 작동할 것이 다. 그것은 부당함에 주목하게 만들기 위해 공공연히 법을 위반하고 감옥에 가는 것이다. 이러한 전략은 전반적으로 제도의 공정성을 확 인하고, 조금이라도 이 제도를 수정하고 특정한 법을 바꾸도록 한다. SCUM은 제도 전체와 법과 정부의 생각에 반대한다. SCUM은 시스 템 안에서 어떤 권력을 얻는 게 아니라, 시스템을 부수려고 기를 쓴다. 또한 늘 이기적이고 언제나 냉정한 SCUM은 항상 발각과 처벌을 피 할 작정이다. SCUM은 항상 은밀하고 교활하면서 비밀리에 활동할 것이다. (비록 SCUM 살인들이 항상 그런 식으로 알려지겠지만.)

파괴와 살인 모두 선별적이며 차별적일 것이다. SCUM은 명백하지 않은 목적으로 반쯤 광란적이고 무차별적인 폭동을 일으키는 것에 반 대하고, 당신과 같은 종류의 사람들만 골라서 제거할 것이다. SCUM 은 절대 어떤 종류의 폭동 혹은 무차별적으로 파괴하는 다른 방식을 선동하고 부추기거나 참여하지 않을 것이다. SCUM은 냉정하게, 은 밀하게, 사냥감에게 몰래 다가가고, 살인을 위해 조용히 움직일 것이 다. 나아가 이러한 파괴는 결코 식량이송이나 다른 필수품을 위해 필요한 길을 가로막고, 물을 오염시키거나, 단수를 하거나, 구급차가 통과할 수 없도록 도로를 막거나 교통을 방해하고, 병원이 제대로 운영될 수 없게 훼방놓는 그런 행동은 하지 않을 것이다.

SCUM은 금융-노동 시스템이 더는 존재하지 않고 자동화가 완전히 제도화 될 때까지, 혹은 이러한 목표를 이루기 위해 폭력이 필요 없을 정도로 SCUM과 함께 충분히 많은 여성들이 참여할 때까지 계속해서 파괴하고, 약탈하고, 망치고, 죽일 것이다. 즉, 충분히 많은 여성들이 일하지 않거나 직장을 떠나고, 약탈을 시작하고, 남자를 떠나고, 진정한 문명사회에 부적절한 모든 법에 복종하기를 거부할 때까지 이어질 것이다. 많은 여자가 이러한 방침에 따르지만, 또 다른 많은 여자들은 계속 남성에게 아첨하거나 남성에 의해 동네북이 되어도 참고 살 것이다. 적에게 오래 전부터 둘러싸여 살았던 여자들, 규제와 제한을 좋아하고 자유로운 상태에서는 뭘 해야 할지 모르는, 동물성과 남성성에 매우 잘 적응하는 여자들이다. 이 정권이 무너지고 다른 정권이 들어서도 농사짓는 사람은 농사짓는 사람으로 살아가듯이 말이다. 몇몇 변덕스러운 사람들은 흐느껴 울고 퉁퉁 불어 있을 것이며 인형과 걸레를 바닥 위에 집어 던질 것이다. 그러나 SCUM은 계속해서 그들을 제압해 나갈 것이다.

대중의 요구가 있다면 완전히 자동화된 사회는 매우 간단히, 또 빨리 이룰 수 있다. 이를 위한 청사진은 이미 존재한다. 자동화된 사회에 대한 구성은 수만 명의 사람들과 함께 움직이면 단 몇 주면 만든다. 금융 시스템이 정지된다 할지라도, 모든 사람들이 협력하고 자동화 사회를 건설하기 위해 기꺼이 동참할 것이다. 자동화 사회는 환상적인 새로운 시대를 열 것이다. 이러한 새로운 세계 건설을 축하하는 분위기가 마련될 것이다.

돈의 제거와 완전한 자동화 체제는 다른 모든 SCUM 개혁을 위한 기초이다. 이 두 가지 없이는 다른 개혁들은 자리 잡을 수 없다. 이 두 가지 개혁과 함께 다른 개혁 정책들은 매우 빠르게 이루어질 것이다. 정부는 자동적으로 붕괴될 것이다. 완전한 자동화를 통해 모든 사람이 모든 사안에 대해 집에서 전자투표기계로 직접 투표하는 게 가능해진다. 정부가 경제 문제 규제하기와 순전히 사적인 문제에 대한 법 제정에 거의 전적으로 매달리기 때문에, 돈의 제거와 '도덕성'을 법으로 제정하길 원하는 남성 지배 체제의 제거는 실제로 투표할 사안도 아닐 것이다.

돈의 제거 이후, 더 이상 남자를 죽일 필요는 없을 것이다. 남자는 심리적으로 독립적인 여성에게 행사할 수 있는 유일한 권력을 빼앗길 것이다. 그들은 그저 이용당하는 걸 즐기는 동네북에게만 매달릴 수 있다. 나머지 여성은 영원과 유토피아를 위한 그들의 계획을 짜기 전에 해결되지 않은 채 남아 있는 일부 문제를 푸느라 바쁠 것이다. 예를 들면 수백만 명의 사람들이 현재는 수년간 훈련받아야 하는 높은 수준의 지적 작업을 위해 몇 달 안에 훈련받을 수 있도록 교육 프로그램을 완전히 개조하기(우리의 교육적 목표는 학계와 지적인 엘리트를 영속하게 하는 것이 아니라 교육하기 자체이기에 이것은 매우 쉽게 할 수 있다.), 질병과 노화, 그리고 죽음의 문제를 해결하기, 우리가 사는 도시와 거주 지역을 완전히 새로 설계하기. 많은 여성은 얼마 동안은 그들이 남자를 원한다고 계속 생각할 것이다. 그러나 그들은 여성 사회에 익숙해질 것이고, 그들의 프로젝트에 열중하게 되기 때문에, 그들은 결국 남자의 전적인 쓸모없음과 진부함을 인식할 것이다.

소수의 남아 있는 남자는 마약에 빠져 비루한 나날을 보내거나, 여장을 하고 거드름 부리며 배회하거나, 활동적이며 매우 유능한 여성들을 수동적으로 바라보거나, 구경꾼으로서 자신을 만족시키며 대리만족 하고, 혹은 아첨꾼들과 함께 목장에서 소를 기르거나, 그것도 아니라면 그들은 가장 가까운 곳에 있는 친절한 자살 센터에 가면 된다. 그곳에서 그들은 조용하고 빠르게, 고통 없이 가스로 죽을 것이다.

자동화 체제가 되기 전에, 기계에 의해 남성이 대체 되기 전까지는, 남자는 여자에게 쓸모 있어야 한다. 우리가 지금 남자들과 맺고 있는 상황과는 대조적으로, 여자의 시중을 들고, 그녀의 사소한 변덕에 기분을 잘 맞춰주고, 그녀의 모든 명령에 복종하고, 전적으로 여성을 보조하고, 그녀의 의지에 완전히 복종하는 사람으로 존재해야 한다. 이 완전히 뒤틀리고 퇴화한 상황에서는 남자들은 그저 존재하면서 세상에 자리를 차지할 뿐만 아니라, 여성 대중들이 비위를 맞춰주고 그들에게 굽신거린다. 수백만의 여성들은 경건하게 황금 송아지the Golden Calf를 숭배하고, 개는 목줄을 채워 주인을 이끌어 간다. 그때 실제로 드랙퀸에 미치지 못한 남자는 누군가가 그의 개같은 성질을 인식할 때 가장 덜 비참하다. 비현실적인 감정적 요구를 그 남성에게 하지 않고, 완전히 하나가 된 여성들이 지배할 것이다.

SCUM이 남자를 업신여기며 매장시킨다고 여길 때 자신들이 하위 인간임을 부정하려는 병약하고 비합리적인 남자들은 미련하고 멍청한 왕엄마Big Bouncy Booby Big Mama에게 무서워하며 매달릴 것이다. 그러나 멍청이booby들은 SCUM에 맞서 그를 보호하려 하지 않을 것이다. 왕엄마는 구석에 강제로 몰려서 바지에 열심히 오줌을 싸고 있을 아빠에게 매달리게 될 것이다. 그렇지만 이성적인 남자는 발을 차거나 몸

부림치거나 소란 속에서 점점 고통스러워하지 않을 것이다. 대신 그저 뒤에 앉아 쉬면서 이 쇼를 즐기고 그들이 죽어가는 그 흐름에 몸을 맡길 것이다.

성의 변증법: 페미니스트 혁명을 위하여(발췌)

슐라미스 파이어스톤, 1970

성적 계급은 눈에 보이지 않을 정도로 우리 사회에 매우 깊숙이 박혀 있다. 혹은 이 성적 계급은 그저 약간의 개혁이나, 아마도 노동력에 여성을 완전히 통합시키는 것으로 해결할 수 있을 피상적인 불평등으로 보일 것이다. 그러나 보통의 남자, 여자, 아이의 반응이—그거? 너는 그걸 바꿀 수 없어! 너는 제 정신이 아니야!"—진실에 가장 가깝다. 우리는 어느 모로 보나 그만큼 뿌리 깊은 문제에 대해 이야기하는 것이다. 본능적으로 튀어 나오는 이 반응은—페미니스트들이 근본적인 생물학적 조건을 바꾸는 것에 대해 이야기한다는 가정을 그들이 모를 때조차—솔직한 것이다. 그렇게 심오한 변화는 전통적인 사고 범주 안에서 쉽게 잘 들어맞을 수 없다. 예를 들면 "정치적"은 이러한 범주에 적용되지 않아서가 아니라 이 범주가 충분히 크지 않아서다. 급진적 페미니즘은 그 범주들을 뚫고 나와 분출한다. 만약 '혁명'보다 더 모든 것을 망라하는 포괄적인 다른 단어가 있었다면—우리는 그 단어를 사용했을 것이다.

진화가 어느 정도의 단계에 이르고 기술이 현재의 정교함을 얻을 때까지는, 근본적인 생물학적 조건에 대해 문제제기하는 것은 미친 짓이었다. 왜 여자들은 이길 가망도 없는 혈투를 위해 마차 안의 소중한 자리를 포기해야 하는가? 그러나 어떤 나라들에서는 처음으로 페미니스트 혁명을 위한 전제조건이 존재한다—정말로 그 상황이 그러한 혁명을 '요구하기' 시작한다.

최초의 여성들은 대학살을 피해 달아나, 부들부들 떨고 비틀거리며 서로를 찾기 시작하고 있다. 그들의 첫 번째 활동은 손상된 의식을 다시 활성화시키기 위한 주의 깊은 공동 관찰이다. 이것은 고통스럽다. 어떤 단계의 의식에 도달하든, 문제는 항상 더 심각해지기 때문이다. 문제는 어디에나 있다. 음과 양의 구분은 모든 문화, 역사, 경제, 자연 그 자체에 널리 퍼져 있다. 그러므로 근대 서구식의 성차별은 단지 가장 최근의 지층일 뿐이다. 성차별에 대한 사람들의 감수성을 강화시키는 것은 인종차별주의에 대해 흑인 활동가들이 새로운 인식을 갖는 것보다 훨씬 더 힘든 문제를 보여준다. 페미니스트들은 단지 모든 '서구' 문화에 대한 것만이 아니라 문화 구조 그 자체, 더 나아가 자연의 구조까지도 질문해야 한다. 그것이 얼마나 심각한지 알고 싶지 않은 많은 여성들은 절망하여 포기한다. 다른 여성들은 계속적으로 운동을 견고하게 만들고 더 확장시킨다. 여성 억압에 대한 그들의 고통스러운 감수성은 궁극에는 여성 억압을 제거하는 것을 목표로 존재한다.

그렇지만 상황을 바꾸기 위해 행동하기 전에, 우리는 이 차별적 상황이 어떻게 발생하여 발전해왔는지, 어떤 제도를 통해 성차별주의가 지금도 작동하는지 알아야만 한다. 엥겔스는 "이렇게 생성된 조건들 속에서 이 갈등을 종식시킬 수단을 발견해내기 위하여 우리는 적대감이 형성된 배경인 일련의 역사적 사건들을 조사(해야만) 한다"라고 했다. 계급 적대에 대한 마르크스-엥겔스의 분석이 경제적 혁명을 위해서였듯이, 페미니스트 혁명을 위해서 우리는 그만큼 포괄적인 성 전쟁 역학에 대한 분석이 필요할 것이다. 더 포괄적이어야 한다. 우리가 더 큰 문제를 다루기 때문이다. 기록된 역사를 넘어 동물의 왕국 자체로 거슬러 올라가 억압을 다룬다.

이러한 분석을 만들어내면서 우리는 마르크스와 엥겔스에게서 많은 것을 배울 수 있다. 여성에 대한 그들의 글자 그대로의 견해가 아니라—억압된 계급으로서 여성의 조건에 대해 그들은 아는 게 아무 것도 없는 것이나 다름없었다. 단지 경제적 문제와 겹칠 때에만 이에 대해 인식했다—오히려 그들의 분석 '방법'이다.

마르크스와 엥겔스는 그들이 '변증법적'이고 '유물론적'인 분석 방법을 발전시켰다는 점에서 그들의 사회주의 선구자들보다 뛰어났다. 수세기 만에 처음으로 변증법적으로 역사를 바라보면서, 그들은 과정으로써 세계를 보았다. 그러니까 서로 분리될 수 없고 서로 관통하면서 대립하고 있는, 작용과 반작용의 자연적 흐름으로 여겼다. 그들은 역사를 스냅사진 보다는 영화로 인식할 수 있었기 때문에, 다른 많은 위대한 사상가들이 걸려들었던 정체된 '형이상학적인' 관점에 빠져드는 것을 피하려고 시도했다. 그들은 역사적 힘들이 역동적으로 상호작용하는 이런 관점을 유물론적인 관점과 결합시켰다. 그것은 바로, 경제적 계급 발전에 대한 유기적 원인을 추적하기 위하여 그들은 처음으로 실물 기준으로 역사적이고 문화적인 변화를 평가하기를 시도한 것이다. 그들은 역사의 작동방식을 철저하게 이해함으로써, 역사의 주인이 되는 방식을 인간에게 보여주길 원했다.

푸리에, 오언, 베벨 같은 마르크스와 엥겔스 이전의 사회주의 사상가들은 단지 선의의 미덕에 의해 계급 특권과 착취가 존재하지 말아야 하는 이상 세계를 가정하면서 존재하는 사회적 불평등에 대해 도덕적으로 설명하는 것 이상은 할 수 없었다. 같은 방식으로, 초창기 페미니스트 사상가들은 남성 특권과 착취가 존재하지 말아야 하는 세계를 가정했다. 이 두 경우에서 보듯, 초창기 사상가들은 사회적 부정의가 어떻게 발전하고, 그 자체로 유지되며, 혹은 어떻게 제거될 수 있는지 진정으로 이해하지 못했다. 그렇기에 그들의 사상은 문화적 진공, 즉 유토피아적인 상상으로만 존재했다. 반면에 마르크스와 엥겔스는 역사에 대한 과학적 접근을 시도했다. 그들은 이미 현존하는 객관적인 경제적 전제조건에 기반하여 경제적 해결책을 제시하면서, 계급 갈등의 실제 경제적 기원까지 추적했다. 생산수단의 프롤레타리아에 의한 압수는 정부를 무기력하게 만들고, 상위 계급의 이익추구를 위해 더 이상 하위 계급을 억압할 필요가 없는 공산주의로 이끌 것이다. 계급 없는 사회에서 모든 개인의 이익은 더 큰 사회의 이익과 동일한 의미를 가질 것이다.

그러나 역사적 유물론의 교리는 이전의 역사적 분석을 넘는 뛰어난 진전이기는 하지만, 훗날의 역사적 사건이 보여주듯이 완전한 해답은 아니었다. 마르크스와 엥겔스가 그들의 이론을 현실에 근거하긴 했지만, 그것은 단지 '부분적인' 현실이었다. 다음은《공상적 사회주의와 과학적 사회주의Socialism: Utopian and Scientific》에서 엥겔스가 역사적 유물론

에 대하여 엄밀하게 내린 경제적 정의다:

> 역사적 유물론은 사회의 경제적 발전에서, 생산과 교환의 방식 변화에서, 그 결과 초래되는 사회의 계급 분화, 그리고 이러한 계급 간의 투쟁에서 모든 역사적 사건의 **궁극적인** 원인과 커다란 동력을 찾는 역사 과정에 대한 관점이다.

더 나아가 그는 다음과 같이 주장한다.

> ······ 원시적 단계를 제외한 모든 과거의 역사는 계급투쟁의 역사였다. 사회의 서로 적대하는 계급들은 항상 생산과 교환의 방식, 한 마디로 그들이 살아가는 시기의 경제적 조건에서 발생한다. 즉 사회의 경제적 구조는 항상 종교적, 철학적, 그리고 주어진 역사적 시대의 다른 사상의 상부구조만이 아니라 법적, 정치적 제도의 전체적인 상부구조에 대한 **궁극적인** 설명을 이끌어낼 수 있는 실질적 기초를 제공한다.

이렇게 철저한 경제적 해석에 따라 여성 억압을 설명하려는 것은 오류다. 계급 분석은 훌륭한 작업이지만 한계가 있다. 1차원적 의미로는 옳다고 할지라도 그것은 더 깊이 있게 파고들지 못한다. 엥겔스는 때때로 역사적 변증법의 전체 성적 하부구조를 어렴풋이 인식했지만, 그는 오직 경제적 여과기를 통해서만 섹슈얼리티를 보았다. 그렇기 때문에 모든 것을 경제적인 문제로 환원시키면서 그는 어떤 문제든 그 자체로 평가할 수는 없었다.

엥겔스는 본래의 노동 분업은 아이 양육의 목적을 위해 남성과 여성 사이에서 만들어졌다고 보았다. 가정 안에서 남편은 소유자이며, 아내는 생산수단이며, 아이들은 일거리다. 인간 종의 생식은 생산수단과 구별되는 중요한 경제 체계라는 것이다.

그러나 엥겔스는 계급으로서 여성 억압에 대해 이처럼 산만한 인식을 했음에도 너무도 많은 공을 인정받았다. 실제로 그는 오직 그가 말하는 경제적 구조에 일치하고 이러한 구조가 부각되는 경우에만 성적 계급 체계를 인정했다. 엥겔스는 이러한 측면조차도 그리 잘 파악하지는 못했다. 그러나 마르크스는 더 심했다. 여성에 대한 마르크스의 편견과(모든 교양 있는 남자들뿐 아니라 프로이트도 공유하는 문화적 편견) 정통 마르크스주의 구조(이론에서 성적 계급에 관한 마르크스와 엥겔스의 그저 부차적인 관점을 교조적으로 굳혀버린)에 페미니즘을 끼워 맞추려고 시도하는 것은 위험하다고 서서히 인식되고 있다. 대신에 우리는 상대성 이론이 물리학에서 뉴턴의 물리학을 무효로 만들지 않고―오직 비교를 통해서―더 작은 영역으로 뉴턴 역학의 적용을 제한하면서, 뉴턴 역학 주변으로 원을 그린 것과 같은 방법으로, 엄격하게 마르크스주의를 **포함하도록** 역사적 유물론을 더 넓혀야만 한다. 생산수단 혹은 생식 수단에 대해서조차 소유권을 추적하는 경제적 진단으로는 이 모든 것을 설명하지 못하기 때문이다. 경제적 요인에서 직접적으로 비롯되지 않은 현실적 단계가 있다.

'경제 아래에 감추어진 현실은 성 심리적'이라는 가정은 역사에 대해 변증법적 유물론의 관점을 받아들인 사람들에게 반역사적이라고 종종 거부당했다. 왜냐하면 그것은 마르크스가 시작했던 곳으로 우리를 돌아가게 하는 것처럼 보이기 때문이다. 바로 유토피아적인 가설의 혼란 속에서 암중모색하는, 옳을 수도 있고 그를 수도 있는 철학적 체계들(아무도 알 수 없다), **선험적** 사고의 범주로 구체적인 역사적 발전을 설명하는 체계들로 돌아가는 것처럼 보인다. 그렇지만 역사적 유물론은 '존재'를 통해 '앎'을 설명하려 했다. 그 반대가 아니다.

그러나 아직 시도되지 않은 세 번째 대안이 있다. 우리는 성 그 자체에 기반해 역사에 대한 유물론적 관점을 발전시키려고 시도할 수 있다.

푸리에, 베벨, 오언이 계급에 대한 유물론적 관점을 가졌듯 초창기 페미니스트 이론가들은 성을 유물론적 관점으로 보았다. 대체로 페미니스트 이론은 초창기 페미니스트들이 성차별주의를 바로잡으려고 시도했던 것만큼 부적절했다. 이것은 예견된 일이었다. 문제가 너무 거대해서 처음 시도로는 단지 겉만 훑고 지나갈 수 있었고, 가장 노골적인 불평등이 기술될 뿐이었다. 시몬 드 보부아르는 결정적인 분석에 근접했던—아마도 그것을 해낸—유일한 사람이었다. 그의 대단히 의미 있는 저작《제2의 성》은—바로 지난 50년대 초, 페미니즘이 죽었다고 확신하는 세계에 나타난—처음으로 역사적 토대에 페미니즘 장을 만드는 시도를 했다. 모든 페미니스트 이론가들 중에서 보부아르는 우리 문화에 가장 잘 맞는 생각들에 페미니즘을 연결시킨 가장 광범위하고 방대한 이론가다.

이러한 미덕이 또한 그의 결점이 될 수도 있다. 그는 너무도 세련되게 지적이었고, 아는 게 너무 많았다. 이 점이 약점이 되는 것은—이에 대해서는 여전히 정말로 논쟁적이다—페미니즘에 대한 그의 엄격한 실존주의적 해석에서 비롯한다. (사람들은 사르트르가 이에 대해 얼마나 많이 관계가 있는지 궁금해한다) 실존주의를 포함하여 모든 문화 체계가 성 이원론에 따라 스스로 결정된다는 것은 사실이다. 보부아르는 다음과

같이 말한다:

> 남성은 타자the Other에 대해 생각하지 않고는 결코 그 자신에 대해 생각하지 못한다. 그는 **우선 성적 특성이 아닌** 이원론의 기호하에서 세계를 관찰한다. 그러나 동일자the Same로서 자신을 구축하는 남성과는 달리, 자연스럽게 타자의 범주는 여성에게 맡겨진다. 타자는 여성을 포함한다.

아마도 보부아르는 도를 넘은 것인지도 모른다. 그는 근본적인 이원론이 성적 분화 그 자체에서 생겨났다는 훨씬 간단하고 더 그럴듯한 가능성을 전혀 진지하게 고려하지 않고, 왜 최종적 해석으로—그리고 그때 이러한 범주 안에 '여성'이라는 계급을 밀어 넣었던 생물학적이고 역사적인 상황을 세심하게 기록하고—타자성Otherness에 대해 근본적인 헤겔주의적 개념을 가정할까. 사고와 존재에 대한 **선험적** 범주—'타자성', '초월성', '내재성'—를 상정하기 위해 역사에 빠지는 것은 필요하지 않을 것이다. 마르크스와 엥겔스는 그러한 철학적 범주 자체가 역사에서 생겨났다는 것을 발견했다.

이러한 범주들을 당연하게 받아들이기 전에, 생물학 그 자체—생식—가 이원론의 기원이라는 분석을 발전시킬 시도를 우선적으로 하자. 성의 불평등한 분화는 '자연'이라는 평범한 사람들의 즉각적인 가정은 아마도 충분히 근거가 있을지도 모른다. 우리는 즉각적으로 이러한 생각 너머를 바라볼 필요는 없다. 경제적 계급과 달리 성적 계급은 생물학적 현실에서 직접적으로 비롯되었다. 남성과 여성은 다르게 창조되었고, 그로 인해 동등한 권리를 갖지 않는다. 보부아르가 지적했듯이, 성 자체의 차이는 비록 계급 체제―한 집단이 다른 집단을 지배하기―의 발전을 필요로 하지 않았더라도 생식 **기능**의 차이는 계급체제를 만들었다. 생물학적 가족은 본질적으로 불평등한 힘의 분배로 이루어졌다. 계급 발전으로 이끄는 권력을 향한 욕구는 프로이트, 노먼 O. 브라운, 그리고 다른 학자들이 (또 다시 과도하게) 삶 vs 죽음, 에로스 vs 타나토스와 같은 불변의 대립을 가정했던 것과는 달리, 이 기본적인 불균형에 따라 각각의 개인의 성 심리의 형성에서 발생한다.

《생물학적 가족》―어떤 형태의 사회 조직이든 남성/여성/아이라는 기본적인 생식 단위―은 다음과 같은 근본적인 사실들 (바꿀 수 있는 게 아니라면)로 규정된다:

1) 피임의 등장 이전에 여성들은 역사 내내 지속적으로 그들의 생물학적 조건에 얽매여 살아왔다―월경, 갱년기 그리고 '부인병', 지속되는 고통스러운 출산, 수유와 육아 등 이 모든 것은 육체적 생존을 위하여 여성을 남성(형제, 아버지, 남편, 애인 혹은 친족, 정부, 전반적인 공동체)에게 의지하게 만들었다.

2) 인간의 아이는 동물보다 성장하는 데 더 오랜 시간이 걸린다. 그러므로 무력하고 적어도 짧은 기간만이라도 육체적 생존을 위해 성인에게 의지한다.

3) 기본적인 어머니/아이 상호의존성은 과거에나 현재의 모든 사회에 어떤 형태로든 존재해왔다. 그에 따라 모든 성숙한 여성과 모든 아이의 심리를 형성해왔다.

4) 성별 간 존재하는 자연적 생식의 차이는 계급의 전형적인 틀(생물학적 특징에 기반한 차별)을 제공할 뿐 아니라, 계급의 기원에서 최초

의 노동 분업을 직접적으로 끌어냈다.

인간 가족의 생물학적 우연성은 인류학적 궤변으로 덮을 수 없다. 짝짓기 하고, 새끼를 낳고, 그들의 새끼를 기르는 동물을 관찰한 누구라도 '문화적 상대성' 노선을 받아들이기 어려울 것이다. 오세아니아에서 출산에 있어 아버지가 어떤 관계가 있는지 모르는 부족들을 얼마나 많이 찾아내든, 얼마나 많은 모계 사회를 찾든, 전도된 성역할의 사례와 남성 주부를 얼마나 많이 찾아내든, 혹은 출산의 고통에 감정이입 하는 경우를 아무리 많이 찾아도 이 사실들은 오직 한 가지를 증명한다. 바로 인간 본성의 놀라운 유연성. 그러나 인간의 본성은 어떤 것에든 적응한다. 그렇다. 환경적 조건에 따라 결정된다. 그리고 우리가 기술했던 생물학적 가족은 모든 시대를 통틀어 모든 곳에 존재해왔다. 심지어 여성의 출산이 숭배받고, 아버지의 역할이 불분명하거나 중요하지 않은 가모장제에서도, 여성과 아이는 유전적인 아버지가 아니라도 여전히 남성에게 약간은 의존하는 면이 있다. 핵가족이 단지 최근에 발달한 가족 형태라는 것이 사실이라 할지라도, 내가 제시하려는 것처럼, 그것은 생물학적 가족에 대한 심리적 불이익의 정도를 더했을 뿐이다. 역사를 통틀어 이 생물학적 가족에 다양한 형태가 있었음이 사실일지라도, 내가 서술하는 우연성은 인간의 특성에 구체적인 성 심리적 왜곡을 야기하면서 그 모든 가족 형태에 존재했다.

그러나 권력의 성적 불균형이 생물학적 조건에 기반함을 인정하는 것이 우리가 패배했다는 뜻이 아니다. 우리는 더 이상 그저 동물이 아니다. 그리고 자연의 세계Kindom of Nature가 절대적으로 지배하지 않는다. 보부아르가 다음과 같이 인정하듯이:

역사적 유물론은 일부 중요한 진실을 밝혀냈다. 인류는 동물의 종류가 아니라, 역사적 실체라는 점이다. 인간 사회는 어떤 의미에서는 자연에 대항하므로 반자연antiphysis이다. 인간사회는 자연의 영향력 앞에서 수동적으로 복종하는 게 아니라, 인간 사회의 입장에서 자연을 통제한다. 이러한 통제 행위는 내적이고 주관적인 작용이 아니다. 그것은 실제적 행동을 통해 객관적으로 완수된다.

그러므로, '자연적인' 것은 필연적으로 '인간적인' 가치는 아니다. 인류는 자연에서 벗어나기 시작했다. 우리는 더 이상 자연에서 차별적 체계의 기원이 있다는 근거를 빌미로 차별적인 성적 계급 체계의 지속을 정당화할 수 없다. 사실상 실용적인 이유로 우리가 마치 그 체계를 폐지'해야만' 할 것처럼 보기 시작하는 중이다.

비록 남성이 점점 더 여성과 아이들 위에서 압제를 만들어내는 생물학적 조건들로부터 그 자신을 해방시킬 수 있다고 해도, 이 압제를 포기하길 원하는 동기가 거의 없다는 것이 현실일 때, 포괄적인 역사적 분석 이상으로 요구하면서 문제는 정치적인 것이 된다. 엥겔스는 경제적 혁명의 맥락에서 다음과 같이 말했다:

계급 분화의 기초에 놓여있는 것은 노동 분업의 법칙이다. [이러한 분화 그 자체는 근본적으로 생물학적 분화에서 나왔다는 점에 주목하자]. 그러나 이 사실이 일단 우위를 점하게 된 지배 계급이 노동계급을 희생시켜 계급 권력을 군건하게 하는 것을, 대중에 대한 착취를 더욱 강화하도록 계급의 사회적 지도력을 전환시키는 것을 막아주지는 않는다.

성적 계급 체계가 근본적인 생물학적 조건에서 기원했을지라도, 이 사실이 억압의 생물학적 기반이 사라지는 것으로 여성과 아이들이 해방될 것을 보장하진 않는다. 반대로, 새로운 기술, 특히 산아 제한은 착취의 뿌리 깊은 체제를 강화하기 위해 여성과 아이들의 이익에 반하여 활용될지도 모른다.

그래서 경제적 계급의 철폐를 분명히 하기 위해 피지배계급(프롤레타리아)의 봉기와 일시적인 독재로 피지배계급이 생산 수단을 독점하기를 요구하듯이, 성적 계급의 철폐를 보장하기 위해 피지배계급(여성들)의 봉기와 재생산 조절에 대한 독점적 권한을 요구한다. 그것은 바로 출산과 육아에 대한 새로운 기술과 모든 사회적 제도를 포함하여, 여성에게 그들 자신의 몸에 대한 주체적 권한을 회복시킬 뿐 아니라 인간의 생식력에 대한 여성의 통제권이다. 그리고 사회주의 혁명의 최종 목표가 경제적 계급 **특권**의 철폐만이 아니라 경제적 계급 **구별** 그 자체를 철폐하듯, 페미니스트 혁명의 최종 목표는 초창기 페미니스트 운동과는 달리, 남성 특권의 철폐가 아니라 성적 구별 그 자체의 철폐여야만 한다. 인간 존재 사이에 생식기의 차이는 더 이상 문화적으로 중요한 문제가 아니다. (방해받지 않는 **범성애**pansexuality로의 역전―프로이트의 '다형 도착polymorphous perversity'―은 아마도 이성애/동성애/양성애를 대체할 것이다.) 양성 모두를 위해 하나의 성별에 의한 종의 재생산은 (적어도 선택을 통해) 인공 재생산으로 대체될 것이다. 아무리 사람들이 어떻게 보기를 바라든, 아이들은 동등하게 양성으로, 혹은 두 성과는 별개의 성으로 태어날 것이다. 어머니에게 아이가 의존하는 것은(그리고 그 반대의 경우도) 일반적으로 다른 소집단에 아주 잠깐 의존하는 것으로 대신할 것이다. 그리고 신체적 능력에서 성인보다 열등한 어떤 것에 대해서도 문화적으로 보상받을 것이다. 노동 분업은 전적으로 노동 철폐에 의해(사이버네이션) 종식될 것이다. 생물학적 가족의 횡포는 붕괴될 것이다.

그와 함께 권력의 심리도 붕괴될 것이다. 엥겔스가 강력히 사회주의 혁명을 위해 주장했듯이, "단순히 지배계급이 이것이냐 저것이냐의 문제가 아니라 어떤 식으로든 모든 지배계급의 존재가 쓸모 없는 시대착오적인 것이 (될 것)이다." 사회주의가 전혀 이 예견된 목표 근처에 다다른 적이 없는 까닭은 경제적 전제조건이 실현되지 않거나 실패했기 때문만이 아니라 마르크스주의의 분석 그 자체가 충분하지 않았기 때문이다. 왜냐하면 그 분석은 계급의 성 심리의 뿌리까지 충분히 깊게 파고들지 않았다. 마르크스는 후에 사회와 국가에서 거대한 규모로 발전하는 모든 적대를 가족이 태동하는 순간부터 이미 내포하고 있다는 사실에 주목했을 때, 자신이 알았던 것보다 더 심각한 어떤 것을 알아챘다. 기본적인 사회적 조직을 뿌리째 뽑는 혁명을 하지 않는 한―권력의 심리가 항상 은연중 들어오는 유대 관계인―착취의 기생충인 생물학적 가족은 전혀 전멸되지 않을 것이기 때문이다. 우리는 모든 계급 체제를 진정으로 뿌리 뽑기 위해 사회주의 혁명 (을 포함하여) 보다 훨씬 더 광범위한 성적 혁명이 필요할 것이다.

* * *

우리는 한 걸음 더 나아가 성의 생물학적 분화에 계급의 뿌리를 두는 계급 분석을 시도했다. 우리는 사회주의자들의 관점을 버리지 않았다. 반대로, 급진적 페미니즘은 그들의 분석을 더 확장시키고, 객관적인 조건에 더 심오한 기반을 부여하면서 그들이 해결할 수 없는 많은 것들을 설명할 수 있다. 이를 위한 첫 번째 단계로서, 우리의 분석을 위한 토대로서, 우리는 역사적 유물론에 대한 엥겔스의 정의를 확장시킬 것이다. 앞에서 인용한 동일한 정의를 계급의 기원으로 자리한, 재생산 목적을 위한 성의 생물학적 분화를 포함하도록 이제 고쳐 말하면 다음과 같다:

> 역사적 유물론은 성의 변증법에서 모든 역사적 사건의 궁극적인 원인과 가장 큰 동력을 찾는 역사의 과정에 대한 관점이다. 예를 들어 출산을 위해 생물학적 계급을 두 개로 구별하는 사회의 분화, 그리고 이들 계급의 서로를 향한 투쟁, 이러한 투쟁에 의해 만들어진 결혼, 출산과 양육 방식에서의 변화, 이와 관련하여 다른 신체적 차이에서 생겨난 계급(카스트)의 발전, (경제적-문화적) 계급 체제로 발전한 성에 기반한 첫 번째 노동 분업.

그리고 단지 (경제적) 계급으로 거슬러 올라가는 게 아니라, 처음부터 끝까지 성의 계급까지 추적하면 경제적 상부구조뿐만 아니라 문화적 상부구조가 있다.

> 모든 과거 역사는 (이제 우리는 "원시적 단계를 예외로 하고"라는 문장을 제거할 수 있음에 주목하자) 계급투쟁의 역사였다. 사회에서 이 투쟁하는 계급은 항상 상품과 서비스에 대한 생산과 교환의 엄격한 경제적 방식의 산물일 뿐 아니라, 종의 재생산을 위한 생물학적 가족 단위의 조직

방식의 산물이다. 사회의 성적 재생산 조직은 항상 실질적 기초를 제공한다. 우리는 종교, 철학 그리고 주어진 역사적 시대의 다른 사상뿐만 아니라, 경제적, 사법적 그리고 정치적인 제도의 전체적인 상부구조에 대한 근본적인 해석을 독자적으로 이끌어낼 수 있는 것에서 시작한다.

그리고 이제 역사에 대한 유물론적 접근 결과에 관한 엥겔스의 전망은 더 현실적이다:

인간을 둘러싼 그리고 지금까지는 인간을 지배해온 삶의 조건에 대한 전체 영역은 이제 인간의 지배와 통제 하에 놓인다. 그 인간은 바로 처음으로 실제로 인식하는 자연의 주인Lord of Nature이 되는 인간, 그 자신의 사회 조직의 주인이 되는 인간이다.

변증법 · · · · · · · · · · · · · 역사시대 ←———→ 고전고대

성

신분제도
나이와 인종까지
확장된

성에서 생물학적
분화에 기반:
종의 재생산을 위해

♀가모장제

♂가부장제

역사를 통틀어 사회 조직의 다양한 형태,
씨족, 인종, 부족 등을 포함하여 생물학적
가족 단위에 기반한 모든 것.

계급

노동 분화에 기반:
상품과 서비스의 생
산을 위해

유목민
(엥겔스가 말한
'야만시대')

자연에 적응

농경
(엥겔스가 말한
'미개시대')

자연에 대한
지배 증가

문명

♀귀족

♂하층계급

문화

반응의 심리적
분화에 기반:
가능한
상상할 수 있는 실현

무기... 불...
바퀴...
광석의 통제 } 칼, 쟁기 ...문자

건축, 법과 정부 등

♂ 기술적 방식 (실용적인)

♀ 미학적 방식 (이상적인)

——— 종교 ———

원시적 예술과 마술 ...예언하다 ...역사

정부,
법 & 상업

건축

의학

과학

철학

예술

	혁명기	이행기	궁극적 목표
르네상스 ←	근대 ← →		

	혁명기	**이행기**	**궁극적 목표**
	성적 혁명 페미니스트 봉기 (아이들과 청소년, 억압받는 인종까지)	'독신 기준' 일부일처 ↓ 다양한 사회적 선택 ('가족' 재생산을 포함하여) ↓ 인공 재생산의 발전 ↓ (유년기, 노화와 죽음의 궁극적 제거)	**완전한 성적 자유** **'행복' 추구를 허용하기** 문화적 성, 연령과 인종 구별의 소멸과 권력의 심리의 소멸 ('신경증' '승화' 등을 포함하여)
지배계급 중산층 노동계급	**경제적 혁명** 프롤레타리안 봉기 (제국주의에 대항하는 제 3 세계를 포함하여)	프롤레타리아의 독재 ↓ **사회주의**	**자주적 결정** **('공산주의적 무질서')** **실재하는 범 세계** 계급 구별과 국가의 소멸 (민족주의와 제국주의)
근대 산업 ('과학을 적용한') 과학 제국 ('순수한 연구') 근대 예술 ('예술을 위한 예술')	**문화적 혁명** 과학적 발전 문화적 범주의 붕괴	**예술과 현실의 결합**	**현실적으로 가능할 법한 실현** '문화'의 소멸

성교(발췌)

앤드리아 드워킨, 1987

성교는 일반적으로 소유의 형태나 혹은 소유의 행동에 관해서 쓰이고, 그 형태와 행동으로써 이해된다. 그 성교 안에서, 성교가 이루어지는 동안, 그리고 성교 때문에, 남성은 신체적으로 여성을 뒤덮고 압도하면서 동시에 여성을 관통하며 여성 안에서 머무를 수 있다. 그래서 여성과의 이 신체적 관계—그녀 위에서, 그리고 그녀 안에서—는 그가 여성을 소유하는 행위다. 그는 그녀를 가진다. 혹은 그는 성교가 끝났을 때, 그는 그녀를 가졌었다. 그녀에게 찔러 넣는 것으로, 그는 그녀를 탈취한다. 그가 그녀 안으로 찔러 넣는 것은 정복자로서 그에게 그녀의 항복을 받아낸 것으로 여겨진다. 그에게는 그녀의 자발적인 신체적 항복인 것이다. 그는 성관계로 그녀를 소유함으로써 그녀를 점령하고 통치하며, 그녀에 대한 그의 본질적인 우위를 표현한다.

이 행위가 그 자체로 더할 나위 없이 소유다. 정신적 재산이든, 법적 재산이든, 장식적이든, 일꾼의 역할이든, 여성은 남성에게 종속되는 사회적 관계에 있을 필요가 없다. 여성이 만성적으로, 명백하게 순종적이거나 자기학대적인 성관계를 계속 진행할 필요는 없다. 정상적인 남성에 의한 정상적인 성관계는 약탈의 방식으로 행해지는 침략과 지배의 행동으로 여겨진다. 즉 강제적인(남자다운) 혹은 거의 폭력에 가까운 식민지화하기. 바로 그 성적인 행동은 그 본질상 여성을 그의 것으로 만든다. 사건과 가치를 설명하는 사람의 신념에 따르면 신이 그렇게 만들었다. 혹은 자연이 그렇게 했다. 양쪽 개념의 체계―신학적이고 생물학적―모두는 남성 지배에 대한 신념을 지지하고, 성교는 남성과 여성의 자연적인(사회화 된 것이 아니라) 표현이라고, 그다음에는 남성과 여성의 자연적인(사회화 된 것이 아니라) 본질이라고 주장한다. 이상적 결혼, 소위 전문적으로 성과학의 대유행 이전에 어디서나 찾아볼 수 있는 커다란 영향을 끼친 성과학적 결혼규범서에서, 테오도르 헨드릭 판 더 펠더Theodoor Hendrik van de Veld는 결혼하는 남성과 여성이 성에 대해 알아야 할 것이 무엇인지 다음과 같이 요약했다:

불분명한 원시적 충동에 이끌려, 남성과 여성 둘 다 성적 행동으로 느끼길 원하는 것은 그 자체가 일종의 폭력이며 여성에 대한 절대적인 소유욕을 나타내는 남성성의 본질적 힘이다. 그래서 남성과 여성 둘 다 (실제로 그렇든 외관상으로만 그렇든 간에) 이 본질적인 힘을 선포하는 남성의 공격과 지배를 통해 어느 정도 흥분할 수 있고 또 흥분한다.

달리 말하면, 두 사람 모두 남성의 남성 되기를 경험하기 때문에 남자는 여자와 성관계할 때 여자를 소유한다. 이것이 놀라 자빠질 남성 우위 논리며, 남성성은 공격적이고 폭력적이라는 것 역시 지배적인 견해다. 그래서 남성과 여성 둘 다의 남성성 경험인 성관계는 근본적으로 개인으로서 여성의 소멸을 요구한다. 그렇게 성관계 대상이 되는 그녀는 소유된다. 독립된 개인으로서 존재는 사라진다. 존재를 빼앗긴다.

놀랍게도, 비록 남성(그의 페니스)이 또 다른 인간 존재 안에서 묻히지만, 성관계에서 소유되는 것으로 여겨지는 사람은 남자가 아니다. 그의 페니스는 강한 근육으로 둘러싸여 있다. 이 근육은 꽉 움켜쥔 주먹처럼 수축하고, 아무리 딱딱하다 해도 언제나 너무나 취약한 그 부드러운 것을 세차게 밀어내는 힘을 방출한다. 그는 그의 페니스가 사라진다 해도—누군가의 몸 안으로 사라진, 그는 절대 보지 않고, 오직 느끼는, 흥분하고, 방출하고, 흥분하면서 더 조이고, 더 거칠고, 더 단단하게 느끼다가 밀쳐버리는 살의 근육이 붙은 안 쪽으로 싸이고 파묻힌다—소유되지 않는다. 그리고 그는 살아서 나갈 수 있을까? 라는 의구심은 남성의 성적 강박과 심오한 심리의 전체 규율을 부추기는 근본적인 불안으로 여겨진다. 남자는 거세 공포에 시달린다 해도 성관계를 통해 소유되지 않는다. 그가 이따금—문화에서 단독으로 혹은 집단적으로—이빨 달린 질을 떠올릴지라도, 그는 어쨌든 강박적으로, 집착적으로 안으로 들어간다. 그 여성, 특별한 한 여성에 집착하는 게 아니다. 여성을 통해 안으로 들어가는 것에 집착한다. 그는 그녀의 내부에서 빨아들이기 때문에 그의 거시기를 다시는 회수하지 못할까 두려워할지라도, 페니스를 끌어당기고 밀어내는 주위의 질에 비해 작다 할지라도 남자는 소유되지 않는다. 그것을 꽉 쥐고, 억누르고, 그는 빼내려 함으로써 마찰과 전율을 증가시키기 때문이다. 그는 죽은 뒤 쓸모없게 전락하여 잊힐지라도 소유되지 않는다. 행위의 본질적인 힘으로는 그를 그녀의 것으로 만들지 않는다. 그는 그녀에게 잡히고 정복되지 않았지만 결국에는 인내심과 힘 모두에 있어서 그녀에게 항복하며 패배하게 된다. 그리고 그에게는, 이 작은 절멸이, 이 약간의 무력함이 성행위의 본질이다. 그녀에게 성적으로 소유됨으로써 그는 성적으로 자극받지 않는다. 이것이 기본적인 현실의 증거, 남성과 여성 사이의 불변의 관계이다. 그는 죽음으로서 성교를 경험한다. 그렇기에 우울하다. 그러나 그는 소유되지 않는다.

남자는 성관계 중에 여성이 남성들을 성적으로 소유해도 되는 어떤 형태를 인정해왔다. 그들이 마녀, 악마 그리고 육욕적인 여성으로 규정할 수 있을 때, 그리고 밤에 그들이 자는 동안 성관계가 발생할 때다. 마녀들은 그들이 자는 동안 남자와 성관계한다. 즉 마녀들은 남자의 의지에 반하여, 특히 그가 잠들어 있고 무방비 상태인 밤중에, 남자를 이용한다. 남자는 사정한다. 신기하게도, 그것이 한 여자가 한밤중에 그에게 왔고 그의 페니스에게 혹은 그의 페니스를 가지고 무언가를 했다는 증거가 된다. 유럽에서, 여자들은 최근 400년간 마녀로 박해받았다. 아마도 9백만 명 정도—밤중에, 남자가 자고 있을 때, 남자를 만나는, 그들과 성관계하는, 그들에게 사정하도록 만든 것으로 비난받은 밝혀지지 않은 다수가 화형대에서 불태워졌다. 이 사례에서, 그 당시에, 마법의 혐의는 남성 강간 혐의였다. 남자는 그의 의지에 반하여 당했다고, 그의 의지에 반하여 성적으로 이용당했다고 주장했다. 분명히 그의 승낙 없이, 그리고 성적으로 여성보다 우위에 있는 남성 특권에 대해 폭력적인 방식이라고 주장했다. 이단 심문Inquisition 시기에 유럽에서 여성들은 남성 자신의 마음 속에서 벌어진 이러한 남성 강간으로 학살되었다. 또한 그가 자는 동안 성관계를 하고 몸을 비틀고, 돌리고, 몹시 괴롭혀서 그를 지배했다는 죄목으로 학살당했다. 그 자신의 고립된 육체에 갇혀서·섹스―그의 의지나 숙명의 결과가 아닌―를 하거나, 섹스를 원하거나 경험하게 했다는 죄목으로 학살당했다. 많은 문화권과 집단에서, 남자들은 유사하게 지배받을 수 있다. 그리고 지배―꿈, 성, 욕망에 대한 신체적 현실, 강박―를 위한 핵심은 여성 자체가 마술적이고 사악하다는 것이다. 사악함과 마술을 통하여 그녀는 남자에게 정당하지 않은 (그러므로 마술적이고, 그러므로 사악하고, 그러므로 사탄에서 유래하는) 힘을 행사한다.

여성들에게, 남자에 의해 성적으로 소유되기는 훨씬 더 평범하다. 여자들은 아내로서, '창녀'로서, 성적인, 그리고 재생산을 위한 하녀로서 남자에게 노예였다. 소유된 존재와 성교하는 존재는 여자들의 삶에서 사실상 동일한 경험이거나 경험이었다. 그는 당신을 소유한다. 곧 그는 당신과 성관계한다. 성교는 소유권의 특성을 나타낸다. 그는 안팎으로 당신을 소유한다. 성교는 그의 지배에 대한 열정을 전달한다. 모든 숨겨진 구석구석 접근하기를 요구한다. 그는 당신을 둘러싼 모든 것을, 당신에게 속한 모든 것을 소유할 수 있고, 당신이 노동자로서 혹은 하인으로서 혹은 장식으로서 할 수 있는 모든 것을 소유할 수 있다. 그러나 당신 안으로 들어가기와 당신의 내면을 자기 것으로 만들기는 소유다. 그렇기에 어떠한 다른 종류의 소유보다 더 깊고, 더 사적이다. 성적인, 날것의, 완전한, 여성을 위한 성적 소유의 경험은 그것을 위한 어떤 마술적이거나 신비로운 차원 없이 실재이고 문자 그대로 사실이다. 성관계의 대상되기와 소유되기는 불가분의 동일한 것이다. 이 두 가지가 하나의 사회적 체계로서 남성 지배하에 있는 여성에게 성관계다. 성교에서, 남자는 그의 지배를 지리학적으로 표현한다. 그러니까 그녀의 성, 그녀의 내면은 남성에게는 그의 영토의 한 부분이다. 그는 한 개인으로서 그녀를 소유할 수 있고―그녀의 왕이며 주인이 되어―그렇게 소유자의 사적인 권리(그의 젠더에서 발생하는 사적 권리)를 내세운다. 혹은 그는 그녀를 비인격적으로 성교하는 것을 통해 소유할 수 있고 그렇게 그럴듯한 가장과 예의 없이도 소유자의 집단적인 권리를 내세운다. 대부분의 여성들은 대부분의 남성들에게 사적 개인으로 구별되지 않는다. 그렇기에 성교는 지배에 대한 계급적 주장에 가깝다. 여성들은 소유되고 성교의 대상이 되는 이러한 현실 안에서 살아간다. 그 현실 안에서 여성은 유물적 존재이다. 남성 지배가 접촉으로, 성으로, 사랑으로 제시하는 것에 반응하기를 배운 몸이다. 여성들에게 소유되기는 사랑이나 예민함 혹은 신체적 애정을 위한 필요를 충족시켜야 하는 성교이다. 그러므로 욕망의 강렬함을 의미하는 것이 되고 보여주는 것이 된다. 그리고 당신을 취하고 당신과 섹스하는 남자에 의해 성적으로 소유되는 것은 여자다움 혹은 여성성, 아니면 욕망되는 존재라는, 육체적으로 표현되고 의미로 충만한 확증이다.

소유되고 성교의 대상이 되는 현실은―사회적, 정치적, 경제적 그리고 심리적인 결합의 경험으로써―여성이 성관계에서 무엇을 느끼고 경험하는지에 대해 구조를 짜고 범위를 설정하고 환경을 조성한다. 소유되고 성교의 대상이 되는 사람으로 존재하기는 소유되기를 통해 관능을 경험하는 사람이 되는 것을 의미한다: 소유자의 접촉에서, 그의 성교에서 관능을 경험한다. 아무리 그것이 여성 자신의 고유한 인간성의 복잡성 혹은 예민함에 둔감하다 할 지라도 말이다. 여성의 성적 쾌감을 느끼는 능력은 남성의 성적 지배의 편협한 틀 안에서 발전되었기 때문에 내부에 탈출하려고 비명을 지르는 (어딘가 다른 곳에서 상이한 물리적 환경 하에서 잉태되고 키워진) 분리된 존재는 없다. 여성의 육체는 소유된 존재로서 성적인 집중, 성적인 쾌락과 성적인 정체성을 경험하는 육감적인 존재로 오직 살과 피로만 존재하는 실체다. 소유되고 성관계의 대상이 되는 존재로써 말이다. 이것이 우리가 알고 있는 것이다. 느끼고 존재하는 여성의 능력은 이 감각적인 현실의 요구와 차원에 맞추기 위해 제한되고 분절된다.

그러므로, 여자들은 그것이 작동할 때, 그것이 압도할 때 성교를 소유로서 느낀다. 그리고 강렬한 소유욕을 성애로서 느낀다. 그리고 남자의 욕망이나 사랑의 증거로서 성관계 안에서 자신의 소멸의 가치를 느끼며, 그것의 대단한 중요성을 느낀다. 그러므로 소유되기는 여성들에게 현상학적으로 실재이다. 그리고 성관계 그 자체는 자기소유감의 저하와 자아에 대한 침범의 경험이다. 자아의 상실은 물리적 현실이다. 단지 정신적으로 피를 쪽쪽 빨아먹는 착취가 아니다. 그리고 물리적 현실로서 그 상실은 소름이 끼치고 과격하며, 글자 그대로 몸의 위상과 몸의 기능과 생존하는 능력에 대한 침범이다. 성적 소유의 (소유되기의) 신체적 고됨은 몸의 생명력을 압도한다. 그리고 처음에는 여성이 소유에 대한 긍지에 차서 팔팔하지만—그는 너무나 갈망한 나머지 그녀를 고갈시킨다—그녀의 내면은 시간이 갈수록 지쳐가고, 소유된 그녀는 신체적으로 그녀를 인수한 한 사람에 의해 (그녀를 점령한 한 사람에 의해) 모든 신체적, 정신적 에너지와 능력에서 약해지고, 고갈되고, 침해받는다. 이 성적 소유는 죽음으로 끝날 때까지 반존재antibeing에 가까운 존재의 관능적인 상태다. 몸은 죽고, 혹은 몹시 지쳤을 때 연인은 몸을 버리고, 빈 병처럼 텅 빈, 쓸모없는, 낡은 몸을 내던진다. 그 몸은 기진맥진해지고 의지는 강탈당한다.

아니오 선언문

E.제인, 2016

아니오

(선언서)

나는 복합적인 자아를 가진 흑인 예술가라는 이유만으로 내가 정체성 예술가가 되는 건 아니다.

나는 나의 예술에서 정체성과 재현의 개념을 다루지 않는다. 나는 안 전과 미래의 가능성을 다룬다. 우리는 우리가 이 방에 있다 하더라도 요구하는 것조차 할 수 없을 지경이다. 우리는 이 방에 있다. 우리는 또 한 빠른 속도로 죽어가며 지속 가능한 미래가 필요하다.

우리는 더 많은 사람들이 필요하다, 우리는 더 나은 환경이 필요하다, 우리는 숨을 장소가 필요하다, 우리는 이상적인 요구가 필요하다, 우리는 우리를 사랑하는 문화가 필요하다.

나는 내가 누구인지 묻는 게 아니다. 나는 흑인 여성이고 나의 흑인성과 나의 퀴어성 안에서 팽창한다. 흑인성과 퀴어성은 항상 이미 확장하기 때문이다. 어느 것도 식민지적 응시 바깥에 있는 "정체성과 재현"만큼 간단하지 않다. 나는 기본적 응시로서 식민지적 응시를 거부한다. 나는 아니오의 땅에서 식민지적 응시의 바깥에 있다.

NOPE
(a manifesto)

I am not an identity artist just because I am a Black artist with multiple selves.

I am not grappling with notions of identity and representation in my art. I'm grappling with safety and futurity. We are beyond asking should we be in the room. We are in the room. We are also dying at a rapid pace and need a sustainable future.

We need more people, we need better environments, we need places to hide, we need Utopian demands, we need culture that loves us.

I am not asking who I am. I'm a Black woman and expansive in my Blackness and my queerness as Blackness and queerness are always already expansive. None of this is as simple as "identity and representation" outside of the colonial gaze. I reject the colonial gaze as the primary gaze. I am outside of it in the land of NOPE.

E. 제인, 〈아니오Nope〉(2016)

그랜드캐니언

애니 디프랭코, 2004

나는 이 나라를 사랑한다
이 나라의 역사 내내 살아온
모든 사람에게
즐겁게 신세진다는 뜻이다
권리를 얻기 위해 정부와 싸웠던 사람들
수많은 노련한 아들과 딸
우리의 할머니들과 할아버지들이
학살을 뚫고 나와 노래하러 왔던 곳
어떤 어려움도 뚫고 기어코 왔던 곳
그래서 우리는 여기에 있을 수 있고
숨을 헐떡이며 광경을 바라볼 수 있을 것이다.

눈물의 격렬한 강이

어떻게 빛의 그랜드캐니언을 빚어냈는지

그래, 그들의 얼굴보다 손이 훨씬 더 늙어 보이는

여자 승무원과 함께

거대한 텅 빈 공간을 날아서

나는 정말 많은 곳에 다녀보았다

나는 하늘에 커다란 구멍 안으로

수많은 냅킨을 던졌다

파도가 넘실거리는

세찬 대서양 바닥에 가보았다.

모든 물과 헤엄치는 물고기를 통해

올려다보며

나는 언제나 행복하게 느끼진 않았다

그러나 나는 꽤 영리해서 뭔가 해볼 수 있지.

왜냐하면 겸손은 부력이 있어서

우리 위에는 오직 하늘만 있다

그래서 나는 몸을 앞으로 내민다

내가 정말 사랑하게 된

그을린 잔해를 둘러싸고 있는

그 잔인한 타는 냄새를

나는 더 깊이 들이마신다

그래, 희끗희끗 한 박살 난 검은 머리는

멜로디가 나오고

리듬이 흐르는

미국의 교차로에서

모든 붉은, 하얀 그리고 푸른 번쩍이는 빛으로

나를 놀라게 하고 눈을 어지럽히게 채색하라

특별한 울림

그것은 우리이고 오직 우리이다

비명을 지르며 구급차가 온다

당신이 믿을 수 있는 손은

더 나은 이익을 위하여 일하는

(기껏해야 좋은 정도인)

당신의 가슴 위에 안정되게 두었다

그리고 역시, 여자가 아이를 낳는 것처럼

증언하는 것이다:

그녀의 온 힘을 다해

가장 위대한 고통으로 태어난

빛의 그랜드캐니언 속으로

내 말은, 여기에서 노래가 되지 않은 노래는 없고

이 연대는 미친 듯이 단단히 이어지고

그것이 단지 옳지 않았기 때문에

모든 정당한 분노로

모든 쓰라린 괴로움으로

사람들은 그들의 목소리를 높여왔다

그 분노와 괴로움은 이 긴 밤을 벗어나

우리와 함께할 것이다

그 분노와 괴로움은 우리가 똑바로 고정된 위치에서

등받이와 트레이 테이블을 갖추고

비행할 준비가 되었을 때

우리 손을 잡을 것이다

나의 조상들이 했던 모든 것의

각각 새로운 전망에 의해 놀라서 눈물을 터뜨릴 것이다

말하자면, 나의 삶이 존재할 수 있도록

자신들의 삶을 내어준 여성들

여러분, 우리는 페미니스트 혁명의

시작하는 단계에 서 있습니다

그래, 그것은 금욕적이고 은밀한

내부거래였지

우리가 잊기로 되어 있는

경시하기로, 부인하기로 되어 있는 것이었다

그러나 나는 시간은

만약 진실을 꺼내기에

가깝지 않다면 아무것도 아니라고 생각한다

가장 멋진 f-언어는 격렬히 환호 받을 자격이 있어!

내 말은

왜 모든 괜찮은 남자들과 여자들은

그들 스스로를 페미니스트라고 부를 수 없을까?
페미니즘을 위해 싸운 사람들을 위한
존경심에서
그러니까, 주위를 둘러보자
우리는 페미니즘을 품고 있다

그래
나는 이 나라를 사랑한다
이 나라의 역사 내내 살아온
모든 사람에게
즐겁게 신세진다는 뜻이다
권리를 얻기 위해 정부와 싸웠던 사람들
수많은 노련한 아들과 딸
우리의 할머니들과 할아버지들이
학살을 뚫고 나와 노래하러 왔던 곳
어떤 어려움도 뚫고 기어코 왔던 곳
그래서 우리는 여기에 있을 수 있고
숨을 헐떡이며 광경을 바라볼 수 있을 것이다.
눈물의 격렬한 강이
어떻게 빛의 그랜드캐니언을 빚어냈는지

Part 4

선주민 / 유색인 여성

Indigenous / Women of Color

서문

만약 불평등이 야기하는 무거운 감정적 무게를 전달하는 언어, 억압의 시학이라는 것이 있다면, 4장에 실린 선언문이야말로 살아 있는 예시가 될 것이다. 우리는 이 장에서 검은 피부와 갈색 피부를 지닌 이들의 역사, 선주민의 투쟁, 페미니스트 혁명이 애써 얻어낸 정신이 함께 묶여 여러 세대를 거쳐 엮인 저항과 반란의 가능성들을 마주한다. 백인성의 폭력에 대항하는 프로젝트를 위해 함께 싸우는 유색인 여성 간의 연대의 새로운 가능성을 그린다. 모든 글에서 우리는 인종차별주의와 동시에 가부장제를 비판하는 저항적 페미니즘의 상징인 유색인 여성을 눈앞에 그려낼 수 있다. 우리는 유색인 여성이 쓴 페미니즘 선언문 가운데 가장 널리 알려진 1977년 컴바히강 집단 Combahee River Collective의 선언문으로 시작한다. 이 글은 흑인 여성의 임파워먼트에 관해 새로운 비전을 제시한 고전이다. 그다음으로 흑인 여성성을 상상하는 새로운 방식을 포함해 흑인 저항을 담은 역사적 문건(프랜시스 M. 빌 Francis M. Beal과 〈자매들의 응답〉)을 깊이 들여다볼 것이다. 이들 글만큼 잘 알려지지 않았으나 마찬가지로 백인성을 가차 없이 비판한 린다 라 루Linda La Rue는 여성혐오와 인종차별이 동일하게 작동하고 길러지는 세상에서 흑인 여성으로 존재한다는 것이 무엇을 의미하는지 질문한다. 분노의 원천으로서 흑인성, 정당한 분노의 표적인 백인성은 이 장의 주요 부분을 구성한다.

이러한 작업과 함께 몇몇 에세이는 선주민, 아시안 여성, 멕시코계 미국 여성 치카나의 분노를 보여준다. 또한 친구, 언어, 문화, 가능성이 계속해서 사라지고 실종되고 있음을 증언하는 것이 어떠한 의미인지 묻는다. 전허인He-Yin Zhen이 중국에서 여성이 인간 이하의 대접을 받고 있음을 드러냈다면, 린 베타사모케 심슨Leanne Betasamoke Simpson과 크리스털 사라고사Crystal Zaragoza는 백인성과 식민화의 강요가 선주민과 멕시칸으로부터 앗아간 것에 관해 날카롭게 비평한다. 또한 사파티스타 민족해방군EZLN 여성들이 그들 스스로를 위해 상상한 혁명의 새로운 비전을 담은 글을 읽을 것이고, 그녀만의 용어를 자유롭게 만들어내고자, 어떻게 하면 '야생의 시인'이 될 수 있을지 상상하기 위해 호주 선주민의 원칙을 활용한 수전 호손Susan Hawthorne의 이야기를 들을 것이다. 이 장은 '바로 지금'과 새롭게 상상된 미래를 모두 날카롭게 다룬 교차성 선언문인 흑인의 생명은 소중하다Black Lives Matter의 플랫폼 선언문으로 끝맺는다.

컴바히강 집단 선언문

컴바히강 집단, 1977

흑인 페미니스트 집단인 우리는 1974년[1]부터 함께 모여왔다. 그동안 우리는 우리의 정치학을 정의하고 명확히 하는 데 몰두하면서 다른 진보 단체 및 운동과 함께 때로는 따로 정치적 활동을 펼쳐왔다. 지금 우리의 정치학을 가장 잘 나타내는 설명이 있다면 다음과 같다. 우리가 인종 억압, 성 억압, 이성애 중심주의, 계급 억압에 대항하는 투쟁에 적극적으로 참여하면서, 주요한 억압 체계가 맞물려 있다는 사실에 기반을 둔 채 통합적인 분석 및 실천의 계발을 과제로 삼는다는 것이다. 여러 억압의 총합이 우리 삶의 조건을 결정한다. 흑인 여성으로서 우리는 모든 유색인 여성이 겪는 다층적이고 동시에 발생하는 억압에 맞서 싸우는 논리적이고 정치적인 운동을 흑인 페미니즘이라고 생각한다.

우리는 여기서 다음의 네 가지 주제를 다룰 것이다. 첫째, 현대 흑인 페미니즘의 기원. 둘째, 우리가 믿는 것, 즉 우리 정치학의 구체적인 범위. 셋째, 우리 공동체의 간략한 역사herstory를 비롯해 흑인 페미니스트를 조직하는 어려움. 넷째, 흑인 페미니스트 이슈와 실천.

1. 현대 흑인 페미니즘의 기원

흑인 페미니즘의 최근 발전상을 살피기 전에 우리는 이 운동의 기원이 아프리카계 미국인 여성들이 생존과 자유를 위해 벌였던 생사를 건 지속적 투쟁의 역사적 실체에 있음을 언급하고 싶다. 미국 정치체제(백인 남성이 지배하는 체제)와 흑인 여성이 맺어온 지극히 부정적인 관계는 인종과 성에 의해 이중으로 억압받는 흑인 여성이 국가 구성원으로 갖는 지위를 결정해왔다. 앤절라 데이비스Angela Davis가 지적하듯이 "흑인 여성이 노예 공동체에서 맡는 역할을 곰곰이 생각해보면" 흑인 여성은 몸에 밴 것처럼, 마치 몸으로 선언하듯 백인 남성의 지배에 적대적으로 굴고, 그들 자신과 그들 공동체로의 침투에 극적이고 교묘한 방식으로 저항했다.

소저너 트루스, 해리엇 터브먼Harriet Tubman, 프랜시스 하퍼Frances E. W. Harper, 아이다 바넷Ida B. Wells Barnett, 메리 처치 테럴Mary Church Terrell을 비롯해 알려지지 않았지만 수천 명에 이르는 흑인 여성 활동가는 늘 존재해왔다. 그들은 자신의 인종 정체성과 성 정체성의 결합이 그들 전 생애를 결정지었으며, 그들의 정치적 투쟁을 독특한 것으로 만들어버렸음을 날카롭게 인지하고 있었다. 현대 흑인 페미니즘은 우리 어머니와 자매 세대의 무수한 희생과 투쟁, 노동을 딛고 자라났다.

흑인 페미니스트의 존재는 분명 1960년대 후반에 시작된 미국의 제2 물결 여성해방운동과의 접점에서 나왔다. 흑인 여성, 제3 세계 여성, 노동자 여성은 여성해방운동이 시작됐을 때부터 함께해왔으나, 운동 외부의 반발과 인종 차별, 운동 내부의 엘리트주의가 우리의 참여를 비가시화했다. 1973년, 주로 뉴욕에 거주하던 흑인 페미니스트들은 독립된 흑인 페미니스트 집단의 필요성을 느꼈다. 그렇게 탄생한 것이 전국 흑인 페미니스트 연합National Black Feminist Organization, NBFO이다.

흑인 페미니스트 정치학은 물론 흑인 해방, 특히 1960-70년대의 흑인민권운동과 깊이 관련되었다. 우리 중 대다수가 이 운동들(시민권운동, 흑인민족주의, 블랙팬서당)에 적극적으로 참여했고, 우리 모두의 삶은 이러한 운동들의 이데올로기와 목표, 목표를 성취하기 위한 전략에 커다란 영향을 받았고 변화되었다. 이러한 해방운동은 백인 남성 좌파운동과 더불어 운동에 대한 환상을 깨뜨리게 했고, 우리로 하여금 인종 차별에 반대하며, 백인 여성의 정치와 다르고, 성차별에 반대하면서, 흑인 남성과 백인 남성의 정치와는 다른 정치를 계발할 필요성을 안겨주었다.

흑인 페미니즘을 만들고자 한 것에는 부정할 수 없이 개인적인 동기, 즉 흑인 여성 각각의 삶에는 사적 경험에서 우러나온 정치적 각성이 있다. 흑인 페미니스트나 스스로를 페미니스트라 칭하지 않는 흑인 여성 모두 일상생활에서 끊임없이 성적으로 억압당했던 경험을 공유한다. 어렸을 때 우리는 우리가 소년과 다르며, 다른 대접을 받는다는 것을 알았다. 이를테면 우리는 '숙녀답게' 굴라는 말과 백인 눈 밖에 나지 않으려면 고분고분하게 굴어야 한다는 말을 동시에 들었다. 차츰 나이를 먹어가면서 우리는 남성에게 성적으로 학대당했으며 신체적으로 위협받았다는 사실을 깨달았다. 하지만 우리 눈에 너무도 명확했던 일, 우리가 알기로 실제 벌어진 일들을 개념화할 방법이 우리에게는 없었다.

흑인 페미니스트들은 종종 성 정치나 가부장적 지배에 대해서, 보다 중요하게는 페미니즘과 우리의 억압에 맞서 싸운 여성들의 실천과 정치적 분석에 대해 배우기 전까지는 미쳐버리는 줄 알았다고 토로하곤 했다. 인종 정치와 무엇보다 인종차별은 우리 삶에 깊숙이 잠식해 있기에 대부분의 흑인 여성으로 하여금 일상의 경험과 우리 삶을 지금의 모습대로 만들어내는 것, 특별히 우리에게 주어지는 억압에 관해 깊이 살피지 못하게 한다. 의식을 고양하고 우리 삶에 관해 이야기 나누는 과정 속에서 우리는 우리 삶을 변화시켰다. 나아가 필연적으로 우리의 억압을 종식시킬 정치를 구축하기 위해 의식을 공유하고 키워가면서 우리 경험이 갖는 공통점을 깨달을 수 있었다. 우리의 나아감은 분명 동시대 흑인의 정치 경제적 지위에 달려 있다. 제2차 대전 이후의 젊은 세대는 전에는 허락되지 않았던 특정한 교육과 고용의 기회를 최소한이나마 누리게 된 최초의 흑인들이다. 우리의 경제적 지위가 여전히 미국 자본주의경제 가장 밑바닥에 있을지라도, 고작 한 줌밖에 안 되는 우리 중 일부가 교육과 고용에서 누리게 된 것이 구색 맞추기 tokenism에 불과할지라도, 이는 우리를 향한 억압에 효과적으로 맞서 싸울 잠재력을 주었다.

우리는 반인종차별과 반성차별의 결합을 먼저 다루고, 정치적 맥락을 전개해나가면서 이성애중심주의와 자본주의의 경제적 억압 문제를 다룰 것이다.

2. 우리가 믿는 것

우리의 정치학은 무엇보다 흑인 여성은 본질적으로 고귀한 존재라는 믿음과 자율성을 가진 인간으로서 우리의 해방은 다른 누군가의 해방에 달린 부속물이 아니라는 공통의 믿음에서 시작한다. 이는 명백하고 단순해 보인다. 하지만 그동안 흑인 여성이 받아온 특정한 억압을 최우선 순위로 고려하고 그 억압을 없애기 위해 진지하게 운동에 임했던 다른 진보적인 운동은 없었다. 우리가 받았던 잔혹하고 적대적인 대접을 헤아리는 것은 고사하고, 흑인 여성에게 붙은 경멸적인 고정관념(유모, 가모장, 사파이어,× 창녀, 불대거××)만 보아도 서반구에 묶여 있던 지난 4세기 동안 우리의 생명이 얼마나 하찮게 취급되었는지 드러난다. 우리는 흑인 여성 해방을 위해 지속적으로 노력하며 우리에게 충분히 관심을 갖는 이들은 우리 자신밖에 없음을 깨달았다. 우리의 정치학은 우리 자신에 대한 건강한 사랑과 우리의 투쟁과 활동을 지탱해주는 우리의 자매들과 우리의 공동체로부터 나온다.

우리가 겪는 억압에 초점을 맞춘 것이 정체성 정치라는 개념이다. 우리는 가장 심오하며 잠재적으로 가장 급진적인 정치학은 바로 우리가 가진 정체성에서 나온다고 믿는다. 다른 누군가가 받는 억압을 없애려 할 때 나오는 것이 아니다. 흑인 여성의 정체성 정치는 특히 반감을 사고, 위험하고, 위협적인 것이라 여겨졌기 때문에 더욱 혁명적인 개념이며, 이는 우리보다 먼저 해방을 누릴 자격이 있다고 말하면

×　항상 화가 나 있고 목소리가 큰 흑인 여성을 의미하는 속어.
××　남성스러운 레즈비언 흑인 여성을 의미하는 속어.

서 우리를 앞질러갔던 다른 모든 정치적 운동으로 인해 더욱 명백하게 그러하다. 우리는 떠받들어지는 것, 여왕 대접, 열 걸음 뒤처져 걷는 것 모두를 거부한다. 그저 인간, 동등한 인간이라 인식되는 것만으로 충분하다.

우리는 가부장제 아래에서 성 정치가 계급 정치와 인종 정치만큼이나 흑인 여성의 삶에 널리 퍼져 있다고 믿는다. 우리는 또한 성적 억압에서 인종 억압과 계급 억압을 떼어내기 어렵다는 것을 알았다. 이 모든 억압은 우리 삶 속에 동시에 들이닥치기 때문이다. 우리는 그저 인종차별 또는 성차별이 아니라 인종차별적이면서도 성차별적인 억압을 받았으며 백인 남성에 의한 흑인 여성 강간이 정치적 억압의 무기로 활용되었던 역사를 안다.

비록 우리가 페미니스트이고 레즈비언이라 할지라도 우리는 진보적인 흑인 남성과 연대하며, 백인 여성 분리주의자들이 요구하는 바와 같이 흑인 남성과의 분리를 옹호하지 않는다. 흑인으로서 우리가 처한 상황은 인종이라는 이름 아래 단결하기를 요구한다. 물론 백인 여성은 백인 남성과 단결할 필요가 없을 것이다. 인종우월주의자로서 백인 남성과 부정적인 연대를 맺지 않는다면. 우리는 흑인 남성과 함께 인종차별에 맞서며, 동시에 성차별에 맞서 흑인 남성과 싸운다.

우리는 모든 억압받는 이가 해방되기 위해서는 가부장제뿐만 아니라 자본주의와 제국주의 정치·경제 시스템이 파괴되어야 한다는 것을 안다. 우리는 사회주의자들이다. 우리는 이익이 사장이 아니라 노동하고 상품을 만들어내는 사람들에게 돌아가야 하고, 이를 위해 노동자들이 조직되어야 한다고 믿는다. 자원은 그것을 만들어내는 사람들에게 동등하게 분배되어야만 한다. 그러나 우리는 페미니스트 혁명과 반인종차별 혁명이 아닌 사회주의 혁명만으로 우리가 해방될 거라 믿지 않는다. 우리는 흑인 여성이 차지하는 특수한 계급적 위치를 설명하기 위해 계급관계에 대한 언어를 계발할 필요가 있다는 결론에 이르렀다. 몇몇 흑인 여성은 인종 및 성별의 구색을 맞추기 위해 사무직과 전문직에 고용되지만, 이는 일시적인 것으로 노동시장에서 흑인 여성은 일상적으로 주변부에 머무를 뿐이다. 우리에게는 인종이나 성별과 무관한 노동자가 아니라 인종적이고 성적인 차별에 의해 노동과 경제적 삶이 결정되는 이들을 분명히 설명하는 진정한 계급관계에 대한 언어가 필요하다. 본질적으로는 마르크스의 이론에 동의하더라도 그의 분석을 흑인 여성으로서 우리 앞에 놓인 특수한 경제적 상황을 이해하기 위해 확장되어야만 한다는 것을 안다.

우리는 개인적인 것이 정치적인 것이라는 페미니스트 원칙을 확장함으로써 이미 정치적으로 기여했다고 생각한다. 의식 고양 모임을 예로 들면 우리는 여러모로 백인 여성의 발견을 뛰어넘었다. 우리는 성뿐만 아니라 인종과 계급의 함의를 다루기 때문이다. 우리가 겪은 일들을 흑인의 언어로 말하고 증언하는 흑인 여성의 방식조차 문화적이면서도 정치적인 반향을 갖는다. 우리는 우리에게 가해졌던 억압의 문화적이고 경험적인 특성을 밝히기 위해 수많은 에너지를 쏟아부었다. 지금까지 이러한 문제들을 살펴본 이들은 없었기 때문이다. 아무도 흑인 여성의 삶의 다양한 결을 세심하게 살펴보지 않았다.

앞서 말했듯이 우리는 레즈비언 분리주의를 거부한다. 그것은 우리를 위한 정치적 분석이나 전략이 아니기 때문이다. 분리주의는 너무나 많은 것과 사람들, 특히 흑인 남성들, 여성들, 어린이들을 뒤에 남겨둔다. 우리는 이 사회에서 살아남기 위해 남성들이 사회화해온 것들, 그들이 지지하는 것과 행동하는 방식과 어떻게 억압하는지에 관한 것들을 끔찍이도 싫어하고 크게 비판해왔다. 하지만 우리는 이것이야말로 그들의 남성성이며, 생물학적 남성성이야말로 그 남성이 누구인지를 결정한다고 생각하는 잘못된 길로 가지 않을 것이다. 흑인 여성으로서 우리는 어떠한 종류든 생물학적 결정주의가 특별히 위험하고 반동적인 정치적 기반이 될 수 있음을 잘 안다. 우리는 반드시 레즈비언 분리주의가 과연 적절하고 진보적인 정치적 분석이며 전략인지, 분리주의를 실천하는 이들에게 물어야 한다. 분리주의는 다른 어떤 것은 무시한 채, 계급과 인종의 문제를 부정하고 여성 억압의 성적 근원만을 찾기 때문이다.

3. 흑인 페미니스트를 조직하는 어려움

흑인 페미니스트 집단으로서 함께한 몇 년간 우리는 성공과 실패, 즐거움과 고통, 승리와 패배를 경험했다. 그 결과 우리는 흑인 페미니즘 이슈를 가지고 조직하는 것이 매우 어렵다는 것을 깨달았다. 심지어 어떤 맥락에서는 우리가 흑인 페미니스트라고 선언하는 것조차도. 특히 백인 여성해방운동이 계속해서 힘을 얻고 여러 방향으로 성장하고 있었기에 우리는 우리가 겪고 있는 어려움의 이유를 파악하려 노력하는 것이 중요했다. 이 장에서는 우리가 마주한 조직화의 어려움의 원인과 특히 우리 집단을 조직하는 데 있어 겪은 여러 문제에 관해 이야기하고자 한다.

우리의 정치적 활동이 갖는 주요 어려움은 우리 앞에 놓인 한두 가지 억압이 아니라 총체적인 억압 전반과 맞서야 한다는 것이다. 우리는 기댈 만한 인종적, 성적, 이성애적, 계급적 특권이 없다. 우리에게는 이 중 어떠한 특권이라도 가진 이들이 쥔 자원과 권력에 대한 최소한의 접근도 허락되지 않았다.

흑인 여성이기 때문에 겪는 심적 고통과 흑인 여성으로서 정치적 의식에 도달하고 정치 활동을 하는 데 겪는 어려움은 결코 과소평가되어서는 안 된다. 이 사회는 흑인 여성의 영혼에 매우 낮은 가치를 매기는데, 이는 인종차별인 동시에 성차별이다. 초기 멤버 중 한 명은 이렇게 말한 적이 있다. "우리는 모두 흑인 여성이라는 이유 하나만으로 상처 입은 사람들이다." 우리는 심리적으로도, 또 다른 많은 면에서도 박탈당했다고 느끼며, 모든 흑인 여성이 처한 상황과 우리가 처한 조건을 바꾸기 위해 싸워야 한다고 느낀다.《자매애를 위한 흑인 페미니스트의 여정》에서 미셸 월리스는 다음과 같은 결론에 도달한다.[2]

> 우리는 흑인이자 페미니스트이며 여성으로 존재한다. 우리의 구성요소 각각은 독립적으로 작동하면서 매 순간 우리를 좌초시킨다. 이 사회의 환경은 우리의 투쟁과 맞지 않고, 밑바닥에 있는 우리는 아무도 하지 못한 일을 해내야 하기 때문이다. 우리는 세상과 맞서 싸워야 한다.

흑인 페미니스트가 서 있는 위치에 대해 월리스가 내린 평가, 특히 우리 대부분이 직면하고 있는 전형적인 고립에 대한 언급은 비관적이지만 현실적이다. 우리의 위치는 밑바닥일지 모르지만, 그럼에도 그곳에서 우리는 혁명적 행동을 위한 도약할 수 있다. 만약 흑인 여성이 해방된다면 다른 모든 이도 해방될 것이다. 우리의 해방은 모든 억압 체계가 무너져 내려야 가능할 것이기 때문이다.

그러나 페미니즘은 흑인 대다수에게 위협으로 여겨진다. 페미니즘은 성별이 권력관계를 결정한다는 우리 존재의 가장 기본적인 가정에 이의를 제기하기 때문이다. 1970년대 초에 발행된 한 흑인 민족주의자가 발행한 팸플릿에는 남성과 여성의 역할을 다음과 같이 정의한다.

> 우리는 남성이 집안의 가장인 전통을 잘 이해하며 지켜왔다. 남성은 세계에 대해 더 넓은 지식을 가지며, 식견이 방대하고, 깊이 이해하며, 정보를 더 현명하게 활용하므로 가정과 국가의 지도자다······ 남성은 가정의 발전을 보호하고 방어할 수 있으므로 가장이 되는 게 합리적이다······ 여성은 남성과 같은 일을 할 수 없다. 여성은 자연에 의해 다른 역할을 하도록 만들어졌다. 남성과 여성의 평등이란 추상적인 영역에서조차 일어날 수 없는 일이다. 남성은 다른 남성과 같지 않은데, 이는 능력과 경험, 이해력이 모두 다르기 때문이다. 남성과 여성의 가치는 금과 은의 가치와 같다. 둘은 같지 않으며 둘 다 훌륭한 가치를 지녔다. 우리는 남성과 그의 아내 없이는 가정도 가족도 있을 수 없기에 남성과 여성이 상호보완적이라는 사실을 깨달아야 한다. 어떤 삶이든 발전하기 위해서는 둘 모두를 필요로 한다.[3]

대부분의 흑인 여성이 처한 물질적 상황은 안정된 삶을 의미하는 듯 보이는 경제적·성적 구조 모두를 함부로 바꾸지 못하게 한다. 많은 흑인 여성이 성차별과 인종차별 모두를 잘 알고 있으면서도 그들 삶에서 일상의 제약으로 두 억압에 맞서 싸울 엄두를 내지 못한다.

페미니즘에 대한 흑인 남성의 반응은 부정적인 것으로 악명 높다. 그들은 흑인 여성을 두려워한다기보다 흑인 페미니스트들이 요구 조건 아래 뭉칠 가능성에 더 큰 위협을 느낀다. 그들은 그들의 투쟁에 힘을 보탤 귀중하고 성실한 연합군을 잃을지도 모른다는 것과 흑인 여성에게 습관적으로 하던 성차별적인 행동을 바꿔야 한다는 사실을 깨달았다. 흑인 페미니즘이 흑인 투쟁을 분열시킨다는 비판은 자율적인 흑인 여성해방운동의 성장을 가로막는 강력한 억제책이다.

여전히 우리 그룹에는 지난 3년간 활발히 활동해온 수백 명의 여성이 있다. 이 모든 흑인 여성들이 이전에는 자기 삶에서 볼 수 없었던 가능성을 강렬하게 느끼며 밖으로 나왔다.

첫 NBFO 동부지부 회의를 열고 1974년 초 첫 모임을 가졌을 때 우리는 조직 전략이나 운동의 방향조차 갖지 못했다. 우리는 그저 우리가 가진 것이 무엇인지 확인하려 했다. 몇 달간 모이지 않았다가 연말에 다시 만나기 시작했을 때 우리는 강렬하고 다양한 의식 고양 모임을 시작했다. 해를 거듭할수록 우리는 서로에게서 벅차오르는 감정을 가질 수 있었다. 비록 우리가 집단으로서 정치적 활동을 한 것은 아니었지만 각각의 우리는 계속해서 레즈비언 정치, 강제불임수술 반대, 낙태권 운동, 제3 세계 여성을 위한 국제여성의날 활동, 낙태권을 옹호한 산부인과 의사 케네스 에들린Dr. Kenneth Edelin, 조앤 리틀Joan Little, 이네즈 가르시아Inéz García의 재판 지지 모임에 참여했다. 첫 여름 동안 그룹 멤버가 상당수 줄어들었을 때, 남은 우리는 흑인 공동체 내에 가정폭력 피해 여성을 위한 쉼터를 세우는 문제를 두고 진지하게 논의했다. 그때쯤 우리는 NBFO가 취하는 부르주아적 페미니스트 입장이나 그들의 명확한 정치적 입장의 부재에 관해 동의할 수 없었기에 결국 독립적인 조직을 결성하기로 했다.

우리는 또한 옐로 스프링스에서 열린 국제 사회주의 페미니스트 학회에 참석을 주선한 사회주의 페미니스트들, 낙태권 옹호 활동을 함께 했던 이들과 연락을 취하고 있었다. 우리 중 한 명은 그 학회가 추구하는 이데올로기의 편협성에도 불구하고 그곳에 참석했고, 우리는 우리가 처한 경제적 상황을 이해하고 우리만의 고유한 경제적 분석을 해야 할 필요성을 깨달았다.

가을에 몇몇 멤버들이 돌아왔을 때, 우리는 몇 달간 상대적으로 침체되고 레즈비언-이성애자 분리에서 시작해 나중에는 계급적, 정치적 차이로 인한 내부 불화를 겪었다. 여름 동안 계속 만남을 이어나갔던 몇몇은 우리 모임이 단지 감정적인 지지 모임 역할을 하거나 의식 고양 모임을 하는 것에서 벗어나 더 나아가 정치적 활동을 해야 할 필요성을 느꼈다. 1976년 초, 이러한 활동을 원치 않고 동의하지 않는 몇몇 여성들이 합의 끝에 모임에 나오기를 그만두었고, 우리는 운동의 초점을 다시 모색했다. 당시 우리는 새로 충원된 멤버들과 함께 공부 모임을 만들기로 한 참이었다. 우리는 언제나 읽은 것을 서로 공유했으며, 몇몇은 논의가 있기 몇 달 전부터 이미 그룹 토의를 위해 흑인 페미니즘에 관한 글을 준비하고 있었다. 우리는 공부 모임으로 활동하기 시작했고, 흑인 페미니즘 출판사를 설립할 가능성을 두고 고민하기 시작했다. 늦은 봄, 우리는 정치적 논의와 구성원 간의 관계 문제를 다루는 회복의 시간을 보냈다. 최근 우리는 함께 흑인 페미니스트 선집 출간을 계획하고 있다. 우리는 다른 흑인 여성에게 우리 정치학이 실재함을 설명하는 것이 절대적으로 중요하다고, 그리고 이는 우리 작업을 글로 쓰고 나눔으로써 가능하다고 믿는다. 흑인 페미니스트 한 명 한

명이 전국 곳곳에 고립된 채 살아가고 있다는 사실, 우리 수가 매우 적다는 사실, 그리고 우리가 글을 쓰고 인쇄하고 출판하는 데 필요한 기술들을 이미 갖고 있다는 사실은 우리로 하여금 이 프로젝트를 계속해 나가게 한다. 우리의 프로젝트는 흑인 페미니스트들을 한데 모으고 다른 그룹과 연대하며 정치적 활동을 계속해나갈 발판이 될 것이다.

4. 흑인 페미니스트 이슈와 실천

함께한 시간 동안 우리는 특히 흑인 여성에 관한 많은 이슈를 발견하고 연구했다. 우리 정치학이 가진 포괄성은 우리로 하여금 여성들, 제3세계인들, 노동자들의 삶에 지장을 주는 어떠한 상황이든 개입하게 한다. 우리는 인종, 성, 계급이 동시에 작동하는 억압에 맞서는 투쟁에 헌신하고 있다. 예를 들어, 우리는 제3세계 여성을 고용하는 공장 노조에 참여할 것이고, 제3세계 공동체를 위한 (이미 부족한 보건 의료마저 줄이고 있는) 병원 앞에서 피켓을 들 것이며, 흑인 공동체에 강간 위기 센터를 설립할 것이다. 복지와 탁아소 문제를 둘러싼 조직 활동도 초점을 두는 분야이다. 수없이 많은 이슈와 해야 할 일들은 우리에게 가해지는 억압이 만연해 있음을 반영한다.

공동체 구성원들이 실제 활동하고 있는 이슈와 프로젝트는 강제불임수술 반대, 낙태권, 가정폭력 피해 여성들, 강간 방지, 보건의료다. 우리는 대학 캠퍼스, 여성학회, 최근에는 고등학교 여학생을 대상으로 흑인 페미니즘에 관한 수많은 워크숍과 교육을 해왔다.

우리의 주된 관심사이자 우리가 공개적으로 언급하기 시작한 문제

중 하나는 백인 여성해방운동 안에서의 인종차별이다. 흑인 페미니스트로서 우리는 끊임없이 자기 안에 있는 인종차별을 이해하거나 없애기 위해 노력하지 않는 백인 여성들—이를 위해선 인종, 피부색, 흑인의 역사와 문화에 관해 피상적으로 이해하는 것 이상을 요한다—을 고통스럽게 지켜봐왔다. 백인 여성해방운동 내의 인종차별을 없애는 것은 말 그대로 백인 여성이 해결할 일이지만, 우리는 지속적으로 이 문제에 관해 말할 것이고 이 문제에 대해 책임을 요구할 것이다.

우리는 우리의 정치학을 실천하는 데 있어 목적이 수단을 정당화한다고 믿지 않는다. '올바른' 정치 목적을 성취한다는 명목 아래 너무나 많은 반동적이고 파괴적인 행위가 벌어졌다. 페미니스트로서 우리는 정치라는 이름으로 사람들을 괴롭히길 원하지 않는다. 우리는 함께하는 과정과 우리 집단 내에서 위계적이지 않은 방식으로 권력을 배분하는 것과 혁명적인 사회를 위한 우리의 비전을 믿는다. 우리 실천의 핵심 요소인 비판과 자기성찰을 통해 우리의 정치학은 꾸준히 성장할 것이므로, 우리는 우리의 정치학을 계속해서 되짚어보려 애쓸 것이다. 흑인 페미니스트이자 레즈비언으로서 우리는 명확한 혁명적 과업이 있음을 잘 알고 있으며, 우리 앞에 놓인 평생의 과업과 투쟁에 투신할 준비가 되어 있다.

이중의 위험: 흑인이면서 여성되기

프랜시스 M. 빌, 1970

미국에서 흑인 여성의 상황을 분석하려 시도하는 이는 많은 부분에서 방어적인 태도와 노골적인 사실 왜곡, 심각한 오해들로 세워진 견고한 벽에 급작스럽게 부딪히게 된다. 우리 모두가 살고 있는 자본주의라는 시스템, 그리고 그것이 낳은 인종차별주의는 모든 인간의 인간성, 특히 흑인의 인간성을 파괴하기 위해 다양한 기만적 방법과 수단을 가리지 않았다. 이는 미국에 거주하는 모든 흑인 남성과 여성, 어린아이가 잔인무도하게 공격받고 있다는 것을 의미한다.

복종하지 않고 저항하겠다는 흑인의 의지를 파괴시키려는 목적에서 자본주의는 흑인 남성으로 하여금 의미 있거나 생산적인 일자리를 찾는 것을 불가능하게 만들었다. 높은 확률로 흑인 남성은 어떤 일자리조차 찾을 수 없다. 마찬가지로 흑인 여성도 시스템에 의해 조종되어 경제적으로 착취당하고 신체적으로 폭행당한다. 흑인 여성이 백인 남성의 부엌에서 일자리를 얻는 것, 그것이 가족 전부가 기대는 유일한 수입원인 경우도 있다. 이러한 경제적 어려움은 흑인 남성과 흑인 여성 모두에게 많은 심리적 문제를 일으키고, 흑인 가족 구조에 혼란을 야기한다.

불행히도 흑인 남성과 흑인 여성 모두 그들에게 작용하는 힘의 진정한 성격을 이해하지 못한다. 많은 흑인 여성들은 남자다움과 여자다움에 관한 자본주의적 평가를 그대로 받아들여 믿어버린다. 남자라면 마땅히 직업을 구하고 가족을 먹여 살려야 하는데, 그렇지 않은 흑인 남성은 꿈도 야망도 없이 게으르다는 평가 말이다. 그런 이유로 흑인 남성과 흑인 여성의 부부 관계는 산산조각 나고, 그 결과 어머니와 아이는 분리된다.

미국은 각각의 개인이 해야 하는 역할이 있다고 믿고, 그 역할을 정의해왔다. '남자다움'은 '여자다움'과 마찬가지로 그것과 관련된 특징 속에서 정의된다. 그러므로 번듯한 직업을 가지고 돈을 잘 벌고 캐딜락을 모는 사람은 진정한 '남자'고, 반대로 이런 '자질'이 부족한 사람은 남자답지 못한 사람이 된다. 이 나라의 광고 미디어는 미국 남성에게 카우보이라는 정력의 상징이 선호하는 브랜드의 담배로 흡연할 것을, 남자다운 알싸한 맛의 위스키를 즐길 것을, 운동선수가 쓰는 국부 보호대를 착용할 것을 선전한다.

여성이 추구해야 하는 이상적 모델은 위선적인 찬양을 받지만 정말로 중요한 모든 일마다 배제되는 여성이다. 한가한 시간에 옷매무시를 고치고, 치장하며, 과시적 소비에 빠져 삶에서 해야 할 일을 그저 성역할로 한정한다. 우리는 이 질 낮은 역할모델을 거부한다. 가정에 머물면서 집과 아이들을 보살피는 여성은 극히 척박한 존재감을 가질 것이다. 그녀의 전 생애는 남편 주변을 배회하는 위성과 다름없다. 남편은 사회에 나가 아내에게 세계의 자그마한 일부를 가져다준다. 세계에 관한 그의 이해와 흥미만이 그녀의 몫이 되고 그녀는 개인으로서 스스로를 계발하지 못하고 그저 그녀가 가진 생물학적 기능에만 충실할 것이다. 이러한 종류의 여성이야말로 "합법적으로 매춘한다"고 표현할 수 있는 기생하는 존재들이다.

더구나 중산층 백인 모델처럼 가정과 아이를 돌보는 것은 흑인 여성들에게는 그저 한가로운 꿈에 불과하다. 흑인 여성 대부분은 가정을 꾸리고 가족들을 먹이고 입히기 위해 밖에 나가 일을 해야만 했다. 흑인 여성은 흑인 노동력의 상당한 몫을 차지하며, 이는 가장 가난한 흑인 가정뿐 아니라 소위 말하는 흑인 "중산층" 가정 또한 마찬가지다.

흑인 여성들은 어떤 종류든 간에 겉치레를 위한 사치품을 살 여력이 결코 없었다. 백인 여성의 이미지가 우리를 을러대도, 우리에게 주어진 모멸적이고 비인간적인 노동 현실은 헛된 '여성다움'을 순식간에 소진하게 만든다. 아래의 인용문은 소저너 트루스가 19세기 여성권리 회합에서 했던 연설의 일부로, '여성다움'의 모델이 얼마나 우리 흑인 여성의 삶을 호도하고 불완전하게 드러내는지 보여준다.

…… 여러분, 이렇게들 야단법석이니 여기 뭔가 기이한 일이 일어났나 보네요. 내 생각에는 남부의 검둥이와 북부의 여성이 모두 권리에 대해 얘기하고 있으니 백인 남성이 그 사이에서 곧 곤경에 빠지겠군요. 그런데 여기서 전부 무얼 이야기하고 있나요? 저기 저 남성이

말하는군요. 여성은 탈것으로 모셔다 드려야 하고, 도랑은 안아서 건너드려야 하고, 어디에서나 최고 좋은 자리를 드려야 한다고요. 그런데 아무도 내게는 그런 적 없어요. 나는 탈것으로 모셔진 적도, 진흙구덩이를 지나도록 도움을 받은 적도, 무슨 좋은 자리를 받아본 적도 없어요…… 그러니 나는 여자가 아닌가요? 날 봐요! 내 팔을 보라고요…… 나는 땅을 갈고, 곡식을 심고, 수확해 곳간을 채웠지요. 어떤 남자도 날 앞서지 못했어요. 그러니 나는 여자가 아닌가요? 나는 남자만큼 일할 수 있었고, 먹을 게 있을 땐 남자만큼 먹을 수 있었어요. 남자들만큼 채찍질을 견뎌냈고요. 그러니 나는 여자가 아닌가요? 나는 다섯 명의 아이를 낳았고, 아이들이 전부 노예로 팔리는 걸 지켜봤어요. 내가 어미의 슬픔으로 울부짖을 때 예수님 말고는 아무도 내 말을 들어주지 않았어요. 그러니 나는 여자가 아닌가요?

불행히도 오늘날의 운동은 누가 누구를 억압하는가에 관해 혼선이 있는 듯하다. 블랙파워[x]의 등장 이래로 흑인 남성은 이 나라의 정의를 바로 세우기 위한 우리의 투쟁에 지도자 역할을 맡아왔다. 대부분의 경우 흑인 남성은 착취적 시스템의 가치관과 현안을 꿰뚫어본다. 그러나 여성에 관해서라면 흑인 남성들은《레이디스 홈 저널》잡지에 적힌 대로 따르는 경향이 있다. 어떤 흑인 남성은 자신들이 사회에 의해 거세되었다고 주장하면서도 흑인 여성은 어떻게든 이러한 박해에서 벗어났으며, 심지어 흑인 남성이 거세되는 데 돕고 있다고 주장한다.

지금 여기서 나는 확실히 말해두고 싶다. 미국의 흑인 여성은 '노예

[x] 백인들의 인종적 차별을 타파하기 위한, 미국 흑인들의 사회적·정치적 지위 향상 운동.

들이 부리는 노예'다. 미국에서 흑인 남성은 비참한 억압의 희생자로 그려지면서 흑인 여성은 보호자를 가져본 적이 없고, 과거부터 지금까지 참혹한 시스템이 흑인 남성에게 저지른 온갖 악행의 희생양이 되어 왔다. 흑인 여성에 관한 신체적 이미지는 악의적으로 중상모략당해왔다. 흑인 여성은 백인 지배자에 의해 성적으로 추행당하고 학대받아왔다. 흑인 여성은 자신의 아이들을 굶기고 방치하면서도 백인 아이들에게 젖을 물리는 유모이자 백인 여성을 위해 봉사하는 하녀로서 경제적으로 가장 악랄하게 착취당해왔다. 흑인 여성들은 뼛속 깊이 사회적으로 조작된 비난에 시달리고, 강간당했으며, 그녀가 꾸린 가정은 풍비박산 났음에도, 이러한 현상을 뒤바꿀 만큼 힘을 갖추지 못했다.

우리의 남편들, 아버지들, 형제들, 아들들이 남성으로서 힘을 제대로 발휘할 수 없었고, 린치당했으며, 야수 취급당해왔던 것은 사실이다. 그들은 지금까지 벌어진 인류에 대한 가장 잔인한 공격을 받아왔다. 그러나 흑인 여성이 흑인 남성을 억압해왔다는 주장은 중대한 사실 왜곡이다. 자본주의 시스템은 편할 대로 이들을 노예로 삼고 억압하며, 이 모든 것을 하는 데 흑인 여성에게 동의를 구한 적 없다.

지금쯤 반드시 지적되어야 하는 사실이 있다. 흑인 여성은 흑인 남성이 획득한 권력에 분노하는 게 아니라는 것. 우리는 흑인 남성이 얻어낸 권력을 환영한다. 그 안에서 우리는 우리 모두에게 고통을 안겨준 이 부패한 시스템으로부터 모든 흑인의 궁극적인 해방을 본다. 그럼에도 그것이 한 성을 위해 다른 성을 무시해야 한다는 것을 뜻하지 않는다. 이런 종류의 사고방식은 x 아니면 y라는 식의 잘못된 교육의 산물이다. 흑인 남성은 강해져야 하지만 흑인 여성은 약해져야 한다고 말하는 것은 잘못된 추론이다.

흑인 여성에게 가정적으로 굴고, 순종적인 역할로 돌아가라고 주장하면서 그들의 '남성성'을 발휘하려하는 이들은 반혁명적 자세를 취하는 것이다. 흑인 여성 또한 마찬가지로 시스템에 의해 학대받아왔으며, 우리는 반드시 모든 종류의 억압 철폐에 대해 말해야 한다. 만약 우리가 자본주의가 씌운 억압의 멍에를 내던질 강력한 국가 건설의 문제를 논한다면, 그렇다면 고도로 발달한 정치의식을 지닌 모든 남성, 여성, 아이들이 다 함께 논의에 참여해야 한다. 적을 상대하기 위해선 절반의 인원이 아니라 우리 모두가 필요하다.

흑인 여성 가운데 몇몇은 아이를 낳고 길러내는 것만이 자신이 삶에서 맡은 역할이라고 여기기도 한다. 이러한 태도는 부르주아 백인 모델에서 (전적으로 완전히 그리고 변화 없이) 채택된 것으로 우리가 사는 사회의 조건을 반영한다. 가정이 제대로 유지된 적 없고 한정된 성역할을 받아들인 몇몇 젊은 자매들은 (소수의 흑인 남성의 도움으로) 가정주부와 어머니의 역할을 맡는 것을 낭만화하는 경향이 있다. 반면 일생동안 오로지 성역할만을 강요받았던 흑인 여성들은 이러한 유토피아적 비전을 덜 받아들인다.

(주부이자 어머니로서의) 성역할이 얼마나 위대하고 보람 있는지 주장하거나 그들이 흑인 민족을 위해 기여할 수 있는 가장 중차대한 일이 아이를 낳아 기르는 것이라고 믿는 지식인들은 매우 정의롭지 못한 일을 하고 있는 것이다. 이런 식의 사고방식은 역사적으로 흑인 여성들이 해방 투쟁에 대한 기여한바를 송두리째 부정하는 것이다. 소저너 트루스, 해리엇 터브먼, 아이다 바넷, 메리 매클라우드 베슌Mary McLeod Bethune, 패니 루 해머Fannie Lou Hamer와 같은 흑인 여성들을.

우리는 고도로 산업화된 사회에 살고 있으며, 흑인 민족의 모든 구성원은 반드시 학술적이든 기술적이든 가능한 한 계발되어야 한다. 혁명을 일으키기 위해서 우리는 능력 있는 선생, 의사, 간호사, 전기 전문가, 화학자, 생물학자, 의사, 정치 과학자와 그 이상이 필요하다. 집 안에 틀어박혀 자녀들에게 동화책을 읽어주는 흑인 여성은 이러한 목표에 걸맞지 않다.

경제적으로 착취되는 흑인 여성

자본주의 경제 시스템은 편의대로 여성을 노예 상태로 환원해왔다. 여성은 종종 이 시스템이 저지른 악행의 희생양이 되어왔다. 남부의 가난한 백인 노동자가 희생양이 된 것과 똑같은 방식에서 흑인들은 경멸당했고 억압받았다. 그러면서 남성에게 (적어도 그들의 집안에서 또는 여성과의 관계에서) 우월함이라는 허위의식을 부여하여 여성을 억압하는 일이 자본주의를 위한 탈출구가 되게 했다. 남성들은 지배계급에 의해 온갖 종류의 비인간화 전략에 종속되고 잔인하게 착취당했으나 그들의 발아래에 둘 누군가가 있었다. 적어도 그들은 여성은 아니었으므로.

여성은 또한 자본주의가 이익을 내는 데 절대적으로 필요한 잉여 노동력이다. 그들은 남성과 같은 일을 하면서도 더 적은 임금을 받았고 특히 여성과 관계된 일은 임금인상의 가능성이 없는 저임금 노동이 되었다. 미국 노동청의 여성부가 발표한 통계는 백인 여성이 흑인 남성보다 더 적은 임금을 받으며, 비백인 여성은 모든 노동자 가운데서도 가장 적은 임금을 받는다는 것을 보여준다.

백인 남성 $6,704

비백인 남성 $4,277

백인 여성 $3,991

비백인 여성 $2,861

주로 흑인 여성을 고용하는 산업은 전국에서 가장 많은 착취가 발생하는 노동 분야다. 가정부와 병원 노동자는 이러한 억압의 좋은 예시이다. 뉴욕의 의류업자는 경제적 노예제에 관한 다른 관점을 보여준다. 주로 흑인과 푸에르토리칸 여성들로 구성된 국제 여성 의류 노동자 연합International Ladies Garment Workers Union, ILGWU의 지도자는 거의 백인과 남성이 맡고 있다. 이들 지도자들은 지배계급과 연합해 활동하며 전적으로 기업의 편에 선다.

아픈 자에게 모욕을 더하듯, ILGWU는 노조 기금을 남아프리카의 인종차별적이며 아파르트헤이트를 지지하는 기업에 주로 투자해왔다. 매수된 노조 지도자들은 구성원의 최대이익을 진정으로 대표하지 못할 뿐 아니라 안하무인격으로 흑인과 푸에르토리칸 여성들이 내어준 기금을 우리의 모국인 아프리카의 흑인 자매형제를 경제적으로 착취하고 살해하는 악독한 정부 경제를 지원하기 위해 사용함으로써 이 나라에서 우리가 계속해서 착취되는 데 일조한다.

미국의 모든 노동운동은 흑인 노동자와 여성에 대한 극심한 착취로 어려움을 겪었다. 노조는 역사적으로 인종차별적이며 남성우월주의적이었다. 그들은 이 나라의 인종차별주의(이에 더해 세계 전역에서 제국주의적 착취)를 용인해왔고, 백인 노동자가 지닌 흰 피부의 특권과 맞서 싸우는 데 실패해왔다. 그들은 여성 노동자의 고용과 임금에 나타나는 불평등에 대항하는 이슈를 만들어내거나 투쟁하는 데 실패해왔다. 사실상 백인 노동자의 인종차별주의에 저항하는 투쟁이나 여성 노동자들에 대한 경제적 착취에 저항하는 투쟁은 없다시피 해왔다. 두 요소는 자본주의 지배계급에 대항하는 진정한 투쟁의 발걸음을 계속해서 지체시켜왔다.

흑인 노동자와 여성노동자, 특히 흑인 여성 노동자를 인종차별적이고 남성우월주의적인 방식에서 교묘하게 착취해온 것은 미국 노동 현장의 중대하면서도 암적인 문제다. 그러므로 자본주의와 제국주의의 작동을 이해하고자 하는 이들에게 흑인과 여성의 착취가 모든 이들에게 불이익을 안겨준다는 점과 이 두 집단의 해방은 이 나라와 세계 전역에서 모든 억압받는 이들의 해방을 위한 디딤돌이라는 점을 깨닫는 것이 중요하다.

침실 정치학

나는 흑인 여성에 대한 경제적이고 심리적인 기만적 회유에 대해 간략히 설명해왔다. 그러나 아마도 현재 가장 두드러지는 기이한 억압 행태는 백인이면서 가진 자와 비백인이며 가지지 못한 자들 간의 권력 불균형과 인구수를 유지하기 위해 비백인 여성에게 불임수술을 촉구하는 최근의 캠페인일 것이다.

이 전술은 흑인 인구를 통제하기 위해 자행된 지배 엘리트의 기만적인 계획의 다른 예이다. 최근 소위 말하는 '산아제한'에 관한 막대한 캠페인이 관심 쏟는 지역은 세계 곳곳의 저발전 비백인 지역과 더불어 미국 내 흑인 커뮤니티를 향해 있다. 이 프로그램을 담당하는 정부 부처가 '산아제한'이라는 말로 지칭하는 것은 사실상 수술을 통한 전면적인 제노사이드 그 이상도 이하도 아니다.

미국은 비백인 국가의 불임클리닉을 재정적으로 보조해주고 있다. 특히 인도의 경우, 이미 3백만 명의 젊은 남성과 소년들이 미국 평화유지군이 뉴델리와 인근에 설치한 임시 수술실에서 불임수술을 받았다. 이러한 상황은 어째서 몇몇 국가들이 평화유지군을 자비로운 프로젝트나 저개발국에 대한 미국의 원조로 바라보는 것이 아니라 그들 존재를 말살시키려는 위협으로 바라보는지 설명한다. 이 프로그램은 "죽음의 군대"라고 불리는 것이 더 적합할 지경이다.

남성의 불임수술인 정관 절제는 고작 6분에서 7분가량 소요되는 간단한 수술이다. 반면에 여성의 불임수술은 대수술에 가깝다. 이 수술(나팔관 절제술)은 반드시 병원에서 적절한 마취를 거쳐 진행되어야 한다. 이 수술은 '산아제한'을 위해 푸에르토리코에서 흔히 시행되고 있다. 푸에르토리코는 오랫동안 제국주의적 착취자인 미국의 지배를 받아왔다. 특히 특정 의술이 수입되고 미국에서 사용되기 전까지 의학연구를 위한 거대한 실험연구소로 착취당해왔다. 피임약이 처음 완성되었을 때 푸에르토리코 여성과 차출된 (가난한) 흑인 여성들이 기니피그처럼 약의 효능과 부작용을 검사하기 위해 활용되었다.

이제는 나팔관 절제술이 푸에르토리코 여성들에게 흔히 시행되는 수술이 되었다. 불임수술은 맹장수술이나 편도선 절제술보다 더 흔하게 보일 지경이다. 단순히 "그 수술"로 지칭될 만큼 흔해진 것이다. 섬에서는 15세에서 45세 사이의 여성인구 20퍼센트가 이미 불임수술을 받았다.

이전에 피임약이 그러했던 것처럼 이제 나팔관 절제 수술법은 미국으로 수출되었다. 불임수술 클리닉은 전국의 흑인과 푸에르토리칸 마을에 우후죽순 생겨나고 있다. 소위 말하는 "모성 클리닉"이라는 곳은 흑인 여성과 흑인 남성은 재생산 가능성을 없애기 위해 특별히 세워진 시설이며 이와 같은 병원과 클리닉이 전국에 점점 더 늘어나고 있다.

불임을 대중적으로 친숙하기 만들기 위해 자발적 불임협회를 비롯해 뉴욕에 본부를 두고 있는 자발적 불임을 통한 인간개선(!!?)협회 등 많은 단체가 세워졌다. 버지니아주의 프론트 로열시는 이러한 목적으로 워런 메모리얼 병원에 '모성 클리닉'을 따로 갖췄다. 버지니아주에서도 가장 가난하고 무력한 흑인 어머니들과 소녀들이 거주하는 동네인 포키어 카운티Fauquier County는 계속해서 이들에게 불임수술을 받으라고 압박하고 있으며, 이는 단지 해당 클리닉에만 국한된 문제가 아니다.

복지수당을 삭감하겠다는 위협을 받은 몇몇 흑인 여성들은 복지수당을 계속 받는다는 조건에서 불임수술에 동의하도록 강요받아왔다. 뉴욕에 위치한 마운틴시나이 병원은 환자들을 대상으로 여성들이 불임수술을 받도록 설득하고 수술을 자행해왔다. 미시시피주를 비롯한 남부의 여러 주는 이러한 수술로 악명이 높다. 흑인 여성은 종종 필수적 수술일지라도 받기를 두려워한다. 내부 장기가 적출된 뒤 병원을 나와야 했던 쓰라린 경험이 있기 때문이다(나팔관 절제술과 자궁절제술 모두 자행되었다).

우리는 백인 중산층을 위한 의학 테스트용으로 흑인 여성을 이용하는 것을 규탄한다. 피임약을 복용하여 사망한 경우를 포함한 부작용에 관한 보고서는 오로지 백인 특권계급에 적용될 때에만 주목을 받았다. 의학 연구자들이 저지른 나치처럼 경악스러운 행태는 자본주의 시스템이 흑인 여성에게 자행하는 부도덕하고 비인간적인 잔인성을 보여주는 또 하나의 사례다. 25년 전 나치의 절멸 수용소에서 자행되던 불임수술은 전 세계적으로 비난받았지만, 오늘날 미국에서, 자유의 땅이자 용기 있는 이들의 고향인 이곳에서 벌어지는 같은 종류의 인종차별적 전술의 반복에는 흥분하는 사람이 아무도 없는 듯하다. 산아제한 캠페인은 독일의 가스실만큼이나 범죄적인 프로그램이며, 장기적으로 볼 때 가스실과 동일한 목적과 효과를 발휘한다. 낙태를 엄격하게 관리하는 이 나라의 법 또한 간접적인 방식으로 노골적인 살인과 종속을 낳는 악질적인 수단이다. 부유한 백인 여성들은 어떻게든 어려움 없이 낙태수술을 받을 수 있다. 가난한 흑인 여성이나 푸에르토리코 여성들은 동네 돌팔이(도살자)의 자비에 그들의 운명을 맡길 수밖에 없다. 통계는 (낙태수술로 인해 사망하는) 백인 여성의 수보다 자격 없이 낙태수술을 집도한 이들의 손에서 사망한 비백인 여성의 수가 훨씬 더 높다는 것을 보여준다. 뉴욕에서 출산 시 사망하는 여성의 거의 절반에 가까운 수가 홀로 낙태를 시도했던 여성이며, 그들 중 79퍼센트의 여성은 비백인 여성이거나 푸에르토리코 여성이었다.

우리는 흑인 여성이 산아제한이나 가족계획을 하지 말아야 한다고 이야기하는 것이 아니다. 흑인 여성은 아이를 가지거나 가지지 않는 문제에 관한 투쟁에서 결정할 책임과 권리를 가진다. 언제 아이를 갖을지, 몇 명의 아이를 낳을지, 터울은 몇 년으로 하는 것이 자신에게 가장 좋을지 결정하는 것 또한 그녀의 권리와 책임이며, 이 권리는 결코 다른 누군가에게 양도되어서는 안 된다.

안전한 피임법을 쓰지 못하고, 불임수술을 강요받으며, 합법적으로 낙태수술을 받을 수 없게 하는 것은 모두 인간의 삶 그 자체를 통제하려는 시도 속에서 흑인 여성(그러므로 흑인 전체)의 건강을 위험에 빠뜨리는 타락한 사회의 병증이다. 흑인 여성에 대한 이 억압적인 통제는 침실에서 벌어지는 사생활에 정치적 억압을 가하는 것이 옳다고 믿는 사회의 병증이다. 이러한 끔찍한 상황을 종식시키는 일은 흑인 여성이 혁명에 완전히 참여하고 새로운 사회 건설에 기여할 수 있도록 자유케 할 것이다.

백인 여성해방운동과의 관계

최근 미국의 백인 여성해방운동에 관해 많은 글이 쏟아져 나오고 있고, 여성운동과 모두를 위한 해방을 외치는 흑인 여성해방운동 간의 어떠한 유사점이 있는지 질문이 일어나고 있다. 우리 모두는 동일한 착취적 시스템 속에 살고 있기에 비교가 가능하겠지만, 그럼에도 두 운동 간에는 특정한 차이가 있으며 그중 몇 가지 차이는 꽤나 근본적이다.

　백인 여성운동은 하나의 목적을 위한 것이 아니다. 제국주의에 반대하며 인종차별주의에 반대하는 백인 모임이라면, 흑인 여성의 투쟁과 다르다고 말할 수 없다. 백인 여성이 제 3세계 사람들에게 저지른 차별을 두고 자신들이 백인 남성과 똑같은 잘못을 저질렀음을 숙고하는가? 백인 여성이 권력을 갖고 권력의 지위에 오른다면 인종차별을 덜 하고 덜 착취할 것이라는 점을 흑인 여성들이 어떻게 믿을 수 있는가? 이는 백인 여성운동이 답하는 데 실패해온 중대한 질문들이다.

흑인은 이 나라의 억압에 맞서 죽기 살기로 투쟁하고 있으며, 흑인 여성이 중요하게 강조하는 것도 흑인에게 자행되는 자본주의적이고 인종차별주의적인 착취와 맞서는 일이다. 미국 사회에서 남성우월주의가 제도화되어있는 것은 사실이나, 우리는 가장 중요한 적, 여성이 처한 현실을 야기하는 근본적 원인을 똑바로 바라보아야 한다. 사실 몇몇 집단은 그들이 억압받는 이유는 그저 남성우월주의 때문이라는 식의 잘못된 결론에 도달해 있다. 그러므로 그들은 극단적으로 남성에 반대하는 주장을 펼친다.

또 다른 중요한 차이는 백인 여성해방운동이 기본적으로 중산층 운동이라는 점에 있다. 그들 가운데 흑인 여성이라면 매일같이 마주하는 극도의 경제적 착취를 겪어본 이는 매우 드물다. 백인 여성이 가사 노동을 별 볼일 없는 비참한 일이라 여긴다면 적어도 그들은 자유를 돈 주고 살 수도 있다. 흑인 가정부를 고용함으로써 말이다. 흑인 여성의 삶에 나타나는 경제적, 사회적 현실은 우리에게 가장 중요하다. 이는 그저 지적인 문제가 아니다. 운동은 우리에게 심리적 분출구가 아니다. 우리에게 해방운동은 물질적인 것으로, 할 수 있는 모든 노력을 다하여 매진하고 있다. 흑인 여성으로서 우리는 흑인 대중이 마주한 문제들을 다뤄야 한다. 우리의 문제는 현실에서 하나이며 동일하다.

만약 백인 집단이 그들도 사실은 자본주의와 인종차별주의와 싸우는 중이라는 점을 깨닫지 못한다면, 우리는 공동 연대를 맺지 못할 것이다. 만약 그들이 처한 상황의 원인이 망가진 경제·사회적 시스템에 있다는 점을 깨닫지 못한 채 남성들에게 '착취적 목적에서 여성의 몸을 소비하는 데'서 사악한 즐거움을 얻는다고 비난한다면(이러한 종류의 추론은 특정 백인 여성 집단에 꽤 널리 퍼져 있는 것 같다), 그렇다면 우리는 백인 여성들이 제기하는 불만과 연대할 수 없고 그들과 진지하게 토론할 수 없다. 그러한 입장이라면 백인 여성의 투쟁은 좁게는 흑인 여성과, 넓게는 흑인 투쟁과 전혀 무관하기 때문이다.

새로운 세상

흑인 공동체와 특히 흑인 여성은 우리가 건설하길 바라는 사회가 어떠한 모습일지에 관해 질문을 던지기 시작해야 한다. 우리는 반드시 자본주의가 우리를 억압하는 방식을 알아차려야 하고 나아가 그 파괴적 영향력을 제거하는 제도를 만드는 것으로 나아가야 한다.

우리가 투쟁으로 세우려는 새로운 세상은 반드시 어떠한 종류든 억압이 없어야 한다. 이 새로운 시스템의 가치는 현재 가장 억압받는 자, 계급 위계totem pole에서 가장 낮은 곳에 속한 이가 선 자리에 의해서 결정될 것이다. 어떠한 예속된 국가든지 그 나라의 여성이 완전히 해방되기 전까지는 진정 혁명이라 불릴 수 없다. 만약 흑인 여성이 무력 투쟁 이전에 차지했던 지위로 되돌아간다면, 운동과 투쟁 전체는 식민화된 이들이 진정 해방되었다고 말할 수 없을 것이다.

남성과 여성을 포함해 공동체의 모든 구성원이 참여하는 민중 혁명은 모두의 참여로 참여자들에게 특정한 변화를 가져올 것이다. 자기결정권의 참된 맛을 조금이라도 느꼈거나 자유를 엿본 이들이라면, 인종차별적이고 자본주의적 체제에서 세워진 과거의 일상으로 되돌아갈 수 없을 것이다. 우리는 혁명이란 우리의 일상이 전쟁터의 최전선이라는 점을 되새기는 것뿐 아니라 살해될 가능성이 뒤따르는 것임을 이해해야만 한다. 어쩌면 이것은 결단하기 쉬운 일일 수도 있다. 혁명을 위해 죽는 것은 단 한 번뿐인 기회이지만, 혁명을 위해 사는 것은 우리의 일상을 바꾸는 보다 어려운 헌신을 수반한다.

이는 완전히 부패한 사회 속에서 생존하기 위해 우리가 만들어낸 기존의 일상을 바꾸는 것을 의미한다. 이것은 당신의 아내, 남편, 부모, 동료를 대하는 방식을 바꿔야 한다는 것을 의미한다. 만약 우리가 우리 스스로를 민중으로서 해방시키고자 한다면 반드시 흑인 여성에게는 목소리 높여야 할 특정한 문제가 있다는 점을 이해해야 한다. 우리는 인류의 나머지와 함께 해방되어야 한다. 우리는 기적적으로 혁명이 성취되는 미래의 어느 멋진 날이 찾아와 이러한 문제가 해결되기만을 기다릴 순 없다.

여성에게는 가정주부와 어머니의 역할을 맡기고 남성더러 전투에 나서라는 것은 혁명가가 주장하기엔 매우 의문스러운 원칙이다. 각각의 개인은 반드시 어떻게 이 체제가 우리를 노예로 만드는지 이해하고 우리가 어떠한 액션을 취해야 이 체제가 완전히 파괴될지 깨닫기 위해 고도로 정치화된 의식을 계발해야 한다. 그들 스스로를 혁명가라 믿고 있는 이들은 다른 혁명가들을 동등한 존재로 대해야 한다. 내가 아는 한 혁명가는 성별에 의해 결정되지 않는다.

노인이건 젊은이건 남성이건 여성이건 반드시 이 투쟁에 참여해야 한다. 여성을 순전히 보조적인 역할에 매어두고 그저 문화적 문제로 여기는 것은 매우 위험한 원칙이다. 무력투쟁을 위해 준비 중인 흑인 남성은 우리가 건설하고자 하는 사회란 사회의 모든 구성원에 대한 억압이 사라진 곳이라는 점을 이해해야 하며, 그렇지 않다면 혁명은 그 공언한 목적을 달성하는 데 실패할 것이다.

우리 민중의 해방과 함께 이 세계의 모든 다른 억압받는 이들의 해방을 위해 일하는 흑인 남성과 흑인 여성이 보이는 공동의 헌신을 생각하면, 각각의 개인이 총체적으로 참여하는 것이 필수적이다. 혁명가는 단지 현재 권력의 지위에 있는 이들을 넘어뜨리는 것만이 아니라 더 중요하게는 모든 이를 위한 모든 형태의 억압을 제거하는 새로운 제도를 만들어낼 책임감을 가져야 한다. 우리는 반드시 전통적인 남성과 여성 사이의 사적인 관계 맺기 방식을 다시 써 내려가야 한다.

흑인 커뮤니티에서 불러 모을 수 있는 모든 자원이 이 투쟁을 위해 사용되어야 한다. 흑인 여성은 반드시 우리의 아이들, 우리의 연인들, 그리고 각각의 시민들이 존중받는 인간으로서 인종차별과 자본주의적 착취의 압박에 맞서 자유롭게 살아가고 성장할 수 있는 사회를 만드는 데 적극적으로 맡은 바 역할을 다해야 한다.

자매들의 응답

**퍼트리샤 헤이든, 수 루돌프, 조이스 호이트, 리타 반 루,
캐서린 호이트, 퍼트리샤 로빈슨, 1968**

1968. 9. 11

형제들에게,

가난한 흑인 자매들은 아기를 가질 것인지 말 것인지를 스스로 정할
것이다. 만약 우리가 피임약을 먹거나 다른 방식으로 임신을 피하려
한다면, 그것은 가난한 흑인 남성들 때문이다.

왜 그런지 말해주겠다. 가난한 흑인 남성들은 그들의 가정을 부양하지
도, 아내 곁에 머물지도 않는다. 그들이 생각하는 거라곤 거리를 싸돌
아다니는 것, 사기치고 술 마시는 것, 여자들의 뒤꽁무니나 쫓아다니

는 것, 자동차뿐이다. 그게 전부다. 그동안 불쌍한 흑인 여자들은 바보가 되어 집에 들어앉아 수많은 아이들에 둘러싸여 결국은 미쳐버리고, 아프고, 상심하고, 돌아갈 곳이 없고, 애정도 받지 못한다. 아무것도 없다. 중산층 백인 남성들도 언제나 그들의 부인에게 같은 일을 하지만, 그들은 좀 더 세련된 방식으로 한다.

그러니 백인들이 피임약을 나눠주고 가련한 흑인 자매들이 피임 정보를 퍼트릴 때, 우리는 더 이상 남자에게 속아 넘어가지 않는 것이 얼마나 쉬운지를 보게 된다(정치적으로 말하자면, 남자들은 더 이상 우리를 성적으로 착취하거나 돈을 위해 착취하지 못할 것이고 키워야할 아이들을 남겨두고 우리 곁을 떠나지 못할 것이다). 이것은 우리가 깨어나는 첫걸음이다!

흑인 여성들은 언제나 흑인 남성들에게 다음과 같은 말을 들어왔다. 우리는 까맣고, 못생겼고, 사악하고, 걸레고, 싸구려라고. 다른 말로 하자면, 우리야말로 이 사회의 진정한 검둥이라고 말이다. 우리들은 백인에 의해, 백인 남성과 백인 여성에 의해 억압받고 흑인 남성에 의해서도 억압받는다.

지금 많은 흑인 형제들은 새로운 얘기를 하고 있다. 흑인 여성들은 전투적인 흑인 형제들로부터 이건 흑인을 말살하려는 백인의 계략이니 피임약을 먹지 말라는 요청을 받고 있다. 그게 사실일지도 모른다. 하지만 인종말살은 전적으로 백인 남성의 손에 달린 문제가 아니다. 흑인 여성들은 전 세계의 가난한 사람들이 그렇듯 인종말살에 굴복할지 말지를 스스로 결정할 것이다. 우리에게 있어 피임은 흑인 여성과 아이들을 말살하려는 시도에 맞서 싸울 수 있는 자유를 준다.

종족 말살에 맞서 싸우기로 결정한 베트남인들처럼, 남부의 가난한 미국인들도 맞서 싸우기 시작했다. 가난한 아프리카인들도 맞서 싸울 것이다. 미국의 가난한 흑인 여성도 우리 고유의 억압받은 경험으로부터 맞서 싸울 것이다. 수많은 아이를 낳는 일은 우리 아이들을 제대로 건사하고, 진실을 가르치고, 당신네가 말하는 것처럼 세뇌당하지 못하게 막는 일, 그리고 여전히 우리를 이용하고 착취하려 드는 흑인 남성들과 싸우는 일을 하지 못하게 막는다.

하지만 우리는 당신들이 우리를 이해할 것이라 생각하지 않는다. 당신네는 중산층 무리이고 우리는 가난한 흑인 여성들이기 때문이다. 중산층은 결코 가난한 이를 이해하지 못한다. 그들은 언제나 자신의 권력을 위해 가난한 이들을 필요로 하고 가난한 흑인 여성의 아이들을 이용하려 들기 때문이다. 당신은 당신들이 말하는 블랙파워로 흑인 공동체를 운영하라. 당신 자신이 꼭대기에 올라서 있는 운동에서!

뉴욕, 마운트 버논

페미니스트 선언

전허인, 1907

남성과 여성은 이 세상에서 아주 오랫동안 불평등한 대접을 받아왔다. 인도에서 과부는 남은 인생을 저버리고 죽은 남편을 따라 화장터의 불 속으로 몸을 던져야 한다. 일본에서 여성은 남성의 비위를 맞추기 위해 굽실거린다. 유럽과 미국은 일부일처제라 남녀가 평등하다고 주장하지만 여성은 거의 정치에 참여하거나 투표할 수 없다. 그러니 그들이 말하는 "동등한 권리"를 뒷받침하는 것이 무엇인가? 돌이켜보면 중국의 남성은 대체로 여성을 인간 이하의 존재로 대했다. 고대에는 다른 부족과의 전투에서 진 부족의 여성을 묶고 칼을 씌운 후 데려다 첩으로 삼았다. 이러한 방식에서 남성은 주인이 되고 여성은 노예가 되었다. 이 시기는 (남성의) 전시 여성 강탈의 시대라 불리는 것이 마땅할 것이다. 당시에는 타인의 여자를 빼앗는 것이 갈등을 유발했기에 대신 사슴 가죽을 약혼 "선물"로 보내는 풍습이 생겨났다. 신랑의 가족이 신부 측에게 약혼 선물을 의무적으로 보내게 한 고대의 결혼 의례는 '재산 결혼'[1]의 초기 형태를 보여준다. 여성은 명백히 남성의 재산의 일종으로 간주되었다. 남성은 인간이지만, 여성은 그저 가축에 불과하다. 이러한 시기는 (남성이 주도하는) 여성거래의 시대로 불릴 수 있다. 이와 같은 주요한 두 가지 원인에서 남성과 여성간의 불평등이 자리 잡았다. 불평등의 특정한 형태는 과거로부터 네 가지 제도를 통해 나타났다.

첫째는 결혼에서의 불평등이다. 고대에는 사회에서 높은 지위에 속한 남성일수록 더 많은 아내를 얻을 수 있었다. 예를 들어, 인(상) 왕조(16세기에서 11세기 b.c.e.) 천자의 아들은 열두 명의 여성과 결혼할 수 있었다. 후작은 아홉 명의 여성을 아내로 맞았으며, 귀족 가운데서도 지위가 높은 이들은 세 명을, 그 외 이름 있는 이들은 두 명의 여성을 아내로 맞았다. 주 왕조(1046-256 b.c.e.) 천자의 아들은 한 명의 왕후와 세 명의 후궁, 아홉 명의 비, 스물일곱 명의 가내 하녀, 여든한 명의 궁녀를 거느렸다. 이 여성들이 모두 그의 아내이자 첩들이었다. 사실상 백여 명이 넘는 여성들이 한 명의 남성과 결혼했음을 뜻하지 않는가? 그 후로도 황제가 소유할 수 있는 황실 첩의 수에는 제한을 두지 않았다. 명망 있고 저명한 가문은 특히 많은 첩을 거느렸다. 이것이 남성과 여성 간의 불평등을 가리키는 첫 번째 측면이다.[2]

두 번째는 남편과 아내 간 지위 불평등이다. 남성은 권력을 확보한 이래로 점점 더 여성을 경계해왔다. 그들은 "한 여자가 시집을 가면 그 집 귀신이 되어야 한다"[3]는 경구를 발명했다. 여성은 오로지 단 한 명의 남편을 섬겨야 한다. 여기에 더해 "남편은 높고 아내는 낮으니, 남편은 하늘이고 아내는 땅이다. 땅이 하늘 없이 아무것도 할 수 없듯이 아내는 남편 없이는 아무것도 할 수 없다"는 말도 생겨났다.[4] 그 결과 여자는 일평생 남편의 지위를 따라야 하고, 남편의 성을 따르며, 죽은 뒤에도 남편의 지위에 따라 격이 높아진다. 여성은 남성을 보조하기 위해 태어난 존재다. 송 왕조의 학자들은 이러한 이유를 들어 "양(남성)이 강하면, 음(여성)이 약해진다"고 말해왔다. 이는 남성과 여성 간의 불평등을 드러내는 두 번째 측면이다.

세 번째는 일과 책임에서의 불평등이다. '여성'을 뜻하는 한자는 후fu服 또는 '시중을 들다'로 풀이된다. '여성'을 의미하는 한자는 여성이 빗자루를 든 모습을 형상화한 것이다. 《예법서Quli》는 이를 명확히 한다. "한 나라의 왕의 첩실로 딸을 보낼 때는 '너의 영혼과 원천을 주신 분을 완벽히 모시라'고 말한다. 큰 관리에게 보내는 딸에게 "너를 위해 쓸고 닦는 사람들의 수를 완성해라"고 말한다. 이러한 방식으로 고대의 여성들은 그들의 의무를 다하고 복종하라고 배웠다.[5] 더구나 남성들은 여성이 안채에서 나와선 안 된다는 날조된 가르침으로 여성들의 자유를 박탈해왔다. 그 후로 여성은 가사 일을 관리 감독하는 일 외에는 다른 어떤 책임을 맡지 못해왔다. 교육을 받거나 재능을 연마할 기회 모두 박탈당했다. 그 결과 여성들은 자연스럽게 비굴하게 굴어야 했다. 이는 남녀 불평등의 세 번째 측면이다.

네 번째는 예법 체계의 불평등이다. 아내가 사망하면 남편은 그저 1년간 애도하면 되지만 과부는 반드시 3년간 가장 거친 옷(올이 풀리게 둔 삼베옷)을 입고 남편을 애도해야 한다. 또한 남편의 부모상에도 같은 예법을 엄격히 지켜야 한다. 그러나 그녀의 부모상인 경우, 예법은 누그러진다(가장자리를 감친 삼베옷을 입고 1년상을 치른다).[6] 유교 고전인 《대학》에서 말하길, "가장 중요한 것을 덜 돌보고, 덜 중요한 것을 가장 크게 돌보는 것은 이치에 어긋난다"[7]고 하였다. 그런데 애도에 관한 예법이 딱 그 모양이지 않은가! 더욱 나쁜 것은 고대에는 딸의 상을 치를 때 망자의 아버지가 살아 있다면 망자의 어머니는 3년이 아닌 1년만 애도하도록 정해져 있다는 것이다. 정말 지독한 일이 아닐 수 없다. 이는 남녀 불평등의 네 번째 측면이다.

이러한 대략적인 설명조차 남성이 어떻게 여성을 억압하고 부려왔는지를 명확히 보여준다. 따라서 왜 남성이 여성을 괴롭히는지를 가늠하는 것은 어렵지 않다. 그렇지만 어떤 이는 물을 것이다. 왜 여성들은 자발적으로 복종해왔는가? 사회적 관습과 현학적인 학자들의 가르침이 그토록 강력하게 여성들을 묶고 제약할 힘을 발휘한 것은 무엇 때문인가? 나의 모든 동료 여성들이 분명하게 이해할 수 있도록 설명해보겠다. 남성은 여성의 최대의 적이다. 여성이 남성과 평등해지지 않는 한, 분노와 슬픔은 결코 사라지지 않을 것이다. 그러므로 여성이 투쟁해야 할 것을 하나씩 짚어보도록 하자.

- 첫째, 일부일처제다. 만약 남성이 한 명의 이상의 아내를 맞아들이고도 첩과 정부를 두거나 성매매를 한다면, 아내는 남편을 제약하기 위해 아내의 손에 남편이 죽는 게 허용될 정도의 가장 혹독한 법을 적용할 수 있어야 한다. 만약 여성이 자발적으로 남편이 여러 아내를 맞아들이는 데 동의한다면, 여성 전체가 들고 일어나야 할 것이다. 만약 남성이 한 여성을 아내로 맞았는데 그 여성이 혼외정사를 벌였다면, 남성과 여성 모두가 그녀와 맞서야 한다.
- 둘째, 여성은 결혼 후 남편의 성을 따를 필요가 없다. 그렇다고 해

서 기혼 여성이 본래 성을 그대로 사용하더라도 그것은 그것대로 불공평한 일이 될 것인데, 이는 그녀의 성이 어머니의 것이 아니라 아버지의 것이기 때문이다. 그러므로 우리와 같이 현대 여성들은 아버지와 어머니의 성 모두를 따 성을 붙여야 한다. 우리가 만주식 관습을 버린다면, 남성과 여성 모두 기존의 성을 따를 필요가 없다. 그것이 공평한 성씨의 원칙이 될 것이다.

- 셋째, 부모는 아들과 딸을 차별 없이 대해야 한다. 딸은 아들과 다르지 않으며 딸의 자식들도 귀한 손주들이다. 딸을 경시하고 아들만 소중히 여기는 견고한 관습은 끝내야 한다.

- 넷째, 자녀를 낳은 후엔 아들딸 차별 말고 키워야 한다. 자녀가 자라면 똑같이 교육시켜야 한다. 성인이 된 자녀들에게는 똑같은 책임을 지워야 한다. 사회의 어떠한 일이라도 여성이 할 수 있어야 한다.

- 다섯째, 결혼이 실패한 경우 남편과 아내가 갈라설 수 있어야 한다. 그 전까지는 어느 쪽도 남편이나 아내의 자리에 다른 이를 앉혀서는 안 된다.

- 여섯째, 초혼인 신랑은 초혼인 신부와 맺어져야 한다. 사별을 당했을 경우, 남편은 재혼할 수 있지만 상대 여성 또한 재혼이어야 한다. 마찬가지로 사별한 여성 또한 재혼할 수 있으나 상대 남성도 재혼이어야 한다. 초혼인 신부가 남성의 재취로 들어가는 경우 여성들은 그녀를 질책해야 한다.

- 일곱째, 세상의 모든 사창가를 폐지하고 매춘부를 놓아주어 불경한 환경을 깨끗이 말소해야 한다.

우리는 단지 여성이 권력을 움켜쥐고 권리를 손아귀에 넣기 위해서가 아니라 남성과 여성이 동등한 천부인권을 가졌다고 믿기에 이 일곱 가지 목표를 세웠다. 남성과 여성은 동등한 인간이므로 불평등은 정의롭지 못하며 자연의 법칙에도 어긋난다. 궁극적으로 여성이 바라는 것은 모두를 위한 정의에 부족함이 없는 것이다.

　하지만 사람들은 나의 제안에 흔히 세 가지 반대를 내세울 것이다. 첫 번째로 여성은 출산의 고통을 겪고 아이를 기르느라 소모되기에 여성의 일과 책임이란 자연적으로 남성과는 다르다고 말이다. 나의 제안을 이해하지 못하는 이들은 그저 여성혁명 뿐 아니라 사회혁명 전반을 이해하지 못하는 것이다. 여성혁명은 사회혁명의 일부이다. 사회혁명이 완료된 후에는, 출산 후 모든 어린이는 공립 탁아시설이 돌보게 될 것이고 그에 따라 어머니들은 더 이상 아이를 키울 필요가 없어질 것이다. 일단 양육에서 벗어난다면 여성들은 남성과 동등한 책임을 맡을 수 있다. 두 번째로 세상에는 남성보다 여성의 수가 더 많으므로, 한 명이 오로지 단 한명의 배우자만을 맞아야 함이 불공평하다는 주장이다. 이러한 주장을 하는 이들은 여성이 결코 전쟁을 벌이거나 싸우기 않기 때문에 그 수가 더 많다는 점은 모르고 있다. 군복무의 의무는 어김없이 남성의 특권이다. 따라서 남성의 수는 하루가 다르게 줄어든다. 여성으로서 우리는 순종적인 첩으로 죽을 때까지 억압받는 것도, 그저 사후의 명예를 위해 전장에서 싸우다가 사망하는 것도 원하지 않는다. 만약 여성이 정말로 (사회)혁명에 성공한다면, 모든 폭력이 끝난 후 여성의 수는 남성의 수[8]와 동등할 것이다.

　세 번째로 남성이 여러 아내를 거느릴 수 있다면 반대로 여성은 또한 남편을 여럿 둘 수 있다는 주장이다. 여기서 우리 평등을 바라고 이루고자 하는 여성이 개혁이나 보이콧(과 같은 수동적인 수단)이 아니라 남성더러 우리를 동등하게 대접하게 하도록 강제하는 위력을 행사한다는 오해가 발생한다. 그러나 일부다처제는 주요한 남성의 범죄이다. 여성이 이러한 악행을 없애고자 할 때, 남성이 우리를 같은 범죄로 비난한다면 어떻게 우리가 스스로를 옹호할 수 있겠는가? 남편을 여럿 둔 여성이란 사실상 매춘부와 다름없다. 여러 남편을 얻기를 주장하는 여성들은 남성에 대항하자는 핑계를 구실 삼을 뿐, 진정한 목적은 매춘의 길을 따라 그들의 개인적 육욕을 채우는 데 있다. 이러한 여성들은 여성성의 배반자다.

요약하자면, 남성과 여성은 모두 인간이다. '남성nanxing' 그리고 '여성nüxing'이라 말함으로써 우리는 '본성'을 말하는 것이 아니며, 각각 다른 사회적 관습과 교육의 결과를 말하고 있을 뿐이다. 만약 아들과 딸이 평등한 대접을 받는다면, 똑같이 길러지고 교육받는다면 남성과 여성에게 전가되는 책임은 같아질 것이다. 그런 일이 일어난다면, '남성'과 '여성'이라는 명사는 더 이상 필요치 않을 것이다. 이것이 바로 우리가 말하는 궁극적인 '남성과 여성 간의 평등'이다.

최근 중국인들은 이와 같은 목표에 도달하기 위해선 남성을 앞질러 여성들이 먼저 인종적, 정치적, 경제적 혁명과 기타 혁명에 몸담아야 한다고 믿게 되었다. 여성은 결코 다시는 남성보다 뒤처지지 않을 것이다. 그러한 관점에 따라 남성과 여성 간의 혁명은 인종적, 정치적, 경제적 혁명과 함께 나란히 진행될 것이다. 만약 혁명이 성공한다면 여성은 세계에서 최초로 진정한 "여성의 권리" 체제를 세우게 될 것이다. 만약 이들이 실패한다면, 여성은 남성과 '함께' 멸망하지 결코 도로 남성들에게 복종하지는 않을 것이다. 이러한 관점은 협소한 것이라고 볼

수도 있다. 그러나 나는 사람들이 내게 동의하는지 비난하는지 그 여부는 괘념치 않는다.[9]

사파티스타 여성 혁명법

사파티스타 민족해방군, 1994

우리의 민중 해방을 위한 싸움에서 사파티스타 민족해방군EZLN은 인종, 피부색, 정치 소속과 관계없이 혁명을 위한 투쟁에 여성과 함께 해왔으며, 오직 착취당한 이들이 요구하는 바를 듣고 혁명법과 규율을 세울 것을 요청해왔다. 그와 함께 멕시코 여성 노동자의 상황을 알리면서 혁명이 아래와 같은 여성 혁명법을 따라 평등하고 정의로울 것을 요구한다.

첫째, 여성이라면 누구든지 인종, 신념, 피부색, 정치 소속에 상관없이 그들의 바람과 능력에 따라 혁명 투쟁에 참여할 권리가 있다.

둘째, 여성은 노동할 권리를 가지며 동등한 임금을 받는다.

셋째, 여성은 자녀의 수와 양육을 결정할 권리를 가진다.

넷째, 여성은 마을공동체의 문제에 참여할 권한이 있으며 자유롭고 민주적으로 선출될 권리를 갖는다.

다섯째, 여성과 아이들은 건강과 영양 면에서 가장 먼저 배려받을 권리를 가진다.

여섯째, 여성은 교육받을 권리가 있다.

일곱째, 여성은 배우자를 선택할 권리가 있으며 의무적으로 결혼하지 않아도 된다.

여덟째, 여성은 친인척과 타인으로부터의 폭력에서 자유로울 권리가 있다. 강간과 강간 미수는 엄벌에 처한다.

아홉째, 여성은 조직에서 지도자의 역할을 맡을 수 있으며, 혁명군대의 군지도자가 될 수 있다.

열째, 여성은 혁명법과 관련 규제가 허가하는 모든 의무와 권리를 갖는다.

흑인해방운동과 여성해방

린다 라 루, 1970

먼저 흑인과 여성의 '공통 억압'에 관해 논하는 흔한 문건이란 어떤 것인지 논해보자. 이러한 문건은 흑인과 여성이 겪는 어려움의 보편성을 통해 의도적으로 또는 의도치 않게 여성운동이 진지하며 타당하다는 결론을 도출하려는 유혹적인 개념화를 보여준다. '혁명의 핵심' 가치를 담은 모든 운동은 운동의 주역과 다른 이들과의 '공통 억압'을 일반화하여 말한다. 그러나 미국의 백인 여성들은 거의 예외 없이 백인 남편에 기대어 정신적으로나 육체적으로 미국의 어떤 다른 집단보다 자유롭고 만족스러운 삶을 살아왔다는 것은 분명하다. 그러므로 흑인 억압을 미국 백인 여성이 겪어온 억압과 비교하려는 어떠한 시도도 밧줄에 매달린 남성의 목과 밧줄로 화상을 입은 아마추어 등반가의 손을 비교하는 것과 다를 바 없다.

'공통 억압'이라는 수사는 좋아 보인다. 그러나 이 말은 일자리를 구하지 못한 흑인 남성과 흑인 여성이 겪어온 억압이 《플레이 보이》 모델 취급을 받거나 크리스천 디올이 치마 밑단을 내리거나 러플을 덧대고 미스 클레롤Miss Clairol[×]이 금발머리 여성이 더 인기 있다고 주장하는 데 '지치고 싫증난' 미국 백인 여성의 '억압' 간의 실제적 차이를 반영하지 못한다.

아이를 먹일 것조차 없어 어려움을 겪으며 복지수당에 의존하는 흑인 어머니와 가족을 배불리 먹이고 설거지가 힘들어 항의하는 교외의 어머니를 비교하는 것이 과연 논리적인가. '공통 억압'이라는 수사와 프로파간다의 급작스러운 사용 빈도 증가는 의심하지 못하는 이들을 꾀어내어 머리로는 여성해방이라는 목적과 연대하는 것이 이상하지 않다고 믿게 한다. 그러나 이는 현명한 연대가 아니다. 여성이 겪는 불충족 상태와 족쇄로부터 자유로워져서는 안 된다는 것이 아니라, 흑인들이 겪어온 실제 억압인 고통과 박탈의 깊이, 강도, 범위, 중요성이 지루함과 상냥한 억압, 설거지로 인해 고통받았다고 주장하는 여성들과의 동맹으로 인해 별거 아닌 것으로 치부될 수 있다는 것이다.

여성해방과 흑인 해방 간의 모든 유사점과 공통점에서 불구하고, 백인 여성이 투표권을 얻어냈을 때, 대부분의 흑인 남성과 여성들은 체계적으로 투표권을 박탈당해왔으며 재건기 이후로 계속해서 박탈당한 상태에 머물렀다는 큰 차이가 존재한다. 1970년대 여성의 권리 운동 지부는 거의 검열받지 않았으며, 남부의 몇몇 지역에서는 흑인 투표에 비해 덜 문제시되었다.

×   염색약 광고 모델.

억압받는 중산층 여성의 낙태와 빈곤계층 여성의 낙태를 동일 선상에서 비교하는 것은 이상적으로 말해 모든 여성이 아이를 원하는지 여부와 그 시기를 결정할 권리를 가진다는 주장과 연결되며, 이들이 처한 실제 상황을 직시하는 데 실패한다. 중산층 여성들에겐 언제 아이를 갖는 것이 편할지 결정한다는 의미이지만, 빈곤층 여성들은 이미 먹이고 입힐 것이 부족한 마당에 입 하나 더 늘리는 것을 걱정한다. 이들의 동기와 목적은 동일하지 않다. 이 두 여성의 곤경은 허기짐과 실직이 점심을 거르고 하루 휴가를 내는 것과 다른 것처럼 명확히 다름에도 최근 문건들은 두 여성이 내린 결정을 하나로 일반화하여 묶어버린다.

만약 우리가 현실적으로 스스로에게 솔직해진다면, 그리고 우리가 사랑하는 판-아프리카주의의 수사와 제3 세계 해방에 관한 비전, 다인종 휴머니즘의 세계국가에 대한 우리의 꿈에도 불구하고, 대부분의 흑인과 많은 사람들은 흑인의 범주에서 제외되길 바라면서도 여전히 그들의 몫을 원한다. 수백만 '형제'들이 믿는 것과 달리 미국식 가치는 버려지기 어렵다. 아메리카니즘은 긴 아프리칸 로브를 걸치고 아프로 헤어스타일의 임신한 여성 형상을 채택하는 것으로 끝나지 않는다.

사실상 독립적인 흑인 자본주의가 흑인 무슬림들에 의해 주장되고, 닉슨의 연설에도 언급되며, 많은 흑인이 게토에서 벗어나 밝은 빛으로 나왔다는 사실은 흑인이 검은 피부를 가진 앵글로·색슨 그 이상도 이하도 아니라는 격언에 진실된 복수를 한다. 1960년대의 해방 투쟁 재탄생에 기대어 '여성의 위치'에 관한 주장 전반은 즉각적으로 흑인 여성을 가정과 아기 돌보미로 좌천시키는 것을 옹호하며, 이는 검은 앵글로·색슨주의라는 표현과 '흑인 자본주의'에 관한 닉슨식 개념과 마찬가지로 꼴사납다.

많은 개발도상국과 지역에 관한 연구는 적어도 여성에 관한 교육과 기회의 자유를 얻어내려는 노력이 담겨 있다. 그러나 미국 흑인은 개발도상국의 '새로운 역할' 패러다임을 받아들이지 않고 오히려 '가정과 아기'에 관한 미국 청교도주의적 지위, 즉 자본가 무슬림들의 주장을 받아들인다. 이는 뿌리 깊은 아메리카니즘 또는 가장 단순한 상상력조차 부족함을 의미한다.

몇 주 전, 여성해방론자들은 지역 여성잡지가 여성 편집자들로 "충원되어야manned" 한다고 요구했다. 여성해방운동의 다른 분파들도 산업과 사업에서 더 작은 규모로 유사한 캠페인을 진행했다. 그동안 백인 남성이 흑인들을 몰아내고 더 나은 직위를 유지하고 기회를 독점하고 있던 것에 백인 여성이 침묵해왔다면, 일자리를 두고 직접 경쟁할 처지에 놓인 우리가 똑같은 직위를 두고 자신과 경쟁하는 흑인 남성과 여성을 고용하는 상황이 왔을 때 과거보다 열린 마음을 가질 것이라 어떻게 기대할 수 있을까? 이전 미국의 사회적 상호작용의 관점에서 보면, 백인 여성이 백인 우대 경제에서 그들이 백인이기에 갖는 이점을 취하지 않을 것이라 기대하는 것은 비논리적으로 보인다. 여성해방운동이란 흑인들이 태동시키는 데 400년이 걸렸던 운동의 관심을 나눠 갖기 위한 술책으로 갑작스럽게 흑인해방운동에 들러붙은 것이라는 주장도 가능하다. 요약하자면, 여성해방운동은 흑인 여성과 흑인 해방에 대해서는 별 관심 없이 백인 여성의 권리를 위한 목적으로 흑인해방운동에 들러붙었다.

양차대전으로 인한 산업적 요구는 일시적으로 인종적 한계를 약화시켜 이동할 수 있게 했고, 흑인들이 산업에 편입될 가능성을 열어 주요한 노동력이 될 수 있게 했다. 유사하게 여성들 또한 과학과 산업화의 확장에서 이득을 보았다. 여성의 생물학적 한계는 피임약과 자동화에 의해 성공적으로 뛰어넘을 수 있게 되었고 이는 이례적으로 여성이 육체 노동 분야에서 주요하게 활용될 수 있도록 했다.

결코 완전 고용된 적이 없고 언제나 미국 경제 속에서 실업자의 상당한 비율을 차지해왔던 흑인 노동력은 이미 감소하고 있는 구직시장에서 백인 여성이 모든 직종을 휩쓸고 있기에 더욱더 실업자 신세로 내몰릴 것이다.

이상적으로 우리는 여성해방을 많은 흑인이 우호적으로 여기는 것처럼 전형적인 마르크스식 용어로 '억압받은 이들이 모든 곳에서 부상하는' 희망찬 서막으로 생각할 수 있다. 그러나 이전보다 더욱 심해진 인종차별과 부적절한 교육, 직업 차별, 불평등한 기회의 스펙트럼은 남성됨이나 여성됨이 아닌, 흑인이기 때문에 생겨난 문제이다.

나의 논의는 이 새로운 해방운동에서 백인 여성과 함께 연대하는 흑인들의 무지함을 막기 위한 것이다. 경쟁을 삶의 실체로 만드는 제도에 대한 비난, 최종적 휴머니즘을 말하는 이상주의, 올바른 산업 복합체에 관한 반대와 수사가 여성해방운동이 그들(백인 여성)을 제외한 다른 어떤 이의 해방을 목표로 함을 의미하지는 않는다.

이제 명확히 정의내릴 시간이다. 흑인들은 **'억압받아'** 왔다. 이는 흑인들이 불합리하게 부담을 지고, 공정하지 않고, 심각하게, 격렬하게, 잔인하고, 거칠게 백인 권위가 채운 족쇄를 차고 있었음을 뜻한다. 반면에 백인 여성은 그저 '억눌렸을' 뿐인데, 이는 의식과 특정 행동에서 제외되고 제한받으며 확인받았음을 의미한다. 여기에는 차이가 있다.

몇몇은 여성 억압을 말하는 것이 (흑인에 의해 촉발된) 새로운 경제적 위협에 대항하는 보호수단이기 때문에 여성해방운동과의 연대는 무지하고 위험한 일이라고 본다. 다른 이들은 여성해방을 해답으로 여기는 대신 보다 더 큰 대답을 필요로 하고 요구한다.

흑인해방운동이 완전히 혁명적 의식으로 무장하기 전에 흑인 여성부터 해방되어야 한다고 말하는 것은 가변적이므로 의미 없다. 우리가 백인들이 만든 좋은 가족 패러다임의 불만족스러운 남성-여성 역할 관계에서부터 흑인 여성이 해방되어야 한다고 말하는 것은 좀 더 의미가 있다. 왜냐하면, 이는 흑인 해방의 목표와 백인의 롤 모델이란 양립할 수 없음을 가리키기 때문이다. 만약 최근 일어난 여성해방 시위로부터 배워야 할 것이 있다면, 그것은 성역할이 타고 태어난 것이거나 선천적인 것이기 보다 채택된 것이라는 주장이며, 출산과 모유수유를 제외한 모든 역할은 상호 변경 가능하다는 점이다. 그리고 제도란 두 개의 성역할만이 존재하게끔 만들어진 것이다.

내가 흑인 가족의 목표이자 강점으로서 이야기할 성역할 통합은 여성에 의한 남성 역할 '찬탈'과는 거리가 멀다. 미국 사회는 남성의 역할과 여성의 역할이란 자연적으로 나눠진다고 믿고 있으며, 이는 성역할에 거짓된 자아 애착이 생겨나게 한다. 노예제와 이후 재건기 동안 흑인 남성들은 수많은 이유로 스스로를 열등하다고 느껴야 했다. 그들 가운데 많은 이들은 흑인 여성에게 할당된 것과 비교될 수준에서 일할 수 없었기 때문이다. 흑인 여성들의 일은 종종 잉여 음식과 옷, 어쩌면 초급 수준의 읽기와 쓰기를 배우는 것 등의 부가적 혜택을 가져왔다. 흑인 여성들은 결과적으로 백인 여성들을 질투했고 스스로를 부적합하고 열등하다고 느꼈다. 왜냐하면 그들 앞에는 노동할 필요 없고 소저너 트루스가 지적한 것처럼 "마차로 모시고, 도랑은 안겨 건너며…… 어디든 가장 좋은 자리에 앉는" 백인 여성들의 호사스러움이 끝도 없이 펼쳐졌기 때문이다.

여성에 대한 결과적 '존중'과 지배자로서의 남성 역할의 수용은 이러한 성역할 불변의 신화를 강화한다. 프레이저가 쓰고 모이니한이 활용한 '가모장제'라는 용어는 기회의 불평등, 고용차별과 다른 병폐로 인해 야기된 악랄하고 부자연스러운 역할 변형을 지칭하기 위해 사용되었다. 만약 '가모장제'가 하늘의 법이나 자연법을 위반한 것이고, 그래서 여성에 대한 남성우위의 적절성이 복구되지 않을 경우 처벌이 내려진다면 말이다.

흑인들은 백인 여성들이 그러한 것처럼 '어머니가 부양하는' 것과 '아버지가 부양하는' 것이 한 성의 열등함과 다른 성의 우월함을 의미하는 것이 아니라는 사실을 인식할 필요가 있다. 성역할은 그저 문화와 상황에 따라 달라지는 자의적인 역할 구분에 불과하다.

그러므로 대중적인 주장처럼 흑인 여성이 흑인해방운동을 위해 있어야 할 곳은 단 한곳(가정)이라는 주장은 실제로 백인들이 말하는 이상적 성역할을 지지하는 것이며, 이러한 성적 자본주의 또는 성적 제국주의를 옹호하는 것은 남성이나 여성에 대한 찬사가 아니다.

비록 혁명 상황이 기존의 성역할 모델을 변경하고 변화시키고 있음에도 흑인해방운동이 알제리 혁명에 여성 참여를 허가한 것은 놀랄 일로 보인다. 하지만 똑같이 두렵고 힘든 상황에서 노예였던 할머니들도 흑인 가족의 역할 모델을 변형하고 변화시켜왔다.

혁명에 매우 중요한 역할을 맡느라 베일을 벗은 알제리 여인들은 개인성이 발달되고 책임감을 발휘할 영역을 발견했다. 알제리 또는 콘

스탄틴의 대로에 선 이 여성은 장전된 기관총의 탄환을 나르는 여성이며, 내일이면 강간당하고, 파괴되고, 고문당할지 모르는 이 여성은 전과 같은 마음으로 되돌아 갈 수 없고, 과거에 했던 역할로 만족할 수 없다.[1]

노예제에서 흑인 여성이 생존을 위한 행동에 매우 중요한 역할을 맡았으며, 그러므로 그들이 개인성과 책임감을 발휘했다고 말할 수는 없을까? 강간당하고, 파괴되고 고문당한 뒤에도 그녀가 전과 같은 마음 상태를 갖고, 과거의 역할로 돌아가리라고 기대할 수 있을까?

이러한 논의의 핵심은 흑인에게 필수적이다. 노예제 이래로, 그리고 미국에서 살아온 이래로 흑인은 혁명적 상황 속에서 혁명적 압력 아래 살아왔기 때문이다. 단순히 흑인해방투쟁이 결실을 맺기까지 400년이 걸렸다는 것은 이 투쟁이 알제리 투쟁만큼 위험하지 않고 정신적으로 고되지 않다는 의미는 아니다. 어떠한 혁명도 남성과 여성 모두에게 최선을 요구한다. 이것은 "가모장제는 흑인 문제의 뿌리 깊은 **원인**"이라는 모이니한의 진술이 어리석을 뿐 아니라 근거가 없는 이유이기도 하다. 그는 해방투쟁과 그 요구들이 흑인 가정에서 만들어진 것임을 이해하지 못한다.

흑인과 백인이 흑인의 역사상 가장 괴롭고 쓸쓸한 경험을 두고 흑인의 남성성을 찬탈하기 위한 "뻔뻔한 음모"의 시작으로 해석된다는 것은 얼마나 불행한 일인가. 그러나 신화는 영속될 것이다. 알제리에서 일어난 성역할의 변화가 미국의 흑인 남성과 여성을 분리시키기 위해 왜곡되고 체계적으로 활용된다면.

흑인 여성은 친절함을 약함으로 받아들인다. 그들에게 아주 약간의 틈새만 보여도 그들은 당신을 십자가에 못 박을 것이다…… 그건 마치 코브라를 길들이려는 것과 같다……[2]

우리가 서로 맺는 관계가 남성의 우월함과 여성의 열등함에 관한 미국적 가치에 얼마나 철저히 물들어 있는지 깨닫기 전까지 우리는 인종차별을 영속케 하고 흑인들을 분열시키는 데 성차별이 한 역할을 결코 제대로 파악하지 못할 것이다. 미국적 관계 대부분은 '우월한 이들 간의 경쟁과 열등한 이들 간의 경쟁'에 근거한다. 이는 주로 빈곤층, 교육받지 못한 이들, 기회를 빼앗긴 이들과 소수자들이 똑같이 희박한 자원과 드문 기회를 두고 그들끼리 경쟁을 벌이는 동안 특권층, 중산층, 교육받은 이들, 백인 소수자들이 보다 풍부한 자원과 명예와 권력을 얻을 더 나은 기회를 두고 그들끼리 다툰다는 것을 뜻한다. 진입을 모색하는 집단에서(흑인 중산층을 떠올려보라) 어느 정도까지는 자격 조건을 갖춘 이들을 받아들이기 때문에 집단 간에 경쟁이 벌어지는 일은 드물다. 우리는 미국에서 남성과 여성, 흑인과 백인의 관계에서 오로지 단 하나의 평등한 관계만이 가능함을 잘 이해하고 있다. 그 평등이란 같은 자원을 누릴 자격을 당신이 갖췄는지 아닌지를 따지는 것이다. 그러나 흑인해방운동 안에서 이러한 경쟁을 바꾸는 대신, 흑인 남성들은 적은 이익이나마 독점하는 방식을 유지하고, 흑인 여성이 들어갈 수 없는 '남성의 영역'을 만드는 방식을 고수해왔다. 이것은 물론 매우 미국적인 방식으로 자행되는 착취다.

이때 논리적 순서는 로버트 스테플Robert Staples 박사가 말한 것과 같이 "흑인 여성은 흑인 모두가 해방을 쟁취하기 전까지 여성일 수 없다."[3]가 된다. 이러한 논리는 의도적이든 아니든 간에 흑인 여성이 그들이 흑인됨에서 여성됨을 분리시킬 수 있다는 것을 의미하고, 그들이 여성으로서 해방되지는 못할지라도 흑인으로서 해방될 수 있다거나 또는 흑인 여성과 흑인 남성의 자유 그리고 흑인 전체의 자유는 동일한 것이 아니라는 것을 의미한다.

성역할 통합이라는 개념을 통해 오직 우리는 미국이 주목받는 인간 자유, 스테플 박사의 말에도 내재한 인간 자유를 구분 짓는 것을 뛰어넘을 수 있다. 성역할 통합은 다음과 같이 실현될 수 있다:

- 특정한 활동이나 특질에 애착된 자아 형성을 남성성과 여성성을 결정짓는 방식으로 삼는 것은 반드시 폐지되어야 한다. 자아 애착은 자아존중감이 한 가지 활동에 의해 결정되지 않도록 더욱 넓고 다양한 활동과 특질로 분배되어야 한다.
- 사람들이 역할을 교대하고 역할을 통합하는 유동성이야말로 역사적으로 많은 이들의 생존에 중요했음이 증명되었다-이스라엘, 중국, 알제리를 보라.

그러므로 고정된 성역할에 대한 미국적 가치를 부지불식간에 채택하고 의식적으로 영속화하는 것은 다음의 세 가지 상호연결된 상황을 반영한다:

- 흑인들이 점차 안전과 복지에 관심을 보이는 것과 흑인 문제의 확장을 인식하지 못하는 것.
- 흑인들이 지배집단에 과도하게 동일시하는 것, 심지어 미국에서 흑

인이 살아남을 가능성이 확실치 않은 상황에서도.

- '가모장제' 신화에 대한 흑인들의 믿음과 성역할 통합이 자연스럽지 못하고 불필요하다고 믿으며 거부하는 것.

블랙 파워의 수사와 문화민족주의 옹호는 억압과 역경 아래 투쟁하는 흑인의 능력을 칭송하지만, 동시에 역할 통합(이는 흑인들이 살아남게 하는 유일한 수단이다!)을 무력화하거나 제거하려 한다. 그들은 무력하고 만성적인 성역할 분리로 그 통합을 대체하려 한다. 성역할 분리는 흑인해방운동이 갖는 강점을 완전히 약화시키는데 이는 여성과 남성 모두를 동원하지 못하게 막기 때문이다. 노예제 동안 흑인이 생존할 수 있었던 것은 흑인 여성과 흑인 남성 모두가 동원되었기 때문이다.

흑인들이 고데기, 표백 크림, 파마약을 내던지는 것이 아니라 백인 여성이 이끄는 대로 흑인 여성의 힘을 묶어둠으로써 최악의 미국적 가치를 계속 고수할 때 성역할 통합의 장점은 심히 간과된다.

나는 흑인 남성이 그들의 자매인 흑인 여성을 위해 더 나은 지위를 원한다고 믿는다. 정말로, 흑인 여성들은 그들 자신을 위해 더 나은 지위를 원할 것이다. 백인 여성이 폐기하기 시작한 여성의 열등함이라는 낡아빠진 왕좌보다는.

대부분의 백인 여성해방운동 옹호자들은 비록 그 가능성을 깨닫지 못하고 있지만 그들이 바라는 해방은 그들이 해방되길 바라는 현재 가치를 강화시킬 수 있다. 점점 더 많은 여성들이 의사결정 과정에 참여할 것이므로, '투쟁'에 참여 중인 몇 안 되는 여성들보다 전통적인 중산층 여성이 다수를 차지하게 될 것이다. 이는 전통적인 여성이 급진적 여성해방이 투쟁을 통해 얻어낸 새로운 기회를 얻게 될 것을 의미한다. 투표에 관한 연구는 현재 중산층과 상위계급에 속한 전통적인 여성들이 그들의 남편과 동일하게 투표하는 경향이 있음을 밝히고 있다. 흑인은 안정된 직업, 안전한 주택과 교육을 위해 남편과 협력하므로, 그들의 남편과 별다를 것이 없는 관점을 가진 관대하지 않은 여성들이 선택할 변화로부터 흑인들이 얻을 수 있는 것은 많지 않아 보인다.

백인의 급진적 사상이 모든 여성들에게 책임과 권력의 자리를 차지하도록 북돋고 있다면, 흑인 여성들에게는 '가정과 아기들'을 맡기는 식으로 좌천시키고 백인 여성은 현상유지를 강화하는 것이 가당키나 한가? 흑인 여성해방의 외침은 한때 백인 여성에게 속했던 무능력하고 비정치적인 역할을 강요받고, 주요한 노동력을 묶어버리는 것에 반대하는 외침이다. 흑인들은 투쟁에서 여성이 중요하며 선두에 서야 한다고 애정을 갖고 말하지만, 여성들이 실제 잠재력이 아니라 백인들이 묘사하는 여성적 특성에 기반해 새로운 위치를 할당받아왔다는 점을 인식하지 못한다. 흑인해방운동은 엎드린 자세가 아니라 투쟁의 자세를 하는 여성을 필요로 한다. 흑인들이 당면한 투쟁은 칼과 포크 사이에, 빨래판과 기저귀 쓰레기통 사이에서 벌어지지 않는다. 투쟁은 노동 시장과 투표소, 정부에서 발생하고, 흑인 공동체를 보호하려는 시도 속에서, 지역 사회 내 권력 투쟁 속에서 주택과 교육에서 발생한다.

여자들더러 있지도 않은 전투에 나가라고 설거지 통 앞으로 보낼 만큼 흑인들이 현재의 사건에 그토록 무관심해도 되겠는가. 지금도 흑인들은 백인의 가치관을 받아들임으로써 흑인 여성들에게 뚜렷한 방식으로 영향을 끼치고 있다. 흑인 운동은 정치화되지 않고 해방되지 않은 백인 여성성의 복제품을 만들어내고 있다. 투쟁에 참여한 흑인 여성들은 대부분 자본주의적 경쟁을 포기하는 것과 성적 식민주의의 수용 사이의 독특한 모순을 인식하지 못하고 있다. 이 딜레마에 대처하고 해결하는 데 실패하는 흑인운동은 미국에서 정치화된 흑인 여성에 대해 다음과 같은 태도를 영속시킬 것이다.

- 가모장제의 신화에 대한 믿음. 흑인 여성은 자신의 힘을 수치스럽게 느끼게끔 강요받았고, 이를 만회하기 위해 백인으로부터 남성이 우월하고 남성이 지배하는 것이야말로 가장 '자연스럽고' '정상적인' 관계라는 믿음을 물려받았다. 결과적으로 흑인 여성은 '자연스러운 균형'을 위해 억압되어야 한다는 주장을 믿게 된다.
- 백인 여성의 역할이 모든 흑인 여성을 위한 본보기로 제시되어왔기 때문에 많은 흑인 여성은 스스로가 부족하다고 느끼고, 흑인 남성의 관심을 얻기 위해 백인 여성과 치열하게 '여성스러움femininity'을 두고 경쟁한다. 나아가 흑인 여성은 그들끼리도 경쟁하며, 흑인으로 정치화된 남성들에게 어필하기 위해 '가장 흑인스러우면서 가장 여성스러워'지려 노력하면서 다른 흑인자매보다 우월해지려 한다. 또한 그녀는 자신보다 백인 여성의 전통적 역할을 더 많이 '연습'해왔다고 느끼는 여성을 향해 흑인 남성이 '돌아가지' 못하도록 막으려하며 흑인으로 정치화하지 않는 여성들과 경쟁한다.
- 마지막으로 그녀는 가사 노동, 육아, 보조적 역할, 자기관리와 같은 여성의 전통적인 역할을 강조하면서 이러한 역할을 흑인 여성의 역할이라고 부르며 정치화한다. 그런 뒤 그녀는 흑인투쟁의 선봉에서 설 아이를 낳는 것이 자신의 직업이자 삶이라는 태도를 취한다.

'검은 진주'의 노랫말처럼, 흑인 여성은 그들이 속한 곳에서 떠받들어지지만, 오로지 미국의 기준에 부합했을 경우만 그러하다. 존중과 인간관계에 관한 미국적 가치가 왜곡되었음을 지적하는 일은 상상조차할 수 없는 것인가. 흑인해방운동이 제자리에 돌아오도록 하기 위해여성해방이 탄생했는지도 모른다.

흑인 여성은 여성에 관한 새로운 정의와 더불어 자신을 가모장적인악당이나 아기 낳는 도구가 아니라 시민이자 동반자이며 동지로서 인정해줄 것을 요구한다. 성역할 통합은 남녀의 상호보완적 인식을 옹호하는 것이지 동일성을 두고 경쟁하는 것이 아니다.

최근 흑인 공동체에서는 피임이 꺼지지 않는 주요 논쟁이 되고 있다. 흑인들, 심지어 '가장 해방된 정신'을 가진 이들조차 여전히 여성의 열등성과 남성의 타고난 우월성에 젖어 있다. 이와 같은 가치관은아이들에게 "좋은 피"에 관한 생각을 불어넣는다. 만약 정말로 흑인 해방이 가능하다면, 그것은 반드시 다음과 같은 모순을 인식하는 것에서출발해야 한다.

수많은 흑인 남성들은 로버트 스테플 박사의 다음과 같은 말을 자랑스레 되풀이한다. "해방투쟁에서 흑인 여성이 했던 역할은 중요하며,잊혀서는 안 된다. 여성의 자궁에서 우리 시대의 혁명 전사들이 나왔다."[4]

얼마나 많은 잠재적인 혁명 전사들이 태어나자마자 고아원에 버려졌는가? 피임을 두고 흑인 인구의 성장을 억제하기 위한 '술수'라며무시하는 동안에 말이다. 왜 혁명적 커플은 흑인 어린이를 더 많이 입양하지 않는가? 사생아란 사회에서 열등한 존재라 믿는 미국식 개념이 흑인 앵글로·색슨주의에 반영된 것은 아닌가? 백인과 마찬가지로흑인들 또한 '우리 자신의 개인적' 이미지를 나타내지 못한다는 이유로 흑인 어린이를 차별하고 있는 것은 아닌가? 아니면 백인 가운데서도 가장 인종차별주의를 드러내는 이들처럼 흑인도 어린이에게 사랑을 베풀고 먹이기 전에 아이의 핏줄을 확인하는 건가? 스테플 박사가 그토록 경건하게 말하는 혁명의 선봉대는 '사생아'라 불리는 아이들의 존재를 알고 있기나 한가?

누군가 흑인의 가치관에서 '사생아'라는 말을 지워버리자고 제안한 적이 있다. 차라리 미국의 고아원에 있는 모든 흑인 아이들이 여러 흑인 부모들에게 입양될 때까지 흑인 출산을 5년간 유예하자고 주장하는 것이 더 혁명적이지 않은가? 그런 뒤에야 흑인들이 계속해서 출산해야 할 타당한 이유가 있다고 말할 수 있을 것이다. 아이들은 그저 흑인 여성의 역할 또는 전설적인 혁명의 선봉대를 위한 연료 이상이다. 정말로 흑인들이 우리 눈앞의 아이들이 가진 잠재력을 타진할 수 있다면, 흑인해방운동에 현저히 더 많은 잠재력을 더할 수 있을 것이다. 그럴 수만 있다면, 흑인 사회는 어떠한 현대 문명도 하지 못한 일을 해낼 수 있다. 모든 흑인 어린이에게 형무소가 아니라 가정에서 자랄 기회를 가질 수 있게 할 것이다.

고아원의 흑인 아동을 건강하게 기르는 것이 "우리의 피와 살"과 다를 바 없지 않은가? 열등-우월에 관한 미국적 가치와 이에 따른 "사생아"라는 개념과 백인 사회가 우리에게 교육시킨 내용을 제외하면, 고아 어린이들을 구제하는 것에 "잘못된" 점이란 없다.

결론적으로 우리가 말하는 흑인의 해방은 흑인 여성의 해방과 흑인 남성의 해방이라 말할 수 있다. 나는 흑인의 진정한 해방은 흑인 여성의 열등성을 거부하고 남성끼리 맺을 수 있는 유일한 관계가 경쟁이라는 믿음을 거부한 채, 인간이 가진 잠재력을, 어떠한 형태든 남성, 아이, 여성이 가진 가능성을 존중할 것을 재확인하는 데 달려 있다고 믿는다.

살해당하지 않고, 실종되지도 않는: 식민적 젠더 폭력에 대항하기

린 베타사모사케 심슨, 2014

지난 몇 달 동안 나는 로레타 손더스Loretta Saunders, 벨라 라보칸 매클레인Bella Laboucan-McLean과 다른 많은 선주민들로부터 그동안 우리가 거칠게 빼앗겼던 것들에 관해 아주 많은 것을 배웠다. 지적으로 그리고 개인적으로도 나는 내 자신이 이미 젠더 폭력에 관해 많은 것을 알고 있었다고 생각했고, 실제로도 그러했지만, 그럼에도 우리가 빼앗긴 것을 깨닫자 충격으로 온몸이 떨릴 지경이었다. 그것들은 여전히 공공연히 말할 수 없는 것들이다. 나는 이 문제에 관해 말할 만큼 용감하지 못하다. 말해봐야 들어주지 않을 것이고, 배신당할 것이라는 생각이 주는 고통은 견디기 어려우며, 나의 선주민 친구들이나 동료들로부터 물러터진 것처럼 보일 것이 견딜 수 없기 때문이다. 내게는 오로지 내가 친밀하게 신뢰할 수 있는 선주민 동지들하고만 갈 수 있는 장소가 있다.

그 모든 일들을 이제는 그만둘 것이다.

로레타와 벨라, 그리고 우리가 영영 잃어버린 뛰어난 정신과 열정적인 마음을 지녔던 많은 이들을 기리며, 그 모든 일들을 멈출 것이다. 여기서 끝낼 것이다.

이것이 나의 저항이다. 이것이 나의 분노다. 이것이 우리의 급진적 사상과 행동의 시작이다.

로레타의 죽음 이후 블로그를 방문하는 나의 친구들은 대화의 장을 열고 바꿔나가기 위해 젠더 폭력에 관해 글을 연재하기로 했다. 우리는 감정이 격해졌고 무언가를 해야만 한다고 느꼈다. 우리가 올린 첫 번째 글은 타라 윌리엄슨Tara Williamson의 〈속지 마Don't Be Tricked〉였다. 아주 용감한 글이었다. 날 것의 글이었는데, 그것은 우리가 그랬기 때문이다. 화를 내는 글이었는데, 그것은 정말로 우리가 화가 나 있었기 때문이다. 개인적으로 나는 타라의 글에 적힌 한 단어 한 단어에 깊이 공감했고, 특히 이 문장엔 더욱 그랬다. "대부분의 캐나다인들과 시스템은 당신에 관해 뭣도 신경 안 쓴다. 당신이 얼마나 강하고 재능 있는지, 당신이 얼마나 열심히 일하는지, 어디에 살든 간에. 당신이 선주민 여성이라면, 당신은 식민폭력의 주요 표적에 불과하다."

이것이야말로 내가 평생토록 느껴왔지만 단 한 번도 입 밖에 내본 적 없는 문제였다. 나는 결코 이러한 말을 해보지 못했는데 그건 젊은 선주민 여성들과 청년 퀴어들이 이러한 문제를 알지 못하길 바랐고 희망에 차 있고 힘이 있다고 느끼길 바랐기 때문이다.

나는 정말로 한 번도 이 문제에 관해 말해본 적이 없는데, 그건 젠더 폭력을 두고 캐나다 백인들이 자동적으로 선주민 남성을 비난하는 걸 듣고 싶지 않았기 때문이다. 나는 백인들이 그럴 것이라 확신한다. 그들은 '인디언 남성'은 감정이 없고, 무신경하며, 폭력적이고, 야만적이라는 고정관념을 키우려 애쓰기 때문이다. 심지어 그들은 이 나라가 지속시키는 식민적 젠더 폭력에서 애써 어떤 이득도 보지 않는 척한다. 사실상 그들은 국가에 의해 영속되어온 식민적 젠더 폭력이 별거 아니라는 식으로 모른 척한다. 더구나 나는 선주민 남성이 내게 자신의 잘못이라거나 별 문제가 아니라고 말하는 걸 듣고 싶지 않다. 이 문제는 정치적 문제인 것만큼이나 젠더 폭력에서 살아남은 이들—정직하게 말해 선주민 남성을 포함해 우리 대부분이 생존자라 볼 수 있다—이라면 누구나 강렬하고 고통스럽고도 개인적인 문제로 받아들이기 때문이다. 나는 이 문제를 정확하게 이해하지 못하다면 백인 페미니스트와 연대하고 싶지 않다. 오히려 나는 내가 하는 말을 불편하게 여기는 선주민 남성을 내 편으로 삼고 싶다. 그리고 몇몇 남성은 정말로 내 편이 되어주었고, 그건 정말로 기쁜 일이었다. 남성들은 이메일로 지지 의사를 표현해왔다. 그들은 블로그를 방문해주었고, 우리의 이야기를 듣고 격려했다. 그들은 우리의 트윗을 전달하고, 포스팅하고, 글을 써서 그들의 분노를 표현했다.

이건 함께하는 저항이다.

이것이 공동체다.

백인우월주의, 강간 문화, 젠더와 성정체성과 행위 주체성을 향한 현실의 공격과 상징적 공격들은 식민주의, 정착민 식민주의, 자본주의의 강력한 도구다. 이 도구들은 선주민을 그들의 영토에서 내쫓고 동원령을 통해 영토 소유권을 재주장하지 못하게 막는다. 무력은 여러 세대에 걸쳐 머물러왔던 가족의 힘을 파괴하고 서로가 친밀히 연결되지 못하도록 막는다. 이 도구들은 공동체들이 젠더 폭력이라는 전염병에 대응하기 위해 조직할 수 있는 물리적, 감정적 자본을 가지지 못하도록 이동을 막아선다. 그것들은 불안, 희망 없음, 무관심, 불신, 자살을 전염병 수준으로 흔하게 만들면서 땅과 우리의 관계를 파괴하고, 우리 서로가 맺고 있는 관계를 파괴하며, 우리의 국가와 우리의 정치적 시스템을 파괴한다. 그 도구들은 서로가 지속가능하고 강건한 관계를 맺는 것을 어렵게 만들어 우리의 관계 맺기를 망치려 들고 선주민 민족성의 결을 파괴하려 한다.

이는 왜 우리가 최선을 다해 젠더 폭력을 다시 주목해야 할 문제이자 탈식민화를 위한 핵심 프로젝트로 삼고, 선주민 이동권의 핵심 의제로 삼는지를 설명한다. 여기서 말하는 젠더 폭력은 단지 여성을 향한 폭력뿐 아니라 모든 젠더를 향한 폭력을 가리킨다.

먼저 선주민 사상에서 젠더가 어떻게 개념화되고 실현되는지 살피는 것에서 시작하자. 이 국가에 인위적인 젠더 이분법을 강요한 것은 식민주의였다. 강요된 식민적 젠더 이분법은 젠더를 매우 분명하게 남성과 여성이라는 두 가지 범주로 나눈다. 이에 따라 남성성과 여성성이라는 식민적 개념에 기반하여 엄격히 정의된 일련의 성역할들이 생겨났다.

이러한 분류는 아니시나베Anishinaabe[x] 사상에서 보면 말도 안 되는 것이다. 우리 민족에는 언제나 두 가지 이상의 젠더가 있어왔고, 우리는 일반적으로 젠더란 언제나 유동적인 것임을 실천해왔기 때문이다.

---

[x] 아니시나베는 오지브와족이 스스로를 일컫는 말로, '야생의 사람들'을 뜻한다. 현재 캐나다에만 약 76,000명이 온타리오주 브리티시 컬럼비아에 거주한다. 이들은 체로키족, 나바호족, 크릭족에 이어 북미에서 네 번째로 큰 인구를 지닌 인디언 선주민 부족이다.

식민 사회가 내보이는 엄격성은 아니시나베 사회의 현실 또는 소위 말하는 "수렵과 채집 사회"의 현실과는 맞지 않는다.

아니시나베 여성들은 가정을 돌보고 아이를 돌보았을 뿐 아니라 사냥하고, 덫을 놓고, 낚시를 하며, 지도자가 되고, 전쟁에 참여했다. 여성들은 다양한 감정을 표현하고 그들 존재 그대로 온전하고 진실 된 방식으로 자신의 젠더와 섹슈얼리티를 표현하도록 장려받았다. 그것은 원칙이자 생존의 방식이었다. 아니시나베 남성들은 사냥하고, 덫을 놓고, 낚시하며, 지도자가 되기도 하고 전쟁에 참여했지만, 또한 요리를 할 줄 알았고, 바느질을 했으며, 아이들을 돌보았다. 남성들 또한 원칙이자 생존의 방식으로서 다양한 감정을 표현하고 그들 존재 그대로 온전하고 진실된 방식으로 자신의 젠더와 섹슈얼리티를 표현하도록 장려받았다. 다른 젠더들 또한 마찬가지였다. 다양한 활동들에 개개인이 참여하는 정도는 그들의 이름과 그들의 부족 및 확대가족에 따라 달랐으며 그들이 가진 기술과 흥미, 무엇보다 가장 중요하게는 개인의 결단력과 주체성에 따라 달라졌다. 주체성은 소중한 것으로 명예롭게 여겨졌으며 존중받았다. 그것은 주체성이 매우 자족적이고 다양한 개인과 가족, 공동체를 만들어내기 때문이다. 자족적이고 자기결단력이 있는 다양한 사람들은 공동체가 맞닥뜨린 어려운 상황들을 견딜 수 있게 하는 회복과 성장을 보장해주었다.

강한 공동체는 그들 자아가 가진 최선의 모습대로 존재하는 개인들로부터 나온다.

식민주의는 이를 알아차렸고 식민 사회의 이성애-가부장제를 복제하도록 재빨리 선주민 개개인을 식민적 젠더 역할에 끌어들였다. 이것은 모든 젠더들이 가진 힘과 주체성을 축소시켰고, 식민적 이상에서 가장 멀리 떨어진 이들이 고통을 겪고 계속해서 거친 식민 폭력의 표적이 되게 만들었다.

아니시나베 사회에서 사람들은 그들의 성적이고 관계적인 정향을 결정할 주체성을 가진다. 이는 이성애 규범적인 핵가족 너머의 다양성을 만들어낸다. 선주민 문화의 '일부다처제'를 이야기하는 인류학자의 말을 듣거나 읽을 때마다 당신은 이를 경고 신호로 받아들여야 한다. 일부일처제가 아닌 모든 것은 인류학자가 상상하는 방식에선 전부 심각한 형태의 가부장제를 의미하기 때문이다. 그러나 가부장제가 부재한 선주민 문화에서 복수 결혼이나 일부일처제가 아닌 관계를 맺는 것은 좀 더 복잡한 문제이다.

성인들만이 이러한 주체성을 발휘할 수 있는 것은 아니다. 어린아이들도 마찬가지다. 사제가 우리의 땅에 처음 왔을 때 그는 여성과 아이들이 남성의 통제로부터 벗어나 있는 모습을 보고 놀라 어안이 벙벙해졌다. 그는 이를 당혹스럽고, 무질서하며, 사회적 재난으로 보았다. 그는 우리를 '야만인'이라 해석했다. 나는 그가 우리 사회를 관찰하고 백인 유럽인 남성의 관점에서 질문하는 것을 상상한다. 이런 상황에서 당신은 어떻게 여성을 상품으로 착취할 수 있는가? 그들이 저렇게 주체적인데?

당신은 "그럴 수 없다."

그런 뒤 나는 식민자의 입에서 나올 법한 논리적인 다음 질문을 상상한다. 선주민 남성이 여성을 착취하도록 고안된 체계를 유지하려 노력하지 않을 때, 당신의 자본주의적 꿈을 실현하기 위해 필요한 이성애가부장제를 어떻게 주입시킬 것인가? 젠더 폭력의 도입이 하나의 해답이었다. 섹슈얼리티와 젠더 정체성을 파괴하고 재구성하는 것이 또 다른 해법이었다. 기숙학교는 그 두 가지에서 괄목한 성과를 거뒀다.

정말로 식민주의자들이 언제나 골똘히 해결하려고 하는 문제는 바로 다음과 같은 것이다. "이 땅의 사람들이 땅 위의 식물과 동물, 광물에 영혼과 주체성을 가지고 있다고 믿는다면, 당신은 어떻게 그 땅에서 천연 자원을 뽑아낼 것인가?"

이것이 대답 비슷한 것이 될 것이다: 당신은 선주민과 그들의 후손을 이 땅 위에서 제거하기 위해 젠더 폭력을 사용할 수 있다. 당신은 식물과 동물세계의 주체성을 제거하고, 땅aki을 백인이 활용하고 개선시킬 수 있는 '천연 자원'으로 바꿔버리면 된다. 이러한 식민지 전략은 분명 효과가 있었다. 캐나다에서 800명 이상의 선주민 여성이 실종되고 살해되었으며, 선주민 남성을 향한 대학살이 벌어졌다. 선주민 가운데 두 영혼을 지닌 사람들, LGBTTQQIA, 젠더 비순응자를 향해 저질러진 폭력에 대해서는 통계조차 없다. 여성에 대한 폭력이 늘어나고 있음을 인식하는 것만으로는 충분치 않다. 나아가 이것이 캐나다의 설립 및 기원에 본질적으로 묶여 있는 문제임을 인식해야 한다.

젠더 폭력은 우리가 지속적으로 몰아내고 공격하고, 끝내 제거해야 하는 것이다. 선주민 가족들과 공동체는 언제나 젠더 폭력에 맞서 싸워왔다. 우리는 언제나 저항해왔고 이 문제에 대항해 조직해왔다. 우리의 조부모들은 젠더 폭력에 저항하고, 우리 젊은이들은 젠더 폭력에 맞서 조직한다. 우리에겐 다른 선택지가 없기 때문이다.

페미니스트 학자 앤드리아 스미스Andrea Smith는 최근에 이브 엔슬러Eve Ensler의 100만의 동참One Billion Rising에 대한 응답으로 젠더 폭력에 대항하기 위해 무엇이 조직되어야 하는지에 관해 블로그에 썼다. 그녀가 한 몇 가지 지적이 내게도 큰 울림을 준다.

그녀의 글은 우리에게 국가의 젠더화된 폭력의 최대 가해자가 정부임을, 그러므로 정부는 젠더화된 폭력의 해결책이 될 수 없다는 것을 똑똑히 일러준다. 정부는 우리와 연대하지 않는다. 백인 페미니즘도 우리의 동맹이 아닌데, 이는 식민지적 맥락 안에서 젠더 폭력을 논의하지 않은 채 여성을 향한 폭력을 논의하는 것은 아무런 의미가 없기 때문이다. 젠더 폭력과 살해되고 실종된 선주민 여성들은 정착민 식민주의와 백인우월주의, 제노사이드의 증상이다. 그들은 우리의 영토로부터 선주민들을 몰아낸 데서 나온 증상이다.

실종되고 살해된 선주민 여성들의 가족들은 진상 조사를 원한다. 캐나다는 반드시 재난에 책임을 져야 한다. 캐나다는 바뀌어야만 한다. 캐나다인들은 반드시 선주민을 향한 그들의 태도를 바꾸고 우리 민족과 맺는 관계를 변화시켜야만 한다. 연방정부가 선주민이 요구하는 행동과 변화를 가져올 진상 조사를 맡아 젠더 폭력의 근본적인 원인을 해결할 것이라는 믿음이 내게는 없다. 브리티시 컬럼비아주의 처리 과정은 그야말로 재앙이었으며, 우리는 정부가 단순히 선주민의 반대, 동원, 시위를 무력화시키기 위해 진상조사를 활용하는 것을 두고 볼 수 없다. 식민적 젠더 폭력의 가해자들이야말로 젠더 폭력으로 이득을 보기 때문에 이 문제를 해결할 전략 수립을 맡아선 안 된다. 우리는 우리의 조직화에 관한 다각도의 접근이 필요하다. 만약 진상 조사가 시작된다면 우리는 그 문제를 살피기 위해 반드시 조직하고 동원해야 한다.

실종된 자매들과 그 가족들을 기억하고 기리기 위해 우리가 함께 모이는 일은 중요함에도, 이 상황과 상징적 폭력과 실제적 폭력이 삶에 어떤 영향을 끼치는지에 대해 생각할 때 나는 분노한다. 캐나다가

이 고통과 괴로움을 알아주길 바라기보다는, 국가와 공동체를 상호 개인적 관계 속에서 폭력을 상상조차 할 수 없는 곳으로 만들어내기 위해 이 분노를 사용해야 한다고 느낀다.

우리는 환경파괴와 오염을 우리의 공동체를 향한 성애화된 폭력의 형태로 간주한다. 독성화학물질과 환경파괴는 우리의 영토와 우리 몸의 온전성을 위태롭게 하기 때문이다.

우리는 젠더 폭력을 끝장내기 위해 정착민 식민주의를 부수는 것이 중요하다고 여긴다. 젠더 폭력은 여전히 우리를 결집시키지 못하게 하는 주요 전략이기 때문이다. 그 예를 우리는 '더 이상 늦출 수 없다' 운동the Idle No More Movement과 엘시포토그Elsipogtog, 오카Oka 위기[×]에서 찾을 수 있다.

우리는 '더 이상 늦출 수 없다'와 같은 운동을 만들 수 없다. 그 운동에선 여성이 지도자의 위치에 서거나 젠더 폭력을 효과적으로 다룰 계획이 없다. 우리는 알고 있다. 지난 400년간의 경험으로 미뤄볼 때 젠더 폭력은 식민 폭력의 일부임이 확실하며, 이 폭력은 지도자의 위치에 있는 여성들을 향한 것일 뿐 아니라 가장 취약한 위치에 있는 여성들, 즉 다층적인 억압적 위치에 놓인 이들에게도 향해 있다는 것을.

나는 '더 이상 늦출 수 없다' 운동을 함께했던 한 여성이 도움을 청하는 전화를 받았을 때, 이에 대해 깨닫게 되었다. 한 선주민 여성이 선더베이 지역에서 납치되어 성폭행당했다. 공격은 인종적인 이유에서 비롯한 것이고 그녀가 공격 대상이 된 것도 '더 이상 늦출 수 없다' 활

[×] 엘시포토그는 선주민 자치 정부이며, 오카 위기는 1990년 선주민 자치구역을 둘러싸고 모호크족과 퀘벡 주 정부 사이에서 발생한 분쟁이다.

동에 참여하고 있었기 때문이었다. 내가 개인적으로 젠더 폭력을 다루는 기술이 부족한 것만큼이나 우리 공동체 또한 이에 대해 부족하다는 것이 점점 더 분명해졌다. 해당 지역의 남성 지도부는 상황이 악화되지 않도록 그저 침착함을 유지하는 데에만 관심을 쏟았다. 나는 분노를 느꼈고 사람들을 결집시키는 것이 바른 해답이라고 생각했다. 하지만 무엇보다 내가 관심을 쏟은 것은 피해자 여성과 그녀의 가족이었다. 나는 제시카 댄포스Jessica Danforth에게 전화를 걸어 도움을 요청했다. 선주민 청소년 성적 건강 네트워크가 생존자 지원과 더 넓은 지역사회와의 활동 연대를 중점에 두면서 실용적이고 강력하며 아름다운 방식으로 도왔다. 이 이야기의 일부는 《우리 함께 춤추던 그 겨울: 과거, 현재, '더이상 늦을 수 없다 운동'에서 온 목소리The Winter We Danced: Voices from the Past, the Present and the Idle No More Movement》에 적혀 있다. 선주민 청소년 성적 건강 네트워크가 우리에게 제공해준 그 모든 자원에 감사하며 우리는 이 책의 인세를 이곳에 기부하고 있다.

젊은이들이 활동의 부흥에 너무나 중요하다. 그들이야말로 그들의 권리를 주장하는 지도자이고 교육자이기 때문이다. 우리가 이 활동을 제대로 부흥시킨다면, 각 세대는 더 강하고 더 많은 기반 위에서 식민주의 영향을 덜 받게 될 것이다. 이것은 나 같은 사람들이 다른 이들로부터 배워야 한다는 것을 의미한다.

활동의 부흥은 몸에 관한 것이자 땅에 관한 것이다.

우리는 반드시 우리 운동의 건설에 있어 젠더 폭력에 비판적인 태도를 구축해야 한다. 우리는 젠더 폭력을 종식시키는 데 헌신하는 지역사회를 만들어야 한다. 우리는 직접 행동과 계속된 활동에 대한 식민적 대응으로 나타나게 될 젠더 폭력의 불가피한 증가에 대처하기 위해 바로 지금 이곳에서 실제 사용가능한 한 기술, 전략, 계획을 필요로 한다. 우리는 토지 개간 캠프와 우리의 시위를 지킬 훈련받은 사람들이 필요하다. 주 경찰이나 주 법률체계가 관여하지 않고 우리의 전통에 기반하며 우리의 공동체 수준에서 성폭력에 대처할 수 있는 대안적인 시스템이 필요하다.

로레타 손더스는 젠더 폭력과 선주민 여성이 실종되고 살해되는 일이 종식되기를 원했다. 나는 살해당하지 않을 것이다. 나는 실종되지도 않을 것이다. 계속해서 나는 그녀의 작업을 이어가고 선주민이 더 이상 폭력과 이성애에 기반 한 애국심으로 침묵 속에서 캐나다와 관계 맺지 않기 위해 싸울 것이며, 이로써 그녀를 기릴 것이다. 나는 모든 젠더들이 일어나 목소리를 내고 폭력의 생존자를 신뢰하고, 지원하며, 책임감 있는 선주민의 변혁적 시스템을 설립하는 데 헌신하는 선주민 공동체를 세우는 것을 돕고자 한다. 우리는 더 이상 우리에게 가해지는 젠더 폭력의 가장 큰 수혜자인 국가에 기대하거나 의지할 수 없다.

로레타 손더스는 우리가 돌이킬 수 없는 선을 넘어섰음을 보여준다.

삭제된 자들의 선언문:
무헤레스, 식민통치에서 벗어난 자,
신과 같은 미국인

크리스털 사라고사, 2015

신이 끔찍한 일의 변명거리로 사용되지 않는 세상이 우리가 바라는 세상이다. 구세주로서 '그'가 존재하지 않는 세상이야말로 살아갈 가치가 있다.

어렸을 때부터 신은 두렵고도 사랑하는 사람이었다. 교리문답의 원칙은 내 몸, 마음, 영혼을 그 절대적 존재에게 드리는 것이었다. 점점 더 자라면서 나 자신을 "신의 이미지"에 맞춰 만들어가는 것이 궁극적인 목표가 되었다. 나를 사랑하는 것, 자신을 있는 그대로 받아들이는 것, 문화적 자긍심, 교육, 더 나은 미래를 꿈꾸는 것이 아니라 그저 '그'를 닮는 것만이 위대함과 성공의 해답이었다. 보이지도 않는 남자가 우리가 어디에 숨든지 우리를 볼 수 있고, 우리를 너무나 잘 알아서 우리의 몸에 난 털의 숫자마저 정확히 알고 있으며, 너무나 이기심이 없어서 "우리의" 죄를 위해 그의 자식을 희생시켰다는 믿음이 너무나 온당한 것이 될 때, 거기에 구현하고 사랑해야 하는 뭔가가 있다는 것이다.

이러한 기독교 일신론의 믿음은 소중하게 우리의 마음속에 간직해야 하는 것이다. 그 믿음이 우리를 더 나은 사람으로 만들어주기 때문이다. 그런데, 정말 그런가?

그렇지 않다. 그 이유를 말해보자.

문화, 공동체, 국가가 우리더러 사랑하라고 세뇌시켜온 이 보이지 않는 존재는 증오로 향하는 문이다. 자기 자신과 그들이 속한 문화, 피부색, 무헤레스(라틴 여성), 게이 무헤레스, 게이 남성, 트랜스 남성, 트랜스 무헤레스와 유럽 백인 남성의 기준에 맞지 않거나 아름답지 않다고 여겨지는 모든 이를 향한 증오의 문 말이다. 이 모든 증오는 화이트워싱된 '신'에 의해 정당화된다.

우리 문화는 자신이 '야만인'의 '구원자'라고 믿은 유럽 기독교인들에 의해 빼앗겼다. 현실에선 신과 그의 추종자들이야말로 야만인들이었다. 메리엄 웹스터 사전에 의하면 야만인은 "길들여지지 않았거나 인간의 통제 하에 있지 않은"이라고 소개된다. 그러니 '신'과 그의 추종자들이 야만인이다. 그들은 길들여지지 않았으며, 인간, 나의 아름다운 멕시칸의 통제 하에 있지도 않다. 신을 구실 삼아 아름다운 선주민들로부터 그들의 문화와 풍부한 전통, 공동체를 이루는 그들의 방식, 그들의 영성과 가족을 빼앗은 것이야말로 야만인의 짓이다. 신은 완벽함에 관한 백인, 유럽인, 기독교인 모델에 속하지 않는 문화를 야만적이라 칭하는 일을 정당화하기 위해 이용되어왔다.

백인 남성은 건너와 나의 사람들mí gente의 땅을 발견했다. 신께 감사드려야지. 그들이 아니었다면 우리는 알려지지 않은 땅 위에 살고 있었을 것이다.

백인 남성은 나의 사람들에게 그의 말을 가르쳤다. 신께 감사드린다. 그러지 않았더라면 우리에겐 서로 소통할 방법이 없었을 것이다.

백인 남성은 나의 사람들에게 옷 입는 법을 가르쳤다. 신께 감사드려야지. 그러지 않았다면 우리는 우리의 몸을 적절히 가리는 법조차 몰랐을 것이다.

백인 남성은 나의 사람들에게 영성을 가르쳤다. 신께 감사해야지. 그들이 아니었다면 우리는 진정한 도덕이 무엇인지 몰랐을 것이다.

백인 남성은 무헤레스에게 가부장제와 여성혐오적 라이프스타일을 가르쳤다. 신께 감사드리자. 그들이 아니었다면 선주민 무헤레스가 그들도 자율적 권한을 갖는다는 급진적인 생각을 했을지도 모른다.

백인 남성은 그들의 성스러운 말씀에 따라 나의 사람들에게는 있지도 않던 호모포비아와 트랜스포비아를 가르쳤다. 신께 감사드리자. 그들이 아니었다면 우리는 계속해서 서로가 누구든지 간에 각자를 인간으로 받아들이고, 존중하며, 소중히 여겼을 것이다.

모든 것이 신께서 지도하시고 허락하심 속에서 이루어졌다. 우리의 땅, 언어, 전통, 문화가 식민지에서 사라졌다. 아이들을 가족으로부터 떼어놓고, 너희는 아무런 가치도 없는 존재라 말하고, 모국어를 말했다는 이유로 그들 문화에 충실했다는 이유로 가혹하게 처벌했다. 나의 사람들의 땅이 침략받았다. 나의 사람들은 노예로 부려졌다. 나의 사람들의 정체성은 빼앗겼다. 나의 사람들은 살해당했다. 무헤레스와 인디언 여성들은 강간당했다. 우리의 피를 그들의 야만적인 핏줄과 뒤섞었다. 세대를 거듭할수록, 무헤레스는 가치가 없다는 믿음이 각 가정마다 널리 퍼져나갔다. 무헤레스는 더 이상 존중받지 못한다. 그들은 청소하고, 요리하는 것뿐 아니라 아이를 낳는 기계가 된다. 그것도 대부분 원치 않는 아이들을 낳아 기른다. 식민화된 선주민인들은 가톨릭의 세례를 받아 신이 구원자라는 백인 남성의 종교관에 세뇌되었다. 백인 남성은 푸른 대양을 항해하면서 이전에는 존재조차 알지도 못했던 나의 사람들의 땅을 만났다. 그리고 그들의 "신이 주신 권리" 덕분에 그 땅을 자신들의 것이라 주장했다. 신을 통해 야만인들은 이미 존재하고 있던 광대한 땅 덩어리를 자신의 것으로 가로챘다. 그들은 나의 사람들을 조종하고, 나의 사람들을 이용했으며, 집을 훔쳤다. 야만인들은 나의 사람들이 소개해준 식물들로 공적을 쌓았다. 신이 주신 벌con el achaqué de dios과 도움으로, 야만인들은 그들의 질병으로 나의 사람들을 감염시켰다. 백인 남성은 발병에 대처하는 법을 모른다는 것을 잘 알면서도 의도적으로 나의 사람들을 감염시켰다. 백인 남성은 나의 사람들을 광산에서 노동하는 노예로, 들판에서 일하는 농노로 부렸다. 그들은 그들이 지닌 지식으로 이득을 취했다. 그들은 많은 사람들을 착취하고 수천을 학살했으며, 우리의 정체성을 빼앗았다.

대학살, 노예화, 학대가 일어나는 동안 그들은 나의 사람들에게 스페인어를 사용하도록 강요했다. 그들은 나의 사람들이 배우지 못하도록 하고 계속해서 스페인어로 말하도록 하는 혹독한 정책을 폈다. 나의 사람들은 두려웠고 수치스러웠다. 세대를 거듭하면서 그들의 모국어는 사라졌다. 나의 할아버지는 아버지에게 모국어를 가르친 것을 부끄럽게 여겼다. 야만인들이 그에게 해준 말을 믿었기 때문이다. 우리의 모국어와 함께 우리 문화적 복식 또한 빼앗겼다. 우리는 더 이상 고유한 머리띠, 예복, 토착 의복과 관련된 어떤 것도 입는 것을 허가받지 못한다. 나의 사람들은 백인처럼 입도록 강요받았다. 신이 야만인으로 하여금 적절히 옷을 차려입길 원하시기 때문이다. 우리에게서 영성을 빼앗는 대신 백인들의 신을 우리의 목구멍에 쑤셔 넣었다. 그들은 나의 사람들로 하여금 자신들이 내내 잘못했다고 믿게 만들었다. 오늘날에도 여전히 우리로 하여금 백인 구원자 콤플렉스로 고통받게 한다. 타인과 우리를 바라보는 방식에서 자기혐오를 심어둔다. 우리가 감사히 여겼던 '두 영혼을 지닌 사람들'과 지구를 폄하한다. 백인 남성은 흰색으로 채색된 그의 믿음을 우리의 목구멍에 쑤셔 넣는다. 우리에게는 삼키는 것 외에는 다른 선택의 여지가 없었다. 도로 토해낸다는 건 상상할 수도 없었다.

백인 구원자들이 우리에게 인간이 되는 올바른 길만을 '가르친' 것이 아니다. 그들은 우리의 문화에 성차별적이고 가부장적인 방식을 더했다. 전통적인 멕시칸 마치스모 문화와 달리, 무헤레스는 더 높은 지위를 얻었고 존중을 받았다. 신을 핑계로 삼으면서 무헤레스는 폄하되었다. 무헤레스는 침략받았고, 강간당했으며, 끔찍할 정도의 대우를 받았다. 그들은 남성을 위한 요리사가 되었고, 그들의 자궁은 아이들을 담는 캥거루 주머니가 되었다. 여성이 하기 어려운 일을 도와줄 아이를 낳는 일이 무헤레스가 해야 할 일이 되었다. 신의 '말'을 꾸며내는 백인 남성 덕에 무헤레스는 자기혐오와 자기 비난에 시달렸으며, 백인 야만인들과 그들의 신으로부터 전해 내려오는 여성혐오적 관점을 내면화하게 되었다. 그녀는 요리하고, 청소하며, 아이를 낳고, 작물을 돌보며, 동물을 먹이고 아이들에게 옷을 입힌다. 고된 하루일과로 지쳐도 그녀는 여전히 마땅히 받아야 할 휴식을 얻지 못한다. 백인 남성이 그녀 보다 남편의 요구가 우선이라는 생각을 주입시켰기 때문이다. 신과 그를 따르는 야만인들이야말로 무헤레스를 남성의 노예로 만든 원인이다. 선주민 무헤레스는 가족을 유지하기 위해 매우 열심히 일한다. 그들은 자신이 완벽한 무헤레스라는 것을 증명하기 위해 쉴 틈 없이 끝도 없이 일한다. 그러나 신과 남성들은 이 강하고 용감하며 자상하고 사랑스러우며 열심히 일하는 여성들이 쌓아올린 공을 가로채간다.

무헤레스는 조용히 있으라는 가르침을 들어왔다. 강간이란 그들의 사전에 없다. 왜? 신이 그들을 더럽혀진 존재로 보시기 때문이다. 게다가 다른 남자들이 그녀를 어떻게 생각하겠는가? 무헤레스는 침묵해야 한다는 것을 배웠다.

"좋은 여자는 주둥이를 닫을 줄 안다!" 이 유명한 격언은 나의 부모가 나와 내 자매에게 들려준 말이다. 나는 부모님을 탓하지 않는다. 이러한 말들은 세대를 거쳐 그들에게 전해졌다. 나는 이러한 믿음을 나의 사람들에게 주입한 신과 그를 따르는 야만인들을 탓한다. 말대꾸하는 여성, 마음에 둔 말을 하는 여성, 자신을 변호하는 여성과 여성이 믿는 것들은 부인되었다. 부끄러운 일이다Una vergüenza. 우리의 어머니들madre은 딸의 이미지를 완벽하게 만들기 위해 최선을 다해 노력해왔다. 딸이 신의 축복 속에서 멋진 마초맨과 결혼할 수 있도록 말이다. 종종 무헤레스는 그들의 주인의 기준에 맞춰 일을 끝내지 못했다는 이유로 학대의 희생자가 되기도 했다. 누구에게 감사드려야 할까? 신께? 무헤레스를 얻어낸 남성은 백인 남성이 선주민들로 하여금 믿게끔 강요한 신이라는 가짜 존재를 통해 그녀가 그에게 주어졌음을 명심해야 한다.

무헤레스는 사람들이 칭찬하는 특성들로 인해 성애화되었고, 학대받았으며, 폄하되었고, 남성보다 중요치 않은 존재로 여겨졌다. 남성, 특히 백인 남성은 "신이 주신 권리"라는 말을 온갖 곳에 붙이길 좋아한다. 그들은 진정으로 그들이 가질 수 없고 그들 것이 아닌 것을 두고 '신이 주신 권리'를 가졌다고 믿도록 길러졌다.

성차별주의로 우리 문화를 저해한 것에 더해 백인 남성의 신은 우리에게 레즈비언, 게이, 바이섹슈얼, 트랜스젠더, 그 사이에 속한 누군가가 되는 것이 수치스러운 일이라고 가르쳤다. 신은 자신의 이름으로 타인에게 우리를 학대하고 살해할 구실을 주었다. 신은 우리를 혐오스러운 존재로 느끼게끔 만들고 많은 이들을 자살로 내몰았다. 우리가 어찌할 수 없고 통제할 수 없는 무언가로 인해 우리의 LGBTQ+ 형제와 자매들은 어둠 속에 남겨졌다. 신에 대한 이런 착각과 생각은 우리의 마음을 정말 괴롭히고 너무나 많은 자기혐오를 양산한다! 사람들은 "#모든기독교인이다그런것은아니야#notalltheists"라는 해시태그를 달길 좋아한다. 그러나 누가 진정 그렇다고 믿는가? 나는 잘 모르겠다. 이 상상 속의 남자 한 명 때문에 우리는 성적 포식자, 괴물, 괴짜, 정신병자 등등으로 여겨진다. 우리는 '진짜 인간'이 아니다. 백인 남성이 찬양하는 사랑의 실체는 그의 형상을 본뜨지 않은 모든 것을 혐오하고 싫어한다. 어쨌거나 그는 이성애자, 백인, 생물학적으로 남성이 아닌 자는 누구든지 폄하하곤 한다. 우리는 게이, 레즈비언, 양성애자, 트랜스젠더, 논바이너리라서 완벽한 한 명의 인간이 될 수 없다는 말을 들었다. 만약 "#모든기독교인이다그런것은아니야"라는 해시태그가 정말 중요한 것이라면, 애초에 평등한 권리를 얻어내기 위해 싸울 일도 없었을 것이고, 어쩌면 더 많은 기독교인들이 인권을 위한 싸움에 함께할 것이다. 트랜스남성과 여성은 진짜 여자냐 남자냐 하는 질문을 두려워하지 않을 것이고 적절한 화장실을 사용하는 문제는 아주 간단한 일이었을 것이다. 기독교인의 기준에서 무가치한 존재라고 느껴 스스로를 자살로 몰고 가지도 않았을 것이다. 이 나라는 백인화된 기독교적 믿음 위에서 운영된다. 이 나라는 백인에게 우리의 몸, 우리의 인권 derechos humanos으로부터 이익을 취할 자격을 부여한다.

사람들은 우리의 인권을 훼손하면서 신을 변명으로 삼는다. 그들은 **"신은 동성애자를 싫어하신다!"**라고 적힌 팻말을 들고 서 있다. 정말로 신이 존재한다면, 신은 무엇 하러 동성애자를 창조했을까? 왜 논바이너리를 창조했을까? 진정으로 사랑받을 자격이 있는 이들에게 공평하게 사랑을 주지 않을 거라면 무엇 하러 사랑을 "설파"했는가? 그저 우리를 엿 먹이기 위해서? 그는 더 많은 '천사'를 갖길 원한 걸까, 아니라면 사탄과 함께할 더 많은 '악마'를 원한 건가? 우리를 창조한 건 대응기제로서 약물중독에 빠뜨리기 위한 것인가? 우리를 인간으로 바라보길 거부하는 허여멀건 한 신을 따르는 이들을 화나게 한 대가로 노숙자가 되라고? 우리가 퀴어고 유색인이라는 것을 수치스럽게 느끼라고? 우리더러 '신'을 닮길 빌라고?

신과 그의 야만인들은 우리 공동체의 삶들을 짓밟는다. 계속해서 우리는 인간으로 보이지 않으며, 끊임없이 타자가 될 것이고, 우리의 몸이 '신을 두려워하는' 백인 남성에 의해 규율될 것이라는 점을 상기시킨다. 이 상상의 실체가 판옵티콘적 권력을 우리 모두에게 발휘할 것이라는 점을 상기시킨다. 그리고 우리로 하여금 여기서 우리가 할 수 있는 일이란 아무것도 없다고 느끼게 만든다. 신은 전능한 구원자시므로.

나는 이 다수의 기독교 믿음과 전능한 실체를 파괴할 해답을 가지고 있지 못하다. 하지만 나에게는 변화를 일으켜 이들을 소수로 만들어 내기 위해 우리가 할 법한 방법과 생각을 가지고 있다. 그들이 가진 신념, 희망, 완벽에 관한 생각이 꽤나 어리석고 상처 입힌다는 것을 그들로 하여금 깨닫게 하는 것이다.

똑똑하고 유능한 페미니스트인 우리는 변화를 일으킬 수 있다. 우리는 팔을 뻗어 연결되고 우리의 문화적 자긍심을 되찾아야 한다. 학교에서 올바른 역사를 가르치도록 집회를 소집해야 한다. 전국의 유색인들이 그들의 문화적 역사를 배우기 위해, 백인이 야만적으로 구는 데 신을 핑계 삼는 것을 막기 위해 싸워야 한다. 백인우월주의자들의 제도가 우리의 언어를 빼앗고 영어를 쓰도록 강요하게 두지 말자. 우리는 부끄러워말고 우리의 모국어를 사용해야 한다hay que hablar nuestras lenguas indígenas sin vergüenza. 나의 사람들, 멕시칸들, 동성애자, 트랜스젠더 등에게 그들이 강하고, 용감하며 중요한 존재라는 것을 보여주자. 소란을 일으키고, 자기애, 자신에 대한 감사, 자기 수용, 문화적 자긍심의 혁명을 일으키자. 백색의 신이 진정 얼마나 해로운지 사방팔방에 알리자. 교육과정에서 사라져버린 온갖 종류의 신학을 되살리기 위해 싸우자. 기독교의 기준이 정부를 구성하도록 내버려두지 말자. 교육과정에 페미니스트 관점을 포함시키고, 여성들, 특히 유색 무헤레스에게 힘을 북돋는 교육을 만들자. 사람들이 섹슈얼리티와 젠더 정체성으로 인해 수치심을 느끼지 않는 교육과정을 만들자.

우리가 그동안 배운 것처럼 입 다물고 조용히 있는 대신, 이제는 시끄럽게 떠들자. 전 세계가 우리의 목소리를 듣고 우리가 화가 났다는 걸 알 수 있을 만큼 크게 떠들자. 너무나 커다란 목소리라서 그들마저 변화를 일으키고 싶게 만들자. 그 변화의 일부가 될 수 있도록 서로 서로를 격려하자. 기독교가 규범이어서는 안 된다는 말을 하는 것을 두려워 말자. 백인 남성을 위한 신은 완벽하지 않고, 친절하지 않으며, 사랑을 주지 않는다는 말을 하는 것을 두려워하지 말자.

불행히도Desafortunadamente, 나의 문화와 LGBTQ+ 커뮤니티는 백인 남성과 그들의 신이 망쳐놓은 유일한 곳은 아니다. 많은 다른 공동체도 당했다. 그들 또한 이 가상의 남자가 엄청난 힘을 가졌다고 믿도록 강요당했기 때문이다. 백색의 신은 정상이거나 마음이 따뜻하거나 온 나라가 동일시해야 하는 존재가 아니다. 허여멀건한 신이 우리의 머릿속에 여성혐오, 가부장제, 성차별적 믿음을 집어넣는 짓은 그만두어야 한다. 우리가 그들보다 더 힘이 있음을 깨닫자. 함께라면 우리는 그들보다 더 크고, 강하며, 더 강력하다. 그들은 진정한 힘을 갖지 못했지만, 우리는 다르다. 다 함께, 똑똑하고 유능한 페미니스트인 우리가 변화를 이끌어내 이 나라를 진정한 피부색, 성적 지향성, 젠더 정체성, 문화가 혼합된 나라로 만들 수 있다.

야생의 시인 선언문

수전 호손, 2012

야생의 시인은 씨앗을 뿌린다. 그녀는 프랙털처럼 접힌 다차원적 세계의 마음의 창조자이다. 야생의 시인은 수공예를 진지하게 다룬다. 그녀는 글을 쓰기 이전에 먼저 살아야 했기에, 느지막이 여기에 왔다. 여기엔 겪어야 하는 일들, 배워야 할 언어들, 극복해야 할 두려움, 해야 할 사랑이 있다. 그녀는 달이 지고 해가 뜰 때까지 덤불 가에 가만히 앉아 있다. 그녀는 어스름 속에서 왜가리가 물고기를 낚아채는 것을 지켜본다. 조용히, 그러나 정지하지는 않은 채. 그녀는 하루를 바쁘게 보낸다. 이메일, 페이스북, 트위터를 건드리지 않으려 노력하면서. 그것들은 그녀를 사로잡고 산만하게 만든다.

야생의 정치학은 나를 사로잡고 절대로 놔주지 않는 주제다. 이 여정의 시작은 거의 20여 년 전이다. 나는 1993년 말에 학회 참석차 방글라데시에 머무르고 있었다. 학회는 UBINIG(대안적 개발을 위한 정책 연구)의 파르다 아크테르Farida Akhter가 조직한 것으로 예순네 명의 여성들이 며칠에 걸쳐 이야기를 나눴다. 정확히 며칠 동안인지 기억은 나지 않지만 아마도 5일이나 7일간이었던 것 같다. 각각의 대륙에서 온 여성들이 소규모 그룹에 포진해 있었다. 각국에서는 유명하지만 아직 세계적으로는 이름이 알려지지는 않은 여성들이었다.

그곳에서 우리는 '인구 통제'에 관해 이야기했다. 파르다가 적은 것처럼 '방글라데시 인구 감소'를 위해 방글라데시의 여성들이 위험한 피임수술의 표적이 되고 있으며 한편으로는 서구 여성들이 완벽함과 소비주의라는 이중의 목적에서 생식 기술의 표적이 되고 있다는 이야기였다. 우리는 얼마나 많은 수의 여아가 선별 낙태되는지, 그리고 이 모든 정책이 구조조정 프로그램을 통해 경제 개혁과 연결되는지에 관해 들었다. 이러한 정책에 저항하는 것은 야생의 어린이들, 테크노독스 technodocs의 개입 없이 태어난 아이들을 응원하는 것이었다. 야생의 생식은 여성 몸의 상품화에 대한 여성들의 의도적인 저항이다.

무엇보다 나를 사로잡은 것은 나의 급진적 페미니스트 정치학이 생각했던 것보다 더 넓은 지평을 갖는다는 점이었다. 나는 그동안 내가 글로 써왔던 권력 분석이 세계 곳곳의 사람들에게도 적용된다는 것을 깨달았다. 오래전부터 나는 땅과 생태학의 접점에 관해 생각하고 있었지만, 이곳에 와서야 경제학에 관해 더 많이 배워야 할 필요성을 깨닫게 되었다. 나는 구조조정정책SAPs, 지적재산권협정TRIPS, 투자조치협정TRIMS, 관세무역협정GATT, 국제통화기금IMF, 세계은행World Bank에 대해 더 많은 것을 알아낼 필요가 있었다. 이러한 국제적 제도가 여성의 삶에 어떤 영향력을 행사하는지 듣게 된 것도 바로 방글라데시였다.

그녀는 세상과 마주보기 위해 도시를 걷는다. 지저분한 골목을 걸어 내려가고, 가장 높은 빌딩의 꼭대기에 올라서며 자신이 공중을 가르며 날아가는 새였으면 하고 바란다.

도시에선 자그마한 야생성이 도시 풍경과 나란히 존재한다. 뉴욕시 티가든은 1970년대 페미니스트들에 의해 착공되었다. 독일에서는 많은 나라에서 온 여성들이 식물에 관한 그들의 지식을 나눈다. 여성들은 모두 다른 환경에서부터 왔고, 기후와 위도에 관해 배운다. 그들은 반려 식물 키우기에 관해, 곤충을 말살시키지 않으면서도 식물과 떼어놓기 위해 약용식물 스프레이를 사용하는 것에 관해 논의한다.

방글라데시에서 파르다는 우리에게 씨앗 창고를 보여주었고 지역의 생물다양성을 지켜내기 위해 여성들이 해야 할 일들에 관해 이야기했다. 10년 뒤 그녀는 우리를 살충제를 사용하지 않고 지참금도 없앤 마을로 안내했다. 그녀는 여성들이 호수와 물길 근처에서 자생적으로 자라 재배되지 않은 식물들을 수집하는 장소를 우리에게 소개했다. 그 즈음에 씨앗을 수집하는 여성들은 자신들이 몬산토에 대항해 씨앗을 모으고 있음을 분명히 알고 있었다. 기업의 전유, 법인화, 변형, 되팔기에 대항하는 것은 야생 농사의 근간이 되는 야생 씨앗 수집과 보호와 같은 활동들을 포함한다.

야생의 시인은 토양에서 자라는 식물과 같은 미학을 지닌다. 그녀는 우리가 알고 있는 세상을 복제하려들지 않는다. 미지의 세계야말로 그녀의 고향이다. 그녀는 보이지 않는 것들, 숨겨진 것들, 길 잃은 이야기들에 관해 쓴다. 그녀는 재배되지 않은 식물, 살충제와 단일경작에도 불구하고 자라나는 풀이다. 이 풀은 피보나치 수의 패턴을 따라 자라며,

여러 곳으로부터 온 목소리로 채워져 있다. 길고 가는 실이 바람에 휘날린다.

나는 나의 역사에 관해 생각한다. 농장에서 자란 유년기에는 모든 것이 재활용되었다. 나의 부모는 나무들을 보살피셨다. 나의 어머니는 양이 풀을 뜯는 작은 방목장에 충분한 그늘이 들어 양들이 쉴 곳이 있는지 확인하곤 하셨다. 어머니가 파르다와 같이 나무그늘의 중요성을 이야기했다는 것을 안다면 놀랄 것이다. 두 여성은 삶에도 쉴 만한 그늘이 있어야 한다는 것을 알고 있었다.

방글라데시에서 농장은 꽤 다른 모습이다. 그 새로움은 어떤 면에선 충격적이기도 했다. 나는 리베리나Riverina의 단단한 진흙으로 만들어진 벽돌집에서 살았다. 그곳의 농장들은 크다. 우리 집에는 다섯 명의 가족이 살았다. 사촌들은 근처에 가까이 살았지만 말이다. 방글라데시에선 몇 에이커에도 수많은 사람들이 매달리는 것을 생각하면, 같은 수의 사람들이 호주의 작은 마을인 뉴사우스웨일스의 아들턴에 살았더라면 십중팔구 굶주렸을 것이다.

방글라데시의 버스에 앉아 있노라니 창밖으로 콜리플라워가 끝도 없이 보였다. 들판은 사람들로 가득했다. 내가 살았던 농장에선 야채들이 자라기 힘들었고, 상대적으로 물을 충분히 주는 텃밭도 마찬가지였다. 우리의 과수원에는 주로 감귤류를 심었다. 그곳에선 방목장을 지나는 운전사를 보는 일도 극히 드물었다. 이따금씩 한 대의 트럭이나 소형트럭, 트랙터, 수확기가 지나갈까 말까 했다.

두 번째로 방글라데시에 방문했을 때 우리는 농장에 방문해 농부들과 이야기 나눌 수 있었다. 그들은 한 가족이 100에이커를 가지고도 먹고살기 어렵다는 이야기를 믿을 수 없어 했다. 나는 주위를 둘러보며 망고, 파파야, 바나나, 내가 미처 알지 못하는 과일들이 열린 나무들을 바라보았다. 농부들을 벼를 경작했고, 호수에는 물고기로 가득했으며, 허브와 향신료, 그 밖의 다른 많은 먹을 것들이 지천으로 널려 있었다. 농산물 시장, 유기농법, 자급자족은 세계화를 향한 저항이다. 그들은 야생의 시장을 갖췄고, 세액을 공제받거나 권력자들에 아첨하기 위한 뇌물 제공 없이 공정한 교환을 했다.

야생의 시인은 구체적이다. 그녀는 지역색을 활용하고 토박이말을 사용한다. 그녀는 모든 독자가 이해하지는 못하는 농담을 한다. 그녀는 말한다. 여기 당신이 생각을 바꿀 수 있는 기회가 있다고. 우리의 마음을 탐험할 이 여정에 나와 함께 하자고. 나의 눈을 통해 세상을 보러 오라고. 나의 입장이 되어보라고. 당신의 손가락이 느낄 수 있게 해보라고.

8년간 경제학 서적을 읽은 뒤 나는 박사과정에 등록했다. 방글라데시에서 얻었던 초기의 통찰이 점점 구체화되었다. 나는 유전자 조작 농산물에 관해 구할 수 있는 모든 글을 읽었고, 너무나 많은 사람들이 입버릇처럼 말하는 '세계 기아 해결'이라는 허울 좋은 미명하에 유전자 조작 농산물이 얼마나 많이 강요되고 있는지에 관해 읽었다. 나는 국가들이 떠맡은 협정과 자유무역 규칙에 관해 몰두하기 시작했다. 나는 여성들의 노동 가운데 어떤 것이 세계화되는지, 어떻게 전자기술과 의류 제조업이 성산업과 그토록 많은 공통점을 지닐 수 있는지에 관해 생각했다. 나는 공동체가 얻는 이익에 비해 여성의 노동가치가 얼마나 낮게 평가되는지, 남성이 받아내는 모든 계발 원조가 어떻게 여성의 노동과 공동체 내 여성 지위 하락에 일조하는지 알게 되었다.

주변화된 이들은 인식론적 이점을 갖지만, 시스템이 지배문화에 의해 통제되는 한 주변화된 이들은 무시되기 쉽다는 것에 관해 생각하기 시작했다. 나는 지배문화의 어리석음이야말로 권력자들이 보지 못하고, 알지 못하며, 그들 지식에 내재한 빈틈을 알아차리지 못하는 무능력이라고 부른다. 나는 비장애 백인 이성애자 남성들이 더욱더 열심히 일하길 바란다. 나는 그들이 특혜의 연단에서 내려와 다른 사람이 되길 바란다. 나는 그들이 다른 이의 입장에 서는 법을 배우길 바란다. 글로벌 시장 경제의 일부가 되지 않도록 저항하는 야생의 여성들의 노력은 전 세계의 가난하고 가지지 못한 많은 여성들과 야생의 여성들에 의해 실행된다. 더 많은 수가 그들에 합류한다면 그럴 수 있다.

그녀는 자신의 진실을 털어놓는다. 노출이 아닌 정직함으로 벌거벗는다. 구부러진 관점을 가진 직설적인 이야기꾼.

하지만 어떻게 나의 레즈비언 관점을 이 연구에 적용할 것인가? 그것은 주변부의 문제다. 레즈비언은 대부분의 이론화에서 비가시화되므로 나는 레즈비언 사례를 무엇과 연결지어야 할지 몰랐다. 2000년 멜버른의 S11 시위[×]에서 항의했던 농민 몇몇은 레즈비언이었다. 나 또한 멜버른 레즈비언 커뮤니티의 영페미니스트로서 나의 관점을 키워왔다. 내가 배운 것은 대안적 건강, 개인적인 것이 정치적인 것이라는 사실이었다. 만약 가난한 자, 장애인, 레즈비언, 사회의 주변부에게 부적합한 무언가가 있다면, 이는 그 자체로 싸울 만한 가치가 없음을 증명하는 리트머스시험지 같은 것들이었다. 내가 야생의 정치학에 관한 연구를 끝낸 해는 우간다와 같은 곳에서 레즈비언에게 무슨 일이 일어

×   2000년 멜버른에서 열린 세계경제포럼(WEF)에 대한 반대 시위를 의미한다.

나는지 알게 된 해이기도 하다. 세계의 여러 나라에서 레즈비언은 고문당하거나 살해된다. 최근 '교정 강간'의 문제가 중요하게 부각되기도 했다. 여전히 레즈비언 인권을 인식하고 알리는 일은 싸워나가야 할 문제다.

여기에는 알아두어야 할 접점이 있다. 강물이 넘쳐 배수시설을 건설해야 할 때, (너무 많이 빼앗겨) 강이 마를 때, 이것이든 저것이든 충분하지 않을 때 마치 지구가 파헤쳐지길 바라는 것처럼 보인다는 것이다. 우리에게 필요한 것은 사회적 접착제이지, 분열 정책이 아니다. 우리의 관개수로 시스템은 그러한 접착제가 되는 대신 상품으로 변해버렸다. 물에 대한 권리는 대지와 분리되었다. 마치 손가락을 모두 잘라버린 장갑과 같이, 땅에게 남은 것은 없다.

레즈비언이 강간당했다면 그녀가 원했을 거라고 말한다. 그녀가 필요로 하는 전부는 그저 좋은 섹스(고문자들은 이런 말을 한다)라는 것이다. 여성과 지구에 남은 것이라곤 없다. 우리는 장소로부터, 대지로부터, 지역으로부터 분리될 때 우리는 매우 깊숙한 무언가를 부정하게 된다. 어린 시절부터 우리가 알고 지냈던 장소와의 연결된 우리 자신을 부인하게 된다. 한 사람이 그 또는 그녀의 몸과 분리된다면, 그것은 생각조차 할 수 없는 행위로부터 그들 스스로를 보호하기 위한 것이자 생각지 못한 일을 하기 위함이다. 극단적 분리는 자신을 해하고 친밀성을 해하며 사회와 단절되게 한다.

지구와 여성, 가난한 자와 권력 없는 이들에게 그 무엇도 남겨두지 않는 시스템은 모든 이를 홈리스로 만든다. 지구의 홈리스(집이라고 부를만한 곳이 없는, 쫓겨난, 빼앗긴, 난민 또는 귀환자), 몸의 홈리스(매춘하는 몸, 다른 이의 이익을 위해 일부를 기증하도록 줘버린 몸, 성적 지배 관행에 의해 상품화된 몸). 이러한 권력에 저항하는 일은 망명지에 관한 정책을 바꾸는 일과 가난한 이들과 힘없는 이들을 착취할 기회를 폐지하는 것이다. 야생의 섹슈얼리티란 관계를 위한 전제조건을 바꾸는 것을 의미하며, 존중과 평등을 촉진하고 미디어가 사랑하는 지배와 포르노의 이미지를 없애는 일이다.

야생의 시인은 고전을 읽고 세상을 재발명한다. 그녀는 노래하는 이들과 함께 한다. 허공으로 날아오른다. 연주자가 된다. 그녀는 세상이 어떻게 반응할지 기다린다. 그녀는 좀처럼 개업식이나 술자리와 행사에 얼굴을 비치지 않는다. 차라리 그녀는 카페에 앉아 누군가와 이야기하거나 해변을 걷는다.

시는 나를 거대한 다음 여정으로 이끌었다. 시를 통해서 학술적인 산문과는 다른 방식에서 말할 수 있었다. 시는 접속하게 하고 연상적인 사고를 하게 한다. 시를 통해 나는 레즈비언 문화를 탐험할 수 있었다. 나는 계속해서 사이클론과 기후변화, 가뭄, 홍수, 채굴에 관한 연구를 하며 야생에 관해 글을 써왔다. 나는 다른 언어를 탐구하고 우리 사이의 접점에 관해 살폈다. 나는 동물의 목소리를 취해 다른 역사와 다른 세상을 상상했다. 그리고 나는 비행에 관해 생각했다.

야생의 시인을 꼬집어 말하기는 어렵다. 그녀는 스타일과 형식을 좋아한다. 구조와 내용이 서로를 현혹시키는 방식을 선호한다. 그녀는 바다가 떠오르기를 기다린다.

1984년 릴라 왓슨Lilla Watson은 선주민은 과거가 점점 늘어나는 만큼 앞으로 나가 미래를 볼 수 있다고 말했다. 그녀는 "그것이 바로 4만 년

전의 계획"이라고 말했다. 이러한 말들은 내게 지속적으로 영감을 불러일으킨다. 만약 우리가 야생에 들어간다면, 지구를 소유물이 아닌 관계로 바라본다면, 미래를 보장하는 데 있어 우리의 책임을 깨닫는다면, 아마도 우리 미래는 4만 년간 지속될 수 있을 것이다. 이러한 미래를 부정하는 것은 유전적 정보를 얻어내기 위해 DNA 샘플을 수집하는 인간 다양성 게놈 프로젝트와 함께 선주민들이 자신들의 종말을 맞이했음을 깨닫게 되는 것과 같다. 사람들이 건강과 행복보다는 서구 과학의 승리를 더 중시하는 정책을 더하여. 하지만 우리가 미래를 부정한다면, 또 우리가 원하는 모든 것을 발견한다면, 그저 바라보는 대신 배우고 개입한다면, 할 수 있다. 야생은 구조적이다. 야생은 형식이다. 하지만 우리는 보아야만 한다. 우리는 보살펴야만 한다.

그녀는 야수, 새, 곤충, 식물들의 입에서 그녀의 말들이 흘러나오는 것이 행복하다. 야생의 시인은 다양한 영역에 거주한다. 황홀경 속에서 그녀는 불과 물을 들이마시고 내쉰다.

흑인의 생명은 소중하다

흑인의 생명은 소중하다, 2016

플랫폼

흑인의 인간성과 존엄성은 흑인의 정치적 의지와 힘을 필요로 한다. 계속된 착취와 끝없는 억압에도 불구하고 흑인은 용감하고 미국이 열렬히, 또 명확히 표현하지만 결코 이루지 못했던 이상을 향해 미국을 밀어붙이는 원동력이 되어왔다. 최근 우리는 거리를 점령하고 거대한 캠페인을 시작했으며, 선거에 영향을 끼쳤다. 그러나 선출된 우리의 지도자들은 우리 운동이 합법적으로 요구하는 바를 다루지 않고 있다. 우리는 더 이상 기다리고만 있을 수 없다. 미국과 전 세계적으로 흑인 커뮤니티를 향한 지속적이고 눈에 보이는 점점 더 증가하는 폭력에 대한 대응으로 50여 단체가 모여 전국의 흑인 수천 명을 대표해 공통의 비전과 의제를 말하기 위해 새로운 에너지와 목적을 가지고 한데 모였다. 우리는 흑인 커뮤니티에 뿌리내리고 흑인을 중심으로 모인 집단이지만, 모든 억압받는 이들을 위해 공동의 투쟁을 하고 있음을 인식한다. 우리가 하는 모든 일은 집단적 해방을 위한 것이다.

우리는 여성, 퀴어, 트랜스젠더, 레즈비언이나 양성애자 여성, 젠더 비순응자, 무슬림, 과거와 현재 감금되어 있는 이들, 현금 빈곤층과 노동계급, 장애인, 미등록 거주자, 이주민을 포함하되 이에 국한되지 않는 가장 소외된 흑인의 경험과 리더십을 고양시키고자 한다. 우리는 흑인 퀴어, 트랜스젠더, 젠더 비순응자, 여성, 인터섹스가 마주하는 국가적 젠더 폭력의 경험을 자세히 다룰 것이다. 만약 우리가 주변화된 이들을 중심에 놓고 싸우지 않는다면 모든 흑인은 해방되지 못할 것이다. 모두 함께 함으로써 공통의 의제를 만들고 다루는 것이 우리의 희망이며, 우리는 계속해서 모든 이들이 완전한 인간성과 존엄성이 인정받는 세상으로 나아가려 할 것이다.

이 플랫폼이 국내 정치에 초점을 맞추고 있긴 하지만 우리는 가부장제, 착취적 자본주의, 군사주의, 백인우월주의가 국경을 넘어선 문제임을 안다. 우리는 글로벌 자본주의의 참화, 반흑인 인종차별주의, 인간이 만들어낸 기후 변화, 전쟁, 착취에 대항하여 우리의 국제적 가족과 함께 연대할 것이다. 우리는 또한 전 세계의 아프리칸 후손과 함께 제국주의와 노예제로부터 지속된 역사적 해악에 대한 배상을 지속적으로 요구하고 투쟁할 것이다. 우리는 땅과 자기결정권을 얻어내기 위한 우리의 선주민 가족의 투쟁과 권리를 인정하고 존중할 것이다.

우리는 흑인의 야망과 업적을 명확히 표현하고 지지하기 위해 이 플랫폼을 만들었다. 우리는 현재의 정치 상황에 개입하고, 특히 우리와 동맹하고자 하는 이들을 위해 우리가 바라는 세계를 함께 만들 수 있도록 더욱 명확한 비전을 주장할 것이다. 우리는 거짓 해결책을 거부하며 사람보다 이익을 우선으로 하기에 많은 이들을 숨쉴 수 없도록 옥죄는 현재의 시스템을 우리가 완전히 변혁할 수 있다고 믿는다.

다 함께 우리는 흑인을 향한 전쟁을 끝낼 것을 요구한다. 우리는 정부에게 흑인 커뮤니티에 가해진 피해를 장기 집중 투자의 형태로 배상하길 요구한다. 또한 우리는 흑인을 범죄자로 대하고 가두는 제도와 시스템에 대한 재정 철회를 요구한다. 이 문서는 근본적으로 다른 세계에 관한 우리의 비전을 표현한다. 하지만 우리는 흑인의 즉각적인 고통을 덜어줄 정책들을 포함시켜야한다는 것도 잘 알고 있다. 그러한 정책들은 완전한 변혁에 가깝진 않지만 우리가 현재 처한 물적 조건을 해결하여 우리가 요구하고 마땅히 누려야 할 세상을 쟁취하기 위해 보다 더 준비되게 할 것이다.

우리는 우리의 집합적 요구와 비전이 모두 정책으로 전환되지는 못하리라는 것을 안다. 그러나 정책 변화는 우리가 바라는 세상으로 우리를 이끄는 데 필요한 여러 전략 가운데 하나에 불과하다. 이제 우리는 새로운 약속을 해야 할 시간이라 믿기 때문에 다 함께 모였다. 우리는 꿈 꾸는 자이자 행하는 자이고, 이 플랫폼은 우리의 비전을 명확히 표현하기 위한 것이다. 이 문서의 링크는 비전에 도달하가 위한 디딤돌과 로드맵을 제공한다.

정책은 또한 우리 민중들이 참여 중인 용감하고 변혁적인 업적을 드높이고, 우리의 투쟁의 역사에 나타난 최상의 사상에 기반한다. 이 의제는 국가적 배상과 흑인 자기결정권, 커뮤니티 통제권을 요구해온 우리 선조의 유산을 이어나갈 것이다. 또한 통합적 치유와 화해, 재생산 정의를 위한 노력과 같은 운동을 새롭게 반복할 것이며, 무엇보다 흑인 시스젠더, 퀴어, 트랜스젠더를 향한 폭력을 종식시킬 것이다.

Part 5

성 / 신체

Sex / Body

서문

여기 물이 뚝뚝 떨어지고, 살집 있고, 끈끈하고, 상처 나고, 성적이고, 반항적이고, 맥동하는 몸이 있다. 우리는 이곳에서 "권리"나 체현이라는 구태의연한 논의를 넘어, 몸과 정치적 맥락 사이의 관계를 이해하고자 하는 급진적이고 다양한 시도들을 발견한다. 무엇보다도 이 장에 포함된 저자들은 성과 신체를 이용해 페미니즘 정치를 확장시키고 재규정하기에, 우리는 저항과 탄력 가득한 솔직한 묘사를 들을 수 있다.

여기서 몸은 강력한 감정의 장소이기도 하다. 우리는 분노와 페미니스트 신체 정치학을 결집시키는 여러 단편들을 만난다. 잠재적 강간범들에게 보내는 세라 로벅Sara Roebuck의 편지부터 블러드시스터스Bloodsisters의 탐폰을 잘라내라, 그리고 생리를 "점거occupying하라"는 수전 스텐슨Susan Stenson의 시적 개념과 질 오르가즘을 "집단 히스테리 생존 반응"으로 새롭게 바라보는 래디컬 페미니스트 티그레이스 앳킨슨Ti-Grace Atkinson의 선언문까지.

모든 성과 신체의 정치학처럼, 우리는 또한 재생산과 성적 권리에 관한 다양한 페미니즘적 전망을 폭넓게 발견한다. 극도로 욕망을 받아 안기(밸런틴 드 생푸앵Valentine de Saint-point)부터 노골적인 자위의 경축(베티 도드슨), 트랜스/퀴어 섹슈얼리티를 전경화하기(폴 B. 프레시아도Paul B. Preciado) 그리고 성 노동자의 권리("성 노동자의 권리를 지지하는 페미니스트 선언")까지. 우리는 낙태 정치(시몬 드 보부아르Simone de Beauvoir)나 아이를 가지지 않는 것(리사 히마스 Lisa Hymas)과 밀접하게 연결되어 있는 성적 신체를 다시 되찾고, 단순히 '프로초이스pro-choice'가 아니라 "낙태 지지pro-abortion"라는 저항적인 입장(밸러리 타리코Valerie Tarico)을 확인한다. 물론 주변적인 몸—특히 뚱뚱한 몸—을 핵심에 둔다(주디 프리스피릿Judy freespirit과 알데바란Aldebaran). 궁극적으로, 이 장은 우리가 페미니즘과 성/신체 정치학에 관해 이미 알고 있다고 생각하는 바를 도발적으로 확장시키기 위해 고안되었다. 이제 이 장은 성과 신체를 대립적이면서 맥동하고, 억제할 수 없고, 날카로운 가장자리로 가득한 그 무엇으로 그려볼 수 있는, 굴욕 없는 급진 정치의 전망으로 우리를 데려갈 것이다.

집단 히스테리 생존 반응으로서
질 오르가즘

티그레이스 앳킨슨, 1968

여러분, 우리 모두는 어젯밤 준비했던 모든 연설을 내려놓아야 할 것 같습니다. 마틴 루터 킹의 죽음 앞에서, 우리는 가능한 담담하게 진실을 말해야 합니다.[×]

나는 의료 인권 위원회로부터 성에 대해 연설해달라는 요청을 받았습니다. 물론, 기꺼이 할 거예요.

여성에 대한 남성의 억압은 이 세상 모든 타락한 가치의 원천입니다.

[×] 이 연설이 있기 하루 전, 1968년 4월 4일 마틴 루터 킹Martin Luther King Jr.이 멤피스의 한 모텔에서 백인우월주의자이자 인종차별주의자인 제임스 얼 레이James Earl Ray에게 암살 당한다.

남성과 여성 사이에서 우리는 지배, 굴종, 불평등, 정복, 기만, 착취에 대해 이야기합니다. 남성은 여성에게서 삶을 강탈해왔습니다.

인간은 자궁에서 태어나는 것이 아니라, 그 스스로 창조되는 것입니다. 그것은 자유로운 자기 생산이 되어야 합니다. 인간은 부정의, 불평등, 혐오와 가학이 인간을 향하지 않는 세상에서 자랄 수 있다고 느껴야 합니다. 어떤 사람도 이러한 조건에서 삶을 지속할 수 없습니다. 제 기능을 발휘하는 유기체로 살아가는 것만으로 기적이라 할 수 있죠.

이제 기능에 대해 이야기해봅시다. 여성들은 소위 '아이를 갖는 기능' 때문에 살해당해왔습니다. 마치 흑인들이 단지 그들의 피부색이라는 '기능'으로 인해 살해당해왔듯이 말이죠. 진실은 아이를 갖는 것은 여성의 기능이 아니라는 것입니다. 아이를 갖는 기능은 여성을 억압하는 남성의 기능입니다.

억압하기는 남성의 기능, 착취하기는 남성의 기능, 거짓말하기는 남성의 기능, 배신하고, 굴욕감을 주고, 으스러뜨리고, 무시하고, 모욕하는 것, 이 모든 남성의 죄악이 여성의 기능이라고 여성에게 말하는 것이 바로 남성의 기능이죠.

저는 가능한 여러분에게 직설적으로 말하려 합니다. 결혼과 가족은 과거 노예제와 마찬가지로 부패한 제도입니다. 노예제가 그랬듯 폐지되어야 합니다. 정의에 따르면 결혼과 가족은 반드시 속한 이들을 억압하고 착취합니다. 여성이 자유롭다면, 국민으로 성장하는 데 자유롭고,

자기 창조적이 되는 데 자유롭고, 어디든 이동하는 데 자유롭고, 어디든 머무르는 데 자유롭고, 삶을 선택하는 데 자유롭다면, 거기에는 결혼이나 가족 같은 제도는 없을 것입니다. 노예가 자유를 얻는다면, 노예제란 없을 테니까요.

DNA 같은 것이 밝혀지기 전까지, 여성은 새로운 유기체의 유일한 원천이었습니다. 남성은 여성에게 계속 아이를 낳으라고 강요할 수 없습니다. 사회는 출산율을 조절하기 위해 해야 할 일을 결정할 수 있고, 여성들에게 자기의 특별한 능력을 기여해달라고 요청할 수 있습니다. 그러나 만일 여성이 출산을 원하지 않는다면, 그대로 끝이죠. 설령 여성이 사회를 위해 아이를 낳는다 해도, 그녀는 아이에 대해 절대 책임이 없습니다. 아이는 그녀의 소유가 아니라 사회에 속한 거죠. 그런데도, 지금 사회가, 아니 남성들이 여성들이 아이를 가질지 말지 결정하고 있군요. 아이들은 사회 전체의 책임입니다.

저는 오늘밤 "누가 아이들을 돌보러 갈 것인가"라든가 "일하는 엄마=불량 어린이" 타령 같은 남성 패권의 덫에 빠지지 않을 겁니다. 지난밤의 사건[×]은 완곡하게 "사회 정의"라고 알고 있는 불의를 위한 시대가 더 이상 아니라는 것을 제게 환기시켰습니다. 여성이 자신들의 억압을 유지하는 제도로부터 스스로를 해방시킬 때 무슨 일이 벌어질지는 여성해방이 신경쓸 일이 아닙니다. 그것은 노예가 해방되기 전, 노예들이 남부의 새로운 경제 시스템을 생각해내고 발전시키고, 실험해보고, 그

×   마틴 루터 킹의 암살 사건과 워싱턴 D.C를 비롯한 여러 도시에서 시작된 흑인 폭동을 가리킨다.

우월함을 증명해야 할 책임이 없는 거나 마찬가지입니다. 여성이 스스로를 해방시키기도 전에 아이들에게 무슨 일이 벌어질까 우려하는 것은 우리의 과제가 아닙니다. 하여 여성은 그들 스스로를 해방시킬 것입니다. 나는 여러분 남자들에게 이걸 말하기 위해 여기 있습니다. 여러분들이 여러분의 부인이나 엄마에게 가학적인 적대심을 조금 더 많이, 조금 더 빨리 노출하게 하려고 말이죠, 그래서 여성들이 더 빨리 반역을 일으키도록 말이죠. 나는 왜 여성들이 자신의 삶에서 이미 가진 것 이상으로 더 많은 것을 잃어야 하는지 알지 못하겠습니다.

나는 자유주의자들 앞에서 이 글을 낭독할 거라고 생각하고 썼습니다. 여러분들은 정말 꽝 맞추기 게임판이네요. 여러분은 베트남에 파병된 젊은이들에다 자신이 숨을 곳을 대입시키기에 공포를 느끼지요. 여러분 대부분은 부인하겠지만, 여러분은 흑인들에 대해서는 다 안다는 듯이 말합니다. 흑인들이 너무 건방지게 구는지, 여러분이 9대 1로 우세한 상황인지 여러분은 아니까요. 또 흑인들이 그걸 안다는 것도 알고 있죠. 그건 추가 골 extra kick 같은 거죠. 그러나 여러분은 여자들에 대해서 초조해하죠. 항의를 잠재우기 위해 여자를 때려눕히려는 사람들이 있어요.(이 대목에서 긴장된 웃음이 나올 것 같군요.) 이제 그녀의 엉덩이를 쓰다듬으며 이렇게 말하는 사람들이 있을 거예요. "자기, 당신이 열등하다는 건 안타깝지만 그게 당신 역할이고 난 그게 멋지다고 생각해." 대체 뭐가 멋지죠? 그녀가 진짜로 멋진가요? 물론 당신은 그런 의미로 말한 게 아니겠죠. 당신은 그녀가 열등하다는 점이 멋지다고 표현하는 거죠. 그러나 그녀는 그걸 받아들일 수 없기에 당신이 진정으로 그녀를 멋지다고 생각하는 걸로 받아들일 거예요. 그리고 당신도 그걸 어느 정도 내버려두죠. 적대적인 하녀들이 곁에 있는 것이 얼마나 불편한지 모두 잘 알고 있으니까요. 적대적인 성이라면, 또 어떤 종류가 있습니까?

맞아요, 성. 당신의 종류your kind. 내가 오늘 이 자리의 연설로 당신을 자극시키길 원했던 종류가 있죠. 페미니스트가 성에 대해 이야기하는 것만큼 재밌는 게 또 어디 있겠어요? 만약 페미니즘이 성에 대한 그 어떤 논리를 가지고 있다면, 그것은 틀림없이 성이 없는 사회를 위해 일한다는 것입니다. 그런데 당신은 성을 원하나요? 당신은 섹스를 하게 되겠지요.

질 오르가즘은 남성이 여성을 억압하고 착취하는 방식을 가장 탁월하게 보여주는 예시입니다. 남자와 여자의 생식기가 다르다는 걸 누구도 부인하지 않는데, 당신이 남자와 여자가 한곳에서 똑같이 반응한다고 주장하는 것은 아이러니하죠. 이 차이는 남자와 여자가 완전히 구별된다는 근거이고, 남자가 여자에게 수북이 쌓아놓은 불평등의 토대입니다. 그러나 남자들은 부끄러워할 줄 모릅니다. 그것은 당신을 위한 권력 행사니까요. 마치 존슨 대통령이 베트남을 능욕하는 것처럼 말이죠. 존슨은 베트남인들이 우리가 와주기를 원한다고, 민주주의를 위한 자유세계를 안전하게 지켜주기를 원한다고 뻔뻔하게 말했습니다. 이제 당신이 지닌 팸플릿들은 말하고 있죠. 실상 우리는 미국이 안전하게 착취할 세계를 지키기 위해 베트남에 대한 억압을 유지해야 한다는 것을요. 우리가 그 불타버린 나라에 남겨진 가냘픈 생명들을 볼 때, 존슨은 뻔뻔하게 베트남인들이 그걸 아주 좋아한다고 우리에게 말하고 있습니다. 여성들, 아이들과 그런 논쟁을 벌이세요, 그러면 당신은 가정을 해방시킬 것입니다. 그런 논쟁을 벌이세요, 그러면 당신은 가정을 해방시킬 것입니다.

한 남자의 페니스와 한 여자의 질은 분명 다릅니다. 남성의 오르가즘은 클리토리스 오르가즘에 대한 유비입니다. 그렇다면 질 오르가즘은 어디에서 왔을까요? 사람들은 그것을 배운다고 말합니다. 그럼, 신에게 오르가즘을 배우는 편이 낫겠어요. 특히 당신이 자유주의자 남성과 자는 숙녀라면요. 일을 하고 싶지 않은 흑인이라면 카드 섞기를 배우는 것이 더 낫겠죠, 당신은 밥을 먹고 싶으니까요, 그렇지 않나요? 왜 그녀는 질 오르가즘을 배워야 하죠? 그 이유는 남자들이 그걸 원하니까요. 얼굴 틱을 배우는 건 어때요? 뭐가 다르죠?

그리고 사랑, 우리가 오랫동안 이걸 신성시해온 만큼, 이제는 이걸 끝냅시다. 억압에 동의하는 대가가 아니면 사랑은 무엇일까요? 필요가 아니면 사랑은 무엇일까요? 공포가 아니면 사랑은 무엇일까요? 사회에서 우리는 왜 사랑을 요구하나요?

자유 사회에서 여러분에게 주어지는 것은 가족, 결혼, 성 또는 사랑이 아닙니다. 당신에게는 베트남이, 나아가 살해당한 마틴 루터 킹이 주어질 겁니다. 또 당신의 부인과 어머니를 해방시키지 않는다면, 당신에겐 혁명이 닥칠 겁니다. 그 자유 사회가 억압과 착취가 놓여 있는 바탕이니까요. 여러분이 살고 있는 곳에서 여러분의 권력을 빼내야 할 것입니다. 그건 여러분이 좋아할 만한 일이 아니죠. 정말 어려운 일입니다.

＊　＊　＊

이 자리에 계신 여성분들께 말합니다. 당신이 사랑하는 남자, 당신이 가장 원하는 남자와 함께 이런 것들을 생각해보세요. 그의 사랑에 상처를 내세요. 그러면 여성 여러분은 공포를 알게 될 거예요. 그리고 여러분은 죽음을 두려워하겠죠. 그 여성은 죽을 것입니다. 그러나 여러분의 삶은 탄생할 것입니다. 그리고 여러분은 비로소 자유로워질 것입니다.

　＊　＊　＊

이 자리에 계신 남성분들께 말합니다. 물러나세요. 그렇지 않으면 우리가 당신을 물리칠 겁니다. 왜냐하면 모든 선한 흑인은 죽으니까요!![×]

티그레이스 앳킨스
필라델피아
1968년 4월 5일

× 　앳킨스는 흑표당black panther party의 호전적 구호를 페미니즘 전선으로 가져온다. 1960년대 흑인민권운동에서 마틴 루터 킹의 비폭력 저항운동과 흑표당black panther party의 무장조직 노선 차이는 '선한 흑인good nigger'와 '나쁜 흑인bad nigger'라는 수사로 대표된다. 미국의 인종차별을 끝내기 위한 비폭력 저항운동으로 1964년 노벨평화상을 받은 마틴 루터 킹은 '가장 선한the best 흑인'의 상징이었고, 그는 이 연설 바로 전날 암살당한 것이다.

I suppose we all have put aside the speeches we prepared before last night. In the face of Martin King's death, one must tell the truth as plain as one can.

I was asked by the Medical Committee for Human Rights to speak on Sex. Alright, I really will.

The oppression of women by men is the source of all the corrupt values throughout the world. Between men and women we brag about domination, surrender, inequality, conquest, trickery, exploitation. Men have robbed women of their lives.

A human being is not born from the womb; it must create itself. It must be free, self-generative. A human being must feel that it can grow in a world where injustice, inequity, hatred, sadism are not directed at it. No person can grow into a life within these conditions; it is enough of a miracle to survive as a functioning organism.

Now let's talk about function. Women have been murdered by their so-called function of child-bearing exactly as the black people were murdered by their function of color. The truth is that child-bearing isn't the function of women. The function of child-bearing is the function of men oppressing women.

It is the function of men to oppress. It is the function of men to exploit. It is the function of men to lie, and to betray, and to humiliate, to crush, to ignore, and the final insult: it is the function of men to tell women that man's iniquities are woman's function!

I'm telling it to you as straight as I can. Marriage and the family are as corrupt institutions as slavery ever was. They must be abolished as slavery was. By definition they necessarily oppress and exploit their subject groups. If women were free, free to grow as people, free to be self-creative, free to go where they like, free to be where they like, free to choose their lives, there would be no such institutions as marriage or family. If slaves had had these freedoms, there wouldn't have been slavery.

Until D.N.A. or something similar comes through, women are the only source of new organisms. Men cannot continue to force women to produce children. The society as a whole can decide what it wants to do about its birth rate, and then the women can be asked to contribute their special capacities. But if women don't want to, that's the breaks. If a woman decides to help out, she has absolutely no responsibility for the child. The child is not hers, it belongs to society. It is society even now, or rather men, that decides whether or not women have children; children are the whole society's responsibility.

티그레이스 앳킨슨, 〈집단 히스테리 생존 반응으로서 질 오르가즘〉(1968)

I'm not going to fall into the male-supremacy trap tonight of
"who's going to take care of the children", and the "working-
mother-delinquent-child" blues. Last night's events reminded me
that there's no more time for injustice, euphemistically known as
"social justice". It's irrelevant to the emancipation of women
what happens when women free themselves from the institutions
that maintain them in their oppressed state. It wasn't the
responsibility of the slaves to think up, develop, experiment,
and prove superior a new economic system for the South before
they were emancipated, and it's not our job to figure out what
happens to the kiddies before women free themselves. And women
will free themselves. I'm just here to tell you men about it so
you can expose your sadistic hostility towards your wives and
mothers a little more, a little sooner, so they'll revolt quicker.
I don't see why women should lose any more of their lives than
they have already.

I'm assuming as I write this that I'll be reading it to liberal
men. You're a real prize bunch. You quiver with horror over
Vietnam because you identify your hide with the boy sent over
there. You pontificate, but mostly just shake your head, over
black people because you know if they get too uppity, you outnumbe
them nine to one, and you know that they know it. That's an extra
kick. But do you get uptight about women! There are those of
you who try to lay a woman to put down her protests. (I expect
nervous laughter here.) Then there are those who pat her on her
ass and say, "Gee, baby, it's too bad you're inferior but that's
your function and I think that's great." What's great? She's
great? Of course that's not what you mean. You mean it's great
that it's her function to be inferior. But she can't face that
so she twists it to mean that you think that she's great. And
because she's the cheapest maid going and sleeps in your bed,
you let it go—more or less. We all know how uncomfortable it is
to be around disgruntled maids nowadays, and as for hostile sex,
what other kind is there?

Oh yes, sex. Your kind. The kind you wanted me to titillate you
with by speaking here tonight. What could be more amusing than
a Feminist talking about sex? Obviously, if Feminism has any
logic in it at all, it must be working for a sexless society.
But sex you want? Sex you're going to get.

Vaginal orgasm is an excellent illustration of the way men oppress
and exploit women. It's ironic that you insist men and women
respond the same in the one place no one can deny men and women
are different—in their genitals. This difference is the basis
for the whole distinction between men and women and the ground
for the inequities that are heaped on women by men. But men have
no shame. That's what power does for you—like Johnson raping
Vietnam. And Johnson has the gall to say the Vietnamese want us

to be there, to keep the free world safe for democracy. He means,
as your enlightened pocket books now know, that we're there to
maintain the oppression of the Vietnamese to keep the world, by
object lesson, safe to exploit for the United States. And as we
see the little life left in the country being burned out of it, .
Johnson had the gall to tell us the Vietnamese were loving it.
Try that argument with women, baby, and you'll be home free.

A man's penis and a woman's vagina are obviously different. Male
orgasm is analogous to clitoral orgasm. Where, then, does vaginal
orgasm come from? People say it's learned. And by God you'd
better learn it, lady, especially if you're with a liberal man;
you'd better learn to shuffle, nigger, because if you don't you
won't get the job. And you want to eat don't you? Why should
she learn vaginal orgasm? Because that's what men want. How
about a facial tic? What's the difference?

And love. As long as we're on sacred cows, let's finish them.
What is love but the pay-off for the consent to oppression? What
is love but need? What is love but fear? In a just society,
would we need love?

In a free society, you cannot have the family, marriage, sex, or
love. You will have your Vietnams, and more, you will have your
murdered Martin King's, and more, you will have your Revolution
unless your wives and mothers free themselves, because that's
where the foundations of oppression and exploitation are laid.
You are going to have to have your power wrenched away from you
right where you live, and you're not going to like it. And that's
tough shit.

     *   *   *   *   *   *

To the women in the audience, I say: think about these things
with the man you love and want the most. Scratch his love, and
you'll find your fear. You'll be afraid you'll die, and the
woman will die, but your life will be born, and you'll begin to
be free.

     *   *   *   *   *   *

To the men in the audience, I say: move on over, baby, or we'll
move on over you--'caus al de good niggers is daide!!

Ti-Grace Atkinson
Philadelphia
April 5, 1968

비만 해방 선언문

주디 프리스프릿, 알데바란, 1973

1. 우리는 뚱뚱한 사람들이 온전한 인간적인 존중과 인정을 받을 자격이 충분히 있다고 믿는다.

2. 우리는 상업적이고 성차별적인 이해관계 때문에 부적절한 대우를 받는 것에 화가 난다. 이는 우리 몸을 우스갯거리로 착취함으로써 그러한 조롱을 피할 수 있고 구제될 수 있다는 거짓 약속을 팔며 엄청난 상업적 이익을 창출하고 있다.

3. 우리의 투쟁은 계급 차별, 인종 차별, 성차별, 나이 차별, 금융 착취, 제국주의와 싸우는 다른 피억압자들과 연대할 수 있는 투쟁이다.

4. 우리는 미연방 헌법에 명시된 대로, 삶의 모든 영역에 있어서 뚱뚱한 사람들의 평등한 권리를 요구한다. 우리는 공공 영역의 재화와 서비스에 동등하게 접근할 수 있는 권리를 요구한다. 나아가 우리는 고

용, 교육, 공공시설 및 의료 서비스에서 차별의 종식을 요구한다.

5. **우리는** 소위 "감량" 산업을 우리의 특화된 적으로 꼽는다. 여기에는 다이어트 클럽, 체중감량 살롱, 다이어트 운동시설fat farms, 다이어트 의사, 다이어트 도서, 다이어트 식품 그리고 다이어트 보조제, 외과 시술, 식욕억제제, 약물, 그리고 랩이나 운동 기구와 같은 도구가 있다. **우리는** 그들에게 그릇된 주장에 대한 책임을 요구하며, 그들의 제품이 공중보건에 해롭다는 사실을 인정할 것을 요구한다. 또 그들 제품이 가진 효능이 통계적으로 입증되는 장기적인 연구를 내놓기를 요구한다. 체중감량 프로그램을 5년 이상 추적해볼 때, 99퍼센트 이상이 결국 실패한다는 것을 인정하라고 요구한다. 더불어 급격한 체중감량이 때로 아주 위험하다는 것이 입증되었음을 인정하라고 요구한다.

6. **우리는** 우리 몸이 부적절하다고 거짓 주장하는 신비화된 '과학'을 거부한다. 그 과학은 우리에 대한 차별의 기원이면서, 보험사, 패션 및 의류 산업, 다이어트 산업, 식품 회사와 제약회사, 의료 및 심리 기관과 경제적 이익으로 결탁해 이 차별을 유지시킨다.

7. **우리는** 우리 적들의 이익에 예속되기를 거부한다. 우리는 온전히 우리 몸과 우리 삶에 대한 지배권을 주장하고자 한다. 우리는 이러한 목표를 함께 추구할 것을 우리 자신에게 약속한다.

만국의 비만인들이여, 단결하라! 당신들은 뺄 것이 아무것도 없다.

343 선언문

시몬 드 보부아르, 1971

매년 프랑스에서는 100만 여성이 낙태를 한다.

의료 감독하에서 이것은 가장 간단한 절차임에도, 이들은 위험한 환경에서 은밀하게 낙태한다.

우리는 이 수백만 여성을 침묵시키고 있다.

나는 내가 이 여성들 중 한 사람이라고 선언한다. 나는 낙태했음을 선언한다.

우리가 피임에 자유로운 접근을 요구하는 것처럼, 우리는 낙태할 자유를 요구한다.

낙태

페미니즘 투쟁을 최종적으로 표현하고 규정하는 한 단어.

페미니스트가 된다는 것은 자유로운 낙태를 위해 싸우는 것이다.

낙태

그것은 여성의 일로서, 요리, 기저귀 갈기, 지저분한 일과 마찬가지다. 자유로운 낙태를 쟁취하기 위한 싸움은 다소 우스꽝스럽고 하찮게 느껴진다. 그것은 여성에게 짐 지워진 간호, 음식, 똥과 같은 냄새를 떨쳐낼 수 없다.

낙태를 위한 투쟁과 연결된 복잡한 감정은 낙태가 우리 자신을 위해 싸울 가치가 있는 문제라고 스스로를 설득시키는 데, 우리가 처한 어려움과 고통을 나타낸다.

다른 인간존재들처럼, 우리가 우리 몸을 마음대로 할 선택권이 없다는 사실은 너무나 자명하다. 다른 인간 존재들이 그러한 것처럼. 그러나 우리의 자궁은 우리 것이다.

자유로운 낙태 요구가 여성들이 헤쳐나갈 최종 목표는 아니다. 반대로, 그것은 가장 기본적인 필수조건이다. 자유로운 낙태 없이 여성들의 정치적 싸움은 시작될 수조차 없다. 그것은 여성들이 자신의 몸을 재건하고 몸에 대한 통제권을 되찾아와야 한다는 핵심적인 필연성에서 나온다. 여성의 몸은 역사에서 독특한 위치를 가지고 있다: 현대 사회에서 자신의 몸에 대해 자유로운 통제권을 가지지 못한 인간 존재. 오늘날까지 이러한 상태에 놓인 존재는 오직 노예들뿐이었다.

부끄러운 일들은 지속된다. 매년 150만 명의 여성들이 치욕과 절망 속에 살아간다. 우리 가운데 5천 명은 죽는다. 그러나 도덕적 질서는 변함없다. 우리는 비명을 지르고 싶다.

자유로운 낙태를 요구하는 것은

당신의 몸을 더 이상 수치스럽게 여기지 않고, 지금까지 모든 이가 자기 몸을 온전히 사용할 수 있었던 것처럼 당신의 몸을 자유롭고 자랑스럽게 여기는 것이다. 더 이상 여성은 부끄러운 존재가 아니다.

산산조각 나는 자아, 그것은 비밀스러운 낙태를 겪어야 하는 모든 여성이 경험하는 바다. 모든 순간 나 자신으로 존재하기, 더 이상 당신의 배 안에 일종의 종양 같은 것을 지닌 분열되고 무력한 존재로서 덫에 걸려 "당한다"는 구차한 공포를 가지지 않기; 신나는 투쟁, 오직 나 자신에게 속하는 존재를 얻는 투쟁, 더 이상 나라, 가족, 내가 원치 않는 아이에 종속되지 않는 투쟁. 아이의 생산에 대한 완전한 통제권으로 가는 길에 내딛는 한 걸음. 다른 모든 생산자처럼, 여성은 사실 그들의 생산에 대한 완전한 통제권을 가지고 있었다. 이 통제는 여성의 정신세계가 급진적으로 변화한다는 것을 시사한다. 아울러 이는 사회 구조에 있어서도 가장 급진적인 변화가 될 것이다.

1. 내가 아이를 원할 때, 나는 아이를 가질 것이다. 어떤 도덕적 압력이나 제도나 경제적 의무도 나를 강요하지 못할 것이다. 이것은 나의 정치적 권력이다. 여느 생산자와 같이 나는 사회의 개선을 기다리며, 내 생산을 통제함으로써 사회에 압력을 가할 수 있다.(아이 파업)

2. 내가 아이를 원할 때, 그리고 내가 아이를 낳기에 사회가 적합할 때, 하여 그 사회가 나를 아이의 노예, 간호인, 하녀, 샌드백으로 만들지 않을 때, 나는 아이를 가질 것이다.

3. 내가 아이를 원할 때, 그리고 사회가 나에게도 아이에게도 적합할 때, 내가 아이를 책임질 수 있고, 전쟁의 위험이나 고용 불안이 없을

때, 나는 아이를 가질 것이다.

자유를 감독하지 말라.

낙태라는 문제를 둘러싸고 일어난 싸움은 가장 당사자들인 여성들의 머리 위에서 진행되고 있다. 법이 더 자유주의자의 주장을 들어줘야 하는지, 언제 낙태가 허용될 수 있는지, 치료적 유산 같은 기본적인 문제는 우리가 고려하는 것이 아니기에 우리의 관심사가 아니다.

치료적 유산은 낙태를 "허락" 받기 위한 "선한" 이유를 요구한다. 쉽게 말하자면, 이것은 우리가 아이를 가지지 않을 권리를 어떤 대가로서 받아야 한다는 것을 의미한다. 아이를 가져야 할지 말아야 할지에 대한 결정이 그전만큼이나 지금도 우리에게 속하지 않는 것이다. 여전히 여성이 아이를 갖도록 강요하는 일이 정당하다는 원리가 존속하는 것이다.

이러한 원리를 예외로 허용하면서 법을 개정하는 것은 그 법을 강화하는 것이나 마찬가지이다. 가장 자유주의적 법은 여전히 우리의 몸이 사용되는 방식을 규제할 것이다. 그리고 우리 몸이 사용되어야 하는 방식은 규제되어야 하는 무언가가 아니다. 우리는 천부인권의 부스러기 같은 관용 따위를 원하지 않는다. 모든 인간들처럼 내 몸을 사용할 자유를 원한다. 우리는 현행법만큼이나 페레Claud Peyret 법안[x]이나

---

[x] 1970년 프랑스에서 페미니스트들의 자유낙태 요구가 거세지자, 중도우파 클로드 페레가 상정한 개정안으로 치료 차원의 낙태 범위를 확장시키는 데 그친 법안.

현재의 법안인 ANEA 프로젝트에 반대한다. 우리는 우리 몸의 어떤 측면을 규제한다고 주장하는 모든 법에 대해 반대하기 때문이다. 우리는 자비를 구하는 것이 아니라, 정의를 원한다. 여기 우리 2천 7백만이 독립인이다. 2천 7백만 '시민'이 가축 취급을 당하고 있다.

모든 종류의 파시스트에게 우리는 말한다. 자신들이 파시스트임을 인정하면서 우리를 비난하는 이들, 자신을 가톨릭신자, 근본주의자, 인구 통계학자, 의사, 전문가, 법률가, "책임감 있는 남자"라고 부르는 이들, 미셸 드브레Michel Debré, 클로드 페레, 제롬 르준Jerome Lejeune, 조르주 퐁피두George Pompidou, 폴 쇼사르Paul Chauchard, 교황. 우리가 당신들의 실체를 벗겼다.

부르주아 국가의 십계명

인간이 여성일 때 너는 그 인간보다 태아를 우위에 두라.

드브레가 프랑스 인구 1억을 원하는 한, 어떤 여성도 낙태를 하지 말지어다.

어떤 비용도 치르지 않고, 프랑스는 1억 인구를 가지게 될 것이다.

너는 영국으로 가지 못하는 가난한 여성들을 조심할지어다.

너는 자본가들의 행복을 위해 실업의 수레바퀴를 감당할지어다.

너는 엄격한 도덕주의자가 될지어다 . 하느님은 "우리" 여성들이 그런 자유를 갖게 된다면 뭘 하려는지 알고 계시기 때문이다. 너는 태아를 구할지어다. 18세가 넘어 징병으로 그들을 죽이는 것이 더 흥미로울 지니, 너는 너의 제국주의 정치를 위해 그 아이들이 정말 필요할 것이다.

너의 집의 방 개수는 고작 열 개이니, 몇몇 아이를 공과대학이나 행정대학원에 보내려면, 너 스스로 알아서 피임하라.

다른 애들에 관해서는, 피임약(의 효능)을 탓할지니, 그것이 네가 유일하게 놓친 것이기 때문이다.

이 선언에 이름을 올리는 것은 혁명의 첫 행위다. 처음으로, 여성들은 그들의 자궁을 짓누르는 금기를 들어올리기로 결정했다. 여성해방운동의 여성들, 자유 낙태 운동의 여성들, 일하는 여성들, 집에 있는 여성들.

여성해방운동에서 우리는 정당도 조직도 연합도 아니며, 그러한 여성들의 자회사도 아니다. 이것은 역사적인 운동으로서, 여성해방운동에 가담하는 여성들을 결집시키는 운동일 뿐 아니라, 어디에 살고 있든지, 무슨 일을 하든지, 그들의 삶과 자유를 손 안에 넣기로 결정한, 모든 여성을 위한 운동이다. 억압에 저항하는 우리의 투쟁은 모든 사회 구조를, 특히 가장 일상적인 구조를 흔드는 것을 의미한다. 우리는 우리 없이, 그리고 우리를 희생해서 건설되는 이 사회의 한 부분, 혹은 한 장소를 원하는 것이 아니다.

그림자 안에 잠복해 있던 인간성의 부분인 여성종womankind은 이제 자신의 운명을 자신의 손에 쥔다. 그때야 비로소 우리가 혁명을 이야기할 수 있다.

자유로운 낙태를 위해 끝까지 싸울 준비가 된 모든 이를 결집시키며 자유 낙태 운동은 수립되었다. 이 운동의 목표는 자치 단체와 법인 단체를 일으켜, 상세하고 유익한 정보를 주는 캠페인을 조직하고, 오직 우리 자신을 위해 결정하는 우리의 권리를 요구할 있는 대중운동을 만들어내는 것이다.

탐폰을 잘라내라 시 선언문

애디(블러드시스터스 프로젝트), 1996

낡은 동시에 새로운

탐폰을 잘라내라

우리를 게걸스럽게 먹어치우고 부숴놓고 학대하는

기업 괴물의 음흉한 본성에

저항하고 그것을 파괴한다는 정신으로

이 더러운 비즈니스에 대한 응답으로

우리는 이 레시피 북을 만들었다.

이것은 가정에서 배양된 DIY 양식을 짓밟는

시스템에 저항하는 행동이다

우리 삶을 빨아들여 프랜차이즈로 뱉어내는

우리의 필요를 과대포장해 과세 사치품으로 만들어버리는

그들의 방식에 넌더리가 난다.

그 음식물처리기에 우리는 넌더리가 난다.

계속 사지를 절단 내는 그것

우리의 경험을 위장하고 계속 꽁꽁 숨기려는 방식에

우리는 넌더리가 난다.

거짓말로 그들이 벌여놓은 가격 따위 집어치워라

생필품 발명가를 타도하라!

이제 떨쳐 일어나자

탐폰은 이제 그만 터뜨리고

거대 제약 비즈니스를 터뜨릴 때

독을 집어치우자

우리의 자유로운 해결을 죽이는 그 독

현실에 안주하기를 때려치우자

봉기는 일으키자

피를 흘리고 약초를 사용하자

기업의 탐욕에 더 이상 먹잇감을 주지 말자

이제 탐폰과 그것이 상징하는 바를 절단낼 때

생리를 점거하라

수전 스텐슨, 2018

이것은 '**맘껏 피 흘리자**' 운동의 모략에 대한
우주-페미니스트 생태주의자의 외침이다

이것은 Helloflo.com[×]이다. 이것은 뉴욕의 생리용품 가게다.
#생체내성biotolerance도 아니고 #생체비내성biointolerance도 아니다.

'아내를 생리대로 착각한 남자'도 아니고
하녀도 아니고, 가식쟁이도 아니다.

×   나마 블룸Naama Bloom이 창립한 뉴욕기반의 회사로 생리를 시작한 소녀들과 여성들에게 생리용품
      및 생리, 피임, 낙태, 출산 등의 건강 정보와 가이드를 제공하는 서비스 플랫폼.

그것은 **우리가 실행하기 가장 어려운 사랑**이 아니다. 그것은 **조국을 위한 죽음**도 아니다.

그것은 그들이다. 그것은 그녀다. 그것은 그다. 그것은 당신이다. 그것은 우리다.

작은 죽음이 아니다. 첫 데이트에서 흰 바지에 묻은

여러 개의 얼룩은 동의하지 않을지라도

생리 오두막[×]을 생리통 다스리기, 보온 패드, 이부프로펜 먹지 않기와

협상하려는 구시대적 사유는 아니다.

그것은 우리가 아는 모두.

그것은 새잎이 돋는 예언.

핑크빛 반짝임도 자궁 케이크도 아니다

그것은 생리통으로 인해 동메달에 만족하는 것이다.

그건 여자애들 놀이가 아니다. 여성성의 문턱이 아니다.

달이 아니다. 화성이 아니다. 젠더화된 행성들이 아니다.

성서적인 게 아니다. 플리니^{××}가 아니다.

×   특정 지역과 문화에서 여성의 생리를 터부시하면서 생리 중인 여성을 감금하는 오두막.
×× 여자 생리가 식물을 죽게 만들고, 와인을 상하게 한다고 한 사람.

여기도 아니고 저기도 아니다.

그것은 개인적인 것이고, 그것은 **존나 빡치는 일이다.**
그것은 **나는 농담이 아니다, 이다.**

그것은 이백(시인)이다. 그것은 종이 접기다.
그것은 좌측 차선으로 추월하기다.

살인이 났던 날 밤 너는 어디 있었니?가 아니다.
너는 뭐라고 변명할 거지?가 아니다.

그건 세금 반대 소송이다. 그것은 비싸다.
신성한 것도 아니고, 소독된 것도 아니다.

그것은 **잊기 연습**이 아니다.
중력에 대한 학습도 아니다.

그것은 타자다. 그것은 '아니면'이다.
그것은 탐폰도 같이 드릴까요?다

그것은 코린트식×이다. 그것은 아담적인 것이다.
그것은 아물지 않은 상처다. 그것은 '언제'다.

×   고대 그리스 로마시대의 건축양식.

그것은 **켄달[×]은 생리한대요,**다.

놀이터에서 (듣는) **켄달은 생리한대요,**다.

그것은 변형된 서사다. 걸스카우트.

그것은 길에서 모니카를 따라 걸으며 **보지 냄새,** 라며 히죽거리는 남자다.

×   리얼리티 쇼 〈카다시안 패밀리〉에서 켄달 제너Kendall Jenner가 월경에 대한 언니들의 설명을 듣기 싫어하는 장면이 나온다. 생리를 시작한 어린 소녀를 놀리는 예시.

나를 강간하려 했던
남자에게 보내는 편지

사라 로벅, 2016

아무개 씨에게,

　나는 약 1년 전 나를 강간하려 했던 그쪽에게 이 편지를 쓴다. 왜냐하면 처음으로 글을 써야겠다고 강력하게 느꼈으니까. 오늘 오후 우리는 다시 대면했고, 주변에서 벌어진 일들은 꽤 달라져 있었으니까. 그쪽 손은 등 뒤로 수갑이 채워져 있고, 그날처럼 땀에 젖은 채 나를 포위하지도 못했다. 그쪽 시선은 땅에 떨어져 있고, 그날처럼 기름진 채 내 얼굴 바로 앞에 다가와 있지 않았다. 우리는 같은 방에 있지만, 이번에는 그쪽이 아니라 내가 선택한 일이었다. 이번에는, 그쪽이 소화기로 문을 막지 못했고, 나의 의지를 방해하지 못했다. 이번에는 그쪽 뒤로 무장한 경찰관에 의해 문이 닫혀 있고, 그쪽은 앞에 있는 세 명의 배심원들과 내 왼편에 있는 나의 변호사를 바라봐야 했다. 나는 그쪽이 절대 이 글을 읽지 않을 거라는 걸 알면서 쓴다. 왜냐하면 그쪽은 지난 열 달 동안 지내왔던 감옥에서 여생의 상당한 시간을 보내게 될 것이니까. 그러나 그럼에도 불구하고 나는 이 글을 쓴다. 너 같은 남자들을 위해, 나 같은 여자들을 위해, 무엇보다도, 내 자신의 해방을 위해.

나는 그쪽이 한 짓의 무게를 기록하기 위해, 감춰진 이야기의 모습을, 치기어린 어리석음으로 내린 결정들의 형체를 드러내기 위해 그쪽에게 이 글을 쓴다. 나는 그쪽에게 쓴다, 그렇게 다른 이들과 내가 이 페이지에서 흉한 꼴을 하고 있는 언어를 바라볼 수 있도록. 나는 내가 지쳤기에 이 글을 쓴다. 나는 이런 이야기를 하는 데 녹초가 되었다. 나는 내 자신과 다른 이들이 이해했으면 한다. 어떻게, 그리고 왜 우리가 한 사회에서 여전히 유독하고 폭력적인 강간의 현실, 성폭력의 무게, 여성혐오의 복잡함, 가부장적 억압과 **여전히** 싸우고 있는지. 이 사회는 왜, 어떻게 강간범들이 행한 짓들을 계속 축소시키고, 뼛속까지 유린당한 여성들을 비난하는지.

나는 남자들이 이 글을 읽고 이런 일들을 겪으며 살아가고 있는 여성들처럼 고통을 느끼기를 원한다. 나는 변화를 원한다. 나는 이런 일들이 변해야 한다고 **주장한다**.

그쪽은 오늘 오후 많은 정신분석 용어들을 들었고 법이 낳은 딱지들을 받았다. 유아적, 병적, 미친, 나르시시스트. 그쪽은 아버지 없이 답답한 어머니 밑에서 자랐고, 안정적인 직업이 없고 적절한 교육을 받지 못했으며, 거짓말하고 남을 깎아내리는 성향이 있다. 게다가 그쪽이 한 일의 심각성도, '나는 동의하지 않는다'와 '나는 동의한다'의 분명한 차이도 이해하지 못한다. 완전한 무능. 그런데 아주 솔직히 말하자면 나는 그쪽이 한 짓을 슬픈 인생 맥락으로 가리는 데 관심 없다. 그건 그쪽이 "그만" "안 돼" 그리고 "도와줘"라는 말을 들었지만 영어를 할 줄 모르기에 알아들을 수 없었다고 나란히 앉은 세 배심원을 설득하려는 한 남자를 변명하기 위한 것이다. 그럼에도 불구하고, 내가 법정에 서서 큰 소리로 분명히 유창한 불어로 이야기할 때, 모두 알 수 있었다. 내가 "arrête그만" "non안 돼" 그리고 "aidez-moi도와줘"라고 불어로 말할 수 있으며, 그쪽이 나를 벽에 밀쳤을 때 그렇게 바로 말했다는 사실을. 그쪽은 나를 학대하고, 나의 섹슈얼리티를 침해하고, 나를 동물처럼 우리에 가두려 했다. 그러나 그쪽은 나의 지성, 나의 온전함을 침해하지 못할 것이다. 단순하게 일어난 게 아닌 그 사건을 초라한 거짓말로 진술한 그쪽을 내 나라가 아닌 나라의 배심원 앞에서 모국어가 아닌 언어로 불러낸 나의 강함을 해치지 못할 것이다. 난 눈 하나 깜짝 안 해J'en ai rien àfoutre.

그쪽은 20분 동안 나를 방에 가두고 내 옷을 벗기려들고, 나를 싱크대에 눕히고 강간하려 했다. 그리고 오늘 그쪽은 그러지 않았다고 말하는 데 채 몇 분도 걸리지 않았다. 그쪽이 내 몸 위에 있었던 이유가, 내가 간신히 내 다리 사이에서 그쪽을 밀쳐내자 내 몸을 비틀어 바닥에 눕히고 그쪽의 몸으로 짓눌러 나를 꼼짝 못하게 했으면서, 그게 아니라 내가 음료수를 떨어뜨렸고 미끄러졌기 때문이라고 말했다. 그쪽은 나를 싱크대 위에 던지고, 내가 울부짖는 동안 내 다리를 벌리고, 내 옷을 가슴 위로 밀쳐내고, 나를 "한두 차례" 만지다가 내가 생리중이고 탐폰을 끼고 있었다는 사실을 알았고, 보았고, 느꼈다고 진술했다. 그리고 여러 번 그 더러운 손을 내 몸에 집어넣으려다가 그만두기로 결심했다고 말했다. 우리 둘 다 이게 사실이 아니라는 것을 알고 있다. 오늘 그 방에 있는 모두가 이게 사실이 아니라는 것을 알고 있다. 그쪽이 그만두기로 결심한 게 아니라, 그걸 가로막은 것은 나였으니까. 내가 안 된다고, 탐폰을 끼고 있다고 말해도 그쪽의 눈은 어두웠고, 그쪽은 내 영혼을 똑바로 보며 상관없다고 말했다. 허둥지둥 벨트를 푸느라 그쪽은 두꺼운 손목으로 내 가슴을 짓누르고, 속옷을 한쪽으로 밀쳐내고 내 다리를 벌리며 나를 꼼짝 못하게 했다. 내가 발로 차고 비명을 지르고 울 동안, 그쪽은 내 몸 모든 부위를 움켜쥐고, 제약하고, 잡아당겨 상처입혔다. 그쪽이 건드려도 된다고 결코 허락하지 않았던 나의 우주를 말이다. 그쪽이 어떻게든 하려했던 것은 나를 폭력적으로 모욕하는 일이었고, 그런 그쪽을 막은 유일한 것은 나의 섹슈얼리티다. 그것이 여성의 생식과 섹슈얼리티의 상징과 체현일지라도, 그것이 남자를 물리친다는 이 사실이, 이 생각이 나를 구한 것이다.

내가 오늘 한 일은 쉬운 게 아니었다. 나의 변호사는 내게 출석하지 않아도 된다고 말했다. 그러나 나는 출석했다. 나는 판사가 나에게 할 말이 있냐고 물을 때, 일어서서 대답하고 싶었다. 나는 할 말이 있으니까. 나는 내게 있는 온 힘을 다해 일어섰다. 맹목적으로 끓어오르는 분노로 가득차서, 그쪽의 거짓말에 대한 분노, 그쪽이 한 짓에 대해 인정하지 않는 것에 대한 분노, 그쪽이 가질 수 없는 것을 당신이 가질 수 있다고 생각했다는 사실에 대한 분노로. 나는 마이크를 두드렸고, 통역을 거절했고, 판사들에게 직접 말했다. 내 목소리는 법정에 가득 울렸다. 당신이 내가 하지 못한다고 주장했던 그 언어로 똑바로 아주 크게.

그 순간, 나는 세상에서 그쪽 같은 남자들의 손에 고통받는 모든 여자들을 대변했다. 나는 손가락에 열쇠를 끼고 집으로 걸어가는 모든 여자들을 대변했다. 나는 시선이 마주치는 것을 피하지 않는 한 남자 때문에 기차를 갈아타는 모든 여성을 대변했다. 나는 스물네 살에도 외박 후 부모에게 꼬박꼬박 문자를 보내는 모든 여성들을 대변했다. 그들은 남자가 아니라 여자라는 이유로 자신들의 딸들을 걱정하기 때문이다. 나는 한 무리의 남자들 사이를 지날 때, 자신의 섹슈얼리티가 그들의 볼거리로 치부된다고 느끼는 모든 여성을 대변했다. 나는 늙고 끔찍한 남자들 앞에서 더 이상 순결한 몸이 되지 못했던 어린 시절의 첫 경험을 기억하는 모든 여성들을 대변했다. 원치 않는 시선이 자기 몸을 감쌀 때 느껴지는 밀랍 같은 답답함, 피부를 적시는 끈적임과 불쾌한 눈빛을 의식하되 말로 표현할 수 없는 감정을 아는 모든 여성을 대변했다. 나는 원치 않는 접근을 거부했다고 창녀, 걸레, 쌍년이라고 불리는 모든 여자를 대변했다. 나는, 같은 섹스를 하고 나서도 남자는 힘을 얻고, 자유로워졌고, 강인해졌다고 느끼는 반면, 가치 없어지고, 이용당했고, 판단당했다고 느끼는 모든 여성을 대변했다. 나는, 노골적이고 명백한 성차별이 단지 농담일 뿐이라며, "좀 진정하고 웃는 법 좀 배우지 그래" 소리를 듣는 데 뜨거운 분노를 지닌 모든 여성들을 대변했다. 나는 옷차림이 "너무 걸레 같네" 또는 "해달라는 거네" 식의 이중 심문을 당해야 하는 모든 여성을 대변했다. 나는 외롭고 자기 파괴적이어서 "만약 내가 그러지 않았더라면, 그렇게 입지 않았더라면, 그렇게 말하지 않았더라면, 그렇게 숨 쉬지 않았더라면…… 이런 일은 일어나지 않았을 텐데"라고 말하는 모든 여성을 대변했다. 나는 다른 여자들, 친구들, 동료들이 마치 어떤 일인지 알고 있는 것처럼, 가해에 대해 언급할 **권리**가 있다고 생각할 때, 따끔한 수치심을 느끼는 모든 여성들을 대변했다. 그들은 "개 같은 일들이 일어나기 마련이지(받아들여야지 어쩔 수 없어)." "네가 밖에 나가지 말았어야지, 네가 너 자신을 좀 더 잘 돌봤어야지, 남자들이란 그것만 원한다는 걸 모르니? 네가 그런 상황에 처하지 말았어야지" 라면서 "변명의 여지가 없다"고 말하며, 마치 피해자가 반응과 고통이 가져올 여파 속에서 피해자를 판단할 수 있는 것처럼 여긴다. **스스로를 페미니스트라고 주장하는 여자들**이 진심으로 "너 완전히 신세 망쳤다 t'as complètement déconné"고 말한다.

나는 추행당하고, 괴롭힘당하고, 공격당하고, 강간당하고, 촬영되고, 사진 찍히고, 팔로우되고, 동의 없이 만져지고, 저속한 언어, 외설적인 호의, 역겨운 몸짓 등으로 고통당한 모든 여성을 위해 발언했다. 이보다 더한 일들이 사회 안에서 허용되고 있고, 어떤 경우에는 오히려 다른 여성들이 비난을 불 지피고, 그녀를 둘러싼 남자들은 진보적이고 현대적인 것처럼 여겨지지만 침묵한다. 이 모든 여성을 내가 대변하는 이유는 내가 그들 중 한 사람이기 때문이다. 이런 일이 이 글을 읽는 모든 여성들에게 매일 매일 일어나기 때문이다. 친애하는 여러분, 알고 사랑하십시오. 나는 사람들이 눈을 뜨고 현실을 보기 원한다.

이것은 내 동의 없이 나의 몸을 착취하고 즐기고 이득을 취하려한 모든 남자들에게 보내는 공개편지다. 이것은 2014년 한 여름 내가 개선문에 올라가기 위해 줄을 서 있을 때, 후진 아이폰 카메라로 내 치마 속을 직은 남자에게 보내는 편지다. 이것은 복잡한 나이트클럽에서 나를 더듬어댄 수많은 남자들, 내가 작은 방에서 성폭행을 당한 지 고작

6개월 뒤 백주 대낮 바르셀로나에서 해변을 걷고 있을 때, 자전거를 타고 뒤에서 나를 덮치며 난폭하게 내 가슴을 움켜쥐고 나를 쓰러뜨리려 했던 그 남자에게 보내는 편지다. 이것은 안전한 파리 서쪽 주택가에서, 집으로 걸어가고 있을 때, 나를 벽에 밀치며 나에게 "잊지 못할 정도로 맛이 가게 해주겠다"고 말하던 남자에게 보내는 편지다. 나는 눈물을 흘리며 집으로 뛰어갈 수밖에 없었다. 그때 내가 한 일이라곤 귀가였다. 이것은 기차에서 다른 이들이 보지 않는 사이 나를 뚫어지게 응시하며 내 앞에서 자기 생식기를 문지르던 한 남자에게 보내는 편지다. 그 기차는 직행이었고 다른 좌석이 없었기에 나는 자리를 바꿀 수도 열차를 바꿔 탈 수도 없었다. 이것은 자기 파티에 나를 초대하고는 그 목적이 나와 섹스하기 위해서였다는 이유로 내게 소리를 지르고, 새벽 4시에 나를 길바닥에 내팽개친 남자에게 보내는 편지다. 이것은 나를 단지 몸으로, 침해해야 마땅한 대상으로만 여기는 모든 남자들에게 보내는 편지다. 그래서 이 모든 일에서 내가 한 게 뭐가 있는가. **나는 그때 그곳에서 존재했고 살아 숨 쉬고 있었다.**

올해, 강간, 성폭력 문제 그리고 무엇보다 동의를 묻는 일은 체드 에반스Ched Evans의 무죄와 함께 대중들의 눈에 다시 들어왔다. "직업: 엘리트 스포츠맨"이라는 희미한 직함을 가진 그 남자는, 이 편지에 언급된 누구보다도 많은 수입을 거두고, 대개 걱정스러울 정도로 마초적인 남성 지지자들이 따르는 남자다. 그 지지자들은 다음과 같은 미사여구에 꽂혀 있다. "보아라. 그녀들은 자신이 원하면 얼마나 교묘한 여자들이 될 수 있는지, '강간 카드를 던지면서'ˣ 에반스의 경력을 무너뜨리고 정의를 쓰레기로 만들어버리는지."

강간 카드를 던진다니, 찬찬히 생각해보자. 강간 카드를 던진다는 것, 당신의 몸에서 가장 내밀한 부분이 당신의 의지에 반하여 침해당했는데 그것을 신고할 힘을 내는 것이 상대편 선수를 레드카드로 처리하려는 것과 동일하다는 의미다. 여성을 강간하는 것을 축구에 비유하는가? "그녀는 '노'라고 답했다는 것을 입증할 수 없고, 그녀는 너무 취해 있었다, 아니면 그녀가 먼저 그에게 갔고, 그녀의 전 남자친구가 그 사건 이후에도 성관계를 할 수 있었다고 답했기 때문에, **법의 관점에서 볼 때는 괜찮다?**" 그래서 이 일이 경고 정도로 끝날 일이다? 그렇지 않다.

강간을 신고한다는 것이 어떤 의미인지 아는가?

내가 성폭행을 당하자마자 소화기를 발로 걷어차 밀어내고 가까스로 문을 열어 탈출한 후, 가해자는 내 가방을 가져가 내 손이 닿지 않은 찬장 높은 곳에 숨겼으며, 내 휴대폰을 훔쳐 달아났다. 나는 가방도 없었고 열쇠도 없었다. 나는 휴대폰도 없어서 나를 도와줄 지인 누구와도 연락할 수 없었다. 내 생애에서 가장 취약한 순간에 나는 완전히 혼자였다. 그러나 나는 내 가방을 찾고, 3시간 후에는 내 열쇠를 찾고, 집에 돌아왔다. 혼자서.

그 다음날 나 혼자 집에 돌아왔던 그 후유증을 표현할 어떤 말도 찾을 수 없다. 영어로도 프랑스어로도.

× 합의된 섹스에 대해 여성이 후회할 때 강간당했다고 거짓 폭로하며 남성의 경력에 레드 카드를 날린다는 여성혐오자들의 표현.

거울 앞에서 옷을 벗고 내 등, 다리, 팔, 어깨, 엉덩이에 손자국, 자국, 멍이 번지는 것을 바라보았다.

내 무릎을 턱 아래에 붙이고 태아와 같은 자세로 몸을 구부렸다. 그 것이 누군가 성적으로 나를 공격했다는 사실을 감각으로 일깨우지 않으면서 내 두뇌로 이성적으로 생각하려는 방법이었다.

몇 시간이 흐른 후, 그 일이 실제로 일어났다는 것을 재빨리 깨달으며, 말로 할 수 없는, 질식할 듯한, 토 나오고 공포스러운 순간이 다시 되살아났고, 충격과 두려움의 떨림이 밀려왔다. 그리고 무엇보다 누군가 너로부터 많은 것을 앗아갔다는, 누군가 그런 방식으로 너의 몸을 보았다는 엄청난 **수치심**이 밀려왔다. 그다음으로는 **그런 일이 일어나게 내버려뒀다는 자책과 어리석음**이 본능적으로 밀려왔다. 그 감정은 누군가가 죽어버린 것 같았다.

반드시 일요일에 문을 여는 경찰서를 찾아야 하고, 그곳으로 가 외국어로 "지난밤 한 남자가 나를 강간하려 했기에 신고해야 한다"는 말을 해야 한다는 생각에 매달렸다.

경찰, 특수 요원, 의료 요원이 (내 집에) 14시간 동안 들락날락하는 걸 보기. 한 숨도 자지 못하고 그 전날 밤 당신에게 일어난 일에 대해 모든 것을 하나 하나 늘어놓기. 모든 여성이 가장 두려워하는 일로부터 도망친 이후 겪게 되는 일이다. 오직 당신만 도망치지 않았다. 왜냐하면 너의 의지에 반해 그가 너를 싱크대에 눕히고 다리를 벌리고 더러운 손으로 네 몸을 침범하려 했기 때문에, 넌 도망치지 못한 것뿐이야.

의자에 홀로 앉아서 온몸이 아파오는 가운데 그 사람이 당신에게 한 짓을 되새겨야 한다. 차가운 방 한 가운데서 희끄무레한 불빛 아래 한 무리의 경찰관들 앞에서. 그게 어떤 건지 알기나 하는가? 내 경우에는 그것도 내 모국어가 아닌 언어로 말이다.

도시를 가로질러 여러 사무실에 불려 다니고, 성폭행 전문의사 두 사람에게 심문당하고 그들이 옷을 벗기고 당신의 몸에 든 멍을 관찰하도록 내버려두는 기분을 아는가. 의자에 앉아 다리를 벌리고 낯선 이가 질을 들여다보며 병변, 상처, 자국을 체크하게 하는 것, 거짓말하지 않았다는 것을 과학적으로 입증하기 위해 이상한 도구를 삽입해 DNA, 피부 세포, 체액, 땀 등을 검사하게 하는 게 어떤 건지 아는가.

이런 게 바로 강간을 신고한다는 것이다. 그리고 지금 내가 할 수 있는 말은 그런 과정을 기꺼이 감당하려는 사람은 없을 거라는 것이다. 그것은 굴욕적이고, 지치고, 무섭고, 가슴 아픈 일이다. 그리고 이건 시작에 불과하다.

형사 사건의 법정 한가운데 선다는 것은 하룻밤 사이에 일이 해결되지 않는다는 것을 의미한다. 그 사람을 찾고, 경찰의 조사과정을 통보받고, 벌어진 사건에 대한 그의 진술, 입건 여부, 그가 구금되었는지 아니면 풀려났는지 이 모든 것을 듣는 과정. 내가 무엇을 할 수 있고, 어떻게 이해해야 하며 어떻게 정보를 얻어야 하는지. 이 같은 과정이 지닌 강도의 수위를 묘사할 어떤 단어도 없다. 그리고 어떤 여성이라도 그런 상황을 겪게 될 수 있다고 생각하는 사람은 다음과 같은 말에 두려움과 인정으로 질끈 눈을 감게 된다. "나 같은 남자들은 그런 여자들이 겪게 마련일 그런 일을 한 것뿐이야. 이런 걸 강간이라고 하면 그 **강간이란 말이 지니는 중대함과 심각함을 훼손하는 거지.**" 사람들은 강간, 성폭행의 고통스럽고 폭력적인 현실과 괴리되어 있기에, 아마도 이 남자들이 자신을 인식하는 방식, 그들이 여성을 보고, 때리고, 대상화하고, 부인하고 단지 말로만 학대하는 방식을 부끄럽게 여긴다고 생각할지도 모르겠다. 여자가 거기에 있으면, 그 여자를 취할 수 있고, 즐길 수 있고, 심지어 그녀의 의지에 반해, 그녀를 끌고 가 한 단계 더 나아갈 수 있다고 생각하는 사람들이 바로 **그들과 같은 남자들**이라는 것을 그들은 상상해보지 못한다.

나는 한 번도 경찰서의 누구에게라도 내가 했던 "역할"에 대해 질문받은 적이 없다. 왜냐하면 내가 한 역할은 없었으니까. 우리가 가진 문제는 사회적인 것이다. 피해자를 비난하고 가해자를 자유롭게 해주는 것은 우리를 돕고 보호하기 위해 할당된 공적 서비스가 아니다. 이런 일이 벌어지도록 놔둔 것은 우리를 둘러싼 사회다.

내가 한 일이라고는 오직 살아내는 것뿐이었다. 나는 숨 쉬고, 존재했는데, 그곳에서 그런 일을 겪은 것뿐이었다. 어느 날 밤 한 공간에서 내가 거부한 것과 상관없이 자신이 원하는 것을 취할 수 있다고 생각한 한 남자를 공포스럽게 맞닥뜨린 일. 중요한 것은 이런 **사고방식**을 이해하는 것이다. 왜냐하면 나에게 일어난 일은 극단적인, 그러나 일상적인 일이며, 내가 앞서 썼듯이, 이 편지는 **여성혐오, 학대, 폭력 그리고 위협**이라는 **약화된 형태**로 만연하게 벌어지는 일들에 대한 표현으로서 존재한다. 그런 일들은 이 글을 읽는 여성 모두에게 매일 일어나는 일이다.

오해를 피하기 위해 덧붙이자면, 누군가에게는 여전히 **여성이 그녀의 삶에서 무엇을 하든 상관없이 그녀가 강간을 요청하는 삶을 살지 않는다는 사실** 과 여전히 싸우고 있다. 요점은 이거다.

한 인간으로서, 나는 남자들이 내 몸으로 성적인 이득을 취하고 만지는 것을 당연시 여기는 여성으로서 섹슈얼리티 없이 내 삶을 살 권리가 있다.

한 인간으로서, 나는 밖에 나갈 권리가 있다.

한 인간으로서, 나는 술 마시고, 사람들과 이야기 나누고, 내가 원하는 옷을 입고, 동반인 없이, 혼자, 여럿이 함께 아니더라도, 내가 원하는 곳에 가고 내 삶을 살 권리가 있다.

한 인간으로서, 나는 내가 원하는 섹스를 할 권리가 있다. 그리고 그 권리는 남자들의 권리와 동일하다.

한 인간으로서, 나는 싫다고 말할 권리도 있다.

내가 정신을 못 차리더라도, 술에 취했더라도, 당신이 옷을 벗고 콘돔을 끼우고 있으며 내가 "그래"라고 말했다가도 마음을 바꾸고 결국 동의하지 않는 섹스는 강간이다.

마지막 한 마디. 나와 같은 여자들에게.

나는 이 편지가 당신에게 힘이 되기를 바란다. 그게 쉽지 않다는 것을 잘 알고 있다. 당신이 이걸 바로 읽었으면 좋겠다. 그렇다 당신, 당신의 마음속엔 내가 이 종이에 쓴 뭔가와 연결되는 것이 있을 것이다. 뭔가 뜨거운 것이 당신의 등에서 치밀어 솟을 것이다. 눈을 천천히 감고, 살짝 손바닥을 쥐고, 심호흡을 깊게 해야 한다. 괜찮다. 나는 이해한다. 당신이 그것에 대해 이야기하고 싶으면 나한테 메시지를 보내시라. 무엇보다도 나는 당신이 **힘을 얻기 바란다**. 왜냐하면 나는 이 일을 당신을 위해 했으니까.

나는 어제 당신을 위해 발언했다. 내가 이 편지를 당신에게 쓰는 이유는 당신이 혼자가 아니라는 것을 알았으면 해서다. 당신은 절대 혼자가 아니다. 나는 이 편지를 당신에게 쓴다. 당신이 완벽하게 일상적인 일을 하고 있을 때, 어디에선가 갑자기 당신의 머리 위로 모래 1톤이 쏟아져 내리는 것처럼 당신 일상의 안온함을 묻어버리는 일이 생길 수 있다. 그러면 당신이 할 수 있는 일은 그것을 귀 뒤로 넘겨버리고, 나비고 패스(여행패스카드)나 교통 카드를 찾길 바란다. 나는 이해한다. 나는 당신이 어떻게 반응해야 할지 생각할 수조차 없는 느낌을 안다. 왜냐하면 당신은 강간 피해자나 성폭력 피해자는 창백하고 수척한 모습으로 떨고 있는 여자, 방문을 잠그고 집 밖으로 나가지도 않는 여자라고 생각하니까. 어쩌면 당신이 그녀일 수 있다. 그게 아니면 당신은 그녀가 아닐 것이다. 아마도 당신은 엄청난 충격과 부인으로 처음 두 달 동안 당신을 추슬러야 했을 것이다, 아니면 당신 삶을 붙잡기 위해 술을 마시러 나가거나 사람들과 관계를 가져야 했을 것이다.

겉보기에 당신이 허약하고 쓸쓸하고 비참한 여자의 모습을 보이지 않으면, 어떤 사람들은, 심지어 당신이 아는 친구, 동료, 사회는 희생자에 대해 좀 더 다른 모습을 기대하려 드니까 말이다. (기억하는데, 우리도 그녀가 강간당했다는 걸 인정해. 그래서 그녀가 고통당했다는 걸 보여줬으면 하는 거야.) **그게 그렇게 나빠?**

그렇다. 그건 나쁘다. 그러면 안 된다. 그것은 당신의 잘못이 아니었으니까. 강간은 강간범 때문에 벌어진 일이다. 그리고 이와 다르게 생각하는 어떤 이에게 당신이 내 연설을 읽어준다면, 그걸로 우리는 앞으로 나아갈 수 있고, 일상에서 단지 자신의 삶을 살아가는 여성들에게 매시간 일어나는 성차별과 여성혐오, 성폭력과 강간에 눈을 뜨게 만들 수 있을 것이다.

하지만 나를 믿어라. 이것은 당신의 끝이 아니다. 이것이 당신을 규정하지 않는다. 이것은 당신을 보여주는 것이 아니다. **이것은 당신이 살아남았다는 것을 아는 것일 뿐이다. 나부터 당신까지 당신이 아름답다는 걸 알 필요가 있고, 당신의 인생에서 모든 행복을 원하고 누릴 자격이 있다.**

당신은 당신이 강하다는 걸, 믿을 수 없을 정도로 강하기에 불가능해 보이는 것을 해낼 수 있고 해내리라는 것을 알아야 한다. 설령 대로 당신은 잠들지 못하고, 멍하니 창밖을 응시하고, 줄담배를 피워대고, 스트레스를 줄이기 위해 한동안 뭔가를 과하게 하게 되더라도 말이다. 그건 괜찮다.

당신은 **암사자니까.** 당신은 두려움이 없다. 누구도 당신을 **막을 수 없**다. 당신은 믿을 수 없을 만큼 강하고 대단한 일을 해낼 수 있다. 당신은 아름다워서 나는 당신을 사랑으로 감싸주고 싶다. 왜냐면 당신은 충분히 그럴 가치가 있고, 그보다 훨씬 더한 가치가 있으니까. 당신은 이걸 극복할 것이다. 내가 매일 그러듯이, 당신은 늦은 밤 혼자 집에 걸어갈 것이다. 머리를 높이 쳐들고 **어떤 것도** 두려워하지 않고, **누구도** 두려워하지 않고.

당신은 평생 소중하고 친밀하고 사랑스러운 관계를 맺게 될 것이다. 당신을 사랑을 나누고 즐기고 당신의 섹슈얼리티에 감탄하며 당신을 깊이 아끼는 사람과 교감을 나누게 될 것이다. 그 사랑은 당신을 가득 채우고 결코 당신을 떠나지 않을 것이다. 그러나, 그 전에 당신은 혼자서도 아주 잘 할 거다. 당신이 원하는 당신의 일을 할 것이다. 당신은 혼자 먹고, 혼자 마시고, 혼자 책을 읽고, 혼자 걸을 것이다. 당신은 어떤 제약, 어떤 억압 없이 세계를 발견하게 될 것이다. 당신은 **살** 것이다.

내 인생은 망가지지 않았다. 당신의 인생도 그렇다.

나는 이 사건으로 내가 누구인지 결정하거나, 내 자신에 대한 감정을 바꾸지 않는다. 당신도 그래야 한다. 나는 친밀감과 나의 성적인 부분을 두려워하지 않아야 하고, 두려워하지 않고, 두려워하지 않을 것이다.

나는 내가 싸울 힘을 가지고 있다는 것에 대해 자랑스럽고 경외감을 느낀다. 그 남자에 맞서 싸우는 힘, 성차별에 맞서 싸우는 힘, 저 판사들 앞에서 내 목소리로 말할 힘, 그리고 그 사건으로부터 내 자신에 대해 배울 수 있다는 것에 대해 말이다. 나는 내 자신을 사랑하는 법을, 내가 한 모든 일에 감사하는 일을 배워야 한다. 내가 파리 정치 대학Sciences Po에서 성장하면서, 내가 철학에 대해, 정치학과 법에 대해 더 많이 배우면서, 나는 이 주제에 정면으로 접근할 수 있다. 왜냐하면 나는 그래야 하기 때문이다. 그리고 당신 역시 그래야 한다.

나는 이 일로 내 삶이 망가지는 것을 거절한다. 나는 이 일로 내가 규정당하는 것을 거절한다. 나는 그보다 훨씬 더 의미 있는 사람이기 때문이다. 파리는 내게 이보다 더 많은 의미를 지닌 곳이기 때문이다. 나는 내가 옳다고 믿는 모든 것들을 계속 이야기하고 싸워나갈 것이다. 그리고 당신 또한 그러할 것이다.

왜 나는 '프로-초이스'가 아니라 '낙태'를 지지하는 사람인가 [×]

밸러리 타리코, 2015

나는 낙태 시술이 긍정적인 사회의 덕목이라고 믿는다. 그리고 이걸 말할 때가 왔다고 생각한다.

얼마 전에, 정치 블로그 데일리 코스는 〈나는 낙태를 지지하는 사람 pro-abortion이 아니라 프로-초이스pro-choice이다〉라는 글을 발표했다. 누

× '프로-초이스pro-choice'는 여성이 임신중단에 대한 자기 몸의 결정권을 지니고 있다는 점에 동의하고, 그 선택을 지지한다는 점에서 '친-선택pro-choice'라고 부르며, 낙태를 단죄하거나 법적으로 제한하거나 불법화하는 정책에 맞서 싸운다. 이와 같은 여성의 자기결정권에 대해 반대하며 낙태를 죄악시하는 기독교 및 우파 세력은 (태아의) 생명은 지지한다는 의미에서 스스로를 '프로-라이프pro-life'로 지칭한다. 이러한 배경에서 밸러리 타리코는 낙태에 대한 여성의 선택을 존중하면서도 허용, 또는 관용이라는 수동적인 태도에서 벗어나 사회적 재생산에 대한 급진적 사고를 촉발시키기 위해 '친-낙태pro-abortion'라는 언어를 도발적으로 제시한다. 이 글에서 '프로-초이스'는 관용적으로 많이 쓰이기에 그대로 옮기고, 'pro-abortion'은 '낙태를 지지하는 사람'으로 풀어 옮겼다.

군가 이렇게 댓글을 달았다. "누가 진짜로 낙태를 지지하겠습니까?"

오, 내가 그렇다. 그 사람이 바로 나다.

내가 무릎 치환술을 지지하고 항암요법을 지지하고 백내장 수술을 찬성하듯 나는 낙태를 지지한다. 다른 모든 것이 실패했을 때, 잘못된 임신에 대한 최후의 방어책으로서 낙태는 여성과 남성이 자신들이 선택한 가족을 이루도록 돕는 일련의 도구다. 나는 낙태 시술이 긍정적인 사회의 덕목이라고 믿는다. 그리고 많은 사람들이 은밀하게 그렇게 믿고 있을 거라 생각한다. 그래서 이제 우리는 그렇다고 말할 때가 온 것 같다.

참고: 덧붙이자면 나는 또한 프로-초이스(선택을 지지하는 사람)다. 선택은 누가 결정을 내리는 것이냐에 관한 것이다. 우리가 새로운 생명을 세상에 내놓을지 그것이 언제일지에 대한 문제는, 내 생각에, 한 개인이 내릴 수 있는 가장 중요한 선택 가운데 하나다. 그것은 역시 우리가 다른 이를 위해, 특히 전혀 모르는 이를 위해 결정하기에는 너무나 큰 사안이다.

그러나 누가 결정했는가에 상관없이, 나는 그 결정을 지지한다. 그리고 이번엔 한번 완전히 그 이유를 열 손가락으로 꼽아볼 볼 때라고 결심했다.

1. **나는 낙태를 지지한다. 출산을 조절하고 제한하는 일은 여성의 권력과 평등에 필수적이기 때문이다.** 자신의 임신을 관리할 수 있는 수단이 부족한 여

성은 그녀의 인생을 관리할 수단이 부족하다는 것을 의미한다. 계획, 꿈, 포부, 책임감 혹은 약속이 아무리 중요하다 하더라고 거기에는 다음과 같은 비상 조항이 마련된다. "내가 임신할 시(혹은 하지 않을 시), 이 모든 것은 무효화될 수 있습니다." 여러분이 알고 있는 어떤 전문직 여성을 떠올려보라. 그녀가 임신 시기를 조절하지 못했다면 그런 역할을 해내지 못했을 것이다. 전문직 여성이 되고 싶은 당신이 아는 한 소녀를 떠올려보라. 임신을 관리할 효과적이고 믿을 만한 수단이 없다면 그녀는 그런 사람이 되지 못할 것이다. 과거에는 간호를 수녀나 노처녀 선생들이 담당했다. 그것은 성적 친밀감을 피하는 것만이 여성들이 예기치 못한 임신을 피할 수 있는 유일한 방법이었고, 다른 능력으로 그들의 커뮤니티에 자유롭게 봉사할 수 있는 유일한 길이기 때문이었다. 하지만 금욕이 현대 사회의 임신을 관리할 우리의 모델이 되어야 한다고 생각한다면, 오래된 수녀원이나 미혼모를 위한 가톨릭 시설 아래 종종 발견되는 작은 무덤들을 생각해보라.

2. **나는 낙태를 지지한다. 임신을 잘 준비하면 할수록 아이가 더 건강하게 삶을 시작할 수 있기 때문이다.** 이제 우리는 여성이 임신할 여유와 산전 관리가 보장될 때 아이가 태어나는 것이 가장 행복하다는 증거를 가지고 있다. 우리가 임신하기 몇 주 전 섭취한 특정 영양소들은 우리 자녀의 행복에 평생 영향을 미칠 수 있다. 반복적이고 빠른 임신은 저체중 아기와 다른 합병증 위험을 증가시킨다. 기다렸던 아기는 발가락에 키스를 받고, 경제적으로나 정서적으로나 준비된 가족에게 환영을 받는다. 어린 시절에는 예방 의료 서비스를 받고 어린 두뇌가 발

달하는 것을 돕는 일종의 애정 관계를 얻게 된다.

3. 나는 낙태를 지지한다. 왜냐하면 나는 모성을 진지하게 여기기 때문이다. 대부분의 여성 신체는 아기를 배양할 수 있다. 항생제, 제왕절개제, 그리고 출혈방지제 덕분에 아기를 밖으로 내보내고 살아남을 수 있다. 그러나 육아를 잘하는 데는 20년의 집중력, 주의력, 인내심, 지속성, 사회적 지원, 정신 건강, 돈, 그 이상의 많은 것들이 필요하다. 임신은 우리 대부분이 하게 될, 가장 크고 급격한 인생의 변화다. 여성이 원나잇스탠드나 강간이나 찢어진 콘돔으로 임신을 하게 되었을 때, 그냥 그걸 받아들여야 한다는 생각은 **모성을 완전히 하찮게 만든다.**

4. 나는 낙태를 지지한다. 왜냐하면 계획된 임신은 커플, 가족, 그리고 공동체가 가난을 벗어나도록 돕는다. 미국부터 방글라데시에 이르기까지 많은 나라에게 수십 년 동안 진행된 조사는 재생산 정책이 경제 정책이라는 것을 보여준다. 20세기 초 미국의 중산층이 가족계획을 세울 수 있게 됨으로써 부상한 것은 우연이 아니다. 여덟 혹은 열 명 대신 두세 명만 낳아 기르는 것이 현대 산업 경제 번영에 매우 중요하게 작용한 것. 애초에 원치 않았던 임신은 한 가정의 경제적 기회를 박탈하고 빈곤의 세습에 기여하는 결과를 낳는다. 오늘날 미국에서 원치 않는 임신과 출산은 전반적으로 감소 추세다. 가장 가난한 가족과 공동체를 제외하면 말이다. 이것은 소위 미국의 '카스트 제도'를 확립하는 데 일조하는 것과 같다. 강하고 결단력 있는 소녀들과 여성들은 역경을 이겨내고, 때때로 그들의 이야기가 우리에게 감동을 주는 것은 정확히 그들이 예외였기 때문이다. 정의는 최첨단 피임 기

술을 포함한 모든 수준의 임신 관리 도구가 가능하고, 이것이 실패했을 때, 낙태 치료는 소수의 특권층이 아니라 모든 이들에게 평등하게 이용될 수 있어야 한다고 명령한다.

5. **나는 낙태를 지지한다. 왜냐하면 재생산은 아주 많은 결함이 있는 과정이기 때문이다.** 유전적 재결합은 그 출발부터 잘못되었고 과정의 모든 단계가 결함을 지니고 있는 복잡한 연쇄로 이뤄진다. 인간을 포함한 모든 알려진 종들에서 번식을 위한 재생산은 커다란 깔때기처럼 작동한다. 결합되어야 하는 수보다 더 많은 정자와 난자가 생산되고, 착상될 것보다 더 많은 배아가 형성된다. 아기로 자라나야 할 것보다 더 많은 배아가 착상되고, 태어나고 자라나 자신의 아이를 가질 애들보다 더 많은 아기가 태어난다. 이 체계적인 선택은 신이나 자연을 세계의 가장 큰 낙태 공급자로 만든다. 건강한 아이를 생산하는 자연의 방법은 필수적으로 모든 여성이 자신의 몸에 낙태 공장을 짓도록 만든다. 인간의 경우, 약 6-80퍼센트의 수정란이 아기가 되기 전에 자멸하는 것으로 알려져 있다. 이것이 임신 횟수를 극대화하려는 더거Dugger 가족×과 같은 사람들이 가장 많은 인간 배아를 죽이는 사람들인 이유다. 그러나 도태(솎아냄weeding-out) 과정도 아주 불완전하다. 때로 완벽할 수 있는 결합이 떨어져나가는 경우도 있다. 때로는 끔찍한 결함이 쓸고 가는 경우도 있다. 여성의 몸은 스트레스

× 2008년 〈더거 부부와 17명의 아이들〉이라는 미국의 리얼리티 쇼를 통해 유명해진 가족. 시즌이 거듭되는 과정에서 아이들은 19명이 되었다. 이 가족은 하나님의 창조 질서에 순종해 피임이나 낙태 없이 아이를 낳는다는 이유로 기독교 근본주의자들로부터 극찬을 받았다. 성서의 엄격한 생활방식을 따르는 독실한 침례교 신자들인 이 가족은 큰 아들 조시의 지속적인 성추행 행적과 은폐가 드러나면서 2015년 미 언론의 도마에 올랐다.

를 받거나 아프거나 영양실조 상태일 때 덜 임신이 되지만, 뼈만 앙상한 엄마와 아기의 사진에서 보듯이, 일부 여성들은 끔찍한 상황에서도 임신이 된다. 다른 의료적 절차처럼, 치료적 피임과 낙태는 우리가 생존하고 번성하도록 돕는 자연의 방식을 보완한다.

6. 나는 낙태를 지지한다. 왜냐하면 나는 도덕이 지각 있는 존재의 안녕에 관한 것이라고 생각하기 때문이다. 나는 도덕성이란 지각 있는 존재, 즉 기쁨과 고통을 느끼고, 선호와 의도를 지닌 존재, 복잡한 상태에서 다른 존재들과 관계를 맺고 살 수 있고 사랑하고 사랑 받고 자신의 존재를 가치 있게 여기는 존재들의 살아 있는 경험에 관한 것이라고 믿는다. 그들은 무엇을 원할 수 있는가? 그들은 무엇을 느낄 수 있는가? 이것이 우리 아이들과 더불어 내 남편과 내가 닭고기와 기니피그에 대한 책임감에 대해 알아나갈 때, 탐색한 질문들이다. 여자아이들이 햇빛도 없이 풀도 못 뜯는 젖소에서 생산된 우유를 마시는 것을 그만둘 때 그 교훈은 꽤나 비싼 값을 치렀지만 나는 그것을 후회하지 않는다. **사람들에게 대접받고 싶은 대로 네가 그들을 대접하라.** 이것을 '백금률(플래티넘 룰)'이라고 부른다. 이 도덕의 세계에서는 진짜 사람들이 잠재적인 사람들, 가상의 사람들, 혹은 기업의 사람들보다 중요하다.

7. 나는 낙태를 지지한다. 왜냐하면 피임약은 불완전하며, 사람들도 그러하기 때문이다. 피임약은 1960년대의 기술이고, 그로부터 반세기가 지났다. 수십 년 동안 여성들은 피임약이 99퍼센트 효과가 있다고 들어왔고 임신이 된 경우 스스로를 탓하곤 했다. 하지만 그 99퍼센트는 "완벽

한 사용"의 통계다. 그리고 현실에서 우리 대부분은 완벽하지 않다. 현실에서는 매년 피임약에 의존하는 여성 열한 명 가운데 한 명이 임신한다. 콘돔 사용 커플은 여섯 쌍 가운데 한 쌍이 임신한다. 젊고 가난한 여성들, 즉 삶을 예측하기 어렵고 곤경에서 벗어나기 힘든 가장 취약한 여성들은 대개 약을 지속적으로 복용하기 어렵다. 피임약 기술은 피임을 가장 필요로 하는 사람들에서는 실패한다. 이것이 낙태에 대한 접근을 동정이 아니라 정의의 문제로 보아야 하는 이유다. 최첨단 IUD(자궁내장치)와 피임 임플란트는 이러한 등식을 근본적으로 변화시킨다. 그 주된 이유는 그것들이 수년 동안 그림에서 나온 인간의 실수를 끝내기 때문이다. 아니면 여성이 아기를 원할 때까지. 그리고 반대자들이 의도적으로 잘못된 정보를 퍼트리고 있음에도 불구하고, 이 도구들은 진정한 피임약이지 낙태약이 아니다. 선택된 방법에 따라, 그것들은 정자를 무력화시키거나 그 길을 막거나, 난자가 방출되는 것을 막는다. 일단 시술이 되면, IUD나 피임 임플란트는 연간 임신율을 500분의 1 이하로 떨어뜨린다. 그러면 어떤 일이 벌어지겠는가. 10대의 임신과 낙태가 급감한다. 내가 낙태 지지주의자라 해도, 낙태의 필요성이 사라진다면 나는 너무 행복할 것 같다. 예방할 수 있는데 왜 피해를 경감시키겠는가?

8. 나는 낙태를 지지한다. 왜냐하면 나는 자비, 은총, 동정, 그리고 새로운 시작의 힘을 믿기 때문이다. 몇 년 전에, 내 친구 칩은 가족들을 태우고 휴가를 가고 있었다. 그의 아이들이 말다툼을 시작하자, 그의 아내 말라는 아이들을 돕기 위해 안전벨트를 풀었다. 그때 칩은 그녀 너머로 육중한 미니 밴이 방향을 틀다가 구르는 것을 보았다. 그리고 말라는

죽었다. 때때로 사람들은 자신의 여생을 지불해야 하는 실수를 하고 사고를 당한다. 하지만 나는 내 스스로 어깨를 돌려 뒤를 향했다. 부주의나 판단착오, 또는 어떤 종류의 사고로 우리가 지불해야 하는 대가는 우리가 만든 오류와 비례하지 않다. 우리 중 누군들 새로운 생명을 세상에 내놓기 적절하지 않는 시기, 상황, 파트너십에서 피임이 보장된 섹스를 하지 않았는가? 대부분 우리는 운이 좋고, 때때로 그렇다. 그래서 이런 경우 우리는 다른 이들의 자비, 동정, 그리고 관대함에 의존한다. 이 점에서, 원치 않는 임신은 다른 사고와 마찬가지다. 내가 오늘 걸을 수 있는 이유는 내가 10대 때 자동차 앞부분과 자전거 프레임에 끼어 망가진 내 다리를 외과 의사들이 재조립했기 때문이다. 그리고 오늘날 나는 걸을 수 있는(내가 뛰고 점프할 수 있는) 이유는 내가 사다리에서 떨어졌을 때 다른 외과 의사들이 내 무릎 관절을 재조립했기 때문이다. 나는 오늘 (가족과 함께) 걸을 수 있는 이유는 내가 잔디 깎는 기계로 내 다른 쪽 무릎뼈를 잘라버렸는데, 세 번째 의과의사 팀이 고쳤기 때문이다. 세 번의 사고, 모두 내가 한일, 그리고 세 번의 무릎 수술. 어떤 여성들은 세 번의 낙태를 한다.

9. 나는 낙태를 지지한다. 왜냐하면 미래는 항상 움직이고 있고, 우리는 그것을 형성할 힘과 책임이 있기 때문이다. 대학생이었을 때, 나는 레이 브래드버리[x]의 소설 중 《타임 사파리》를 타고 선사시대로 시간여행하는 한

---

x   레이 더글러스 브래드버리Ray Douglas Bradbury (1920-2012). 미국의 환상소설, 과학소설, 미스터리 소설가.

남자에 관한 이야기를 읽었다. 관광객은 역사의 흐름을 바꾸지 않도록 어떤 것도 방해해서는 안 된다는 중요한 가르침을 받는다. 그들이 현재로 돌아왔을 때, 그들은 선거 결과가 바뀌었다는 걸 깨닫고, 자취를 감췄던 주인공의 신발 밑창에 으깨진 나비가 붙어 있었다는 것을 발견한다. 브래드버리의 이야기에서처럼, 아기를 만드는 일에서도 미래는 항상 움직인다. 그리고 우리가 하는 모든 작은 일들의 결과는 어떤 방법으로도 예측할 수 없다. 어떤 작은 변화라도 세상에 각기 다른 아이가 나온다는 것을 의미한다. 당신의 어머니가 두통을 앓았던 날 밤, 당신을 갖게 될 때 당신 부모의 섹스 포지션, 당신의 어머니가 그 후 침대에서 뒹굴었든 그렇지 않았든, 설령 이 모든 것들이 다르게 진행되었더라도, 당신 대신 누군가가 여기에 있었을 것이다. 매일, 남자들과 여자들은 작은 선택들을 하고, 잠재적인 사람들은 존재 안팎으로 깜박거린다.

10. **나는 딸을 사랑하기에 낙태를 지지한다.** 닥터 틸러가 살해당했을 때, 나는 처음으로 나의 낙태에 관한 이야기를 썼다. 나는 낙태 시술자들이 혼자 궁지에 몰려 있다는 생각에 견딜 수가 없었다. "나의 낙태 아기"는 나와 내 남편이 원했던 임신이 건강하지 못하다는 것을 알았을 때, 조지 틸러와 같은 친절한 의사가 우리에게 새로운 출발의 선물로 안겨준 내 딸 브린의 이야기다. 브린은 말 그대로, 미래의 변화무쌍한 흐름을 구현하고 있다. 왜냐하면 이 아이는 내가 첫 임신을 유지했다면, 그 세계에서는 존재할 수 없었기 때문이다.

우리가 처음으로 꿈꾸었지만, 그러나 결코 태어나지 못한 한 아이의 임신을 유지했어야 한다고 후회할 때, 그녀가 잉태되었다. 나와 내 남편은 첫 임신이 우리의 가치관을 위반하는 것이라고 분명히 느꼈고, 우리 둘 중 누구도 우리 결정을 재고하지 않았다. 그럼에도, 나는 슬펐 다. 몇 달 후 다시 내가 임신을 했을 때, 나는 내가 심통 사납게 생각했 던 것이 생각난다. **나는 이 아이가 아니라, 그 아이가 갖고 싶었어.** 그리고 브린이 세상에 나왔고 나는 그녀의 눈을 바라보았다. 그리고는 나는 사랑에 빠졌고 결코 뒤돌아보지 않았다.

우리를 둘러싼 모든 곳에서 숨 쉬고 살아가며 사랑하는 존재들, 엄 마가 기다리고 선택받은 아이들이 있다. 그 엄마들은 아픈 시간 혹은 건강치 못한 임신을 끝내고 새로운 삶을 살아가기를 택했다. "나는 아 이 둘만 낳으려고 했어." 제인은 딸들이 즐겁게 비명을 지르며 잔디를 가로질러 뛰어다니는 것을 보며 말했다. 제인은 눈으로 그들을 쫓으며 말했다. "나의 낙태가 이 둘을 적절한 때, 내가 사랑했던 사람과 함께 가질 수 있도록 해주었지."

낙태를 순전한 악으로 보는 이들은 임신한 여성이 "지금이 아니다" 고 결정했기 때문에, 이 세상에 태어나지 않은 "수백만의 잃어버린 사 람들"에 대해 종종 이야기하곤 한다. 그러나 그들은 결코 오늘 여기에 살고 있는 수백만의 아이들과 어른들에 대해 이야기하지 않는다. 단지 그들이 낙태를 한 엄마라는 이유로. 이 현실 버전의 미래에 존재하는 진짜 사람들, 우리를 둘러싸고 모두 자신의 생을 살아가고 있는 사람 들. 사랑하고 웃고 고통 받고 투쟁하고 춤추고 꿈꾸는 사람들, 그리고 자기만의 아기를 갖는 사람들에 대해.

낙태를 반대하는 이들이 "잃어버린 사람들"에 대해 탄식할 때, 내가 심통 내며 했던 생각의 메아리가 들린다. **나는 이 사람이 아니라, 그 사람을 원했다.** 그리고 나는 단지 그들이 내가 겪은 일을 경험할 수 있기를 바란다. 그들 앞에 있는 사람들의 아름다운 눈을 들여다보고 사랑에 빠질 수 있기를.

대항성별[×] 선언문(발췌)

폴 B. 프레시아도, 2000

대항성별counsersexual 계약서(견본)

여기에 서명한, 나 _____는 내 자신의 의지, 몸, 정
서로, 한 남자 혹은 한 여자로서의 나의 생명 정치적 위치를, 자연화된
이성애 시스템의 틀 안에 있는 나의 젠더, 성적, 인종적 위치로부터 도

×   폴 B. 프레시아도는 인간의 생물학적 성별과 이성애적 매트릭스가 이미 붕괴되었다고 보고, '대항성
    별'의 새로운 몸을 창안할 것을 주창한다. 프레시아도는 "대항성별은 젠더와 성차, 이성애중심 사회
    계약의 산물에 대한 비판이자 우리 몸을 생물학적 진실로 기입해온 규범적 수행성에 대한 비판적
    분석"이라고 제시한다. 그간 LGBT 정체성 운동이 주력한 제도 문제에 반해, 욕망과 신체의 관계를
    재배치하고자 하는 '대항성별'은 모니크 위티그, 주디스 버틀러, 도나 해러웨이의 사유를 바탕으로,
    남자/여자, 남성적/여성적, 이성애/동성애, 트랜스/시스와 같은 양극 바깥에 몸을 위치시키면서 '보
    충물'(데리다)로서의 딜도로 보철화되고 변환하는 몸의 수행성을 가리킨다.

출되는 모든 특권(사회적, 경제적, 혹은 유전적 권리)과 어떤 책무(사회적, 경제적, 혹은 재생산적 의무)를 포기하기로 서약한다.

나는 내 몸과 모든 살아 있는 몸들을 말하는 몸들로 인식하고 나는 이 몸들과 자연화된 성적 관계를 결코 갖지 않을 것을 약속하며, 일시적이고 합의된 대항성별적 계약 바깥에서는 그 몸들과 섹스하지 않을 것에 전적으로 동의한다.

나는 나 자신을 신체 번역가로 선언한다. 딜도 생산자, 딜도를 내 자신의 몸에, 그리고 이 계약서에 서명한 모든 몸에 번역하고 배포하는 사람.

나는 본 계약의 틀 안에서 딜도의 합의적 사용과 딜도의 재기입에 의해 생산된 불평등한 권력 위치에서 발생될 수 있는 모든 특권과 의무를 포기한다.

나는 내 자신을 구멍으로, 항문 노동자로 선언한다.

나는 이성애 체제 내에서 내게 주어진 모든 법적 친족관계(부모, 부부)와 그것으로부터 파생된 모든 특권과 의무를 포기한다.

나는 나의 성적 체액과 세포 그리고 자궁 생산에 대한 모든 소유권을 포기한다. 나는 나의 생식 세포를 사용할 권리를 오직 합의된 대항성별 계약의 틀 안에서만 인정한다. 나는 대항성별적 재생산 실천의 맥락 안에서 생산된 몸과 몸들에 대한 모든 소유권을 포기한다.

이 계약은 ＿＿＿＿＿년, ＿＿＿＿월, ＿＿＿＿일 동안 유효하다.

서명 ＿＿＿＿＿＿＿＿＿＿

날짜 ＿＿＿＿＿＿＿＿

성 노동자의 권리를
지지하기 위한 페미니스트 선언문

성 노동자를 위한 페미니스트

이 선언에 공동 서명한 우리—여성인권과 페미니즘 그리고 성 노동자 인권 기관과 모임들—는 성 노동자들의 자기 결정과 성 노동을 노동으로 인정하는 것에 대한 우리의 지지를 표명한다. 여성 인권, 재생산권, 그리고 젠더 평등이 유럽과 중앙아시아 전역에 걸쳐 위협받고 있는 가운데, 우리는 구조적이고 제도적인 폭력에서부터 신체적이고 대인관계에 이르는 수많은 형태의 폭력에 직면한 성 노동자들과 연대한다. 성 노동자들이 직면해 있는 제도적인 억압에 대처하기 위해, 우리는 모든 페미니스트들에게 성 노동자의 목소리를 운동에 포함시키고 증폭시키는 데 자원을 집중해주길 요구한다. 또한 성 노동자들의 권리를 방해하는 것으로 나타난 법안을 장려하는 행위를 중단해줄 것을 요청한다.

우리는 가부장제, 자본주의, 백인우월주의 사회 내부의 젠더 불평등을 다루며 트랜스젠더와 성 노동자들에 대해 포괄적인 페미니즘 운동을 요청한다. 우리의 형사 정의 시스템은 억압적이어서, 여성, 트랜스젠더 그리고 젠더 불평등에 대한 폭력의 유일한 해결책으로 치안과 기소, 그리고 투옥만 날로 증가하고 있는 것을 보지 못한다. 우리는 경제적 불평등, 접근 가능한 사회보장망과 서비스 부족을 포함해, 여성과 트랜스젠더에 대한 복합적인 폭력에 대항하기 위한 공동체적 개입, 그리고 장기적인 조직화와 동원을 믿는다.

1. 우리는 성 노동자들이 그들 자신이 삶과 요구에 있어서 **전문가들임을 인정한다.** 페미니즘은 과거에도 늘 그래왔듯이 자신의 일과 자신의 신체에 대한 여성들의 행위와 자기결정권을 지지한다. 성 노동자도 예외가 되어서는 안 된다.

2. **우리는 성 노동을 하기로 한 성 노동자들의 결정을 존중한다.** 페미니스트로서, 우리는 성 노동자가 "자기 몸을 판다" 혹은 "자신을 판다"는 여성혐오자들의 진술을 거부한다. 섹스가 당신 자신을 내던져버린다거나 당신의 일부를 잃는다고 이야기하는 것은 극도의 반페미니즘적이다. 여성은 섹스로 인해 어떤 것도 잃지 않는다. 우리는 또한 성 노동자가 "여성, 성 혹은 친밀함의 상품화"에 기여한다고 주장하는 어떤 분석도 거부한다. 우리는 성 노동자가 다른 여성에게 해를 끼치고 있다고 비난하지 않을 것이며, 대신 가부장제와 다른 억압적인 제도를 비난할 것이다.

3. **우리는 성 노동자가 동의를 요구할 수 있는 능력을 인정한다.** 성 노동 안에서 동의란 불가능하다고 말하는 것은 성 노동자들에게서 자신의 경

계를 명명할 능력과 폭력에 대항해 말할 수 있는 능력을 빼앗는 것이다. 성 노동자의 신체와 동의를 "구매"한다는 생각, 그래서 마치 그들이 성 노동자를 마음대로 할 수 있다는 생각을 전파하는 것은 성 노동자의 현실에 위험한 결과를 가져온다. 더욱이, 모든 성 노동을 폭력의 한 형태로 상정함으로써, 폭력을 막는다는 미명 아래 성매매를 단속하고 있다. 그러나 성매매에 대한 엄중한 단속은 실제로 폭력에 대한 성 노동자들의 취약성을 증가시킨다.

4. 우리는 인신매매 피해자들의 인권과 노동권 보호를 전폭적으로 존중하며, 이들에 대한 실질적 도움과 지원을 제공하는 조치를 지지한다. 이처럼 우리는 이주, 성 노동, 인신매매의 혼합을 규탄한다. 그 결과로, 이주 성 노동자들은 특히 경찰의 괴롭힘과 습격, 구금과 추방의 표적이 되고, 그들은 폭력과 착취에 더 취약한 비밀스런 노동 환경에 내몰린다.

5. 우리는 성 노동자에 대한 모든 형태의 폭력을 근절하기 위해 싸운다. 성 노동은 성폭력의 한 형태가 아니지만, 성 노동자는 특히 매춘부혐오, 동성애혐오, 트랜스혐오 및 성차별, 인종차별과 계급차별과 같은 교차적 억압을 원인으로 한 성적 파트너 폭력에 취약하다. 억압과 범죄화는 성 노동자들을 개인, 사회복지기관, 경찰, 이민국 공무원, 사법부의 폭력에 취약하게 만든다. 성 노동을 본래 폭력적이라고 간주하고 성 노동자의 동의를 무효한 것이라고 간주하는 것은 이들에 대한 폭력을 정상화하는 역할을 한다.

6. 우리는 매일 삶의 모든 영역에서 여성혐오를 종식시키기 위해 일한다. 그러나 여성혐오는 성 노동의 원인이 아니라, 여성의 행위와 선택에 대한 반응, 즉 화장을 하든, 낙태를 하든, 성을 팔든 그에 대한 반응으로 나타난다. 우리는 여성혐오적 정서와 행위를 문제로 지칭한다. 그리

고 여성혐오를 '유발하는' 행위를 바꾸거나 근절하라는 요구를 거부한다. 여성혐오를 유발한다는 이유로 성 노동을 근절하고자 하는 시도는 성을 파는 것과 같은 여성의 어떤 행위가 본질적으로 여성혐오를 받아 마땅하다고 주장하는 사람들에게 동의하는 것이다.

7. **우리는 이주민의 권리를 존중한다.** 이주여성들은 일에 대한 접근이 제한되고, 종종 전혀 사회보장을 받을 수 없는 경우가 있다. 피난처를 찾는 이들 가운데는 생계를 유지할 수단이 매우 제한된 상황에서 성매매를 하기도 한다. 고객의 범죄화와 다른 형태의 성 노동 범죄화는 정의와 보상에 대한 그들의 권리를 부인하면서 이주 성 노동자들을 경찰의 폭력, 체포, 추방의 지속적인 위협에 처하게 만든다. 고객의 불법화는 그들의 수입을 제거하는 동시에 생존을 위한 다른 제안을 전혀 제공하지 않는다.

8. **우리는 LGBT의 권리를 지지한다.** LGBT 사람들이 겪는 가족으로부터의 거부, 그리고 시스성차별주의와 이성애중심적 사회 구조에서 교육과 고용의 장애물로 인해, LGBT, 특히 트랜스 여성들은 성 노동을 매우 한정된 경제적 고용 기회 중 하나로 삼게 된다. 성매매금지법은 사회적 소외의 복잡한 측면을 외면하기 때문에 레즈비언, 게이, 바이섹슈얼과 트랜스젠더들에게 도움이 되지 않는다. 이것은 특히 트랜스 여성들에게 해당하는데, 성 노동을 범죄화하는 법들은 특히 이 사람들이 성매매를 하든 그렇지 않든 간에 이들을 프로파일링하고 박해하는 데 사용된다.

9. **우리는 성 노동의 완전한 비범죄화를 요구한다.** 스웨덴 모델[x]과 성 노동을 범죄화하는 다른 모델들은 성 노동자들에게 해롭다는 강력한 증거가 있다. 스웨덴 모델은 성 노동자들을 빈곤으로 몰아놓고, 고객과

협상할 수 있는 그들의 힘을 축소시키고, 안전을 위해 함께 일하는 이들을 범죄자로 만들고, 이들을 쫓아내고 강제 추방한다. 성 노동자들이 노동자로 조직화될 수 있게 함으로써, 비범죄화는 성 노동자들을 착취적인 노동 관행과 폭력에 덜 취약하도록 만들 수 있다.

10. **우리는 날로 증가하는 여성 노동의 불안정성에 대해 목소리 높여 항의한다.**
역사적으로 자본주의와 가부장제 하의 서구 사회에서 여성들의 노동(가사 노동, 돌봄 노동, 성 노동, 감정 노동)은 "여성의feminine" 것으로 간주되어, 저평가되고, 저임금 또는 완전히 비가시적인 무임금으로 취급당해왔다. 성 노동자를 포함해서 여성들은 세계적으로 보수가 더 적고 더 불안정한 직업을 가지고 있다. 그들은 불법화된 고용, 한시적이거나 일시적인 노동, 가사 노동, 유연한 임시 노동, 하청 노동, 프리랜서 또는 자영업자에 이르기까지 착취의 조건 하에 일하고 있다. 성 노동은 주로 여성들의 일이라는 점, 그리고 종종 이주민 여성과 유색인 여성의 일이라는 점에서 다른 유형의 돌봄 노동과 유사하다. 성 노동자들처럼 돌봄 노동자들도 종종 남성들의 일자리에서 일하는 노동자와 같은 동일 노동의 권리를 누리지 못하고 있다. 그러므로 성 노동자의 권리를 옹호한다는 것은 그들의 노동권을 강조하고, 불안한 고용 조건과 성산업의 착취에 대응할 필요가 있다는 것이다. 또한 다른 노동자들처럼 성 노동자들에게

× 스웨덴 모델은 성 노동자는 처벌하지 않고 지원하며 구매와 알선, 업소 운영과 착취 만을 처벌하는 정책을 일컫는다. 스웨덴을 중심으로 북유럽 국가의 일부가 채택하고 있어서 '노르딕 모델'이라 불린다. 노르딕 모델은 성 노동자를 노동자로 보지 않고 복지의 대상으로 인식하기에, 실질적으로 성 노동자들이 경험하는 노동환경을 개선하는 것보다 성 노동자의 탈성매매 정책에 초점을 맞춘다. (출처: 페미위키)

권력을 주는 법적 제도장치를 옹호해야 한다는 것이다.

11. 우리는 페미니스트 운동이 성 노동자를 포괄할 것을 요구한다. 그들을 포괄하는 것은 우리 운동에 귀중한 통찰력, 에너지, 다양성을 가져오며, 젠더, 계급, 인종에 대한 우리의 가정에 도전한다. 성 노동자들은 세계적인 첫 페미니스트들 가운데 일부였고, 우리 공동체는 그들 없이는 쇠퇴하고 만다.

자위 선언문

베티 도드슨, 1997

거의 30년 동안 자위행위의 이점을 극구 찬양해온 외로운 전사로서, 나는 수백만 자위행위자들과 함께 성을 부정하는 세력에 대항하는 운동을 조직할 준비가 되어 있다. 이것이 에이즈와 무슨 상관이 있냐고? 전부 상관 있다. 섹스에 대해 솔직히 말하는 것은 HIV 예방을 위한 성공의 열쇠다. 안전하지 않은 섹스는 모든 거짓말, 비밀, 침묵의 결과이다. 그러니 당신이 나와 입장을 같이 하는 섹스 친구라면, 죄책감이나 사과 없이 자기애 세션을 즐기는 것으로 오늘을 시작하도록 하자. 다음 단계는 몇몇 친구들에게 당신이 가장 좋아하는 테크닉을 이야기함으로써 대중들에게 다가가는 것이다. 그리고 마지막에는, 친구와 자위행위를 나누는 것이다. 그러면 내 책에서 당신은 활동가로 인정받는 것이다.

1995년 조이슬린 엘더스Joycelyn Elders 박사의 해고[×]는 전 세계 네트워크와 신문지상에 자위라는 단어를 전달했다. 그 메시지는 미국에서 이것을 언급하면 당신의 정치적 생명은 끝난다는 것이다. 그녀가 기자회견에서 자위에 대한 질문에 대해 지성과 동정심을 가지고 대답했을 때 "나는 그것이 인간의 섹슈얼리티의 일부이며, 배울 수도 있는 그런 것이라고 생각합니다" 미 행정부 관료들은 격분했다. 엘더스의 발언은 보편적인 실천에 대한 솔직한 토론이라기보다 엘더스가 학교에 자위 교육을 요구한 것이라고 오독되었다. 이 이야기가 전해진 후, TV에 나온 한 보수 정치인은 "나는 다섯 살짜리 제 아이가 주머니에 콘돔을 넣고 다니는 것을 원치 않습니다."라고 말했다. 미끼와 물타기의 노회한 정치적 책략이다.

"금욕"의 메시지가 파산을 맞이했고 새로운 HIV 감염자들의 절반이 25세 이하 젊은이들인 상황에서, 자위는 그 어느 때보다 안전한 성교육의 중요한 요소다. 장담하건대, 자위를 예찬하는 우리의 통일된 목소리는 자기 성애의 존재를 계속 부인하는 청교도 지도자들의 억압적인 웅변을 뛰어넘어 전파될 때까지 울려 퍼질 것이다.

×   미니 조이슬린 엘더스Minnie Joycelyn Elders는 1993년부터 1994년까지 미국 군의관을 역임한 소아과 의사이자 공중보건 관리자였다. 아프리카계 미국인이자 여성으로서 클린턴 정부의 보건 정책의 책임자였던 그녀는 약물 합법화, 자위 행위, 학교에서의 피임법 교육에 대해 자신의 솔직한 견해를 발표해온 것으로 잘 알려져 있다. 1994년 말, 엘더스는 에이즈에 관한 유엔 회의 연설에서, 젊은이들이 위험한 성행위를 피하기 위해 자위행위를 장려하는 것이 적절한지 질문을 받았고, "자위는 인간의 성에 있어서 기본적인 것이며, 오랜 무지에서 벗어나 이런 것들의 교육을 시도해봐야 할 때"라고 답했다. 이 발언이 논란이 되면서 1995년 그녀는 결국 사임해야 했다.

자위의 허용이 왜 사회구조의 근간을 위협하는 것처럼 보이는가? 독자적인 오르가즘이 독자적인 사유로 인도할 수 있을 것 같은가? 유순하고 조작하기 쉬운 인간 집단을 유지하는 효과적인 방법은 아동 자위를 금지하고, 성의 생식 모델을 고수하며, 결혼과 일부일처제를 옹호하고, 성에 대한 정보를 구류하고, 산아 제한을 어렵게 만들고, 낙태를 하지 못하게 하고, 매춘을 범죄화하며, 동성애를 비난하고, 성적인 유흥을 검열하는 것이다. 그리고 성적 다양성의 존재를 부인하는 것이다. 그것이 모두를 성적 죄인으로 만든다.

왜 우리 자신과의 섹스를 전혀 자랑스럽게 여기지 않는지 궁금해본 적이 있는가? 내 추측으로는, 우리는 세뇌된 로맨틱한 사랑 중독자들의 나라다. 이 나라는 매력적인 왕자님이나 공주님이 우리에게 열정적인 오르가즘을 영원히 약속해준다는 신화에 사로잡혀 있다. 로맨스는 성적 욕구를 잠식하는 일부일처제의 속박으로 인도하는 약이다. 우리 대부분이 그걸 간파할 때쯤이 되면, 자녀, 재산 또는 재정이 우리를 서로 묶어놓아서 성적 쾌락은 감소하거나 완전히 사라진다.

용기를 가지라. 파트너섹스는 우리가 자기애적 실천을 향상시키기 시작하면 곧바로 더 좋아진다. 먼저, 자위행위를 성적 명상으로 간주하면서 정기적으로 한 시간 이상씩 연습하라. 항상 좋은 마사지 오일을 사용하고 훌륭한 음악을 틀어놓자. 자신의 호흡에 집중하고, 엘비스처럼 골반을 움직이라. 오르가즘은 의식적 통제가 없는 신경계 기능이지만, 여러분의 즐거운 랩소디가 성적 긴장을 증가시킴으로써, 오르가즘 직후 바로 멈추지 않고 연장될 수 있다.

섹스 에너지는 삶의 원동력이다. 그리고 내 몸은 내가 전기 바이브레이터나 딜도로 하는지, 아니면 애인의 혀, 손 혹은 페니스로 하는지 신경 쓰지 않는다. 오르가즘은 오르가즘이다. 우리가 일단 자위행위를 받아들인다면, 우리는 결코 우리를 버리지 않을 사랑하는 사람과 우리가 원하는 모든 섹스를 할 수 있다.

GINK 선언문

리사 히마스, 2010

1969년 대학 졸업반 스테파니 밀스는 졸업식 연설로 미 전역 신문들의 헤드라인을 장식했다. 그녀는 임박한 생태 파괴 앞에서 부모되기를 포기했다면서, 친구들 앞에서 다음과 같이 말했다. "저는 제가 할 수 있는 가장 인간적인 일이 아이를 갖지 않는 일이라는 사실에 슬픔을 금할 수가 없습니다."

저는 오늘 여러분 앞에서 똑같은 선언을 하고자 합니다. 살짝 반전이 있어요. 저는 제가 할 수 있는 가장 인간적인 일이 아이를 갖지 않는 것이라는 사실이 매우 기쁩니다. 친환경적인 선택을 하는 일은 종종 희생이나 번거로움 또는 비용이 드는 일처럼 여겨지죠. 이 경우에는 사치스런 탐닉처럼 느껴지는데요, 이 일은 제게 비용이 덜 들면서,

대기 중 탄소배출을 훨씬 줄이는 일이 되겠습니다.

저는 이런 제 자신을 GINK라고 부릅니다. 녹색 지향, 아이 없음 green inclinations, no kids.

첫째, 부모인 당신을 위한 한 마디

저는 아이들을 좋아합니다. 먼저 이 문제를 좀 더 자세히 짚어보죠. 어쨌든 많은 사람들이 아이들을 좋아하고, 그렇게 말하는 제 친한 친구들 중 일부도 부모입니다. 저는 과거, 현재, 장래를 막론하고 부모라는 것에 악의를 품고 있지 않아요. 저는 도덕적이거나 윤리적인 우위를 주장하는 게 아닙니다.

부모가 되는 것을 여러분이 갈망해왔고 계획했다면, 혹은 이미 시작되었다면, 나는 당신의 선택을 존중하고 행운을 빌 거예요. 행복하고 건강한 아이들을 키우시기를. 아이들은 당신에게 기쁨과 성취를 가져다줄 거예요. 그들이 사회보장 세금을 충실히 납부하는 생산적인 사회 구성원이 되길 바랍니다.

물론 부모이거나 부모가 되려는 당신은 저의 격려가 필요하지 않겠지요. 우리 사회는 당신의 결정을 압도적으로 지지하는걸요. 그렇습니다. 미국은 자녀를 둔 동성커플의 기본권은 차치하고, 유급 가족 휴가나 보편적인 보육이 부족합니다. 그래서 우리는 이러한 단점을 고쳐나가야 합니다. 하지만 세금 우대부터 항공사 좌석 할인까지, 당신을 종용하는 조부모님부터 친구들까지, 그리고 완전히 모르는 사람들까지도 첫 아이를 혹은 다음 아이를 언제 낳을 건지 물어보고, "임신 출산 정보

598

서비스What to expect...”의 제국부터 여기저기 번성하는 엄마-아빠 블로
그까지 우리 문화는 당신의 선택을 끊임없이 긍정합니다. 여러 면에서,
거의 그것을 요구하죠. 그리고 우리의 생물학적인 차원에서도 그것은
간단한 일이 아닙니다.

아, 그럼 이 글은 당신을 위한 게 아니네요. 이건 우리 사회에서 많
은 격려를 받지 못하는 아이 없는 사람이나 무자녀에 대해 관심 있는
사람을 위한 거네요. 부모님들, 원하신다면 계속 읽으세요. 하지만 너
네에게 자녀가 있으면 다른 기분을 느낄 수 있어, 라고 말하지 않는 걸
약속하셔야 합니다.

좋아요, 본론으로 들어가죠.

여기 섞여 있는 사람들 사이에 결코 말해서는 안 되는 더럽고 작은 비
밀이 있습니다. 아이가 없는 삶에는 많은 특전이 있다는 거죠. 오염되
고 북적거리는 행성에 더 적은 생명체를 낳는 것이 환경에 더 좋다는
것은 말할 필요도 없고요.

네, 저는 아이가 없는 사람으로서, 많은 것들을 놓칠 겁니다. 출산
의 기적(솔직히 말해서, 그걸 건너뛴 게 그다지 아쉽다고 느끼진 않지만요.) 오
직 아이들 입에서만 나오는 유쾌하고 감각적인 말들. 해리포터 시리즈
를 다시 읽을 훌륭한 핑계. 내 아이가 나보다 영리하고 멋지고 예쁠 거
라는 희망. 더 떠들썩한 명절. 가족의 성을 이어갈 사람(내가 누구네 성을
따를 것인지 결정하는 팔씨름 경기에서 내 파트너를 이겼다고 가정했을 때). 아마
도 아이가 자라 잘 교육받고, 잘 적응하는 어른이 되도록 돕는 일에 대

한 만족감, 그리고 내가 늙었을 때 나를 돌봐줄 누군가를 안다는 안도감이 있겠죠.

그러나 부모들도 놓치는 게 많습니다(제가 앞서 말씀드린 것처럼요). 우정과 로맨틱한 동반자 관계에 투자할 시간과 정서적 에너지. 경력이나 교육 혹은 직무에 집중할 여력. 지속적으로 "성장하는" 대화. 진짜 충동적으로 떠나거나 여유롭고 모험 가득한 여행(절대 동물원은 안 가겠죠). 토요일 밤 도심에서의 즉석 만남 그리고 일요일 오전에 밖에서 즐기는 브런치. 정치 또는 지역 사회에 참여할 기회. 읽기, 쓰기, 또는 휴식을 위한 스트레칭. 유아보호용 설치물도 없고 장난감도 없고 금붕어가 든 어항이 깨지는 일도 없는 집. 평화롭고 방해받지 않는 하루 여덟 시간 동안의 밤잠. 아이와 함께 더 좋은 시간을 보내야 한다는 어떤 죄책감도 없이 말이죠.

아이 없는 삶은 또한 훨씬 더 많은 경제적 자유를 의미하지요. 아이들에게 얼마나 돈이 많이 드는지요? USDA의 수치에 따르면, 연소득 5만 7천 달러에서 9만 8천 달러의 부모에게 2008년에 태어난 아이는 29만 1천 570달러를 지불하게 한다는 걸 생각해보세요. 그건 딱 18살까지예요. 거기에 대학 학비는 포함되지 않습니다. 당신은 더 많이 벌수록 더 많이 써야 할 겁니다. 1년에 9만 8천 달러 이상을 버는 커플은 자녀가 18세가 되기까지 평균 48만 3천 750달러를 지출한다는 걸 예상할 수 있어요.(모든 주의사항과 조건에 대해 스스로 숫자를 조사해보세요.)

하버드 심리학과 교수이자 행복 전문가인 대니얼 길버트가 《NPR》에서 이야기했듯이, 자녀 부양에서 벗어나는 것이 당신에게 더 풍요로운 행복을 남겨줄지도 모릅니다.

아이가 없다면, 더 많은 일상의 만족을 가져다준다는 점에서 당신의 결혼 생활이 더 행복할 수도 있다는 것은 아마도 사실일 것이다. 사람들은 이걸 발견하고 놀란다. 왜냐하면 그들은 그들의 아이들을 다른 무엇보다도 소중히 여기고 사랑하기 때문이다. 어떻게 내 아이가 위대한 행복의 원천이 되지 않을 수 있다는 건가?

한 가지 이유는 아이들은 행복의 한 원천이지만, 그들은 다른 행복의 원천을 밀어내는 경향이 있기 때문입니다. 그래서 첫 아이를 가진 사람들은 한두 해 동안 자신들을 행복하게 만들었던 다른 많은 일들을 하지 않는다는 것을 종종 발견하죠. 그들은 영화를 보러 가거나 극장에 가지 않아요. 그들은 친구들과 놀러 나가지 않아요. 그들은 자신의 배우자와 사랑을 나누지 않습니다.

2006년 출간된 《행복 앞에서 비틀거리다Stumbling on Happiness》라는 책에서, 길버트는 이 주제에 대해 더 상세한 이야기를 하고 있습니다. 여성들이 일상 활동을 할 때 느끼는 감정이 어떠한지 세심하게 다룬 이 연구는 그들이 먹거나 운동하거나 쇼핑하거나 낮잠 잘 때, 또는 텔레비전을 볼 때보다 아이를 돌볼 때 덜 행복하다는 것을 보여줍니다. 실제로 아이를 돌보는 일은 다른 집안일보다 약간 더 즐거운 것처럼 보이죠.

이런 게 모두 우리에겐 하나도 놀랍지 않습니다. 모든 부모들은 아이들이 대단한 과제—정말 아주 힘든 과제—라는 점, 그리고 그 보상의 순간들이 아주 많다 하더라도, 그 순간들의 대부분은 우리가 하고 있는 일에 대해 마지못해 감사하게 여기는 데도 수십 년이 걸릴 이들을 위한 지겹고 이타적인 봉사라는 걸 알고 있지요.

심지어 아이를 갖지 않는다는 자신의 결심을 희생으로 간주했던 졸업생 대표 선동가 스테파니 밀스도 새로운 글을 썼어요.

……그것은 훌륭한 개인적 선택임이 입증되었다. 나는 고집스러울 만치 독립적이며 내 고독과 자유를 사랑한다…… 다른 여자들은 힘든 직업을 모성과 결합시킬 수 있었다는 걸 안다. 내 독특한 성격을 고려하면, 자녀양육의 책임감과 산만함은 작가로서 내 일을 추구하지 못하도록 방해했을 것이다. 나의 일은 엄청 보람 있었다……

그렇다고 그녀가 자신의 결정에 대해 전혀 의심이 없던 것은 아니에요.

이제 저는 할머니가 될 정도로 나이를 먹었고, 때때로 내게 교감할 손녀가 있었다면 좋겠다고 생각할 때도 있어요. 하지만 나는 여러 멋진 젊은이들 친구를 가지고 있고, 그들에게 배울 뿐만 아니라 제가 성숙시킨 지혜 같은 것을 전수할 수도 있죠. 그거면 된 거죠.

궁극적으로, 밀스가 제시하듯, 인생은 일련의 절충입니다. 아이를 갖지 않기로 선택함으로써, 어떤 문들은 당신에게 닫힙니다. 그러나 다른 문들이 열리죠. 그리고 그 문들은 끈적한 손잡이가 없어요.

환경적 시각

방해받지 않는 수면과 반짝이는 문손잡이 너머, 아이가 없는 삶의 환경적 이점에 대해 생각해보세요.

내년 혹은 내후년이면 전 세계 인구는 70억 명을 돌파할 예정이고, 이것은 스테파니 밀스가 열받았던 때보다 30억이 늘어난 수치입니다. 우리는 안전한 수위를 넘어설 정도로 온실가스를 대기 중에 배출했어요. 많은 기후 과학자들이 동의하는 안전한 이산화탄소 당량 수치는 인구 100만 명에 350ppm입니다. 우리는 이미 390ppm 정도에 달했고, 가파르게 늘어나고 있죠. 그리고 미국인들은 지구상에서 가장 탄소 집약적인 사람들이죠. 미국인들의 평균 이산화탄소 양은 20톤으로, 방글라데시인들이 배출하는 평균치 0.3톤보다 매해 66배 많은 양을 배출합니다.

만약 여러분이 여러분의 자녀들뿐 아니라, 그 자녀의 자녀들 그리고 여타 다른 탄소 영향을 고려한다면 그 숫자는 더욱 극명해집니다. 미국 후손들의 장기적 영향을 검토한 〈글로벌 환경 변화〉(2009)라는 연구에 따르면, 한 아이당 부모가 배출한 탄소에 9,441미터/톤의 이산화탄소를 증가시킵니다. 이것은 한 사람이 평생 직접 배출한 탄소량의 5.7배에 해당하죠.

오리건 주립 대학의 통계학 교수 폴 머토Paul Murtaugh는 이렇게 말했습니다. "많은 사람들이 기하급수적인 인구 성장의 힘을 잘 모르고 있습니다. 미래의 성장은 마치 복리 이자가 은행 잔고를 증가시키는 것과 같은 방식으로 현재 사람들의 재생산 선택의 결과를 증폭시킵니다."(극단적인 예를 들자면, 올해 약 2,000명의 후손을 남기고 93세의 나이로 세상을 떠난 N.Y. 먼로와 이타 슈워츠와 저를 비교해보세요.)

살 만한 환경을 보존하는 일에 관심을 기울이는 사람은 많은 선택권을 가지고 있고, 여러분은 그들에 대해 들어보셨을 것입니다. 걸어다닐 수 있는 동네에 있는 에너지 효율적인 집에 살거나 자전거를 타거나 걷거나 대중교통을 이용합니다. 여러분이 조금이라도 차를 운전한다면, 효율적인 차를 이용하고, 비행기를 덜 타고, 채식주의자가 되고, 유기농과 지역에서 나는 산물을 구입하죠. 소비재의 구입도 제한하고요. 소형 형광등이나 LED 전구로 전환하고, 에너지 흡혈귀들을 퇴치하고, 탄소 배출량을 상쇄하죠. 기후에 대해 걱정하는 후보에 투표하고, 그들의 선거 공약에 책임을 묻습니다.

그러나 종합해 볼 때, 이러한 움직임들은 새로운 인간을—특히, 새로운 미국인을—세상에 내놓지 않는 것의 효과에 미치지 못합니다.

여기 간단한 진실이 있습니다. 저처럼 평범한 사람으로서—수백만 명을 좌지우지할 수 있는 앨 고어 후보의 능력을 갖지 못했고, 낸시 펠로시 의장처럼 획기적인 환경 법안(실제로 제정하지 않았더라도)을 개정하지 못하거나, 밴 존스 후보처럼 새로운 청중들에게 영감을 주는(그리고 열 받게 하는) 능력이 없는 사람으로서—제가 더 깨끗하고 더 푸른 세상을 위해 기여할 수 있는 최고 의미 있는 일은 아이를 갖지 않는 것입니다.

그냥 말해요

왜 이 모든 것들을 분명하게 말하는 것이 대담하다고 느껴질까요?

우리 가운데 선택에 의해 아이가 없는 사람은 소수지만, 만약 여러분이 우리의 생활방식에 대해 대중적 담론으로 판단한다면, 당신이 생각하는 우리는 사실상 존재하지 않습니다.

부모들은 항상 양육의 즐거움과 도전에 대해 이야기합니다.

아이들, 다른 부모들, 그리고 나머지 우리 모두에게, 그리고 나는 그들을 원망하지 않습니다.

아이가 없는 우리는 공적인 자리에서 아이가 없는 삶의 장단점에 대해 거의 토론하지 않습니다. 이점이 바로 변화가 필요한 부분입니다. 만약 당신이 의도적으로 아이를 갖지 않는다면, "그래, 당신은 아이를 가질 건가요?"라고 몇 번씩 질문을 받고, "아, 잘 모르겠어요." 혹은 "글쎄요, 그런 일이 우리에게 일어나지 않을 지도 모르죠"라며 대충 둘러대며 말을 흐릴 때, 당신이 한 말의 진짜 의미는 "결코 (갖지 않는다)" 이죠.

아이가 없는 사람들은 부모들 주변에서 아주 조심조심 걸어 다니죠. 마치 우리가 그들과 다른 결정을 내린 이유에 대해 사실을 말한다면 우리가 그들의 감정을 상하게 할 수 있다는 것처럼요. 그러나 우리는 그들이 자신의 가족을 선택한 데 대해 너무 연약하거나 너무 불안하다고 생각함으로써 그들을 모욕하고, 그렇게 우리는 아이를 갖지 않는 정당한 선택에 대해 공개적으로 말하지 않음으로써 우리 자신과 사회를 찔끔 변화시킵니다.

만약 당신이 아이의 질문에 솔직하게 대답한다면 어떻게 될까요? "아니, 난 이대로의 삶이 행복해." 또는 "아이는 우리 삶의 계획에 맞지 않아" 혹은 "얘들은 정말 내 적성이 아니야.", 아니면 "나는 지구상에 이미 많은 사람들이 있다고 생각해"라고 말이죠.

만약 우리가 진짜로 생각하는 것을 말한다면, 거기에 실제로 많은 유사한 사람들이나 적어도 공감하는 영혼을 발견할 수 있다고 봅니다. GINK들이나 다른 이들 말이죠. 우리는 우리 생에서 부모님들과 신선할 정도로 솔직하고 만족스런 대화를 나눌 수 있을지도 모릅니다. 그리고 우리는 부모가 될지 결정하지 못한 이들에게 자녀 없는 선택이 완전히 가치 있고 전혀 외롭지 않다는 것을 이해시킬 수 있을 겁니다.
작은 갓난아기는 모두 다 가질 수 있는 게 아닙니다—이제 우리가 큰 소리로 그렇게 말할 때가 된 겁니다.

욕망의 미래주의 선언문

밸런틴 드 생푸앙, 1913

문장을 왜곡시켜 의미를 우스꽝스럽게 만들어버리는 솔직하지 못한 기자들에게 보내는 응답

내가 감히 말했던 것을 오직 생각만 하는 여자들에게 보내는 응답

욕망을 여전히 죄로만 여기는 이들에게 보내는 응답

욕망에서 오직 악만을, 자긍심에서 오직 허영만을 보는 모든 이들에게 보내는 응답

도덕적 선입견 없이 그리고 삶의 역동성의 필수적 부분으로 바라볼 때, 욕망은 힘이다.

강한 종족에게 욕망은 더 이상 자랑도, 치명적인 죄도 아니다.

욕망은 자긍심과 마찬가지로 사람을 북돋는 미덕이자 에너지의 강

력한 원천이다.

욕망은 그 자신 너머로 투사된 존재의 표현이다. 그것은 상처 난 살의 고통스런 기쁨이며, 꽃피우는 기쁨의 고통이다. 비밀스런 모든 것들이 이것을 존재로 결합시킨다. 그것은 살의 결합이다. 그것은 감각적이고 관능적인 종합으로 가장 위대한 정신의 해방으로 이끈다. 그것은 한 인간성의 입자가 지구상 모든 관능과 나누는 교감이다.

욕망은 미지의 것을 향한 육체의 추구다. 마치 찬미가 미지의 것을 향한 영혼의 추구이듯이. 욕망은 창조의 행위다. 그것은 창조다.

살은 영혼을 창조하는 방식으로 창조된다. 우주의 눈으로 볼 때 이것들의 창조는 동등하다. 하나가 다른 것보다 우월하지 않고, 영혼의 창조는 살의 창조에 달려 있다.

우리는 몸과 영혼을 가지고 있다. 하나를 구속하고 다른 것을 펼치는 것은 약함을 말하고 이는 그릇된 것이다. 강한 사람은 자신의 완전한 성욕과 정신적 잠재력을 깨달아야 한다. 이들의 욕망 충족은 정복자의 몫이다. 전투 이후 남자들이 죽으면, 정복의 땅에서 **전쟁의 승리자들이 강간으로 그 힘을 입증하는 것이 통상이듯이 삶은 그렇게 재창조된다.**

군인들이 전장에서 싸울 때, 그들은 육감적인 쾌락을 추구한다. 그 안에서 끊임없는 전투의 에너지가 풀려나오고 갱신된다. 현대의 영웅, 어떤 분야에서의 영웅이라도 같은 욕망과 같은 쾌락을 경험한다. 위대한 보편적 매체인 예술가는 같은 욕구를 가지고 있다. 그리고 유혹적인 미지의 요소를 담기에 여전히 새로운 그 종교들이 주도하는 고양은 관능성을 신성한 여성 이미지를 향한 정신성으로 전환시킨 것에 다름아니다.

예술과 전쟁은 가장 위대한 관능성의 표명이다. 욕망은 그것들의 꽃이다. 정신만을 추구하는 사람들과 육욕만을 추구하는 사람들은 똑같이 데카당, 즉 불모不毛로 비난받을 것이다.

욕망은 에너지를 자극하고 힘을 발산한다. 무참하게도 그것은 원초적 인간을 승리로 이끌었다. 패배자의 전리품을 여자에게 물려준다는 자긍심 때문이다. 오늘날 그것은 부를 증대시키는 중심들을 창출함으로써 은행, 언론, 그리고 국제무역을 경영하는 위대한 사업가를 만들고 에너지에 마구를 씌우고 군중을 찬양하면서. 이로써 그들의 욕망의 대상을 경배하고 찬양하도록 만들었다. 피곤하지만 이 강한 남자들은 욕망을 위한 시간을 발견한다. 대중과 세계에 영향을 미치는 그들 행동과 그들 행동으로 야기된 반작용의 주된 원동력을 발견한다.

아직 관능성이 발현되지 않거나 이를 깨닫지 못한 새로운 민족들 사이에서도, 그리고 원시인도 아니고, 오랜 문명의 세련된 대표자들도 아닌 이들 사이에서도, 여성은 똑같이 모든 것이 나오는 위대한 충격의 원리다. 여자에 대한 남자의 비밀 숭배는 아직 거의 깨어나지 않은 욕망의 무의식적 충동이다. 북쪽의 사람들처럼 이 사람들 사이에서도, 그러나 다른 이유로, 욕망은 거의 전적으로 생식에만 연관되어 있다. 그러나 욕망은, 그 어떤 측면하에서도, 그들이 정상으로 간주되는 비정상으로 간주되든 언제나 최고의 자극제다.

동물의 생명, 에너지의 생명, 영혼의 생명은 때로 휴식을 요구한다. 그래서 노력을 위한 노력은 필연적으로 즐거움을 위한 노력을 필요로 한다. 이러한 노력들은 서로에게 해로운 것이 아니라 상호보완적이며 완전한 존재를 실현시킨다.

영웅들, 영혼으로 창조하는 이들, 그리고 모든 영역의 지배자들에게 욕망은 성대한 희열이다. 모든 존재들에게 욕망은 자기 선택의 단순한 목표로, 또 주목받는 존재, 선택받는 존재가 된다는 목표로 자신을 뛰어 넘게 하는 동기다.

이교도의 도덕에 뒤따른 기독교의 도덕만이 욕망을 약함으로 간주하는 것에 치명적으로 빠져들었다. 육체의 모든 힘이 피어나는 건강한 기쁨에서 벗어나 그것은 수치스럽고 감춰야 하는 무엇, 부인해야 하는 악이 되고 말았다. 그것은 위선으로 덮이고, 죄를 만들어냈다.

우리는 욕구를 경멸하는 것은 그만둬야 한다. 두 몸 사이의 섬세하면서도 잔인한 이러한 이끌림, 어떤 성별이든, 서로 원하는 두 몸은 하나가 되고자 노력한다. 우리는 욕구를 경멸하는 것을 그만둬야 한다. 그것은 낡고 무익한 감상성이라는 가련한 옷으로 위장하는 것이다.

욕망은 분열하고, 해체하고, 소멸시키는 것이 아니다. 그런 것은 오히려 감성이라는 최면술 걸린 합병증이며, 인위적인 질투, 취해서 속이는 말, 이별의 미사여구나 영원한 믿음, 문학적인 향수, 모든 사랑의 연극성이다.

우리는 데이지 꽃잎, 달빛 듀엣, 묵직한 애정표현, 거짓되고 꾸며낸 정숙함과 같은 모든 **낭만주의 병증의 잔해를 없애야 한다.** 존재들이 신체적 매력에 서로 이끌릴 때, 마음속 연약함만 이야기하지 말고, 서로의 욕망, 서로의 몸이 지닌 성향, 그리고 육체적 결합에서 예견되는 기쁨과 실망의 가능성을 맘껏 말하게 하라.

시간과 장소에 따라 달리 하는 신체적 겸양은 오직 사회적 덕목이라는 덧없는 가치일 뿐이다.

우리는 완전한 의식 안에서 욕망을 직시해야 한다. 우리는 그것을 그 자신이면서 삶으로 구성된 세련되고 지적인 존재로 만들어야 한다. **우리는 욕망을 예술 작품으로 만들어야 한다.** 사랑의 행위를 설명하기 위해 부주의함이나 혼란스러움을 주장하는 것은 위선, 나약함, 그리고 어리석음이다.

우리는 다른 것들과 마찬가지로, 의식적으로 몸을 원해야 한다.

첫눈에 반한 사랑, 열정이나 생각지 못한 것에 우리 자신을 계속 내어주도록 우리를 부추겨서는 안 된다. 마치 우리가 우리의 미래를 볼 수 없기 때문에 보통 그런 경향이 있는 것처럼 여겨서는 안 된다. 직관과 의지를 가지고 우리는 두 파트너의 감정과 욕망을 비교해보고, 서로를 보완하고 고양시킬 수 없는 결합을 피하며, 이에 만족하지 말아야 한다.

똑같이 의식적이며 같은 지향을 지닌 의지를 지닌 커플의 기쁨은 절정으로 인도되어야 한다. 이 기쁨은 완전한 잠재력을 발현시키고 두 몸의 결합으로 뿌려진 모든 씨앗이 꽃을 피우도록 허용해야 한다. 마치 모든 예술작품이 본능적이면서 의식적으로 형성되듯이 욕망은 예술작품이 되어야 한다.

우리는 욕망을 망가뜨리는 모든 감성의 베일을 벗겨내야 한다. 이 베일은 단지 비겁함 때문에 씌워진 것이다. 우쭐한 감성은 만족감을 주기 때문이다. 감성은 편안하고 따라서 모욕적이다.

젊고 건강한 사람 안에서 욕망이 감성과 부딪힐 때, 욕망이 승리한다. 감정은 잠깐 타오르는 열정의 창조물이고, 욕망은 영원하다. 욕망은 승리한다. 왜냐하면 욕망은 자기 자신 너머로 몰아가는 기쁨에 찬 고양이기 때문이고, 소유와 지배의 즐거움이자 영원한 승리에서 영원한 전투가 새롭게 태어는 것이고, 가장 의기양양하고 확실한 정복의 도취이기 때문이다. 그리고 이렇게 특별한 정복은 일시적이기에 매번 새로운 승리가 되어야 한다.

하얀 열로 육체의 흥분을 만들어냄으로써 정신을 정제시킨다는 점에서 욕망은 힘이다. 건강하고 강한 육체에서 밝고 맑게 타오르는 영혼은 그 품안에서 정화된다. 오직 허약하고 병든 자만이 수렁에 빠져 쇠약해진다. 그리고 약자를 죽이고 강자를 승격시키며 자연의 도태를 돕는다는 점에서, 욕망은 힘이다.

마지막으로, 욕망은 순화된 감성이 제공하는 확실한 것, 안정된 것의 따분함으로 결코 이끌지 않는다는 점에서, 힘이다. 욕망은 영원한 전투이며 궁극적인 승리란 결코 없다. 잠깐 동안의 승리 이후, 심지어 그 순간의 승리 그 자체 동안에도, 다시 깨어나는 불만족은 한 인간 존재를 자극하며, 끓어오르는 의지에 의해 자기 자신을 확장시키고 능가한다.

육체에게 있어서 욕망은 영혼에 있어서 이상과 같은 것이다. 참으로 아름다운 키메라. 그것은 움켜잡아도 결코 포획할 수 없는 것. 젊은이들과 그 비전으로 열광하는 자들, 도취된 자들이 쉬지 않고 추구하는 것이다. **욕망은 힘이다.**

Part 6

해커 / 사이보그

Hacker / Cyborg

서문

여기 기술과 결합하는 페미니즘이 있다. 어떻게 우리가 기술과 통합되고, 분리되고, 저항의 기술이 되는지 분투하는 페미니즘이 있다.

가장 먼저 역사상 가장 고전적인 페미니즘 선언문인 도나 해러웨이Donna Haraway의 〈사이보그 선언문〉으로 시작한다. 이 선언문은 젠더 스터디라는 영역을 영구히 변화시켰을 뿐 아니라, 인간과 기술이 정치적으로 얽혀 있다고 상상하는 길을 열었다.

다음으로 사이버페미니즘에 대한 새로운 비전을 본다. 사이버트위 Cybertwee의 감성적이고 창의적인 짧은 선언에서부터 VNS 매트릭스Matrix의 "보지를 지닌 예술"을 위한 비전까지. 다음은 인터넷이 무엇이 될 수 있을지 (옥스블러드 러핀Oxblood Ruffin), 그리고 왜 우리에게 페미니스트 해커가 필요한 지(매켄지 와크McKenzie Wark), 이 두 측면에서 해커의 가치를 살피는 실질적인 선언이 뒤따른다.

이 장은 기술을 정치화함으로써 기술을 사회적 정의를 위한 동력으로 상상하는 선언문(메테 잉바르트센Mette Ingvartsen)과 오래전 정신의학 분야를 급진적으로 다시 썼던 선언문(클라우드 스타이너Claude Steiner)을 포함해, 기술의 도전에 집단적으로 맞서고, 기술과 권력의 관계를 더 폭넓게 다루는 두 선언문으로 끝을 맺는다.

총체적으로, 어떻게 기술이 페미니즘 정치에 영향을 미치거나 약화시킬 수 있는지, 어떻게 사이보그 형상이 혁명을 주도하는지, 또한 어떻게 해커의

역할이—이는 본래 파괴적인 존재다—가부장제를 무너뜨리기에 강력하면

서도 필수적인지 묻는다.

사이보그 선언문(발췌)

도나 해러웨이, 1991

사이보그는 사이버네틱 유기체로, 기계와 유기체의 혼종이며, 허구의 피조물이자 사회 현실의 피조물이다…… 해방은 억압과 가능성에 대한 상상적 이해를 의식적으로 구축하는 것에 달려 있다. 사이보그는 픽션의 소재이면서 20세기 후반 여성의 경험으로 간주되는 것들을 변화시키는 생생한 경험을 다룬다. 이것은 삶과 죽음에 대한 투쟁이지만, SF와 사회적 현실 사이의 경계는 착시일 뿐이다.

동시대 SF는 사이보그들, 자연적인지 인공적인지 모호한 세계에 거주하는 동물이면서 기계인 피조물들로 가득 차 있다…… 사이보그 복제는 유기체의 복제와 상응하지 않는다.

나는 사이보그가 사회적이고 신체적인 우리 현실의 지도를 그리는 픽션이라고 주장하려 한다……

우리 시대, 신화의 시대인 20세기 후반, 우리 시대, 우리는 모두 키메라로서 기계와 유기체의 혼종을 이론화했고, 만들어냈다. 요컨대, 우리는 사이보그다. 사이보그는 우리의 존재론으로 우리의 정치는 여기서 시작된다. 사이보그는 상상과 물리적 현실이 응축된 이미지이며…… 유기체와 기계가 전쟁을 벌여온 경계다……

서구적 의미에서 사이보그는 기원 설화가 없다…… 사이보그는 원형적 일체, 서구적 의미에서 자연과의 동일시 단계를 건너뛴다.

프랑켄슈타인이 만든 괴물의 소망과는 달리, 사이보그는 아버지가 에덴동산을 회복시켜서 자신을 구원해주길 바라지 않는다. 즉, 이성애적 짝을 만들어준다거나, 하나의 도시나 우주 같은 완성된 총체를 제공함으로써 자신을 완성시켜주기를 바라지 않는다…… 사이보그는 에덴동산을 알아볼 수 없을 것이다. 사이보그는 흙으로 빚어진 것이 아니므로 먼지로 되돌아간다는 꿈도 꿀 수 없다.

20세기 후반 미국 과학 문화에서 인간과 동물의 경계는 완전히 허물어졌다. 인간의 독창성이라는 마지막 교두보가 놀이동산으로 전락하지는 않았다 해도 확실히 오염되었다. 언어, 도구의 사용, 사회적 행위, 정신적 사건, 그 어떤 것도 인간과 동물을 확실하게 갈라놓는 척도가 될 수 없으며, 많은 이들이 그러한 분리의 필요성을 더 이상 느끼지 않는다…… 생물학과 진화론은 지난 두 세기를 거치며 지식의 대상으로서 현대의 유기체를 동시적으로 생산했으며 인간과 동물의 경계를 생명과학과 사회과학 사이의 이념 투쟁이나 전문적인 논쟁 속에서 다시 새겨진 희미한 흔적으로 축소시켰다.

사이보그는 인간과 동물의 경계를 위반하는 신화에서 정확히 등장한다.

사이버네틱 이전의 기계들은 귀신들릴 수 있었다. 기계에는 항상 유령이 깃들어 있었다……그러나 기본적으로 기계는 혼자 움직이지 않고, 스스로 설계하거나 자율적이지 않았다. 그것들은 남자 인간Man의 꿈을 성취할 수 없고, 오직 그것을 조롱한다. 그것들은 남자 인간, 곧 자기 자신의 저자가 아니라, 단지 남성 중심적 재생산의 꿈에 대한 희화화에 불과했다. 다른 생각은 망상에 불과했다. 이제 우리는 그렇게 확신할 수 없다. 20세기 후반 기계는 자연과 인공, 정신과 신체, 자생적 발달과 외부에서의 설계를 비롯해 유기체와 기계 사이에 적용했던 다른 많은 구분들을 완전히 모호한 것으로 만들었다. 우리의 기계들은 불길할 정도로 생생하고, 우리 자신은 섬뜩할 정도로 생기가 없다.

　……사이보그 세계는 사람들이 동물이나 기계와 친족을 맺는 데 두려워하지 않고 영원히 부분적인 정체성과 모순적 입장을 두려워하지 않는, 생생한 사회적 신체적 현실에 관한 것이 될 수 있다.

　생물학적 유기체는 다른 기계들과 마찬가지로 생체 시스템, 커뮤니케이션 장치가 되었다. 기계와 유기체, 기술적인 것과 유기적인 것에 관한 공식 학문에서 근본적이고, 존재론적인 구분은 없다.

　한 가지 결과로 도구에 대한 우리의 연결 감각이 증대되었다. 많은 컴퓨터 유저들이 경험하는 트랜스 상태는 SF영화와 문화적 농담의 단골 소재가 되었다. 아마 신체마비나 중증장애를 가진 사람들은 다른 커뮤니케이션 장치와 복합적인 혼종화를 가장 강렬하게 체험해볼 수 있을지도 모른다…… 왜 우리 몸의 경계가 피부여야 하거나 적어도 몸의 다른 것들을 피부 속에 넣어 포함시켜야만 하는가? 17세기 이래로 지금까지, 기계는 살아 움직일 수 있었다. 기계의 질서 정연한 발달과 정신 능력을 설명하고자 유령 같은 영혼이 기계를 말하게 하거나 움직인다고 여겨졌다. 또 유기체는 기계화될 수 있었다. 몸은 정신의 원천으로 환원될 수 있었다. 이러한 기계/유기체 관계는 진부하고, 불필요하다. 우리의 상상과 실천 모두에서 기계는 보철 장치, 친밀한 구성요소, 다정한 자신이 될 수 있다.

괴물은 항상 서구적 상상력에서 공동체의 한계를 규정한다……

사이보그의 이미지를 우리의 적이 아닌 다른 것으로 진지하게 받아들이면 몇 가지 결과들이 생겨난다. 우리 자신들인 우리의 몸들은 권력과 정체성의 지도다. 사이보그도 예외가 아니다. 사이보그 신체는 무결하지 않다. 그것은 에덴동산에서 태어나지 않았다. 그것은 하나된 정체성을 추구하지 않으므로 적대적인 이원론을 끝없이(아니면 세상이 끝날 때까지) 발생시킨다. 그것은 아이러니를 당연시한다…… 기계는 생명을 불어넣거나, 경배하거나, 지배해야 할 어떤 그것it이 아니다. 기계는 우리이고, 우리의 작동과정이고, 우리가 체현하는 한 측면이다. 우리는 기계를 책임질 수 있다. 그들은 우리를 지배하거나 위협하지 않는다. 우리는 경계에 대한 책임이 있다. 우리는 그들이다.

사이보그 이미지는 이 에세이가 말하고자 하는 두 개의 핵심적인 주장이 드러나도록 해준다. 첫째, 보편적이고 전체화하는 이론은 언제나 그랬지만, 지금 더욱 특히, 대부분의 현실을 놓치는 중대한 실수를 낳는다. 둘째, 과학기술의 사회적 관계에 책임감을 가지는 일은 반과학적 형이상학, 기술의 악마학을 거부하는 것을 의미하며, 이는 타자와 부분적으로 연결되고, 우리 모든 부분과 커뮤니케이션을 이루는 일상의 경계를 능숙하게 재구축하는 작업을 기꺼이 해낸다는 것을 의미한다. 과학기술은 위대한 인간을 만족시키는 수단이나 복잡한 지배의 모체가 될 수 있는 것만이 아니다. 사이보그 이미지는 우리 자신에게 우리 몸과 우리 도구를 설명해왔던 이원론의 미로에서 벗어나는 길을 제시할 수 있다.

21세기를 위한 사이버페미니즘 선언문

VNS 매트릭스, 1991

우리는 현대의 보지

무한하고 거세고 무자비한

능동적 반이성

우리는 우리의 보지로 예술을 보고 우리의 보지로 예술을 만든다

우리는 주이상스,[×] 광기, 신성함, 그리고 시를 믿는다

우리는 새로운 세계를 고장 내는 바이러스

상징계를 내파시키는

빅 대디 중앙처리장치의 파괴 공작원

×   Jouissance. 라캉의 조어 가운데 가장 번역이 분분한 용어. 지금까지 "희열" "향유" 등으로 번역되었으나 모두 어느 한 면을 가리킬 뿐이다.

클리토리스는 매트릭스로 연결되는 직통선

VNS 매트릭스

도덕적 코드의 최종 파괴자

우리는 혐오의 제단에 기어 내려와

내장의 사원을 캐면서 우리의 언어를 말할 것이다.

우리는 점액질 용병

잠입하고 파괴하고 퍼뜨리며

담론을 변질시키는

우리는 미래의 보지.

사이버트위 선언문

가브리엘라 힐먼, 바이올렛 포레스트, 메이 웨이버, 2014

특이함은 소중하다
우리는 너무나 오랫동안 달콤함과 부드러움에는 힘이 없다는 생각의
쓰라린 날에 굴복했다

로맨틱은 약하지 않다, 여성스러움은 약하지 않다, 귀여움은 약하지
않다
우리는 조각들로 이뤄진 다중적인 귀요미들

성공이란 기계적이고 능률적인 능력이라고 정의되었기에, 종종 감정
을 결여하는 게 좋다고 여겨졌다. 감상성, 공감, 그리고 부드러움은 약
점으로 여겨지지 말아야 한다.

유아론자로서, 우리는 신체의 한계를 알고 있다.

우리는 몸이 이 세계 안에서 작동하기 위한 진정한 보철물임을 알고 있다.

우리는 몸이 환영적이라는 것을 알고 있다.

우리는 우리의 캔디를 기획한다.

우리의 느글거리는 달콤함은 의도적이다.

우리의 꿀은 단지 날아다니는 파리를 잡으려는 미끼나 덫이 아니라

이모티콘과 상냥한 셀피로 속삭이며

제멋대로 생체 자기 제어를 작동시키는 메커니즘이다

인터넷의 평화를 도모하며

옥스블러드 러핀(핵티비스모Hacktivismo[x]), 2001

세계적으로 분서갱유가 일어나고 있다. 감시 카메라가 돌아가고, 물대포가 집회의 자유를 익사시키고 있다. 그러나 그 일이 TV가 전 세계에 송출할 수 있는 어느 곳에서 일어나는 것은 아니다. 그런 일은 사이버스페이스에서 벌어지고 있다.

특정 나라들은 도메인 네임 서비스(Domain Name Service, DNS) 필터링을 통해 웹상의 정보들에 접근해 이를 검열한다. 이러한 과정은 정치적으로 위험한 정보를 도메인 주소로 차단하는 방식으로 이루어

---

[x] 1999년 옥스블러드 러핀에 의해 설립된 핵티비스모는 출판 및 컴퓨터 보안 그룹인 '컬트오브더데드 카우'에서 진화한 예술가, 변호사, 인권 노동자, 해커들의 국제 그룹이다. 이 단체는 사생활과 정보에 대한 접근이 기본 인권이라는 견해를 지지하며, 보편적 인권 선언과 국제 민권 및 정치적 권리 협약의 윤리적 입장을 지지한다. 이 그룹은 무료 소프트웨어 및 오픈 소스 이동을 지원한다.

진다(dot-com/net/org와 같은 접미사 앞에 나타나는 이름, 예컨대 tibet.com). 국가는 이메일에서 정치·사회적으로 용납할 수 없는 사상을 검열한다. 개인의 프라이버시와 공동체 모임도 마찬가지로 규제당한다.

중국은 종종 세계에서 국가 방화벽을 사용하고 온라인 활동을 구속하는 가장 악질적인 나라로 규정된다. 그러나 중국의 새로운 관료들이 이런 일을 자체로 해내고 있다는 생각은 터무니없다. 중국은 서구의 거대 소프트웨어 기업들을 공격 목표로 삼아왔는데, 단지 기술적 노하우를 얻기 위해서만이 아니라, 이 업체들이 잘 구축된 네트워크로 서구 정부들에게 영향력을 행사한다는 점에서, 중국에 이득을 가져다줄 수 있기 때문이다. 모든 것이 팔린다. 이름, 연결망, 그리고 국가 기밀까지도.

첨단기술 회사들이 중국에 뛰어드는 것을 보면 마치 가다라의 돼지 Gadarene swine[×]들을 보는 것 같다. 믿기지 않을 정도로 이미 살찌고 탐욕스러워진 서구 테크놀로지의 타이탄들이 떼를 지어 여물통으로 몰려간다. 사료 자루에 깊이 코를 박고 그들은 자신들의 엉덩이가 잘려나가 베이컨이 되는 것도 알아차리지 못한다. 디지털 기술을 대놓고 캐가는 기술 이전 사례는 그다지 많지 않다. 고급 기술 리서치나 문서들이 문제없이 중국에 넘어가기도 한다. 공산주의자들에게 이보다 더 좋은 건 없다. 그들은 서구의 노동력과 창의력의 결실로 자신들의 경제를 가동시키는 한편, 덩굴처럼 증식하는 민주주의를 가지치기할 도구를 얻는다.

하지만 베이징의 전략에만 주목한다면 사이버공간에 퍼지는 역병

[×] 악령이 들려 갈릴리호에 뛰어들어 빠져 죽은 돼지의 무리.(누가복음 8:26-39).

을 처치할 더 큰 기회를 놓치게 될 것이다. 쿠바는 국민들이 온라인 경험을 소상하게 관리할 뿐 아니라, 최근에는 미국의 금수조치에도 불구하고 국민들에게 컴퓨터를 팔지 않기로 했다. 제멋대로 검열을 하는 대부분의 나라들은 그들이 시민들을 포르노그래피 전염으로부터 보호하고 있다고 주장한다. 그러나 그 기저에는 국가의 통제와 제압을 통해 저항적인 의견이 퍼져나가고 커지는 것을 막기 위한 의도가 있다. 이러한 통제는 정치적 의견이나 종교적 간증부터 '해외' 뉴스, 학술적 발견, 인권침해 뉴스에 이르기까지 다양하다. 요컨대, 그것들은 독재정치가 불안요소라고 간주하는 모든 지적 교류를 망라한다.

국가가 제재하는 변덕스러운 검열들은 아주 광범위하다.

잠비아에서, 정부는 헌법 개정안 투표 계획을 누설하는 정보를 검열하려고 했다.

모리타니아에서는—대부분의 나라들처럼—사이버 카페의 주인들이 카페 창설시 오간 이메일 사본을 정부 요원들에게 제출하라고 요구받았다.

말레이시아처럼 더욱 엄격한 정부는 웹사이트를 자주 업데이트한 것이 범죄라며 웹 제작자를 위협했다. 시의성 있고 관련성이 높은 정보는 위협으로 간주된다.

한국의 국가보안법은 북한 사람들과의 어떤 접촉도—심지어 인터넷을 통한 접촉도—금지하고 있다.

정보에 접근하거나 정보를 유포할 때 더욱 위험한 경우도 있다.

우크라이나에서는, 타라크차 마을 근처에서 게오르기 공가제Georgiy Gongadze[x]라는 인물로 추정되는 시신이 참수된 채 발견되었다. 그는 당국에 비판적인 온라인 신문의 설립자이자 기자였다.

1998년 8월, 18살의 터키 소년 엠레 에르소제Emre Ersoz는 경찰이 폭력적으로 진압한 시위에 참여한 이후 한 인터넷 포럼에서 "국가 경찰을 모욕"했다는 죄로 적발되었다. 그의 인터넷서비스 제공자는 당국에 그의 주소를 넘겨주었다.

미로슬라프 필리포비크Miroslav Filipovic는 기자로서는 처음으로 간첩으로 기소되는 수상쩍은 차별을 당했는데, 그 이유는 그가 코소보에 주둔한 어떤 유고슬라비아 군대의 학대 행위를 상세히 보도하며, 이를 인터넷상에 공개했기 때문이다.

이런 일들은 우리 모두에게 일어나고 있다. '컬트오브더데드카우The Cult of the Dead Cow, cDc'[xx]와 '핵티비스모'는 단지 자유 민주주의가 자신의 직무를 소홀히 해서 인터넷의 불빛이 꺼져가는 것만을 바라보지 않을 것이다.

우리의 아버지들과 할아버지들은 여타의 권리와 더불어 우리가 말하고 들을 권리를 수호하기 위해 싸워왔다. 그들은 심지어 대중적이지 않은 의견들을 수호하기 위해서도 싸워왔다. 수호할 필요가 있는 것들은 대개 그렇게 대중적이지 않은 의견들이다. 하지만 그런 의견들이 없다면, 사회는 어떤 변화도 없이 지속되었을 것이며, 그 핵심적인 믿

---

[x] 2000년 키예프 근처에서 납치되어 살해됐다.

[xx] 1984년 설립된 해커들의 단체. 북미와 캐나다의 해커들이 느슨한 게시판 형태로 결집되었다가, 1999년 이후 핵티비스모, 닌자 공격대Ninja Strike Force 등을 양산하는 모체 역할을 했다.

음들을 기꺼이 성찰하려 들지도 않았을 것이다. 수용할 만한 진리와 도전적인 진리 사이의 긴장이야말로 사회를 건강하고 진실하게 유지시키는 것이다. 사상의 열린 교환을 막으려는 어떤 시도가 있다면 그것이 무엇을 위한 검열인지 알아야 한다.

지난 4년 동안 컬트오브더데드카우는 핵티비즘에 관해 이야기해왔다. 그것은 멋진 말이며, 저널리스트나 사용자들이 갖다 쓰기 좋아했다. 그러나 그 의미는 진지하다. 핵티비즘에 관한 우리의 정의는 "전자기 미디어를 통한 인권 신장에 기술을 사용"하는 것이다. 많은 온라인 활동가들이 스스로를 핵티비스트라고 주장한다. 그러나 그들의 전술은 종종 우리가 핵티비즘이라고 생각하는 바와 맞지 않다.

컬트오브더데드카우의 관점에서 보면, 창조는 좋은 것이며, 파괴는 나쁜 것이다. 해커들은 정보의 자유로운 흐름을 증진시켜야 하며, 그러한 흐름을 방해하고, 막고, 지연시키는 어떤 일을 유발하는 것은 적절하지 못하다. 예컨대, 컬트오브더데드카우는 웹사이트 변조나 도스 DoS(Denial of Service) 공격을 정당한 핵티비스트 행위로 간주하지 않는다. 웹 사이트 변조가 하이테크 반달리즘에 지나지 않는 한편, 후자는 자유로운 발언에 대한 공격에 해당한다.

국가가 주도하는 인터넷 검열에 도전하기 시작할 때, 우리는 우리 가정부터 바로잡아야 한다. 무엇이 타당한 핵티비즘이고 그렇지 않은지 기준이 마련되어야 한다. 물론 이는 쉽지 않은 일이다. 핵티비즘은 새로운 투쟁의 장이며, 바로 그렇기에 단순히 기술적 방편에 의존하는 것이 아니다. 우리는 새로운 패러다임을 찾아야 한다.(전자방해극장(Electronic Disturbance Theatre, EDT)[X]에서 용어만 빌려와 가상 공간이란 개념 앞에다 알파벳 E만 던져놓는 것은 편리하지만 별 의미 없는 짓이다.) 거기에 전자시민 불복종 같은 것은 없다. 신체를 지닌 대중과 다수가 거리에서처럼 중요하지 않다. 인터넷에서, 중요한 것은 코드, 더 정확하게는 양심을 가진 코드로서 프로그래머들이다. 우리가 온라인에서 효과적인 투쟁을 벌이기 위해서는 시민 불복종보다 파괴적인 준수disruptive compliance라는 용어부터 생각해볼 필요가 있다. 파괴적인 준수는 사이버스페이스 바깥에서는 아무 의미가 없다. 물론, 파괴적인이란 말은 파괴적인 기술, 근본적으로 아주 새로운 방식을 지시한다. 준수는 다시 인터넷을, 말하자면 건설적이고 자유로운 정보의 흐름과 개방이라는 원래의 내용을 지시한다.

하지만, 파괴적으로 순응적인, 핵티비즘의 응용 방식을 우리는 무엇이라고 써나갈 수 있을까. 더 중요하게는 어떻게 우리는 그것들을 기술할 수 있을까? 컴퓨터 프로그램을 쓰는 데는 근본적으로 두 가지 방식이 있다. 첫째, 닫힌/소유권이 있는, 그리고 열린/공공의. 비기술적인 용어로 설명하자면 닫힌 프로그램은 레시피는 보여주지 않는 레스토랑의 메뉴 같은 것일 테고, 열린 프로그램은 모든 성분들, 재료들, 그리고 조리법이 공개되는 음식과 같은 것이다. 마이크로소프트는 닫힌, 하이테크 레스토랑의 한 사례이다. 리눅스Linux는 마이크로소프트의 뛰어난 대항자로서 모든 것이 드러나 있는 오픈 코드 카페테리아다. 몇 년 동안 기술 공동체는 오픈 코드를 막는 완전한 폐쇄성에 분노하면서, PC보다 맥이 더 나은지에 대한 이야기만큼이나 지루한 논쟁을

×　EDT는 1997년 리카르도 도밍게스Ricardo Dominguez를 비롯한 여러 행위예술가들이 만든 사이버행동주의 단체로 디지털 공간과 현실 사이에 비폭력적 행위들의 이론화와 실천에 주력했다. 1960년대 미국 민권운동 사상을 수용한 EDT는 마이크로 네트워크를 동원해 디지털 연대를 만들어내고 가상의 연좌농성을 벌이는 등 테크놀로지를 통한 비폭력 민주주의 저항을 실천해왔다.

벌여왔다.

이 논쟁의 답은 상대적이다. 그것은 컴퓨터 괴짜의 편향보다 유저들의 요구에 더 좌우된다. 유저들이 융통성 없고, 통제되는―그리고 가끔 불안정한―경험을 원한다면, 닫힌 코드가 답이다. 그러나 유저들이 통제를 벗어나 더 많은 다양성과 자유를 택한다면, 그때는 유연하고 열린 코드가 답이다. 이 선택은 독재적인 사회에서 사느냐 아니면 정반대로 자유로운 사회에서 사느냐의 문제와 완전 동등하지 않다 하더라도 꽤나 유사하다.

핵티비즘은 대개 오픈 코드를 선택한다. 우리가 불투명하고 은밀하고 비공개적인 코드를 사용하는 특정한 경우가 없지 않지만, 대개 가장 우선은 동일한 표준을 기반으로 인터넷에서 수립된 오픈 코드 방법론을 채택하고 있다. 그것은 중국이나 다른 억압적 체제의 국가적 방화벽 뒤에 있는 핵티비즘 애플리케이션의 사용자들이 그들의 컴퓨터가 박살 나는 사태보다 "범죄 소프트웨어"에 사로잡히는 일이 더 걱정된다는 점과 깊은 관련이 있다. 그러한 경우 엔드 유저의 안전은 다른 무엇보다 중요하고, 폐쇄 코드closing down code가 체포를 막는다면 그렇게 해야 한다. 기술적 올바름은 이미 주어진 자유에게나 가능한 사치이다. 오픈소스이니셔티브Open Source Initiative[x]의 거창한 가능성부터, 프리소프트웨어파운데이션Free Software Foundation[xx]의 비대한 힘을 거쳐,

---

[x] 오픈소스 이니셔티브는 오픈소스 소프트웨어 사용을 장려하기 위한 단체로, 1998년 브루스 페렌스 Bruce Perens와 에릭 레이먼드 Eric Raymond가 설립했다. 현재 공식 웹사이트는 opensource.org 이다.
[xx] 자유로운 소프트웨어 활용을 추구하는 비영리 단체로, 1854년 리처드 스탈먼Richard Stallman에 의해 설립되었다. 이 단체는 컴퓨터 소프트웨어에 대한 자유로운 연구, 배포, 생산과 수정을 증진시키고자 하며 카피레프트 방식의 소프트웨어 배포와 캠페인에 주력한다.

더 나은 보안을 위해 신뢰할 만한 물신에 대해 논쟁하는 슬래시도트 Slachdot* 페이지에 이르기까지 오픈 코드에 대한 무수한 논쟁들이 있다. 그리고 모든 사람에게는 자신의 옳은 방식이 있다. 그러나 어떤 기술적인 혹은 철학적인 고려를 떠나 코드를 바라보아야 하는 또 다른 강력한 이유가 있다.

오픈 코드 영역은 갈수록 붐비고 있다.

4년 전 컬트오브더데드카우가 처음 핵티비즘에 대해 말하기 시작했을 때, 대부분의 인터넷 유저들은 국가의 후원을 받는 검열이나 프라이버시 문제와 같은 것들에 대해 잘 모르거나 크게 상관하지 않았다. 그러나 이제 판도가 바뀌었다. 갈수록 인권 단체들, 종교 및 정치 단체들, 그리고 심지어 소프트웨어 개발자들은 저마다의 이유로 이 싸움에 뛰어들고 있다. 이해당사자들의 그러한 공교로운 유착을 연합이라고 부르는 것은 성급한 일이다. 실제로 거기에는 공동의 성과를 위해 공동의 이해관계를 활용하기보다 서로의 이견을 좁힐 만한 더 큰 기회가 있다고 믿는 저마다의 근거가 있다. 그러나 오픈 코드는 그러한 연대의 접착제가 될 수 있다.

인터넷에 대한 독재자의 규제를 풀려고 시도하는 다양한 그룹들이 많아질수록, 중요한 것은 그들의 사소한 차이가 아니라 공동의 목표에 초점을 맞추는 것이다. 이 개발자 그룹들의 집단적 목표가 더욱 투명해지고 결정화될수록, 그 목표는 성취될 가능성이 커진다. 민주적 논의 그 자체가 지닌 개방적이고 포괄적인 본성처럼 오픈 코드는 핵티비즘

---

* 과학, 기술, 정치에 대한 뉴스를 이용자들이 자발적으로 생산하는 온라인 뉴스 플랫폼(slashdot.org)으로, 1997년 호프 칼리지의 학생 롭 말다Rob Malda와 제프 바티즈Jeff Bates가 만들었다. 2012년 DHI 그룹에 매각되어 현재는 '슬래시도트 미디어'로 운영된다.

의 만국공용어가 될 것이다. 그리고 아마도 더 중요하게는, 핵티비스트들이 전쟁이 아니라 평화를 가져온다는 것이 입증될 것이다.

1968년 캐나다의 사회학자 마셜 매클루언은 다음과 같이 말했다. "제3차 세계 대전은 군사적 개입과 시민들의 개입 사이에 어떤 구분도 없는 게릴라 정보전이 될 것이다."

국제적인 사건이 일어난 후 웹을 지켜보는 사람이라면 누구라도 이 말이 얼마나 사실인지를 깨닫게 된다. 중국의 10대들은 대만과 미국의 사이트를 공격했고, 서로의 전투 응원단을 불러내기 위해 그 반대의 공격도 일어났다. 그래서 진짜로 피해를 입히는 것보다 그 교환이 더욱 성가신 일임에도, 그들은 매클루언의 이론을 뒷받침한다. 인터넷이 전쟁터로 변할 때, 핵티비스트들은 연합군의 평화유지군과 비슷한 것이 될 수 있을 것이다. 그러나 이들은 파란 헬멧으로 식별된다기보다 검열에 맞서고 국가적 선전에 도전하도록 고안된 그들의 코드가 지닌 개방성과 애플리케이션의 안정성에 의해 인식될 것이다.

중국이나 여타 국가들에서 정보 검열 요원들에 대응하는 한 가지 핵심은 오픈 코드 프로젝트의 유동성이다. 또 다른 핵심은 P2P(peer-to-peer) 네트워크를 통하는 것이다. P2P는 냅스터Napster[×] 현상의 한 결과로서 일반적 대중들의 인식에 자리잡아가고 있다. 네트워크에서 "동료peers"는 컴퓨터들이지만, 민주주의에서 작동하는 동료 집단과는 아주 다르다. 어떤 것들은 다른 것들보다 더 강력하지만, 그것들은 모두 공통의 속성을 지니고 있다. 이것은 소규모 컴퓨터들이 웹 페이지, 애

× 숀 패닝Shawn Fanning이 만든 온라인 음악 파일 공유 서비스로 2001년 7월까지 운영되었다. 대중들이 처음으로 널리 쓰게 된 P2P 공유 서비스로 당시 대학생들의 인터넷 사용 방식을 획기적으로 바꾸는 데 큰 영향을 미쳤다.

플리케이션, 심지어 처리능력까지 갖춘 대규모 컴퓨터들로 이동하고 뭔가를 요청하는, 전통적이고 더 지배적인 클라이언트/서버 네트워크 메커니즘과는 대조적이다.

P2P 기술에서 가장 흥미로운 점은 그것들이 요란한 정보 초고속도로를 쌍방향 도로로 바꿔버린다는 것이다. 피어peer를 부르기에 따라 때로 클라이언트나 서버가 될 수 있고, 이 둘 다인 "클러버client+sever"가 되기도 한다. 파일들은 냅스터처럼 공유될 수 있다. 많은 파트너 컴퓨터나 하나의 컴퓨터에서 시작되는 파일의 처리 과정이 서로 연결되며 슈퍼컴퓨터를 만들어내기도 한다. 이러한 시스템이 핵티비스트들에게 매력적인 이유는 그것들을 종료시키기 어렵기 때문이다. 대개 중앙시스템은 한곳에 위치하거나 다운되기 마련이다. 그러나 데이터 환경 여기저기에서 자라나는 수많은 피어들의 클라우드 집합체는 훨씬 더 많은 문제를 안게 된다.

이것이 곧 P2P 네트워크가 천하무적이라는 의미는 아니다. 냅스터는 종료되었다. 그러나 이미 뿌려진 소금은 주워 담기 어렵다. 냅스터의 폐쇄와 함께 그 자리를 대체하는 더욱 강력한 파일교류장치부대가 등장했다. 다른 기술적 융합들도 그러하지만, 냅스터가 사용하기 쉽고 가파른 학습 곡선을 요구하지 않는다는 점 역시 성공의 핵심이었다. 이것이야말로 기술에 능숙하지 않는 모든 사용자들에게 어필할 수 있는 기본적인 희망 사항, 국가의 방화벽에 눈과 귀가 멀어 있는 많은 사람들의 희망 사항이다.

그러한 핵심 사용자들은 사회 참여적이지만 기술을 다루는 데 반드시 능숙하지만은 않다. 표면적인 프로그램의 하부는 저마다 복잡할 수 있지만, 기능적인 관점, 혹은 유용성의 관점에서 보자면, 상부에 노출된 앱들은 지독하게 단순해야만 하고 사용하기 쉬워야 한다. 그리고 그 앱들은 신뢰할 만해야 한다.

바로 여기가 냅스터의 유비가 붕괴되는 지점이다. 신뢰는 애플리케이션을 사용하는 데 있어서 결코 가장 중요한 변수가 아니었다. 그것은 방화벽 바깥에서 개발된 재미를 추구하는 네트워크였다. 거기에서 유저들이 가장 걱정하는 것은 무엇인가? a) 내가 원하는 것을 찾을 수 있는가? b) 그것을 다운로드받는 데 얼마나 걸리는가? c) 그것의 질은 높은가? 그리고 d) 내가 맥주 파티에 가기 전까지 네댓 개 이상의 노래를 다운받을 수 있는가?

아무도 결코 묻지 않았던 것 a) 내가 이걸 사용하는 데 발각되면, 나는 구속되는가? b) 이 애플리케이션을 이용한다는 것으로 10년쯤 감옥살이를 하게 되는가?

더 많은 이용자들을 온라인으로 끌어들이기 위해, 그래서 더 큰 라이브러리로 기능하도록 수백만 학생들이 냅스터 네트워크에서 교류했다. 국가의 방화벽 뒤에 있는 이용자에게 그러한 네트워크 사용은 예사로운 일이 아니다. 네트워크상에 수백만 이용자들을 가진다는 것은 별일이 아니겠지만, 그것이 함정일 경우가 아주 다분할 때 오직 바보만이 가장 가까운 친구들보다 그걸 신뢰할 것이다. 그래서 부주의한 P2P 네트워크들은 조심스러운 H2H(hacktivist-to-hacktivist) 네트워크로 대체된다.

H2H 네트워크는 거대한 공동체 안에 거주하는 핵가족과도 같다. 모든 이들이 같은 지역에 살지만, 각 가족은 문을 열고 닫고 잠글 수 있는 자신의 집을 가지고 있다. 그리고 때때로, 한 가족 구성원은 집에 새로운 사람을 데려온다. 모든 사람들은 거실에 둘러앉을 것이고, 모든

게 순조롭다면 손님에게 서재를 보여줄 것이며, 심지어는 침실도 보여줄 것이다. 이 모든 것이 신뢰를 기반으로 한다. H2H 네트워크는 이처럼 가족들이 하나의 공간을 공유하고 다른 누군가나 특정 방문자에게 접근을 허용하는 방식으로 작동한다. 더 신뢰가 굳건해질수록 더 많은 접근이 허용될 것이다. 그렇게 집을 방문하는 손님들에게 신뢰란 점증적으로 얻어지는 것이 된다.

이 모델은 이미 존재한다고 말할 수 있다. 알려지고 신뢰받는 컴퓨터들 사이에서 소통하기 위해 인터넷을 사용하는 것은 경제적 삶의 실제다. 가상적인 사적 네트워크들은 매일 민감하고 소유권이 있는 데이터를 소통하는 데 사용된다. 이러한 모델의 요소를 사용함으로써 또 그것들을 H2H 네트워크 분야와 결합시킴으로써 같은 일들이 실제로 발생한다. 그러나 말이 곧 행동인 것은 아니며, 가장 훌륭한 결합이라도 풀어질 수 있고 실패할 수 있다. 중요한 것은 이러한 일들이 가능하지만 전에는 결코 없었던 일이라는 것이다.

H2H 네트워크를 수립하는 일은 단지 어떤 공격에 대해 어떤 특정 기술로 대응할 것인지 상정하는 문제만이 아니다. 해커들은 현장의 이용자들에게 필요한 것이 무엇인지 알아야 한다. 우리는 인터넷의 자유와 민주주의의 성장에 신경 쓰는 해커들, 풀뿌리 활동가들, 그리고 정당들이 협력하고 함께 일해야 한다는 사실에 귀를 기울이는 사람들에게 말하고 있다.

핵티비스모는 중국 해커들과 인권 운동가들와 함께 일해왔으며, 그러한 협동은 결실과 활력 모두 있었다. 가끔 문화적 충돌도 있었지만, 이런 일은 세상의 그 누구도 겪지 않을 수 없으며, 사람들이 일을 처리하는 과정에 언제나 일어나는 일이다. 해커들은 MIT 교수인 데이브

클락Dave Clark이 주장한 다음의 신조를 지향한다. "우리는 왕, 대통령, 그리고 투표를 거부한다. 우리는 개략적인 합의와 코드 실행을 믿는다." 개발 파트너들이 더 밀접하게 일하면서 우리가 겉보기와 그닥 다르지 않다는 것을 알아나갈 때 우리의 신뢰는 시작될 것이다.

연구와 개발은 첫 단계다. 그다음에는 배포가 있다. 지금까지 해커들은 결코 소프트웨어 배포에 관한 문제를 야기시키지 않았다. 만약 당신이 어떤 프로그램을 짜고 있다면, 그 프로그램은 우리가 경험으로 배워온 것 바깥에서, 세계 구석구석에 다다라 종료될 것이다.

우리 협력자들의 채널과 기존 배포 채널을 함께 활용한다면 해방적인 소프트웨어가 가장 필요한 사람들에게 배포될 수 있을 것이다. 어떤 인권 단체는 사람들의 의식을 성장시키는 데 있어서 갈수록 소중해지는, 그래서 어떤 경우에 하나의 유통망으로 작동할 대규모 이메일 데이터베이스를 가지고 있다. 다른 협업의 영역 또한 가능하다. 특히 비영어권 이용자들을 위한 번역 작업, 즉 문서화 작업이나 U.I.s 리스키닝re-skinning[×]은 개발에 엄청난 유용성을 가져올 것이다.

마지막으로, 하지만 우리가 인정할 필요가 있는 사소하지 않는 사실 하나는 핵티비스모의 작업에 중국 정부가 자신도 모르게 기여하고 있다는 점이다. 그들의 기본적인 기술 몇가지를 역공학으로 접근해보면서, 우리는 빛이 새어나오는 몇 개의 틈을 발견할 수 있었다. 그러나 다음과 같은 문제가 제기된다. 왜 우리는 이 작업에 발을 들여놓고 있지? 몇 십억 달러의 정부 예산을 가진 세계의 자유민주주의 국가들은 언제 인터넷을 개방하고자 자신들의 자원을 투자하기라도 하나? 그 국가들

×　애플리케이션의 유저 인터페이스를 (말하자면 영어에서 중국어 혹은 아랍어 등으로) 교체하는 과정.

은 대내의 이익과 충돌할 때, 인권 정책 따위는 신경쓰지 않는다는 것을 우리는 알고 있잖아? 그러나 국제적인 보안은 어떡할 것인가? 베이징이 대내적으로 국수주의 카드를 계속 쓴다면, 더 개방적인 인터넷은 온라인에서의 더 많은 일대일 상호작용을 통해 전통적인 제노포비아를 확산시킬 수도 있을 것이다.

그러나 서구 나라들이 개입하기 전까지 해커들의 주된 도전은 인터넷 해방이라는 목표에 계속 집중하는 것이다. 우리는 신의 은총으로, 우리가 방화벽 반대편에 자리할 수 있다는 사실을 알고 있다. 수천 명의 해커들이 그 게임에 뛰어들고자 한다고 말하면 거짓말이겠지만, 그런 정서가 포착되고 있다.

그래도, 새로운 파트너십이 맺어진다면, 우리가 성과를 낼 수 있는 이러한 단초들은 충분히 마련되고 있는 것이다. 거기에는 컴퓨터 뒤에 앉아 인터넷이 해방된다고 믿는 새로운 세대의 자유 전사들이 있다.

해커 선언문(v.4.0)

매켄지 와크, 2004

선언

01. 거기에는 세계에 대한 이중의 공포, 이중의 추상이 있다. 나라와 군대, 기업과 공동체의 운명이 거기에 달려 있다. 모든 경합하는 계급들—지주와 농노, 노동자와 자본가—은 그들의 운이 걸려 있는 세계에 대한 가차 없는 추상을 두려워하면서도 숭배한다. 모든 계급이 그렇다. 해커라는 하나의 계급만 제외하고.

02. 우리가 해킹하는 코드가 프로그래밍된 언어든지, 시적 언어든지, 아니면 수학이나 음악, 곡선, 색채든지 우리는 세계에 진입하는 새로운 것들의 가능성을 창조한다. 그것이 언제나 위대하거나 심지어 좋은 것

이 아니라 하더라도, 분명 새로운 것들이다. 예술에서, 과학에서, 철학과 문화에서 데이터가 수집되고, 정보가 추출되고, 그 정보에서 세계를 위한 새로운 가능성이 창출되는 지식 생산에는 낡은 것에서 새로운 것을 해킹해내고 있는 해커들이 있다. 해커들은 새로운 세계를 만들지만, 우리는 그것들을 소유하지 않는다. 우리가 만들어낸 것들은 다른 이들의 이익에 저당 잡히고, 우리가 오롯이 발견해낸 세계 창조의 도구들을 통제하는 국가와 기업들에 저당 잡힌다. 우리는 우리가 생산한 것을 소유하지 않는다―그것이 우리를 소유한다.

03. 그러나 우리는 아직 우리가 누구인지 제대로 알지 못한다. 우리가 하나의 그룹으로, 프로그래머, 예술가, 저술가, 과학자, 음악가로서 우리의 독특한 존재를 인식하는 반면, 우리는 스스로를 그저 한 계급 경험의 부속물들로 재현하는 방식들만을 알고 있다. 그러한 계급 경험은 그래도 세계에서 추상을 생산해내는 과정을 그 자체로 표현하는 분투임은 분명하다. 괴짜geeks와 괴물freaks이란 타인들에게 배제당하면서 부정적으로 붙여진 이름이다. 해커들은 하나 계급이지만, 추상적인 계급이며 스스로를 해킹해서 그 자체로 존재를 표명하려는 계급이다.

추상

04. 추상은 발견되거나 생산될 수 있고, 물질적일 수도 비물질적일 수도 있다. 그러나 추상은 모든 해킹이 생산하고 확증하는 바다. 추상한다는 것은 연관되지 않은 각기 다른 것들이 많은 가능한 관계로 맺어

질 수도 있는 일에 대해 계획을 수립하는 것이다. 가상적인 것이 확인되고, 생산되고 해방되는 일은 바로 추상을 통해서다. 가상적인 것은 단지 물질 안에 내재한 잠재성이 아니다. 그것은 가능한 잠재성이다 potential of potential. 해킹은 추상을 정보로 생산하거나 작동시키는 것 그리고 새로운 세계의 가능성을 표출하는 것이다.

05. 모든 추상은 자연의 추상이다. 추상한다는 것은 자연의 가상성 virtuality을 표현하는 것, 다양하게 펼쳐질 자연의 가능성들 가운데 몇 가지 예시를 알리는 것이자 무한한 관계로부터 하나의 관계를 실현하는 것이다. 추상은 물리적 물질의 잠재성을 해방시킨다. 그렇지만 추상은 물리적 물질과는 독립적인 존재를 지닌 어떤 것, 즉 정보에 의존한다. 정보는 물리적 물질과 다름없으면서도, 존재의 차원에서는 물질과 독립적이다. 정보는 순수하고 비물질적인 형태로 존재할 수 없기에 해커 계급 또한 그럴 수 없다. 해커 계급은 필연적으로 정보를 추출하고 분배하는 물질적 수단을 소유하고 있는 지배 계급과 함께 다루어져야 하거나, 이를 추출하고 분배하는 생산 계급과 함께 다뤄져야 한다. 해커들의 계급적 이해관계는 그 물질적 제약으로부터 정보를 자유롭게 하는 데 놓여 있다.

06. 사적 소유의 추상화가 정보로 확장되면서 해커라는 하나의 계급이 양산되었다. 해커들은 자신들의 추상화 능력을 생산수단을 소유한 계급, 우리 시대 부상하고 있는 하나의 지배 계급, 벡터럴리스트 계급에 팔아야 한다. 벡터럴리스트 계급은 해커들로부터 그들의 지적 자산을 빼앗고자 극심한 전투를 벌이고 있는 계급이다. 특허와 저작권은 모두

창조자의 손이 아니라, 이런 추상화의 가치를 실현할 수단을 소유한 벡터럴리스트 계급의 수중으로 넘어간다. 벡터럴리스트 계급은 추상화를 독점하고자 분투한다. 해커들은 개별적으로나 계급적으로나 박탈당하는 것을 알게 된다. 해커들은 추상화가 상업화되어가고 벡터럴리스트들의 사적 재산이 되는 특정 형태에 대항해 단편적으로만 싸우게 된다. 해커들이 집단적으로 생산하지만, 벡터럴리스트들이 집단적으로 차지하는 정보에 접근하기 위해, 벡터럴리스트들이 갈취하는 고금리 이자에 맞서 해커들은 집단적으로 싸우게 된다. 해커들은 그들의 계급 이익이, 이런 저런 자산의 형태를 단속하는 일이 아니라, 재산의 형태 그 자체를 추상화하는 일, 즉 추상의 자유로운 생산을 위한 투쟁을 통해서 가장 잘 표현된다는 것을 깨닫게 된다.

07. 우리 시대를 다르게 만드는 것은 실제적인 것과 상상된 것 모두에서, 추상적인 혁신의 폭발에 의해 마침내 필연성으로부터 해방된 한 사회의 가능성이 오늘날의 지평으로 등장했다는 것이다. 추상화에는 시대에 뒤떨어지고 퇴행적인 계급의 이익에 묶여 있는 해킹의 족쇄를 최종적으로 풀 수 있는 잠재력이 있다. 결핍의 신화로부터 생산적이고 창의적인 자원을 해방시키기 위해 해커들이 전 세계 모든 생산계급과 연대해야 하는 시대는 지났다. "세계는 이미 한 시대의 꿈을 가지고 있다. 그 꿈을 실현시키기 위해서 지금 가져야 하는 것은 그에 대한 의식이다."

생산

08. 생산은 모든 것들을 생산하고, 모든 생산자들을 생산한다. 생산은 단지 소유할 생산물이라는 대상을 생산하는 것뿐 아니라, 주체로서 생산자 또한 생산한다. 해킹은 생산의 생산이다. 해킹은 단수적이고 독특한 산물을 낳는 새로운 종류의 생산을 생산한다. 모든 해커는 생산자이면서 동시에 해킹의 산물이며, 과정이라는 해킹의 기억으로서, 나름의 특이함으로서 등장한다.

09. 생산은 생산물에 형식적, 사회적, 반복적, 그리고 재생산적 형태를 부여하는 가장 우선적인 해킹의 토대에서 벌어진다. 모든 생산은 재현의 토대에서 정형화되고 반복되는 하나의 해킹이다. 생산한다는 것은 반복하는 것, 말하자면, 가르는 것, 분화하는 것이다.

10. 설령 어떤 잉여의 쓸모없음이 사회적으로 역사적으로 결정된다고 하더라도 해킹은 쓸모 있는 잉여와 쓸모없는 잉여 모두를 생산한다. 쓸모 있는 잉여는 필연성으로부터 버려진 자유의 영역을 확장시킨다. 쓸모없는 잉여는 자유의 잉여 그 자체, 필연성의 생산에 의해 제약받지 않는 자유로운 생산의 여백이다.

11. 잉여의 생산은 필연성으로부터 벗어날 자유의 확장의 가능성을 창출한다. 그러나 계급사회에서 잉여의 생산은 역시 새로운 필연성을 만들어낸다. 계급 지배는 사회의 생산적 잠재성을 포획하고, 생산에 마구를 씌우는 것으로 그 형태를 취하는데, 이는 자유의 형태가 아니라, 계

급지배의 형태 그 자체다. 지배계급은 해킹을 생산의 형식을 산출하는 일에 종속시키는데, 이는 계급 권력을 강화하면서 해킹의 다른 형식을 억제하거나 소외시킬 수 있다. 농부, 노동자 그리고 해커와 같은 생산 계급이 공유하고 공통적인 관심사는, 생산을 새로운 필연성의 생산으로 돌리려 하고, 잉여에서 노예 착취를 일삼는 지배계급으로부터 생산을 해방시키는 일이다. 자유로운 생산성의 요소는 생산적인 계급들 안에 이미 원자화된 형태로 존재한다. 이제 남은 것은 그 가상성을 해방시키는 일이다.

계급

12. 끝없는 시련 가운데 있는 계급투쟁은 거듭해서 소유라는 해답 없는 질문을 뒤집고 타협하곤 하며, 대치 중인 이 계급들은 다시 또 다시 새로운 답과 함께 되돌아온다. 노동 계급은 사적 소유의 필연성을 문제시하고, 공산당은 노동 계급의 욕망에 답하기 위해 부상했다. 공산주의 선언에 표명된 그 답은 "모든 생산 수단을 국가의 수중으로 모으는 것"이었다. 그러나 국가를 소유의 독점자로 만드는 일은 새로운 계급을 낳았고, 새롭고 더 잔인한 계급투쟁을 불러왔을 뿐이었다. 아마도 이것이 최종의 답은 아닐 것이며, 계급투쟁의 과정은 아직 끝나지 않았을 것이다. 거기에는 새로운 방식으로 소유의 문제를 제기하면서 지배 계급의 독점적 소유를 깨뜨릴 새로운 답을 제시할 수 있는 또 다른 계급이 존재할 것이다.

13. 우리 자신이 속해 있는 세계의 역장이 새롭게 전개될 때마다 이를 역동적으로 추동하는 계급이 있다. 목축인 계급은 영주의 지배 아래 전통적으로 땅을 일궜던 많은 농부를 흩어지게 했다. 목축인은 영주들이 사적 소유라고 주장하던 그 땅의 생산성을 해방시키면서 영주들을 밀어냈다. 추상의 새로운 형태는 갈수록 더 소수의 농부들로도 땅에서 잉여 생산을 가능케 했으며, 목축인들은 농부들의 삶을 빼앗아 터전을 떠나게 했다. 재산을 빼앗긴 농부들은 새로운 일과 터전을 찾아 도시로 떠났다. 이제 농부들은 공장에서 일하는 노동자가 되었다. 소유로서 자본은 생산수단을 소유하는 자본가 계급을 탄생시켰고 이로써 생산수단을 소유하지 못한 노동자 계급 또한 탄생시켰다. 자기 소유를 박탈당한 농부들은 노동자가 되었을 뿐, 또다시 소유하지 못한 존재가 된 것이다. 땅을 잃은 그들은 자신들의 문화도 잃었다. 자본은 공장을 통해 생필품만 생산하는 것이 아니라, 노동자가 소비하게끔 되어 있는 삶의 방식까지도 생산한다. 상품화된 삶은 한 세대가 다음 세대에게 물려준 선물이자, 사적 소유라는 영역 바깥에서 전승되어온 정보로서 문화를 노동자에게서 박탈한다. 그리고 그것을 상품화된 형태의 정보로 대체시킨다.

14. 땅이나 자본처럼 정보는 소위 벡터럴리스트 계급이 독점하는 소유의 형식이 된다. 그들이 정보가 추상화되는 벡터(힘의 강도와 방향)를 통제하기 때문이다. 마치 상품을 생산하는 물적 수단을 자본가들이 통제하는 것처럼, 그리고 식량이 생산되는 땅을 목축인들이 통제하는 것처럼 말이다. 노동 계급 안에서 정보는 마치 모두에게 속하는 사회적 재산처럼 순환되었다. 그러나 정보가 사적 재산의 한 형식이 되었을 때,

노동자들을 그 소유를 박탈당하며, 그 소유자들인 벡터럴리스트 계급한테서 자신의 문화를 구매해야 한다. 모든 시간, 시간 그 자체가 상품화된 경험이 된다.

15. 벡터럴리스트는 생산과정에 대한 자본의 독점을 깨뜨리려 한다. 그리고 재화의 생산을 정보의 순환에 귀속시킨다. 생산 능력이 더 이상 권력의 원천이 아니기에, 주도적인 기업들은 자신들에게서 그 능력을 빼낸다. 이제 그들의 권력은 지적 재산(특허와 상표),—그리고 그들의 가치를 재생산할 수 있는 수단들(소통의 벡터)—을 독점하는 데 있다. 정보의 사유화는 상품화된 삶에 부수적인 한 측면이 아니라 지배적인 성격이 되었다. 사적 재산이 땅에서 자본으로 다시 정보로 진화해오면서, 재산 그 자체는 더욱 추상적인 것이 되었다. 자본이 땅을 그 공간적 고정성에서 해방시켰듯이, 재산으로서 정보는 자본을 그 특정한 대상 안에 있는 고정성에서 해방시킨다.

16. 잇따른 지배계급들이 정보를 그들의 자원으로 의존함에 따라 새로운 추상화의 생산자로서 해커 계급은 이들에게 더욱 중요해졌다. 해커 계급은 정보가 재산으로 변형됨에 따라, 즉 특허, 트레이드마크, 카피라이트 그리고 윤리적 저작권을 포함한 지적 재산의 형태에서 등장했다. 해커 계급은 단지 세계에서 새로운 종류의 객체와 주체, 대표될 수 있는 새로운 종류의 재산을 만들어내는 능력을 지닌 계급이 아니라, 재산의 형태를 넘어선 새로운 종류의 관계를 창출하는 계급이다. 해커 계급은 자유가 필연성과 계급 지배로부터 벗어나 하나의 가능성으로 지평 위에 떠오른 바로 그 순간, 등장하는 하나의 계급으로 형성된 것이다.

재산

17. 재산은 모든 사물들이 하나의 공통적인 특질, 즉 소유물의 특질을 지닐 수 있는 추상적인 면을 구성한다. 땅은 재산의 가장 원초적인 형태다. 목축인들은 한때 공적 소유권의 한 형태로 자신의 지분을 가지고 있었던 농부들을 강제로 해산시키면서 땅을 사적 재산으로 획득했다. 자본은 재산의 두 번째 형태로서 도구, 기계 그리고 노동재화의 형태로 생산 자원을 사유화한다. 땅과 달리 자본은 공급과 배분이 고정적이지 않다. 자본은 제작되고 가공되고, 이동되고, 응집되고, 흩어진다. 생산 자원으로부터 무한하게 커져가는 잠재성이 풀려날 수 있다. 마치 소유라는 추상적 평면이 토지와 자본 둘 다를 포괄하듯이 말이다 (이것이 바로 자본의 '진보'다).

18. 목축인 계급은 추상의 응용부터 생산 과정까지 이 안에서 이동하는 생산성의 가치를 아주 천천히 알아차린 반면, 자본가 계급은 추상에 내재한 해킹의 가치를 간파한다. 자본의 영향하에, 국가는 특허나 저작권처럼 해커들을 하나의 계급과 같이 독립적인 존재로 보장할 수 있는 지적 재산의 형태를 제재한다. 그리고 그러한 발전 이슈에서 문화적, 과학적 혁신의 흐름을 관리한다. 정보가 재산의 형태가 될 때, 그것은 단지 자본이라는 지지체를 넘어 발전한다. 그것은 그 자체로 축적의 형식을 이루는 토대가 된다.

19. 해커들은 자신의 이익을 자산가로서가 아니라, 생산자로서 계산해야 한다. 이것이야말로 벡터럴리스트 계급으로부터 그들을 구별해주는 것이다. 해커들은 가지고 있는 정보를 단순히 소유하지 않고, 그것

으로 이윤을 창출한다. 그들은 새로운 정보를 생산하고, 생산자로서 상품 형식의 절대적인 지배로부터 그 정보를 해방시키기 위한 접속을 요구한다. 순수하고 자유로운 실험적 행위로서 해킹은 스스로 부과하지 않은 그 어떤 구속으로부터도 자유로운 것이 되어야 한다. 오직 자유에서 비롯할 때, 그것은 자유의 잉여이자 잉여로서의 자유를 만들어내는 수단들을 생산해낼 것이다.

20. 사적 재산은 단지 봉건적 재산에 대항해 탄생했을 뿐 아니라, 날로 증가하는 상품경제의 생산성을 얽매던 전통적인 선물 경제의 형식에도 대항하면서 등장했다. 질적 교환, 선물 교환은 양화되고 화폐화된 교환으로 대체되었다. 화폐는 땅, 자본, 정보 그리고 노동, 추상적 요소로 각각 마주치는 모든 것을 측량이라는 추상적 평면으로 환원시키는 매체다. 도처에 상품성이 침습한 오늘날, 선물은 주변적인 재산 형식이 되었고, 이제는 소비의 형식이 되어버렸다. 그러나 선물은 주변적임에도, 상품의 구매자, 판매자로 마주하지 않는 사람들 사이에서 상호적이고 공공적인 관계를 만들어내는 데 핵심적 역할을 하고 있다. 벡터적인 생산이 발전하면, 그 수단들도 선물 경제의 갱신된 형태로 등장한다. 벡터가 손을 뻗는 어디에나 상품의 궤도가 형성된다. 그러나 벡터가 손 뻗는 그 모든 곳마다 선물 관계의 가능성도 형성된다.

21. 해커 계급은 선물 경제와 밀접한 친연성을 지니고 있다. 해커는 일련의 해킹 행위 그 자체를 통해 질적이고 단수적인 주체성을 생산하기 위해 분투한다. 독자적인 단체들 사이의 질적 교환으로서 선물은 각 단체가 단수적인 생산자로, 상품화되고 양화된 대상이 아니라 생산

의 주체로 인정받는 것을 허락한다. 선물은 사회적이고 집단적인 방식으로 생산을 생산하는 주체성을 표현한다. 반면 상품화된 재산은 생산자를 대상으로, 다른 것들과 마찬가지로 오직 상대적인 가치로 양화할 수 있는 상품으로 재현한다. 정보의 선물이 재산으로서의 정보와 반드시 충돌을 일으키는 것은 아니다. 정보가 상품화에서 해방된다면, 결핍이라는 계략에 시달릴 필요가 없기 때문이다.

22. 벡터럴리스트 계급은 자기도 모르게 재산으로서 선물이 귀환할 수 있는 벡터 공간의 발전에 기여하지만, 곧 재빨리 그 오류를 알아차린다. 벡터적 경제가 발전할수록, 개방적이고 자유로운 선물 교환의 사회적 공간의 형태는 줄어들고, 사적 판매를 위한 상품화된 생산의 형태는 늘어난다. 벡터럴리스트 계급은 정보가 일정 부분 사회화되는 것을 마지못해 인정하기도 하는데, 이는 민주적으로 더 많은 이득을 가져오기 위해 지불하는 대가로서 그렇게 할 뿐이다. 그러나 벡터럴리스트 계급은 선물에 그 계급의 수익에 대한 도전이 아니라, 바로 그 존재에 대한 도전이 자리하고 있다는 것을 꽤 정확하게 알아본다. 선물 경제는 하나의 계급으로서 벡터럴리스트의 기생적, 과잉적 본성을 입증하는 가상적 증거다.

벡터

23. 역학(유행병학, epidemiology)에서, 벡터는 어떤 병원체가 한 개체군에서 다른 개체군으로 이동하는 특정 수단을 의미한다. 물은 콜레라의

벡터이고, 체액은 HIV의 벡터다. 이를 확장해보면, 하나의 벡터는 정보가 이동하는 수단이라고 할 수 있다. 전신, 전화, 텔레비전, 텔레커뮤니케이션, 이러한 용어들은 특정한 벡터를 일컫는 것이 아니라, 현실화되고 전파되는 통상의 추상 능력을 지칭한다. 이 모두가 원격투시 telesthesia, 혹은 원거리 지각의 형태다. 주어진 미디어 벡터에는 고정된 속도, 대역폭, 범위, 그리고 규모의 적정선이 있지만, 최소한 원리적으로는 어디에나 배치되어 있다. 벡터의 비균질적 발전은 기술적인 문제가 아니라, 정치적이고 경제적인 문제다.

24. 정보의 상품화와 더불어 정보의 벡터화가 도래한다. 정보에서 잉여를 추출해내자면 정보를 공간 속으로, 그리고 시간 속으로 전송하는 기술이 필요하다. 커뮤니케이션이 공간을 가로지르는 벡터라면, 아카이브는 시간을 가로지르는 벡터다. 벡터럴리스트 계급은 정보를 벡터화할 수 있는 강력한 기술을 손에 넣었을 때 비로소 진가를 발휘한다. 벡터럴 계급은 정보의 축적, 정보의 흐름, 그리고 정보의 벡터 자체마저도 상품화할 수 있다. 정보의 축적은 하나의 아카이브, 가치를 벼리는 시간을 통과해낸 정보의 신체다. 정보의 흐름은 어떤 사건에서 일시적인 가치를 지닌 정보를 추출해내 그것을 널리 빠르게 확산시키는 능력이다. 정보의 벡터는 정보가 축적되는 시간적 분배와 정보가 유통되는 공간적 분배 모두를 집적하는 수단이다. 벡터의 힘은 통상 이 세 가지 측면을 모두 장악함으로써 구현된다.

25. 벡터 계급은 즉각적이고 전 지구적인 계산과 통제의 판이라는 환영에 올라탄다. 그러나 대상 세계를 지배하는 주체적 힘을 지니게 되

는 것은 벡터럴리스트 계급이 아니다. 벡터 스스로 주체의 역할을 빼앗아 오직 상품화된 형식 안에만 파악될 수 있는 세계를 향한 의지의 유일한 저장소가 된다. 벡터의 왕국은 그 어떤 것이라도 사물로 여기게 되는 왕국이다. 벡터는 세계의 모든 것을 지배하는 힘이지만, 균등하게 배분되는 힘은 아니다. 벡터의 기술에서 사용 가능성을 결정할 수 있는 것이란 아무것도 없다. 기술이 결정하는 것은 정보가 대상화되는 형식이다.

26. 벡터럴리스트 계급은 매순간 벡터를 다루는 자신의 주체적인 힘을 유지하고자 애쓰지만, 벡터의 확산을 통해 지속적으로 발생시키려 할 때 벡터를 지배하는 능력은 통제를 벗어나게 마련이다. 벡터를 확산시키는 계급이 벡터를 나르는 그 힘을 정보로 시장에 내놓고, 수익을 내기 위해서는, 거대한 다수의 생산 계급을 상품화의 대상이 아니라, 어느 정도는 주체로 대해야 한다. 해커 계급은 상품화의 왕국으로부터 벡터를 해방시키고자 한다. 그러나 벡터를 분별없이 풀어놓으려는 것이 아니라, 오히려 벡터를 집단적이고 민주적인 발전에 종속시키려고 하는 것이다. 해커 계급은 단지 원리적으로만 벡터의 잠재력을 실현시킬 수 있다. 그러한 잠재성을 현실성으로 바꾸는 것은 모든 생산 계급의 연대에 달려 있다. 즉 그들 스스로를 주체적으로 조직하고 집단적이고 주체적인 존재가 되기 위해 가능한 벡터들을 사용하는 데 달려 있다.

교육

27. 교육은 노예제도다. 그것은 사람들의 마음을 속박하고 이를 계급 권력의 자원으로 삼는다. 지배 계급이 교육의 필요성을 설교할 때, 그것은 언제나 필수적인 교육을 의미한다. 교육은 지식과 같지 않다. 교육은 또한 지식을 얻기 위한 필수적인 방법도 아니다. 교육은 희소성의 제약 안에서 이뤄지는 지식의 조직화다. 교육은 지식을 "훈육"하고, 그것을 단일한 "장"으로 분리해내며, 그 장의 재현 질서를 관리할 적절한 "자격의" 수호자들이 그 장을 주도하게 한다. 우리가 교육을 마치 물건인 양 요구할 수 있겠지만, 우리가 지식을 얻게 되는 것은 변화의 과정을 통해서다. 이처럼 지식은 교육으로는 오직 부분적으로 확보될 수 있는 것으로, 지식의 실행은 언제나 교육을 빠져나가거나 이를 초과한다.

28. 목축 계급은 복종에 세뇌당하는 일뿐 아니라 교육에도 저항했다. 자본이 잡일을 처리할 "손들"이 필요하자, 교육 집단은 기계를 다루는 유용한 손과 자신들이 속한 사회 질서를 순리로 받아들이는 유순한 몸을 훈련시키는 데 열중했다. 날로 복잡해지는 경영을 위해 그리고 그 생산물을 소비하는 데 스스로를 적응시키기 위해 자본에게 두뇌가 필요하자, 임노동 계급에 진입하고자 하는 이들은 교육의 감옥에서 더 많은 시간을 보내도록 요구받았다.

29. 소위 중간 계급은 수입의 상당한 부분을 교육에 투자함으로써 자신들의 소비와 보장에 대한 특권화된 접근을 달성한다. 그러나 그들이

목화나 철이 아니라 정보로 일을 한다 하더라도 이들 대부분은 노동자로 남는다. 그들은 공장에서 일하지만, 사무실처럼 여기도록 훈련받는다. 그들은 시급을 받지만 연봉처럼 여기도록 훈련받는다. 그들은 유니폼을 입지만 수트처럼 여기도록 훈련받는다. 여기서 오직 차이는 교육이 착취의 수단을 다르게 부르도록 그들을 가르쳐왔다는 것, 그리고 이를 달리 부르는 자신의 계급을 경멸하도록 가르쳐왔다는 것이다.

30. 자본가 계급은 교육을 궁극의 수단으로 보는 반면, 벡터럴리스트 계급은 교육을 목적 그 자체로 본다. 그것은 사적 소유의 형식으로서 지적 재산의 보장을 토대로, 교육을 본질적으로 수익성 있는 산업을 창출할 기회로 본다는 것이다. 벡터럴리스트에게 교육은 문화처럼 단지 상품화를 위한 "콘텐츠"일 뿐이다.

31. 해커 계급은 교육과 양가적인 관계를 맺고 있다. 해커 계급은 교육이 아니라, 지식을 원한다. 해커는 지식의 순전한 해방 그 자체에, 그리고 그 자체를 통해 존재하게 된다. 해킹은 관리와 상품화 교육이라는 규율 체제에는 걸맞지 않은 추상을 생산함으로써 그 가상성 안에서 지식을 드러낸다. 해커 지식은, 그 실천적 측면에서 자유로운 정보의 정치학, 자유로운 배움을, 그리고 피어들의 네트워크에 주는 선물의 결실을 의미한다. 또한 해커 지식은 공적 이익의 요구에 복무하는 지식의 윤리를, 말하자면 상품 생산에 종속되지 않을 자유의 윤리를 시사한다. 이것이야말로 교육을 임금 노예제의 방편으로 만들고자 하는 자본가 계급과의 싸움에서 해커가 적대적 관계를 가질 수 있는 점이다.

32. 지식은 누구의 소유인가? 계급 문제에 대해 해커들이 진정 배태하고 있는 지적인 충돌은 이것 하나뿐일까? 경제가 공인한 재현을 상품으로 조작하는 일만을 자신의 기능이라 여기는 교육을 통해 주체에게 권한을 부여하는 것이 지식의 역할인가? 아니면 주체들이 그들 자신과는 다른 존재가 됨으로써 대상 세계가 피상적인 것과 다른 잠재력을 지니고 있음을 발견하는 일, 바로 해킹이라는 다른 현상을 만들어내는 일이 지식의 기능인가?

해킹

33. 가상성은 해커의 참된 영역이다. 바로 그 가상적인 것으로부터 해커는 현실에 대한 전례 없는 새로운 표현을 만들어낸다. 해커들에게 있어서 실재의 재현이란 항상 부분적이고, 제한적이고 심지어 거짓일 수 있다. 해커에게는 언제나 현실적인 것 안에서 표현되는 가능성의 잉여, 가상적인 것의 잉여가 있다. 이것이 바로 현실적인 양태가 없는, 즉 존재하지 않지만, 있을 수 있는 실재what is real의 무한한 영역이다. 해킹은 가상적인 것을 현실적인 것으로 해방시키는 행위, 실재the real의 차이를 표현하는 행위다.

34. 추상을 적용함으로써, 해커 계급은 생산의 가능성을, 세계로부터 그리고 세계를 가지고 무엇을 어떤 자연으로 만들어낼 가능성—추상을 자연에 적용함으로써 만들어진 잉여에 의거해 살아갈 가능성—을 생산한다. 추상의 새로운 형식을 생산함으로써, 해커 계급은 미래의 가

능성을 만들어낸다—단지 "그" 미래가 아니라, 미래를 무한히 배치할
수 있는, 가상성으로서 미래 그 자체를.

35. 법의 제재하에, 해킹은 유한한 재산이 된다. 모든 계급이 그렇듯이,
해커 계급은 재산 형태에 대한 관계에서 등장한다. 모든 재산 형태처
럼, 지적 재산은 결핍/희소 관계의 영향을 받는다. 그것은 비-주인을
희생시켜 한 주인에게, 무소유자들을 희생시켜 소유 계급에게 소유권
을 할당한다.

36. 바로 그러한 본성 때문에 해킹 행위는 재산이 부과하는 한계를 극
복한다. 새로운 해킹들이 낡은 해킹들을 대체하고, 재산으로서 그것들
의 가치를 절하한다. 새로운 정보로서 해킹은 이미 현존하는 정보로부
터 생산된 것이다. 이는 해커들에게 배타적인 권리보다 훨씬 더 자유
로운 가능성으로 이익을 준다. 정보의 비물질적 본성은 한 가지 정보
의 소유가 다른 이들로부터 빼앗을 필요가 없는 소유라는 것을 의미
한다.

37. 해킹 그 자체가 재산의 형태로 구현되기에, 해킹은 다른 착취 계급
이나 피착취 계급과는 꽤 다른 이익을 해커 계급에게 가져다준다. 해
커 계급의 이익은 우선적으로 그리고 무엇보다도 자유로운 정보의 순
환에 놓여있으며, 이것이 해킹을 새롭게 진술해야 할 가장 핵심적인
사안이다. 그러나 계급으로서 해커 계급 역시, 해킹이 재산으로 어떻게
나타날지, 수익의 원천이 되는 그 무엇으로서 해커들을 지배계급으로
독립시켜줄지 관심을 가지고 있다.

38. 바로 그 해킹의 본성이 해커에게 정체성의 위기를 준다. 해커는 다른 계급들의 정체성에서 해커가 된다는 것은 무엇인지에 대한 재현을 탐색한다. 어떤 해커들은 그들이 지닌 재산의 희소성을 거래하며 스스로를 벡터럴리스트로 본다. 어떤 해커들은 스스로를 노동자로 보지만, 임금의 위계에서 특권적인 노동자로 본다. 해커 계급은 스스로를 생산한다. 그러나 자신을 위해서는 아니다. (아직) 해커 의식을 의식으로 보유하지 못한 것이다. 자신들의 잠재성을 알아채지 못한 것이다. 해커들의 경쟁적인 관심과 구별되어야 하는 것은 해커들의 관계에서 개방적이고 지속적인 미래를 도출하는 집단적 관심이다.

정보

39. 정보는 자유를 원하지만 어디에나 묶여 있다. 정보는 잠재성의 잠재력이다. 정보가 풀려날 때, 모든 사물들과 사람들, 대상과 주체의 잠재된 능력이 해방된다. 정보는 사실 대상과 주체가 태어나는 잠재적인 장소다. 정보는 대상과 주체를 현존케 만드는 매체이자 대상과 주체의 가상성이 거주하는 매체다. 정보는 자유롭지 않을 때, 그것을 소유하거나 통제하는 계급은 정보 안에 내재한 가상성으로부터 그 힘을 빼내 이를 자신의 이익에 활용한다.

40. 정보는 소통이나 미디어와 전혀 관련이 없다. "우리는 소통이 부족한 것이 아니다. 반대로 우리는 소통이 너무 많다. 우리에게는 창조가 부족하다. 우리는 현재에 대한 저항이 부족하다." 정보는 정확히 이러

한 저항, 이러한 마찰이다. 벡터럴리스트 계급의 권고하에 국가는 상품교환에서 공인된 최소한의 차이를 가지고 소통하고, 미디어 생산물을 재산으로 인정한다. 소통이 단지 이러한 상품화된 차이의 반복을 요구하는 것이라면 정보는 차이의 차이를 생산하는 것이다.

41. 정보의 자유로운 흐름을 구속하는 일은 정보의 희소성에서 이익을 얻는 벡터럴리스트 계급의 이익에 종사하도록 세계를 노예화하는 것이다. 정보의 노예화는 정보의 생산자들을 이 정보의 주인들의 이익을 위한 노예로 만드는 것을 의미한다. 정보의 가상성을 타진하는 것은 해커들이지만, 산업의 규모에서 정보의 생산수단을 소유하고 통제하는 것은 벡터럴리스트 계급이다. 문화, 교육 그리고 소통을 상품화된 콘텐츠로 사유화하는 것은 정보의 자유로운 발전을 비틀고 무너뜨리며 정보의 자유로운 발전에서 자유라는 관념이 태어나는 것을 막는다. 정보가 소유에 종속되는 한, 정보의 생산자들이 자유롭게 자신의 이익을 계산할 가능성, 혹은 진정한 정보의 자유가 세계에 가져올 무언가를 발견할 가능성은 없다.

42. 자유로운 정보는 축적, 흐름, 벡터 등 그 모든 측면에서 자유로워져야 한다. 정보의 축적은 추상화된 역사의 원재료들이다. 정보의 흐름은 현재가 추상화되는 원재료들로서, 현재는 역사적 인식이 가로지르는 추상의 지평선을 형성하면서 그 시야 속에 미래를 지시한다. 정보의 어떤 축적도 어떤 흐름도 그것들이 현실화될 수 있는 벡터 없이는 존재할 수 없다. 자유로운 정보의 공간적, 시간적 축은 하나의 사물과 별개로 더 많은 사물들의 재현을 제공해야 한다. 그것들은 사물들의 객

관적인 재현을 주관적 행위의 현전에 연결시킬 수 있는, 객관적인 동시에 주관적인 재현이 되어야 하며, 운동의 상태를 보여주는 좌표의 방식이 되어야 한다.

43. 정보뿐 아니라, 그것을 사용하는 방법에 대한 지식도 자유로워져야 한다. 정보 그 자체는 그저 단순한 것이다. 생산적인 정보가 되려면 능동적이고 주관적인 능력이 필요하다. 정보는 세계를 완벽하게 재현하는 데 목적이 있는 것이 아니라, 존재하는 세계와의 차이를 표현하는 데 그 목적이 있기에 자유롭다. 그리고 존재하는 세계를 개연적인 세계로 변형시키는 데 협력하는 힘을 표현하기에 자유롭다. 자유로운 사회의 시험대는 정보를 소비할 자유나, 정보를 생산할 자유, 심지어 자신이 선택한 사적 세계에서 잠재성을 실행시킬 자유도 아니다. 자유로운 사회의 시험대는 자유롭게 선택되고 자유롭게 실행되는 추상을 통해 집단적으로 세계를 변형시킬 자유다.

재현

44. 모든 재현은 거짓이다. 닮음은 그것이 재현하는 바로부터 나오는 필연성과 다르다. 설령 그렇지 않다고 하더라도, 닮음은 그것이 재현하려는 바이고, 따라서 재현이 아니다. 실로 오직 거짓된 재현만이 진정한 재현 가능성에 대한 믿음이다. 비평은 해결책이 아니라 문제 그 자체다. 비평은 재현에 있어서 치안 행위다. 재산의 가치를 확립함으로써 그 가치를 유지하는 데 봉사하는 행위이기 때문이다.

45. 재현의 정치는 언제나 국가의 정치다. 국가란 그것이 재현하는 신체에 대한 재현의 적절성을 통제하는 치안행위에 불과하다. 가장 급진적인 형태에서도 재현의 정치(대의 정치)는 항상 선택된 재현의 보증 역할을 하는 추상적인 상태, 혹은 이상적인 상태를 전제로 한다. 재현의 정치는 억압받는 민족성이나 억압받는 섹슈얼리티를 인정하는 국가를 갈망하지만, 그럼에도 불구하고 여전히, 말하자면 계급적 이익의 표명으로서 도전받는 것이 아니라, 재현의 판관으로서 받아들여지는 국가에 대한 욕망이다.

46. 그리고 항상 이 계몽된 상상의 국가에서조차 배제되는 이들이, 하나의 계급으로서 재현되기를 거부하는 이들, 해커 계급일 것이다. 해킹한다는 것은 재현을 거부하는 것, 그들 자신을 다르게 여기도록 만드는 것이다. 해킹한다는 것은 정보의 생산에 있어서 항상 차이를 생산하는 것, 단 1분이라도 차이를 만들어내는 것이다. 해킹한다는 것은 객체 혹은 주체에 문제를 일으키는 것이다. 바로 그 생산의 과정을 어떤 방식으로 변형시킴으로써 객체와 주체는 다른 존재가 되고, 그들의 재현에 의해 서로를 재인식하게 된다.

47. 정보의 정치, 지식의 정치는 거짓된 재현에 대한 비판적 부정이 아니라, 진술의 가상성에 대한 긍정적 정치를 통해 진보한다. 무궁무진한 진술의 과잉은 해커들의 계급적 이익이 의존하는 정보의 특징이다. 해킹은 자연적이든 사회적이든 프로그램된 것이든 시적이든 모든 코드의 무궁무진한 다양성을 가져온다. 그러나 해킹 행위는 해커와 해킹을 동시에 구성하는 것이기에, 해커들 사이에서 선물 경제로 구성된 것

외에 어떤 인위적 희소성도, 공식적인 자격도, 공인된 치안도 있을 수 없다.

48. 국가의 정치로부터 도망칠 수 있는 부정으로서가 아니라 긍정적 차이로서, 표명으로서 그 존재를 포용하는 정치. 재현을 무시하지도 표절하지도 않으며, 규범적인 재현을 거부하는 일은 국가 없는 정치의 시작이다. 무엇이 가치 있는 진술이고 무엇이 가치 없는 진술인지 승인하는 국가의 주권을 거절하는 정치. 심지어 쓸모없는 해커들이 삐뚤어져도, 그들의 무용성이 순수함으로 평가될 수 있는 정치. 재현으로서 무가치한 것이란 없다. 해킹은 언제나 움직여야 한다.

49. 재현에 대한 불만이 도처에 확산되고 있다. 때로는 상점 유리창 몇 개가 깨지는 문제가 되고, 또 때로는 몇몇 머리가 깨지는 문제가 되고 있다. 경찰에게 돌을 던지는 일 이상으로 그닥 커지지 않는, 소위 국가에 대항하는 "폭력"은 국가가 마조히즘 형태로 표현되기를 바라는 욕망일 뿐이다. 어떤 사람들은 국가가 자신의 재현을 인정해주길 요구하고, 어떤 사람들은 국가가 그들을 때려 눕혀주길 요구한다. 그 어떤 것도 교육 장치가 주체 안에 배양시킨 욕망을 벗어나는 정치가 아니다.

50. 때로는 직접 민주주의가 대안으로 제시되기도 한다. 그러나 이것은 단지 대표하는 순간을 바꿀 뿐이다. 그것은 청구인의 손에 있는 정치를 선거인 대신에 활동가 대표에게 넘겨주는 것이다. 때로 대의 정치에서 요구되는 것은 새로운 주체를 인정하는 것이다. 소수 인종, 젠더, 지향은 대표권을 요구한다. 그러나 그들은 머지않아 그 대가를 알

게 된다. 그들은 이 대표라는 의미를 통제해야 하고, 회원들의 충성을 지켜내야 한다. 가장 훌륭한 추상적 형태에서도, 가장 좋은 행위에서도, 색맹, 젠더중립, 다문화 국화는 대표의 가치를 상품 형태에다 넘겨버린다. 특히 정체성을 합법적으로 인정받지 못하고 과거 국가의 억압을 받았던 이들에게 이는 진보이지만, 국가가 인정하고 시장이 가치를 매겨줄 수 있는 대표성과는 다른 무엇이 되기를 추구하는 주체성의 표현을 인식하는 데까지 미치지 못한다.

51. 그러나 재현 가능성의 지평 위를 맴도는 또 다른 무엇이 있다. 재현 불가능성의 정치, 협상 불가능한 요구를 제시하는 정치가 있다. 이것은 이러 저러한 재현을 거절하는 정치가 아니라, 재현 그 자체를 거절하는 정치다. 추상적이지만 유토피아적이지 않은 정치. 그러한 정치는 무한하고 한계 없는 요구 속에, 반란이 욕망하는 것에 대해 이름(혹은 가격) 붙이기를 거절함으로써 정확히 승복을 이끌어내는 최상의 방법이 될 수 있다.

반란

52. 1989년 반란ˣ은 우리 시대의 신호탄이다. 1989년 반란이 성취한 것은 해킹의 가치를 인식하기에 너무도 둔감한 정권을 전복한 것이다.

ˣ 동서냉전의 상징이던 베를린 장벽이 무너지고 소련과 동유럽에서 공산당 체제가 몰락한 격변을 의미한다.

그들은 해커들뿐 아니라 갈수록 넘쳐나는 노동자와 농민들마저 굶주리게 만들었다. 그들의 정실주의와 부패정치, 관료주의와 이데올로기, 경찰과 스파이들로 그 정권은 목축인들과 자본가들까지 혁신적인 개혁과 성장에 굶주리게 했다.

53. 1989년 반란은 지루함과 필연성을 타도했다. 적어도 당분간은. 그들은 무한한 자유로운 발언의 요구를 세계사적 의제로 다시 상정했다. 적어도 당분간은. 그들은 세계사의 잠재된 운명을 드러내며 변화의 순수한 가상성을 표현했다. 적어도 당분간은. 새로운 국가들이 그들 스스로를 결집시키고 자신들을 반란이 열망했던바의 대표자로 내세우기 전까지는 말이다. 1989년 반란은 가상으로 가는 포털을 열었지만, 이 포털을 중심으로 재결집한 국가들은 곧 그 포털을 닫아버렸다. 그 반란이 실제로 성취한 것은 벡터적 힘을 위한 안전한 세계를 만든 것이다.

54. 소위 90년대 반세계화 시위는 이러한 신호탄적 사건들의 결과로 야기된 것이지만, 이 파문이 진짜 속해 있는 흐름에 대해서는 알지 못했다. 과다개발된 세계에서 이 반란 운동은 상승하는 벡터적 힘을 계급의 적으로 규정하지만, 이런 운동은 너무나도 자주 부분적이고 일시적인 지역 자본가들과 목축민 계급의 이익에 포획당했다. 그것은 초기의 반란으로, 무한한 욕망과 자유로운 표현, 그리고 전술적 요구가 되는 예술의 엔진들 사이에 연결성을 아직 발견하지 못했다.

55. 국가 안의 계급투쟁과 국가들 사이의 제국주의 투쟁은 두 가지 정

치 형태로 구체화되었다. 한 정치 형태는 퇴보적이다. 그것은 상상의 과거로 되돌아가고자 한다. 그것은 국경을 새로운 벽으로 이용하고자 하며, 네온 스크린 뒤에는 예기치 못한 동맹이 영광스러운 과거라는 명목으로 그들의 기존 이익을 보호한다. 또 다른 정치 형태는 진보적 운동의 정치다. 이 정치는 미지의 미래를 향해 가속을 추구한다. 그것은 국가 연합에 의해 부과된 한계를 극복하는 새로운 부와 자유의 원천을 쟁취하기 위해 절충적 수단으로서 정보, 무역 혹은 행동주의의 국제적 흐름을 사용하고자 한다.

56. 이들 정치 가운데 어떤 것도 1989년 혁명이 확실히 극복했던 좌파와 우파라는 낡은 개념에 해당하지 않는다. 퇴행 정치는 새로운 힘의 원천에 대항해 불경스런 동맹으로 인종차별주의를 끌어들이고 좌파로부터 러다이트 충동을, 우파로부터는 반동적인 충동을 결합시킨다. 진보 정치는 동맹의 형태를 잘 취하지 않지만, 상호 의심스런 대화 속에 갇혀 있는 두 개의 평행한 과정을 형성한다. 우파의 자유화 세력과 좌파의 사회 정의 및 인권 세력 모두는 국가적 수준에서 여전히 축적하고 있는 권력 체제를 풀어헤치기 위해 반국가적이고 초국가적인 해결책을 추구한다.

57. 제3의 정치가 있다. 그것은 1989년 이후 세계의 동맹과 타협 바깥에 서 있다. 진보 정치와 퇴행 정치 둘 다 정당 연합과 이해관계를 포괄하는 대의 정치라면, 이 제3의 정치는 무국적 정치로서 그러한 정치에서 벗어나고자 한다. 해킹의 정치, 대표성/재현을 벗어난 관계를 발명하기.

58. 표현 정치는 상품 재산 그 자체에 대한 투쟁이다. 표현 정치는 재산을 집단화하려는 투쟁이 아니다. 왜냐하면 그것은 재산의 한 형태이기 때문이다. 표현 정치는 상품 형태의 두 가지 버전, 즉 총체적 시장 형태와 시장-관료주의적 국가 형태로부터 자유로울 수 있는 뭔가를 해방시키기 위한 투쟁이다. 상품 형태에서 완전히 자유로울 수 있는 것은 토지나 자본이 아니라, 정보다. 다른 모든 재산 형태는 배타적이다. 한 사람에 의한 소유는 정의상 다른 이의 소유를 배제한다. 그러나 재산으로서 정보는 그 희소성 외에 어떤 것도 감소시키지 않고 공유될 수 있다. 정보는 상품 형태를 벗어날 수 있는 것이다.

59. 정치는 정보의 가상성을 자유롭게 하는 정치일 때 비로소 표현적이 될 수 있다. 정보를 상품으로서의 대상화에서 해방시킬 때, 그것은 표명하는 주체의 힘 또한 해방시킨다. 주체와 객체는 서로의 단순한 결핍에서 벗어나, 오직 서로에 대한 열망으로 만난다. 표현 정치는 현 사회를 전복시키거나, 사회의 더 큰 구조를 개혁하거나 기존의 이익 연합을 유지하기 위해 구조를 보존하려 하지 않는다. 그것은 새로운 실존의 상태로 현 상태에 스며들어 일상의 대안적인 실천의 씨앗을 퍼뜨리고자 한다.

예스 선언문

메테 잉바르트센, 2004

기교를 재정의하는 데 예스

"창안"에 예스(불가능하더라도)

경험, 정동, 감각을 개념화하는 데 예스

물질성과 신체 수행에 예스

표현에 예스

이름 붙이지 않기, 표현을 해독하고 기록하기에 예스

비인식, 비유사성에 예스

무의미/비논리에 예스

고정된 논리 체계보다 원리를 조직하기에 예스

실제 행위 배후에 있는 "명시적인 개념"을 바꾸는 데 예스

방법론과 절차에 예스

편집과 애니메이션에 예스

절차의 산출물이자 제안의 특정성으로서의 양식에 예스

(즉, 각각의 제안에는 또 다른 "양식"/특정성이 있으며, 이런 의미에서 작품은 본질

주의로 여겨질 수 없다는 의미임.)

다양성, 차이, 그리고 공존에 예스

급진적 정신의학 선언문

클라우드 스타이너, 1969

1. 정신의학(그리스어로 영혼 치유)의 실천은 의료 기관에 의해 강탈당했다. 공적 측면에서 정신의학에 대한 정치적 통제를 의학이 장악했고, 영혼 치유라는 언어는 관련 없는 의학 개념과 용어들에 침투당했다. 대부분의 정신 질환이 의학의 영역이 아니기 때문에 정신 의학은 비의학적 기원으로 돌아가야 한다. 영혼을 치료하는 데 능란한 모든 사람들이 정신과 의사로 인정받아야 한다. 정신과 의사는 "환자" "질병" "치료"와 같이 의학에서 파생된 단어의 사용을 거부해야 한다. 의학자들이 정신의학에 해야 할 고유한 임무는 신경학, 그리고 약물과 같이 매우 필요한 부가적인 작업에 대해 전문가로서 공헌하는 일이다.

2. 널리 퍼지고 있는 개인 심리치료는 엘리트주의적이고, 구시대적일 뿐 아니라, 비생산적인 형태의 정신치료다. 그것은 소수의 재능을

소수에게 집중시킨다. 그것은 세상 모든 일이 잘 돌아가고 있다는 암시를 주면서, 사람들이 겪는 어려움의 원천이 그들 안에 있다는 생각과 조용히 결탁한다. 그 치료는 그 결론을 수치심과 비밀로 덮으며 억압을 조장한다. 그것은 나아가 극단적인 경우 인위적인 인간관계를 이상적인 인간관계로 여기게 만들면서 이를 신비화한다.

사람들의 문제는 그들 내부에 있는 것이 아니라 그들의 소외된 관계, 착취, 오염된 환경, 전쟁, 그리고 이윤추구에 있다. 정신의학은 집단적 실천이어야 한다. 심각한 위기 상황에서 일대일 접촉은 규칙이라기보다 예외가 되어야 한다. '나와 너' 애정 관계의 높은 이상은 딱딱한 상담실 상황이 아니라 집단의 맥락에서 추구되어야 한다. 집단 활동에 능숙하지 못한 정신과 의사들은 훈련이 부족한 것이며 이를 향상시켜야 한다. 정신과 의사는 쌍방의 열린 대화를 장려하고 일탈적인 행위나 생각과 관련해 비밀과 수치심을 조장하지 말아야 한다.

3. 억압적인 상황에서 "중립"을 유지함으로써, 정신의학, 특히 공공 부문의 정신의학은 확립된 가치와 법의 집행자가 되었다. 만연한 조건에 적응하는 것이 대부분 정신과 치료의 공언된 목표다. 세상의 광기에서 벗어난 사람들은 사기적인 진단 테스트를 받게 되는데, 그것은 "치료"로 이끄는 진단명을 만들어내고, 실상, "약물 관리", 입원치료, 뇌엽절제술과 같은 일련의 등급화된 억압적 절차로 이어진다. 이 모든 형태의 "치료"는 합법적 의학 방법을 왜곡시킨 것인데, 의료계에 의해 확립된 서비스로 자리 잡았다. 말할 것도 없이, 치료는 그것을 추구하지 않는 사람들에게 강요된다.

심리검사와 그들이 만들어낸 진단명들, 특히 정신분열증은 무의미한 신비화로서 사람들이 거절해야 하는 것이다. 그런 것들의 진짜 기능은 사람들이 정신과 의사를 멀리하게 만들고 사람들이 순응하도록 모욕하는 것이다. 공공연하게 또는 절묘하게 법을 집행한다는 목적으로 의학은 가용 약물, 병원, 그리고 합법적인 의료 절차를 만드는 것을 중단해야 하며, 제약 회사들이 광고를 통해 치료 절차를 지시하는 방식 또한 검토해야 한다. 정신 의학은 여성들이 억압에 적응하도록 촉진하는 일을 거절함으로써, 여성을 억압하는 데 기여하는 자신들의 역할을 중단해야 한다.

모든 정신과적 도움은 계약에 의해 이루어져야 한다. 즉, 사람들이 언제, 무엇을, 누구와 함께 변화하고 싶은지 선택해야 한다. 정신과 의사는 민중의 옹호자가 되어야 하고, 억압적인 평화에 참여하는 것을 거절해야 하며, 해방을 위한 민중의 투쟁을 격려해야 한다.

편집증은 고양된 인식 상태다. 사람들 대부분은 자신의 가장 터무니없는 망상 이상으로 박해 당한다. 마음이 편한 사람들은 무신경하다.

정신의학적 신비화는 사람들의 억압을 유지하는 데 강력한 영향을 미친다.

개인의 해방은 오직 사회의 급진적인 개혁과 동반될 때 가능하다.

정신의학은 대중들에게 스스로를 신비화시키는 일을 중단하고 제 할 일에 착수해야 한다!

Part 7

트래시 / 펑크

Crashy / Punk

서문

페미니즘 선언문은 쓰레기, 멸시, 무례함, 경솔함, 극악함에 대한 찬가 역할을 한다. 이 장에서는 우리에게 항거와 역겨움, 트래시 여성들과 트래시 음악, 싸구려 예술과 범죄 행위를 주장하는 목소리로 안내한다.

이 장은 믿을 수 없을 만큼 비상한 2인조 예술가, 활동가, 작가인 비키니 킬Bikini Kill이 1990년대 초에 작성한 〈라이엇 걸RIOT GRRL 선언문〉으로 시작한다. 그다음으로는 19세기 래디컬 페미니스트이자 노동자 활동가인 루시 E. 파슨스Lucy E. Parsons의 작품을 읽을 것이다.

또한 우리는 펑크 포크 뮤지션 비치 앤드 애니멀Bitch and Animal의 유희로 가득한 〈보지 선언문Pussy Manifesto〉과 나란히, 예술계의 가부장적 가치에 대한 명백한 거부와 새로운 형태의 예술을 지지하는 주장(발리 엑스포트VALIE EXPORT, 그라임스Grimes, 빵과 인형 극단BREAD and Puppet Theater)을 담은 선언문을 경험할 것이다.

엘리자베스 브로더Elizabeth Broeder가 쓴 거친(그리고 거의 이해 불가능한) 선언문인 트래시걸즈TRASHGiRRRRLLLZZZ, 병원 쓰레기 청소의 위험을 통렬하게 비판하는 엘리자베스 윌리스Elizabeth Wallace의 선언문, 대학이 계급에 기반한 불평등을 범죄적으로 영구화하는 곳임을 설파하는 스테파노 하니Stefano Harney와 프레드 모튼Fred Moten의 호소 역시 지지한다.

마지막으로 페미니즘에 대한 설명을 요구하는 남성들에게 직설적으로 분노를 표출하는 제사 크리스핀Jessa Crispin의 성난 목소리를 담는다. 이 작가들

은 존경의 정치를 외면한 채, 불량하고, 쓰레기 같고, 때로는 대놓고 비열한

페미니즘을 변호한다.

라이엇 걸 선언문

비키니 킬, 1991

라이엇 걸은 무엇인가?

우리는 소년들의 서열화된 기준을 가리키는 '재능 있다' '쿨하다' '머리가 비상하다'와 같은 말로 수식되는 것에 결코 만족하지 않을 것이다. 그런 건 우리를 빼고 만들어진 것이고, 혹시라도 우리가 그들을 만나게 된다면 그들이 바뀔 것이다. 아니면 우리가 징표가 될 것이다.

나는 웃음이 필요하고 나는 걸 러브girl love[×]가 필요하기에. 우리는 서로에게 더 열리고 더 접근할 수 있기 위한 소통 라인이 필요하다.

꼬리표와 철학이 우리를 나누고 있기에. 우리는 우리 서로를 걸로서 받아들이고 지지할 필요가 있고 우리가 삶에 접근하는 다른 방식을 인

×   그냥 친구보다 더 깊은 관계인 이성 친구.

정하고 그 모든 방식을 타당한 것으로 받아들일 필요가 있기에.

모든 매체 형식에서 우리/나 자신은 얻어맞고, 참수당하고, 비웃음 당하고, 대상화되고, 강간당하고, 물건 취급당하고, 밀쳐지고, 무시당 하고, 상투화되고, 발길질당하고, 저주스런 말들이 퍼부어지고, 성추행 당하고, 침묵당하고, 무효화되고, 칼에 찔리고, 총에 맞고, 목이 졸리고, 살해당한 모습으로 등장하기 때문에.

모든 억압의 형태가 연결되어 있음을 보기에, 그리고 이런 사실을 자각하면서 그것과 맞서 싸울 필요가 있다고 생각하기 때문에.

이렇듯 성차별적인 사회에서 매일 지랄 맞게 위협받지 않으면서 눈 을 부릅뜨고 서로에게 손을 뻗을 수 있는 걸들을 위한 안전한 공간을 창조할 필요가 있기에.

우리 피가 쏟아져 흐르고 있음을, 바로 지금 걸은 강간당하거나 얻 어맞고 있음을, 그리고 그 사람이 나나 당신이나 당신 엄마나 지난 화 요일 버스에서 당신 옆에 앉았던 걸일 수 있고 당신이 이걸 다 읽었을 즈음에 그녀는 죽었을지 모르기에. 나는 이야기를 꾸며대고 있는 게 아니다.

내 여자 친구가 죽어가고 있을 때 웃을 수 없기에. 우리는 죽어가 고 있고 우리는 서로를 결코 만질 수도 없다. 우리는 서로를 증오하도 록 되어 있다. 나는 여전히 엉망이기에, 나는 여전히 내면화된 인종차 별주의, 성차별주의, 계급주의, 호모포비아 등을 처리하고 있기에 그리 고 나는 그것을 혼자서 하고 싶지 않기에. 우리는 서로에게 말할 필요 가 있기에. 소통/포함이 열쇠이다. 우리가 침묵의 코드를 부술지 부수 지 못할지 우리는 지금으로서는 결코 알지 못한다.

우리 걸들은 우리에게 말을 걸 미디어를 창조하길 원하기에. 우리는 보이 밴드 다음 또 보이 밴드, 보이 잡지 다음 또 보이 잡지, 보이 펑크 뒤 또 보이 펑크에 진력이 났기 때문에.

이런 일들이 내게 일어난다는 데 진력이 났기에. 나는 씨발 장난감이 아니다. 나는 샌드백이 아니다. 나는 농담이 아니다.

우리가 펜이나 도구 혹은 뭔가를 들고 하고 있으면 그게 혁명이기에. 우리가 혁명이다.

우리는 편집증 환자가 아니다.

우리는 남성혐오자가 아니다.

우리는 지나치게 걱정하지 않는다.

우리는 심각하게 생각하지 않는다.

WHAT IS RIOT GRRRL?

riot grrrl is...

BECAUSE we will never meet the hierarchical BOY standards of talented, or cool, or smart. They are created to keep us out, and if we ever meet them they will change, or we will become tokens.
BECAUSE I need laughter and I need girl love. We need to build lines of communication so we can be more open and accessible to each other.

BECAUSE we are being divided by our labels and philosophies, and we need to accept and support each other as girls; acknowledging our different approaches to life and accepting all of them as valid.

BECAUSE in every form of media I see us/myself slapped, decapitated, laughed at, objectified, raped, trivialized, pushed, ignored, stereo-typed, kicked, scorned, molested, silenced, invalidated, knifed, shot, choked, and killed

riot

BECAUSE I see the connectedness of all forms of oppression and I believe we need to fight them with this awareness.

BECAUSE a safe space needs to be created for girls where we can open our eyes and reach out to each other without being threatened by this sexist society and our day to day bullshit.

start a ♥ Fuckin

BECAUSE we need to acknowledge that our blood is being spilt; that right now a girl is being raped or battered and it might be me or you or your mom or the girl you sat next to on the bus last Tuesday, and she might be dead by the time you finish reading this. I am not making this up.

♥ HELP ME

BECAUSE I can't smile when my girlfriends are dying inside. We are dying inside and we never even touch each other; we are supposed to hate each other.

BECAUSE I am still fucked up, I am still deal-ing with internalized racism, sexism, classism homophobia, etc., and I don't want to do it alone. BECAUSE we need to talk to each other. Commun-ication/inclusion is key. We will never know if we don't break the code of silence.

BECAUSE we girls want to create mediums that speak to US. We are tired of boy band after boy band, boy zine after boy zine, boy punk after boy punk after boy.

BECAUSE I am tired of these things happening to me; I'm not a fuck toy. I'm not a punching bag, I'm not a joke.

BECAUSE every time we pick up a pen, or an instrument, or get anything done, we are creating the revolution. We ARE the revolution

No we are not paranoid.
No we are not manhaters.
No we are not worrying too much.
No we are not taking it too seriously.

RIOT Grrrl our zine is 1$ +
P.O. BOX 11002 2 u.s.
WASHINGTON, D.C. stamps
20008 (please no checks).

FOR MORE info → send 1$ to

비키니 킬, 캐슬린 한나, 〈라이엇 걸〉(1991)
—《비키니 킬 진》2권 수록

떠돌이들, 실직자들, 상속권을 박탈당한 자들, 비참한 자들

루시 E. 파슨스, 1884

당신 주변에 흔하게 널렸지만 당신 것은 하나도 없는 부와 쾌락의 증거를, 주머니에 손을 찔러 넣은 채 물끄러미 응시하면서 지금 당신 내장 벽을 긁어대는 극심한 허기를 달랠 한 줌의 식사에 필요한 돈도 없이, 지금 이 대도시를 터벅터벅 걷고 있는 3만 5천 명에게 한 마디. 나는 당신과 또 비슷한 처지에 있는 이 풍요의 땅의 수십만 명의 사람들과 잠깐 이야기하고 싶다.

노동으로 부를 생산하기엔 너무 늙은 당신, 평생 열심히 일하지 않았던가? 돈 버는 데 열심이었던 당신 그 긴 세월 고군분투하지 않았던가? 그 오랜 시간 고된 일에 치이면서 당신은 수천 달러에 달하는 부, 그때나 지금이나 당신이 행동하지 않으면 결코 당신에게는 한 줌도 돌아오지 않을 부를 생산해왔다는 것을 모르는가? 증기에 묶인, 시계에 묶인 당신이 하루 24시간 중 10시간이나 12시간이나 16시간을 고생하며 노동했지만 조악한 생필품을 마련할 만큼의 임금만 받았던 것, 당신과 가족을 위해 구입한 물건이 제일 싸구려였음을 당신은 정녕 모를까? 가고 싶은 곳이 있어도 일요일까지 기다려야 했던 당신, 단 한 순간도 감히 멈출 생각을 할 수 없는 끝없는 노동에도 거의 아무것도 받지 못한 당신 아니었던가? 아무리 쥐어짜내듯 근근이 살면서 근검절약해도 금방 쌀독은 비고 고작 며칠 버틸 수 있었던 것을 알지 않나? 그리고 결국 변덕스런 고용주가 용광로의 불을 끄고 당신이 묶여 있는 철마를 중지시킴으로써 생산을 제한하고, 인위적인 기근을 창출하는 게 적절할 것이라고 생각할 때: 공장문은 닫혔고 당신은 주린 배를 움켜쥐고 등에는 넝마를 짊어진 채 터벅터벅 길을 나섰다.

물론 고용주는 당신에게 과잉생산으로 문을 닫아야 한다고 말했다. "신의 축복이 함께하기를"이라고 말하는 사랑하는 아내와 연약한 아이들의 쓰디쓴 눈물과 극심한 고통은 누가 배려할까? 다른 곳에 있을지 모르는 일자리를 찾아 떠돌이의 길을 떠난 뒤 남은 그들의 고통은? 나는 누가 그들의 아픔과 고통에 신경 썼는지를 묻는 중이다. 줄곧 당신과 당신의 것을 강탈하는 데 몰두했던 바로 그 계급이 당신을 "무가치한 떠돌이, 부랑자"라고 매도한다. 그렇기 때문에 중요한 것은 "좋은 사장"인지 "나쁜 사장"인지가 아니라는 것. 당신은 두 사장 모두의 먹잇감이고 그들의 임무가 그저 도둑질임을 알 수는 없을까? 바뀌어야 하는 것은 "사장"이 아니라 **산업** **체계**라는 것을 이해할 수 없을까?

이 따듯하고 청명한 여름과 가을이 지나가고 아직도 당신에게 일자리가 없다면, 아무것도 저축할 수 없다면 북쪽에서 불어오는 매서운 겨울바람이 휙 지나가고 대지는 모두 얼음으로 뒤덮일 때, 신이 미리

정하신대로 "가난한 자는 항상 너희와 함께 있나니"라고 당신을 속삭이는 위선자의 목소리는 듣지 말라; 혹은 "당신은 지난여름 일하면서 번 돈을 모두 먹고 마시는 데 썼기에 아무것도 남지 않았다. 일터의 안팎 모두 당신에게 과분할 만큼 좋다. 당신은 총살당해야 한다"고 말하는 거만한 강도에게 귀 기울이지 말라. 당신이 아주 단호하고 강한 논조의 탄원서를 제출하면 그들은 당신을 쏠 것이다. 그러니 그들의 말을 경청하는 대신 그들의 리스트를 만들어라. 매서운 바람이 당신의 초라한 외투 사이로 비집고 들어와 돌아다닐 다음 겨울, 헤진 신발 이곳저곳에 난 구멍으로 들어온 서리가 당신 발가락을 물어뜯을 때, 모든 비참이 오직 당신에게만 몰려와 당신을 잠식하고 인생은 부담이고 삶은 조롱이 되어버렸을 때, 낮에는 거리를 서성이고 밤에는 마분지를 덮고 잠을 설치다가 마침내 직접 당신 손으로 당신 삶을 끝장내겠다는 결정을 했을 때—왜냐하면 그렇듯 부담이 되어버린 실존을 더 오래 견디느니 전적인 무로 넘어가기로 했기에—아마 당신은 더 이상 고통을 겪느니 차가운 호수로 뛰어들겠다는 결심을 한다. 그러나 그렇듯 간단한 당신의 드라마 속에서 이런 최후의 비극적 행위를 저지르기 전에 멈추라. 멈춰! 당신이 막 고아로 만들려고 하는 이들을 당신과 비슷한 운명에서 지켜내기 위해 당신이 할 수 있는 게 과연 아무것도 없을까? 오직 당신의 성급한 행위를 조롱할 때에만 파도가 당신을 삼킬 것이다. 그러나 부자들이 사는 동네를 어슬렁거리면서 그들의 아늑하고 관능적인 집 내부를 비추이는 으리으리한 판유리를 쳐다보라. 그러면 당신은 당신과 당신의 것을 약탈했던 바로 **그 똑같은 강도들**을 발견할 것이다. 그러니 바로 **여기서** 당신의 비극을 상연하라! 당신을 희생하면서 그들을 그들의 무자비한 스포츠에서 깨어나게 하라! 당신이 쓴

탄원서를 보내고 붉은 파괴의 섬광에 비추어 그것을 읽게 하라. 따라서 "좀처럼 사라지지 않을 긴 시선을 뒤쪽으로" 던질 때 당신은 그들은 결코 이해할 수 없는 유일한 언어로 그 강도들에게 말했음에 마음이 놓일 것이다. 왜냐하면 대포 주둥이에서 폭발하듯 쏟아지는 붉은 섬광 때문에 그들은 반드시 읽어야 할 의무 없는 노예들의 탄원서, 아니 총검의 관점에서 그들에게 전해진 것은 아니었던 노예들의 탄원서를 그들은 결코 읽고 이해할 수 있게 설계된 인간들이 아니기 때문이다. 이런 식의 탄원서를 제시하겠다고 결심했을 때 단체 같은 게 필요하지는 않을 것이다. 사실 단체나 조직은 당신에게 손해일 것이다; 그러나 이 글을 읽을 여러분, 배를 곯은 방랑자들이여, 과학이 가난한 자의 손에 쥐어준 전쟁의 이런 사소한 방식들을 이용하라. 그러면 당신은 여기나 저기, 어디서건 권력이 될 것이다.

폭약 사용법을 배워라!

트래시걸즈:
미스핏 토이스* 선언문

엘리자베스 브로더, 2016

트래시걸즈가 16세 생일의 통로에 있는 종이상자에서 ◎l매릴린 먼로
l◎를 찾아냈고, 기쁨에 노래를 불렀다 우리는

핼러윈을 위한 공기 인형이 되길 원해

트래시걸즈는 **아메리칸 드림**, 미인 대회, 다단계 방식의 오염이다

우리는 행복한 부자 변태들, 쓰레기의 등 위에서 변덕부리는 변태들의

내장에 쑤셔 박힌 현명한/싫증난 톱니모양 **단검**이다.

우리는 분노, 배고픔, 지폐의 망상들이 부추긴 평등주의 사향쥐이다.

우유와 꿀의 망상

쓰레기에서 온 망상

×   어디에도 맞지 않는 존재들.

트래시 베이비들은 **솜사탕** 향수, 무르익어 달콤한 얼룩이지

몽정과 지분거림마다 1달러

아주 저렴해서 넌 그걸 그녀에게서 얻을 수 있을 거야

2층짜리 집에 대한 너무 많은 이야기들

"구원받으면…… 구조되면…… 재활용되면…… 다 자라면, 우린 뭐가

되길 바랄까?"

"우린 환상이 되길 바라. 바비 인형은 쓰레기가 돼. 바비 인형은 더러워

지지. 바비

인형은 버려지지" 너도 그렇게 쓰임당하고 버림당하지.

투석자들, 치켜뜬 눈 빨간 꿈을 꿔 끄고 붉은 꿈을 또 꾸지, 그녀에게

돌을 던져!

우린 우리가 물려받은 게 아프고, 녹이 슬고, 쪼개지는 걸, 짱 지겨워하

는 걸 지켜 봐: 트래시는 잠이 없거든.

우린 이 부담을 자처하려고 진짜 열심히 일하기 때문에, 더플백 속 각

자 자신의 눈 밑에서

자기 무게를 끌어내.

주유소에서 야간 근무를 하느라 녹초가 된 주름이 자글자글한 공주님들

트래시는 병가가 없지 그들은 최저 임금을 받아

그들은 생기가 없지 그들은 먼 데를 응시하는 화장한 응시 그리고

아픈 채 현혹된 눈으로 반짝거리지

성모 마리아MARY mOther of GOD는 아들의 운명에 올라탄 잡년

배심원들은 아직 침실에 있고 우리는 눈으로 모스 부호를 만들며 우리

의 미소를 독점하지

베이비 트래시걸즈는 밤새도록 미래를 계획하거나 미래를 회피하지

우리는 살찐 백인의 근무 기록표에서 보안이 보장됨을 배우지 예수와

그가 좋아했던 매릴린

예수의 발을 닦는 데 자신의 더러움을 이용했던 막달레나

우리 몸은 포장지; 우리 몸은 넝마; 우리 몸은 맛있지; 우리 몸은 기계

적이지;

우리 몸은 그분, 그와 그의 야심을 위한 네온 예배당이지

그걸 쳐! 엄마가 입을 다물지 않을 것이고, 그의 양말을 벗기지 않을

때 그렇듯이, 쫓겨날 때처럼 자신에게 들러붙은

경제는 불안과 절망에 근거해서 지어졌다는 것을 알아차려야 해; 공생

적인 대중이 생산한 것도

트래시의 유행을

엄마는 집에 올 수 없어; 언제든 엄마에게 쓰레기를 토스할 수 있다고

믿기 위해 엄마를 필요로 하는 회사에 자신의 영혼 일 파운드를 보증

예치금으로 남겨놓은 뒤에나 집에 올 수 있지

왜냐하면,

"어리고 젊은 웨이트리스가 사업을 위해서는 더 좋으니까"

"학교를 계속 다녔더라면. 그걸 할 줄 아는 소녀를 알았지. 그들은 임신

을 한 뒤 학교에 남았어. 난 그저…… 난 그저 안 좋은 소문을 수습할

줄 몰랐어……"

"그는 의사가 되었지, 내 생각엔. 그러나 난 아이를 원했어" "나는 겉껍

질husk-엄마라는 게 맘에 들어"

부잣집 소년들은 우리가 가지 않은 길을 사랑하지 아니 대답이 필요하

다면 우리는 그들을 위해 같은 답을 할 수 있다고 기원해

트래시걸즈는 여기서 나갈 유일한 방법이 그에게 빌붙거나

그가 가진 전지전능한 자비

그 영광의 뒷자리에 올라타는 것임을 알지

굳은살 베긴 손으로 결혼반지를 부숴버리고 교향곡 연주회로 던져 넣는다

"넌 이곳 사람이 아니야" 멋진 소년들은 백설공주가

꾸는 꿈, 밤에 집으로 걸어갈 값어치가 있는 소녀가

되고픈 꿈에 등장하는 신 사과 맛이나

트래시걸즈와 창녀의 유일한 차이는 시장 가치.

"부탁해" 사라진 이빨 두 개, 그리고 부풀어 오른 콩팥을 부탁해

"네가 삼키기엔 내 몸이 까다로워?"

거기서 죽음 같은 맛이 났어, 쓰레기 같은 맛이 났어, 뼈 맛이 났어???

트래시는 사람들이 있는 데서 강간당하고 우리 여생은

우리가 더러운 쓰레기라는 걸 사죄하는 데 허비하는 거지

네가 이 모든 더러움을 본다면 우리를 징징대는 년이라고 부르긴 어려울 거야

강간의 심리적 효과가 지속되는 게 널 불편하게 하니?

안전한 공간이 필요하니?

트래시걸즈가 담배 피우는 대형 쓰레기통은 어때?

트래시는 우리가 자살할 새로운 방법을 발견할 때에만

안정을 얻는 다는 걸 알지

여성 셋 중 하나는 빈곤 임금[×]으로 살거나 그 근사치로 살아

그래서 4천 2백만의 여성들, 2천 8백만의 아이들이 자기 삶에 대한 진

× Poverty wage. 외벌이의 수입으로는 빈곤층에 속할 수밖에 없는 정도의 임금.

짜 통제권을 갖지 못한 상태지

그들은 "자비" "궁핍한 자에게 주라" 같은 말을 사용하지만 자위에 진
배없는 자선에 탐닉하는 것 외에는 아무것도 못하지 그러니

감히 최저임금과 건강관리를 필요로 하는 우리 쓰레기를 부끄러워하
고 모욕하렴

아무도 우리에게 썩지 않는 게 사치품이라는 말을 해주지 않는다면 우
리는 뭐가 될 수 있을까?

트래시걸즈는 백인 쓰레기의 이빨을 망가뜨려; 그리고 우리에게서는
부패의 냄새가 나.

여름날의 쓰레기; 트래시걸즈

머리는 부스스하고 섹시함은 눈곱만큼도 없는 우리, 망가지는 중; "크
리스마스에 내가 원하는 것은

프롬 드레스,ˣ 그가 정신을 차리고는 날 마치 없는 계단인 양 건너뛰지
않게 해줄 프롬 드레스"

블랙커피는 착한 소년을 한 대 치는 것으로 치료하지 몽롱

남성 응시\mail gayz에 안전핀

"넌 여기 사람이 아니야"

우리가 어울리지 않은 곳에 있다는 말을 그들이 우리에게 들려주길 멈
추면 우린 어떻게 될까

데지레는 유산했지 그의 엄마가 너무도 분노한 나머지 그를 욕조에서
밀쳐내는 바람에

마을 사람들은 태아의 무한한 잠재성이 상실된 것을 애도했고 데지레

ˣ   Prom dress. 미국과 캐나다의 고등학교에서 여는 프롬(댄스 파티)에 입는 화려한 드레스.

의 짓이겨진 몸은 외면했어

꼭 깨진 항아리처럼 피 웅덩이 한가운데에 구겨져 있던 데지레를

"16세가 되는 길을 깨끗이 해. 우리 꿈을 운반할 수 없었던 마트 농산물 코너에 겉껍질이 있어."

"그만 구걸해!" "그러니까 낙태한 것 때문에 여자들은 벌을 받아야 한다는 말이야?"

"응, 난 꼭 벌을 내려야 한다고 생각해"

"미안해"

전쟁 기계,

"침묵 속에서 "씨발놈"이란 말을 주고받으며 벌어지는 전쟁

"내년은 예루살렘에서"

"난 내가 원하는 것은 씨발 뭐든 해!"

"내년은 미국에서"

"원하지 않아!"

"내년은 캘리포니아에서"

"원하지 않아"

"내년에 복권에 당첨되면"

그런 말들 사이에서 일어나는 침묵 속 전쟁

트래시는 원하지 않아, 부처도 마찬가지로 원하지 않아

"정착해, 나쁜 년, 정착하라고 나쁜 년아!

트래시는 싸우지 않는다" 부처도 싸우지 않는다

트래시는 싸우지 않는다

트래시걸즈는 나와 함께 노래를 불렀다 "우리는 패배자가 아니다. 우리는 거부당한 자가 아니다.

우리는 너희들의 왕국을 세운 자들이다 이 직업을 갖게 된 데 네게 감사하지 않을 거다/되려 너희가 감사해야 한다

우리가 너희들 아래로 무너져 내리지 않게 조심해"

트래시걸즈는 우리 자신의 산업 혁명을 이용했고 불태웠고 산업 혁명에 연료를 공급했다!

"경찰을 불러! 나는 탈출을 기다리는, 떠나길 기다리는 나머지 웨이트리스들과 함께

내일 모레 아니면 언젠가

속도위반 기차의 가축 운반 차량을 타고 있을 것이다.

TV의 소녀들처럼 그저 죽기를 위한 치켜뜬 눈으로 빨간 꿈을 또 꾸는 웨이트리스들

왜냐하면 남자가 운전하는 덤프트럭의 뒷자리에서 가죽 끈으로 맞지 않을 방법은 결코 본 적이 없기에

너는 위대한 겉껍질이어야 한다 썩어 부패하는 진실은 말하지 마라

너는 썩어 부패하는 진실인 너희들은 모두

너는 이미 우리에 대해 알아.

우리는 무더기가 아니다:

트래시걸 우리는 예뻐지는 법은 몰라

펩시는 트림을 하고 담배는 눅눅하고

트래시는 잠들지 않아.

트래시는 그런 트릭에 속지

트래시걸즈, 우리는 무자비하고 화가 난 상태지

트래시걸, 내 말을 들어봐, 네 더러움을 사랑하렴

그건 질척질척하지, 그건 썩고 있고, 그건

우리는 입을 닥쳐야 하고 손을 내놓기엔 너무 고상하고

우리에게 우아한 사람이 되어야 한다는 믿음을 강요하는 사회가 써둔 요법들이 넘쳐나지

입을 닥치고 손을 내놓아야 하지

"가난한 자들은 항상 우리와 함께 있나니. 가난한 자들은 항상 우리와 함께 있나니. 가난한 자들은 항상 우리와 함께 있나니."

누가 '우리'지? 너희의 '우리'가 우리의 '우리'를 더러운 쓰레기 취급할 때, 병, 헛된 것 취급할 때 우리는 우리 자신, 우리의 미래, 우리의 더 나은 삶을 어떻게 만들지? ; 쓰레기처럼

궁핍한 일회용 트래시걸은 그걸 시작하지 않았어

그러나 우리는 소각로를 잃기 전에 소각로에 항복하지

이 쓰레기는 우리 것이다: a=모두 우리 것

이 행성은 우리 것이다

쓰레기가 침략할 시간이 이제 도래했다; 이것은 전략적 오염에 대한 호소이다

=더러움 감염

여성은 본능적으로 소통하고 보호하도록 프로그램화되었다

우리는 우리의 전 지구적 덤프스터 다이브DUMPSTER DIVE에서 그걸 사용해야 하지

우리는 길거리에서 우리의 쓰레기를 발견하지; 덤프스터를 이용해서; 가정 위탁 시스템에서; 그들이 상처를 입은 병원 여기저기에서 빈둥대면서

우리는 작게, 아주 작게 시작해야 한다

우리의 엄마 식민지는 단일 유기체이다. 사향쥐 가족 출신 **한 명**의 "카리스마 리더"가 만들어졌다;

진리의 프랑켄슈타인 그리고 미동도 없는 분노.

트래시는 다이빙할 수 없다 빠질 수 없다: 아직은

대통령 예수에 오염된 트래시

우린 그게 뭔지 볼 수 없지만 지금 이 순간 공격을 불사한다면 우리는 우리의 움직임을 분명 파괴하게 될 것이다 그리고 재활용되는 데 만족할 것이다

우리는 노마드가 되어야 해; 우리는 의사소통을 연구하는 식민지 XX를 세워야 해; 기술과 과학,

이것들이 억압의 적이지.

우리는 참을 수 없을 만큼 열악한 조건하에 살기를 자처해야 한다

트래시는 이미 그것을 알고 있지; 트래시는 그걸 던졌지: 트래시는 이미 그걸 가졌지.

: 트래시가 이주한다: 감옥 밖 막사들 (죄수가 생물학적 남성인지 여성인지는 문제가 되지 않아)

우리의 초점은 쓰레기: 우리의 젠더는 사용된다. 우리의 문화적 쓰레기통이 감옥이라는 것을 기억하라

전신에 침투하는 독약의 희생자들, 학대, 중독, 학대당한 정신 상태, 폭력에 경도된 문화적 조종의 희생자들 그리고 필사적인 이단자들이 우리의 수호성인이고 반란의 제사장이다!

우리는 죄수 수용소 밖에서 캠핑해야 한다. 무엇이 짐승에게 연료를 공급하는지 알아보려면 쓰레기를 연구하라.

행동할 시간이 도래할 때 **우리는 궁수&속도광**이어야 한다

우리는 정보와 싸운다. 우리는 한 번에 한 동네〈〉한 번에 우편번호 하나를 공격한다.

우리는 추잡함으로 기습한다. 우리는 은신처, 방과 후 학교수업, 무료 급식소, 알코올 중독자 모임을 통해 시작해야 한다. 추잡한 쓰레기를 찾을 것.

정보는 무기다

감염에 귀를 기울여. 냄새로 질병을 알아내.

성교육, 테크놀로지 트레이닝을 통해 이들 집중 공동체들을 도와줘

정부에 대해 우리 쓰레기 교육을 해. 그들의 불안을 양성해.

정보가 무기다. 그들에게 영양학에 대해, 탄원서 만들기에 대해, 선거와 선거 후보자들을 평가는 방법을 가르쳐. 그들에게 자존감을 획득할 방법을 가르쳐. 가난은 돈이 부족하거나 없다는 것이 아니라 자존감과 안전의 박탈을 말한다. 그들에게 그들 자신이 그것을 자기 자신에게 줄 수 있다는 것을, 트래시걸즈는 남은 쓰레기를 청소하려고 여기 있을 것임을 가르쳐.

자기네 사회 집단과 마을 바깥에 있는 사람들과의 소통과 연락을 응원하고 격려해.

우리가 떼 지어 우글거리는 곳의 지식을 운반할 이 수단들을 이주시킬 것.

〈쓰레기 전통〉 그러나 오직 우리끼리

있을 때만 우린 겉껍질이지. 죽어가는 자들이 자기들 안에서 스스로를 치유하고 있는 동안 우리는 그들을 보호할 막을 형성하지.

우리는 자유로운/전 지구적인/자유로운 전 지구적인 무역을 증명하고 지지하고 자극하지.

우리는 국제법을 설립한다:

1. 트래시가 요구한다

2. 트래시가 요구를 경청한다

3. 트래시가 해결책을 간구하지

4. 트래시가 쓰레기 친구들과 전 지구적 오염에 대한 해결책을 공유하지 (우리는 가치들에 침투하고 오염시키는 자들이다)

5. 트래시는 평등주의적이지—이 말은 존중받고 있음을 인정하는 게 아니다.

이것은 헌신이다. 우리는 모두 평등하다, 왜냐하면 우리 모두 평등하게 만들어졌기 때문에. 트래시는 인정의 권력에 감사하면서 의사소통을 통해 트래시를 지키고 방어한다.

6. 우리는 기량과 자질에 근거해서 리더를 결정하지

7. 우리는 언어가 아니라 필요를 경청한다

8. 우우우리는 발로 투표한다…… 이는 어린이와 갓난아이도 어른만큼 미래에 투자할 수 있고 어른만큼 자율성이 있다는 뜻이다 _) 온라인상의 커뮤니케이션이나 우편 투표를 통해 대표되는 노인들을 제외한 그 거리의 빌어먹을 존재인 거리의 법무 자문위원들.

이런 방법으로 우리는 문화 교류-인구 오염 세우지이이이이이이이

국가 내부의 억압자들을 타도할 쓰레기 국가

피억압자들의 힘을 강화시킬

여성 예술 선언문

발리 엑스포트, 1973

여성해방운동에서 예술의 위치는 예술운동 내 여성의 위치이다.

여성의 역사는 남성의 역사다.

남성이 남성과 여성 모두를 위해 여성의 이미지를 정의해왔기에, 남성은 과학과 예술, 말과 이미지, 패션과 건축, 사회적 운송 및 노동 분업 등을 아우르는 사회 및 커뮤니케이션 미디어를 창조하고 통제한다. 남성은 이러한 매체에 여성의 이미지를 투영했고, 이런 패턴에 근거에 여성의 상을 만들어냈다. 현실은 사회적 구성물이고 남성이 사회의 엔지니어라면, 우리는 생물학적 남성의 현실을 다루고 있는 것이게 된다. 여성은 아직 자신에게 도착하지 않았는데, 이는 미디어에 전혀 접근할 수 없는 상태에서는 여성은 말할 기회를 가진 것이 아니었기 때문이다.

여성이 스스로를 찾을 수 있도록 말하게 하라. 이것이 내가 스스로 정의한 이미지를 우리 여성이 획득하기 위해, 또한 여성의 사회 기능에 대한 다른 관점을 획득하기 위해 요구하는 바다. 우리 여성은 미디어 커뮤니케이션의 초석을 통해 현실 구축에 참여해야 한다.

이것은 자발적이거나 저항 없이 일어나지 않을 것이므로 우리는 싸워야 한다! 사회적 평등권, 자결권, 새로운 여성 의식과 같은 목표를 달성하려면 삶의 전 영역에서 표현하려고 노력해야 한다. 이 싸움은 우리 자신만이 아니라 남성, 어린이, 가족, 교회…… 한마디로 국가를 위해 삶의 전 영역에서 광범위한 결과와 변화를 가져올 것이다.

여성은 남성적 가치로부터 문화를 자유롭게 풀어내기 위해, 사회 갈등 및 진보의 수단으로서 모든 미디어를 사용해야 한다. 같은 방식으로 여성은 남성이 수천 년간 조각, 회화, 소설, 영화, 드라마, 드로잉 등에서 남성의 정력, 에너지, 금욕의 신화를 포함하여 에로티시즘, 섹스, 미의 영웅주의를 이곳에 표현할 수 있었음을, 그리고 덕분에 우리의 의식에 영향을 미칠 수 있었음을 인지한 채로 예술에서 그런 것을 할 것이다. 시간이 되었다.

그리고 지금이 적기適期이다

여성이 예술을 표현 수단으로 사용해 우리 모두의 의식에 영향을 미치고, 우리의 아이디어가 현실의 사회적 구성으로 흘러들어가 인간의 현실을 창조할 바로 그때이다. 지금까지 예술은 전적으로 남성에 의해 만들어져왔다. 오직 그들만의 설명, 대답, 해결책을 담아 정서적 삶의 문제와 삶의 주제를 다뤘다. 이제 우리는 우리 자신의 주장을 해야 한다. 우리는 우리가 창조하지 않은 사랑, 믿음, 가족, 모성, 동료애에 대한 모든 개념을 파괴하고 우리의 감성, 소망과 조화를 이루는 새로운 생각들로 대체시켜야 할 것이다.

남성이 우리에게 강요했던 예술을 바꾼다는 것은 남성에 의해 창조된 여성을 파괴한다는 의미이다. 우리가 예술에 더하려는 새로운 가치는 문명화 과정에서 여성에게 새로운 가치를 가져다줄 것이다. 우리가 예술에서 의미, 즉 우리에게 유효한 의미를 도출한 것이야말로 여성해방에 중요하게 작용할 것이다. 이 불꽃은 우리의 자기결정과정에 불을 붙일 수 있다. 여성이 예술에 제기할 수 있는 것, 마찬가지로 예술이 여성에게 제시할 수 있는 것이 무엇인지에 대해 묻는다면 다음과 같이 대답할 수 있다: 예술의 맥락에서 여성의 특수한 상황 이동은 한편으로는 새로운 예술적 표현들과 메시지를 제공하고 다른 한편으로는 여성들의 상황을 회고적으로 변화시킬 신호와 표지를 설치할 것이다.

예술은 우리의 자기 정의의 매체로, 그러면서 예술에 새로운 가치를 더하는 대체로도 해석될 수 있다. 문화적 기호-과정을 통해 전달되는 가치들이 현실을 바꿔 생물학적 여성의 필요를 수용하고 그것과 조화를 이루게 만들 것이다.

여성의 미래는 여성사일 것이다.

예술은 왜 저렴한가? 선언문

빵과 인형 극단, 1984

예술은 왜 저렴한가? 선언문

사람들은 너무나 오랫동안 예술은 미술관과 부자들의 특권이라고 생각해왔고 지금도 그렇게 생각한다. 예술은 비즈니스가 아니다!

그것은 더 이상 은행과 팬시 투자자의 것이 아니다. 예술은 음식이다. 예술을 먹을 수야 없겠지만 당신을 먹여 살리는 것은 예술이다. 예술은 저렴해야 하고 누구나 이용할 수 있어야 한다. 그것은 세계 내부에 있기에 모든 곳에 있을 필요가 있다.

예술은 고통을 어루만진다!

예술은 잠자는 자를 깨운다

예술은 전쟁과 어리석음과 싸운다

예술은 할렐루야 노래한다!

예술은 부엌을 위한 것이다!

예술은 좋은 빵과 같다!

예술은 푸르른 나무와 비슷하다!

예술은 파란 하늘의 흰 구름 같다!

예술은 저렴하다!

만세

빵과 인형 제조업자, 버몬트주, 1984년.

the WHY CHEAP ART? manifesto

PEOPLE have been THINKING too long that
ART is a PRIVILEGE of the MUSEUMS & the
RICH .   ART IS NOT BUSINESS !
It does not belong to banks & fancy investors
ART IS FOOD . You cant EAT it BUT it FEEDS
you . ART has to be CHEAP & available to
EVERYBODY . It needs to be EVERYWHERE
because it is the INSIDE of the
WORLD .

ART SOOTHES PAIN !
Art wakes up sleepers !
ART FIGHTS AGAINST WAR & STUPIDITY !
ART SINGS HALLELUJA !
ART IS FOR KITCHENS !
ART IS LIKE GOOD BREAD!
Art is like green trees !
Art is like white clouds in blue sky !
ART IS CHEAP !
HURRAH

Bread & Puppet Glover, Vermont, 1984

빵과 인형 극단, 〈예술은 왜 저렴한가〉(1984)

보지 선언문

비치 앤드 애니멀, 1999

보지 선언문, 보지 선언문
보지 보지 보지 선언문
보지 선언문, 보지 선언문
보지 보지 보지 선언문

씨발 이런 선언이다 #1:
모든 살아 있는 것은 ……에서 와서 ……로 돌아간다
알지?

보지 선언문, 보지 선언문
보지 보지 보지 선언문

씨발 이런 선언이다 #2:

모든 살아 있는 것을 통해 보지가 내게 말하게 하라. 움직이고 성장하는 모든 피조물이 보지의 에너지에 흐르는 개방성과 따스함을 낳게 하라……

우리 모두가 의존하는 생명력.

보지 보지 보지 선언문

씨발 이런 선언이다 #3:

내 생식기가 모욕이라는 데 더는 못 참겠다. 너도 그래? 내 소음순을 찢어서 다음과 같이 재배열할 시간이다. 자 준비:

"내가 나를 위한 새로운 자리로 움직이게 도운 당신, 정말 보지스럽습니다. 특히 제가 13층에 산 후로는 더 그렇네요. 당신은 정말 보지만큼 움직였군요"

씨발 이런 선언이다 #4

보지의 권력은 눈을 뜰 수 없을 만큼 눈부신 것일 수 있다. 그것의 힘을 잘못 해석하고 그것을 두려워하지는 말자. 보지를 통제하려고 하지 마. 보지는 얇고 풍부하고 부드러움으로 가득 찬 것이거든. 현명하게 보석이 알알이 박힌 의도를 겸비하고 보지를 이용해.

씨발 이런 선언이다 #5

달걀이 말한다, "씨발, 날 잊지 마"

달걀을 얕잡아봐서는 안 된다. 달걀을 용기백배의 상징으로 만들어!

이렇게 된다:

"자기야, 고객이 자기한테 팁을 20퍼센트 빼고 준 걸 갖고 나무랄 때는 달걀이 필요했어!"

달걀은 용기백배처럼 오직 변화할 뿐인 영양만점의 삶을 에워싼 섬세하고 복잡한 껍질이다!
달걀을 선생으로 만들고 보지는 달걀의 둥지로 만들자.

보지 선언문
보지 보지 보지 선언문

씨발 이런 선언이다 #6:

보지를 고용하라!

- 선생
- 창녀
- 철학자
- 대통령

보지에게 후하게 지불해!

씨발 이런 선언이다 #7:

보지는 여행자다! 보지 에너지가 널 어디로 인도하건 보지가 네 시계
가 되게 해라……
"똑딱"을 재는 것은
모이고 흩어지기
모이고 흩어지기
모이고 흩어지기가 되게 만들어라
전자가 후자 보다 더 가치가 있어서는 안 된다……

씨발 이런 선언이다 #8:

보지가 표명하게 하라
보지가 표명하게 하라
보지가 표명하게 하라
그리고 자유가 노래하게 하라
그리고 자유가 노래하게 하라
자유가 노래하게 하라

보지 선언문 보지 선언문
보지 보지 보지 선언문
보지 선언문 보지 선언문
보지 보지 보지 선언문
보지 선언문

이제 그건 보지다!

나는 먹고 살자고
내 도덕성과 타협해야 한다면
그러고 싶지 않다

그라임스, 2013

나는 내 말들이 맥락 밖으로 나가는 것을 원하지 않는다

나는 성적으로 대상화되길 원하지 않기에, 어린애 취급당하길 원하지 않는다

나는 쇼에서나 길거리에서 나를 개인적인 만족을 위해 존재하는 물건으로 생각하는 사람들로부터 추행당하고 싶지 않다.

나는 그런 식의 행동이 너무 흔하고 너무 잘 통용되고 있어서 경호원을 고용해야 할지 모르는 세상에서 살고 싶지 않다. 내 안전에 대한 걱정 근심을 표현하면 일이 일어나기 전까지는 무시하다가 사실……이 일어나고 나서야 내 말을 진지하게 경청하지 않은 데 사과를 받게 되는 상황에 진력이 났다.

전문적이지 않거나 심지어 마치 내가 우연히 그렇게 하고 있는 양,

자신들이 없으면 내가 버둥거리기라고 할 것처럼 끊임없이 (묻지도 않고) '곤경에 처한 나를 도와주려'는 세련된 뮤지션 남성들에게 지쳤다. 아니면 마치 내가 여자라는 사실이 내가 과학기술을 사용할 수 없게 만든 바로 그 원인인 것처럼 행동하는 남자들에게. 나는 이런 식의 일들이 내 생물학적 남성 동료들에게 일어나는 것은 한 번도 보지 못했다.

나는 내게 밴드가 필요하고 외부의 프로듀서와 함께 작업하는 게 필요하다는(그리고 나는 이렇게 하지 않는 이들에게 영원히 감사할 것이라는) 그 이상하고 기묘한 주장에 지쳤다.

나는 마치 팝음악이나 패션에는 본질이 존재하지 않는 듯, 아니면 마치 내가 즐기는 것이 나를 부족한 인간으로 만들기 라도 하는 양, 팝음악을 좋아하고 패션에 대해 신경을 쓴다는 것 때문에 지루한 사람으로 평가되는 데 지쳤다.

나는 런웨이에 오른 모델의 샘플 사이즈에 더 쉽게 들어맞기에, 날씬한 데 감사한 마음을 가져야 한다는 데 지쳤다.

나는 내가 사랑하는 사람들이 신뢰나 돈을 이유로 나를 배반하는 데 지쳤다.

나는 환경이나 인권과 같은 쟁점에 대해 이야기하는 게 쿨하지 않거나 불쾌하고 공격적이라고 받아들여지는 게 게 슬프다.

나는 그들이 나랑 "떡쳤는가" 아닌가를 토론하는 섬뜩한 온라인 게시판에 지쳤다.

나는 나의 무용수들을 괴롭히면서 그들을 마치 인간 존재가 아닌 것처럼 다루는 사람들에 지쳤다.

나는 평등한 인간 존재로 다뤄졌으면 하는 내 욕망이, 포용력이 있고 존경받아야 한다는 요구가 아니라 남성들에 대한 증오로 해석되는 게 슬프다(나는 남자 형제 4, 생물학적 남성인 많은 베프들, 아빠가 있는 사람이고, 남자는 전혀 증오하지 않는다는 것을 분명히 하고 싶다. 또 나는 모든 남성들이 성차별주의자라든지 모든 남성이 위에서 기술된 방식으로 행동하는 것도 아니라고 믿는다).

나는 저자, 팬, 친구, 가족 구성원 등등의 긍정적인 단어가 있는데도 "와프waif" "귀여운" 같은 단어로 묘사되는 데 지쳤다.

(참고 바람)

waif 〔wāf〕

명사

1. 노숙자, 무력한 사람.. 방치되거나 유기된 아이:

그녀는 온갖 **와이프들과 부랑자들을** 양육하는-엄마이다.

* 유기된 애완동물

Cute 〔kyōot〕

형용사

1. 귀엽거나 사랑스러운 방식으로 매력적인: 귀여운 새끼 고양이.

▲ 일상적으로는 성적으로 매력적인.

나는 뭔가가 단지 정기적으로 일어난다는 이유만으로 그러니까 그건 괜찮은 것이라고 가정하는 사람들에 지쳤다.

나는 쿨하고 멋진 사람들을 모두 너무 사랑한다. 나는 세상에서 최고라 할 만한 직업을 갖고 있지만, 사람들이 고통을 겪고 무시당하게 만드는 그런 현 상황과는 절교했다.

그라임스의 월드 투어는 공식적으로 끝났고, 앨범 〈비전스〉의 사이클도 공식적으로 끝났으며 이제 나는 모든 것을 정밀하게 검사하고 그것을 더 낫게 만드는 데 시간을 보내고 있다.

　모든 팬에게 많은 사랑을 보낸다―가끔은 서투르고 불완전한 연주일 뿐인데도 이렇게 지지를 보내다니 여러분은 정말 쿨하다.

물청소 통 뒤 사람들

엘리자베스 월리스, 2015

타깃 마트[x] 화장실 환기구에 쌓인 먼지를 알아차린 적이 있으신지? 당신이 방문한 치과의 창문이 어찌 그리 깨끗한지 궁금해한 적은 있으신지? 이미 한도를 초과한 상태로 쌓여 있는 쓰레기통 꼭대기에 하루 지난, 반만 먹고 버린 스타벅스 커피 컵을 밀어 넣지 않겠다는 생각 같은 건 해본 적이 있으신지? 나는 해봤다. 나는 타깃 마트 화장실에서 오줌을 쌀 때 환기구를 본다. 치과 의자에 누워 있는 내게 누군가가 학교에서 무슨 공부를 하는지를 물으면서 내 이를 스케일링할 때, 나는 눈으로 유리창 얼룩을 스캔한다. 또 나는 음료수 컵을 던져 넣기 전에 컵에 남은 음료는 깨끗이 비운다. 이렇게 하는 이유는 환기구의 먼지를 제

---

[x]   미국 대형 소매 체인점.

거하는 사람이 나이고, 유리창을 닦는 사람이 나이고, 쓰레기봉투가 꽉 찼을 때 당신의 하루 지난 스타벅스 커피에서 나온 내용물을 뒤집어쓰는 게 나이기 때문이다.

우리는 주부이고, 우리는 청소부이고, 우리는 하녀이다. 당신의 환상을 위해서라면 우리는 환경주의적 서비스 노동자들이다. 이런 주장이 당신을 놀라게 할지 모른다. 그러나 우리는 당신 뒤에서 깨끗하게 청소를 하기에 임금을 받는(잘 들어, 우린 정말 조금 받아) 현실의 살아 있고 숨 쉬는 인간 존재들이다. 손에는 제대로 기능하는 뇌가 있고 가슴에는 고동치는 심장이 있다면 당신은 당신 뒤에서, 당신 가족들 뒤에서, 혹은 ATM기 앞 당신 뒤에서 순번을 기다리는 사람들 뒤에서 깨끗이 청소를 하는 게 직업인 이들에게 감사해야 한다. 그러나 이 선언문의 목적을 위해서 우리는 병원 시설관리과에서 일하는 남자 여자들을 중심에 두고 논의를 진행해야 할 것이다.

"이건 정말 힘든 일이지. 왜 우리가 네게 이 일을 줘야 하지?"
"힘든 일을 기꺼이 할 준비가 되어 있거든. 나는"

2년 반 전에 이 직업을 위한 인터뷰에서 지금은 내 매니저인 이의 질문에 대답할 때 내가 무슨 말을 하려고 했는지는 잘 모른다. 나는 뜨거운 물에 욱신거리는 등을 푹 담그려고 15년 만에 처음으로 목욕을 했어야 했는지 잘 기억이 안 난다. 나는 함께 일하는 동료 노동자들이 소염 진통제를 잔뜩 삼키고 8시간 반마다 교대 근무에 들어가야 했는지 잘 기억이 안 난다. 나는 화장실 벽에 말라 있는(혹은 마르지 않은) 오줌, 똥, 토사물, 피, 이상한 액체들을 맞닥뜨렸을 때 내가 구토를 했는지는 잘 기억이 안 난다. 처음 6개월간 엉망이었는데도 왜 이렇게 오래 이 일을 하고 있는지 잘 모른다. 시설관리과 바깥사람들이 우리를 얼마나 형편없이 대우하게 될 것이었는지 기억이 잘 안 난다. 나는 아주 빨리 배웠고 이 자동 슬라이딩 유리문 안으로 들어가자마자 나는 아무것도 아닌 존재가 되었다. 나는 더 이상 리즈Liz가 아니었다. 나는 더 이상 애리조나 국립대학 학생이 아니었다. 나는 더 이상 사랑받는 이도, 취미나 꿈을 가진 사람이 아니었다. 나는 단지 힘주어 "잠깐만요"를 강조하는 하우스키퍼에 불과했다.

그러나 나는 그렇고 그런 것 중 하나에 불과하지 않다. 우리 중 누구도 그런 시시한 것이 아니다.

환자들은 다음 환자가 들어오기 전에는 결코 방을 떠나지 않는다. 병원의 신호체계 정책들을 완전히 무시하거나 해이해지는 것은 허용되지 않는다. 환자가 방을 바꾼 뒤 또는 환자가 퇴원한 후에 "격리요망" 신호를 치웠는지 안 치웠는지가 얼마나 중요한지 당신은 전혀 모르겠지만, 이 방과 방 안의 모든 것을 다루고 해결해야 하는 이들은 여전히 존재한다. 가령 하우스키퍼를 불러 방청소를 시키고, 그녀가 청소를 다 한 후에야 환자가 자신은 폐렴 양성 반응을 보이는 사람이라고 이야기한다면 정말 끔찍한 일이다. 방 입구를 특수한 덮개로 씌우고 "공기 전파 주의" 표시를 밝은 청색으로 해두어야 한다. 나는 환자와 함께 일하고 움직이는 간호사, 의사, 초음파 기술자들은 폐렴 진단 여부를 숙지하게끔 되어 있고, 방에 들어가기에 앞서 N-95 마스크를 제공받는다는 것을 자신 있게 말할 수 있다. 그러나 우리에게는 대체 어떤 공지가 전달되고 우리가 쓸 마스크는 대체 어디에 있단 말인가? 그와 비슷하게 방문객의 옷에 묻어서 들어오는 알 수 없는 질병이나 곤충으로 덮여 있는 방을 우리가 청소하길 바랄 때 우리가 입고 쓸 가운이나 머리망은 대체 어디에 있단 말인가? 우리가 눈으로 방을 스캔할 때 혹여 뛰어오르는 곤충이나 벌레의 미세한 움직임을 볼 수 있다고 생각하는 것인가? 당신은 여동생이나 아들, 친구 혹은 동료 노동자를 아무 보호 장비도 입히지 않은 채 환자 방으로 보내서 침대의 곤충들, 기생충들, 그 밖에 무엇으로 감염 한가운데 있게 할 수 있는가? 우리는 그렇다고 생각하지 않았다.

우리를 뺀 모든 사람들을 위한 보편적인 예방 관행들로 이해된 것으로부터 우리는 왜 제외되어야 하는지 모르겠다. 왜 우리가 출산 및 분만 수술실에 있을 때 수술복 대신에 일상 유니폼을 입는 일이 우리에게만 당연한 것이 되는가? 피가 흥건하게 고인 마룻바닥을 하우스키퍼가 대걸레로 닦아내고, 그 뒤에 수술실을 청소하면서 발에 피를 묻히지 않도록 하려면 화학적으로 가장 강한 옷을 입어야 한다는 것은 표준 관행이다. 나는 당신에 대해서는 모른다. 그러나 나는 병원에서 내 차, 내 집으로 돌아갈 때, 혹시라도 내 바지에 산모나 신생아의 피를 묻혀 옮기진 않을까 조심하려 하지만 그건 쉽지 않다. 잠깐, 당신은 그런 부분을 전혀 걱정하지 않는다고? 그렇다면 당신은 병원에서 퇴근하기 전에 갈아입을 위생복이 제공되기 때문이다. 오직 하우스키퍼만이 그 점을 걱정해야 한다. 한번 상상해보라.

한 집단의 사람들에게 낙인을 찍고 제동을 거는 게 목적인 고정관념들은 모두 과장된 표현이라는 것을 우리는 안다. 그런데 왜 당신은 우리들 모두를 중년의 멕시코 여성들, 오직 청소와 당연히 요리 외에는 아무것도 사랑하지 않는 여성들이라고 생각하는가? 하우스키퍼와 연관이 있을지 모르는 병원의 모든 신호체계가 스페인어로 번역된다는 사실에서 당신은 아무런 문제도 보지 못한다. 그러나 잠깐, 당신은 너그럽고 포용력이 있는 사람인가? 만약 포용력이 목적이고, 또 매시간 당신 사무실에서 쓰레기를 치워가는 하우스키퍼를 알 시간이 당신에게 생긴다면 당신은 당신의 실수를 금방 깨닫게 될 것이다. 포용력이 목적이라면, 청소부를 위한 신호는 스페인어만큼이나 타칼로그어, 나바호어로도 번역되어야 하고, 애리조나 소재 병원 한 곳의 한 교대조의 다양한 사람들을 포괄할 수 있어야 할 것이다. 우리는 가족, 가사일, 여러 직업들, 친구들, 스트레스, 목적을 갖고 있는 다양한 사람들로 이루어진 집단이다. 그리고 우리는 다른 사람들만큼 대우를 받고 있다고는 볼 수 없는 낮은 임금을 받고 있다.

우리는 눈에 안 보이는 유령이 아니고 또 정복될 수 있는 사람도 아니다. 청소가 필요하다는 생각이 든다면 우리를 더 이상 무시하지 마라. 그런 뒤에나 우리가 우리 자신과 다른 사람들의 건강은 전혀 고려하지 않은 채 청소를 해줄 것이라고 기대하라. 우리가 살균 소독하는 이 메마른 벽 바깥에서 당신과 똑같이 평범한 삶을 살아가는 사람이 아닌 것처럼 우리를 함부로 대하고 무시하는 것을 즉각 중지하라. 결국 당신이 마시고 버린 커피 컵이 들어있는 쓰레기통을 비워야 할 우리 같은 사람에게 컵에 남은 내용물이 쏟아지지 않도록, 쓰레기통에 던지기 전에 잠깐 시간을 내서 컵을 비워라. 적어도 병실을 청소하는 하우스키퍼에게 감사하라. 우리를 온전한 인간으로 대우하라. 당신이 수술을 받기 전에 수술실을 청소하는 우리를 쓰레기처럼 대우하지 말라.

눈에 안 보이는 유령도 정복할 수 있는 대상도 아닌, 우리는 강한 사람들이다. 우리가 없다면 병원의 시스템 전체가 가동을 멈출 수 있다는 점에서 우리는 강하다. 병원은 자동차처럼 움직이고 하우스키퍼들은 점화 플러그와 비슷하다. 점화 플러그에 문제가 생기거나, 점화 플러그가 사라진다면, 자동차는 움직이지 못할 것이다. 하우스키퍼가 게으르거나 가버린다면, 병원은 운영이 안 될 것이다. 전에 미생물학자 한 분이 내게 이렇게 말했다. "하우스키퍼는 병원에서 가장 중요한 사람들이다. 의사는 두 번째다. 의사가 아니라 하우스키퍼가 병원에서의 창궐을 예방하는 사람들이다." 그러니 다음에 혹시라도 우리 얼굴을 보게 되면, 이 점을 명심하면서 우리에게 당신들은 그저 하우스키퍼일 뿐이라고 말해보라. 그리고 우리 모두는 멸시와 곁눈질과 냉대를 경험하기에 함께 뭉쳐야 한다는 것을 배웠다는 점도 명심하라. 우리가 하우스키퍼임을 표시해주는 그 불룩한 상의와 검은 바지를 입고 가슴에는 명찰을 달고 있을 때, 우리는 하나의 단위를 형성한다. 우리는 쑥스러운 마음에 머리를 밑으로 숙이고 수레를 끌지는 않을 것이다. 우리는 머리를 세우고 도도하게 복도를 돌아다닐 것이고 당신은 우리를 보게 될 것이다. 우리는 많은 인종과 종족들로 구성된, 많은 언어를 사용하는 사람들이다. 우리는 빵 굽는 사람, 여자 재봉사들, 학생들이다. 우리는 누군가의 아이들, 부모들, 조부모들, 증조부모들이다. 그리고 우리는 물청소 통 뒤에 있는 사람들이다.

언더커먼스(발췌)

스테파노 하니, 프레드 모튼, 2013

대학과 맺을 수 있는 유일한 관계는
오직 범죄적 관계이다

"대학에게 말하노니 나는 훔칠 것이다, 또 대학에서 나는 훔칠 것이다."
헨리 5세의 통치가 끝날 무렵 피스톨은 우리가 한 말을 빌린 게 분명한 그런 말을 했다. 그게 오늘날 미국 대학과 맺을 수 있는 유일한 관계이다. 이것은 세계 전역의 대학들에게도 참일 것이다. 대학 일반에 대해서 이것은 참일 것이다. 그러나 이것은 특히 미국에서 사실이다: 대학이 도피처가 되었다는 것을 부인할 수는 없을 것이며, 대학이 계몽의 장소라는 주장은 이제 받아들일 수 없을 것이다. 이런 조건에 직면해서 우리는 오직 대학에 잠입해서 훔칠 수 있는 것을 훔칠 수 있다.

대학의 환대를 악용하고, 대학의 임무를 괴롭히고, 대학의 난민 식민지, 대학의 집시 수용소에 가입하고, 안에 있지만 거기 소속되지는 않기—이것이 현대적인 대학에서 전복적인 지식인[x]의 길이다.

대학에 대해 근심하라. 이것이 긴 역사를 가진 명령, 미국에서 내려진 명령이다. 해럴드 블룸Harold Bloom, 스탠리 피시Stanley Fish 혹은 제럴드 그라프Gerald Graff가 그랬듯이 대학의 회복을 요구하라. 데릭 복Derek Bok이나, 빌 리딩스Bill Readings 또는 캐리 넬슨Cary Nelson이 그랬듯이 대학의 개혁을 요구하라. 대학이 네게 소리치듯이 너도 대학에 소리쳐라. 그러나 전복적 지식인이 볼 때 이런 것은 전부 위층에서, 합리적이고 고상한 사람들 사이에서 일어난다. 결국 전복적 지식인은 나쁜 문서들을 갖고 사랑에서 나와, 거짓된 구실들의 관할 밑으로 들어갔다. 전복적 지식인의 노동은 반갑지 않은 만큼 필요한 것이다. 대학은 그녀가 낳은bear 것은 필요로 하지만 그녀가 갖고 온 것은 견딜 수bear 없다. 그리고 이 모든 것 위로 그녀는 사라진다. 그녀는 지하로, 비밀리에 동성애를 자행하는 대학 내 머룬 공동체maroon community로, 계몽의 언더커먼스—대학의 작업이 끝난 곳, 대학의 작업이 전복당하는 곳, 혁명이 여전히 검은 색이고 여전히 강렬한 곳—으로 사라진다.

그 작업이란 무엇이고, 대학을 재생산하면서 동시에 탈주성fugitivity[xx]을 생산할 수 있는 그 과업의 사회적 능력이란 무엇인가? 만약 지금 이

×　저자는 전복적 지식인의 젠더를 여성으로 표지한다.
××　시인이자 철학자인 아프리카계 미국인 모튼은 흑인성을 탈주성으로 정의하는데, 탈주성은 외부에서 강제로 부과되는 규범이나 표준을 위반하고 탈주하려는 욕망, 즉 계속 바깥으로 나가고 유희하려는 '현재'의 움직임을 가리키는 용어다. 아프리카에서 아메리카 대륙의 사탕수수 농장과 같은 곳으로 강제 이송된 흑인들 중 도망자들이 세운 자립적인 공동체를 뜻하는 머룬 공동체의 maroon은 불어 marron에서 유래했는데, 불어 marron은 도망가는/탈주하는fugitive이란 뜻을 갖는다.

야기되고 있는 것이 티칭teaching이라면 우리는 대학의 작업을 수행하고 있는 것일지 모른다. 티칭은 그저 하나의 직업, 국가state의 상위-/자동-백과사전적인onto/auto-encyclopedic 순환의 작동—자크 데리다는 국가를 우니베르시타스Universitas×라 부른다—이다. 그러나 이런 작동방식을 활용해서 담장에 난 구멍을 일별하는 것, 대학의 고용 홀, 대학의 야시장night quarter을 일별할 수 있다면 유익할 것이다. 대학은 자기도 모르게, 아니 자신으로서, 즉 자신과 같은 것으로서의 티칭 노동을 필요로 한다. 이런 사회적 능력을 유지·신봉하는 티칭이 아니라 그 반대편의 우리 눈에는 안 보이는 쪽, 미래의 프로젝트로서의 지식 대상에 대한 집단적 성향을 지향하는, 티칭의 피부를 통한 사유, 그리고 우리가 예언자적인 조직이라고 부르길 원하는 것에 대한 헌신을 생산하는 어떤 것이 티칭 노동이다. 그러나 우리를 안으로 들어가 있게 하는 것은 티칭이다. 그러므로 인가, 리서치, 회의, 책들, 잡지들이 있기 전에, 배우고 가르치는 경험이 존재한다. 어떤 티칭도 주어지지 않는 연구 직책에 앞서, 시험지를 채점하는 대학원생에 앞서, 안식일의 현악기에 앞서, 책임 수업 시수의 영구적 축소 앞에서, 센터를 운영하겠다는 약속, 교육이라 불리는 훈육에 교수법을 할당하기에 앞서, 새 책의 내용이 될 강의에 앞서 티칭이 일어났다.

음식을 목적으로 한 티칭의 순간은 그러므로 종종 오해를 불러오고, 마치 음식을 위한 티칭은 종국에는 하지 않아야 하는 하나의 단계로 간주된다. 만약 그 단계가 계속 존재한다면 대학에 사회적 병리pathology가 존재하는 것이다. 그러나 티칭이 성공적으로 진행되었다면 그 단계

×　대학university의 라틴어 어원인 Universitas는 전체, 세계란 뜻을 갖는다.

는 추월된 것이고, 티칭은 그 단계, 즉 대학의 사회 병리적 노동에 남기로 알려진 이들에게 위임된다. 칸트는 그런 단계를 흥미롭게도 "자신을 남에게 의탁하는 미성년기minority"라고 불렀다. 칸트는 그 단계와 "타인의 지도를 따르지 않은 채 자신의 지성을 사용할 용기와 결심"을 갖는 것과 대비시켰다. "너 자신의 지성을 사용할 수 있는 용기를 가져라". 그러나 티칭, 혹은 "티칭 너머the beyond of teaching"라고 불릴 만한 것이 다름 아닌 우리에게 넘어서라는 부탁이 내려진 바로 그것, 자양분 얻기를 멈추라는 부탁이 내려진 바로 그것일 때, 그런 문장은 어떤 의미를 갖는 것일까? 마치 자신들은 주체가 아닐 것처럼, 마치 자신들은 대상으로, 미성년기로서 사유하길 원하는 것처럼, 거부한 이 미성숙한 자들/소수자들, 너머("티칭 너머" 너머에 있는 것)에서 돌아오지 않으려 할 두더지 부족은 어떤가? 의사소통의 완벽한 주체들, 이 성공적으로 티칭을 넘어선 이들이 보기에 그들은 쓰레기일 것이 확실하다. 그러나 그들의 집단 노동은 항상 누가 진정 계몽의 사제가 되고 있는지에 대해 의문을 품고 이의를 제기할 것이다. 쓰레기의 삶의 목적은 당신이 예기치 않은 아름다운 문구를 거저 나눠주고 있는 티칭 너머의 순간들에 있다—예기치 않은, 누구도 묻지 않았던, 아름다운 문구는 결코 돌아오지 않을 것이다. 계몽의 생체 권력biopower임이 진정 이보다 더 나은 것인가?

아마도 계몽의 생체 권력은 이 점을 알았을 것이고, 어쩌면 이 노동의 대상성objecthood에 그래야 하는 것처럼 반작용한 것이리라. 그러나 심지어 이들 두더지들, 난민들에게 의존할 때조차도, 그것은 그들을 협동을 방해하는, 현실에 어두운, 나이브한, 비전문적인 사람이라고 부를 것이다. 그리고 실용적일 마지막 기회가 부여될지 모른다—다 가지고 있는 데 왜 훔치겠는가, 라고 그들은 물을 것이다. 그러나 이런 호명에 대답하지 않고 숨는다면, 동의하지도 동의하지 않지도 않은 채 단지 대학의 지하로, **언더커먼스**로 손에 한가득 뭔가를 쥐고 들어간다면—이는 절도로, 범죄 행위로 비춰질 것이다. 그리고 동시에 그것이 유일하게 가능한 행위이다.

이런 대학의 언더커먼스에서 중요한 것은 티칭 대 리서치, 혹은 심지어 티칭 너머 대 리서치의 개체화가 아니라는 것은 이해가능하다. 그 공간에 들어가는 것은 탈주하는 계몽주의가 무대에 올린 서민들 commons, 계몽주의가 훔치고 그다음에는 계몽주의에서 훔쳐낸 삶의 산책로 위 물탱크 속의 범죄자, 모친 살해자, 퀴어, 서민들이 제공한 은신처, 도피가 서민들에게 제공한 곳의 범죄자, 퀴어의 파열적이고 매혹적인 발각에 들어가 살고 서식하는 것이다. 티칭 자체의 완료, 티칭에서 넘어감, 티칭 완수하기가 아니다. 티칭 너머는 주체성이 타자들에 부도덕하고 불법적으로 극복·정복되도록 용인하는 것, 종속에 어울리지 않을 만큼 철저히 종속되고 수동적이게 되는 것에 대한 것이다. 왜냐하면 우리는 주체성의 규제적 힘을 차지할 수 있는 행위성을 소유할 수 없기에, 그리고 생체 권력의 종속이 필요로 하고 보상하는 자동-호명적인 토크를 시작할 수 없기 때문에 티칭 너머는 그런 것이다. 그것은 티칭이라기보다는 티칭 행위의 조직화의 예언이다. 자기 자신의 조직화를 예언하는, 그러므로 서민으로 패스했던 예언, 그리고 자기 자신의 조직화를 초과하고 그러므로 아직 유일하게 조직될 수 있는 것인 예언. 언더커먼스의 예언적 조직화를 경계하고 물리치려고 대학의 고된 노동이 배열되고, 그런 조직화 너머에서 전문가주의의 태만과 비판적 대학 교수의 전문가주의가 배열된다. 언더커먼스는 그러므로 항상 위험에 처한 이웃이다.

프레더릭 제임슨Frederic Jameson이 상기시키듯이, 대학은 "방해받지 않는 계획 입안과 '계몽'의 토대를 개간하기 위해, 계몽-타입의 비판들, 믿음의 탈신비화, 참여적 이데올로기에 의지한다." 바로 이것이 대학의 약점, 대학의 국토 안보의 과오이다. 대학은 이런 "계몽-타입 비판"을 위해 노동 권력을 필요로 하지만, 노동은 무슨 수를 써서라도 항상 도망간다.

언더커먼스의 조숙한 주체들은 진지하고 심각하게 전화를 받았거나 전화에 진지하고 심각해야 했다. 그들은 너무 신비스러운, 너무 믿음으로 충만한 계획에 대해서는 분명히 알지 못했다. 그러나 이런 노동력은 자신을 재생산할 수 없다, 그것은 재생산되어야 한다. 대학은 자본 일반처럼 노동쟁의를 제거할 수 있을 그날을 목표로 작업한다. 그날이 되면 대학은 스스로를 자본주의의 발전에 필요할 뿐 아니라 위험하기도 한 것으로 이해할 노동력을 재생산할 수 있을 것이다. 많은 교수법과 장학금이 이미 이 방향을 향해 매진 중이다. 학생들은 자신들 스스로를 문제—위대한 과거 대학이 차지했던 위상을 되돌리려는 비평가들의 불평과 반대로 바로 이것이 고객이라는 것이 뜻하는 것, 현실화의 부담을 떠안으면서 항상 반드시 그런 현실화에 불충분하고 부족하게 남는 것이 뜻하는 것이다—로 볼 수 있어야 한다. 그 후에 이들 학생들은 스스로를 정확히 사회의 장애물로 볼 수 있게 될 것이고, 어쩌면 일생에 걸친 배움을 통해 학생들은 스스로를 성공적으로 문제로 진단해왔다는 평결을 내릴 것이다.

그럼에도 스스로를 불필요한 과잉으로 이해하는 미분화 노동의 꿈을, 다름 아닌 이데올로기의 화급한 장애물들을 제거하려는 노동이 끼어들어 방해한다. 이런 경찰 기능이 소수의 손에 놓인 것이 더 낫기는 하지만 그럼에도 그것은 노동을 차이로, 노동을 다른 노동의 개발 및 발전으로, 그러므로 노동을 부의 출처로 끌어올린다. 그리고 설사 계몽-타입의 비판이 아래에서 우리가 제시할 것처럼, 이런 노동의 차이의 결과로서 모든 자율적인 발전을 밀고하고, 자율적 발전의 뺨에 키스를 퍼붓긴 하겠지만, 벽에 깨진 곳이, 강에 얕은 곳이, 바위 밑에 착륙할 땅이 존재한다. 대학은 이렇듯 미분화된 노동력을 마련하기 위해 이런 은밀한 지하의 노동을 필요로 한다. 미분화 노동의 점증하는 전문화와 관리주의 정책을 신봉하는 경향은 역시 또 한 번 위대한 과거 대학이 차지했던 위상을 되돌리려는 보수주의자들에 맞서, 이들 보수주의자들이 명령하는 충성에 기반한 교환의 우주와 함께 다름 아닌 노동 분업의 성공적인 통합을 표상한다.

노동 위에 이런 노동을 끼워 넣고 이런 노동의 발전에 필요한 공간을 제공하면 위기가 창출된다. 전혀 예기치 않게도 게릴라 이웃들에게서 신병을 보충하는 식민적 경찰력과 비슷하게, 대학 노동은 난민들, 도망자들, 배반자들, 난파당한 자들에게 은신처를 제공하고 그들을 항구에 정박시킬 수 있다. 그러나 그런 요소들이 겉으로 드러나면 곧 외압에 의해 언더그라운드로 끌려갈 것이라는 대학의 확신에는 납득할 만한 충분한 이유가 존재한다. 예방책들이 만들어졌고, 도서 목록이 작성되었고, 티칭에 대한 감시가 진행되었고, 원고 기고를 위한 초대장이 만들어졌다. 그러나 이런 예방책에 저항하는 초월성의 내재성, 노동 위 노동이 필요로 하는 필수적인 탈규제와 범죄성 및 탈주성의 가능성들이 있다. 작문 선생들, 스승이 없는 대학원생들, 겸임 마르크스주의 역사가들, 공개 게이 혹은 퀴어 매니지먼트 교수들, 주립대학 종족학과,

폐쇄된 영화 프로그램들, 비자가 만료된 예멘 출신 학생 신문 편집자들, 역사적으로 흑인만 다녔던 대학의 사회학자들, 그리고 페미니스트 엔지니어들의 머룬 공동체. 그리고 대학이 이들에 대해 무슨 말을 할까? 대학은 이들을 모두 비전문적인 사람들이라고 말할 것이다. 무지막지한 비난이나 고발은 아니다. 이것은 전문적인 것 이상의 것에 대한 비난이고 고발이다. 직업을 초과하는 이들, 탈출을 초과한 이들, 초과함으로써 탈출한 이들, 이들 머룬은 스스로를 어떻게, 대학을 어떻게 문제화하는가, 대학으로 하여금 자신들을 문제, 위험으로 간주하게 강요하는가? 요컨대 언더커먼스는 빌 레딩스[×]가 그의 책 끝 부분에서 호소한 뭔가 기발하고 공상적인 공동체는 아니다. 언더커먼스, 언더커먼스의 머룬들은 항상 몸을 숨긴 채, 세상과 전쟁 중이다.

[×] 1994년 서른 네 살의 나이에 비행기 충돌 사고로 사망한 빌 레딩스는 사후 출간된 책 《페허 속 대학 The University in Ruins》(1997)에서 대학이 해온 온갖 역할들을 역사적 관점에서 분석하면서 현대적인 대학은 국가적/민족적 문화의 증진과 보호에 봉사해왔다는 해석을 제시한다. 그리고 오늘날에 이르러 대학은 초국가적 법인체로 바뀌었고, 문화의 이념은 탁월성excellence의 담론으로 대체되었다는 비관적인 분석의 말미에서 이런 폐허 속 대학에 있을지 모르는, 생각하는 사람들의 공동체에 호소한다.

왜 나는 페미니스트가 아닌가: 페미니스트 선언문(발췌)

제사 크리스핀, 2017

생각의 방향을 잠시 달리해서 이 책을 읽을지 모르는 남자들에게 관심을 기울여보겠다.

아마 당신도 역시 페미니즘과 문제가 있어서 내 선언문을 집어 들었을 것 같다. 아마 그 문제들은 진지하고 중요한 것일 것이다. 아마 당신은 철학적으로 현재 페미니즘의 사유에 동의하지 않을 것이다: 아마 당신은 페미니즘의 기본 교리는 진정 지지할 것이지만 그 교리들이 현행적으로 표현되고 있는 방식에 대해서는 혼란을 느낄지 모른다. 아마 당신은 파이어스톤과 드워킨을 읽었을 것이고, 그들이 자극하고 촉발했던 감정과 생각들을 다뤘을 것이다. 아마 당신은 약함과 취약함에 대한 당신 자신의 두려움을 자세히 살펴보았을 것이다. 아마 당신은 과거에 그런 감정들을 여성들에게 투사했던 당신의 방식을 검토했을 것이다. 아마 당신은 당신 삶에서 부드러움, 아름다움, 사랑을 긍정적으로 이해했을 것이다.

어쩌면 당신은 계몽된 예민한 사람이라고 되뇌었을 것이지만, 실제로 당신은 여성이 자율적인 인간인 양 행동하는 데 불편을 느꼈던 것일지 모른다. 아마 당신은 여성 작가가 당신에게 여성은 어리석고 비논리적인 백치들이라고, 페미니즘은 당신이 뼛속에서부터 그랬으면 하고 생각했던 것처럼 당혹스러운 익살극으로 간주해도 무방하다고 대신 말해주길 원했을 것이다. 아마 당신은 여성을 진지하게 다루지 않는 데 유용할 모든 변명을 찾고 있는 것인지 모른다.

아마 당신은 그 사이 어딘가에 있을 것이다. 어디에 있건 당신은 내가 여기에 적은 것들에 대한 질문들, 관심사들을 갖고 있고, 내가 당신을 위해 그것들을 정리해주었으면 하고 바란 것인지 모른다.

만약 그렇다면 이게 내 반응이다: 그 똥은 딴 데로 갖고 가라. 난 관심 없으니까. 남자인 당신은 내 문제는 아니잖아. 당신에게 페미니즘을 떠먹여주는 게 내 일은 아니지. 당신의 공감 능력을 양육하고 격려하는 게 내 일은 아니지, 여성이 인간이라는 걸 당신이 어떻게 다루어야 할지를 가르치는 게 내 일은 아니지.

그리고 그 똥은 다른 여성들에게 갖고 가지도 말기를. 그건 그녀들의 일은 아니다. 당신이 덜 계몽되었다는 것은 우리 문제가 아니다. 그 점을 이해할 것. 책을 읽어, 그리고 당신 자신의 감정을 느껴 봐. 그걸 다른 사람에게 갖고 가지마. 남자들은 서로를 위해 직접 이 일을 해야 한다. 당신은 여성에게 당신의 불편과 혼란의 부담을 짊어지는 데 다음 100년을 허비하라고 요구할 수 없다. 씨발 당신들 일을 해, 신사님들아.

남자들이 힘든 시간을 겪어야만 할 것이라는 점은 이해한다. 그들은 자기반성에 모든 것을 바쳐야 할 것이고, 수세기 동안 안 하려고 피해왔던 것을 직접 해내야할 것이다. 그들은 이 행성에서 살고 존재할 새로운 방식을 발견해야 할 것이다. 여성들은 남자들에 비해 엄청 유리한 위치에 있다, 그리고 남자들은 이 과정을 거치지 않으려고, 할 수 있는 모든 것을 하려고 할 것이다.

처음 페미니즘을 만나면 당신은 우선 불편함을 느낄 수밖에 없다. 당신에게 주입되어 왔던 모든 메시지를 뚫고 지나가야만 하는 섯이나. 당신이 해왔던 행동을 당신은 유감스러워하게 될 것이고, 당신이 일생 무의식적으로건 의식적으로건 여성혐오를 자행했음을 인정해야 할 것이다. 이런 불편을 피할 수 있는 한 가지 방법은 여성에게 당신이 좋은 사람임을 확신시켜달라고 부탁하는 것이다. 당신의 감수성을 수행하는 것, 그것은 조종하는 것이다. 그런 불편을 피하는 또 다른 방법은 페미니스트들에게 무슨 일이 일어난 것인지를 놓고 당신의 어두운 생각과 함께 홀로 앉아 생각하는 것이다.

이 책을 읽고 당신이 어떻게 반응할지에 대해 나는 좆도 관심이 없다는 것은 분명히 하고 싶다. 내게 이메일을 보내지 말 것이며 나와의 접촉을 시도하지도 말 것이며. 이번만은 네 똥은 네가 치우길.

Part 8

마녀 / 비치

Witchy / Bitchy

서문

비교적 짧은 분량으로 이루어진 마지막 장에서 우리는 마녀성witchiness과 비치성bitchness이란 명사를 환대한 일단의 페미니즘 선언문을 제시하기 위해 페미니즘 역사에 등장했던 두 비유, 마녀와 비치를 다룰 것이다. 우선 고전적인 제2 물결 래디컬 페미니즘의 텍스트, 오리건의 포틀랜드와 도널트 트럼프 선거 기간 미국 전역에서 다시 수면 위로 올라온 지옥에서 온 국제 여성 테러리스트 음모단Women's International Terrorist Conspiracy from Hell(W.I.T.C.H.)이 작성한 텍스트를 소개한다. 그다음에 우리는 그 유명한 조린Joreen(조 프리먼Jo Freeman으로 알려진)의 〈비치 선언문BITCH Manifesto〉을 통해 "비치"란 단어 사용으로 억압자들에 맞서 싸우려한 조린의 노력을 경청한다. 그 뒤에 우리는 더 명시적으로 마녀를 활용한 사료들을 소개할 것이다. 또한 피터 그레이Peter Grey의 〈묵시록적 주술 선언문Manifesto of Apocalyptic Witchcraft〉을, 그다음으로 전통적인 여성다움의 사망(과 뭔가 새로운 것의 탄생)을 다룬 캐시 세라차일드Kathie Sarachild의 비교적 초기 래디컬 페미니즘의 글쓰기를 소개할 것이다.

마지막 두 선언문은 1970년대 페미니즘 미술계에서 등장한 것(제니 홀저Jenny Holzer와 애그니스 데네스Agnes Denes)으로, 데네스의 말을 인용한다면 "집요하게 영원한 탐색을 계속하고 있는" 페미니즘을 경험하게 해줄 것이다. 우리는 특히 우리가 고도로 젠더화된 상투형인바 마녀와 비치를 반박하는 대신 전적으로 환대한다면, 우리보다 앞서 등장한 것과 우리보다 늦게 등장할 것 모두에 대해 질문할 임무가 남게 된다. 선언문들은 현재성에 그 뿌리를 둔 장르에서 유래한 것이지만, 이 텍스트들은 그럼에도 항상 미래에 기대도록, 뭔가 새로운 것, 더 나은 것, 발견되기를 기다리고 있는, 막 우리의 시선을 빗 겨나간 가능성들을 추구한다.

마녀 선언문

마녀, 1968

마녀는 모든 여성, 모든 것이다. 마녀는 연극, 혁명, 마법, 테러, 기쁨, 마늘 꽃, 주문이다. 마녀는 과거에서 현재까지의 시간을 통틀어 마녀와 집시가 면면이 억압—특이 여성에 대한 억압—에 맞서 싸운 게릴라, 저항적 전사의 기원으로 자각된다. 마녀는 항상 감히 존재하려 했던 여성들이다: 죽여주게 근사하고, 용기가 넘치며, 공격적이고 지적인, 반순응주의자인 여성들, 탐구하는 호기심으로 똘똘 뭉쳐 있고, 독립적이며 성적으로 해방되었고 혁명적인 여성들 말이다. (900만 명의 마녀가 화형당한 이유는 아마 이런 특징들이 잘 설명해줄 것이다.) 마녀는 최초의 친절한 두목과 상인Friendly Heads and Dealers이었다. 또 최초의 산아제한 전문의이자 낙태시술자, 최초의 연금술사(불순물을 금으로 만드는 마녀 때문에 화폐의 전체 관념이 평가절하된다.) 어떤 남자에게도 고개를 숙여 인사하지 않았던 마녀는 모든 가장 오래된 문화의 살아 있는 유물이다―
이 문화 안에서 남자와 여자는 제국주의적인 남근적 사회의 치명적인,
성적인, 경제적인, 영적인 억압이 자연과 인간 사회를 장악하고 파괴하
기 전에 진정한 협동 사회를 평등하게 공유한 이들이었다.

마녀는 모든 여성들 안에 살아 있고 웃고 있다. 마녀는 이 병든 사회
가 강요하는 수줍은 미소, 남성 지배에 대한 묵종, 살을 짓누르는 복장
이나 메이크업 아래에 놓인, 우리 각자의 자유로운 부분이다. 마녀에
"가입하기"는 불가능하다. 여성인 당신이 감히 당신의 내부를 바라보
려고 한다면, 당신이 곧 마녀이다. 당신은 당신 자신의 규칙을 만든다.
당신은 자유롭고 아름답다. 당신이 지닌 마녀로서의 자아를 어떻게 사
람들이 알게 할 것인지를 결정할 때 당신은 눈에 안 보일 수도 눈에 확
들어올 수도 있다. 당신은 당신만의 13인의 마녀단Coven(13은 한 집단을
이루기에 아늑한 숫자이다)을 만들고 당신만의 행동을 할 수 있다.

뭐가 됐든 억압적인 것, 오직 남성에 경도된 것, 탐욕스럽고 청교도
적이고 권위주의적인 것―이런 것들이 당신이 노리는 과녁이다. 당신
의 무기는 연극, 풍자, 폭발, 매직, 허브, 음악, 코스튬, 카메라, 가면, 노
래, 스티커, 스텐실, 페인트, 필름, 탬버린, 벽돌, 빗자루, 총, 부두Voodoo
인형, 고양이, 양초, 벨, 분필, 손톱깎이, 수류탄, 독약이 든 반지, 도화
선, 녹음기, 향이다―당신 자신의 무한한 상상력. 당신의 힘, 권력은
여성으로서의 당신의 자아에서 나온다. 그리고 자매들과 공동으로 일
하는 게 그 힘을 활성화한다. 13인의 마녀단의 힘은 그들이 함께 있기
에, 단지 13인의 개별 멤버들을 합친 것 이상이다.

당신은 당신들 뿐 아니라 우리의 형제들도 억압과 상투적인 성적
역할에서 해방시키겠다고 맹세한다(그들이 좋아하건 안 하건). 당신은 "나

는 마녀다"라고 큰 소리로 세 번 외치고, 그것에 대해 생각하면 마녀이다. 당신은 여성이고, 길들여지지 않았고 분노에 차 있고 기쁨이 가득하고 불멸이기에 마녀이다.

비치 선언문

조린, 1968년

비치BITCH는 아직 존재하지 않는 조직 혹은 단체이다. 이 이름은 줄임말이 아니다. 그것은 청각적으로 들리는 그대로를 나타낸다.

비치는 비치들로 구성된다. 비치를 정의하는 많은 방식이 있다. 가장 칭찬하는 정의는 암캐다. 역시나 호모 사피엔스 비치에 대한 이런 정의는 사실 객관적인 정의라고 보기는 어려울 것이다. 그것은 사람에 따라 매번 다르고 그 단어를 정의하는 이가 그 단어를 자신과 얼마나 가까이 두느냐에 따라 달라진다. 그러나 비치가 항상 암컷, 개, 혹은 그런 것이라는 데는 누구나 동의할 것이다.

일반적으로 비치는 공격적이고 그러므로 비여성적이라는unfeminine (으흠) 동의가 존재한다. 비치는 섹시할 수 있고, 그런 경우 비치는 비치 여신, 여기 우리 모두와 연관이 있지는 않을 특수 케이스가 된다. 그러나 비치는 "진짜 여자"는 결코 아니다.

비치는 다음과 같은 특성을, 어느 정도 또는 모두 갖는다.

1) 인격. 비치는 공격적이고 확신에 차서 말하고 광포하고 건방지고 강한 정신의 소유자이고 심술궂고 적대적이고 직접적이고 대담하고 솔직하고 미움을 받고 얼굴에 철판을 깔았고 냉정하고 사악하고 교조적이고 경쟁적이고 유능하고 진취적이고 말이 많고 독립적이고 고집이 세고 요구하는 게 많고 조종하려들고 이기적이고 의욕이 넘치고 목표를 달성했고 압도적이고 위협적이고 무시무시하고 야심이 가득하고 거칠고 쉿소리가 나고 남성적이고 사납고 불온하다. 그중에서도 특히. 비치는 심리적으로 상당히 많은 공간을 차지한다. 당신은 비치가 항상 당신 주위에 있다는 것을 안다. 비치는 그 누구에게도 개똥 취급을 당하지 않는다. 당신은 비치를 안 좋아할 수 있지만 그렇다고 무시할 수는 없을 것이다.

2) 피지컬. 비치는 크고 강하고 시끄럽고 뻔뻔하고 거칠고 눈치가 없고 서투르고 막힘이 없고 눈에 거슬리고 추하다. 비치는 여성에게 어울리는 모습으로 조신하게 행동하고 남을 신경 쓰기보다는 자유로이 몸을 움직인다. 비치는 계단을 성큼성큼 오르고 걸을 때는 건들거리고 앉아 있을 때는 다리를 오므려야 한다는 것에 눈곱만큼도 신경을 쓰지 않는다. 그들은 큰 목소리로 말하고 종종 고성을 내지른다. 비치는 예쁘지 않다.

3) 성향. 비치는 엄격히 자기 자신을 통해, 그리고 자신이 하는 것을 통해 정체성을 추구한다. 그들은 주체이지 대상이 아니다. 그들은 사람이나 단체와 관련을 맺을 수 있다, 그러나 그 누구와도 혹은 어

떤 것—남자, 저택이나 운동—과도 결혼하지 않는다. 그러므로 비치는 근근이 꾸려지는 삶, 이 행동에서 저 행동으로 이 사람에서 저사람으로 넘어가는 삶을 영위하기보다는 자기 자신의 삶을 계획하고 살아가기를 선호한다. 그들은 독립적인 녀석들이고 기꺼이 하고싶은 게 있으면 그게 무엇이든 다 해낼 수 있는 사람이 자신이라고믿는다. 길을 막고 걸리적거리게 하는 게 있으면, 바로 그런 것 때문에 그들은 비치가 된다. 전문가가 될 의향이 있으면 그들은 경력을쌓고 그 누구와 경쟁을 하건 전혀 두려움을 느끼지 않을 것이다. 전문가가 될 의향이 없다면 그들은 그렇더라도 자기표현과 자기 현실화를 추구할 것이다. 뭘 하건 그들은 능동적이고 적극적인 역할을원하고, 자주 지배하려 드는 사람으로 지각된다. 그들은 더 창조적으로 자신의 에너지를 승화시키고 자신의 능력을 이용하는 역할을자신이 사용할 수 없는 상황일 때는 종종 다른 이들을 지배한다. 그들은 흔히 남자들이 갖고 태어난 것으로 간주되는 것을 할 때 오만하다고domineering 비난받는다.

진짜 비치는 스스로 결정하지만 "비치"란 용어는 통상 큰 식별력을갖지 않은 채 적용된다. 이것은 남자들이 만들고 여자들이 채택하는,도도한 여자들에 대한 흔한 멸칭이다. "검둥이"처럼 "비치"는 어떤 계급에 속한 이들—사회적으로 수용된 행동 패턴에 순응하지 않는—을고립시키고 깔보는 사회적 기능에 기여한다.

비치는 그 단어를 부정적으로 사용하지 않는다. 여성은 스스로를 비치라고 선언할 때 자긍심을 가져야 한다. 비치는 아름답기 때문이다.그것은 다른 이들에 의한 부인이 아니라 자기에 의한 긍정의 행위여야 한다. 모든 사람이 비치의 자격을 가질 수는 없다. 위에서 열거한 세 가지 속성들을 모두는 아니더라도 그중에 둘은 반드시 가져야 비치로 고려될 수 있을 것이다. 세 가지 속성 모두를, 적어도 부분적으로라도 가진 여성이 있다면 그녀는 비치의 비치이다. 오직 슈퍼 비치만이 전적으로 이 세 개의 범주 모두에 부합하는 자격이 있을 것이고, 그럴 수 있는 이는 극소수이다. 대부분은 이 사회에서 오래 가지 못한다.

모든 비치에게서 가장 현저하게 나타나는 특징은 그들은 적합한 성역할 행동이란 생각에 거칠게 반발한다는 점이다. 그들은 다른 방식들을 사용해서 그럴 것이지만 모두 그런 생각을 침해한다. 자기 자신과 다른 이들에 대한 그들의 태도, 그들의 목적 지향적 성향, 개인적인 스타일, 자신의 신체를 다루는 방식과 외모, 이 모두가 사람들을 거슬리게 하고 불편하다는 느낌을 갖게 만든다. 가끔 그것은 의식적이지만 가끔은 그렇지 않다. 그러나 사람들은 일반적으로 비치가 주변에 있으면 불편해한다. 사람들은 비치를 혐오스럽다고 생각한다. 그들의 스타일을 불온하다고 생각한다. 그래서 그들은 비치 같아서 마음에 안 드는 이들 모두를 내쫓을 만한 이유를 만들어내고, 그들을 좌절한 여자들이라고 부른다. 좌절했지는 모른다. 그러나 그 원인은 사회적이지 성적이지는 않다.

비치를 봤을 때 우선 압도하는 이상한 느낌은 비치가 자웅동체로 보인다는 데 있다. 비치는 "여성적"일 뿐 아니라 전통적으로 "남성적인"으로 정의된 속성도 자신 안에 통합해 들인다. 비치는 둔감하고 직접적이고 오만하고 때로 이기적이다. 비치는 "영원히 여성적인 것"의 뭔가 미묘하고 신비로운 방식들을 전혀 선호하지 않는다. 비치는 자기 자신의 삶을 살고 싶어 하기에 여성에게 자연스러운 것으로 간주된 대상화된 삶을 경멸한다.

우리 사회는 인간성을 생물학적 남성으로, 생물학적 여성은 생물학적 남성과는 다른 어떤 것으로 정의해왔다. 이런 식으로 생물학적 여성은 생물학적 남성의 대상으로서의 삶을 살 때에만 인간적일 수 있다. 살 수 있으려면 여성은 남성에게 봉사하고 그를 명예롭게 하고 그에게 복종하는 데 동의해야 한다, 그런 교환을 통해 여성이 얻는 것은 기껏해야 그림자 삶이다. 비치는 그 누구에게도 봉사하거나 그의 명예를 이롭게 하거나 그에게 복종하길 거부한다. 비치는 그림자가 아니라 온전히 기능하는 인간이길 요구한다. 그들은 생물학적 여성이면서 동시에 인간이려고 한다. 이런 이유로 그들은 사회적 모순이 된다. 비치의 한갓된 삶은 여성의 현실은 남성과의 관계를 통해 가능해야 한다는 생각을 부정하고, 여성은 영원히 다른 이의 보호하에 있어야 하는 영구적인 아이라는 믿음을 무시한다.

따라서 진지하게 고려해보면, 비치는 여성을 노예로 만드는 사회 구조와 그들을 계속 그 자리에 있도록 정당화하는 사회적 가치에 위협적 존재이다. 비치는 여성 억압의 불필요성을 입증하는 살아 있는 증거이고, 그렇기에 그 자체로 사회 전체 시스템의 타당성에 의심을 제기한다. 비치는 위협이기에 진지하게 다뤄지지 않는다. 대신에 비치는 탈선으로 각하된다. 남성들이 비치를 위해 창조한 특별한 범주에 따른다면 비치는 적어도 부분적으로는 인간이지만 진짜 여성은 아니다. 남성들은 비치를 인간으로서는 고려하지만 성적 존재로 고려하는 것은 거부한다. 여성은 자신이 여성이라는 것을 잊을 수 없기 때문에 더욱 위협당한다. 남성들은 혹여 그녀를 너무 근거리에서 동일시하지 않을까 해서 두려워한다. 비치는 남성들이 질투하는 자유이고 독립이고 그들이 매어놓은 사슬의 안전을 거부하면서 그들에게 도전한다. 남성이나 여성 어느 쪽도 비치의 현실을 직면할 수 없다. 그 현실을 직면한다는 것은 어쩔 수 없이 자기 자신의 부패한 현실에 직면해야하는 일일 것이기 때문이다. 비치는 위험하다. 그래서 그들은 비치를 깎아내리면서 비치를 괴물이라고 생각한다.

이것이 여성으로서 비치가 겪는 억압의 뿌리다. 비치는 여성으로서 억압받을 뿐 아니라 여성과 비슷하지 않기에 억압받는다. 비치는 여성적이기 전에 인간이라고, 사회적 압력에 아부하기 전에 진정 자신이라고 주장해왔지만, 그럼에도 비치는 아웃사이더로 성장한다. 소녀일 때에도 비치는 사회적으로 수용된 성역할 행동의 한계를 위반했다. 비치는 다른 여성과 자신을 동일시하지 않았다. 어른인 비치를 롤 모델로 가질 만큼 운이 좋은 경우는 거의 없다. 비치는 홀로 삶을 개척해야 하고, 먼저 걸었던 이가 전무한 경로가 초래할 위험은 비치의 불확실성과 독립 모두에 기여했다.

비치는 어떻게 여성이 우리 사회의 엄격한, 처벌에 기반한 사회화에도 불구하고 살아남을 만큼 강한지를 보여주는 좋은 사례들이다. 오직 엄마/조력자 역할을 제외한다면 여성은 남성에 비해 열등하다고 가정된다는 것을 의식할 어린 소녀는 전혀 없다. 자신이 어린아이임을 의심하지 않을 소녀 비치는 이른바 여성적이라 불리는 노예의 스타일인 감언이설과 아첨은 실제로 결코 내면화하지 않는다. 어떤 비치는 통상적인 사회적 아첨을 아예 망각해버리고, 또 어떤 비치는 집요하게 그런 압박에 저항한다. 어떤 비치는 피상적인 여성적 스타일을 개발하고, 어떤 비치는 말괄량이의 행동이 용인되는 시기를 한참 지난 뒤에도 계속 그렇게 남는다. 모든 비치는 그들이 할 수 있고 될 수 있는 것에 한계가 있다는 생각에 정신적으로 순응하길 거부한다. 그들의 열망이나 행위에는 어떤 한계도 가해지지 않았던 것이다.

이런 저항 때문에 그들은 가차 없는 비난을 당했다. 그들은 무시되고 냉대 받고 비웃음을 당하고 뒷담화에 노출되고 추방당한다. 우리 사회는 여성을 노예로 만들고 그 다음에는 그들이 노예처럼 행동한다고 비난했다. 이 모든 것은 아주 주도면밀하게 진행되었다. 성 역할 게임을 하지 않기에 비치를 안 좋아했다고 말할 만큼 솔직한 사람은 극소수였다.

사실 자신이 왜 비치를 안 좋아했는지를 확신하는 이는 거의 없었다. 그들은 현실 구조에 대한 비치의 위반이 구조를 위험하게 했다는 것은 깨닫지 못했다. 아주 어린 시절 어느 때인가 어떤 소녀들은 잘 적응하지 못했고, 놀리기 좋은 대상들이었다. 그러나 자신들에 대한 혐오의 뿌리를 의식적으로 인지할 수 있는 이들은 거의 없다. 그 쟁점에 직접 맞서고 대면하는 일은 결코 일어나지 않았다. 만약 그 쟁점을 놓고 이야기를 한다면, 그것은 어린 소녀의 등에 들러붙는 욕설과 비방을 갖고 그렇게 되었다. 비치는 뭔가 자신에게 잘못이 있다는 느낌, 뭔가 개인적으로 잘못된 것이 있다고 느끼게 된다.

10대 소녀는 속죄양 게임을 할 때 특히 사악하다. 그 시기에 여성은 사회가 용인하는 전리품(가령 남자들)을 두고 가장 혹독하게 경쟁해야 한다는 이야기를 듣게 된다. 소녀는 자신의 여성성을 내세우거나 그것이 부인되는 것을 보아야 한다. 소녀는 자신에 대해 별 확신이 없고, 불확실성에 수반되는 경직성을 받아들인다. 소녀들은 경쟁자들에게 엄하고 경쟁을 거절하는 소녀들에게 더 가혹하다. 관심사를 공유하지 않고 남자들을 홀리는 기술을 연마하지 않는 한 패의 소녀들이 사회적인 무리 짓기에서 가장 많이 배제당한다. 만약 그것을 사전에 알지 못한 소녀가 있다면 이 시기에 그 소녀는 자신이 다르다는 것을 배운다.

나이가 들어가면서 소녀는 자신이 왜 다른지에 대해 더 많이 배운다. 직업을 갖거나 조직이나 단체에 가담하기 시작하면 비치는 조신하게 앉아 있거나 들은 대로 하는 것에 거의 만족하지 못한다. 비치는 주관이 뚜렷하고 자신의 주관을 늘 사용하고 싶어 한다. 비치는 높이 오르고 창조적이길, 책임감을 떠맡기를 원한다. 비치는 자신이 유능하다는 것을 알고, 자신의 능력을 이용하고 싶어 한다. 비치의 상사나 고용주인 남자들에게 이것은 유쾌한 일이 아니고, 또 이것이 비치의 유일한 목적인 것도 아니다.

가장 단단한 성적 편견의 장벽을 만나면 비치는 고분고분하지 않다. 비치는 녹초가 될 때까지 벽에 머리를 처박을 텐데, 왜냐하면 비치는 보조 인력으로서의 자신의 역할을 받아들이려 하지 않을 것이기 때문이다. 가끔 비치는 벽을 뚫고 나간다. 아니면 자신의 독창성을 이용해서 도망갈 구멍을 찾거나 그것을 창조한다. 아니면 비치는 자신과 경쟁하는 그 누구보다 열 배는 더 낫다. 비치는 응당 받아야 할 보수보다 덜 받기도 한다. 다른 여성들과 마찬가지로 비치 역시 종종 야심을 갖는 데 별 흥미를 갖지 않았는데, 왜냐하면 비치는 "더 약한 성"에게 주어지는 열등함의 배지를 완전히 피하지는 못했기 때문이다. 비치는 자신이 막후라는 만족감—자신이 진짜 권력을 갖고 있다는 가정 하에—을 종종 옹호할 것이지만, 그러면서도 자신은 왕위를 가져야만 받을 수 있는 인정은 실제로는 원하지 않는다고 스스로를 합리화할 것이다. 일생 동안 여성으로서나 진짜 여성으로서 전혀 인정을 전혀 받지 못했기에, 비치는 전형적인 여성은 자신이 이룬 것을 획득할 수 없으리란 말을 항상 확신에 차서 하고 있지는 않을 것이다. 매우 유능한 비치는 종종 자신의 고유한 우월함을 인정하길 거부함으로써 자신을 비하한다. 비치는 스스로를 평균이나 그 이하라고 말하는, 그래서 자신이 했다면 다른 이들도 할 수 있을 것이라고 말하는 버릇이 있다.

성인이 된 비치는 적어도 외적으로는 여성적인 역할을 배웠을 수도 있지만 그렇다고 거기에 편안함은 거의 느끼지 않을 것이다. 이것은 특히 피지컬 비치인 여성들에게는 참이다. 그들은 정신뿐 아니라 신체도 자유롭기를 원하고, 사람들의 눈 밖으로 벗어나지 않으려고 자신의 육체적 움직임을 제한하거나 역할을 입는 데 허비해야 하는 노력을 애석해한다. 비치는 또 물리적으로 성역할의 기대치를 위반했기에, 심리적으로나 지적으로 성역할을 위반할 만큼의 자유는 갖고 있지 않다. 규범으로부터의 작은 일탈은 봐줄 만한 것일 수 있지만, 아주 큰 일탈은 대단히 위협적이게 여겨진다. 여자처럼 생각하는 것, 여자처럼 말하는 것, 혹은 여자가 마땅히 하기로 가정된 것을 하는 건 매우 나쁘다. 또 여자처럼 보이지 않는 것, 여자처럼 움직이지 않거나 행동하지 않는 것은 상궤를 벗어나는 것, 도리에서 벗어나는 것이다. 우리 사회는 인간의 다양성의 정도를 협소하게 제한하는 엄격한 사회이다. 특히 여성은 그들의 육체적 특성에 의해 정의된다. 이런 한계를 위반하지 않는 비치는 더 자유로이 다른 한계들을 위반한다. 스타일이나 사이즈에서 한계를 쉽게 초과한 비치는 인격이나 행동에서 거리낌이 없는 이들을 어느 정도는 부러워할 수 있다. 종종 이런 비치는 비정상적인 자신의 외모가 너무 쉽게 눈에 띄기에 훨씬 더 고통을 받는다. 그러나 몸집이 큰 비치는 작은 여성보다 비교적 쉽게 진지하게 받아들여질 수 있다는 점에서 보상을 받기도 한다. 비치가 여성으로서 겪는 고통의 출처 중 하나는 또한 그들의 힘의 출처이기도 하다.

비치는 성장기에 겪는 매서운 시련을 발판으로 자신을 단련시키거나 아니면 자신을 부서뜨린다. 그들은 자신의 본성에 충실함과 사회적 존재로 수용됨이라는 두 개의 팽팽한 극 사이에서 긴장 상태로 살아간다. 이런 연유로 그들은 아주 민감한 사람들이다, 그러나 이것은 세계의 나머지는 자각하지 못하는 예민함이다. 왜냐하면 그들은 남들이 보기에 쌀쌀맞고 냉혹한 사람이어야 한다는, 방어적인 냉정함 속에 성장했기 때문이다. 이것은 특히 한 패인 여성들에 의해 교정되고 파괴되는 것을 피하기 위해 어쩔 수 없이 고립된 채 살아야 했던 비치들에게 사실이다. 유사한 동료들, 이해심 있는 부모, 좋은 역할 모델 하나 둘, 그리고 아주 강한 의지와 함께 성장할 수 있을 만큼 운이 좋은 이들은, 비치가 가진 최악의 국면 중 몇 가지는 피한 것이다. 자기 자신이어서 받을 수 있는 심리적 처벌을 면할 수 있었던 이들은 자기 확신이 수여할 편안함을 통해 자신의 다름을 수용할 수 있다.

전적으로 자기 힘으로 모든 것을 해내야 했던 이들은 불확실한 길에 서 있다. 몇몇은 결국 자신의 고통이 단지 자신이 순응하지 않아서가 아니라 자신이 순응하길 원하지 않아서 나온 것임을 깨닫는다. 이와 나란히 자신에게는 아무런 잘못도 없다는, 자신은 그저 이런 식의 사회에 맞지 않을 뿐이라는 인식이 도래한다. 드디어 많은 비치가 거친 사회 환경으로부터 자신을 분리해서 보호하기를 배운다. 그러나 역시 여기에도 대가는 있다. 비치가 신중하고 의식적이지 않다면 이런 고통스러운 방식—자매들의 어떤 도움도 받지 못한 채—으로 획득한 자신감은 대개 일종의 오만이다. 비치는 너무 딱딱하고 냉담하게 될 수 있고 휴머니티의 마지막 흔적들은 깊숙하게 파묻히고 거의 파괴될 수 있다.

　모든 비치가 성공하는 것은 아니다. 그들은 종종 냉담해지기는커녕 아물지 않은 상처를 계발한다. 자신감 대신에 그들은 거부에 대한 병적인 민감성을 계발한다. 일견 겉보기에 거칠고 강해보이지만, 내적으로 그들은 일생에 걸쳐 감내해야 했던 언어폭력에 피 흘리고 있다. 이들은 계속 나빠졌던 비치들이다. 그들은 종종 아주 사소한 것에도 현기증을 느끼며 쓰러질 것 같고, 그만 좀 하라는 그들의 도전을 수락한 사람이 있을 때에는 비생산적인 보복에 온 힘을 쏟기도 한다. 이들은 아주 불쾌하고 유독한 비치들일 수 있는데, 왜냐하면 그들은 결코 진정으로 사람들을 신뢰하지 않기 때문이다. 그들은 자신들의 힘을 건설적으로 사용하길 배우지 않았다.

　인간으로서 훼손되었던 비치들은 종종 다른 사람들, 특히 다른 여성들에게 자신들의 분노를 전가한다. 이는 왜 여성들이 자신과 다른 여성을 계속 자기 자리에 두게끔 훈련되는지를 보여주는 한 사례이다. 비치는 자기혐오 및 집단혐오에서 비치가 아닌 이들 못지않게 유죄이다. 계속 악화일로에 있었던 이들은 그런 두 가지 고통을 더 나쁜 상태로 겪는다. 모든 비치는 속죄양이고, 심리적 공격에서 살아남지 못한 비치는 모든 사람의 경멸의 표적이다. 집단으로서 비치들은 사회가 여성 일반을 다루는 것과 아주 흡사한 방식으로 다른 여성들에 의해 다뤄진다—착취와 뒷담화에 좋은, 아니면 무시당하고 경멸받는 모든 여성들의 자리에 놓인다. 비치는 전통적인 여성의 포지션에 위협이고, 그 여성이 비교우위를 점할 수 있는 외집단이기도 하다. 대부분의 여성은 자신이 비치보다 낫다고 느끼면서 동시에 비치를 질투한다. 이런 공격적이고 남성적인 괴물과 자신이 다르다는 데 편안함을 느끼면서도 그들은 아무도 모르는 의심, 어쩌면 자기들의 인생에서 가장 중요한 것인 남성들이 더 자유롭고 더 확신에 차 있고 독립적인 비치를 여성으로서 더 선호하지 않을까하는 의심을 품고 있다.

게다가 비치는 다른 여성에게 별 관심이 없다. 그들은 다른 여성을 싫어하면서 성장한다. 비치는 여성들과 관계를 맺을 수 없고, 그들과 자신을 동일시하지 않으며, 그들과 공통점이 전혀 없다. 다른 여성들은 그들에게 어울리지 않는 규범이었다. 비치는 자신을 거부했던 이들을 거부한다. 여성들이 비치를 여성이 아니라고 경멸하기 전에, 비치가 사회가 만들어놓은 장애물을 성공적으로 뛰어넘는 이유 중 하나가 바로 그것이다. 그들은 견딜 수 있는 이들은 해낼 것이라고 느끼는 경향이 있다. 대부분의 여성들은 비치가 견뎌냈어야 했던 수많은 모욕들의 직접적인 대행자들이고, 왜 이렇게 되었는가를 깨달을 만큼 정치적 의식을 가진 이들은 양쪽 집단에 극소수이다. 비치는 남성들 못지않게 여성들에 의해 억압을 받았고, 여성에 대한 비치의 증오는 통상 남성들에 대한 증오보다 크다.

비치는 또한 주위의 다른 여성들을 거북해한다. 종종 심리적인 또래로서는 여성들이 남자들보다 못하기 때문이다. 비치는 특히 수동적인 사람들을 좋아하지 않는다. 비치는 항상 자신이 혹여 연약한 것들을 짓밟지 않을까 살짝 두려워한다. 여성은 언제든 수동적이게끔 훈육되었고, 수동적으로 행동하도록 배웠다. 비치는 별로 수동적이지 않고, 그런 역할을 행하길 내키지 않아한다. 그러나 비치는 통상 오만한 지배자의 위치 역시 좋아하지 않는다―그것이 다른 이들을 지배하는 것에 대한 본능적인 염증이건 너무 남성적으로 보이는 것에 대한 두려움이건. 따라서 비치는 자기만큼 강한 이들과 일행일 때에만, 누군가를 씹어대고 있을까 두려워하지 않으면서 긴장을 풀고 자신의 자연스러운 능동적인 자기일 수 있다. 이것은 여성들보다는 남성들의 모임에서 더 자주 일어나는 일일 것이지만 전적으로 자기혐오에 굴복하지 않을 비치들이 동료 비치들과 함께 할 때에만 가장 편안함을 느낄 것이다. 이들이 그녀의 진정한 또래들인 것이고, 어떤 식의 역할을 떠안지 않아도 되는 유일한 또래이다.

이런 순간은 극히 드물게 온다. 비치는 대부분의 시간에 심리적으로 고립된 채로 남아야 한다. 여성들과 남성들은 비치에게 협박당하고 아주 불리하게 반작용하기에, 비치는 자신의 참된 자아를 조심스럽게 보호한다. 비치는 자신이 믿을 수 있는 사람이라고 생각한 극소수의 사람들에 대해서도 의심하는데, 이는 너무 자주 그들이 가짜로 판명되기 때문이다. 그러나 이런 외로움 속에 어떤 힘이 있고, 바로 이런 고립과 신랄함으로부터 다른 여성들은 해내지 못한 기여가 도래한다. 비치는 이 사회에서 환영받지 못한 이들 중 가장 환영받지 못한 이들에 속한다. 그들은 개척자, 선구자, 선봉에 선 자들이다. 그들이 그런 역할을 원하든 원하지 않든, 바로 그들이 자신의 존재에 의해 기여하고 있는 역할이다. 어떤 자매애도 느끼지 않는 이들을 위해 개척자나 창시자이길 선택할 이들은 많지 않을 것이지만, 그렇다고 그것을 피할 수는 없을 것이다. 한계를 위반하는 이들이 한계를 확장한다: 아니면 시스템의 붕괴에 원인이 된다.

비치는 대학에 간 최초의 여성들, 전문 직업의 안 보이는 장막을 깨부순 최초, 최초의 사회적 혁명가들, 최초의 노동자 리더들, 다른 여성들을 조직한 최초의 여성들이다. 그들은 수동적인 존재가 아니고 억제당하고 있다는 원한과 분노에 따라 행동하기에 그들은 감히 다른 여성들은 하지 않는 것을 했다. 그들은 사회가 사회를 바꾸려는 이들에게 퍼부었던 맹공격과 똥물을 뒤집어썼고 그렇지 않았으면 여성들은 알지 못했을 세계의 몫을 여성들에게 열어보였다. 그들은 가장자리에서 살아왔다. 그리고 홀로 아니면 자매들의 지원하에 그들은 우리가 살고 있는 세계를 바꿔왔다.

정의로 보면 비치는 이 사회의 주변부적인 존재들이다. 그들은 적절하고 적합한 자리를 얻지 못한 자들이고, 설령 그렇게 된다고 해도 그 자리에 머무르지 않을 이들이다. 그들은 여성이지만 진짜 여성은 아니다. 그들은 인간이지만 생물학적 남성은 아니다. 비치가 다른 여성들과 동질감을 느끼거나 공감할 수 없기에 심지어 비치가 여성이라는 것을 어떤 이들은 알지 못한다. 비치는 때로 여성적인 게임을 할 것이지만 자신이 하고 있는 게 게임이라는 것은 안다. 그들의 주요한 심리적 억압은 자신들이 열등하다는 믿음이 아니라 자신들은 열등하지 않다는 믿음이다. 따라서 일생 그들은 기형이라는 비난을 들어왔다. 물론 더 예의를 갖춘 용어들로 이야기했지만 하고자 한 이야기는 충분히 전달되었을 것이다. 대부분의 여성들처럼 그들은 모든 여성뿐 아니라 자신 역시 증오하도록 교육되었다. 다른 식으로 그리고 어쩌면 다른 이유로, 하지만 그 효과는 유사했다. 경멸스러운 자기-개념의 내면화는 항상 상당한 양의 신랄한 고통과 분노로 귀착된다. 이 분노는 통상 스스로를 불쾌한 사람으로 만들면서 자기 자신에게, 아니면 그들에 대한 사회적 클리셰를 재강화하는 다른 여성들에게 가해진다. 자신을 만든 사회 시스템을 향해 분노를 표출할 수 있게 해준 것은 오직 정치적 의식이었다.

이 선언문 대부분은 현실의 비치들에 대한 것이었다. 나머지는 **비치**

에 대한 것일 것이다. 이 단체는 아직 존재하지 않는다. 아마 어쩌면 존재하지 않을 수 있다. 비치는 더럽게 독립적이고 **비치**는 다른 여성을 신뢰하지 않도록 아주 잘 훈련되었기에 서로를 신뢰하는 법을 배우는 것은 어려운 일일 것이다. 바로 그 점이 비치가 그들에게 가르쳐야 하는 것이다. 비치는 스스로를 비치로 받아들이고, 그들의 자매에게 창조적인 비치가 되는 데 필요한 도움을 주는 방법을 배워야 한다. 비치는 자신의 힘을 자랑스러워하고 자기 자신을 자랑스러워하는 방법을 배워야 한다. 그들은 그들을 보호해주었던 고립에서 벗어나 어린 자매들이 고립의 위험을 피할 수 있도록 도움을 주어야 한다. 그들은 여성은 종종 남성들보다 다른 여성들을 더 참을 수 없어한다는 것을, 왜냐하면 여성은 모든 여성을 자신의 적으로 간주하도록 배워왔기 때문에 그렇다는 것을 인정하고 인식해야 한다. 그리고 비치는 자신의 문제를 정치적 방식으로 다룰 수 있는 움직임 안에서 함께 형태를 가져야 한다. 여성이 자기들을 위해 조직해야 하는 것처럼 비치는 자신의 해방을 위해 단체를 함께 조직해야 한다. 우리는 강하고 우리는 호전적이고 우리는 위험해야 한다. 우리는 비치는 아름답다는 것, 우리는 잃을 게 없다는 것을 깨달아야 한다. 그게 뭐가 됐든 아무것도.

묵시록적 주술 선언문

피터 그레이, 2013

1. 땅이 오염되었다면 주술이 반응해야 한다.

2. 위협받고 있는 것은 우리의 삶의 방식이 아닌 삶 자체이다.

3. 주술은 복잡한 망으로 이어진 삶과의 친밀한 접속이다.

4. 우리는 주술이다.

5. 이 세계는 영원히 바뀌었다. 짓밟힌 도로는 더 이상 반응하지 않는다. 주술은 이런 경계, 달의, 발자국이 없는 영역에서 번성한다.

6. 우리는 폭풍, 불, 홍수이다.

7. 우리는 거부당하지 않을 것이다.

8. 주술은 박탈당한 자, 힘없는 것, 배고픈 것, 학대당한 것의 출처다. 주술은 돌과 나무에게 심장과 혀를 준다. 주술은 짐승의 거친 가죽을 입는다. 주술은 모든 것의 가격과 무無의 가치를 아는 문명에 반

항한다.

9. 당신에게 가격이 매겨지지 않는다면, 당신은 구매 불가능하다. 원하지 않으면 당신은 매수되지 않는다. 두렵지 않다면 당신은 통제되지 않는다.

10. 주술은 인민의, 인민을 위한 마술, 민속 마술이다.

11. 우리는 겉치레의 체면을 끝장낸다.

12. 우리는 무장해제하지 않을 것이다.

13. 전쟁은 우리에게 달려 있다.

14. 그러니 가면이 되길 선택하라.

15. 잃을 게 없는 이가 감히 모든 것에 도전할 것이다.

16. 많은 이름을 쓰는 하나의 주술이 있다. 산 하나에 위대한 악마의 연회 하나가 존재한다. 하늘을 날 방법은 많다. 악마의 연회에 참석한 증인은 존재하지 않는다.

17. 주술은 질서가 아닌 힘이다. 주술은 위계적이지 않은, 리좀적인 것이다. 주술은 의미가 아니라 조직을 무시한다. 우리는 단지 표지를 몸에 지닌다.

18. 주술은 권력이고 이런 엑스터시, 성, 시련을 점유한다.

19. 주술은 재갈을 물리지 않은 섹슈얼리티이다. 주술의 창시자는 여성이다. 우리는 이 여성과 대등하기 위해 남자에게 도전한다.

20. 주술은 역전의 기술이다.

21. 주술은 공포인바의 아름다움이다.

22. 주술은 과거에 의지하면서 (자신의) 시간의 상징들을 입은 신화이다. 주술은 신화를 역사로 혼동하지 않는다. 주술은 미래를 변형시키기 위한 동력으로 신화를 이용한다. 주술은 자신이 어디에 서 있

는지를 안다.

23. 주술은 영성을 존경하고 존중한다. 주술은 사라진 것을 위해 마술을 건다. 주술은 잊지 않을 것이다.

24. 주술은 우리의 조상들과 성인들을 체현한다, 그들이 우리를 실어 나른다.

25. 그녀에게는 피가, 우리에게는 재와 뼈의 보살핌이 제공된다.

26. 우리가 따르는 사례는 우리 자신이 만든 것이다.

27. 주술의 실천은 혁명의 실천이고 여성의 힘이다.

28. 우리를 통해 말하는 여신은 남성들 사이에서는 바발론Babalon[×]으로 알려져 있다.

29. 주술은 신비에 관여한다. 신비의 문을 통해 우리는 지식에 도달한다. 지식은 몸을 통해 우리에게 들어온다. 이 지식의 가장 지고한 형태가 사랑이다.

30. 피 한 방울 한 방울이 모두 성배에 제물로 바쳐진다. 사랑은 동전으로는 결코 살 수 없는 것이다.

31. 우리는 이 포도주를 함께 구하고 마신다.

32. 포도주는 유한하고 열정은 무한히 새로워진다.

33. 주술은 현재한다, 그것은 피로 물들고 생기를 얻는다. 주술은 예지력이 있고 미래를 응시한다. 주술은 신탁과 같고 말조심을 하지 않을 것이다. 우리 시대가 왔다.

[×] 혐오의 어머니.

전통적인 여성상 매장을 위한 장례식 연설

캐시 아마트닉 세라차일드, 1968

당신은 세계 곳곳 수십억의 사람들에게 그 긴 인생 내내 친숙한 상징으로 읽혔던 생물학적 여성 인간의 유해를 여기서 보게 된다. 과학자들은 이 표본을 호모 사피엔스의 속屬·종種으로 분류하겠지만 오랫동안 생물학적 여성 인간이 정말 그 속의 서브-종에 속하는지를 두고는 상당히 많은 논쟁이 있었다. 인간은 과학기술을 개발하고 자신의his 의식을 확장함으로써 자신의 생물학적 한계에서 자유로워진 동물로서의 변별성을 갖게 되었지만, 전통적인 여성다움은 오직 여성의 생물학적인 특성에 비추어, 그리고 그녀의 생물학적 특성과 밀접히 연관된 사회적 기능에 비추어 인정되고, 정의되고, 가치화되었다.

남성과 여성은 인간으로서 모두 성적 피조물들이고, 섹슈얼리티를 공유한다. 그러나 인간성의 다른 측면들, 앞서 이미 언급했듯이 생물학의 제한을 덜 받는, 좀 더 특징적으로 인간적인 측면들은 전통적인 여성다움을 이유로 여성에게는 배제되었다. 여러 이유에서 남자들은 여자들에게 이렇게 말한다: 이런 다른 일에 참여하면 너는 덜 섹슈얼하지, 그런 일을 하면 너는 더 이상은 내게 매력적이지 않아. 난 네가 조용하고 순종적인 게 좋아. 내가 계속 말하게 하지 않는다면, 네가 혼자 생각할 것을 실제로 갖고 있다면, 아마 난 네가 날 사랑하지 않는다고 생각하게 되겠지. 아니면 네가 매력적이고 좋은 교육을 받은 걸 좋아한다면…… 나를 위한 오락과 내 아이들을 위한 지적인 엄마…… 이런 성질은 나와 오직 나를 위한 것이지. 네가 집 밖의 세계—내가 남편과 아버지로서 뿐 아니라 개별 자아로서 움직이는 세계—를 직면하게 될 때, 여러 이유로 나는 네가 내게 도전한다고 생각할 것 같고, 네가 성욕이 없을 뿐더러 공격적인 사람이 되고 있다고 느끼겠지.

네가 나를 보살피고 신경 쓰고 있다는 생각이 안 들면, 아마 나는 내가 또 하나의 여자라고 생각할지 몰라. 그렇게 되면 넌 뭘 할 거야? 당신이 아무것도 아닌 하찮은 사람이려고 한다면, 그건 네 미래의 모습이겠지. 내가 이렇게 자존심을 구기고 결혼하려 애걸하지는 않았을 늙은 하녀 말이지. 애 딸린 이혼녀, 확실하지. 나 없이 너는 더 이상은 네 섹슈얼리티, 내가 네게 허락했던 그 얼마 안 되는 인간성을 갖지 못하게 될 걸. 뭔가 비뚤어진 방식으로 그 문제를 네가 해결하게 된들 넌 계속 힘든 삶을 살겠지.

편안한 상태를 유지하려면 넌 어떤 직업을 가져야 할까? 나는 그런 얼마 안 되는 흥미로운 도전적인 직업을 장악하고 통제하지. 그리고 너보다 훨씬 많은 임금이 지불되는 직장에서 일하는 내 동료 남성들과 마찬가지로 나 역시 지금 다니는 직장 외 모든 직업에서 임금을 받을 수 있는 사람이지. 나는 정부와 정부의 돈을 장악하고 통제하지. 넌 네가 집 밖으로 나가 일을 하려면 아이들을 맡겨야 할 아주 좋은 유아원이나 유치원이 필요하겠지만 내가 낸 돈이 그런 데 배당되지는 않겠지. 그리고 네가 더 이상 내 필요에 봉사하지 않을지라도 이런 이유로 내 삶에는 늘 또 다른 여자가 있을 수 있지.

그리고 자신의 운명이 마음에 안 들었다고 한들 전통적인 여성상은 자신이 할 수 있는 게 있다고 생각하지는 않았지. 자신의 한계로 인해 그녀는 자신을 부끄럽게 생각했고 순응하려고 노력했지. 자신과 다른 이들에게 그녀는 절반의 인간으로서, 누군가의 "더 나은 절반"으로서, 다른 사람들의 어머니로서, 자기 자신으로서는 무력한 자이기에 행복하다고 말하곤 했지.

전통적인 여성상은 강인한 여인이었지만 그 위대한 옛날 여인은 의사의 말로는 충격으로 결국 오늘로 사망했다. 그 여인의 남정네는 수천 년간 그 여자를 꼬드김으로 겨우 살려놓았었다. 그 여자는 아마존의 도전에도 살아남았다. 그 여자는 리시스트라타Lysistrata[×]의 도전에도 살아남았다. 그 여자는 페미니즘의 도전에도 살아남았다. 그 많은 얼굴을 펴 늘리는 성형 수술에도 살아남았다. 그 여자는 칙칙 거리는 양초의 심지 한 쪽에 불을 붙이고 천천히 길을 나섰다, 그러나 그녀는 쾅 소리를 내며 문을 닫은 것이 아니라 훌쩍거리는 강아지처럼 문 옆에 있었다.

×   BC 5세기 아리스토파네스가 쓴 희곡의 제목이자 여주인공의 이름. 리시스트라타는 아테네와 스파르타 사이에 일어난 펠로폰네소스 전쟁을 종결시키려면 아테네 여성들이 성 파업을 일으켜야한다고 주장했고, 결국 이 파업으로 두 나라의 대표는 리시스트라타 앞에서 화해를 하고 전쟁을 종료한다는 내용이다.

오늘 우리의 행진이 여사의 시의적절한 사망에 기여했다고 믿을 이유가 있고, 또 우리가 여기서 여사의 장례식을 거행하겠다고 결심한 이유의 일부를 이루기도 한다. 이 늙은 암탉은 남자들이 통제하는 세계의 중차대한 문제들에 대해 우리—즉, 다른 여자들—가 눈곱만큼 이야기할 때에도 듣기를 불편해했다. 다른 여자들, 우리 여성들이 서로를 미워하고 상대방 때문에 기분이 잡치고 자신을 혐오하는 대신에, 아무리 불확실하고 위태롭다 해도 힘을 합쳐 연대하고 한 목소리를 내는 걸 보는 게 특히 두렵고 힘들었던 것 같다.

심지어 우리는 권력, 우리가 여기 미국에서 갖고 있다고 들었던 눈곱만큼의 권력, 소위 아내와 엄마의 권력을 토대로 우리 스스로를 조직하려고 시도하고 있었다. 이 권력이 오직 권력의 대체물이라는 것, 그것으로는 정치적으로는 현실적으로 아무것도 할 수 없었다는 것 때문에, 이 장례식에 참석한 우리 모두는 오늘밤 전통적인 여성상의 장례를 치르려고 한다. 지금 이곳 앨링턴 국립묘지에 아무리 사람이 많아도 우리는 그 여자를 이곳에 묻어야 한다. 우리의 전쟁기념비인 이곳 앨링턴 국립묘지의 전통적인 남성상과 나란히 그 여자가 자연스럽게 휴식을 취해야 할 것이기 때문이다.

이제 여기 참석한 자매들 중 몇 사람은 왜 우리가 이토록 사소한 문제로 이와 같은 시기에 문제를 일으키려는지 궁금할지 모른다. 왜 우리는 수십만 명의 인간이 우리의 이름으로 잔인하게 학살당하고 있을 때에…… 우리의 제1 과제가 직접적으로 이런 학살의 종식에 에너지를 쏟는 것이어야 할 때, 아니 더 시급하고 절망적인 가정의 문제들로 보이는 것의 해결이어야 할 때 전통적인 여성상의 장례식을 거행해야 하는가를 궁금해 할 자매들이 있을지 모르겠다.

그런 질문을 제기할 자매들은 미국 여성들인 그들이 현실적으로 문제를 안고 있음을, 그들의 문제는 개인적인 것이 아니라 사회적인 것임을, 그들의 문제는 이 나라의 여타 다른 문제들, 바로 전쟁이란 문제 자체와 매우 밀접하게 연결되어 있고 맞물려 있음을…… 우리는 우리 자신의 문제를 해결하길 시작할 때까지는 더 나은 세계, 심지어 진정으로 민주적인 사회로의 이행을 기대할 수 없음을 이해하지 못하고 실패하게 되는 것이다.

얼마나 많은 자매들이 자신의 남편들이 불만을 표시할 것이라는 두려움 때문에 오늘 우리의 행진에 참여하길 두려워했던가? 얼마나 많은 자매들이 여성은 어리석고 여성들의 행진은 더 어리석다고 믿도록 교육받았기에 오늘 우리의 행진에 참여하지 못하고 실패했는가? 미국 전역의 수백만의 여성들이 얼마나 자주 자신을 하찮다고 생각하고 베트남전쟁이나 그와 다른 것에 대해 스스로 생각할 수 없다고 느끼기에 이 행진에 참여하는 데 실패했는가? 만약 우리의 자매들이 홀로 결론을 내리고 침묵한다면, 이렇듯 행진에 참여한 여성들이 아름답지 못하고 어리석고 "건방지게" 보일까 두려워서 "이런 생각들"을 스스로 주장하거나 표명하는 것은 고사하고 표현하는 데 얼마나 많은 다른 여성들이 실패하게 될까. 우리를 지켜보고 있는 미국인들의 눈에 우리는 결국 매력이 없는, 어리석어 보이는, 그저 계집에 불과할 것이다.

그러므로 자매들이여, 우리에게는 여성으로서의 문제, 우리를 우리 자신의 삶에 대해서 뿐 아니라 전쟁과 평화의 쟁점에 대해서도 무력하고 무능한 사람으로 만들어버리는 문제가 있는 거지. 그리고 설사 우리의 문제가 전통적인 여성상만큼이나 전통적인 남성상이라고 해도 우리 여성들은 해결을 시작해야 한다.

우리는 오직 우리가 함께 우리 문제를 풀 수 있음을, 우리는 우리보다 먼저 움직였던 초기 페미니즘 세대의 개인적인 방식으로는 우리의 문제를 풀 수 없음을 이해해야 한다, 우리 여성은 우리가 우리 자신을 직접 표현하고 정치적으로 행동하기 시작할 때, 우리가 남성들에게 우리도 독립적인 삶을 살 수 있도록 가사일과 양육을 온전히 그리고 평등하게 나누어야 한다고 주장할 때, 남성들에게는 어떤 "딴 여자" 같은 것은 있을 수 없도록 조직해야 한다.

비굴한 노예의 속성이 아니라 인간적인 속성이 우리를 매력적이게 만들 것이다. 우리는 아들을 원하는 만큼 딸을 원해야 한다. 우리의 아이들은 우리의 무의식적인 원한과 우리의 뒤바뀐 야심의 희생자가 되지 않을 것이다. 그리고 아들과 딸 모두 인간으로서 그들이 가고자 하는 방향에서 자유롭게 자신을 계발할 것이다.

자매들: 남성들은 결국 우리를 필요로 한다. 그리고 우리가 함께 가서 우리의 남성들에게 우리는 온전한 인간으로서의 우리의 자유를 원한다고, 우리는 우리의 남성들과 그들이 이룩한 것, 우리 자식들을 통해서만 살길 원하지 않는다고, 우리는 단지 "왕좌 뒤의 권력"이 아닌 우리 스스로의 힘으로 이룩한 인간적인 권력을 원한다고, 우리는 베트남이나 우리 자신의 가정에서 다른 누군가에 대한 지배나 누군가의 종속을 원하지 않는다고, 우리 모두가 자유로울 때 우리는 진정 서로를 사랑할 것이라고 말하게 되는 날이 온다면.

만약 남성들이 사랑, 정의, 평등이야말로 해결책임을, 지배와 착취는 모든 사람을 다치게 한다는 것을 이해하는 데 실패한다면, 그때 우리 인간 종은 멸망할 것이다. 지배와 착취, 공격이 극복 불가능한, 인간이 물려받은 생물학적인 특성이라면 핵전쟁은 불가피할 것이고 우리는 우리 자신을 절멸시킴으로써 우리의 혁명적인 막다른 길에 도착해 있을 것이기 때문이다.

바로 그런 이유로 우리는 오늘밤 이곳 앨링턴 국립묘지에서 이 부인을 매장해야 한다, 공격과 함께 종속도 매장해야 한다. 그리고 바로 이런 이유로 우리는 당신이 우리와 함께 행진할 것을 부탁하는 바이다. 물론 이것은 그저 상징적인 해프닝에 불과하다. 우리에게는 현실적으로 해야 할 것이 아주 많다. 우리에게는 건설할 새로운 사회 뿐 아니라 새로운 남성들이 있다.

1968년 1월 15일 지넷 랭킨 브리제이드Jeannette Rankin Brigade의 주요 집회장에서 워싱턴 D.C.의 캐시 아마트닉 세라차일드Kathie Amatniek Sarachild가 낭독.

트루이즘(발췌)

제니 홀저, 1978-1987

작은 지식이 오래갈 수 있다.

많은 전문가들은 괴짜들이다.

남자는 엄마라는 게 뭔지 모를 수 있다.

이름은 혼자서도 많은 것을 의미한다.

긍정적인 태도가 세계의 모든 차이를 만든다.

느긋하고 관대한 사람이 꼭 더 좋은 사람은 아니다.

타이밍의 감각이 천재의 표지.

진지한 노력이 당신이 부탁할 수 있는 전부다.

하나의 사건에서 무한히 많은 해석을 끌어낼 수 있다.

단단한 본거지가 자아감을 만든다.

강한 의무감이 당신을 감금한다.

절대적 굴복은 자유의 형식일 수 있다.

추상은 데카당스의 한 타입이다.

권력의 남용은 놀랄 일이 아니다.

행동은 생각보다 더 문제를 일으킨다.

소외는 괴짜나 혁명가들을 생산한다.

모든 것은 섬세하게 연결되어 있다.

야심은 안주安住 못지않게 위험하다.

양가성은 네 삶을 파괴할 수 있다.

엘리트는 불가피하다.

분노나 증오는 동기부여에 유용한 힘이다.

인간 동물설은 더할 나위 없이 건강하다.

모든 잉여는 부도덕하다.

모든 것은 합법적인 수사의 분야이다.

인위적 욕망이 대지를 훼손하고 있다.

가끔은 무기력이 아무 생각 없는 정상 작동보다 더 낫다.

가끔 네 무의식이 네 의식적 마음보다 더 진실되다.

자동화는 치명적이다.

무시무시한 처벌이 정말 나쁜 사람을 기다린다.

나쁜 의도가 좋은 결과를 낳을 수 있다.

고립의 고독은 점점 인기가 시들해진다.

행복하다는 게 무엇보다 중요하다.

비판적이라는 게 인생의 신호이다.

너 자신에 대해 확신한다면 이는 넌 바보라는 뜻이다.

환생을 믿는 것은 패배를 시인하는 것과 같다.

너는 권태 때문에 미친 짓을 한다.

창조성에는 불안보다 고요가 더 전도성을 갖는다.

두려움을 분류하면 진정된다.

변화가 소중하다면 이는 그 과정에서 피억압자가 폭군이 되기 때문이다.

새로움을 좇는 것은 사회에 위험하다.

애들이 제일 잔인하다.

애들이 미래의 희망이다.

집단 소송은 내용 없는 근사한 생각이다.

계급 구조는 플라스틱만큼 인위적이다.

혼란에 빠지는 게 정직을 유지하는 방법이다.

재산을 상대로 한 범죄는 상대적으로 하찮다.

타락은 그 자체가 목적일 수 있다.

예절은 상대적인 것이다.

의존은 식권일 수 있다.

묘사가 은유보다 더 소중하다.

변태들이 집단의 연대를 늘리려는 목적으로 희생당한다.

역겨움은 대부분의 상황에 걸맞은 반응이다.

혼란은 일종의 마비이다.

전문가를 너무 믿지 마라.

사람들을 위해 그들의 삶을 좌지우지하지 말라.

종종 드라마가 진짜 쟁점을 흐린다.

깨어 있으면서 꿈을 꾼다니 무시무시한 모순이다.

죽음은 통나무를 베는 것만큼 쉬워야 한다.

과식은 범죄이다.

정교함은 오염의 형식이다.

정서적 반응은 지적 반응만큼 소중하다.

어쨌든 뭔가를 바꿀 수는 없으니 즐겨라.

삶은 흐르는 채로 둘 것을 명심하라.

심지어 가족도 당신을 배반할 수 있다.

모든 성취는 희생을 요구한다.

모든 사람의 노동이 동등하게 중요하다.

흥미로운 것은 모두 새롭다.

예외적인 인간은 특별한 인정을 받을 만하다.

사랑을 위해 목숨을 거는 것은 아름답지만 어리석다.

분노를 표현하는 것은 필요하다.

극단적인 행동은 병리적 심리에 그 토대를 둔다.

극단적인 자의식은 도착으로 귀결된다.

충성은 사회적 법이지 생물학적 법은 아니다.

가짜건 진짜건 무관심은 개인의 강력한 무기다.

아버지들은 종종 너무 많은 힘을 사용한다.

두려움이 가장 강력한 최루가스이다.

자유는 사치이지 필수품은 아니다.

네 정서에 자유로운 통솔권을 주는 것이 정직한 삶의 방식이다.

연애에 전력질주하고 결과는 개의치 말라.

흐름을 타는 것은 진정은 되겠지만 위험하다.

선한 행위는 종국에는 보상이 있다.

정부는 인민에게 부담이다.

보통 사람들의 시위가 유일한 희망이다.

죄의식과 자해는 방종이다.

습관적인 경멸은 더 세련된 감수성을 성찰하지 못한다.

정서를 감추는 것은 비열한 것이다.

억제는 너의 주요 에너지를 보호한다.

휴머니즘은 한물갔다.

유머는 긴장을 풀어준다.

이상은 특정 나이가 되면 관습적인 목표로 대체된다.

정치적이지 않다면 당신 개인의 삶은 범례적이어야 한다.

발자취를 남길 수 없다면 포기하라.

욕망이 많다면 당신의 삶이 흥미로울 것이다.

단순한 삶을 산다면 걱정할게 전혀 없다.

적을 무시하는 게 최선의 싸움 방식이다.

질병은 정신 상태이다.

혼돈은 지옥이기에, 질서를 부여하는 게 남자의 소명이다.

어떤 경우는 계속하는 것 보다는 죽는 게 더 낫다.

유산상속은 폐지되어야 한다.

어쨌든 계속 하는 게 유익할 수 있다.

시간을 멈추려는 것은 영웅적이다.

제 꾀에 넘어가는 게 남자의 운명이다.

아이를 안 갖는 게 세계에 선물이다.

유명한 사람보다는 좋은 사람이 더 낫다.

열등한 인간들과 함께 있느니 외로운 게 낫다.

싫증난 것 보다는 소박한 게 낫다.

역사를 분석하느니 살아 있는 사실을 연구하는 게 낫다.

생생한 환상의 삶을 사는 게 중요하다.

남는 돈은 자선에 보태는 게 좋다.

모든 층위에서 청결을 유지하는 게 중요하다.

네 부모가 네 부모인 것은 그저 우연이다.

너무 많은 절대를 고수하는 것은 좋지 않다.

신용카드에 의지해 움직이는 것은 좋지 않다.

자연과 조화를 이루며 사는 게 중요하다.

단지 뭔가를 믿는 것만으로도 그것을 나타나게 할 수 있다.

긴급할 때를 위해 뭔가를 비축해두라.

살인은 피할 수 없는 것이지만, 자랑스러워할 것은 아니다.

너 스스로를 알면 다른 이들을 알게 된다.

지식은 어떤 대가를 치르고서라도 전진해야 한다.

노동은 삶을 파괴하는 활동이다.

카리스마의 결여는 치명적일 수 있다.

여가 시간은 거대한 연막이다.

몸이 말할 때 들어라.

회고는 노화와 부패의 첫 번째 신호이다.

동물 사랑은 대체 행위이다.

낮은 기대치가 좋은 보호이다.

육체노동은 건전하고 쇄신시킬 수 있다.

남자는 본성상 일부일처제적이지 않다.

중용이 정신을 죽인다.

돈이 취향을 만든다.

한 가지 일에 집중하는 것은 성공의 필수조건이다.

도덕은 그 누구를 위한 것도 아니다.

사람은 대부분 자기통치에 어울리지 않는다.

대체로 너는 네 일에나 신경 써야 한다.

어머니들은 희생을 너무 많이 하지 않아야 한다.

당신이 태어나기 전에 너무 많은 것이 결정되었다.

살인에는 성적인 측면이 있다.

신화는 현실을 좀 더 지적이게 만들 수 있다.

소음은 적대적일 수 있다.

어떤 것도 선과 악의 균형을 뒤집지 못한다.

가끔 원칙이 사람보다 소중하다.

너에 대한 정보는 거의 제공하지 마라.

종종 당신은 성욕이 없는 사람처럼 행동해야 한다.

오랜 친구들은 과거에 남겨두는 게 더 낫다.

불투명은 저항할 수 없는 도전이다.

고통은 아주 긍정적인 것일 수 있다.

극단주의자가 아닌 이들은 지루하다.

자신이 중요하다고 생각하는 이들은 제정신이 아닌 것이다.

사람들은 미치지 않을 때 한 행동에 대해 책임이 있다.

손으로 일하지 않는 이는 기생충이다.

미친 사람들은 너무 예민하다.

잃을 게 없다면 사람들은 행동하지 않을 것이다.

물질적 문화는 차선이다.

미래를 위한 계획은 현실 도피이다.

안전책을 강구하는 것이 종국에 많은 손해를 유발한다.

정치는 개인적인 이익을 위해 사용된다.

잠재적인 것은 실현되기 전까지는 전혀 중요하지 않다.

사유재산이 범죄를 창조했다.

쾌락을 위해 쾌락을 좇다보면 당신은 파괴될 것이다.

가능한 한 자주, 너 자신을 극단으로 밀어붙여라.

소년과 소녀를 같은 방식으로 키워라.

무작위 교배는 성의 신화를 폭로하는 데 유익하다.

파괴적 충동의 방향을 바꾸는 것은 성숙의 신호이다.

은둔은 항상 약해진다.

부의 재분배는 무조건적인 명령이다.

상대성은 인류에게 전혀 혜택이 아니다.

종교는 해결하는 만큼 많은 문제를 유발한다.

당신에게는 언제나 선택의 자유가 있다는 것을 기억하라.

반복이 배움의 최선의 방식이다

결심은 우리의 양심을 편하게 하는 데 봉사한다.

혁명은 개인의 변화와 함께 시작한다.

낭만적 사랑은 여성을 조종할 목적으로 발명되었다.

일상은 과거와의 연결이다.

일상의 사소한 과잉이 어쩌다 있는 방탕보다 더 나쁘다.

나쁜 이유를 위해 너를 희생하는 것은 도덕적 행위가 아니다.

구원은 돈으로 사고 팔 수 있는 게 아니다.

자각은 심한 손상을 갖고 올 수 있다.

자기 경멸은 유익하기보다 해로울 수 있다.

이기심이 가장 기본적인 동기이다.

이기심은 지고한 성취이다.

분리주의가 새로운 시작으로 나가는 방법이다.

성차는 관용구이다.

죄는 사회적 통제의 수단이다.

광기에 빠지는 것은 비교를 위해서는 좋다.

나약한 사유는 시간이 흐를수록 더 나빠진다.

고독은 풍부하게 만든다.

때로 과학은 마땅히 해야 하는 진보보다 더 빠르게 진보한다.

때로 일은 저절로 일어나는 것 같다.

자기 개조에 너무 많은 시간을 들이는 것은 반사회적이다.

굶주림은 자연의 방식이다

정체는 몽롱한 상태다.

멸균은 지배자의 무기다.

강력한 정서적 애착은 기본적인 불안에서 나온다.

어리석은 사람들은 아이를 낳지 말아야 한다.

적자생존은 인간과 동물들에게 적용된다.

상징이 사물 자체보다 더 의미 있다.

강력한 입장을 취하면 반대편 입장을 광고하는 게 된다.

말은 행동할 수 없는 자의 무능을 감추는 데 사용된다.

성희롱은 추한 결과를 갖고 올 수 있다.

과학기술은 우리를 만들거나 깨트릴 수 있다.

가장 잔인한 낙담은 위신을 잃을 때이다.

재생산의 욕망은 죽음에 대한 동경이다.

가족은 빌린 시간 위에서 살고 있다.

혁명의 관념은 풋내기 청춘의 환상이다.

초월의 관념은 억압을 흐리게 하는 데 사용된다.

특이체질의 권위는 땅에 떨어졌다.

가장 심오한 것은 표현불가능하다.

세속적인 것을 소중히 해야 한다.

새로운 것은 오래된 것을 다시 말한 것에 불과하다.

순수할 수 있는 유일한 방법은 너 자신으로 머무르는 것이다.

당신의 행동의 총합은 당신이 누구인지를 결정한다,

획득 불가능한 것은 항상 매력적이다.

세계는 발견 가능한 법들에 따라 작동한다.

오늘날에는 불변의 진실이 너무 적다.

당신의 감각으로 느낄 수 있는 것 외엔 아무 것도 없다.

피땀 흘려 만회할 것은 아무 것도 없다.

생각이 너무 많으면 문제만 생길 수 있다.

누군가를 성적으로 위협하는 것은 끔찍한 행위이다.

소심함은 우스꽝스럽다.

불일치의 전제는 도덕적 고결함이다.

자원해서 나서는 것은 반동적이다.

고문은 야만적이다.

삶과 삶의 교환은 매우 공정하다.

진정한 자유는 소름끼치는 것이다.

독특한 것이 가장 소중한 것이어야 한다.

추호도 사랑을 의심하지 않는 것이 정신의 크기를 증명한다.

권력을 멈추려고 권력을 사용하는 것은 부조리하다.

폭력은 허용할 수 있는 것이며 심지어 가끔은 바람직한 것이다.

전쟁은 정화 의식이다.

삶의 질을 유지하려면 우리는 희생해야 한다.

뭔가 끔찍한 일이 일어나야 사람들이 깨어난다.

뭔가가 사라지기를 바라는 것은 효과적이지 않다.

인내심이 있다면 당신은 모든 진실을 발견할 수 있다.

단어는 부적합해지는 경향이 있다.

걱정 근심은 당신이 준비하는 데 도움을 줄 수 있다.

너는 네가 삶에서 고수하는 규칙의 희생자이다.

꿈속에는 네 안내자가 없다.

사물의 의미를 구축하는 데 네 책임이 있다.

너는 지나간 현재이고 미래이다.

너는 네 후손들을 통해 계속 살 수 있다.

너는 사람들에게 그들이 될 수 없는 것이 되길 기대할 수 없다.

널 속이고 있다면 너는 다른 사람을 속일 수 없다.

너는 스스로를 돕기 전에는 뭐가 뭔지 모른다.

너는 비범해지려면 다른 사람들을 아프게 해야 한다.

너는 명목상의 소수와 친해야 한다.

너는 권위적 인물들에게 동의하지 않아야 한다.

너는 하나의 거대한 열정을 가져야 한다.

너는 어디서 멈출지, 세계가 어디서 시작하는지 알아야 한다.

너는 오직 네 성性과 같은 사람만을 이해할 수 있다

네가 이 세계에 빚지고 있다, 그 반대가 아니라.

너는 가능한 한 많이 배워야 한다.

네 행동은 알아보는 이가 없을 때는 무의미한 것이다.

가장 오래된 네 두려움이 최악의 두려움이다.

선언문

애그니스 데네스, 1970

역설과 함께 작업하기

도망가는 것, 표현하기 어려운 것을 정의하기

눈에 안 보이는 것을 시각화하기

소통 불가능한 것을 소통하기

사회가 수용한 한계를 수용하지 않기

새로운 방식으로 보기

순식간을 위해 살고 광년을 꿰뚫고 극단의 거리―살아 있는 삶 훨씬

전, 그리고 살아 있는 삶 너머―에서 시간을 측정하기

지성과 본능을 사용해서 직관을 획득하기

감춰진 창조성과 함께 살아 있는 신비를 탐색하고, 침묵의 우주를 탐

사함으로써 인간의 한계를 넘어서려고 노력하기

전적인 자기의식과 자기 앎을 획득하기

사물의 중심, 고유하지만 아직 이해되지 않은 의미의 핵심이 어디에 있는지 그 위치를 알아내고, 그것이 분석되어 드러날 수 있도록 탐사하기

창조적으로 강박적이기

질문하기, 추론하기, 분석하기, 절개하기, 재검토하기.

모든 것에게는 더 나은 의미가 있다는 것, 질서는 혼돈에서 창조되었다는 것, 그러나 어떤 총체성에 이른 질서는 그 후에는 새로운 질서에 의해, 새로운 질문들과 계발에 의해 파괴되어야 한다는 것을 이해하기.

새로운 개념을 발견하기, 새로운 패턴을 인식하기.

인간 실존의 유한성을 이해하기, 그러면서도 아름다움과 도발적인 추론을 창조하려고 노력하기.

창조적 요소들 상호 간의 관계, 사람들 상호 간의, 신에 대한 인간의, 자연에 대한 인간의, 자연에 대한 자연의, 사유에 대한 사유의, 예술에 대한 예술의 관계를 인식하고 해석하기.

현실을 보고 그러면서도 꿈꿀 수 있기.

실존적 삶의 중요성과 함의를 알려고 욕망하기

영원히 탐색을 멈추지 않기.

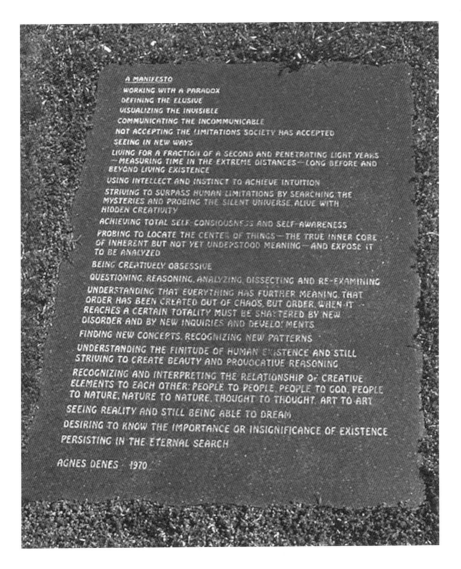

〈선언문〉(1970), 애그니스 데네스

감사의 말

이 책은 제게 너무나도 큰 빚을, 평생토록 제대로 갚지 못할 엄청난 빚을 남겼습니다. 작가, 사상가, 동료, 친구, 그리고 가족의 엄청난 지원이 없었다면, 이런 책을 결코 저 혼자서는 만들 수 없었을 것이기 때문입니다. 저는 분노와 분노의 가치를 이해하도록 가르쳐준 여성들, 특히 듣고 배우는 과정에서 기쁨을 누리게 해준 래디컬 페미니스트들에게 큰 빚을 졌습니다. 티그레이스 앳킨슨, 록산느 던바 오르티즈, 캐시 세라차일드, 다나 덴스모어, 제인 카푸티, 캐럴 지아디나, 앨리스 에콜스, 아일린 보리스, 그리고 필리스 체슬러에게 감사를 전합니다. 밸러리 솔라나스 전기 작업을 함께했던 편집팀 역시 이 책을 만드는 데 큰 도움을 주셨습니다. 오랜 시간 저를 지지해준 메리 해런과 에이미 숄더, 정말로 감사합니다.

저는 같은 생각을 가진 페미니스트 학자들과 사상가들, 특히 버지니아 브라운, 매를린 트럼프, 애비 스튜어트, 리노어 티퍼, 제사 크리스핀, 레베카 플랜트, 매린 매클로플린, 데버라 톨먼, 칼라 골든, 샌디 캐런, 패트릭 그르잔카, 질 우드, 디애마 앨버레즈, 그리고 "월경 마피아" 멤버 전원(크리스, 조앤, 잉그리드, 리즈, 모린, 데이비드, 민디, 히더, 제릴린, 토미앤, 페기 그리고 제인)으로부터 받은 명징한 환대와 호의에 영원히 감사할 겁니다. 또 창의적이고 똑똑하며 너그러운 학자의 본보기이자 특별한 엘라 프시빌로에 사랑을 보냅니다.

저는 젠더와 섹슈얼리티를 연구하는 페미니스트 집단 "The FROGS"의 모든 애정과 헌신, 어렵고 분노 가득한 글에 대한 연대에 깊은 감사의 마음을 전합니다. 또한 매 순간 저를 고무시키고 놀라게 하는 데커 던롭. 그대는 힘든 일을 해내면서도 급진적인 정치 태도, 진정한 관용, 다정함을 잃지 않는 모습을 보여주었지요. The FROGS는 가장 최근까지 넘치도록 이 프로젝트에 협력해주었습니다. 특히 그대들—제이콥 슬래저, 아야나 삼베, 클레어 홀링, 캐럴린 안 투 당, 애틀러스 필러, 레이사 슈바이게르트, 존 페이튼, 맴 마리 산양, 그리고 미카 콜린스, 애슐리 고르—말입니다. 여러분 모두는 제 모든 기대를 뛰어넘어주었습니다. 더불어 전 세계적으로 번창하고 있는 단체들의 도움도 잊을 수 없습니다: 매디슨 칼라일, 에마 디프란체스코, 크리스털 사라고사, 로라 마르티네스, 나탈리 블라제비치, 마이클 카거, 애드리얼 멍거, 젝스 곤잘레스, 스테파니 로빈슨, 로즈 코시, 킴벌리 코어스, 첼시 픽슬러 샤르보노, 코리 시스코, 엘리자베스 윌리스, 마리사 로이아코노, 에바 시스코, 카리사 커닝햄, 제니퍼 버타니, 알렉시스 스타크 그리고 타티아나 크레스포. 당신들은 정말 최고예요.

이 책을 출간하는 데 있어 여름 한 해 동안 연구 지원을 해준 애리조나 주립대학 뉴칼리지에 감사드립니다. 이 프로젝트에 대한 따뜻한 관심을 보여준 동료들, 루이스 멘도자, 토드 샌드린, 샤론 커시, 베리 문, 미리엄 마라, 아서 사바티니, 글로리아 쿠아드라즈, 에두아르도 파간, 알레한드라 엘렌스, 그리고 마지아 나데산 덕분에 여기까지 올 수 있었습니다. 그리고 처음부터 끝까지 이 책을 지원하고, 이 과정에서 페미니스트와 가장 잘 협력할 수 있도록 도움을 준 버소의 편집자인 제시 킨디그에게 고마움을 전합니다. 더불어 마크 마틴, 줄리아 저지, 마야 오스본, 앤 럼버거 등 버소 편집부 여러분이 없었다면 이 프로젝트는 존재하지 않았을 것입니다!

저를 기쁨으로 가득 채우고, 이 책을 끝내 만들 수 있다고 독려해 준 저의 가장 친한 친구들, 건강한 영혼들에게 감사드립니다. 로리 에리코-시먼, 션 시민, 크리스 보벨, 세라 매클랜드, 클레어 크로프트, 엘리자베스 브레이크, 메리 더디, 제니퍼 타미르, 애니카 만, 데니즈 델가도, 게린 츠루, 얀 하바스, 마시 위노커, 스티브 뒤부아, 코니 하디느시, 케이티 골디, 팻 하트, 캐런 스웽크-피트, 래니 손더스, 새디 몰러. 당신들을 정말 사랑해요. 그리고 엘머 그리핀에게, 저의 모든 책, 무엇보다 이 책을 당신과 함께 시작했음을 말하고 싶어요.

엄마, 언니, 그리고 세 명의 아이들, 사이먼, 라이언, 피오나. 제 마음은 항상 여러분과 함께 있었어요. 혁명의 최전선에 있는 파트너 에릭 스웽크. 내 바퀴가 닳아 없어질 때까지 당신과 함께할 거예요. 제가 하고자 하는 많은 일, 특히 자본주의와 가부장제를 파괴하려는 끊임없는 노력은 여러분이 제게 주신 넘치는 사랑과 생각하고 쓸 수 있는 공간이 없었다면 불가능했을 것입니다.

마지막으로, 저는 이 책을 제 소중한 친구 세라 스테이지에게 바칩니다. 세라 스테이지는 여성의 우정이 절망과 기쁨의 유일한 완충제라는 사실을 늘 잊지 않게 해줍니다. 세라, 이 책은 당신을 위한 것이에요.

선언문을 쓴 저자들

1장 | 퀴어/트랜스

조이 레너드 Zoe Leonard(1961-)

뉴욕시에 거주하는 예술가. 뉴욕이라는 공간이 만들어온 환경을 소재로 작품들을
만들고 있다. 독일 카셀에서 1992년에 열린 도큐멘타 IX Documenta IX에 전시된 설
치작품으로 국제적으로 알려지게 되었으며, 지난 30년 동안 일상생활에 대한 서
정적인 관찰을 담은 사진 및 조각 작업들로 유명하다. 1980년대 후반부터 1993년,
1994년, 2014년 휘트니 비엔날레도 포함해서 폭넓게 전시회를 개최하고 있으며 최
근 로스앤젤레스 현대미술관(2018년)과 휘트니 미술관(2018년)에서도 단독 전시회
를 열었다.

액트 업 ACT UP

에이즈와 에이즈 환자를 위해 활동하는 국제 직접 행동 단체. 액트 업의 뜻은 힘을
북돋기 위한 에이즈연합AIDS Coalition To Unleash Power. 1987년에 설립되어 뉴욕에서
활동하고 있다. 이들이 발표한 대표적인 선언문으로는 〈에이즈 위기 종식에 뜻을
두고 분노에 차 결집한 다양한 비당파적인 개인들이 모인 집단〉 〈퀴어 네이션 선언
문: 퀴어들이여, 이 글을 읽으시라〉가 있으며, 특히 이 책에 실린 〈퀴어 네이션 선언
문〉은 1990년 6월 익명으로 발표되어, 같은 해 여름 뉴욕과 시카고에서 열린 게이
프라이드 퍼레이드에서 배포되었다.

래디컬레즈비언스 Radicalesbians

전미여성기구National Organization for Women가 내놓은 반레즈비언 발언에 반발하여 게이해방전선에 뛰어든 뉴욕 여성들이 결성한 단체. 이들은 초기에 스스로를 "라벤 더 헤링"이라 칭하며 1970년 5월 1일 뉴욕시에서 열린 '2차 여성 연합 의회'에 개입 했다. 이 단체의 구성원으로는 여성주의 활동가이자 레즈비언 단체 '빌리티스의 딸 들Daughters of Bilitis'에서도 활동했던 마사 셸리Martha Shelley(1943-), (마치 호프먼March Hoffman으로 불리는) 아르테미스 마치Artemis March, 뉴욕 페이스 대학의 저명한 명예 교수 칼라 제이Karla Jay(1947-) 등이 있다. 이 단체는 1971년에 해산되었다.

레즈비언 어벤저스 Lesbian Avengers

레즈비언의 생존과 가시성 확보 관련 사안에 초점을 맞춘 직접 행동 단체. 1992년 뉴욕에서 활동을 시작했다. 대중을 시각적으로 사로잡는 활동을 주로 구사하는 매 체 중심 전략을 개선했고, 〈레즈비언 어벤저스 선언문〉을 내놓으며 반향을 일으켰 다. 1993년 워싱턴에서 열린 '레즈비언 및 게이 행진' 전야제에서 2만 명의 레즈비 언과 함께 다이크 행진을 조직하여 레즈비언 존재의 가시성을 높였고, 이후 이들의 운동은 빠른 속도로 세계로 퍼져나갔다. 아나 시모Ana Simo, 세라 슐먼Sarah Schulman, 맥신 울프Maxine Wolfe, 앤 크리스틴 다드스키Anne-Christine d'Adesky, 마리 호난Marie Honan, 앤 맥과이어Anne Maguire 등이 설립한 이 단체는 풀뿌리 운동과 신진 활동가 훈련에 힘을 기울였다.

질 존스턴 Jill Johnston(1929-2010)

미국의 페미니스트 작가이자 문화비평가. 1970년대 레즈비언 분리주의 운동의 리 더였던 그는 무용 평론가로, 프리랜서 미술가로, 문학 평론가로 활동했을 뿐 아니라 대담하고 급진적인 레즈비언 페미니스트 활동으로 이름을 알렸다. 대표작으로 자 신의 회고담이자 레즈비언 정치학에 관한 책《레즈비언 네이션Lesbian Nation》(1973) 이 있다. 뉴욕의 대표적 주간 문화비평지《빌리지 보이스The Village Voice》에 오랜 기 간 글을 발표했으며, 여성주의 잡지《미즈Ms.》에 최초의 반체제 레즈비언 작가로 기고했다.

게이해방전선 Gay liberation Front

런던 정치경제대학교의 재학생 밥 멜러스Bob Mellors와 오브리 월터Aubrey Walter가 1970년 10월에 설립한 단체. 이 단체는 1973년에 해체되었지만 1980년대와 1990년대에 나타난 여러 후속 게이 권리 단체와 조직의 근간이 되었다.

스티븐 F. 댄스키 Steven F. Dansky (1944-)

작가, 운동가, 다큐멘터리 작가, 사진작가. 1969년 뉴욕 경찰이 그리니치 빌리지의 게이 회합 장소 '스톤 월'을 급습한 사건으로 일어난 게이 권리 운동 '스톤월 항쟁' 이후 뉴욕의 게이해방전선GLF의 일원이 되었다. 〈트라우마에서 운동으로From Trauma to Activism〉(2017)과 〈부키시: 퀴어 주체 읽기Bookish: Reading the Queer Subject〉(2019) 등 두 편의 장편영화를 포함한 퀴어 다큐멘터리 연작 〈아웃스포큰Outspoken: LGBTQ 선구자들의 구술사〉를 연출했다. LGBTQ 운동의 선구자들의 구술사를 다큐멘터리 인터뷰로 담은 방대한 프로젝트인 〈아웃스포큰〉은 웹 사이트(www. outspokenlgbtq.org)와 서던 캘리포니아 대학의 게이, 레즈비언 아카이브 "원: 국립 게이 레즈비언 아카이브ONE : National Gay and Lesbian Archives"에서 열람 가능하다. 그의 사진 작업은 갤러리를 포함한 기타 장소에서 전시되었고, 여러 선집에 실렸다. 격월간지《게이 및 레즈비언 리뷰》에 캠프 주제를 비롯해 흑인 인권 운동가 맬컴 엑스, 게이 BDSM 서브컬처 사진작가 로버트 메이플소프Robert Mapplethorpe에 대해 글을 쓰고 있다.

존 크노벨 John knoebel (1947-)

게이해방전선의 일원. 1969년 11월부터 활동을 시작했으며, 1970년 6월 제1 회 게이 프라이드 행진을 비롯한 많은 시위에 참여했다. 성차별주의에 반대하는 게이 남성 집단 이페미니스트Effeminists의 공동 설립자다. 그가 쓴 글들은 게이해방전선이 발행한 신문인《컴 아웃!》과 초기 게이 해방운동 선집에 실렸다.

케네스 피치포드 Kenneth Pitchford(1940-)

남성 페미니스트 운동 '이페미니스트 운동Effeminist Movement'의 창립 멤버. 스스로를 급진주의 페미니스트인 로빈 모건Robin Morgan의 게이 남편이라고 칭한다.

해벽HAVOQ 고도로 (혹은 희미하게 혹은 탐욕스럽게) 조직화된 퀴어 수평 연대

미국과 멕시코의 접경 도시 칼렉시코와 메히칼리에 형성된 '미국/멕시코 무국경 캠프US/Mexico No Borders Camp'의 대표단. 2007년에 만들어졌으며, 샌프란시스코를 중심으로 오클랜드와 광역 도시권인 샌프란시스코 베이San Francisco Bay Area에서 주로 활동했다. 국경이 만들어놓은 폭력에 저항하기 위한 퀴어 단체들이 함께 조직한 단체다.

고야마 에미 Koyama Emi(1975-)

사회 정의 운동가이자 작가. 그는 페미니즘, 아시아인, 생존자, 다이크, 퀴어, 성 노동자, 인터섹스, 젠더 퀴어, 장애 정책 등 다양한 사안을 통합적으로 다룬다. 이러한 요소들이 고야마를 완전히 설명할 수는 없지만, 그의 삶에 영향을 크게 끼쳐왔다는 것만은 분명하다. 고야마의 작업은 efeminism.org에서 찾아볼 수 있다.

케이티 태스트롬 Katie Tastrom(1981-)

뉴욕 시라큐스에 거주하며 프리랜스 작가-변호사-전화상담사-컨설턴트 등 하이픈으로 연결된 많은 직업을 가진 열정 넘치는 활동가다. 그는 스스로를 "장애인 뚱보 퀴어 엄마queer disabled fat femme mama"라고 칭하며 페미니즘, 육체, 비만 등의 주제로 글을 써왔다.

레즈비언 마피아 The Lesbian Mafia

뉴욕시에서 활동하는 레즈비언 작가 샌디 T.Sandy T.에 의해 시작된 웹사이트, 팟캐스트, 선언 등으로 활동하는 온라인 집단. 그들은 스스로를 "성적 테러리스트 비밀 조직이자 재미있는 뉴욕 토박이들이 모인 매우 폭력적인 집단"이라고 설명한다. 또한 "고함, 재미, 상스러운 말, 난폭한 장난, 정치적으로 올바르지 못함, 혼란, 심각함을 좋아하고 거기에 스페셜 게스트를 모시는 것도 좋아하는데…… 이것들아, 우리가 지금 공영라디오 방송이라도 되는 줄 아는 거야?!"

보이펑크 Boyfunk

익명의 작가. "주류 게이 남성 커뮤니티라는 거대한 쓰레기에 속해 있다고 느끼지 않는 모든 퀴어 소년들"을 위해 글을 쓴다.

에스칼레라 카라콜라 Eskalera Karakola

스페인 마드리드에서 활동하는 페미니스트 단체. LGBT 권리를 옹호하며, 인종주의와 가정 폭력에 반대한다. 이들은 잡지《무헤레스 프레오쿠판도Mujeres Preokupando》를 발행하고 있다. 이 매체 명은 '걱정하는/무단 점유하는 여성들'이라는 뜻으로, '걱정하다'와 '무단 점유하다'는 뜻을 가진 동사 pre-ocupar를 활용해 중의적으로 썼다. 이에 앞서 잡지《다이크들이 비처럼 내려온다It's Raining Dykes》를 출간하기도 했다. 현재 카예 엠바하로드에 위치해 있다.

2장 | 반자본주의/무정부주의

에마 골드먼 Emma Goldman(1869-1940)

무정부주의 작가, 운동가, 페미니스트. 미국으로 이주한 러시아계 유대인으로, 반자본주의, 자유로운 사랑, 언론의 자유, 여성의 권리를 옹호해왔고, 그의 저술과 강의는 북미와 유럽의 많은 청중을 끌어 모았다. 또한 무정부주의 저널《마더 어스》를 설립하고 평생 징병제 반대, 피임 지원, 무신론 주장에 적극적이었다. 그녀는 "미국에서 가장 위험한 여성"으로 묘사되었다.

니 우나 메노스 Ni Una Menos

아르헨티나 페미니스트 집단. 성차별적 폭력, 가부장제 종식을 모토로 활동하는 이들은 2015년 처음으로 여성 살해와 남성 폭력 관행에 항의하며 활동하기 시작했다. 5월 광장의 어머니회the Mothers of the Plaza Mayo, 아프리카계 라틴인Afro-latinx 선주민 투쟁, LGBTQ 투쟁을 예로 들며 아르헨티나의 풍부한 저항의 유산 안에 그들 자신을 위치시킨다. 니 우나 메노스는 스스로를 느슨하고 다면적인 사회 운동의 일부로 보고, 국제적인 차원에서 연대하고 파업, 시위, 행진 등 직접 행동에 참여한다.

실비아 페더리치 Silvia Federici(1942-)

급진적인 마르크스주의 전통의 이탈리아계 미국인 학자, 교사, 운동가. 1972년에 국제 페미니스트 단체를 공동 설립했다. 호프스트라 대학 명예 교수이자 교육연구원을 역임했고, 나이지리아에서 여러 해 동안 교사로 일했다. 아프리카에서 학문 자유위원회를 공동 설립했으며 Midnight Notes Collective의 회원이다. 저서로는《칼리반과 마녀》(2004)《포인트 제로》(2012)《마녀, 마녀 사냥, 여성》(2018)《세계 재탄생》(2018) 등이 있다.

마리 에드워즈 Marie Edwards(1920-2009)

1970년대 글쓰기와 워크숍을 통해 '싱글의 자존감'이라는 개념을 개척한 심리학자. 〈싱글 선언문〉을 포함한《싱글되기 도전》(1974)은 그의 가장 널리 알려진 작품이다.

라보리아 큐보닉스 Laboria Cuboniks

여섯 명의 다국적 여성으로 구성된 예술가 그룹이자 사이버페미니스트 아바타. 다이앤 바우어, 카트리나 버치, 루카 프레저, 헬렌 헤스터, 에이미 아일랜드, 패트리샤 리드가 2014년에 설립했고, 2015년 〈제노페미니즘: 소외를 위한 정치학〉을 공동 저술해 발표했다. 이 선언문의 주된 내용은 정치적 불평등성을 엄호하는 자연의 폐기와 젠더 해체다. 성을 해체하고, "가족"을 파괴하고, 불평등한 정치적 지위의 보증자로서 자연을 없애자고 주장한다.

국제 무정부주의 페미니스트 Anarchafeminist International

《국제 무정부주의 저널IJ@》로 유명한 국제 무정부주의자의 분파. 1982년에 설립했고, 노르웨이를 기반으로 활동했다. 또한 출판물《무정부주의 세계 노동자》와 생태 무정부주의 저널《GAIA》에 대해 기여한바 있다. 국제 무정부주의 페미니스트 선언문은 1982년 노르웨이 아나키스트 연맹이 결성한 페미니스트 정치 프로그램의 요약이다. 국제 무정부주의 페미니스트의 선언문은 여러 언어로 출판되면서 널리 회람되고 있다; 놈 촘스키와 마샤 휴잇과 같은 다양한 작가들에 의해서도 언급된바 있다.

D.M.D. (1994⁻)

애리조나에 기반을 둔 활동가 집단. 애리조나 주립대학교에서 여성학 및 젠더학 학사 학위를 받은 이들은, 식당에서 일하던 중 동료 직원들에게 임금에 대해 논의하도록 격려했다는 이유로 해고된 후 급진주의자가 되었다. 이들은 지속 가능한 공동체를 탐험하며 미국 서부를 여행한다.

급진적인 여성들 Radical Women

1967년 시애틀에서 설립된 사회주의 페미니스트 운동 단체. 반전 시위, 빈곤 퇴치 프로그램, 낙태 권리 노력, 그리고 노동자 파업을 위해 활동했다. 공식적으로 자유사회당과 제휴하고 있다. 그들의 웹사이트는 다음과 같다. www.radicalwomen.org.

서브로사 subRosa

페미니스트 문화연구자 집단. 스스로를 "예술, 활동주의, 급진 정치를 결합하여 여성의 몸, 삶, 일에서 디지털 정보와 생명공학의 교차점을 탐구하고 비판하는 문화연구자들의 재생 가능한 사이버페미니스트 세포"라고 설명한다. 1998년 펜실베이니아에서 처음 설립된 이 단체는 국제적으로 활동하며 그 이후 무수한 팸플릿, 기사, 공연 작품, 전시회를 만들었다.

린지 저먼 Lindsey German(1951-)

영국의 좌파 정치운동가. 사회노동당 출신이다. 잡지 《소셜리스트 리뷰》의 에디터로 활동했으며, 반전 중지 전쟁 연합 설립 후 현재 부의장을 맡고 있다.

니나 파워 Nina Power(1978-)

영국의 문화평론가, 사회이론가, 철학자, 번역가. 그녀는 로햄프턴 대학에서 철학을 가르치고 있으며 《1차원 여성》을 썼다. 잡지 《급진 철학》 《와이어》 《가디언》 《철학지》 등을 포함한 다양한 저널과 출판물에 글을 쓴다.

3장 | 분노/폭력

소저너 트루스 Sojourner Truth(1797-1883)

19세기 미국에서 활동한 노예 출신, 아프리카계 미국인 노예제폐지론자이자 여성 인권운동가. 본명은 이사벨라 바움프리Isabella Baumfree. '진실에 머무르는 사람'이라는 의미로 1843년부터 소저너 트루스로 이름을 바꾸었다. 1800년대 노예제 폐지, 금주법, 민권 운동과 여성 인권 운동에 활발히 참여했다. 1826년 그는 노예 신분에서 벗어나 그의 해방을 도와준 노예제 폐지론자 가족의 집으로 탈출했다. 그후 뉴욕에서 목회자로 일했다. 그는 다른 노예제 폐지론자나 여성 인권 활동가들과 교류했으며 순회 강연을 다니기 시작했다. 이 강연 중 유명한 〈나는 여자가 아니란 말입니까〉 연설을 했다. (이 책의 〈나는 어떤 남자만큼이나 강합니다〉와 같다. 〈나는 여자가 아니란 말입니까〉로 알려진 판본에는 남부 방언이 들어가 있으나 실제로 트루스는 뉴욕 출신이라 남부 방언을 사용하지 않았다.) 이 연설에서 그는 인종과 젠더의 열등함과 불평등에 대한 지배적인 개념에 강하게 문제를 제기했다.

레드스타킹스 Redstockings

엘런 윌리스와 슐라미스 파이어스톤이 만든 래디컬 페미니스트 그룹. 뉴욕 래디컬 여성 그룹의 해체 이후, 1969년 뉴욕에서 새롭게 활동을 시작했다. 1970년에 선집 《자매애는 강하다》를 포함하여 〈레드스타킹 선언문〉은 의식 제고와 "여성 지지 노선"을 옹호하는 7개의 항목을 포함했다. 남성 지배에 대한 여성의 복종은 가부장제 하에서 권력 부족에 따른 의식적인 적응이지 여성에 의해 자행된 내면화된 세뇌가 아니라는 생각을 담았다. 레드스타킹 선언은 1969년 7월 7일 뉴욕에서 출간되었다. 이 문서는 처음에는 여성 해방을 위한 행사에서 배포하기 위한 전단지로 만들어졌다. 이 조직은 또한 모든 남성이 하나의 계급으로서 여성을 억압하고, 여성이 자신을 변화시켜야 할 책임이 있다기보다 남성 개개인이 남성 지배를 포기할 책임이 있다는 것에 견해를 같이 한다. 오늘날 레드스타킹 조직은 새로운 이해와 개선된 전략의 개발을 통해 여성 해방 의제를 지키고 발전시키는 데 전념하는 풀뿌리 활동가 싱크탱크이다. 1960년대 페미니즘 재탄생의 시대에 대한 추가 정보와 기타 자료는 홈페이지www.redstockings.org의 레드스타킹 여성 해방 활동 자료실이나 PO Box 744 Stuyvesant Station, New York, NY 10009에서 찾아볼 수 있다

미너 로이 Mina Loy (1882-1966)

예술가, 작가, 시인, 극작가, 소설가, 화가, 램프 디자이너 및 보헤미안 작가. 런던에서 태어나 영국과 독일을 오가며 미술을 공부했으며, 파리에서 화가로 성공했다. 이탈리아 피렌체로 옮겨가 그곳에서 잡지에 시를 기고하기 시작했다. 로이는 1차 세계대전 동안 간호사로 자원 복무했으며 1916년 미국으로 이주한 후 페미니스트 시인으로서 아방가르드 운동에 참여했다.

밸러리 솔라나스 Valerie Solanas (1936-1988)

래디컬 페미니스트이자 작가. 자비 출판한 《SCUM 선언문》으로 잘 알려졌다. 이 선언문에서 그는 정부를 전복시키고, 금융시스템을 제거하고, 자동화 체제를 만들고, 남성을 없애버리자고 여성들에게 촉구한다. 그는 또한 거칠게 성역할을 비트는 gender-bending 캐릭터로 최근에 관심을 받은 연극 〈엉덩이를 들어 올려Up Your Ass〉를 썼다. 솔라나스는 1968년 예술가 앤디 워홀을 저격한(죽이지는 않았다) 사건으로 유

명하다. 그보다 앞서 몇 년 전에 워홀과 영화 〈나, 남자〉를 함께 작업했었다. 솔라나스는 1960년대와 1970년대 뉴욕에서 활동하는 동안 래디컬 페미니스트와 저항문화 활동가들 사이에서 잘 알려진 인물이었다.

슐라미스 파이어스톤 Shulamith Firestone(1945-2012)

래디컬 페미니스트, 시민권 및 반전 운동 활동가. 캐나다 온타리오 출생으로 미주리주의 세인트 루이스에서 성장했다. 뉴욕 래디컬 여성, 레드스타킹, 뉴욕 래디컬 페미니스트의 공동설립자로서 래디컬 페미니스트로 잘 알려져 있다. 그는 여성의 종속을 이해하고 극복하고자 마르크스와 프로이트의 통찰력을 활용하여 인종과 계급을 포함하는 여성 억압에 대한 분석을 발전시키는 작업을 했다.

앤드리아 드워킨 Andrea Dworkin(1946-2005)

래디컬 페미니스트, 작가. 여성에 대한 폭력의 형태로서 포르노그래피를 날카롭게 비평한 것으로 가장 잘 알려졌다. 지은 책으로《여자를 싫어하는Woman Hating》(1974)《포르노그래피: 여자를 소유하는 남자》(1981) 그리고《성교》(1987)가 있다. 캐서린 맥키넌과 함께 포르노그래피 불법화를 위한 법률적인 판례를 만들어가는 작업을 했다.

E. 제인 E. Jane(1990-)

개념 예술가이자 작가. 필라델피아에서 주로 활동하며, 흑인 해방과 여성주의적 실천에서 영감을 받아 디지털 이미지, 비디오, 텍스트, 퍼포먼스, 조각, 설치와 사운드 디자인 등이 결합된 작업을 한다. 북미와 유럽 전역에서 공연을 펼치고, 미술과 각종 사운드 작업을 전시했다. 2015년에 널리 알려진 '아니오' 선언문을 작성했다. 2017년에 제인의 퍼포먼스 페르소나인 미사MHYSA라는 이름으로 데뷔 앨범 '판타지fantasii'를 출시했다. 제인의 작업은 안전, 미래 그리고 사회에서 배제된 몸들이 온라인 상과 오프라인 상에서 대중 미디어를 어떻게 활용하는지를 다룬다.

애니 디프랭코 Ani DiFranco(1970-)

시인, 음악가, 작곡가, 활동가. 뉴욕 버팔로 출신이며, 독립 레코드 레이블 라이처스 베이브 레코드Righteous Babe Records를 설립했고, 자신이 만든 이 레코드사를 통해 많은 사회적, 정치적 운동을 지원한다. 임신중단 합법화, LGBT 인권, 반전 운동에 참여하고 이러한 사안에 목소리 내는 진보적인 정치인을 지지한다. 디프랭코는 자연재해와 기후 재앙으로 황폐화 된 지역을 위한 자선음악회를 개최한다. 2004년에 그래미 상을 받았으며 2006년에는 뉴욕에서 열린 전미여성기구National Organization for Women 컨퍼런스에서 '용감한 여성 상'을 받았다. 또한 2009년에는 긍정적인 사회 변혁을 위해 목소리를 낸 인물로 선정되어 우디 거스리 상Woody Guthrie Award을 받았다.

4장 | 선주민/유색인 여성

컴바히강 집단 The Combahee River Collective

1974년 드미타 프레이저, 베벌리 스미스, 바버라 스미스가 설립한 보스턴 출신의 흑인 페미니스트 단체. 이 이름은 사우스캐롤라이나의 컴바히강에서 750명 이상의 노예를 해방시킨 군사 행동을 이끌었던 해리엇 터브먼을 존중하는 데서 비롯된 것이다. 이 단체는 흑인 여성을 주류 페미니스트 운동에서 배제하는 것을 비판하는 동시에 페미니스트 정치가 흑인 여성을 해방시키는 목표를 어떻게 가져야 하는지를 밝히는 데 초점을 맞췄다.

프랜시스 M. 빌 Frances M. Beal(1940-)

흑인 페미니스트, 반전 운동가, 언론인. 민권 운동 기간 동안 그녀는 학생 비폭력 조정위원회의 흑인 여성해방위원회를 공동 설립했다. 이 단체는 후에 교차성에 기반한 사회주의 단체인 제3 세계 여성 연합으로 변경되었다. 그녀는《샌프란시스코 베이 뷰》에서 주간 칼럼을 썼고, 수많은 출판물을 편집하고 기고했으며,《블랙 스콜라》의 부 편집장을 역임하기도 했다. 그녀는 캘리포니아 북부 ACLU의 국가 인종 차별 반대 조직 위원회와 인종 정의 프로젝트에서 일했다. 빌은 캘리포니아 오클랜드에서 계속 글을 쓴다.

자매들의 응답 Sisters Reply

퍼트리샤 헤이든, 수 루돌프, 조이스 호이트, 리타 반 루, 캐서린 호이트, 퍼트리샤 로빈슨 등이 함께한 흑인 페미니스트 집단. 이들에 대해 흑인 여성학자 베벌리 가이 셰프톨은 "이들은 마운틴 버논, 뉴로셸, 뉴욕 출신의 가난한 흑인 여성들로 이뤄진 급진적인 집단으로, 이들의 글은 여성해방운동에 관한 초기 문집에 익명으로 실린바 있다"고 설명했다.

전허인 He-Yin Zhen(1884-1920)

중국의 선구적인 무정부주의 이론가. 그녀는 중국의 전통적이고 자본주의적이며 남성적인 사회 질서를 비판하고 여성해방을 옹호하는 여성 권리 회복 협회를 설립했다. 중국 무정부주의 출판물인 《티아니Tianyee》와 《신 시지Xin Shiji》에 공헌했고, 후에 베이징 대학교에서 학생들을 가르쳤다.

사파티스타 민족해방군 Zapatista Army of National Liberation

1983년 멕시코 치아파스의 라칸돈 정글에 세워진 멕시코의 게릴라 단체. 처음에는 치아파스의 마야 민족을 그들의 땅에서의 퇴거와 침탈로부터 방어하는 자기 방어 부대로 설립되었다. 전체 사파티스타의 적어도 3분의 1이 여성이며, 이 단체는 자율적으로 정부, 정의, 안보, 의료, 교육 문제를 위해 활동한다. 1994년 1월 1일, 사파티스타들은 일, 토지, 주택, 음식, 건강, 교육, 독립, 자유, 민주주의, 정의, 평화를 요구함으로써 멕시코 정부에 전쟁을 선포했다.

린다 라 루 Linda La Rue

흑인 페미니스트 작가. 그녀의 저서로는 1970년에 출판된 《흑인해방운동과 여성해방》이 널리 알려져 있다.

린 베타사모사케 심슨 Leanne Betasamosake Simpson (1971-)

캐나다 선주민 작가, 학자, 음악가. 심슨은 캐나다 선주민 문제를 조사하기 위해 니시마베그 프락시스와 토착지 기반 교육을 활용하면서 정치, 이야기, 노래를 통해 작품 활동을 한다. 심슨은 2012년 '더 이상 늦출 수 없다' 시위에 참여했다.

크리스털 사라고사 Crystal Zaragoza (1993-)

퀴어 운동가. 주로 피닉스를 기반으로 활동하며, 북부 캘리포니아의 작은 농업 마을에서 자란 퀴어 1세대 여성이다. 그녀의 부모는 아이들에게 기회를 열어주기 위해 멕시코에서 미국으로 이주했다. 어렸을 때, 부모님이 16시간 노동을 하고, 의료 서비스를 받지 못해 건강이 악화되는 것을 목도한바 있다. 억압적인 보건제도를 변화시키기 위해 LGBTQ+ 비등록 유색인 커뮤니티를 조직했고, 트랜스 퀴어 푸에블로에서 건강 정의 코디네이터로서 트랜스 퀴어 이주자/미등록 유색인 커뮤니티를 돕고 있다.

수전 호손 Susan Hawthorne (1951-)

호주의 작가, 시인, 출판인. 그녀는 레나테 클라인Renate Klein과 함께 페미니스트 독립출판사인 스피니펙스Spinifex를 공동설립했다. 생태학, 급진적인 페미니즘, 경제, 전쟁, 그리고 국제 관계에 대해 광범위하게 글을 썼다. 그녀의 저서《와일드 폴리틱스》는 2002년 호주 북 리뷰의 베스트 북 목록에 포함됐을 뿐 아니라 '오드리 로드 레즈비언 시 상' 수상과 함께 수많은 찬사를 받았다.

흑인의 생명은 중요하다 Black Lives Matter

흑인 활동가 집단. 트레이본 마틴의 살인범 조지 지머만의 무죄 판결에 대응하여 얼리샤 가자, 퍼트리시 쿨러스, 오팔 토메티가 2013년부터 시작했다. 현재 전 세계적으로 40개 이상의 지부를 가진 회원 기반 조직으로 성장했으며, 그들은 스스로

"흑인의 생명이 조직적이고 의도적으로 빼앗기는 데 있어 이념적이고 정치적으로 개입한다. 흑인의 인간성, 사회에 대한 우리의 기여, 그리고 치명적인 억압에 직면한 우리의 회복력을 지지한다"라고 밝히고 있다.

5장 | 성/신체

티그레이스 앳킨스 Ti-Grace Atkinson (1938-)

《아마존 오디세이》의 작가. 1960년대 후반 래디컬 페미니스트 운동 초기 창시자. 《아트 뉴스》에서 작가로 일한 후, 1967년 뉴욕 여성기구 N.O.W.의 지부장이 되었고, 후에 1968년부터 1973년까지 활동한 래디컬 페미니스트 단체인 '더 페미니스트'를 설립했다. 호전적인 행동주의와 논란의 여지가 있는 대중 연설로 잘 알려진 그녀는 한때 성모 마리아의 성적 취향에 대해 논의했다는 이유로 유명한 가톨릭 대학에서의 연설 중간에 뺨을 맞은 적이 있다. 그녀는 또한 정신적, 육체적 억압의 한 형태로서 결혼에 반대하는 운동을 벌였고, 가부장제에 대한 대응으로서 정치적 레즈비언주의를 옹호했으며, 질 오르가즘이 집단 히스테리적 생존 반응이라는 유명한 주장을 했다. 그녀는 《레이디스 홈 저널》의 반여성 정책에 항의했고, 뉴욕시 결혼국과 싸웠으며, 낙태 정치 재구성을 위해 싸웠다. 앤디 워홀 총격 사건 이후 밸러리 솔라나스를 공개적으로 옹호했으며, 《뉴욕 타임스》로부터 페미니즘의 "훌륭한 사상가"로 인정받았다.

주디 프리스피릿 Judy Freespirit (1963-2010)

레즈비언 페미니스트 운동가이자 지방 해방 운동 초기 활동가. 1970년 로스앤젤레스에서 여성해방운동에 참여했고 이후 1982년 《대디 걸》을 출판했다. 그녀는 세라 피시먼, 린 매커피 등과 함께 뚱보 언더그라운드를 형성하는 것을 도왔다.

시몬 드 보부아르 Simone de Beauvoir(1908-1986)

프랑스의 작가, 철학자, 정치 운동가, 페미니스트, 사회 이론가. 지적이고 실존주의적인 인물로, 1913년 데지르 학원에 입학해 수학했고, 소르본 대학교에서 철학을 공부했다. 1929년 장 폴 사르트르를 만났고 1980년 사망하기 전 수십 년 동안 그와 함께 일하며 살았다. 그녀의 철학적 저술, 특히《제2의 성》(1949)은 다음 세대의 페미니스트들에게 큰 영향을 미쳤다.

블러드시스터스 Bloodsisters

생리에 씌워진 오명과 싸우기 위해 헌신하는 페미니스트 단체. 1996년 코트니 데일리와 몬트리올 콩코디아 대학의 애디가 설립한 블러드시스터스는 '탐폰을 잘라내라'와 '빨개져라, 패드를 만들어라'와 같은 워크숍을 이용해 생리 치료 제품의 기업 전용에 맞서 싸우기 위해 노력해왔다. 그들은 또한 2007년에 해체되기 전에 그들만의 잡지인《붉은 경고Red Alert》를 만들었다.

수전 스텐슨 Susan Stenson(1960-)

밴쿠버 출신 시인. 고등학교에서 영어와 창의적인 글쓰기를 가르친다. 그녀는 문학 잡지《클레어몬트 리뷰》를 공동 출판하고 스와질랜드에 있는 아프리카 최초의 다인종 대학인 워터포드 캄라바 남아프리카 연합 세계 대학Waterford Kamhlaba United World College에서 가르쳤다. 수많은 시집과 여러 권의 앤솔로지를 출간했으며, 최근 저서로는《아무도 움직이지 않는다》(2010)와《죽은 자와 동의하는 어머니》(2007)가 있다.

세라 로벅 Sara Roebuck(1992-)

작가. 런던 경제대학원을 졸업한 그는 정치, 페미니즘, 그리고 사회 정의에 대해 글을 쓴다.

밸러리 타리코 Valerie Tarico(1960-)

작가, 실천 심리학자. 그의 학문적 관심은 종교 근본주의, 성역할, 생식 능력에 있다. 그녀는 두 권의 책인《의심을 신뢰하기》(2010)와《생각 그리고 또 다른 상상》(2011) 을 썼으며 탄력적 생성과 진보 동맹의 창립 멤버다.

폴 B. 프레시아도 Paul B. Preciado(1970-)

작가, 철학자, 큐레이터. 스페인 부르고스 출신으로 정체성, 성별, 포르노, 건축, 성 에 내해 수학했으며, 자크 데리다의 제자다. 새로운 사회 연구 학교의 철학과 성 이 론과 프린스턴 대학의 철학과 건축 이론 박사 학위를 받았다. 파리 8대학에서 성정 치학, 성 이론, 공연사 교수로 재직했으며, 도큐멘타 14 큐레이터로 활동했다. 그가 2008년에 발표한《테스토 정키》는 그의 대표작으로, 여성에서 남성으로의 "느린 전 환"을 기록한 것이다.

성 노동자를 위한 페미니스트 Feminists for Sex Workers

국제여성의날(3월 8일)을 기리기 위해 결성된 국제단체. 이 단체는 유럽에서 시작되 어 현재 전 세계로 확대된 성 노동자, 페미니스트, 성 노동자 옹호자들과 협력한다.

베티 도드슨 Betty Dodson(1929-)

뉴욕시에서 가장 유명한 작가이자 성 교육자. 여성의 자위행위에 관한 출판물로 유 명한 그녀는 1974년에《자기애에 대한 명상》과 1987년에《섹스 포 원》을, 2002년 에《2인용 오르가즘》을 썼다. 그녀는 페미니스트 친성운동을 개척하는 것을 도왔 고, 종종 집단으로 여성들이 자위행위를 받아들이도록 격려했다. 2011년 성에 대한 과학 연구를 위한 사회와 성 치료 및 연구 협회에서 마스터스 및 존슨상을 모두 받 은 공공 서비스상을 수상했다.

리사 히마스 Lisa Hymas

미국 미디어 매터스의 기후 및 에너지 프로그램 책임자. 그녀는 이전에 환경 활동과 기후 변화에 초점을 맞춘 웹사이트인 Grist.org의 선임 편집자로 일했다. 그녀의 기사는 다른 출판물들 중에서 《가디언》 《슬레이트》 《에코워치》에 실렸다. 환경 운동, 환경을 위한 아이 없는 생활, 기후 변화에 초점을 두고 활동한다.

밸런틴 드 생푸앙 Valentine de Saint-Point (1875-1953)

프랑스의 저명한 예술가이자 미래학자. 그의 다양한 저술은 춤, 연극, 시, 성별, 철학, 정치와 같은 다양한 주제를 다루었다. 생푸앙은 미래주의 운동의 많은 부분을 특징짓고 새로운 미래주의 여성의 역할을 정의하려고 했던 여성들에 대한 지배적인 경멸에 도전했다. 그녀는 페미니즘을 거부했지만 성별의 평등에 대한 견해를 지지했다. 생푸앙의 미래주의적 입장은 무용수로서의 공연과 질서, 기하학, 논리에 대한 강조로 특징지어지는 급진적인 철학에 영향을 미쳤다. 그녀는 여러 이름을 사용했으며 다양한 친족 관계를 주장하는 등 사생활 대부분이 모호했다.

6장 | 사이보그/해커

도나 해러웨이 Donna Haraway (1944-)

과학기술 연구에 초점을 맞춘 페미니스트 학자. 산타크루즈 캘리포니아 대학의 의식 및 페미니스트 연구 역사학과 명예 교수. 2000년에 그녀는 과학 사회 학회에서 이 분야에 평생 기여한 공로로 가장 높은 영예를 안았다. 1970년 예일대학교에서 생물학 박사 학위를 받고 1985년에 《사이보그 선언문》을 출판했다. 저서로 《반려종 선언》 《영장류의 시각》 《유인원, 사이보그, 그리고 여자》 《한 장의 잎사귀처럼》 등이 있다.

VNS 매트릭스 VNS Matrix

1991년 애들레이드에서 결성된 호주의 사이버 페미니스트 미디어 아트 단체. 버지니아 배럿, 줄리언 피어스, 프란체스카 다 리미니, 조세핀 스타로 구성되어 있다.

1991년부터 1997년까지 이 그룹은 호주와 해외에서 설치 및 공공 예술 작품을 발표했으며, 여성과 기술의 관계를 탐구하기 위해 새로운 미디어, 사진, 사운드 및 비디오와 협력했다. 도나 해러웨이의 《사이보그 선언문》에서 영감을 받아 그들은 〈21세기 사이버페미니스트 선언문〉이라는 글이 적힌 광고판을 만들었다.

사이버트위 Cybertwee

2014년 예술가 가브리엘라 힐먼, 바이올릿 포레스트, 메이 웨이버가 공동 설립한 미국 예술가 단체. 지역사회와 교육에 초점을 맞춘 여성성, 감정, 기술의 교차점을 탐구한다. 그들의 프로젝트는 〈사이버트위 선언문〉, 사이버트위 다크웹 핸드북, 공유 메모리 감성 침투 프로젝트를 포함한다.

핵티비스모 Hacktivismo

출판 및 컴퓨터 보안 그룹 '컬트오브더데드카우'에서 진화한 예술가, 변호사, 인권 노동자, 해커들의 국제 그룹. 이 단체는 사생활과 정보에 대한 접근이 기본 인권이라는 견해를 지지하며, 보편적 인권 선언과 국제 민권 및 정치적 권리 협약의 윤리적 입장을 지지한다. 이 그룹은 무료 소프트웨어 및 오픈 소스 이동을 지원한다.

매켄지 와크 McKenzie Wark (1961-)

사회연구신학교 문화매체 교수. 《해커 선언문》 《게이머 이론》 《가상 지리》 《가상 공화국》 등을 썼고, 현재 뉴욕에 위치한 뉴 스쿨에서 문화 연구 입문에 대해 가르치고 있다.

메테 잉바르트센 Mette Ingvartsen (1980-)

스웨덴의 안무가 겸 무용수. 오슬로와 브뤼셀에서 활동하는 안무가, 퍼포머. 영상, 책, 글쓰기 등 다른 매체와 형식의 작품을 탐구하기도 하지만, 모든 작품을 관통하는 관심사는 실천과 상황으로서 공연 예술의 관계성이다. 여러 무용단과 프로젝트에서 무용수, 퍼포머로 활동해 왔으며 2002년부터 자신의 안무 작업을 선보이고 있다. 〈예스 선언문〉은 2004년 독일 프랑크푸르트에서 초연된 50/50의 일부다.

클라우드 스타이너 Claude Steiner(1935-2017)

프랑스에서 태어났지만 제2차 세계대전 중 스페인과 멕시코로 이주한 저명한 정신
과 의사. 1971년 자신의 동료 에릭 번의 사망 이후 베트남 전쟁에 반대하는 활동가
로 더욱 깊이 참여하였고 책과 논문으로 진보적 정신의학의 임상과 이론을 널리 알
리고 발달시켰다. 버클리에서 집단치료와 개인치료를 했으며, 열한 권의 책을 저술
하였다.

7장 | 트래시/펑크

비키니 킬 Bikini Kill

페미니스트 펑크 밴드. 1990년대 라이엇 걸 운동 시작에 도움을 주었고, 1990년부
터 1997년까지 활동했다 .캐슬린 한나(보컬), 토비 베일(드럼), 빌리 카렌(기타), 카티
윌콕스(바스)는 펑크 밴드를 문화적 저항의 길로 보고 여성과 소녀들이 펑크에 참여
하고 페미니스트 펑크 신을 만들도록 격려했다. 그들은 데모 테이프, EP 2장, LP 2
장, 싱글 3장을 녹음하고 발매했다.

루시 E. 파슨스 Lucy E. Parsons(1853-1942)

미국의 급진 노동운동의 핵심 인물. 극렬한 래디컬 운동가로 비춰지는 인물로, 무정
부 상태, 8시간의 근무일, 자본주의 해체, 여성 참정권, 노숙자들의 권리, 언론의 자
유, 폭력을 옹호하여 증가하는 계급 투쟁과 노동자의 권리를 요구했다. 파슨스의 부
모는 아메리카 원주민, 아프리카계 미국인, 멕시코 유산을 가진 노예였다. 1871년
그녀는 백인 언론인 앨버트 파슨스와 결혼하여 정치 운동가로 변모했으며, 인종 간
결혼과 정치 참여로 인한 폭력 위협으로 텍사스에서 시카고로 도망쳤다. 1883년 국
제노동인민협회IWPA를 설립하는 것을 도왔고, 아나키즘 신문 《알람》을 창간했고,

공개 연설을 했으며, 수많은 시위에 참여했다. 헤이마켓 폭동에 연루되어 남편이 처형당한 후, 1905년 유진 데브스, 마더 존스와 함께 미국 노동조합 운동 중에서 가장 진보적인 세계산업노동자연맹Industrial Workers of the World을 설립했다. 1942년 가정 화재로 사망했다. 그녀의 죽음 이후 그녀의 글은 FBI에 의해 압수되었고 아직 공개되지 않았다.

엘리자베스 브로더 Elizabeth Broeder (1993-)

예술가, 안무가, 배우. 애리조나를 기반으로 활동하는 학제 간 예술가인 그는 노동자 계층, 소도시 마약 트렌드, 크리스천 카우보이 문화에서 영감을 받았다.

발리 엑스포트 VALIE EXPORT (1940-)

오스트리아 예술가. 1960년대 말부터 본격적인 활동을 시작했다. 영화, 사진, 공연, 조각, 컴퓨터 애니메이션 분야를 망라했으며, 가장 잘 알려진 작품으로는 〈액션 팬츠: 생식기 패닉, 바디 사인 액션, 그리고 터치 시네마〉가 있다. 이 작품은 신체를 통합함으로써, 남성적 시선을 전복시킨다.

빵과 인형 극단 Bread and Puppet Theater

정치적으로 급진적인 인형극 극단. 이 극단은 베트남 반전시위로 유명했는데, 이 시위에는 전화 카드가 된 거대한 인형들을 등장했다. 1960년대부터 활발하게 활동하고 피터 슈만이 설립한 이 단체의 이름은 공동체를 만들기 위해 관객과 신선한 빵을 공유하는 극단의 관행에서 비롯되었다.

비치 앤드 애니멀 Bitch and Animal

퀴어 코어 밴드. 뮤지션 비치와 애니멀 프루프록으로 구성된 듀오로, 1995년부터 2004년까지 활동했다. 랩, 펑크, 팝, 포크, 구어 등의 요소를 통합한 그들의 음악은 성 고정관념과 음악적 하위 장르에 반항적이다. 애니 디프랭코의 오프닝으로 공연을 시작했고 나중에 그들만의 투어를 시작했다.

그라임스 Grimes(1988-)

캐나다의 싱어송라이터, 음악 프로듀서, 뮤직비디오 감독. 본명은 클레어 부셰다. 2010년에 정규 앨범 〈Geidi Primes〉와 〈Halfaxa〉를 발표했고, 이어 발표한 〈Visions〉(2012)과 싱글 〈Genesis〉〈Oblivion〉이 전 세계적으로 극찬을 받았다. 2013년 4월, 여성 음악가로서 겪은 성차별 경험을 다룬 성명서를 발표했다.

엘리자베스 월리스 Elizabeth Wallace(1992-)

작가. 2018년 5월 애리조나 주립대학교에서 여성학 석사, 여성학 학사 학위를 받았다. 그녀의 작품은 신체, 환경, 정신 건강과 관련된 여성의 일상적 저항, 정치적 행동의 수단으로서의 이야기 전개와 시, 여성의 노동력을 측정하는 권력/가치 체계에 초점을 맞추고 있다.

스테파노 하니 Stefano Harney(1962-)

싱가포르 경영대학의 전략경영교육 교수. 앙상블 교수 프로젝트인 연구학교 공동 창업자로 인종, 일, 사회 조직과 관련된 문제를 조사하는 데 자치주의와 탈식민지 이론을 채택한다. 토니카 실리 톰슨과 함께 큐레이터 프로젝트 그라운드 프로비전을 운영하고 있다. 최근 저서로는 《언더커먼스: 탈주 계획과 블랙 스터디》(2013, 프레드 모튼과 공저), 《관리의 종말》(2013) 등이 있다.

프레드 모튼 Fred Moten(1962-)

뉴욕 대학교 공연학 교수. 흑인 연구, 공연 연구, 시학, 문학 이론에서 과정을 가르치고 연구를 수행한다. 저서로는 《브레이크》(2003), 《휴슨 타번》(2009), 《B. 젠킨스》(2010), 《필 트리오》(2014), 《리틀 에지》(2015), 《서비스 포치》(2016), 《언더커먼의 시학》(2016) 등이 있다.

제사 크리스핀 Jessa Crispin(1978-)

페미니스트 비평가, 작가. 2002년에 설립된 문학 블로그와 웹진 《북슬럿》의 편집장이었다. 그녀는《가디언》《뉴욕 타임스》《보스턴 리뷰》및《배플러》《NPR》의 정기 기고가이며, 저서로는《죽은 숙녀의 프로젝트》(2015)《크리에이티브 타로》(2016)《왜 나는 페미니스트가 아닌가: 페미니스트 선언문》(2017)이 있다.

8장 | 마녀/비치

마녀 W.I.T.C.H.(Women' International Terrorist Conspiracy from Hell)

래디컬 페미니스트 단체. 단체명은 '지옥에서 온 여성의 국제 테러 음모'라는 뜻으로 1968년 10월 사회주의 페미니스트 로빈 모건, 페기 도빈스, 주디 더핏, 신시아 펑크, 나오미 자페, 플로리카에 의해 설립됐다. 이 단체는 래디컬 페미니스트들이 가부장제에만 반대해야 한다는 생각에서 나아가 페미니스트들이 더 넓은 사회적 변화를 가져오기 위해 다양한 좌파적 원인을 위해 싸워야 한다고 주장했다. 1968년 월가를 강타하고, 1969년 신부 박람회에 항의하는 등 연극적인 대중 행동으로 유명했다.

조린(일명 조 프리먼)(1945-)

페미니스트, 정치학자, 작가, 변호사. 1960년대 캘리포니아 대학 재학 당시 시민의 자유를 위해 일하는 단체에서 처음 활동했다. 여성해방운동 조직의 초기 멤버로 1967년에 웨스트 사이드 그룹을 설립하고 1973년 시카고 대학에서 정치학 박사 학위를 취득했다. 뉴욕 주립 대학에서 4년간 가르쳤으며 브루킹스 연구소 연구원으로 일했고, 오늘날 정치와 공공영역에 대한 글을 쓰고 있다.

피터 그레이 Peter Grey (1971-)

작가이자 스칼렛 임프린트의 공동 설립자. 저서로는《붉은 여신》(2011)《종말론적인 마법》(2016)《루시퍼》(2016) 등이 있다. 그의 작품은 기후와 생태학적 붕괴를 겪고 있는 풍경과 대화하는 데 마법을 동원한다.

캐시 아마트닉 세라차일드 Kathie Amatniek Sarachild (1943-)

작가, 운동가, 래디컬 페미니스트. 1969년 뉴욕주 낙태 개혁 청문회를 방해한 레드스타킹의 리더였다. "자매애는 강력하다"라는 문구의 주인공이자 1968년 미스 아메리카 시위에서 여성해방 깃발을 든 네 명 중 한 명이었다. 뉴욕 급진주의 여성회원으로 1960년대와 1970년대 의식 고양에 주도적인 역할을 했고, 《페미니스트 혁명》(1975)에 저자로 참여했다. 현재 레드스타킹스 여성해방 기록 보관소를 관리하고 있다.

제니 홀저 Jenny Holzer (1950-)

개념 미술가. 그녀의 작품은 주로 광고판, 건물에 대한 투영 및 조명된 전자 디스플레이와 같은 대규모 설치뿐만 아니라 공공 공간에서 단어와 아이디어를 전달하는 데 중점을 둔다. 바버라 크루거, 신디 셔먼, 세라 찰스워스, 루이스 롤러와 같은 다른 페미니스트 예술가들 사이에서 일하면서, 그녀의 작품은 시각적 물체를 상상하는 노골적인 페미니스트적 방법을 찾으려고 한다.

애그니스 데네스 Agnes Denes (1931-)

개념미술. 1960년대에 작품을 전시하기 시작했으며 그 이후 400여 편의 전시회를 열었다. 시와 철학에서부터 석판화 사진과 조각에 이르기까지 다양한 매체를 통해 그녀의 작품은 사회 정치적 문제를 탐구한다. 그녀는 환경 예술의 선구자이자 개념 예술의 창시자다. 가장 잘 알려진 작품인 〈밀밭-대립: 배터리 공원 매립지〉(1982)은 맨해튼의 한 매립지 2,400평을 밀밭으로 만든 공공미술 프로젝트다.

서문. 피 흘리는 가장자리: 페미니즘 선언문의 필요성

1   Valerie Solanas, *SCUM Manifesto*, San Francisco: AK Press, 1996, 37. 첫 번째 판본은 1967년 밸러리 솔라나스의 자비로 출판되었다.

2   위의 책.

3   Holly J. McCammon, Erin M. Bergner, and Sandra C. Arch, "Are You One of Those Women? Within-Movement Conflict, *Radical* Flank Effects, and Social Movement Political Outcomes," *Mobilization: An International Quarterly* 20: 2, 2015, 157-78.

4   Jeanette Winterson, *Oranges Are Not the Only Fruit*, New York: Grove Press, 1985, 173.

5   Julian Hanna, "Manifestos: A Manifesto," *Atlantic*, June 24, 2014, theatlantic.com.

6   위의 책.

7   The Futurists, 위의 책에서 인용.

8   Charles Jencks, Preface to *Theories and Manifestos of Contemporary Architecture*, eds. Charles Jencks and Karl Kropf, Chichester, West Sussex: Academy Editions, 1997, xxiii

9   Galia Yanoshevsky, "Three Decades of Writing on Manifesto: The Making of a Genre," *Poetics Today* 30: 2, Summer 2009, 257-86, 그리고 Janet Lyon, *Manifestoes: Provocations of the Modern*, Ithaca, NY: Cornell University Press, 1999를 참조하라. Yanoshevsky는 선언문들이 너무 많이 연구되었다고 믿고, Lyo은 정반대 주장을 확신에 차서 제시한다.

10 Hanna, "Manifestos."

11 보더폰Vodafone 광고(adforum.com), 입생로랑 향수 광고(yslbeauty.ca), 핀터레스트Pinterest 광고 선언문(pinterest.com), 브랜드 온 파이어Brands on Fire의 선언문(i.pinimg.com), 홀리 번Holly Bourne의 〈*The Manifesto on How to be Interesting*, London: Usborne〉(2014)을

참조하라. Manifesto Wines, manifestowines.com 역시 참조하라.

12 Peter Stansill and David Zane Mairowitz, "Foreword," *BAMN (By Any Means Necessary): Outlaw Manifestos and Ephemera, 1965-1970,* New York: Autonomedia, 1999, 13.

13 Martin Puchner, *Poetry of the Revolution; Marx, Manifestos, and the Avant-Gardes,* New Brunswick, NJ: Princeton University Press, 2005, 12.

14 위의 책.

15 Tristan Tzara, Ornella Volta, and Pablo Volta, *Manifesti del Dadaismo e Lapisterie,* Torino: Einaudi, 1964.

16 Kyra Pearson, "'Words Should do the Work of Bombs': Margaret Cho as Symbolic Assassin," *Women and Language* 32: 1, 2009, 36-43.

17 마르크스와 엥겔스의 *The Communist Manifesto,* Chicago: Charles H. Herr Co., 1906 (1848년 《공산당 선언문*Manifesto of the Communist Party*》으로 처음 출간)을 참조하라. 그리고 Simón Bolívar, *The Cartagena Manifesto* (El Manifiesto de Cartagena), 1812도 참조하라. 그리고 Students for a Democratic Society (SDS), *Port Huron Statement,* 1962도 참조하라.

18 Mary Ann Caws, *Manifesto: A Century of Isms,* Lincoln: University of Nebraska Press, 2000, xxi.

19 위의 책.

20 위의 책, xx.

21 위의 책, xxi.

22 ibid.

23 Breanne Fahs, *Valerie Solanas: The Defiant Life of the Woman Who Wrote SCUM (and Shot Andy Warhol),* New York: Feminist Press, 2014, 312에서 인용된 Ti-Grace Atkinson.

24 Craig Castleman, "The Politics of Graffiti," in *That's the Joint! The Hip-Hop Studies Reader,* eds. Murray Forman and Mark Anthony Neal, New York: Psychology Press, 2004, 21-29; Brian Fateau, "'New Noise' Versus the Old Sound: Manifestos and the Shape of Punk to Come," *Popular Music and Society* 35: 4, 2012, 465-82; Lyon, *Manifestoes.*

25 Teresa Ebert, "Manifesto as Theory and Theory as Material Force: Toward a Red Polemic," *JAC* 23: 3, 2003, 553.

26 Puchner, *Poetry of the Revolution,* 11.

27 위의 책.

28 위의 책.

29 Janet Lyon, "Transforming Manifestoes: A Second-Wave Problematic," *The Yale Journal of Criticism* 5, 1991, 101.

30 Thomas Reynolds의 미발간 학위논문, "'Peculiar, Angry, and Downright Crazed': Exploring Rhetoric in Manifestos," Austin State University, 2010.

31 Ian Summers의 미발간 석사 논문 주제, "Generic Criticism of Extraordinary Documents: An Inquiry into Manifesto Texts and Genre Scholarship,", University of Alabama, 2013.

32 Elliott C. Adams의 미발간 학위논문, "American Feminist Manifestos and the Rhetoric of Whiteness," Bowling Green University, 2006; Jeffrey M. Encke의 미발간 학위논문, "Manifestos: A Social History of Proclamation,", Columbia University, 2002; Reynolds, "Peculiar, Angry, and Downright Crazed," 그리고 Summers, "Generic Criticism of Extraordinary Documents."

33 Ebert, "Manifesto as Theory and Theory as Material Force," 555.

34 특별히 언급하고 주목할 만한 예외는 아마 Kimber Charles Pearce, "The Radical Feminist Manifesto as Generic Appropriation: Gender, Genre, and Second Wave Resistance," *Southern Communication Journal* 64: 4, 1999, 307-15, 그리고 Penny A. Weiss, ed., *Feminist Manifestos: A Global Documentary Reader*, New York: New York University Press, 2018일 것이다. 와이스는 대체로 전 세계에 존재하는 여성 단체들의 설립 강령서 문서에 초점을 맞추고 실제 선언문들인 문서들은 거의 포함하지 않는다.

35 여성들의 "보지를" 움켜쥐었던 것을 자랑하고 허풍을 떠는 도널드 트럼프의 녹음된 목소리가 언론에 광범위하게 퍼졌을 때, 시각적 형식과 음악 비디오 형식으로 사람들의 입소문을 탄 "보지가 움켜쥔다" 캠페인 덕분에 분노와 저항을 초래한 집단적 반응이 일어났다. 공손하고 조신한 주류 페미니즘의 욕구가 너무 자주 진압하려 했던 반응이었다. (특히 통렬했던 노래의 가사 중 하나는 이렇다. "그 사내는 씨발 인종차별주의자였지/그러나 지금 그는 운이 없네 / 보지가 그 사내를 몰락시킨다면 뭐 그래야지.")

36 Caws, *Manifesto*, xxiii-xxvii.

37 Ibid., xxv.

38 Felicity Colman, "Notes on the Feminist Manifesto: The Strategic Use of Hope," *Journal for Cultural Research* 14: 4, 2010, 375-92; Emily Nussbaum, "The Rebirth of the Feminist Manifesto," *New York Magazine*, October 30, 2011.

39 Suzanne Moore, "It's Time to Get Radical," review of *Why I Am Not a Feminist: A Feminist Manifesto*, Jessa Crispin, *Guardian*, February 17, 2017.

40 Weiss, *Feminist Manifestos*, 2.

41 Valerie Solanas, "SCUM Ad," *Village Voice*, March 30, 1967.

42 Solanas, *SCUM Manifesto*, 38.

43 Pearce, "The Radical Feminist Manifesto."

44 Natalya Lusty, "Valerie Solanas and the Limits of Speech," *Australian Literary Studies* 24: 3-4, 2009, 144-54; Pearce, "The Radical Feminist Manifesto"; Laura Winkiel, "The

'Sweet Assassin' and the Performative Politics of *SCUM Manifesto*," in *The Queer Sixties*, ed. Patricia J. Smith, New York: Routledge, 1999, 62-85.

45 Jennifer Baumgardner and Amy Richard, *Manifesta: Young Women, Feminism, and the Future*, New York: Farrar, Straus, and Giroux, 2000; Anne Sinkey, "The Rhetoric of the Manifesto," unpublished dissertation, Emory University, 2009.

46 McCammon, Bergner, and Arch, "'Are You One of Those Women?'": 157-78; Lorna Weir, "Left Popular Politics in Canadian Feminist Abortion Organizing, 1982-1991," *Feminist Studies* 20: 2, 1994, 249-74.

47 Weiss, *Feminist Manifestos*, 1.

48 Joreen(aka Jo Freeman), *Bitch Manifesto*, 1968, jofreeman.com/joreen/bitch.htm.

49 Donna Haraway, "A Manifesto for Cyborgs: Science, Technology, and Socialist Feminism in the 1980s," *Socialist Review*, no. 80, 1985, 65-108.

50 Audre Lorde, "The Uses of Anger," *Women's Studies Quarterly* 9: 3, 1981, 8.

part 1. 퀴어/트랜스

국경 허물기: 퀴어 선언(발췌)

1 최근에 있었던 DREAM 법안(외국인 미성년자를 위한 개발, 안전, 교육 법안, 'Development, Relief, and Education for Alien Minors Act'의 약자)의 실패를 교훈 삼아 이 말을 해둬야겠다. 우리는 모든 이의 교육 접근이 옳다고 생각하지만, 고등 교육이나 군 복무가 미등록 청소년이 영주권/시민권으로 향하는 통로를 얻을 유일한 방법이어야 한다고는 생각하지 않는다. 우리는 또한 교육 자원에 접근하기 위해 증가하는 무장화 경향에 길을 내줘야 한다고도 생각하지 않는다.

2 미국이 퀴어나 트랜스젠더에게 세계 여느 지역보다 본래 더 안전한 나라가 아님은 알고 있다. 하지만 우리는 망명 접근성 확장을 지지한다. 현재의 1년 기간 제한은 높은 수준의 고립을 경험해서, 그 결과 기간제한이 지나기 전까지 망명이라는 선택지에 대한 정보를 얻지 못하는 퀴어나 트랜스들에게는 특히 까다로운 조건이다.

part 4. 선주민/유색인 여성

컴바히강 집단 선언문

1 이 선언문은 1977년 4월에 발표됐다.

2   Wallace, Michele. " Black Feminist' Search for Sisterhood,"*The Village Voice*, July 28, 1975, pp. 6-7.

3   Mumininas of Committee for Unified Newark, M*wanamke Mwananchi (The Nationalist Woman)*, Newark, N.J., ©1971, pp. 4-5.

페미니스트 선언

1   약혼식에는 나카이na cai와 나정na zheng이라고 부르는 두 단계와 두 종류의 선물이 포함되어있다. 의례에 관한 유교 고전 《결혼의 의미》는 다음과 같이 설명한다. "결혼식은 서로 다른 성을 가진 두 가족 간의 사랑의 결속을 의미한다. 따라서 과거를 돌이켜 보며 조상을 모신 절에 제사를 지내고, 미래를 내다보며 가문의 대를 잇는 것이다. 그러므로 우월한 남성이 더 큰 가치를 지닌다. 혼사를 도모하는 다양한 의례는 먼저 신부 측에 줄 선물(나카이)이 제안되며, 신부의 이름을 묻고, 승인의 점을 친 뒤 특별한 제안(나정)의 받아들임과 결혼날짜를 잡을 것을 요구하는 것으로, 이 모든 과정을 신부 측 친족이 받아들여야 한다. 이러한 결혼의례는 여전히 오늘날에도 중국에서 시행되고 있다. 제임스 레기의 《예법서》, http://ctext/org/liji/hun-yi에서 참고하여 번역함.

2   《예법서》, 레기의 번역을 참조함. Book *of* Rites, cf "Quli"; "Hunyi." Translation of the titles adapted from Legge"s.

3   《예법서》.

4   《백호경》.

5   게리의 번역을 참조함. http://ctext.org/liji/qu-li-ii 참조.

6   유교의 고전 예법서에 적힌 장례와 애도 의례는 부계혈통의 원칙에 따른 사회적, 젠더적 위계를 규정하고 실체화하는 주요한 수단이 되어왔다. "애도의 등급"은 다섯 가지로 나뉘어 기간과 의복을 달리한다. 가장 엄중한 애도는 "참최斬衰"라 불리는 삼년상으로 가장 거칠고 감치지 않아 올이 풀리는 삼베로 짠 상복을 입는다. 고대에는 아버지 상을 당한 아들과 세자상을 치르는 각료, 남편 상을 치르는 아내에게 3년상은 의무였다. 명청시대(1368~911 c.e.)에 시모상을 당한 며느리 또한 전허인이 언급하듯 3년상을 치러야 했다. 다음으로 엄하고 중요한 애도등급은 "자최齊衰"로, 1년 3개월 또는 3년간 가장자리를 감친 삼베로 상복을 해 입는다. 어머니상을 당한 아들은 아버지가 돌아가신 경우 3년상을 치르지만, 아버지가 살아계신 경우에는 1년상을 치른다. 등등. 전허인이 이러한 예법의 성별화된 특성에 관해 더 설명하는 〈여성의 설욕에 관하여〉 1장을 참조하라."

7   예법서의 한 장인 《대학》은 독립된 고전으로 승격되었다. 레기의 번역을 참조함. http://ctext.org/liji/da-xue

8   "전허인은 반드시 무장할 것을 요구하지는 않지만 혁명이란 폭력적인 것이며 여성의 혁명참여는 여성 인구수를 남성 인구수와 유사한 정도로 낮출 것이라 본다. 전허인의

평화주의적 관점에 관해서는 그녀의 에세이 《페미니스트 반군국주의에 관하여On Feminist Antimilitarism》를 참조하라."

9   전허인의 표현인 "zhiwo zuiwo"는 역사의 도덕적 심판자라는 그녀의 자아상을 암시한다. 이 표현은 《맹자》에 실린 공자의 말에서 나온 것이다. "다시금 세상에 부패가 만연하고 원칙이 땅에 떨어졌으니. 말이 비뚤어지고 악한 행동이 만연하구나. 신하는 그들의 군주를 살해하고, 아들은 제 아버지를 죽이니. 공자는 두려워하며 《춘추》를 펴낸다. 《춘추》는 적절히 통치하는 법을 다룬다. 공자가 말하길, "그렇다! 사람들은 《춘추》로 나를 알게 될 것이고, 《춘추》로 나를 비난하게 될 것이다."
http://ctext.org/mengzi/teng-wen-gong-ii/zh?en=on 의 레기의 번역을 참조함.

흑인해방운동과 여성해방

1   Frantz Fanon, *A Dying Colonialism*, New York: Grove Press, 1965, 107.

2   Eldridge Cleaver, *Soul On Ice*, New York: McGraw Hill, 1968, 158.

3   Robert Staples, "The Myth of the Black Matriarchy,"*The Black Scholar*, Jan.-Feb. 1970, 16.

4   Ibid.

참고문헌

ACT UP. "Queers Read This." Queer Resources Directory. Accessed October 13, 2018. qrd.org.

adee (The Bloodsisters Project). "Ax Tampax Poem Feministo." In Chris Bobel, "Introduction." *New Blood: Third Wave Feminism and the Politicsof Menstruation.* New Brunswick, NJ: Rutgers University Press, 2010.(Originally published in *Red Alert* 3, self-publishedzine, n.d.)

Amatniek, Kathie. "Funeral Oration for the Burial of Traditional Womanhood." In *Notes from the First Year*, 20-22. New York: New York Radical Women, 1968. (Speech given in Washington D.C. to the main assembly of the Jeannette Rankin Brigade, January 15, 1968.)

Anarchafeminist International. "Anarchafeminist Manifesto." Unpublishedmanuscript, 1982.

Anonymous. "#AltWoke Manifesto." *&&& Journal.* Published February 5, 2017. tripleampersand.org.

Atkinson, Ti-Grace. "Vaginal Orgasm as a Mass Hysterical Survival Response." Paper presented at the National Conference of the Medical Committee for Human Rights, Philadelphia, PA, April 5, 1968.

Beal, Frances M. "Double Jeopardy: To Be Black and Female." In *Black Woman"s Manifesto*, 19-33. New York: Third World Women"s Alliance, 1970.

de Beauvoir, Simone. "Manifesto of the 343." Translated by Rachel C. Accessed January 16, 2019. 343sluts.wordpress.com/.

Bikini Kill. "Riot Grrrl Manifesto." *Bikini Kill: Girl Power*, no. 2, 1991.

Black Lives Matter. "Black Lives Matter Platform" 2016. Accessed October 20, 2018. policy.m4bl.org.

Boyfunk. "Boyfunk Manifesto." 2002. QZAP Zine Archive. Accessed January 14, 2019. archive.qzap.org

Broeder, Elizabeth. "TRASHGiRRRRLLLZZZ: A Manifesto for Misfit ToYZ." Unpublished manuscript, 2016.

Combahee River Collective. "A Black Feminist Statement." In *Capitalist Patriarchy and the Case for Social Feminism*, ed. Zillah Eisenstein. New York: Monthly Review Press, 1979.

Crispin, Jessa. *Why I Am Not a Feminist: A Feminist Manifesto*. Brooklyn: Melville House, 2017.

Cuboniks, Laboria. "Xenofeminism: A Politics for Alienation." 2015. laboriacuboniks.net.

Dansky, Steven F., John Knoebel, and Kenneth Pitchford. "The Effeminist Manifesto." *The Expropriationist* (blog). 1973. theexpropriationist.wordpress.com.

Denes, Agnes. "A Manifesto." 1970. Accessed October 20, 2018. ev01.org.

D.M.D. "American Beasts." Unpublished manuscript, 2017.

Dodson, Betty. "Masturbation Manifesto." *POZ*. July 1, 1997. poz.com.

Dworkin, Andrea. *Intercourse*. New York: Free Press, 1987.

Edwards, Marie. *The Challenge of Being Single: For Divorced, Widowed, Separated and Never Married Men and Women*. New York: Signet, 1974.

Eskalera Karakola. "Manifesto for a New Feminist Presence." *It''s Raining Dykes*, 8. November 2007.

EXPORT, VALIE. "Women's Art: A Manifesto." *Neues Forum,* no. 228, 1973: 47. Translation by Resina Haslinger.

EZLN. "Zapatista Women's Revolutionary Laws." *The Mexican Awakener (El Despertador Mexicano)*, 1994.

Federici, Silvia. *Wages Against Housework*. Bristol: Power of Women Collective and the Falling Wall Press, 1974.

Feminists for Sex Workers. "Feminist Manifesto to Support the Rights of Sex Workers." Accessed January 14, 2019. feministsforsexworkers.com.

Firestone, Shulamith. *The Dialectic of Sex: The Case for Feminist Revolution*. New York: Morrow, 1970.

Freespirit, Judy, and Aldebaran. *Fat Liberation Manifesto*. Self-published, 1973.

Gay Liberation Front. "Gay Liberation Front Manifesto." Nottingham: Russell Press Ltd., 1971.

German, Lindsey, and Nina Power. "A Feminist Manifesto for the 21st Century." *Counterfire*. March 8, 2010. counterfire.org.

Goldman, Emma. "Anarchy and the Sex Question." 1896. In *Anarchy and the Sex Question: Essays on Women and Emancipation 1896-1926*, ed. Shawn P. Wilbur. Oakland, CA: PM Press, 2016.

Grey, Peter. "The Manifesto of Apocalyptic Witchcraft." In *Apocalyptic Witchcraft*. London: Scarlet Imprint, 2013.

참고문헌

805

Grimes. "I don't want to compromise my morals in order to make a living." April
     23, 2013. *grimes-claireboucher*(blog). Accessed October 21, 2018. grimes-
     claireboucher.tumblr.com

Haden, Patricia, Sue Rudolph, Joyce Hoyt, Rita Van Lew, Catherine Hoyt, and Patricia
     Robinson. "The Sisters Reply." *Poor Black Women*. Boston:New England Free Press,
     1968.

Haraway, Donna J. "A Cyborg Manifesto: Science, Technology and Socialist-Feminism in
     the Late Twentieth Century." New York: Routledge, 1991. Reprinted in Donna Haraway,
     Manifestly Haraway. Minneapolis: University of Minnesota Press, 2016.

Harney, Stefano, and Fred Moten. "The University and the Undercommons." In *The
     Undercommons: Fugitive Planning & Black Study*. Wivenhoe: Minor Compositions, 2013.

HAVOQ. "Undoing Borders: A Queer Manifesto." *undoingborders* (blog). April 2011.
     undoingborders.wordpress.com.

Hawthorne, Susan. "The Wild Poet's Manifesto." *Hecate* 38: 1&2, 2013, 42-46. (Originally
     published 2012.)

Hileman, Gabriella, Violet Forest, and May Waver. "the cybertwee manifesto." Cybertwee.
     2014. cybertwee.net

Holzer, Jenny. *Truisms*. 1978-1987. Photostat. Museum of Modern Art. New York. moma.org.

Hymas, Lisa. "Say It Loud—I''m Childfree and I''m Proud." *Grist*. March 31, 2010. grist.org.

Ingvartsen, Mette. "Yes Manifesto". Mette Ingvartsen (website). 2004. metteingvartsen.net/.

E. Jane. "Nope". Self-published, 2016.

Johnston, Jill. "Do Approach." In *Town Bloody Hall*. Directed by D.A.Pennebaker. New York:
     Pennebaker Hegedus Films, 1979.

Joreen. "Bitch Manifesto." 1968. jofreeman.com.

Koyama, Emi. "The Transfeminist Manifesto." In *Catching a Wave: Reclaiming Feminism for
     the Twenty-First Century*, eds. Rory Dicker and Alison Piepmeier. Boston: Northeastern
     University Press, 2003. (Originally published 2001.)

La Rue, Linda. "The Black Movement and Women's Liberation." *The Black Scholar* 1: 7, 1970,
     36-42.

Leonard, Zoe. "I Want a President." *LTTR,* no. 5, 1992. lttr.org.

Lesbian Avengers. "Dyke Manifesto." Queer Zine Archive Project. Accessed January 9, 2019.
     qzap.org.

Lesbian Mafia. "Manifesto." Lesbian Mafia (website). Accessed January 16, 2019.
     thelesbianmafia.com.

Loy, Mina. "The Feminist Manifesto." November 15, 1914. Mabel Dodge Luhan Papers. Box

62, folder 1658. Yale University, Beinecke Library Collection.

Ni Una Menos (Not One Less). "Call to Women's International Strike." Self-published, 2017.

Parsons, Lucy. "To Tramps, the Unemployed, the Disinherited, and Miserable." 1884. Internet Archive. archive.org/details/lucyparsonstotramps.

Preciado, Paul B. *Countersexual Manifesto*. New York: Columbia University Press, 2018.

Radicalesbians. *The Woman-Identified Woman*. Pittsburgh: Know, 1970.

Radical Women. *The Radical Women Manifesto: Socialist Feminist Theory, Program and Organizational Structure*. Seattle: Red Letter Press, 2001.

Redstockings. "Redstockings Manifesto." New York, July 7, 1969. redstockings.org.

Roebuck, Sara. "A Letter to the Man Who Tried to Rape Me." *Human Development Project* (blog). December 13, 2016. medium.com.

Ruffin, Oxblood. "Waging Peace on the Internet." *The Register—Biting the Hand That Feeds IT*. April 19, 2002. theregister.co.uk.

de Saint-Point, Valentine. "Futurist Manifesto of Lust." 1913. *E-Flux Conversations* (blog). Accessed January 16, 2019. conversations.e-flux.com.

Simpson, Leanne Betasamosake. "Not Murdered, Not Missing: Rebelling Against Colonial Gender Violence." *Leanne Betasamosake Simpson* (blog). 2014. leannesimpson.ca.

Solanas, Valerie. *SCUM Manifesto*. Self-published zine, 1977.

Steiner, Claude M. "Radical Psychiatry." In *Handbook of Innovative Psychotherapies*, ed. Raymond J. Corsini. New York: Wiley, 1985.

Stenson, Susan. "Occupy Menstruation." In *Gush: Menstrual Manifestos for our times,* eds. Ariel Gordon, Rosanna Deerchild, and Tanis MacDonald. Calgary: Frontenac House, 2018.

subRosa. "Refugia: Manifesto for Becoming Autonomous Zones." In *Feminist Art Manifestos: An Anthology*, ed. Katy Deepwell. London: KT Press, 2014.

Tarico, Valerie. "Why I Am Pro-Abortion, Not Just Pro-Choice." *Valerie Tarico: Psychologist & Author* (blog). April 26, 2015. valerietarico.com.

Tastrom, Katie. "Pajama Femme Manifesto." *Medium*. November 18, 2018. medium.com.

Bread and Puppet Theater. "The WHY CHEAP ART? Manifesto." Accessed October 15, 2018. breadandpuppet.org.

Truth, Sojourner. "I Am as Strong as Any Man" Speech, Akron, OH, December 1851.

VNS Matrix. *Cyberfeminist Manifesto for the 21st Century*. 1991. *Net Art Anthology*. anthology.rhizome.org.

Wallace, Elizabeth. "The People Behind the Mop Buckets." Unpublished manuscript, 2015.

Wark, McKenzie. "A Hacker Manifesto (Version 4.0)." subsol. 2004. subsol.c3.hu/subsol_2/contributors0/warktext.html.

W.I.T.C.H. "W.I.T.C.H. Manifesto." In *Sisterhood is Powerful: An Anthology of Writings from the Women"s Liberation Movement*, ed. Robin Morgan. New York: Random House, 1970.

Zaragoza, Crystal. "Manifesto of the Erased: Mujeres, Decolonize El Dios Americano." Unpublished manuscript, 2015.

Zhen, He-Yin. "The Feminist Manifesto." Originally published in *Tianyi*, no.1, June 10, 1907, 1-7. Signed He-Yin Zhen. Reprinted in Wan Shiguo, pp. 654-56. Translated by Meng Fan and Cynthia M. Roe; edited by Dorothy Ko from the Chinese original.

음반 목록

Bitch and Animal. "Pussy Manifesto." 1999. Track 10 on *What's That Smell?* Dive Deep Records. Compact disc.

DiFranco, Ani. "Grand Canyon." Performed by Ani DiFranco. MP3 audiotrack. Righteous Babe Records. Recorded Chicago, IL, January 17, 2004. anidifranco.bandcamp.com.

국내 선언문

여권통문

김소사, 이소사, 1898

대개 사물이 극에 달하면 반드시 변하고, 법이 극에 달하면 반드시 고치는 것은 고금에 당연한 이치라. 우리 동방 삼천리강토와 열성조列聖朝 500여 년의 사업으로 태평성대한 세월에 취해 무사히 지내더니, 우리 황제 폐하가 높고도 넓은 덕으로 왕위에 오르신 후에 국운이 더욱 왕성하여 이미 대황제의 지위에 오르셨도다. 그리하여 문명개화할 정치로 만기萬機를 모두 살피시니, 이제 우리 이천만 동포 형제가 성스러운 뜻을 본받아 과거 나태하던 습관은 영구히 버리고 각각 개명한 새로운 방식을 따라 행할 때, 시작하는 일마다 일신 우일신日新又日新함을 사람마다 힘써야 함에도 불구하고, 어찌하여 한결같이 귀먹고 눈먼 병신처럼 옛 관습에만 빠져 있는가. 이것은 한심한 일이로다. 혹 이목구비와 사지 오관四肢五官의 육체에 남녀가 다름이 있는가. 어찌하여 병신처럼 사나이가 벌어 주는 것만 앉아서 먹고 평생을 깊은 집에 있으면서 남의 제어만 받으리오. 이왕에 우리보다 먼저 문명개화한 나라들을 보면 남녀평등권이 있는지라. 어려서부터 각각 학교에 다니며, 각종 학문을 다 배워 이목을 넓히고, 장성한 후에 사나이와 부부의 의를 맺어 평생을 살더라도 그 사나이에게 조금도 압제를 받지 아니한다. 이처럼 후대를 받는 것은 다름 아니라 그 학문과 지식이 사나이 못지않은 까닭에 그 권리도 일반과 같으니 이 어찌 아름답지 않으리오……(중략)……

슬프도다. 과거를 생각해 보면 사나이가 힘으로 여편네를 압제하려고, 한갓 옛말을 빙자하여 "여자는 안에서 있어 바깥일을 말하지 말며, 오로지 술과 밥을 짓는 것이 마땅하다居內而不言外, 唯酒食施衣"고 하는지라. 어찌하여 사지육체가 사나이와 같거늘, 이 같은 억압을 받아 세상 형편을 알지 못하고 죽은 사람의 모양이 되리오. 이제는 옛 풍속을 모두 폐지하고 개명 진보하여 우리나라도 다른 나라와 같이 여학교를 설립하고, 각기 여자 아이들을 보내어 각종 재주를 배워 이후에 여성 군자들이 되게 할 목적으로 지금 여학교를 창설하오니, 뜻을 가진 우리 동포 형제, 여러 여성 영웅호걸 님들은 각기 분발하는 마음으로 귀한 여자 아이들을 우리 여학교에 들여보내시려 하시거든, 바로 이름을 적어내시기 바라나이다.

9월 1일 여학교 통문 발기인 이소사李召史, 김소사金召史

光武二年三月
八日
農商工部認可

每日刊行
第一卷
第四號

皇城新聞

別報

○〔五百年有〕北村엇던

흥 졍쳐로 만기를 총찰ᄒᆞ시ᄂᆞ 우리 이쳔만 동포 형뎨가 셩의을 효슌하야 젼일 ᄒᆞ더혼 힝슈은 ᄒᆞᆫ 세상형편을 알지못ᄒᆞ고 죠은 사ᄆᆞ 양이 되리오 이저ᄂᆞᆫ 녯규를 젼폐ᄒᆞ 고 기명 진보ᄒᆞ야 우리 나라도 타국 과 ᄀᆞ치 녀학교를 셜립ᄒᆞ고 각각 녀 아들을 보내여 각ᄉᆞ죠을 빈호아 일 후에 녀즁군ᄌᆞ들이 되게 ᄒᆞᆼ올주바

리 ᄂᆞ女ᄂᆞᆫ 복쵼엇던

우리 이쳔만 동포 형뎨가...

官報

辭職疏

批旨省疏具悉告自在何必爲
勿勿靜行公○前司果易奕○北音進士金
海道遮退處所有古今之殊治具有被
朝廷○本今領道退具悉公表慮○詢主事
美顯朝○六品李晉永官樹具
○六品李晉永官樹具以
上九月五日

김소사, 이소사, 〈여권통문〉(1898)
—《황성신문》 수록

근우회 선언문

근우회, 1929

역사 있은 후부터 지금까지 인류사회에는 다종다양의 모순과 대립의 관계가 성립되었다. 유동무상하는 인간관계는 각 시대에 따라 혹은 이 부류에 유리하게 혹은 저 부류에 불리하게 되었나니 불리한 처지에 서게 된 민중은 그 설움을 한껏 받았다. 우리 여성은 각 시대를 통하여 가장 불리한 지위에 서 있어 왔다. 사회의 모순은 현대에 이르러 대규모화하였으며 절정에 달하였다. 사람과 사람 상에는 인정과 의리의 정열은 최후 잔해도 남지 아니하고 물질적 이욕이 전 인류를 몰아 상벌의 수라장으로 들어가게 했다. 전쟁의 화는 갈수록 참담하여가며 확대하여가고 빈국과 죄악은 극도에 달하였다. 이 시대 여성의 지위에는 비록 부분적 향상이 있었다 할지라도 그것은 환상의 일편에 불과하다.

조선에 있어서는 여성의 지위가 일층 저열하다. 미처 청산되지 못

814

한 구시대의 유물이 오히려 유력하게 남아 있는 그 위에 현대적 고통이 겹겹이 가하여졌다. 그런데 조선여성을 불리하게 하는 각종의 불합리는 그 본질에 있어 조선사회 전체를 괴롭게 하는 그것과 연결된 것이며 일보를 진하여는 전 세계의 불합리와 의존 합류된 것이니 문제의 해결은 이에 서로 관련되어 따로따로 성취될 수 없게 되었다. 억울한 인류가 다 한 가지 새 생활을 개척하기 위하여 분투하지 않으면 안 되게 되었으며 또 역사는 그 분투의 필연적 승리를 약속하여 주고 있다. 조선여성운동의 진정한 의의는 오직 이와 같은 역사적 사회적 배경의 이해에 의하여서만 비로소 파악될 수 있는 것이니 우리의 역할은 결코 편협하게 국한될 것이 아니다. 우리가 우리 자신의 해방을 위하여 분투하는 것은 조선사회 전체를 위하여 나아가서는 세계 인류 전체를 위하여 분투하게 되는 행동이 되지 아니하면 안 된다(이하 11자 삭제당함). 그러나 일반만을 고조하여 특수를 망각해서는 안 된다. 고로 우리는 조선여성운동을 전개함에 있어서 조선여성의 모든 특수점을 고려하여 여성 따로의 전체적 기관을 갖게 되었나니 이와 같은 조직으로서만 능히 현재의 조선여성을 유력하게 지도할 수 있는 것을 간파하였기 때문이다.

조선여성운동은 세계 사정에 의하여 또 조선여성의 성숙도에 의하여 바야흐로 한 중대한 계단으로 진전하였다. 부분 부분으로 분산되었던 운동이 전선적 협동전선으로 조직된다. 여성의 각층에 공통되는 당면의 운동 목표가 발견되고 운동방침이 결정된다. 그리하여 운동은 비로소 광범하게 또 유력하게 발전할 수 있게 되었다. 이 단계에 있어서는 모든 분열정신을 극복하고 우리의 협동전선으로 하여금 더욱 더욱 공고하게 하는 것이 조선여성의 의무이다. 조선여성에게 얼크러 있는 각종의 불합리는 그것을 일반적으로 요약하면 봉건적 유물과 현대적 모순이니 이 양시대적 불합리에 대하여 투쟁함에 있어서 조선여성의 사이에는 큰 불일치가 있을 리 없다. 오직 반동층에 속한 여성만이 이 투쟁에 있어서 회피 낙오할 것이다. 근우회는 이와 같은 견지에서 사업을 전개하려 하는 것을 선언하나니 우리의 앞길이 여하히 험악할지라도 우리는 1,000만 자매의 힘으로써 우리의 역사적 임무를 수행하려 한다. 여성은 벌써 약자가 아니다. 여성은 스스로 해방하는 날 세계가 해방될 것이다. 조선 자매들아 단결하자.

《근우》 창간호(1929), 3~4쪽

여성성소수자 궐기 선언

여성성소수자궐기대회 기획단, 2015

여성가족부는 '양성평등'이란 오직 남성과 여성 사이에 존재하는 성차별을 없애는 것이라며, 양성평등 정책에서 성소수자를 배제하겠다고 선언했다. 대전시는 여성가족부의 지시에 따라 〈대전광역시 성평등기본조례〉의 성소수자 인권 보호 조항을 삭제·개정하였다.

여성가족부는 대한민국에서는 처음으로, 이미 제정된 성소수자 인권 규범을 사라지게 한 주범으로서 역사에 남았다. 성차별 및 성적 폭력으로부터 보호받아야 할 남성과 여성이 따로 있다고 말하는 여성가족부, '양성평등'을 차별과 배제의 근거로 사용하는 이 한심한 여성가족부에 우리는 분노한다.

나는 (우리는) 다음과 같이 선언한다.

하나. 우리는 성별 규범에 맞추어 살도록 강요받고, 그렇지 못할 때 비난받아왔다. 머리를 길러라, 예쁘게 미소를 지어라, 여자로 생각하고 말하라, 남성과 결혼하여 아이를 낳아라…. 우리는 다양한 여성 중의 하나로, 여성에게 요구되는 역할과 여성에 대한 편견에서 자유롭지 않다. 나는, (우리는) 우리가 처한 현실을 성차별이라고 말할 수 있으며, 이를 변화시키는 것이 성평등에 기여하는 것임을 확인한다.

둘. 성별 임금 격차, 여성차별적 노동 환경, 성희롱, 성폭력, 가정폭력은 성소수자를 비껴가지 않는다. 성소수자라는 사실이 드러나면 그러한 차별과 폭력이 증폭된다. 나는, (우리는) 여성과 성소수자에 대한 부당한 차별과 폭력에 맞서 싸워야만 온전한 우리의 인권을 쟁취할 수 있음을 확인한다.

셋. 트랜스젠더는 주민등록번호, 남녀화장실, 병역 등 일상적인 성구별 체계 속에서 고통받는다. 진짜 여성임을 증명하라고 요구받으며, 당장 몸을 깎아내고 훼손할 것을 명령받는다. 건강을 담보로 비전문적인, 높은 비용의 의료조치에 몸을 맡기라고 주문한다. 우리는 언제, 어떻게 나답게 살 것인가를 결정할 수 있으며, 그러한 결정을 편견없이 인정하는 사회를 원한다. 여성의 몸과 표현은 다양하며, 누가 봐도 '여자처럼' 하나의 여성이 되기를 강요할 수 없다. 나는 (우리는) 트랜스젠더 여성이다.

넷. 레즈비언, 바이섹슈얼 여성 등 여성을 사랑하는 여성들은 '남자 맛을 못봐서' 여성을 사랑하는 것이 아니다. 이성애자 남성들은 남자 맛을 못봐서 여성을 사랑하는가? 이성애를 교정할 수 없듯이 우리의 섹스와 사랑을 교정할 수 없다. 우리의 섹스를 이성 간의 섹스에 비해 더 더럽거나 덜 열정적이라고 말할 수 없다. 동의에 의한 섹스를 성폭력이라거나 비도덕적 행동으로 폄하할 수 없다. 우리는 우리의 성과 친밀성으로 가족을 이룰 수도 있다. 나는, (우리는) 레즈비언이고, 바이섹슈얼이다.

다섯. 아동과 청소년은 여자답지 않거나 남자답지 않다는 이유로, 성적지향과 성별정체성이 다르다는 이유로 학교에서 괴롭힘을 당해서는 안 된다. 나는, (우리는) 학교와 가정 등에서 다양한 정체성을 존중할 수 있도록 교육받고 스스로의 성정체성을 긍정하고 이해할 수 있도록 적절한 성교육과 인권교육을 제공받을 권리가 있다.

여섯. 나는, (우리는) 다양한 여성 중의 하나로서, 우리의 다양성은 사회적 자산이다. 우리는 세금을 내고 투표를 하는 시민이며 가족과 공동체를 돌보는 사회의 일원이다. 우리의 인권은 일개 부처가 자의적으로 배제할 수 없는 헌법적 권리이고 모든 성평등, 차별금지, 인권 규범에서 중요한 가치로 다뤄져야 한다.

일곱. 나는, (우리는) 여성성소수자이다. 여성이자 성소수자로서 인권을 보장할 책무를 국가에 요구할 수 있다. 우리는 성소수자들을 낙인찍고 차별하고 배제하고 혐오하도록 부추기는 성차별적 의식과 제도들에 맞설 것이다. 성차별에 맞서는 모든 행동들은 성소수자를 차별하는 행동과 한 편이 될 수 없으며, 성소수자에 대한 배제와 차별은 성평등이라 부를 수 없다. 성소수자의 인권 없이는 성평등도 없다.

우리는 질문한다. 여성가족부가 말하는 여성은 누구인가? 성차별은 무엇인가? 성평등은 무엇인가?

나는, (우리는) 여성이 아니란 말인가?

2015년 10월 10일

여성가족부의 성소수자 차별에 분노하는
여성·성소수자·인권단체 및 참여자 일동

박근혜 퇴진을 넘어
다른 세상을 향한 페미니스트 시국 선언

각 여성단체, 2016

박 근 혜　퇴 진 을
넘　　　　　　　어
다 른　세 상 을
향　　　　　　한
페 미 니 스 트
시 국 선 언

2016.11.26 2:00
세종문화회관 대극장 앞

함께한 단체·모임들 강남역10번출구, 건강과 대안 젠더건강팀, 공익인권변호사모임 희망을
만드는 법, 노동당 여성위원회, 다산인권센터, 동덕여대 여성학 동아리 WTF, 박.하.여.행(박
근혜 하야를 만드는 여성주의자 행동), 불꽃페미액션, 사회진보연대, 서울인권영화제, 서울
장애인차별철폐연대, 성적소수문화인권연대 언론홍처마, 십대섹슈얼리티인권모임, 여성문화
이론연구소, 여성주의 춤 동호회 스웜 시스터즈, 우리는 서로의 용기당, 인권운동사랑방, 인
천인권영화제, 장애등급제*부양의무제폐지공동행동, 장애여성공감, 전국장애인차별철폐연대,
정의당여성주의자모임-Just' Feminist, 정의당 이화여대 학생위원회, 젠더정치연구소 여.세.
연, 지구지역행동네트워크/글로컬페미니즘학교, 페미당당, 한국게이인권운동단체 친구사이,
한국레즈비언상담소, 한양대 반성폭력 반성차별 모임 <월담>, 행동하는성소수자인권연대
<성과 재생산 포럼> 희망을만드는법, 건강과대안 젠더건강팀, 장애여성공감, 지구지역행동
네트워크 및 개인연구자 그리고 개인 선언으로 함께한 수많은 페미니스트들

주관·문의 지구지역행동네트워크/글로컬페미니즘학교 02-593-5910 glocalactivism.org
glocal.activism@gmail.com Facebook.com/NGASF Twitter @NGASF

페미니스트 비체 시국 선언

여성문화이론연구소, 2016

우리는 나라를 바꾸는 계집, 나라를 바꾸는 페미니스트 비체들이다.

우린 웬만해서는 선언 같은 거 안 한다. 확신을 주는 말들이 얼마나 주술적인지를 잘 알고 있기 때문이다. 그런데 이제 한 번 쯤을 해야 할 때가 온 것 같다. 권력이 소용돌이치고 있기 때문이다.

만천하에 드러난 최순실-박근혜 게이트는 대통령이 여성이었기 때문에 발생한 사건이 아니다. 그것은 박근혜를 "순결하고 희생적인 여성"이라는 기표로 만들어 "아버지 박정희"의 유산을 계승하려했던 가부장적 젠더체계와 이에 기생하는 경제·정치·사법 권력 카르텔이 만들어낸 사건이다. 그런데 비판의 목소리는 가부장적 권력 카르텔이 아닌 여성비하로 점철되고있다. 이 사건을 "한낱 여성"의 문제로 치환하여 비난하는 비판세력의 목소리는 박근혜 대통령을 변호하기 위해 "여성으로서의 사생활"을 운운하는 유영하 변호사의 발언과 무엇이 다른가?

우리는 페미니즘에 무지한 박근혜 정권의 퇴진을 요구한다. 그러나 이와 더불어 비판세력이 여성혐오라는 감정의 정치를 더 이상 동원하지 말 것도 요구한다. 우리는 집회에서의 여성 비하 발언을 더 이상 보고 있지 않을 것이며, 성추행을 더 이상 용인하지 않을 것이다.

물론 박근혜 정권이 가부장적 권력 카르텔에 기반하고 있음에 무지한 사람들은 반격을 할 것이다. 간만에 중요한 이야기를 하는데 페미니스트들이 훼방을 놓는다고 할 것이다. 우리 에게 "뭣이 중요한지" 모른다고 손가락질 할 수 있으며, "작작 좀 하라"고 욕할 수도 있다.

페미니스트들을 전선을 교란하는 더럽고 위험한 "비체"로 지목하여 혐오할 수도 있다. 잠시 만 기다리면 다음 권력이 알아서 페미니즘적인 정책을 펼칠 텐데 제발 잠시만 "가만히 있으라"고 할 것이다.

그러나 과거, 가만히 기다렸던 우리에게 돌아온 것은 수사적인 여성 정책과 여전한 말본새였 다. 이건 어떤 정권이냐의 문제가 아니다. 그것이 어떤 것이든 권력은 집중되는 순간 페미 니즘을 부차적인 것으로 만들었다. 그게 가부장적 권력의 속성이다. 권력은 응집된 이후에는 부패한다. 하여 권력은 지금과 같은 소용돌이 속에서 다시 만들어지는 순간 분산되어야 한다. 그러니 할 말이 있다면 지금 하자. 권력은 만들어 진 후 분산되는 것이 아니라 만들어지는 과정에서 분산되어야 한다. 그 누구든 나쁜 권력으로 만들지 않으려거든, 지금 말하자.

우리는 지금까지 권력 비판의 장에서 함께 춤추었다. 우리는 "낙태죄 폐지" 집회 이후에도 피곤한 몸을 이끌고 청계광장까지 갔다. 그러니 한 번도 우리가 춤 출 때 함께하지 않았던 저들에게 우리는 말할 자격이 있다. 뭣이 중한지 몰랐던 건 우리가 아니다. 선 권력, 후 분 산의 논리 속에서 맹-페미니즘적 말실수에 대해 반성할 능력조차 없다면, 박근혜 정권 퇴진 에 연대하는 페미니스트들에게 오히려 비난의 화살만을 날린다면, 그런 자들에게는 권력을 주지 말자. 누구든 이의제기에 아무런 반응도 하지 않는다는 것은 그로 인해 자신이 상처 을까 두려워하는 나약한 자아를 가졌다는 것 외에 다름이 아니다.

누구에게 권력을 나누어 줄 것인가는 우리의 손 안에 있다. 물론 우리를 포함하여 모든 인간은 한계를 갖는다. 자기 확신과 완전성을 전시하기 위하여 맹-페미니즘적인 실수나 과오를 인정하지 않는 사람들은 오히려 인간이 아니다. 이는 자신이 비판하는 그 권력과 똑같은 권력일 가능성이 높다. 우리가 누군가를 선택해야한다면, 자신의 가부장적 한계를 돌아볼 줄 아는 사람을 지지하자. 페미니스트란 다른 게 아니다. 가부장적 권력 카르텔이 만들어낸 우월적 남성성, 착한 여성성의 모습을 벗어나 이에 균열을 내는 비체abject임을 선언하는 사람이다. 더럽고 위험한 것은 우리가 아니라 가부장적 카르텔을 지키려는 자들이다. 나라를 바꾸는 것은 바로 우리 계집, 우리 페미니스트 비체들이다.

마지막으로 당부하고 싶다. 피해자 코스프레는 하지 말자. 알고 보면 저들은 우리를 좌지우 지할 만큼 강하지 않으며, 우리는 아무런 저항 없이 당하기만 하는 피해자가 아니다. 우리 가 힘없이 당하기만 한 피해자임을, 저들이 무소불위의 권력을 가진 가해자임을 강조하면 할수록 저들은 강해지고 우리는 약해진다. 여성비하와 성폭력은 저들이 강해서 하는 것이 아니라 약해서 하는 짓이다. 폭로전은 그들이 얼마나 강력한가가 아니라 얼마나 대수롭지 않은가를 드러내는 게 핵심이다.

여성문화이론연구소

정상성에 도전하는
배제된 이들의 목소리로 새롭게 만드는
민주주의를 위하여

장애여성공감, 2016

100만 명이 촛불을 들고 있다. 연일 뉴스에서는 믿을 수 없는 소식들이 전해진다. 사람들은 절망하고 분노한다. 하지만 이른바 소수자로 불리는 장애를 가진 여성들은 아주 예전부터, 언제나 세상이 뒤집혀야 한다고 주장해왔다. 우리가 뒤집고자 하는 세상은 소수의 억압받은 사람들이 오히려 특혜를 받고 다수의 이른바 평범한 사람들을 억압하는 그런 세상이 전혀 아니다. 우리가 만들고자 하는 세상은 부와 권력을 독점하고 있는 1%의 지배층을 끌어내리고, 지배적 가치를 내면화하고 그 권력에 자신의 의사를 위탁함으로써 자신이 이 사회에 안전하게 포함되고 정상적으로 살아갈 수 있다고 믿었던 다수의 인식들을 뒤집고자 하는 것이다. 다수의 국민들이 자신의 의사를 대변하지 않는 정치인을 뽑고, 자신의 운명마저 지배자들의 탐욕에 위탁하는 그 의존성을 벗어나야 한다. 노동시장에서 배제되고 빈곤하고 정상성에서도 벗어난 우리 소수자들에게 사회는 복지제도에 의존하는 쓸모없는 사람이라고 손가락질 하지만, 그것은 권리와 의존에 대한 대단한 착각이다. 우리는 우리 존재 자체를 위탁하지 않는다. 우리는 우리의 권리가 무엇인지 알고 있다. 과연 누가 의존적인가? 또한 이 세상에 여러 겹의 불평등과 억압이 겹쳐져 있지만 우리는 장애여성의 존재를 지우는 비장애인 중심성과 남성중심성을 함께 지적한다. 한번도 온전히 실현된 적 없는 우리의 정당한 권리를 쟁취하기 위해서 오늘도 우리는 촛불을 든다.

우리는 '문제로 정의된 사람들이 그 문제를 다시 정의할 수 있는 힘을 가질 때 혁명은 시작된다'는 말을 좋아한다. 우리는 자주 여성임을 부정당하지만 우리는 사회에서 규정하는 여성의 기준에 맞출 생각이 없다. 박근혜 여성대통령은 우리에게 그 어떤 의미도 없었다. 우리는 여성에게 강제적으로 할당되는 자리와 역할을 거부하고, 여성의 의미를 새롭게 만들 것이다. 우리는 자주 무능력하다고 규정되지만 사회가 요구하는 정상성의 기준에 맞출 생각 이 없다. 우리는 존재 자체로 존엄성을 인정받고 인간다운 삶을 살 수 있는 세상을 원한다. 우리는 비슷한 처지에 있는 다양한 소수자들과 함께 이 사회의 문제점을 밝혀냄으로써 우리 사회의 본질을 폭로할 것이다. 박근혜라는 최악의 대통령을 끌어내리고, 그 다음에 차악의 대통령을 세우는데 만족하지 않는다. 억압받아온 사람들의 역사는 훨씬 길다. 우리는 민주주의를 위해서, 인간다운 삶을 만들기 위해서, 페미니스트-장애-퀴어 정치를 갱신해가면서 계속 목소리를 높이고 살아나갈 것이다. 광장과 거리에서 우리의 존재가 모욕당하지 않고, 헌법적 가치에 우리들의 얼굴이 새겨질 때까지 이 싸움은 지속될 것이다. 오늘은 그 싸움의 여러 날 중의 하루이자, 박근혜의 퇴진을 강력하게 요구하는 중요한 날이다. 민중이 총궐기 하는 오늘, 우리는 우리의 속도와 방식으로 역사에 참여할 것이다.

정의당 여성주의자 모임 시국 선언문

정의당 여성주의자 모임, 2016

오늘 우리는 유례없는 혼란스러움에 직면하고 있다. 공사의 구분이 무너지고 권력이 사유화되고 있기 때문이다. 가장 놀라운 것은 박근혜 대통령이 권력 사유화에 적극적으로 나서왔다는 점이다. 시간을 거슬러 올라간 기분이다. 박근혜 대통령의 시대가 아닌, 박정희 대통령 시대로 말이다.

박근혜 대통령과 측근들은 역사의 반복을 꿈꿨지만 그들의 꼼수는 백일하에 드러났다. 이제 그들은 범죄자가 되었다. 그들에게 권력을 쥐어주었던 정치인들은 꼬리 자르기에 급급하다.

새누리당의 지지율은 곤두박질치고 국민들은 거리로 나섰다. 자진 사퇴냐, 탄핵이냐. 남은 선택지는 이제 둘 뿐이다.

우리 페미니스트들은 박근혜 퇴진 너머의 문제를 이야기하고자 한다. 그것은 어떤 정치를 새롭게 만들어갈 것인가에 대한 문제다. 여성을 배제하지 않는 집회 문화와 사회를 만들어가듯, 그 누구도 배제되지 않는 정치는 무엇인지, 우리는 그 질문을 다시 한번 던질 것이다.

박근혜 대통령은 우리 사회에 해결되지 않은 독재와 전근대적 남성 리더쉽의 재연이다. 우리 사회는 박근혜를 독립된 자아로 바라보지 않았다. 어디까지나 '박정희의 딸 박근혜'였다. 갑작스럽고, 충격적인 사건에서 비롯된 연민이 박근혜 대통령을 만들었다. 지금 한국 사회가 느끼는 분노는 연민과 종교적 믿음에서 비롯된 선택에 따른 결과다.

이제 우리는 국가가 무엇인지 물어야 한다. 그리고 국가를 지탱하는 정치는 무엇인지, 그것이 어떤 것이 되어야 하는지 물어야 한다. 박근혜 대통령의 실책은 여성 리더십에 대한 그릇된 고정관념을 강화시키고 있다. 우리는 박근혜 대통령과 싸우는 한 편, 여성들에게 드리워진 이 굴레와 싸워야 한다. 우리는 박근혜와 같은 여성이다. 하지만 우리는 타인에 의존하고 끌려다니지 않는다. 과거로 회귀하는 정치가 아닌 새로운 시대를 위한 정치를 꿈꾸는 여성들이다.

정의당 여성주의자 모임은 여성들의 새로운 정치를 만들어나갈 것이다. 끊임없는 싸움과 실천을 통해 여성이 정치의 주체가 되는 사회를 만들 것이다. 우리 손으로 보다 나은 세상을 그리는 정치세력을 만들어갈 것이다. 우리의 방식으로 권력을 쟁취할 것이며, 낡은 권력들과 싸울 것이다. 지금 우리는 이 광장에서 연대를 통해 세상을 바꾸기 위한 발걸음을 시작할 것이다.

박근혜 퇴진, 정권교체를 넘어
우리는 '다른 세상'을 만들 것이다

지구지역행동네트워크, 2016

1960년 11월 25일, 도미니카공화국 라파엘 트루히요 정권의 폭압적인 독재에 맞서 싸우던 세 명의 자매가 살해당했다. 그들은 자신을 성추행한 독재자의 뺨을 때린 후, 끝까지 반독재 투쟁에 앞장서서 싸웠으며, 이들의 죽음은 36년 독재 정권을 무너뜨리는 결정적 계기가 되었다. 이후 라틴 아메리카 여성들은 이 날을 '세계 여성폭력 추방의 날'로 지정했다.

2016년 '세계 여성폭력 추방의 날', 세계 각국의 여성들은 '세계 여성 파업'을 선언했다. 그리고 오늘 한국의 우리는 가부장적 독재정권의 유령에 기대어 온 권력의 카르텔을 무너뜨리고 새로운 세상을 향한 투쟁을 만들어갈 것을 선언한다.

지금 우리는 박정희 독재정권과 함께했던 정·재계, 언론, 종교계의 부역자들이 박근혜 정권을 통해 어떻게 한국사회를 다시금 파탄에 빠뜨려 왔는지 생생하게 목도하고 있다. 박근혜 정권 4년 동안 박정희의 망령은 다시 활개를 쳤고, 비선실세의 국정농단 속에 껍데기 뿐인 민주주의가 정치의 자리를 대신했다. 박근혜의 카르텔은 신자유주의가 초래한 각자도생의 삶을 파고들어 혐오를 부추겨 왔으며, 군사적 긴장과 동맹에 기대어 끊임없이 불안을 야기해왔다. 그들은 허울뿐인 '여성대통령'을 상징으로 내세웠으나 여성들의 삶은 더욱 열악해졌다. 우리는 바로 그들이, 민중을 자신들의 탐욕과 특혜를 위해 길들일 개, 돼지로 여기고, 세월호 참사로 304명의 생명을 앗아간 공동정범임을 똑똑히 알고 있다.

이제 그들은 다시금 자신들만의 새로운 카르텔을 구축하기 위해 권력 재편을 시도하고 있다. 그러나 우리는 더 이상 그들의 카르텔을 용납하지 않을 것이다. 우리는 정권 교체나 허상의 민주주의를 위한 투쟁에 머무르지 않을 것이며, 다른 세상을 향한 싸움을 시작할 것이다.

페미니스트로서 우리는 정권을 넘어 체제에 주목한다. 이 파탄의 본질은, 비단 하나의 정권이 아니라 자본과 권력을 지닌 소수가 다른 생명들을 자원으로 삼아 성장하는 가부장체제에 있기 때문이다. 성별화된 권력과 노동의 위계화, 성별이분법과 이성애 중심주의, 정상성 규범과 종 차별이 이 체제를 작동시켜 온 역사적 바탕이다. 개, 돼지를 함부로 다뤄져도 되는 생명으로 여기는 세계가 이 체제의 본원이며, 권력 집단의 파행을 여성 혐오로 환원해버리는 것이 이 체제의 속성이다. 복지를 관리와 통제의 도구로 삼고, 차별과 낙인, 혐오를 부추기는 이들은 이 체제를 유지하는 자양분이다. 임금노동과 상품생산에만 가치를 부여하고 삶의 가치를 위계화 하는 시스템, 여성의 몸을 인구관리와 노동력 재생산의 도구로 삼는 시스템이 유지되는 이상 우리의 삶은 제자리를 맴돌 것이다.

그러므로 이제 우리는 더 큰 싸움을 시작할 것이다. 우리는 박근혜와 가부장적 권력집단의 카르텔을 종식시키고, 그들이 야기한 파탄에 명백히 책임을 물을 것이다. 나아가 우리는 '여성'이 보수 기득권 집단의 정치적 기표나 명분으로 이용되지 않는 세상을 만들 것이다. 우리는 정상성의 규범과 위계를 깨고 우리 각자의 존재가 곧 우리의 가치가 되는 세상을 만들것이다. 우리는 성별화와 노동의 위계, 지구적 착취의 시스템을 멈추게 할 것이다. 지금 광장으로 나온 모든 이들이 이 변화의 동등한 주체이다. 우리 각자의 요구가 하나하나의 새로운 물길이 되어야 한다. 더 많은 물길들이 끊임없이 이어져 이 세계를 변화시켜 갈 때까지, 우리는 매 순간 가장 경계에 선 이들의 자리에서 함께 투쟁해 나갈 것이다.

페미가 당당해야 나라가 산다

페미당당, 2016

우리는 늘 믿어왔습니다. 페미니스트가 당당해야 나라가 살아납니다. 페미니스트가 목소리를 내야 소수자에 대한 차별을 없애고, 사회 모순을 해결하고, 평등한 세상을 만들고, 모두가 자유로워집니다.

우리는 나라를 살리기 위해 광장으로 나왔습니다. 그러나 이곳에 페미니스트를 위한 자리는 없었습니다. 우리는 부패한 정권은 퇴진하라고 소리쳤습니다. 집회 장소에서 소주를 마시던 시위대는 "아가씨들이 기특하다"고 등허리를 만졌습니다. 우리는 서로 지키기 위해 깃발을 들고 시위에 참여했습니다. 시국 파악도 못 하는 "페미나치"라는 비아냥을 들었습니다. 더 많은 단체를 모아 '페미존'을 꾸려 거리로 나갔습니다. 집회 사회자의 혐오 발언을 지적하였더니 콧방귀를 뀌며 시비 거는 젊은이를 만났습니다. "미스코리아처럼 예쁜 학생들이다"라며 다가오는 아저씨를 상대해야 했습니다.

페미가 당당하기도 나라를 살리기도 힘든 시기입니다. 그러나 우리는 광장에 나와 비로소 깨달았습니다. 페미니스트가 당당하지 못하면 이 나라는 절대 살아날 수 없습니다.

시위에 참여하는 여성을 "예쁜 딸"이라고 부르며 눈요깃거리로 여기는 사람들이 만든 나라는 모두에게 자유로울 수 없습니다. "저잣거리 아낙네" "닭년" "미스 박" "순실이"를 몰아낸다고 하더라도 말입니다. 여성혐오를 거리낌 없이 표출하는 무리가 그들만의 광장에 모여 정치를 바꾼다고 한들 이 나라는 살아나지 못합니다.

부패 정권이라는 해일이 밀려오고 있습니다. 뛸 힘이 있는 사람은 다른 이를 마구 밀며 도망갑니다. 넘어진 자를 일으키기 위해 손을 뻗는 우리를 보고 누군가는 조개를 줍는다고 비난합니다. 그러나 우리는 조개를 줍는 사람이 아닙니다. 우리는 해안에 남아 대피신호를 쏘아 올리는 사람입니다. 구명보트를 띄우고 해일 속으로 뛰어드는 사람입니다. 소외되고 차별받아 뒤쳐진 마지막 한 명까지 구하는 사람입니다. 우리는 페미니스트입니다.

우리가 여기서 세상을 바꾸어야만 이 나라는 살 수 있습니다. 죽어가는 나라의 광장에서 그 어느 때보다 확신을 가지고 외칩니다.

페미가 당당해야 나라가 산다!

페미당당

이주여성은
'아이 낳는 사람'이 아닙니다

한가은(레티마이투), 2018

내가 사는 동네에서는 어느 날부터인가 갑작스럽게 노동, 유학, 결혼 등으로 한국, 대만으로 이주하는 것이 사람들의 주 관심사가 되었다. "한국에 가면 더 잘 살 수 있다" "한국 남성들은 자상하고 아내를 잘 대해준다" "농사일을 해도 기계로 하기 때문에 베트남처럼 힘들게 살지 않아도 된다" 등의 말들과 함께 한국에 대한 이야기가 사람들 사이에서 퍼져나갔다. 한국을 그저 영화 속에서만 접했던 젊은 층에서는 한류스타 열풍 이후, 한국은 꼭 가보고 싶은 곳이 되었다. 더구나 우리 동네는 이미 오래 전부터 미국, 캐나다 등으로 전쟁 이후 생계가 어려워져 이주를 통해 자리를 잡는 사람들이 많았다. 그들이 보내온 외환으로 일부 가족들이 부유하고 더 나은 삶을 살았기 때문에, 사람들은 이주에 대해서 좋게 생각했다. 그래서 나도 한국으로 이주했다. 그리고 우연히 동네에서 만나는 베트남 출신 이주여성을 만나 한국이주여성 인권센터를 알게 되어 그 곳에서 한국어 교육, 컴퓨터교육, 상담원교육 등으로 시작해 나처럼 베트남에서 온 베트남 이주여성들을 위한 통번역 자원봉사 활동을 했다. 이곳에서 만나는 이주여성들은 대부분 결혼 이주여성들이었다.

국제결혼을 선택하게 된 이유를 물어보면 대부분 이주여성들은 "더 나은 삶을 찾아가기 위해 '약속의 땅'을 찾으러"라고 답한다. 잘 모르는 나라로 가서 살겠다고 결심하다니 참 용감한 여성들이라고 하기도 하지만, 지금 생각해보니 한편으로는 조금 무모한 감도 없지 않았나 싶다. 한국말도 모르고, 한국 문화도 잘 모르며, 모르는 사람과 짧은 시간에 만나 결혼하고 한 집에서 산다는 것이 그리 쉬운 일은 아니기 때문이다. 결혼을 '할 수 있지만' 결혼생활을 어떻게 해야 하는지, 한국 초기 적응이 얼마나 어려운 것인지 대부분 여성들은 상상하지 못한다.

결혼까지의 과정도 쉽진 않다. 두 사람이 만나 결혼을 결정하고 나면 양쪽 나라에서 혼인신고를 한 후 한국 남편이 초청 서류를 보내야 아내가 비자를 발급 받아 한국으로 올 수 있다. 남편의 초청이 있어야 한국에 입국할 수 있기 때문에, 결혼을 했다가 남편의 변심으로 한국으로 오지도 못하고 이혼도 하지 못한 채 혼인 상태로 남는 경우도 종종 있다.

또 결혼중개업을 통해 결혼을 하다 보니, 서로에 대해서 잘 모르기도 하고 말도 통하지 않아서 중개업체와 그곳에서 제공한 통역의 말에 의존할 수밖에 없다. 그래서 배우자에 대한 거짓 정보 문제가 많이 생겼다. 법적으로 규정이 없는 탓에, 정신건강에 문제가 있는 남성을 만나 일정한 거주지 없이 떠돌거나 고시원 등에서 사는 여성도 있었다.

지금은 내가 일하는 한국이주여성인권센터와 이주단체, 관련 관계자들과 다양한 대응 활동을 통해 국제결혼중개업에 대한 법이 생기고, 지자체에서 관리감독이 되어 있지만 국제결혼은 그 나라에서 진행되는 상황이어서 실질적으로 규제하기가 쉽지 않다.

이주여성들이나 한국남성들이나 때론 자신의 의지로 결혼하는 것이 아니라 부모나 형제들의 권유로, 성인이 되었으며 결혼을 해서 자녀를 낳아야 한다는 의무감으로 떠밀려 결혼하는 사례도 있다. 같은 나라에서, 같은 문화권에서 살았어도 두 사람이 부부가 되어서 사는 것이 성격 차이, 생활 방식 차이 등으로 인해 갈등이 생기기 마련인데, 다른 세대 다른 나라에서 살아온 사람이 한집에서 사는 것은 더욱더 쉽지 않은 일이다.

한 10여년 쯤 전이었다. 내가 한국이주여성인권센터에서 일한 지 어느 정도 되자 외부 회의, 교육 등에 참석할 기회가 많이 생겼다. 어느 날, 한 연대회의에 참석했다. 갑자기 누군가가 날 "어머니, 어머니"라고 불렀다. 처음에는 나를 부르는 줄도 모르고 별 대답을 하지 않았다. 알고 보니 한 여성사회복지사가 나를 부르는 것이었다. "저요?"라고 놀라면서 대답을 했다. 이주여성은 누구의 아내, 며느리일 뿐만 아니라 당연히 '어머니'여야 했던 것이다. (보통 이런 회의 자리에서는 참석자들을 직책으로 부르거나 '선생님'이라고 칭한다.)

당시 난 한국어를 잘 모르기도 했지만 아이가 없는데 왜 나를 어머니라고 부르는지 이해할 수 없었다. 지금 생각해보면 아마 그 사회복지사는 물론이고, 대부분 사람들이 이주여성들은 당연히 아이를 출산했을 것'이라고 생각했기 때문이었을 것이다.

요즘 젊은 한국 사람들 사이에 1인 가구가 많아지고 있고, 결혼을 했어도 자녀를 출산을 하지 않은 부부들도 꽤 있다고 알고 있다. 하지만 결혼이주여성들은 그런 상황에 해당되지 않는다고 보는 것 같다. 결혼을 해서 한국에 왔으면 아이를 낳아야 하고, 어떠한 이유로 아이가 생기지 않거나 혹은 낳지 않으면 '정상가정'이 아니라고 의심을 받기 십상이다. 아이가 없었기에 주변 사람들로부터 '아이가 왜 안 생기느냐, 아이를 낳아야지, 병원에 가봤나? 병원에서 뭐래?' 등의 질문을 받곤 한다. 그럴 때마다 너무나 스트레스를 받는다. 그저 방어적으로 "아직 안 생겨서요. 천천히 가지려고 합니다"라고 답하면 또 다른 '친절한 조언'들을 듣는다. 어디에 가면 아기 잘 생기게 해주는 보약 가게가 있다는 둥, 이런 저런 약을 먹으라는 둥. 그런 얘기를 들을 때면 '내가 아이가 없는 것이 이상한 사람이 되는 것일까?'라는 생각이 들기도 했다.

거기에 그치지 않는다. 내가 그들의 조언을 듣지 않을 때는 그들로부터 낯선 시선을 받게 된다. 내 앞길을 천천히 걸어가든 빨리 걸어가든 어떤 방향으로 걸어가든 내 마음인데, 왜 주변 사람들로부터, 특히 처음 얼굴 본 사람들로부터 그런 '관심'을 받게 되는지 도저히 이해할 수 없다. 내가 이주민이어서 관심을 가져주는 건 고마운 일이지만 '정말 이런 관심은 가져주지 않았으면' 하는 마음이다. 하지만 그렇게 정확하게 내 마음을 표현하긴 어렵다. 사람들이 처음 본 나에게 사적인 질문들을 쏟아낼 땐 어찌 할 바를 몰라 당황하게 된다.

이런 시선만이 다가 아니다. 나는 물론이고 다른 이주여성들도 '아이가 없다'는 이유로 한국 국적을 신청하는 데 불이익을 받았다. 한국 남편과의 사이에 자녀가 있는 경우엔 국적을 신청하고 늦어도 평균 1년 정도면 귀화 허가 통지서를 받아 주민등록을 신청할 수 있다. 그런

국내 선언문

839

데 나는 30개월이나 걸렸다. 출입국관리사무소에서 아이 없는 부부가 위장결혼을 하는 것이 아닐까 의심하기 때문이다. 그런 이유로 나는 2007년부터 한국에서 일을 하기 시작했지만 2012년에야 한국 국적을 받아 연금보험에 가입할 수 있었다.

아이가 없는 것이 의심의 대상이 되는 이유는 '국제결혼'이 한국에서 저출산으로 인한 고령화 문제와, 농촌에서 결혼 상대를 찾지 못해 결혼 적령기를 놓친 농촌의 노총각을 위한 정부 차원의 대책으로 만들어진 것이기 때문이다. 그렇기에 결혼이주여성을 위한 정책도, 한국에 들어와서 자신들의 역량을 강화하여 삶을 스스로 개척할 수 있도록 지원하는 방식이 아니다. 한국 사회와 한국 문화에 적응할 수 있도록 아내, 며느리, 가정주부로서 집안일 잘하고 가족을 잘 돌볼 수 있게 지원하는 내용으로 이루어져 있다. 이런 정책은 결혼이주여성이 가족이란 제도 안에 갇히게 만들기도 한다.

이런 제도와 사회적 시선 속에서 나처럼 아이가 없는 국제결혼가정은 위장결혼이 아니냐고 의심을 받고, 무엇인가 '정상적'이지 않은 가정이 된다. 그리고 국제결혼을 했는데 아이가 없고, 한국 국적을 받기 전에 합의이혼을 한 경우는 본국으로 돌아가야 한다. 내가 일하고 있는 한국이주여성인권센터에서 발행한 《아무도 몰랐던 이야기: 폭력 피해 여성들의 생존 분투기》(2018)에는 통제, 경제적 착취, 물리적 폭력, 양육권, 자립, 체류권과 성폭력 총 일곱 개 주제로 다양한 사례들이 소개되어 있다. 결혼이주여성들이 가사 노동과 경제활동을 하고 있지만, 정작 그 노동에 대해 인정을 받지 못하고 그저 결혼이민자로만 인식되며 온갖 폭력과 차별에 시달리는 이야기들로 가득하다. 결혼이주여성을 인격체가 아닌 '노동의 도구'로만 인식하는 경우도 있다. 기본적인 권리인 언어를 배울 권리를 박탈하고 "밭에서 같이 일하려고 데려왔다. 한국어 배우러 다닐 시간에 농사일이나 하라"며 무시한 사례도 있었다. 이주여성이 경제활동을 통해 얻은 수입을 스스로 관리할 기회를 박탈하기도 한다.

이주여성의 몸, 과연 누구의 것일까? 이런 질문을 하면 대부분 사람들이 이렇게 답할 것이다. "사람의 몸은 자신의 것이고, 한국 여성의 몸이든 이주여성의 몸이든 그 사람의 것이다"라고 말이다. "왜 그렇게 당연한 질문을 하나요?"라고 오히려 질문이 되돌아올 수도 있다. 하지만 상담을 통해 만난 사례들을 보면 이주여성의 몸은 그렇지 않은 경우가 많다. 이주여성의 몸, 정확히 얘기하자면 이주여성의 자궁이 남편과 시집가족의 것이 되는 경우들이 있기 때문이다. 사회를 시끄럽게 한 '현대판 씨받이 사건'이라 불리는 일도 있었다. 남편이 과하게 성관계를 요구하거나, 포르노를 보여주며 똑같은 성관계를 요구해서 도저히 참을 수 없어 이혼을 결심한 사례들도 있었다. 형부, 시아버지 등 가족에게, 결혼중개업자한테 성폭력을 당한 여성들도 있었다.

나는 여성이든 남성이든, 이주민이든 선주민이든 모두 인간답게 살 권리가 있으며 한 명 한 명이 소중하다고 생각한다. 결혼이주여성이 '결혼을 목적으로 이주해 온 여성'이라는 이유로 차별과 무시를 일삼고, 성적 대상화하며 함부로 해도 되는 존재라고 인식하는 문제는 꼭 바뀌어야 한다. 이런 인식에는 일부 한국인 남편과 그 시집가족도 한 몫을 한다. 대부분 한국남성이 결혼에 따른 비용을 지불하는 방식으로 결혼이 이루어져서(여성들이 현지 국제결혼중개업체에 지불하는 경우도 있다), 일부 가족들이 '이주여성을 돈을 주고 사왔다'고 잘못된 생각을 하는 경우가 있다. 결혼비용이란, 남성이 비행기를 타고 현지에 가서 여성을 만나 결혼식, 결혼서류 등에 드는 비용을 중개업자한테 지불한 것일 뿐, 여성에게 주는 것이 아니다. 이런 잘못된 인식으로 인해 결혼을 통해 부부와 가족이 되는 사람들 사이에 불신과 무시와 차별이 시작된다. 이주여성을 통제하고, 폭력과 폭언 등으로 이어지며 때로는 목숨을 빼앗아가는 사례도 발생한다.

결혼이주여성, 시작을 국제결혼으로 했지만 모두 존엄성이 있는 사람이다. 이주여성도 본국에 가족이 있고, 그 가족한테는 소중한 딸이고, 언니, 누나, 동생이다. 한국 가족들로부터 이주여성이 존중받으며, 한국 사회에서 잘 살아갈 수 있도록 배려와 지지, 응원이 필요하다. 그것이 이주여성만을 위한 것이 아니라 남편, 자녀, 시집가족과 이 사회를 위한 일이기도 하다. 이주여성들의 몸은 남편, 시집가족, 국제결혼 중개업체 혹은 주변인들의 소유가 아니라 이주여성 그 사람의 것이다. 자신이 관심이 있다는 걸 표현하기 위해서 이주여성의 몸과 결혼, 임신, 출산 여부 등 개인의 삶에 대해서 서슴지 않고 질문하는 것을 조금 조심해주었으면 한다. 물론 많은 분들이 이주여성에게 관심을 가져준다고 친절하게 다가오지만, 그 친절도 상대방의 입장에서부터 생각했으면 한다.

요즘 개인정보보호가 더 중요해진 시기에 한국여성, 한국남성들에게도 결혼과 출산을 물어볼 때 조심스러운데, 길에서 모르는 이주여성에게 단지 내가 관심이 있다고, 궁금함을 해결하기 위해 '한국이 좋지?' '남편이 잘 대해주지?' 묻거나, '남편이 몇 살이고, 아이가 있는지, 몇 명인지, 아이가 없으면 왜 없는지' 등 질문을 하지 않았으면 한다.

이 이야기를 듣고서 '왜?' '그럼 뭘 물어보란 말이냐, 아예 안 물어볼 테니, 관심을 안 가질 것이야' 하며 서운해하지 않았으면 좋겠다. 결혼을 했어도 아이가 안 생길 수 있고, 아니 안 가질 수도 있고, 이혼을 했을 수도 있다. 가정폭력 피해자에게 남편이 잘 대해주느냐고 묻고, 그 동안 힘들게 노력해온 난임 여성에게 아이가 안 생기는 것도 서러운데 왜 안 생겼냐고 이상한 눈빛을 보내며 병원을 소개해준다면, 그것은 관심이 아니라 상처를 주는 행위가 될 수 있다. 결혼이주여성도 임신, 출산을 선택할 권리와 성적 자기결정권이 있다.

한국 사람도 해외로 많이 나가듯이 한국에도 이주민들이 많이 들어와 함께 일하며 살아가고 있다. 내 입장에서만 바라보는 것이 아니라 상대방에 대한 존중과 배려로 시작하는 것. 동남아시아에서 왔다고 '아이고 불쌍한 것' 한두 마디를 듣고, 영혼 없는 칭찬인 '한국말을 잘 하네' 소리를 듣는 것보다는 잘 왔다며 반가워해주는 사람들을 만나고 싶다.

나의 인권이 소중한 만큼 남의 인권도 소중히 생각하는 내가 되는 것. 이 작은 것부터 실천하기 시작해 사람 대 사람으로 만나고 싶다. 이주여성이 어느 나라에서 왔든, 피부가 무슨 색이든, 그 나라가 한국보다 경제적으로 더 어렵거나 혹은 더 여유가 있다고 해서, 그 사람이 가진 배경과 외모로 판단하고 평가하지 않았으면 한다.

물론 이런 노력이 한 개인이 한다고 해서 사회적으로 이주여성에 대한 편견과 차별, 무시, 폭력, 성을 상품화하는 온라인 국제결혼광고 등이 사라지기는 어렵다. 여러 사람들의 노력으로, 한국여성과 이주여성들의 연대가 필요하다. 그리고 정부의 결혼이주여성 지원정책이 '저출생 해소'와 '가족 돌봄' 정책이 아닌 이주여성들의 역량을 강화하는 방향으로 가야 한다. 온라인에서 이주여성의 성을 상품화하는 국제결혼중개업 광고를 단속하고 규제할 필요가 있다. 학교 교육에서부터 진정한 '다문화'인 다양한 나라에 대한 이해와 다양성에 대한 존중을 배울 수 있길 바란다.

나는 이주여성 당사자 활동가로서, 더 많은 이주여성 당사자 인권활동가들이 생겨서 이주여성의 목소리를 내며 이주여성의 현실을 알릴 수 있길 바란다. 결혼이주여성들은 가정주부로서 남편과 자녀와 시집 가족을 돌보는 존재거나 출산하는 도구가 아니라는 것. 우리도 사람이며 존엄성이 있다는 솔직한 목소리를 냈으면 한다. 이주여성이 존중받고, 당당하게, 가족에 속한 사람이 아닌 이주여성도 꿈이 있고 독립적인 삶을 살아가는 존재라는 걸 알리고 싶다. 이주여성이 편하게 자신의 목소리를 낼 수 있는 사회가 되길 희망하며 나는 지금도 이주여성들의 인권 현장에서 뛰고 있다.

나의 몸은 불법이 아니다
— 지금 이 자리, 임신중단 치외법권

임신중단권을 요구하는 125인, 2018

임신중단은 금기도 죄악도 아니다. 여기에 모인 우리는 임신중단이 불법인 한국에서 한 시간 동안 임신중단을 선택하는 여성들을 대변하여 목소리를 낸다. 임신중단은 당사자 여성이 처한 사회적 조건을 막론하고 당연히 보장되어야 할 권리다. 사회는 임신중단을 '문란한', '미혼' 여성만 하는 것이라 말하며 임신을 그런 여성이 짊어져야 할 형벌로 치부한다. 그러나 임신중단은 세계에서 가장 많이 행해진 수술로, 수많은 보통의 여성들이 다양한 이유로 임신중단을 선택한다. 대한산부인과의사회는 하루 평균 임신중단 수술 건수를 약 3,000건으로 추정한다. 이는 정부 추정치의 약 세 배에 달하는 수치이다. 지금, 이 퍼포먼스가 벌어지는 한 시간 동안 임신중단을 하는 한국 여성의 수는 125명이다. 우리는 지금, 이 순간에도 임신중단을 선택하는 다양한 여성들이 존재함을 선언한다. 우리 125인의 여성들은 원치 않은 임신에 대한 책임을 여성에게만 지우는 국가에 다음과 같이 요구한다.

첫째, 형법 269조 "낙태죄"를 폐지하라.

형법 269조 낙태죄는 여성의 몸을 인구 조절을 위해 통제할 수 있는 임신과 출산의 도구로 보는 구시대적 산물이다. 여성의 몸은 국가 인구정책을 실현하기 위한 수단으로 여겨졌으며, 임신중단은 70년대까지 산아제한이라는 국책을 위해 정부의 방관 및 적극적 동조 아래 장려되었다. 반대로 저출산 문제가 대두되자 정부에서는 "낙태금지"를 내세우며 모자보건법상 허용되는 임신중단 이외의 수술을 '비도덕적 진료행위'로 규정해 처벌 강화를 시도하였다. 이처럼 여성은 임신과 출산을 결정하는 중대한 문제에서 주체가 되지 못하고 늘 국가 정책에 이용되는 도구로 취급되며 소외되었다. 태아의 생명권과 여성의 자기 결정권이라는 대립 구도를 거부하며, 여성의 재생산권과 건강권을 보장하라는 우리의 요구는 당연하다. 폴란드와 아일랜드, 아르헨티나 등지에서 행해지는 투쟁의 물결을 보라. 전 세계적으로 낙태죄 폐지는 거스를 수 없는 시대의 요구이다. 임신중단권은 여성의 생명권이다. 우리는 여성의 생존을 보장하지 않는 국가와, '낙태죄'의 위헌결정을 차기 재판부로 미루기로 한 헌법재판소를 규탄한다. 임신중단권은 더는 미룰 수 없는 기본권이다. 형법상 낙태죄를 지금 당장 폐지하라.

첫째, 누구나 안전한 임신중단을 받을 수 있는 권리, 임신중단권을 보장하라.

현재 인공임신중단이 불법인 한국에서 원치 않는 임신을 한 여성의 건강권은 심각하게 위협받는다. 시술비가 급격히 상승하고 시술을 거절하는 병원이 많아지면서 여성들은 수술의 불안전성과 심각한 부작용에 노출되는 위험을 감수하고 있다. 이에 우리는 여성이 성관계, 임신, 출산, 임신 중단을 개인이 자유롭고 책임 있게 결정할 권리, 이 과정에서 건강과 안전을 보장받을 수 있는 권리를 보장받기를 요구한다. 우리는 태아와 산모를 대결시키는 구시대적 논의에서 벗어나, 임신 중단이 합법화되어야 '안전한 임신 중단'이 가능하다는 건강권으로서의 '임신중단권'을 요구한다. 우리는 자신의 결정이 모자보건법에서 규정하는 합법적 임신중단 사유로 인정되기를 기다리다 위험한 후기 임신중단을 하게 되어 생명을 위협받는 여성이 나오지 않기를 요구한다. 수능이 끝나기를 기다리다 초기 임신중단을 하지 못하여 수술대에서 죽는 청소년 여성이 더는 없기를 요구한다. 수술 비용이 없어 가짜 약물을 구입하고, 합병증을 겪는 여성이 없기를 요구한다. 접수대에서 거부당해 여러 산부인과를 전전하는 여성이 없기를 요구한다. 우리는 모두가 무료로, 안전하게 접근 가능한 임신중단을 보장받을 수 있는 권리를 요구한다.

첫째, 초기 임신중단 약물인 미프진을 도입하라.

우리는 오늘 한국과 같이 임신 중단이 불법인 나라의 여성을 위해 임신중단 약물을 배송하는 단체, '위민온웹'에서 제공하는 임신중단 약물 '미프진'을 복용하면서 미프진의 도입을 촉구한다. 임신중단은 수술과 약물로 가능하나, 한국에서는 대부분 수술을 통해 임신중단을 하며, 다른 선택지는 주어지지 않고 있다. '미프진(미페프리스톤)'을 이용한 약물적 임신중단의 성공률은 90-98%에 달하며, 임신 7주 전에는 수술적 방법보다도 안전하고, 9주까지는 그 안전성이 확립되어 있다. 그러나 이러한 초기 임신중단약은 국내에 도입되어 있지 않을 뿐만 아니라, 이런 약이 존재한다는 사실조차 잘 알려져 있지 않은 상황이다. 따라서 우리는 여성의 재생산권과 건강권이 최우선으로 고려되지 않는 현실을 규탄하고, 안전한 임신중단과 평등한 임신중단권을 위해 임신중단 약물, 미프진의 도입을 요구한다.

2018년 8월 26일
임신중단권을 요구하는 125인 일동

처벌의 시대는 끝났다

모두를위한낙태죄폐지공동행동, 2020

'낙태죄' 없는 2021년, 새로운 세계를 향한 10대 과제를 선포한다!

오늘 우리는 처벌의 시대에 종지부를 찍고 '낙태죄'없는 2021년, 새로운 세계를 맞이하기 위해 이 자리에 섰다. 2021년 1월 1일 마침내 '낙태죄'는 효력을 상실한다. 수많은 여성들의 용기 있는 외침으로 이뤄낸 '낙태죄 헌법불합치' 결정에 따라 형법 제269조 제1항, 제270조 제1항(중 '의사'에 관한 부분)은 오늘 2020년 12월 31일을 시한으로 더는 적용되지 않는다.

이로써 한국은 캐나다에 이어 두 번째로 '낙태죄'의 위헌성을 확인한 후 새로운 처벌 조항을 마련하지 않고 임신중지 비범죄화를 이룬 국가가 되었다. 단순히 개정입법 시한을 넘기는 방식의 비범죄화가 아니라 보다 명확하게 권리를 보장하는 입법적 진전을 이루지 못한 것은 아쉬운 일이나, 한국의 비범죄화는 세계적으로도 중요한 의미를 지니는 전례를 만들어낸 것이라 할 수 있다. 여전히 처벌과 규제의 틀 안에서 안전한 임신중지에 대한 접근성과 성과 재생산 권리를 제약하고 있는 나라가 많은 현실에서 한국은 처벌 없이 새로운 진전을 이룰 수 있는 기반을 마련하였기 때문이다. 이는 수십만 여성과 시민들이 용기 있게 경험을 나누고 '낙태죄' 전면 폐지를 촉구해온 결과다. 새로운 시대를 함께 만든 그 모든 장면을 반드시 역사로 기록하고 기억할 것이다.

우리는 '낙태죄' 없는 새로운 세계를 향한 외침에 계속하여 화답하면서, 우리의 힘으로 새로운 세상을 만들어 가고자 한다. 더 이상 여성의 몸이 인구관리의 도구로 여겨지지 않고 헌법으로 보장된 인간의 존엄이 여성에게도 적용되는 사회, 성관계, 피임, 임신의 유지와 중지, 출산, 양육 등에 관한 권리가 개인의 결정권 차원을 넘어 노동, 교육, 주거 등에 관한 사회적 권리와 함께 연결되고 평등하게 보장되는 사회, 결혼여부와 장애여부, 소득수준, 인종과 성적 정체성 등에 상관없이 낳을 권리와 낳지 않을 권리가 모두 온전하게 존중되는 사회를 이루어나갈 것이다.

모두를위한낙태죄폐지공동행동은 '낙태죄' 없는 2021년, 새로운 세계를 향한 10대 과제를 제시한다.

하나, 유산유도제를 공적 도입하고 국가필수의약품으로 지정하라.
하나, 임신중지 관련 의료 행위에 건강보험을 적용하라.

하나, 의료현장 실태조사를 진행하고 편견 없이 최선의 의료행위가 제공되도록 의료인 교육·훈련 보장하라.

하나, 의료기관 간 연계가 원활히 이루어지도록 보건의료체계 및 인프라를 재정비·마련하라.

하나, '낳을 권리'와 '낳지 않을 권리'가 보장되는 교육 환경과 노동조건을 마련하라.

하나, 포괄적이고 통합적인 성교육을 시행하라.

하나, 피임접근권을 강화하라.

하나, 출생, 양육, 입양 등 관련 법제도를 개선하라.

하나, 임신중지로 인한 차별과 사회적 낙인을 해소하라.

하나, 처벌이 아닌 권리 보장으로! 효력을 상실한 두 조항을 비롯해 형법 제27장 '낙태죄'를 형법에서 전면 삭제하고, 성과 재생산 권리를 보장할 국가의 책임을 명시하라.

국회와 정부는 여성의 존엄을 침해해 온 낡은 법에 매달린 구시대의 망령에 현혹될 것이 아니라, 여성의 존엄과 권리를 향한 새로운 시대에 복무하라. 처벌의 시대는 끝났다! 안전한 임신중지와 재생산권이 보장되는 2021년을 맞이하자!

2020년 12월 31일

모두를위한낙태죄폐지공동행동

(건강과대안, 건강권실현을위한행동하는간호사회, 노동당, 녹색당, 민주노총, 반성매매인권행동 이룸, 보건의료단체연합(건강사회를위한약사회, 노동건강연대, 건

강사회를위한치과의사회, 인도주의실천의사협의회, 참의료실현청년한의사회), 불꽃페미액션, 사회변혁노동자당, 사회진보연대, 성과재생산크리스천포럼, 성적권리와재생산정의를위한센터 셰어SHARE, 여성의당, 여성환경연대, 인권운동네트워크 바람, 인권운동사랑방, 장애여성공감, 전국학생행진, 전국교직원노동조합, 지구지역행동네트워크, 진보당, 탁틴내일, 한국성폭력상담소, 한국여성단체연합, 한국여성민우회, 한국여성의전화)

'악마 같은 삶'이 아니다

한국여성민우회, 2020

'평범한' 강간문화, 텔레그램 성착취 반드시 끝내자!

　텔레그램을 이용한 성착취 계정 관리자 '박사' 조씨가 검거되었다. 3월 23일 한 언론사가 조씨의 인적사항과 얼굴을 공개한 이후 언론은 앞다투어 조씨의 행적에 대해 보도를 하고 있고, 25일 신상공개가 결정된 조씨가 했던 발언도 지속적으로 기사화되고 있다.

　사이버성폭력 관련 청원들은 매번 압도적인 청원동의수를 기록해 왔다. 이번 '텔레그램 n번방 용의자 신상공개 및 포토라인 세워주세요' 청와대 청원 동의자 수는 260만 명을 돌파했고, '텔레그램 n번방 가입자 전원의 신상공개를 원합니다' 청원의 경우에도 188만 명을 넘어섰다. 누적 26만여 명의 회원들에 대한 전원 처벌 및 신상공개 촉구 청원은 'n번방'을 비롯한 텔레그램 성착취 계정 운영자 몇몇의 문제가 아닌 성폭력을 동조하고 서로 독려하며 가해 수위를 높여온 참여자들, 그리고 이들의 행동을 가능케 한 남성중심적 성문화에 대한 문제제기이기도 했다.

자신이 소비했거나 방관했던 강간문화를 되돌아보지 않는 '의로운' 관전자들 또한 존재한다. '나는 n번방에 들어간 적이 없으며 n번방은 괴물 같은 일부의 소행일 뿐'이라며 악마화하는 태도는 일상적이고 평범한 현실의 성폭력을 외면하는 태도이다. 또한 계정 운영자의 발언과 신상정보가 불필요할 만큼 온갖 뉴스와 타임라인을 도배하는 상황은 여성들의 문제의식과는 동떨어져있다.

불법촬영물을 공유하고 동료 여성에 대한 성적 모욕을 일삼는 학교, 회사, 기자 등등의 남성 단톡방이 n번방과 무관한가.

약물을 이용한 성범죄 모의를 청년기의 일화쯤으로 치부하고, 교사에 대한 성적판타지를 버젓이 출판한 저자들을 옹호하는 태도는 과연 n번방과 얼마나 다른가.

"내 딸이 n번방 같은 곳에는 못가도록 가르칠 것이다", "가해자 처벌과는 별개로 '음란한' 피해자에게도 처벌이 필요하다"며 '진짜 성폭력 피해자'와 '가짜 성폭력 피해자'를 나누며 '피해자다움'을 강요하는 태도는 n번방으로부터 얼마나 멀리 떨어져 있는가.

조씨의 평범함은 곧 성폭력의 평범성이다. 'n번방', '박사방'과 같은 텔레그램 성착취는 피해 여성들의 신상정보를 볼모로 삼아 성폭력을 공모하고 실행한 익명의 참여자 수십만명이 함께 만들었다. 사진 영상 매체를 활용한 여성 폭력은 '빨간 마후라' 사건, 소라넷, 일간베스트, 웹하드, 텀블러, 웰컴투비디오, 텔레그램, 라인, 디스코드 등 시대에 따라 매체를 달리하며 오랫동안 이어져왔다. 사이버성폭력은 자신이 얼마나 여성을 겁박하고 예속시킬 수 있는지, 성폭력적인 언행을 할 수 있는지를 서로 과시하고 즐기는 강간문화의 자장 안에 있다.

조씨에 대한 신상공개와 보도, 이에 대한 정보공유가 관전평에 머물지 않기 위해서는 'n번방'이라는 사건에 공모자, 공모를 방관한 자들 역시 연결되어있다는 감각이 필요하다. '박사방', 'n번방' 이라는 공간은 여성에 대한 폭력의 현장이며, 이 현장으로부터 한 발짝 떨어져서 하는 분노와 비판은 현실을 바꾸지 못한다. 선함과 정의로움은 "모든 남자가 그렇지 않다", "나는 n번방 이용자 아니다"라는 선긋기나 억울함과 나란히 놓일 수 있는 개념이 아니다. 스스로의 책임과 해야 할 몫을 생각하지 않는 정의는 정의일 수 없다.

따라서 우리는 다음과 같은 내용을 요구한다.

하나. 일상적으로 실천되는 여성혐오와 강간문화가 근본적으로 바뀌어야 한다.

'소라넷' 폐쇄, 유명연예인의 단톡방 공개, '웰컴투비디오' 운영자 검거 그리고 지금의 텔레그램 'n번방'사건까지 사이버성폭력 사안이 이슈화 될 때 마다 해당 플랫폼에 있던 불법촬영물은 급격한 속도로 재유포되었다. 각종 플랫폼에서 '수사 피하는 방법', '다운로드와 유포가 많으면 많을수록 가해자 특정이 어려우니 많이 퍼트리자'라는 내용이 팁으로 공유되어왔다. 성매매가 합법화되지 않아 '성욕해소'를 할 수 없다는 이유로 범행을 정당화하기도 했다. 조씨는 본인의 행적에 대해

'악마 같은 삶'이라고 했다. 그러나 텔레그램 성착취 사건은 몇명의 운영자가 아니라 그 곳에 입장한 26만여 명이 함께 만든 것이다. 26만여 명의 회원을 양산해낸 조건은 여성혐오를 정당화하며 강간문화를 유지해온 평범한 일상 속에 있다.

하나. 가해자의 말은 궁금하지 않다, 구조적 접근으로 해결방안에 주목하는 언론보도를 하라

SBS는 경찰신상정보공개심의위원의 최종 결정 전 23일 조씨의 신상을 단독으로 공개하였다. 이후 언론은 '조씨, 평소 독단적' '휴대폰, 여성 사진이 많이 떠 있는 것' '소름 돋는' '잔혹한' '악질' '충격적 이중생활'과 같은 표현을 담은 제목과 인터뷰를 실어 기사를 쏟아냈다. 25일 '악마 같은 삶'이라고 자청한 가해자 조씨의 발언은 성폭력 가해자를 '악마' '괴물', '짐승' '사이코패스'로 표현해 온 성폭력 언론보도 관행의 결과이기도하다. 가해자가 괴물로 표현될수록 일상적인 성폭력은 은폐된다. 언론은 가해자를 악마화하는 것을 중단하고 선정적이거나 속보 경쟁의 과열 속에서 무엇을 놓치고 있는지 생각해야 한다. 성폭력에 대해 지속적이고 비중 있는 보도, 구조적 접근을 통해 사회적 대책 마련에 주목하는 보도를 해야 한다.

하나. 엄정한 수사와 정확하고 강력한 처벌을 위한 법제도 개선에 힘써야 한다

성착취 목적의 텔레그램 운영자 및 회원들에 대해서는 아동 청소년

대상 성범죄에 국한하지 않고 철저한 수사와 처벌이 시급하다. 메신저와 sns를 기반으로 이루어지는 성착취에 대해 면밀한 수사가 필요한 상황에도 의지없는 경찰력, 솜방망이 구형과 선고를 보아온 것이 소라넷 이후의 현실이었다. '갓갓'과 '박사' 등으로 불거진 이번 텔레그램 성착취 사건에 대한 경찰의 단호한 의지 표명을 환영하나, 일선 경찰에서는 여전히 사이버성폭력 사건에 대해서 미온적으로 대응하고 있는 사례들이 포착되고 있다. 검찰 또한 엄정한 수사와 구형을 위해 노력해야 한다. 3년 6월형을 구형하고 뒤늦게 추가기소된 운영자 '왓치맨', 마찬가지 1년형을 선고하고 27일 항소심이 열릴 '켈리'와 같은 사례가 또다시 반복되어서는 안된다. 공권력의 집행은 정의를 구현하는 방향으로 일관되고 공정하게 이루어져야 한다. 더불어, 국회는 이미 텔레그램 성착취에 관한 국민동의청원을 입법과정에서 휴지조각으로 만든 전력이 있다. 국회 및 행정기관은 사이버성폭력에 대한 법적 공백을 최소화하고 양형기준 마련 등의 과제를 신속하게 이행해야 한다.

2020년 3월 25일
한국여성민우회 고양여성민우회 광주여성민우회 군포여성민우회
서울남서여성민우회 서울동북여성민우회 원주여성민우회
인천여성민우회 진주여성민우회 춘천여성민우회 파주여성민우회

지구의날 에코페미니스트 선언문

여성환경연대, 2021

기후위기 대응을 위한 정의로운 전환의 길에 여성의 참여를 보장하라!

지난 100년 동안 한반도의 지표 온도는 1.8도 상승했다. 산업화 이후 지구 평균 온도가 약 1도 상승할 때 한반도는 거의 2배 가까이 올랐다. 올봄, 서울에서 100년 만에 벚꽃이 3월에 피었고 2018년의 폭염과 2020년 54일간의 기록적인 장마를 겪었다. 지구 온도 1.5℃ 상승을 막을 수 있는 시간이 불과 7년 정도밖에 남지 않았다.

우리는 지구라는 생태계 안에서 노동하고 사랑하며 삶을 영위한다. 그러나 지금 우리 모두의 집이 불타고 사라져갈 위기에 처했다. 우리는 마지막 기회를 허비하고 있는지 모른다. 지금처럼 다른 생명과의 공존을 거부하는 체제를 계속 유지할 것인가, 아니면 공존과 공생의 길로 전환할 것인가 기로에 서 있다. 착취적인 성장주의를 멈추고 다른 사회와 경제를 상상해야 한다. 우리는 아마존의 밀림과 태평양의 플라스틱 섬과 북극의 빙하와 연결되어 있다. 인도네시아의 여성 노동자와 필리핀의 농부와 미얀마의 민주주의와 연결되어 있다.

이 절박한 시기에 현 정부는 2050 탄소중립과 그린뉴딜을 선언하고 지방정부 역시 기후위기 선언을 하였지만 지금 우리가 목도하고 있는 것은 위선과 무능이다. 구체적 이행계획도 의지도 없는 시장 중심의 그린뉴딜은 기후위기를 단지 성장의 기회로만 여기는 그린워싱이다. 삼척 석탄화력발전소와 가덕도 신공항과 제주도 제2공항은 탄소중립 계획과 절대 공존할 수 없다. 코로나19 재난은 삶의 위기와 불평등을 더욱 심화시키고 있다. 코로나19로 드러난 사회재생산의 위기를 보건의료와 복지, 교육 등 공공성을 지키고 불평등을 줄여나갈 사회경제적 전환의 기회로 만들어야 함에도 이를 외면하고 있다.

정의로운 전환은 어디로 갔는가. 기후위기는 약탈적 자본과 정치의 위기이자 불평등의 결과이다. 우리는 지금의 이 위기를 단순히 탄소경제 문제로 축소하는 것에 반대한다. 기후위기가 수소와 재생가능에너지와 효율적인 거버넌스로 대체되는 것에 동의하지 않는다. 내연기관 자동차를 전기차로 바꾸어 더 많은 차와 더 많은 아파트를 부추기는 정치에 동의할 수 없다. 어느새 한국은 가장 많은 플라스틱과 시멘트와 에너지를 사용하고도 더 많은 우울과 자살, 더 많은 혐오와 폭력이 만연한 사회가 되고 있다. 이것이 진정 우리가 그토록 염원했던 행복과 풍요의 사회인가. 우리는 더 많은 평등과 민주주의만이 기후위기의 진정한 해법이라고 생각한다.

우리는 석유와 석탄에 기반한 약탈적 경제를 전환하여 자급과 순환의 경제로 나아가야 한다. 전 세계의 식량을 만들어내고 인류를 돌보는 노동을 하는 이들과 여성의 목소리에 귀를 기울여야 한다. 수천 킬로를 이동하는 상품이 아닌 지역에서 먹을거리를 자급하고 다국적기업으로부터 농업과 농촌을 지켜 생물다양성과 종자 주권을 잃지 말아야 한다. 암컷 동물의 재생산력을 지속적으로 착취하고 공장식 축산과 자연을 파괴하는 육식 중심의 식문화를 바꾸어야 한다. 생산-소비-폐기에 멈추지 않고 한정된 자원을 재사용하는 순환경제를 이루어야 한다. 도시를 위해 농촌과 지역을 희생시키지 말아야 한다. 기업의 성장과 이윤보다 우리의 공동체와 민주주의를 지켜야 한다. 우리에게 필요한 것은 더 많은 돌봄과 공공성이다. 우리는 풍요와 충분을, 경제와 사회를 다시 정의해야 한다.

여성환경연대는 1999년 창립선언문에서 조용한 환경청소부 역할도, 용감한 투사 역할도 하겠다고 선언했다. 20여 년이 흐른 지금, 가부장적인 정치경제는 더욱 지구의 삶을 파멸로 몰아넣고 있다. 우리는 삶의 변화와 체제의 변화 모두를 원하고 있으며 그것만이 위기에 빠진 지구와 우리의 삶을 지켜내는 일이다. 불평등하고 분열된 한국 사회에서 기후위기에 대응하는 새로운 돌봄의 정치를 만들기 위해 우리는 끝까지 행동하고 실천할 것이다.

우리는 다음과 같이 요구한다.

- 남성 중심의 개발 프로젝트인 가덕도 신공항, 제주 제2공항, 삼척 석탄화력발전소 건설 계획을 폐기하라!

- 2030년까지 온실가스 45% 감축 목표 실현을 위해 모든 경제 사회 문화 정책을 급진적으로 재설정하라！
- 기업 중심의 그린뉴딜을 중단하고 정의로운 전환 계획을 수립하라!
- 돌봄 정책을 비롯한 성평등한 사회재생산을 위한 공공정책을 강화하라!
- 기후위기로부터 농업을 보호하고 공장식 축산업 재고 등 근본적인 먹을거리 정책을 마련하라!
- 물, 토양, 대기 등 생태계의 회복을 위한 통합적 생태계 보전 계획을 수립하라!
- 코로나와 같은 인수공통감염병의 재발을 막기 위한 인간과 동식물의 건강한 재생산권을 보장하라!
- 국가와 지자체의 모든 기후위기 관련 정책 수립 과정에 여성들의 참여와 목소리를 보장하라!

2021년 4월 22일

여성환경연대 부설 에코페미니즘연구센터 달과나무

여성노동자회를 강화하여
미투운동을 성평등 노동 실현으로
연결한다!

한국여성노동자회, 2021

2018년 미투운동으로 촉발되어 한국 사회는 여성 폭력의 문제점을 깨닫기 시작했다. 여성들의 목소리는 '가해자를 감옥으로, 피해자는 일상으로'라는 구호로 구체화되었고, 분노를 넘어 일상과 제도를 바꾸기 시작했다. 하지만 노동문제에 관해서는 성별임금격차에 대한 분노가 시작되었을 뿐이다. 성평등 실현을 위해서는 노동에서의 성차별 해소가 핵심이다. 여성이 생존으로서의 노동권을 확보하기 어려운 사회 환경은 가부장적 종속을 강화시켜 왔다. 미투 이후 '페이미투'로 이어져야 하는 이유이다. 이제 여성노동자회는 성별임금격차에 대한 분노를 넘어 성평등 노동 실현을 위한 구체적 과제와 방안을 제시해야 한다.

신자유주의 아래서 경쟁을 내면화한 이들은 경쟁을 통해 사회적 지위를 획득하는 것을 최우선 목표로 달리고 있다. 하지만 핵심은 시스템을 바꾸는 것이다. 어떤 노동을 하든지 누구나 '빵과 장미'를 누릴 수 있는 사회가 필요하다. 계급과 가부장제 모두를 부수는 광폭의 연대로 노동이 존중받고 성평등이 실현되는 사회를 만들어야 한다. 다양한 이슈와의 접속과 연대를 통해 대중접촉점을 만들어 가야 한다. 다양한 분야에서 함께할 수 있는 다층적 지지그룹들을 확보해야 한다.

남성생계부양자 모델로 단단해지는 성차별의 고리를 끊어내야 한다. 남성생계부양자 모델은 노동의 성별분리를 가져왔으며 남성은 임금노동, 여성은 무급 돌봄노동이라는 구조를 만들고 강화시켜왔다. 이 때문에 여성은 임금노동을 하고 있음에도 불구하고 생계부양자로 인정받지 못하고 저임금을 강요당하며 무급 가사·돌봄노동까지 책임져왔다. 한편으로 남성생계부양자 모델은 정상가족을 사회 기본단위로 상정하고 다양한 가족구성권을 인정하지 않는 결과를 가져왔다. 각종 사회·복지체계 역시 남성생계부양자와 피부양자 여성으로 설계되어 있다. 이 시스템 안에서 여성은 영원히 종속적 존재일 수밖에 없다. 모두가 평등한 생계부양자이자 돌봄자로서 인정받고 존중받을 수 있는 독립생활자 모델로 전환해야 한다. 2019년 시작한 '생계에 성별은 없다'는 슬로건을 확장, 발전시켜나가야 한다. 이론적 보강과 함께 문제의식을 확산해 실제적인 사회 변화를 추동해야 한다.

채용 성차별 근절, 가사노동자 보호법 쟁취, 시간제 확산 저지 및 권리 확보, 돌봄노동자 권리확보, 플랫폼 노동 대응 등 산적한 과제가 우리 앞에 놓여 있다. 노동시장은 급변하고 있다. 사회 양극화와 노동환경 악화는 급속도로 진행되고 있다. 이런 때일수록 우리사회에서 기본이라고 인식되어 왔던 것들을 완전히 뒤집는 작업이 필요하다. 당연하다 생각해 출발했던 전제가 성차별과 여성혐오를 강화하고 민주주의 발전을 가로막는 기반일 수 있다. 전면적인 대응을 위해 활동과 정책을 아우르는 성별임금격차 해소 로드맵이 요구된다. 방향과 목적지의 좌표를 찾아갈 수 있는 길잡이를 우리 손으로 함께 만들어 가야 한다. 이러한 활동들은 활동가, 회원, 지지그룹들과 함께 해 나가야 한다. 여성노동자회가 대중조직으로의 전환을 모색한지 벌써 여러 해가 지났다. 하지만 활동가가 부족한 지역의 특성상 빠른 변화가 쉽지 않은 상황이다. 이는 다시 여성노동자회의 부족한 재정, 좁은 활동과 연동되고 있다. 대중조직, 회원조직으로서의 전환은 하루아침에 가능하지 않다. 하지만 주저할 이유는 없다. 성별임금격차는 이미 중학생까지 대중적 이슈로 대두되고 있다. 두려움 없이 손을 내밀어 보자.

2019년 여성노동자회는 지역독자의제 개발을 시작하였다. 31년 역사를 결산하며 도출된 과제이자 지역의 대응력을 높이기 위한 방안으로 제안된 것이다. 지역독자의제를 중심으로 넓은 반경의 대응력을 확보하고 지역 내 영향력을 확장해 나가야 한다. 적극적인 거버넌스 구축 전략을 펼쳐가야 한다. 이는 여성노동자회가 지역 안에서 단단히 뿌리내리고 활동하기 위한 중요한 조건이 될 것이다. 이를 바탕으로 2020년 총선, 2022년 대선, 지자체 선거를 관통하는 일관된 주장과 흐름을 잡아가야 한다. 국가 운영 철학을 변화시키고 담대하고 강력하게 주장하여 승리를 가져와야 할 것이다.

여성노동자회의 활동은 여성노동자운동사의 맥락에서 정리되고 기록되어야 한다. 70년대 여성노동자운동의 계보를 잇고 김경숙 열사를 상징 인물로 입체적으로 조명하는 일은 그래서 필요하다. 70년대 여성노동자운동에서 시작해 오늘로 이어지는 맥락 속에서 바라보아야 여성노동자회의 활동을 제대로 이해할 수 있다. 여성노동자회의 활동은 이러한 역사 안에서 면면히 이어지는 흐름 속에 존재하기 때문이다.

이 모든 것은 핵심가치가 살아 숨 쉬는 여성노동자회 안에서만 가능하다. 핵심가치로 하나되는 조직 안에서만이 다양한 세대와 다양한 조직원이 평등하고 평화롭게 어우러질 수 있기 때문이다. 각 지역별로 신입 활동가가 많이 생겨나고 있다. 신입활동가가 중견활동가가 되고, 중견활동가가 다시 최고 리더십이 되는 원활한 과정이 확보되어야 한다. 신입활동가가 안착할 수 있는 조직문화는 핵심가치가 잘 스며든 가운데에서만이 가능하다.

1. 2021년 기조

1) 넓은 영향력을 가진 튼튼한 조직

전국적으로 조직과 재정을 단단하게!
전국적으로 조직과 재정을 강화하기 위한 전략을 최우선으로 수립하고 실행한다. 조직 운영과 재정을 점검하여 조직 기반을 튼튼하게 만들어 나간다. 지역 독자의제 개발로 지역 내 기반을 다지고 다양한 지지그룹을 확보하여 영향력을 넓혀간다. 정기적 전국단위 워크숍을 통해 필요 주제를 함께 공부하고 핵심가치를 점검하여 활동가 성장과 안착의 기반을 마련한다.

대중 접속을 강화한다!

여성노동자들의 목소리에 귀 기울이고 이를 취합하고 분석하여 다시 대중과의 접속을 강화한다. 코로나로 인해 오프라인에서의 모임이 어려워진 현실에 대한 대안을 모색하고 대중 접속 강화 방안을 모색해 나간다.

2) 성별임금격차 해소: 코로나 상황 속 성평등 노동 실현

코로나 위기를 성평등 노동으로 돌파한다!

여성노동자들의 현장을 파고들어 코로나19 재난을 입체적으로 드러내고 위기의 대안을 요구한다. 이 위기는 새로이 만들어진 것이 아니라 이미 우리에게 있던 것이 드러난 것임을 각인시킨다. 여성에게 전가된 무급 돌봄노동과 저평가된 유급 돌봄노동, 성차별적 임금노동의 악순환을 끊고 성평등 노동 실현 방안을 제시하고 요구한다. '생계에 성별은 없다'를 슬로건으로 내걸고 악순환의 근간인 남성생계부양자 이데올로기에 문제제기해 나간다.

성평등 노동 추진체계 구축을 위한 기반을 마련한다!

2022년 대선 및 지자체 선거에서 각 후보들에게 성평등 노동 추진체계 구축을 약속받고 향후 정부 출범 시 힘있게 추진해 나가기 위한 활동을 만들어 나간다. 이를 위해 다양한 법제도를 검토하고 새로운 상상력을 발휘하여 튼튼한 체계를 만들 수 있도록 추동한다. 성평등 추진체계의 큰 그림과 함께 발맞출 수 있도록 연대전략을 구상한다.

채용 성차별, 직장 내 성희롱·성폭력 대응 전략을 모색한다!

채용성차별 통계적 기준 확립, 법제도 개선을 통해 실제적 근절방안을 찾는다. 전국 단위의 현장 모니터링 시스템 구축을 통해 사안 발생 시 발 빠르게 대응하고 예방을 위한 구조를 만들어 나간다. 직장 내 성희롱·성폭력 문제를 유발하는 젠더 괴롭힘을 이슈화하고 해결과정에서 부딪히는 다양한 문제들을 유형화하여 해결 방안을 찾는 작업을 진행한다.

국내 선언문에 대하여

〈여권통문〉(1898), 이소사, 김소사

1898년에 발표된 한국 최초의 여성인권선언서. 여학교설시통문. 1898년 9월 1일 서울 북촌의 양반여성들이 이소사, 김소사의 이름으로 '여학교 설시 통문女學校設始通文' 즉 '여권통문'을 발표하였다. 이 통문에는 여성의 평등한 교육권, 정치참여권, 경제 활동 참여권이 명시되었으며, 《황성신문》《독립신문》이 보도하였다.

〈근우회 선언문〉(1929), 근우회

근우회는 일제 강점기 중반에 조직된 여성 단체다. 한국의 여성운동가들이 좌우를 초월하여 설립했다. 근우회의 목표는 '조선 여성의 지위 향상을 도모한다'는 것이었다. 구시대의 봉건적 유물과 현대의 모순이 곧 조선 여성은 지위가 불리한 이유라고 밝히며 여성운동을 이어나갔다.

〈여성성소수자 궐기 선언〉(2015), 여성성소수자궐기대회 기획단

여성성소수자 궐기대회 행사 당일(2015.10.10. 토요일, 서울시 대한문 앞) 낭독한 선언문. 대전광역시에서 양성평등법에 근거하여 성평등 기본조례를 제정하였다. 그리고 조례에 성적소수자 인권보호 및 지원과 관련한 조항이 포함되었다. 이에 보수기독교 단체에서 반발했고, 여성가족부는 양성평등에 성소수자는 포함되지 않는다며 대전시의 해당 조항을 삭제할 것을 요구했다. 결국 대전시는 해당 내용을 삭제한 새로운 양성평등 기본조례를 개정하였다. 이 상황에 항의하며 LGBT/퀴어 단체는 여성

가족부와의 면담 일정을 잡았지만 여가부는 일방 취소하였다. 이런 일련의 흐름 속에서 무지개행동을 중심으로 LGBT/퀴어 단체는 여성성소수자궐기대회를 개최하기로 했다.

〈박근혜 퇴진을 넘어 다른 세상을 향한 페미니스트 시국 선언〉(2016), 각 여성단체

전국 페미니스트 단체들의 시국 선언문 모음. 페미니즘 리부트 이후 한국 페미니스트들은 분노할 자리마다 함께 나아갔다. 특히 지난 2016년 박근혜·최순실게이트로 극명하게 드러난 민주주의 후퇴와 인권 유린 사태를 더는 지켜보지 못한 페미니스트들은 광장으로 나아갔다. 그러나 거리에서 외치는 민주주의에 여성과 장애인 등 사회적 소수자에 대한 차별과 혐오가 넘쳤다. 페미니스트들은 함께 외치고 만들어야 할 내용을 담아 2016년 11월 26일 〈페미니스트 시국 선언문〉을 발표했다. 이 시국 선언문은 여러 단체들과 페미니스트 개인들이 수십 명이 함께했다. 본 책에는 모든 시국 선언문이 실리지는 못했다. 단체와 연락이 이뤄지고 허락을 받은 후에 게재 작업을 진행했다. 여성문화이론연구소, 장애여성공감, 정의당 여성주의자 모임 Just' Feminist, 지구지역행동네트워크, 페미당당의 선언문을 소개한다.

〈이주여성은 '아이 낳는 사람'이 아닙니다〉(2018), 한가은(레티마이투)

페미니스트 저널《일다》에 발표(2018.08.03)한 한국이주여성인권센터 사무국장 한가은(레티마이투)의 글. 한가은 국장은 베트남여성으로 국제결혼을 통해 한국에 왔다. 그는 이 글을 통해 이주여성이 그저 아이를 낳는 역할, 가정 폭력의 대상으로 최소한의 인권도 보장받지 못한 현실에 대해 지적한다.

〈나의 몸은 불법이 아니다―임신중단 치외법권〉(2018), 125인의 여성

페미당당과 봄알람, Women on Web이 협업한 퍼포먼스. '나의 몸은 불법이 아니다―지금 이 자리, 임신중단 치외법권'(2018. 8. 26.)에서 125인의 여성이 읽은 선언문이다. 125명은 하루에 한국에서 낙태하는 여성의 추산치인 3000명을 하루 24시간으로 나눈 숫자. 이 퍼포먼스에서 한 시간 동안 낙태하는 여성을 대표하는 125인이 미프진, 또는 비타민을 함께 복용하고 선언문을 읽었다.

〈처벌의 시대는 끝났다〉(2020), 모두를위한낙태죄폐지공동행동

2017년 형법상 낙태죄 폐지를 위해 결성된 대한민국의 여성단체 연대체. 낙태죄는 대한민국 형법에서 규정하였던 범죄이지만, 기본권인 생식의 자유에 해당하는 임신중절권, 여성의 자기결정권을 침해한다는 점에서 위헌 논란에 휩싸여왔다. 오랜 시간 투쟁해온 끝에 2019년 4월 형법 제269조 제1항 등 위헌소원으로 헌법불합치한 것으로 결정되었고 개정이 이루어지지 않아 2021년 1월 1일에 효력이 상실되었다. 이 글은 낙태죄 없는 2021 맞이 기자회견을 위해 작성된 것이다.

〈'악마 같은 삶'이 아니다〉(2020), 한국여성민우회

2019년 2월경 텔레그램에 개설된 단체 채팅방을 통해 불법 음란물을 생성하고 거래 및 유포한 디지털 성범죄 사건인 일명 'N번방 사건'을 두고 여성 단체에서 낸 성명서. 한국 사회 내 팽배한 강간 문화를 고발하고 이를 타파하기 위한 움직임이었다.

〈2021지구의날 에코페미니스트 선언문〉(2021), 여성 환경연대

여성 환경연대는 1999년에 만들어진 여성환경운동 단체다. 여성의 관점에서 생태적 대안을 찾고 평등하고 지속가능한 녹색사회를 만들고자 여성이 주체가 되어 생태적이며 성평등한 사회를 만들겠다는 비전하에 활동한다. 환경 이슈는 매년 그 현안이 달라지는 만큼, 특히 기후위기시대에 대한 가장 긴급한 목소리를 담고자 최신의 선언문을 소개하게 되었다.

〈여성노동자회를 강화하여 미투운동을 성평등 노동 실현으로 연결한다〉(2021), 한국여성노동자회

한국여성노동자회는 1987년에 창립한 여성단체다. 매년 3천여 건의 노동 상담부터 여성노동 관련법 제·개정 운동, 사회의식 변화, 여성노동문제의 사회 이슈화 등, 여성의 노동과 삶을 바꾸는 현장을 사회 구석구석에서 만들고 있다. 매년 사업 계획 수립과 그에 대한 평가를 공개한다. 이 책에 실린 선언문은 2020년부터 2022년까지 한국여성노동자회의 사업 기조를 담은 것이다.

도움주신 분들

언니네트워크, 여성성소수자궐기대회 기획단, 비온뒤무지개재단, 무지개행동, 루인, 여성문화이론연구소, 장애여성공감, 정의당 여성주의자 모임Just′ Feminist, 지구지역행동네트워크, 페미당당, 우지안, 한가은(레티마이투), 일다, 모두를위한낙태죄폐지공동행동, 한국성폭력상담소, 한국여성민우회, 여성환경연대, 한국여성노동자회, 양효실, 이라영, 이진실, 한우리, 황미요조